KB057050

비잔티움
연대기

비잔티움 연대기
BYZANTIUM

쇠퇴와 멸망

존 줄리어스 노리치 지음 • 남경태 옮김

바다출판사

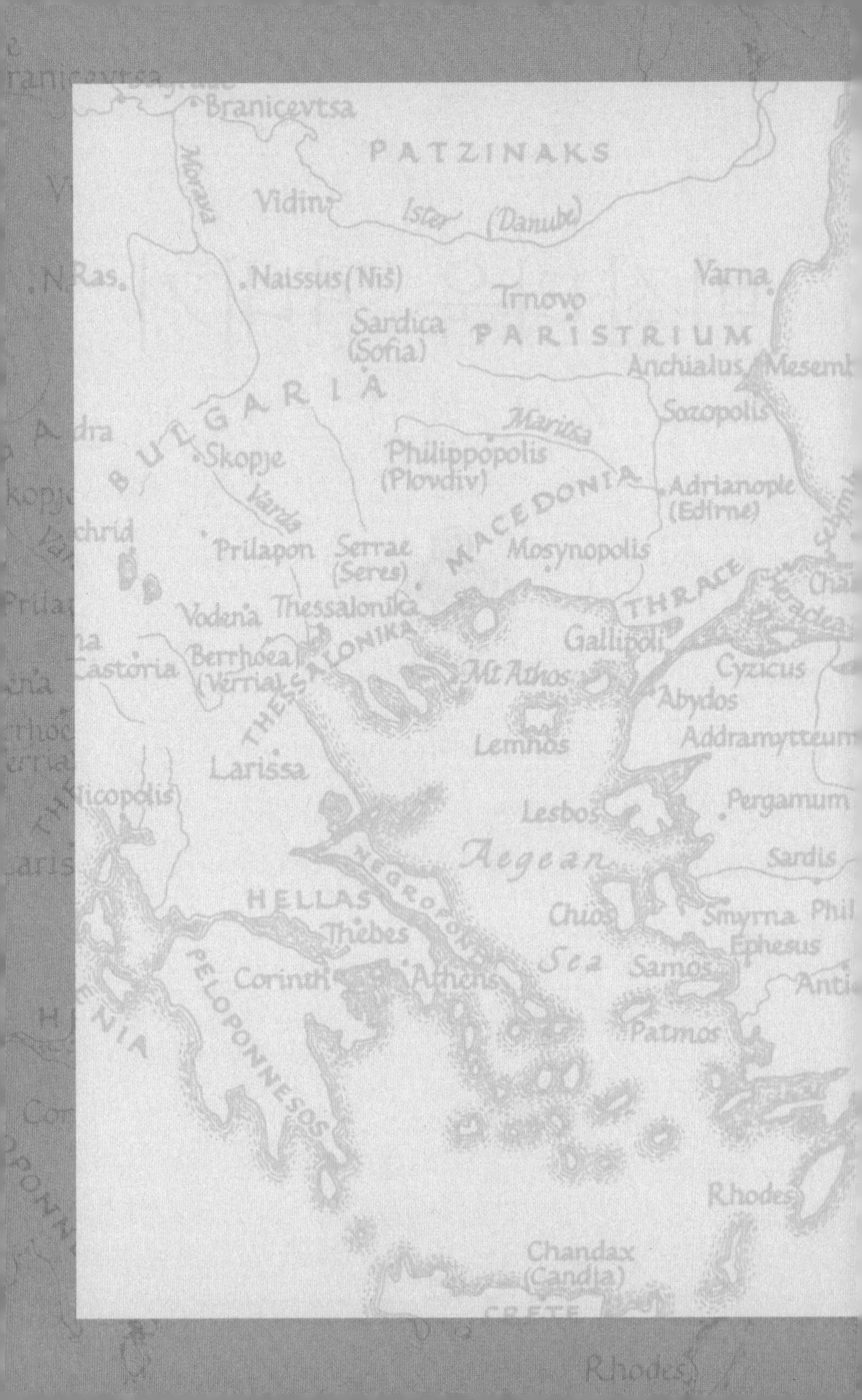
Branicevtsa
PATZINAKS
Morava
Vidin
Ister (Danube)
Ras
Naissus (Niš)
Varna
Trnovo
Sardica (Sofia)
PARISTRIUM
Anchialus
Mesemb
BULGARIA
Sozopolis
Maritsa
Skopje
Philippopolis (Plovdiv)
MACEDONIA
Adrianople (Edirne)
Vardar
Prilapon
Serrae (Seres)
Mosynopolis
THRACE
Voden
Thessalonika
Gallipoli
Heraclea
Berrhoea (Verria)
Castoria
THESSALONIKA
Mt Athos
Cyzicus
Abydos
Lemnos
Addramytteum
Larissa
Nicopolis
Lesbos
Pergamum
Aegean
Sardis
NEGROPONT
HELLAS
Chios
Smyrna
Thebes
Ephesus
Sea
Samos
Corinth
Athens
PELOPONNESOS
Patmos
Rhodes
Chandax (Candia)
CRETE

BYZANTIUM

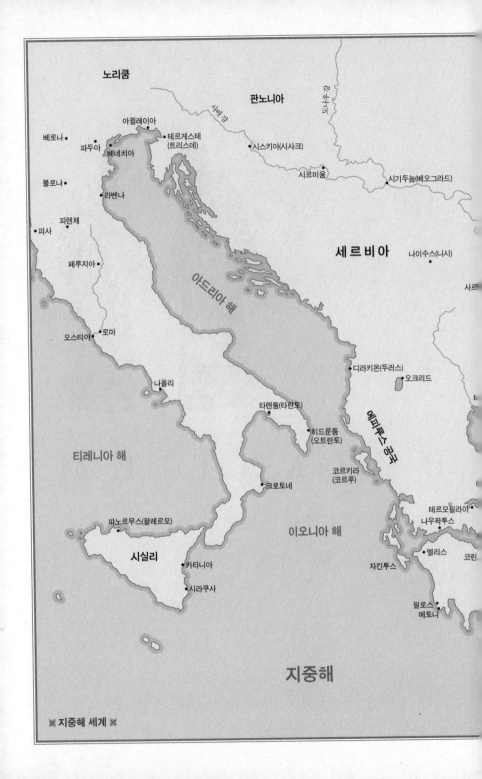

지중해 세계

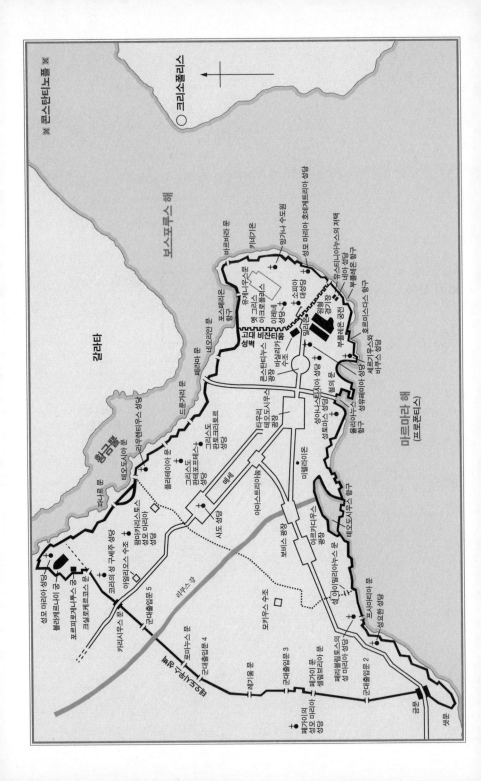

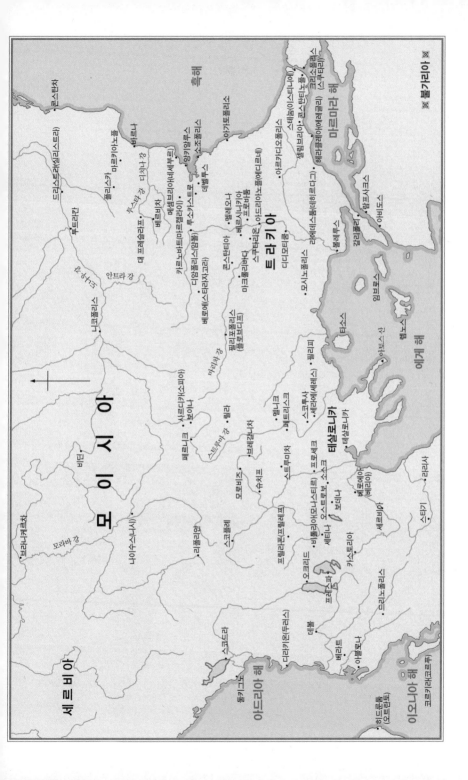

지도 2. 발칸반도

흑해

마르마라 해

에게 해

아드리아 해

티레니아 해

로마 이사아

세르비아

모이시아

트라키아

테살로니카

콘스탄차

드리스트라(실리스트리아)

불가리안

루트라칸

니코폴리스

플로스카

마르키아노를

바르나

트르노보

부스타 강

디저나 강

대 프레슬라브포

베르비차

메셈브리아(마르켈라이)

카르노바트(마르켈라이)

다암폴리스(엄불)

베로에(스타라자고라)

앙기알루스

소조폴리스

데벨투스

아기토폴리스

아르카디오폴리스

데게아

예네오나

베르시니키아

프로부스

콘스탄티아

안트라 강

세쿠리다.안드리아노플(에디르네)

마크롤리바다

디디모티쿰

실림브리아(이스티니에)

콘스탄틴노플

그린칼로리스(스쿠티리)

헤라클레아(에레글리)

라에데스톰(테히르다그)

스테눔(이스티니에)

셀림브리아

람포스코스

아비도스

파니오

라리사

안드라 강

마르차 강

니코폴리스

필라포폴리스(플로브디프)

세르디카(소피아)

보아나

릴라

스트루마 강

페르니크

브레갈니차

멜니크

메트리스크

스코툰사

페트리스크

필리피

세라이(세레스)

모라바 강

나이수스(나시)

브라니체브츠

모라비즈

슈치프

프로세크

스트루미차

크스토브

보데나

페레니코

세리비아

스코플레

리폴리온

프릴레프(프럴레프)

비톨리아(모나스티르)

오스트로보

세티나

우크리드

오크리드

카스토리아

세르비아

드라프폴리스

베르에아(베리아)

텔기구

프레스파

데볼

메리트

베라트

테살로니카

티소

타소스

템노스

레소스 해

에페소스

아토스 산

디라키온(두라스)

스코드라

히드문톰(오트란토)

코르기라(코르푸)

아폴로니아

모라바 강

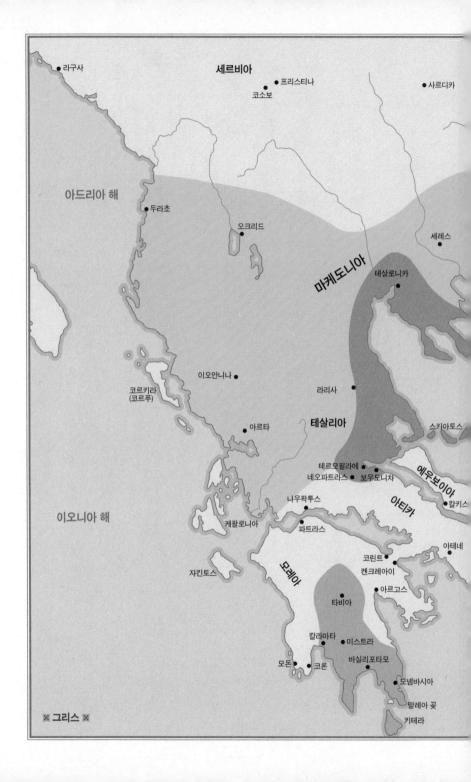

라구사

세르비아

프리스티나

코소보

사르디카

아드리아 해

두라초

오크리드

세레스

마케도니아

테살로니카

이오안니나

라리사

테살리아

스키아토스

코르키라
(코르푸)

아르타

테르모필라에
네오파트라스 · 보우도니차

에우보이아

나우팍투스

아티카

이오니아 해

파트라스

케팔로니아

칼키스

코린트
켄크레아이

아테네

자킨토스

모레아

아르고스

타비아

칼라마타 · 미스트라

모돈 · 코론

바실리포타모

모넴바시아

말레아 곶

키테라

▨ 그리스 ▨

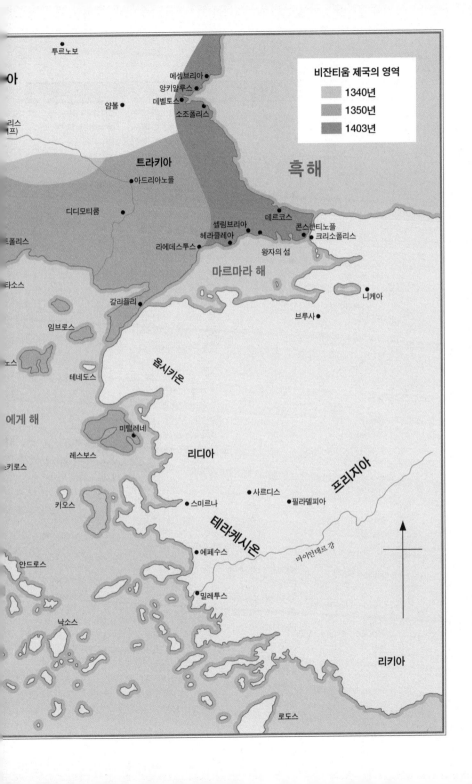

● 연대표

연대	동방황제	라틴 황제	역대 교황	역대 술탄
1000년 **1100년**	알렉시우스 1세 콤네누스 1081~1118		그레고리우스 7세 1073~1085 빅토리우스 3세 1086~1087 우르바누스 2세 1088~1099 파스칼리스 2세 1099~1118	**룸의 셀주크 술탄** 쉴레이만 1세 1077/8~1086 킬리지 아르슬란 1세 1092~1107 말리크 샤 1107~1116 마수드 1세 1116~1156
	요한네스 2세 콤네누스 1118~1143		겔라시우스 2세 1118~1119 칼릭스투스 2세 1119~1124 호노리우스 2세 1124~1130 인노켄티우스 2세 1130~1143 아나클레투스 2세 1130~1138 켈레스티누스 2세 1143~1144 루키우스 2세 1144~1145	
	마누엘 1세 콤네누스 1143~1180		유게니우스 3세 1145~1153 아나스타시우스 4세 1153 · 1154 하드리아누스 4세 1154~1159 알렉산데르 3세 1159~1181	킬리지 아르슬란 2세 1156~1192
	알렉시우스 2세 콤네누스 1180~1183 안드로니쿠스 1세 콤네누스 1183~1185 이사키우스 2세 앙겔루스 1185~1195		루키우스 3세 1181~1185 우르바누스 3세 1185~1187 그레고리우스 8세 1187 클레멘스 3세 1187~1191 켈레스티누스 3세 1191~1198 인노켄티우스 3세 1198~1216	카이코스루 1세1192~1196 쉴레이만 2세 1196~1204 킬리지 아르슬란 3세1204 카이코스루 1세1204~1210 카이카우스 1세1210~1220 카이쿠바드 1세1220~1237 카이코스루 2세1237~1245
	알렉시우스 3세 앙겔루스 1195~1203			
1200년	이사키우스 2세 앙겔루스와 알렉시우스 4세 앙겔루스 1203~1204		호노리우스 3세 1216~1227	
		플랑드르의 보두앵 1세 1204~1205		카이카우스 2세1246~1257 킬리지 아르슬란 4세 1248~1265
	알렉시우스 5세 무르주플루스 1204 테오도루스 1세 라스카리스 1204~1222	에노의 앙리 1206~1216 쿠르트네의 피에르 1217 욜란다 1217~1219 쿠르트네의 로베르 1221~1228 보두앵 2세 1228~1261 (브리엔의 장 1231~1237)	그레고리우스 9세 1227~1241 켈레스티누스 4세 1241 인노켄티우스 4세 1243~1254 알렉산데르 4세 1254~1261 우르바누스 4세 1261~1264 클레멘스 4세 1265~1268 (공위) 1268~1271	카이쿠바드 2세 1249~1257 카이코스루 3세 1265~1282
	요한네스 3세 두카스 바타체스 1222~1254			

연대	동방황제	라틴 황제	역대 교황	역대 술탄
	테오도루스 2세 라스카리스 1254~1258 요한네스 4세 라스카리스 1258~1261 미카일 8세 팔라이올로구스 1259~1282		그레고리우스 10세 1271~1276 인노켄티우스 5세 1276 하드리아누스 5세 1276 요한네스 21세 1276~1277 니콜라우스 3세 1277~1280 마르티누스 4세 1281~1285 호노리우스 4세 1285~1287 니콜라우스 4세 1288~1292 켈레스티누스 5세 1294 보니파키우스 8세 1294~1303	마수드 2세 1282~1304 카이쿠바드 3세1284~1307 마수드 3세 1307~1308 **오스만 술탄** (콘스탄티노플이 함락될 때까지) 오스만 1288~1326 오르한 1326~1362 무라드 1세 1362~1389
1300년	안드로니쿠스 2세 팔라이올로구스 1282~1328			
	안드로니쿠스 3세 팔라이올로구스 1328~1341 요한네스 5세 팔라이올로구스 1341~1391 요한네스 6세 칸타쿠제누스 1347~1354 안드로니쿠스 4세 팔라이올로구스 1376~1379		베네딕투스 11세 1303~1304 클레멘스 5세 1305~1314 요한네스 22세 1316~1334 베네딕투스 12세 1334~1342 클레멘스 6세 1342~1352 인노켄티우스 6세 1352~1362 우르바누스 5세 1362~1370 그레고리우스 11세 1370~1378 우르바누스 6세 1378~1389 보니파키우스 9세 1389~1404	바예지드 1세 1389~1402
1400년	요한네스 7세 팔라이올로구스 1390 마누엘 2세 팔라이올로구스 1391~1425		인노켄티우스 7세 1404~1406 그레고리우스 12세 1406~1415	메메드 1세 1402~1421 (쉴레이만 1402~1410) (무사 1411~1413) 무라드 2세 1421~1451
	요한네스 8세 팔라이올로구스 1425~1448		(공위) 1415~1417 마르티누스 5세 1417~1431	메메드 2세 1451~1481
	콘스탄티누스 11세 팔라이올로구스 1449~1453		유게니우스 4세 1431~1447 니콜라우스 5세 1447~1455	

● 주요 인물

🔲 알렉시우스 1세 콤네누스 (1048년~1118년)

37년간 재위하면서 권력을 안정시켰고 제1차 십자군으로 닥친 위기를 훌륭히 극복했다. 뛰어난 정치가, 장군, 외교관의 자질을 갖추었으나 족벌주의를 조장했고 제국의 경제를 살리는 데 실패했다.

🔲 안나 콤네나 (1083년~1148년)

알렉시우스 1세의 딸 안나 콤네나는 남동생 요한네스 2세를 미워하고 시기했다. 남편을 제위에 앉히려는 역모가 실패한 후 수녀원에 추방되어 아버지의 생애와 치적을 담은 귀중한 사료 『알렉시아스』를 집필했다.

🔲 두카스 가문

비잔티움의 족벌은 9세기부터 번성하여 10세기와 11세기에 큰 사회적 문제를 낳았다. 수많은 부유층 가문으로 구성된 이 사회 계층은 자기들끼리 통혼하며 세력을 키워 나갔다. 두카스 가문은 여러 명의 황제를 배출한 제국 최대의 세도 가문이었다.

🔲 시켈가이타 (1035년경~1090년)

노르만 공작 로베르토 기스카르의 아내 시켈가이타는 북유럽 신화의 발키리에에 비견되는 여전사였다. 투구 아래로 긴 금발을 휘날리며 천둥과 같은 함성을 질러 병사들을 독려했다고 한다.

🔲 마누엘 1세 콤네누스 (1122년경~1180년)

아버지 요한네스 2세와 달리 뛰어난 미남이었던 마누엘 1세는 콤네누스 왕조의 다섯 황제들 중 가장 명석하고 상상력이 풍부했으나 서유럽의 예술과 관습에 지나치게 매료되어 동방의 사정을 살피지 못해 셀주크 세력의 성장을 방치했다.

🔲 프리드리히 1세 바르바로사 (1123년~1190년)

반짝이는 두 눈에 붉은 머리털의 호남으로 '바르바로사(붉은 수염)'란 별명을 얻은 신성 로마 제국의 황제이다. 로마 제국의 옛 영광을 되살리겠다는 강력한 의지로 제3차 십자군을 이끌다가 진군 중에 숨을 거둔다.

🔲 요한네스 3세 두카스 바타체스 (1193년~1254년)

아내에게 달걀을 판 돈으로 '달걀 왕관'을 선물했다는 일화는 니케아 제국 황제의 검소함과 근면함을 보여 준다. 진정한 존경과 사랑을 받는 요한네스 3세 황제 부부가 있었기에 니케아는 성장을 거듭했고, 이후 라틴 황제들에게서 콘스탄티노플을 되찾을 수 있었다.

안드로니쿠스 3세 팔라이올로구스 (1296년~1341년)

할아버지 안드로니쿠스 2세에게서 제위를 빼앗은 젊은 황제로, 요한네스 칸타쿠제누스(요한네스 6세)라는 유능한 참모와 함께 제국의 해군을 재건했으며 현명한 통치를 펼쳤으나 쇠퇴의 거대한 흐름을 막지 못했다는 점에서 비운의 군주였다.

스테판 두샨 (1308년~1355년)

'세르비아인과 그리스인의 황제'를 자처한 세르비아의 왕. 콘스탄티노플에 대슬라브 제국을 건설하려는 야심을 지니고 있었다. 비잔티움의 제도를 접목한 개혁으로 강력한 중앙집권화를 꾀한 그의 시대에 세르비아는 전성기를 맞지만 그의 죽음 이후 급격히 쇠퇴한다. 근대에 와서 옛 영광과 위대함을 상징하는 세르비아의 민족 영웅이 되었다.

요한네스 6세 칸타쿠제누스 (1292년~1383년)

실제 제위에 머물러 있던 기간은 짧았으나 거의 사반세기 동안 제국의 길잡이 노릇을 했다. 지식인이자 학자 출신의 그는 당시의 편견을 뛰어넘어 직접 투르크어를 배우고 오스만투르크의 오르한과 우정을 쌓았다. 안타깝게도 비잔티움이 원하는 카리스마 넘치는 지도자는 아니었으나 그렇다고 제국을 위해 헌신한 그의 공로를 잊어서는 안 될 것이다.

마누엘 2세 팔라이올로구스 (1350년~1425년)

요한네스 5세의 작은 아들인 마누엘 2세는 형과 달리 늘 아버지의 편에서 싸웠다. 오스만투르크와의 전쟁에 협조를 요청하기 위해 2년 동안 파리에 머물며 황제다운 풍모로 서유럽 사람들에게 깊은 감명을 주었으나 결국 바라던 원조를 받지 못하고 돌아온다. 외할아버지인 요한네스 6세를 닮아 학문과 문학을 사랑했다.

정복자 메메드 2세 (1432년~1481년)

오스만투르크의 무라드 2세의 셋째 아들로 노예 출신 어머니를 둔 덕에 불우한 어린 시절을 보냈다. 열아홉 살에 즉위하여 겨우 스물한 살에 과업을 이룬 이 젊은 정복자는 비잔티움의 1200년 역사에 종지부를 찍었다. 콘스탄티노플을 중심으로 한 새로운 제국 건설을 꿈꾸며 스스로 '로마의 카이사르'라 칭했다.

마지막 황제 콘스탄티누스 11세 팔라이올로구스 (1404년~1453년)

오스만투르크에 맞서 최후까지 콘스탄티노플을 방어했던 비잔티움의 마지막 황제. 서방의 도움을 얻기 위해 로마 교회에 고개를 숙이기까지 했으나 어느 누구도 선뜻 도움의 손길을 보내지 않았다. 피신을 권유하는 신하들을 물리치고 끝까지 자신의 도시와 백성들을 지켰다. 황제의 모든 표지를 떼어 버리고 전투에 임했기에 그의 시신은 공동묘지에 익명으로 묻혔을 가능성이 높다.

● 주요 사건

▨ 제1차 십자군 (1095년)

십자군의 처음 목적은 예루살렘과 그리스도의 성묘를 이슬람으로부터 탈환하는 것이었으나 점차 원래 의도를 벗어난 폭도의 무리로 변해 갔다. 비잔티움의 알렉시우스 1세는 교황 우르바누스 2세에게 셀주크투르크 원정의 지원을 요청했다. 그러나 클레르몽 공의회를 거쳐 모집된 제1차 십자군은 야만적인 깡패 집단과 다름없는 불청객이었으며, 소아시아 서부와 예루살렘을 포함한 옛 비잔티움의 영토를 수복한 후에도 반환하지 않고 독자적인 십자군 국가를 세웠다.

▨ 제2차 십자군 (1146년)

셀주크투르크가 에데사를 함락했다는 소식에 교황 유게니우스 3세는 프랑스의 루이 7세와 클레르보 대수도원장 성 베르나르두스를 필두로 제2차 십자군을 조직한다. 장기의 후계자 누레딘에게 대패한 후 참전국인 프랑스와 독일, 프랑크와 비잔티움의 관계는 멀어졌으며 이슬람 세력을 단결시키는 결과를 낳았다.

▨ 제3차 십자군 (1189년)

1187년 살라딘의 예루살렘 함락에 충격을 받은 교황 그레고리우스 8세에 의해 십자군 역사상 최대 규모의 병력이 프리드리히 바르바로사의 지휘 아래 예루살렘으로 출발했다. 행군 중 프리드리히가 사고로 죽는 바람에 예루살렘 점령에는 실패했으나 영국의 사자심왕 리처드 1세와 프랑스의 존엄왕 필리프 2세 덕분에 제2차 십자군 때의 수모를 겪지 않을 수 있었다.

▨ 제4차 십자군 (1198년)

교황 인노켄티우스 3세가 이집트를 공격하기 위해 소집하였으나 함대를 빌린 베네치아에 약정한 대금을 지불할 수 없게 되자 콘스탄티노플로 진격했다. 1203년부터 1204년까지 제4차 십자군은 무방비 상태로 있던 콘스탄티노플을 침공하여 무시무시한 대학살과 파괴를 자행하고 플랑드르 백작 보두앵을 허수아비 황제로 앉혔다. 십자가의 기치를 내건 군대에 의해 동방의 그리스도교 제국이 몰락하게 된 것은 역사의 아이러니다. 배후 조종자였던 베네치아는 제국 영토의 8분의 3과 제국 영토 전역에서의 자유무역권을 얻어 동방 무역권을 제패하게 된다.

▨ 콘스탄티노플의 라틴 제국 (1204년~1261년)

제4차 십자군 원정의 결과 세워진 콘스탄티노플의 라틴 제국은 반역과 탐욕이 낳은 비참한 제국이었다. 57년 동안 한순간도 번영을 구가한 적이 없었으며, 일곱 명의 라틴 계통 황제들 중 누구도 그리스 백성들을 이해하려는 노력을 하지 않았다. 결국 한줌의 병사들에 의해 어처구니없이 몰락하지만 비잔티움 제국은 이 중대한 시기에 입은 정신적·물질적 피해로부터 끝내 회복하지 못했다.

🔲 57년 만의 수도 탈환 (1261년)

제4차 십자군이 콘스탄티노플을 점령한 후 고향을 떠난 그리스인들은 니케아 제국, 트레비존드, 에피루스 전제군주국 등에 정착했다. 그중에서도 1259년 니케아의 황제가 된 미카일 8세 팔라이올로구스는 수도를 되찾으려는 강한 의지를 지니고 있었다. 1261년 미카일 8세가 수도에 보낸 정찰대는 라틴 군대가 수도를 비운 사이 뒷문으로 잠입하여 성문을 여는 데 성공한다. 미카일 8세는 군대를 이끌고 입성하여 성 소피아 대성당에서 대관식을 치렀다.

🔲 동방 교회와 서방 교회의 통일 (1274년)

미카일 8세는 비잔티움을 위협하는 앙주의 카를로를 견제하기 위해 제2차 리옹 공의회에서 교회 통일을 승인하는 대가로 교황 그레고리우스 10세에게 지원을 약속받았다. 그러나 자존심보다 실익을 택한 황제에게 비잔티움 사람들은 큰 배신감을 느꼈고, 백성들의 감정을 외면한 채 황제의 펜 끝에서만 이루어진 교회 통일은 실패로 끝났다.

🔲 저당잡힌 제관 (1343년)

요한네스 5세의 섭정으로 있던 황제의 어머니 사부아의 안나는 베네치아에 금화 3만 두카도를 빌리는 조건으로 비잔티움 제관의 보석들을 저당잡힌다. 한때 위대했던 제국이 어느 정도까지 쇠락했는지를 보여 주는 사건이었으며, 요한네스 5세의 대관식에 참석한 사람들은 유리로 된 관을 쓴 황제의 모습에 눈물을 삼켜야 했다.

🔲 술탄의 가신이 된 제국 (1373년)

세르비아가 오스만투르크에 항복함으로써 고립무원에 빠진 요한네스 5세는 제국의 멸망을 막으려는 마지막 고육지책으로 술탄의 가신이 되는 길을 택한다. 오스만투르크가 동방의 새로운 열강으로 떠오른 지 20년 만에 세르비아와 불가리아에 이어 비잔티움까지 술탄의 속국으로 전락하게 되었다.

🔲 콘스탄티노플 함락 (1453년)

비잔티움은 45일 동안 1만 명이 채 안 되는 인원으로 오스만투르크의 10만 대군을 맞아 싸웠다. 난 공불락이었던 콘스탄티노플 성벽이 함락된 '피의 그믐날' 밤, 도시의 거리와 성 소피아 대성당은 피로 물들었다. 330년 5월 11일에 창건된 비잔티움 제국은 1453년 5월 29일에 멸망했다. 최후까지 장렬히 싸운 비잔티움의 마지막 황제와 시민들의 용기는 이제 신화가 되었으며, 콘스탄티노플이 다시 그리스도교의 도시가 되는 날, 사라졌던 사제들이 돌아와 성 소피아 대성당에서 중단된 미사를 계속하리라는 전설 속에 살아 있다.

차 례

제국의 몰락, 전설이 되어 버린 역사

1787년 6월 27일 밤 11시와 12시 사이 나는 정원의 정자에서 마지막 쪽의 마지막 행을 썼다. 그러고는 펜을 놓고 침대에서 뒹굴다가 이 고장에서 경치 좋기로 소문난 호수와 산의 아카시아 숲을 산책했다. 날씨는 따뜻하고 하늘은 맑았다. 은색의 둥근 달이 수면에 교교히 비쳤고 사위는 조용했다. 솔직히 자유를 되찾고 명성을 얻어 무척 기뻤던 것은 사실이다. 그러나 그 자부심은 곧 시들었고, 냉정하고 울적한 기분이 내 마음을 사로잡았다. 과연 나는 그 유쾌한 옛 친구와 영원히 작별한 것일까? 내 역사서는 장차 어떤 운명에 처하게 될까? 모름지기 역사가의 삶은 짧고 불확실할 수밖에 없는 듯하다.

에드워드 기번이 『로마 제국 쇠망사』를 막 완성하고 쓴 글이다. 지금 내가 쓴 이 비잔티움 이야기를 감히 영국 문학에서 가장 위대한 역사적 걸작과 비교할 생각은 전혀 없다. 그러나 공교롭게도 이 3부작의 마지막 부분을 타이핑한 뒤 나 역시 무더운 7월의 밤 11시 30분에 달빛이 가득한 정원을 홀로 산책했다. 비록 내 견해가 기번의 견해만큼 볼 만한 것은 아니지만—또한 명성을 얻는다는 것은 생각해 본 적이 없지만—나는 적어도 그가 말하는 감정의 일부는 느낄 수 있었다. 이제 작업을 마쳤으니 나도 소중한 옛 친구에게 작별을 고하고 싶은 기분이다.

이 3부작의 첫째 권은 콘스탄티누스 대제가 비잔티움 제국을 창건한 330년 5월 12일 월요일부터 샤를마뉴가 대관식을 치름으로써 또 다른 그리스도교 제국인 신성 로마 제국이 탄생한 800년의 크리스마스까지를 다루었다. 둘째 권에서, 제국은 마케도니아 왕조의 눈부신 활약으로 바실리우스 2세 불가록토누스(불가르족의 학살자)의 치세에 전성기에 이르렀지만 막판에는 불길한 조짐을 보였다. 제국의 역사상 가장 큰 세 차례의 참패 중 첫째, 즉 1071년에 셀주크투르크족에게 패배한 만지케르트 전투가 그것이다. 이 셋째 권은 그 패전이 제국에 얼마나 치명적이었는지를 보여 준다. 그로 인해 제국은 가장 주요한 인력 공급처였던 소아시아를 잃고 힘이 크게 약화되어, 한 세기 뒤에는 제4차 십자군의 공세에도 저항하지 못할 만큼 무기력해졌다. 그래서 이후 56년 동안이나 라틴인들의 통치를 받은 뒤에 미카일 8세 팔라이올로구스가 수도 탈환에 성공했다. 언뜻 이 경험은 대수롭지 않은 사건처럼 보이지만 실은 비잔티움에 가해진 두 번째 결정타였다. 오스만투르크가 흥기하는 가운데 제국이 맞은 마지막 두 세기는 워낙 속절없이 무너지는 양상이라 때로는 읽기에도 고통스러운 부분이 있다. 그래도 마지막 장은 모든 영웅담이 그렇듯이 비장하면서도 감동적이다.

이 3부작 첫 권의 서론에서 나는 비잔티움 제국의 역사가 앞서 내 관심의 대상이었던 베네치아 공화국의 역사와 얼마나 크게 다른지 작가의 관점에서 말한 바 있다. 시대가 흐름에 따라 이 두 역사는 점점 서로 얽히게 되며, 1204년부터 1205년 사이에 일어난 비극을 전후로 세레니시마(베네치아 공화국의 별명)는—이번에는 무관심으로 인해—또 한 차례 제국을 배신하게 된다. 따라서 여기서 양자를 좀더 비교해도 좋을 듯싶다. 언뜻 보기에 두 도시는 공통점이 많다. 베네치아는 말하자면 비잔티움의 자식 같은 도시로, 처음에 비잔티움의 식민지로서 탄생했고, 초기에는 콘스탄티노플의 문화적 영향을 직접적으로 받았다. 어머니와 딸은 함께 미모와 재산으로 이름을 날렸으며, 대리석과 공작석과 반암의 도시로서 세계적인 전설이 되었다. 이 두 도시를 처음 본 사람들은 깜짝 놀란 나머지 할 말을 잊고 과연 명성이 헛되지 않다는 것을 실감했다. 두 도시의 역사는 1000년이 훨씬 넘기 때문에 정복왕 윌리엄의 시대(11세기)부터 오늘날까지의 시기보다도 훨씬 더 오랜 기간 존속한 셈이다. 또한 두 도시는 한때 막강한 정치권력을 휘둘렀으며, 잔인하고 표리부동하고 음모가 횡행한다는 나쁜 평판도 얻었다. 마지막으로, 이 두 도시는 워낙 역사가 긴 탓에 오랜 기간에 걸쳐 서서히 쇠퇴의 과정을 겪을 수밖에 없었다.

그러나 공통점은 거기서 끝난다. 베네치아는 공화국이었으므로, 비록 형식적으로는 과두제를 취했으나 사실상 세계 어느 나라보다도—논쟁의 여지가 있지만, 스위스를 제외하고—훨씬 민주적이었다. 종교적인 측면에서도 나름대로 독실하기는 했지만, 교회가 내정에 간섭하는 것에는 한사코 반대했으며, 때로는 교황의 파문 조치에도 굴하지 않고 용감히 맞섰다. 그에 비해 비잔티움은 전제 정치와 신권 정치의 중간에 해당하며, 황제는 절대권력을 지닌 이사포스톨로스Isapostolos, 즉 12사도와 동격으로서 지상에서 신을 대리하는 존재다. 베네치아는 물질적이고 구체적이며 현실적이지만, 비잔티움은 교황령까지 포함하여 그리스도교 세계의 역사상 어느 국가보다도 영적으로 고양된 세속 국가이다. 베네치아는 잔잔하고 얕은 석호의 한가운데에 있어 유럽 대륙에서 보기 드물게 지리적 안정성을 누렸지만, 콘스탄티노플은 항구적인 외침에 시달렸다. 베네치아는 마지막 몇 세기 동안 사람들이 쾌락을 추구하고 방탕에 빠져 있던 탓에 결국 힘 한번 제대로 못 써 보고 젊은 나폴레옹에게 굴욕적으로 항복했다. 반면에 비잔티움은 자체의 영혼을 순결하게 보존했다. 최후의 200년 동안 비잔티움의 황제는 세 차례나 콘스탄티노플 교회를 로마 교회에 복속시킴으로써 안정을 취하려 했지만, 시민들은 고대의 전통적인 믿음에서 조금도 이탈하지 않았다. 그리하여 마지막 날이 왔을 때 그들은 45일 동안 필사적으로 저항했다. 난공불락이라 알려졌던 도시의 성벽이 마침내 붕괴할 때까지 1만 명의 시민들은 25만 명의 적을 상대로 싸웠고, 마지막 황제는 성벽의 총안銃眼에서 장렬하게 전사했다.

이 3부작 역사서의 앞 두 권을 읽은 독자는 이 책이 결코 학술서가 아니라는 점을 잘 알 것이다. 나는 공립학교에서 4년 동안이나 고대 그리스어를 배웠지만 아직도 사전이 없으면 간단한 그리스어 문장조차 제대로 읽어 내지 못한다. 그래서 나는 그리스 문헌들 중에서도 번역되거나 요약된 2차 문헌이 있는 것들에 주로 의존할 수밖에 없었다. 사실 이 점은 각오했던 것만큼 커다란 장애가 되지는 않았다. 특히 이 셋째 권에서 다루는 시기에 관해서는 2차 문헌이 너무나 많기 때문에 오히려 취사선택이 어려울 정도였다. 또한 1200년에 가까운 시대—제국이 실제로 탄생하기 이전의 얼마 동안과 멸망한 뒤의 얼마 동안을 모두 합하면 얼추 그렇게 된다—를 그와 비슷한 1200쪽 분량의 책*으로 엮어 내면서 내내 이야기가 끊이지 않고 전개되도록 해야 했으므로 나는 주제의 표면을 미끄러져 가는 듯한 기분으로 서술을 전개했다. 그런 점에서도 이 책은 학술서와는 무관하다.

하지만 나는 후회하지 않는다. 내 의도는 역사를 새롭게 조망하려는 데 있지 않기 때문이다. 책을 쓰기 위해 손에 펜을 쥔 날부터 나는 두 가지 목적만을 염두에 두었다. 첫째는 내가 첫째 권의 서론에서 밝힌 것처럼 비잔티움 제국에 관한 그 오랜 침묵을 조금이나마 깨 보겠다는 것이었다. 수백 년 동안 다양한 교육 과정에서 그런 침묵이 내내 유지되어 온 탓에 지금까지도 서유럽 사람들은 세계 역사상 가장 오래 존속한—아울러 장기적인 영향력을 발휘한—그리스도교 제국에 관해 거의 무지한 실정이다. 둘째 의도는 재미있게 쓰겠다는 것이었다. 비전문가인 독자들에게 최대한 정확한 역사를 최대한 흥미롭게 제시하는 것이 바로 나의 목적이었다. 독자들이 이 마지막 권을 다 읽고 나서, 내가 오랜 집필 작업을 마쳤을 때 느꼈던

---

* 영문 원본 3부작의 쪽수를 모두 더한 수치다.

것과 같은 상념을 품게 되리라고는 기대할 수 없다. 그러나 적어도 이 이야기가 나름대로 훌륭한 가치를 지닌다는 점에서는 내 생각과 같으리라고 믿는다.

존 줄리어스 노리치
1994년 7월 캐슬쿰에서

▨ 일러두기

1 이 책에서는 국내에서 일반적으로 통용하는 '비잔틴 제국'이라는 용어 대신 '비잔티움 제국'이라는 용어를
사용하기로 한다. '비잔틴Byzantine'은 '비잔티움Byzantium'의 형용사이므로 '비잔티움 제국'이라고 표기
해야 옳기 때문이다. 마찬가지로 '라틴Latin'과 '아랍Arab'도 '라티움Latium'과 '아라비아Arabia'의 형용
사형이지만 비잔티움 제국을 제외하고는 관례에 따라 '라틴'과 '아랍'이라는 용어를 사용하기로 한다.

2 저자인 존 줄리어스 노리치가 붙인 원 저작의 주석은 책 말미에 배치했으며, 본문에 *표시와 함께 실려 있는
주석은 내용 이해를 돕기 위해 옮긴이가 덧붙인 것이다. 또한 본문이나 주석에서〔 〕로 묶은 부분 역시 옮긴
이가 덧붙였다.

3 단행본 서적으로 분류할 수 있는 책은 『 』, 문서 및 논문은 「 」, 그 외 예술 작품은 〈 〉로 표시했다.

4 외래어 인명 및 지명, 고유명사의 표기는 외래어 표기법(문교부 고시 제85-11호)에 따랐다.

1

——

위기에 등장한 유능한 황제

1081년

저희는 아주 좋은 요리를 준비했습니다. 맛좋은 양념도 푸짐하게 마련되어 있습니다. 저희의 잔치에 참석하고 싶으시면 어서 오셔서 이 훌륭한 연회의 손님이 되어 주십시오.

알렉시우스와 이사키우스 요한네스 두카스 부제에게, 1081년 2월. 『알렉시아스Alexiad』, II, 6

만지케르트의 후유증

1081년 4월의 부활절에 콘스탄티노플의 소피아 대성당에서 스물네 살의 청년 장군 알렉시우스 콤네누스는 쇠락해 가는 제국의 황제로 공식 즉위했다. 제국이 반 호수의 북쪽 몇 킬로미터 지점에 위치한 만지케르트라는 작은 방어 도시의 외곽에서 셀주크투르크족에게 역사상 최대의 참패를 당한 지 10년째가 되는 해였다. 이 패배로 인해 황제 로마누스 4세 디오게네스가 적에게 사로잡혔고, 한때 무적을 자랑했던 제국군이 수치스럽게도 패주했으며, 정복자들이 점점 아나톨리아를 침략해 들어와 제국 심장부의 영토 약 8만 평방킬로미터가 투르크멘 부족들에게 유린되었다. 단번에 비잔티움은 식량과 인력의 커다란 자원을 잃었고, 이제는 생존조차 위험한 처지가 되었다.

　로마누스가 포로에서 풀려난 뒤에도 계속 바실레오스(basileus, 그리스어로 황제를 뜻하는 용어)로 남을 수 있었더라면 제국을 안정시킬 수 있었을 것이다. 당시 셀주크 술탄 알프 아르슬란은 이집트 파티마 칼리프 왕조의 위협을 더 심각하게 여기고 있었으므로 제국과 대규모 분쟁을 빚을 마음이 없었다. 그와 로마누스는 놀랄 만큼 사이가 좋았고, 황제에게 자유를 준 대가로 체결한 조약에서 술탄은 넓은 영토를 요구하지도 않았다. 그러나 로마누스는 콘스탄티노플의 궁정 혁명으로 타도되었으며, 잠시 무력으로 제위를 되찾으려 시도했다가 실패한 뒤 결국 실명의 형벌을 당하고 죽었다. 그 조약은 한심한 후임 황제인 미카일 7세가 취소해 버렸다. 미카일은 제법 교양과 지성을 갖췄으나 황제가 될 만한 인물은 아니었고, 그의 삼촌인 요한네스 두카스 부제副帝와 학자인 미카일 프셀루스가 막후 실력자로 군림했다. 셀주크족에게는 탄탄대로가 열렸다.

서방의 전망 역시 어두웠다. 만지케르트 사태가 일어나기 불과 넉 달 전인 1071년 4월 16일에 로베르토 기스카르가 이끄는 남부 이탈리아의 노르만군은 3년 동안 포위전을 펼친 끝에 마침내 바리를 점령했다. 유스티니아누스 시대 이래로 500여 년 동안 바리는 제국의 도시였다. 예전에 바리는 부유하고 번영하는 속주의 수도였으나 근년에 들어서는 이탈리아 반도에 유일하게 남은 제국의 영토가 되었다. 이 소란스럽고 적대적인 땅에서 비잔티움의 기치가 펄럭이는 곳은 그 조그만 지역뿐이었다. 그러나 종려주일* 전날인 토요일에는 그 기치마저 영원히 사라져 버렸다.

그 뒤로 '비잔티움령 이탈리아' 라는 말은 성립할 수 없는 모순이 되었다. 이듬해에는 불가리아에서 대규모 봉기가 일어나 제타[1]의

---

*예수가 예루살렘에 입성한 것을 기념하는 부활절 직전의 일요일을 말한다.

미카일 공의 아들인 콘스탄틴 보딘이라는 자가 프리즈렌에서 차르로 즉위했다. 이 반란은 결국 상당한 희생을 치른 뒤 진압되었지만, 혁명의 분위기는 고조되었고 머잖아 더 큰 분란이 발생하리라는 것은 불을 보듯 뻔했다.

마지막으로 로마의 문제가 있었다. 여기서 황제 미카일은 또다시 커다란 정치적 오판을 범했다. 바리가 함락된 뒤 교황 그레고리우스 7세에게 노르만의 위협을 제거해 달라고 호소한 것이다. 그렇게 저자세를 취한 것 때문에 그레고리우스가 아드리아 해의 동부 연안으로 세력권을 넓히겠노라고 공공연히 나설 때도 황제는 그에 반대하지 못했다. 그래서 1075년에 교황은 데메트리우스 즈보니미르라는 가신을 크로아티아의 왕으로 임명했고, 2년 뒤에는 제타의 미카일에게도 왕관을 씌워 주었다. 한편 헝가리인과 페체네그족도 예전의 자세로 되돌아가 발칸 반도 전역을 혼돈의 구덩이로 몰아넣었다.

사방에서 이런 분란들이 속출했으니 군대가 흔들리지 않는 것이 오히려 이상한 일이다. 제국의 군대는 동요를 넘어 반란을 일으키기 시작했다. 최초로 봉기한 자는 노르만 용병 대장인 바일레울의 루셀이었다. 그는 얼마 전에 동포들이 남부 이탈리아에서 한 것처럼 아나톨리아 중부에서 노르만 독립국을 세우려 했다. 루셀은 결국 알렉시우스 콤네누스에게 진압되었으나 감옥에 잠깐 갇혀 있다가 풀려난 뒤 알렉시우스와 힘을 합쳐 다른 두 명의 반역자와 싸웠다. 한 사람은 만지케르트에서 이름을 날린 소수의 지휘관들 중 하나인 두라초 총독 니케포루스 브리엔니우스였고, 또 한 사람은 아나톨리아 군사 귀족의 원로인 니케포루스 보타네이아테스였다. 1077년 11월에

브리엔니우스는 콘스탄티노플 성벽까지 진출했다가 트라키아로 쫓겨났다. 보타네이아테스도 수도 공격을 준비했으나 이내 그럴 필요가 없음이 드러났다. 1078년 3월에 수도에서 폭동이 일어난 것이다. 이에 대처할 능력이 전혀 없는 미카일은 필사적으로 도망쳐 스투디움 수도원으로 피신했다.

3월 24일에 보타네이아테스는 콘스탄티노플에 개선했다. 알렉시우스는 새 황제에게 복종할 수밖에 없었다. 그는 황제에게서 노빌리시무스의 서열과 내무대신, 즉 총사령관의 직함을 받고 즉각 브리엔니우스를 상대하기 위해 출발했다. 몇 달 뒤에 그는 그 반역자를 사로잡아 콘스탄티노플로 돌아왔다. 그러나 기대했던 치하를 받기는커녕 알렉시우스는 수도에 입성해도 좋다는 허락을 가까스로 받았고, 곧이어 또 다른 반란의 조짐이 보이는 아나톨리아로 다시 떠났다. 한편 브리엔니우스는 지하 감옥에 감금되었다가 곧 두 눈이 뽑혔다.

알렉시우스는 명령에 복종하면서도 이유도 알지 못할 냉대를 받은 것에 노골적으로 불만을 터뜨렸다. 사실 니케포루스 보타네이아테스는 그를 두려워했다. 이미 일흔이 넘은 노인인 그는 통제력을 상실한 상태였다. 그 뒤 2년 동안 제국은 점점 더 깊은 혼란 속으로 빠져들었다. 반란과 봉기가 꼬리에 꼬리를 물었고, 투르크족의 진출도 사뭇 위협적이었다. 1080년에 알프 아르슬란의 아들 말리크 샤는 셀주크 룸 술탄국의 영토를 킬리키아에서 헬레스폰트까지 소아시아 전역으로 확대했다.

한편 니케포루스의 인기는 갈수록 떨어졌다. 예전의 제위 찬탈자들―예컨대 니케포루스 포카스, 요한네스 치미스케스, 로마누스 디오게네스―은 모두 전 황제의 자식들을 공동 황제로 임명하고 그들의 보호자를 자처함으로써 나름대로 합법성을 확보하고자 했다. 그러나 보타네이아테스는 미카일 7세의 네 살짜리 아들인 콘스탄티누스를 공동 제위에 앉히지 않아 비잔티움의 시민들에게 도덕적으로 문제가 있다고 비쳤다. 게다가 그는 황제가 된 직후 둘째 아내가 사망하자 전 황제인 미카일이 엄연히 살아 있음에도 불구하고 매혹적인 황후 알라니아의 마리아[2]와 결혼했다(안나 콤네나에 따르면 황후는 페이디아스의 조각상보다도 아름다웠다고 한다).

사실 그녀는 남편이 수도원에 들어갔을 때 폐위됐어야 했다. 그랬으니 교회는 당연히 그런 결혼에 눈살을 찌푸렸고, 더구나 성 바실리우스에 의하면 삼혼三婚은 '점잖은 간통'이었으므로 두 당사자는 4년 동안이나 성찬식에 참여할 수 없었다.[3] 니케포루스는 잃어버린 지지를 되찾기 위해 애쓴 보람도 없이 제국의 국고를 거의 다 탕진해 버렸다. 이미 미카일 7세[4]의 치세에 시작된 물가상승은 점점 더 심해졌다. 더 강력한 지도자가 등장하지 않는다면 비잔티움에 희망은 없었다.

제위에 오른 청년 장군

니케포루스의 인기가 바닥세인 데 반해 알렉시우스 콤네누스의 인기는 꾸준한 상승세였다. 이윽고 그는 콘스탄티노플 시민들의 주목을 받기에 이르렀고 제국을 구원할 수 있는 유일한 인물로 떠올랐다. 그는 일찍이 열네 살 때인 1070년에 형 마누엘을 따라 원정을 가서 셀주크투르크족과의 전투에 처음 참가했으며,[5] 그 이후로 투르크를 상대하든 반란군을 상대하든 결코 전투에서 진 적이 없었다. 그만큼 그는 탁월한 장군이었고, 전투에서 연전연승을 거두었기에 병사들도 그를 깊이 사랑하고 신뢰했다.

그러나 비잔티움 사람들이 보기에 알렉시우스는 또 다른 중요한 자격도 갖추고 있었다. 약 20년 전에 그의 큰아버지인 이사키우스 콤네누스가 잠시 황제로 재위했으므로 엄연히 황실의 혈통에 속했던 것이다. 야망을 품은 그의 어머니 안나 달라세나는 아들 다섯을 키웠는데―알렉시우스는 셋째였다―그중 한 명은 장차 황제가 되리라고 믿었다. 게다가 알렉시우스의 아내인 이레네는 요한네스 두카스 부제의 손녀이며, 만지케르트에서 후안무치하게도 로마누스 디오게네스를 배신했던 안드로니쿠스 두카스[6]의 딸이었다. 그러므로 알렉시우스는 제국에서 가장 부유하고 영향력이 강한 가문의 지지를 받았을 뿐 아니라 교회(1075년에 죽을 때까지 총대주교직을 맡은 사람은 두카스 가문의 부하인 요한네스 크시필리누스였다)와 귀족들 대다수의 지지도 받고 있었다.

하지만 바로 이런 이유들 때문에 궁정에는 적들도 있었다. 그래서 그에게는 무엇보다도 궁정에서의 지지자가 필요했는데, 그 역할을 한 사람은 다름아닌 황후였다. 마리아는 할아버지뻘인 새 남편에게 전혀 애정을 품을 수 없었다. 미카일 7세의 전처로서 그녀는 원래 두카스 가문에 호의적이었고, 알렉시우스 역시 결혼을 통해 두카스 가문에 속하게 되었으므로 자연히 그에게 마음이 이끌린 것이다. 당대의 역사가인 요한네스 조나라스에 따르면, 마리아는 남편의 옛 친구들인 야만족 출신의 보릴루스와 게르마누스가 그 젊은 장군을 제거하려는 음모를 꾸미고 있다는 것을 눈치채고 그를 보호해야 한다고 생각했다. 또한 남편이 자신의 먼 친척을 후계자로 삼으려는 것을 알고 자신의 아들인 콘스탄티누스의 이익을 보호하려는 마음도 있었을 것이다. 혹은 알렉시우스에게 연정을 품고서(이후의 사태는 그런 심증을 더욱 굳게 만든다), 자신과 그의 관계를 마치 테오파노와 치미스케스의 관계처럼 여겼을지도 모른다.[7] 물론 이 가설들은 진실일 수도 있고 아닐 수도 있다. 우리가 정확히 알 수는 없다. 다만 한 가지 확실한 것은 1080년 어느 무렵에 알라니아의 마리아가 알렉시우스 콤네누스를 양자로 삼았다는 사실이다.*

보타네이아테스는 아무런 반대도 하지 않은 듯하다. 허약한 데다 아내에게 완전히 제압당한 그는 그 무렵 상당히 노쇠해 있었다. 그런 탓에 반대하기는커녕 오히려 그해 말에는 놀랍게도 새로 얻은 양자에게 군대를 내주고, 최근 키지쿠스를 점령한 투르크를 정벌하라고 명했다. 그것은 알렉시우스에게 좋은 기회였다. 그는 오래전부터 너무 늦기 전에 늙은 황제를 제거해야 한다고 생각해 왔으며, 암살 같은 방법보다는 솔직하게 군대의 힘을 동원하는 게 낫다고 여겼다. 문제는 어떻게 남의 의혹을 사지 않고 필요한 병력을 확보할 것인가에 있었다. 그런데 이제 단번에 그 문제가 해결된 것이다. 그는 즉각

* 양자가 되는 것은 합법적인 황족의 신분을 얻기 위한 수단이었다.

† 미카일 7세 두카스와 황후 알라니아의 마리아. 안나 콤네나에 따르면 황후는 페이디아스의 조각상 보다도 아름다웠다고 한다.

군대에게 수도에서 조금 벗어나 아드리아노플로 가는 도상에 위치한 추룰로스라는 작은 마을에 집결하라고 명했다.

보릴루스와 게르마누스의 처지에서, 알렉시우스가 마리아의 양자가 되고 원정군 사령관으로 임명된 것은 전혀 반가운 일이 아니었다. 그들은 정적의 입지가 어느 때보다 강해졌다는 것을 알았다. 알렉시우스는 이제 황족처럼 마음대로 황궁에 드나들 수 있었고, 매일 황제나 황후와 접촉할 수 있었다. 특히 황후는 많은 첩자들을 두고 있어 알렉시우스에게 모든 정보를 전해 줄 수 있었다. 군대가 동원되었다는 소식을 들은 보릴루스와 게르마누스는 재빨리 대처해야만 살 수 있다고 판단했다. 그러나 이미 그들의 동태를 파악하고 있던 알렉시우스는 더 빠르게 손을 썼다.

1081년 2월 14일 사순절* 일요일 이른 시각에 그는 형 이사키우스와 함께 육로성벽의 북단과 황금뿔이 이어지는 블라케르나이 궁전으로 가서 황궁의 마구간으로 향했다. 그들은 필요한 말들을 고르고 나머지 말들의 오금을 모두 잘라 추격하지 못하도록 한 뒤 전속력으로 말을 달렸다. 첫 목적지는 황금뿔 북단에 위치한 성 코스마스와 성 다미아누스 수도원, 즉 코스미디온이었다. 여기서 그들은 알렉시우스의 장모인 마리아 트라야나 두카스에게 사태를 알렸으며, 우연히 이레네의 언니 안나의 남편으로 재력과 권력을 갖춘 게오르기우스 팔라이올로구스를 만나 협조하겠다는 약속을 받았다.[8] 그 뒤 형제는 황급히 추룰로스로 가서 집결해 있는 군대와 만난 다

---

* 부활절 8주 전부터 시작되는 참회의 기간.

음 요한네스 부제에게 전갈을 보내 지지를 호소했다.

당시 부제는 공직에서 은퇴하고 수도에서 가까운 모로분도스에 있는 자신의 영지에 살고 있었다. 전령이 도착했을 때 그는 낮잠을 자고 있었는데, 어린 손자가 그를 깨워 반란이 일어났다는 소식을 전했다. 처음에 그가 그 말을 믿지 않고 손자의 뺨을 때리자 전령이 그에게 전갈을 건넸다. 안나 콤네나는 그 내용이 이 장의 첫머리에 인용된 것처럼 초대장으로 위장되었다고 말한다. 요한네스 두카스에게는 그것으로도 충분했다. 그는 곧장 말에 올라 추룰로스로 향했다. 도중에 그는 세금으로 징수한 많은 금을 지니고 콘스탄티노플로 돌아가는 징세관을 만났는데, 그를 설득하여 자신을 따라오게 했다. 그 다음에 만난 투르크 병사들도 보수를 많이 주겠다는 약속을 받고 반란에 합세했다. 그들 일행이 추룰로스에 도착하자 대기하고 있던 군대는 환호성을 질렀다.

대의에 공감하는 다른 지지자들이 모일 때까지 이삼일을 더 기다린 뒤 알렉시우스와 이사키우스는 진군 명령을 내렸다. 조금 의외이지만 그때까지도 반드시 새 황제를 추대한다는 움직임은 없었던 듯하다. 그날 밤 군대가 스키자라는 작은 마을에서 숙영할 때에 이르러서야 비로소 선택의 시간이 왔다. 알렉시우스와 이사키우스 중 누가 더 적합한 황제 후보인가? 생각하는 것만큼 쉬운 결론은 아니었다. 이사키우스는 형이었고, 동방에서 전공을 세워 안티오크 공국을 다스리고 있었으므로 병사들에게서 많은 지지를 얻고 있었다. 그러나 그 자신은 동생에게 제위를 양보하고자 했다. 결국 두카스 가문의 영향력이 말을 한 셈이었다. 그에 따라 알렉시우스는 열렬한 환호를 받으며 황제로 추대되었다. 그는 그 현장에서 공식적으로 비잔 티움 황제의 상징인 쌍두 독수리를 황금으로 수놓은 자주색 장화를 신었는데, 아마 황궁을 떠나기 전에 미리 챙겨 놓았을 것이다.

그런데 보타네이아테스에게 반대하여 반란을 일으킨 것은 그 형 제만이 아니었다. 스키자에서 알렉시우스가 황제로 추대된 바로 그 날 그의 매부인 니케포루스 멜리세누스―형제의 누이 유도키아의 남편―도 보스포루스를 사이에 두고 콘스탄티노플의 바로 맞은편 에 있는 크리소폴리스[9]에서 반란의 기치를 높이 들었다. 아무것도 모른 채 멀리 아나톨리아에서 막 도착한 니케포루스는 콤네누스 형 제가 거병했다는 소식을 듣고는 알렉시우스에게 편지를 보내 제국 을 동방과 서방으로 분할하여 각자 통치하자고 제안했다. 알렉시우 스는 제국을 분할할 생각은 전혀 없었지만, 지나치게 단호하게 거 절하면 매부가 보타네이아테스에게 붙을까 우려하여 일부러 모호 한 답신으로 얼버무렸다. 그러면서 그는 수도를 향해 전력으로 질 주했다.

알렉시우스는 아직 다음 단계를 분명히 정하지 못하고 있었다. 포위전은 결코 불가능했다. 3년 반 전에 그 자신이 브리엔니우스의 공격에 맞서 콘스탄티노플을 방어해 본 경험으로 미루어 그 육중한 삼중 성벽은 아무리 많은 병력으로 공략한다고 해도 *끄떡없으리라* 는 것을 그는 잘 알고 있었다. 그런데 요한네스 부제가 하루나 이틀 동안 신중하게 염탐해 본 결과, 성벽을 방어하는 여러 부대들 중 일 부(예컨대 '불사의 부대'로 불리는 바랑인 경비대)는 현재의 황제를 위해 결사적으로 항전하겠지만 아드리아노플 성문을 방어하는 게르만 부족들을 비롯한 다른 부대들은 어렵지 않게 회유할 수 있을 듯했다.

그 정보에 따라 게오르기우스 팔라이올로구스는 그들의 지도자와 비밀리에 접촉해서 문제를 매듭지었다. 어느 날 땅거미가 깔리기 시작할 무렵 팔라이올로구스와 그의 부하들은 게르만 병사들이 방어를 담당한 탑에 사다리를 대고 올라가 성벽을 넘었다. 곧이어 알렉시우스는 야음을 틈타 전 병력을 그 탑 아래에 집결시켰다. 동이 틀 무렵 모든 준비가 끝났다. 성벽 위에서 팔라이올로구스가 보낸 신호에 따라 성문이 활짝 열렸고 반란군이 콘스탄티노플 시내로 쏟아져 들어갔다.

저항은 거의 없었다. 시민들은 늙은 황제를 거의 존경하지 않았다. 사실 시민들 대다수는 현 황제가 폐위되고, 인기 있고 패기 넘치는 청년 장군이 후임자로 제위에 오른다면 무척 반길 터였다. 다만 정복당한 적처럼 취급되는 것을 원하지 않을 뿐이었다. 그러나 알렉시우스의 군대는 야만족 병사들이 주력군이었던 탓에 나머지 병사들도 쉽게 이들의 영향을 받았다. 성 안에 들어서자마자 병사들은 사방으로 흩어져 약탈과 강간을 저질렀다. 여기에 동네 불량배들까지 합세하면서 삽시간에 수도 전역이 혼란에 빠졌다.

위험의 수위는 쿠데타의 성공 여부가 의문시될 만큼 높아졌고, 현 황제에게 충성하는 세력은 반란이 결국 실패로 돌아가지 않을까 하는 기대를 품었다. 게오르기우스 팔라이올로구스의 아버지로서 아들의 반역에 경악한 니케포루스도 그중 한 사람이었다. 또한 알렉시우스의 옛 친구인 보릴루스도 거기에 포함되었다. 군대 지휘권을 가졌던 그는 반란이 일어나자 바랑인 경비대와 기타 동조 세력을 규합하여 콘스탄티누스 광장과 밀리온[10] 사이에 정렬시켰다.

하지만 보타네이아테스는 자신이 패배했다는 것을 알았다. 처음에 그는 멜리세누스와 결탁하려 했으나 제국의 함대가 게오르기누스 팔라이올로구스의 회유에 넘어가 오히려 해협을 가로막고 나서는 바람에 그 시도가 좌절되자 더 저항할 의욕을 잃었다. 게다가 사람들의 존경을 받는 연로한 총대주교 코스마스는 그에게 더는 피를 부르는 사태가 없도록 제위를 양보하라고 탄원했다.

사실 그렇게 애원할 필요도 없었다. 황제는 니케포루스 팔라이올로구스를 시켜 콤네누스 형제에게 제안을 전했다. 알렉시우스를 양자로 받아들여 공동 황제로 임명하고, 자신은 황제의 직함과 특권만 유지한 채 나머지 모든 권한을 그에게 위임한다는 제안이었다. 요한네스 부제가 그 제안에 코웃음을 쳤을 때도 황제는 다투려 하지 않았다. 그는 황제복 위에 헐거운 외투를 걸치고 광장을 가로질러 소피아 대성당으로 가서 물러날 것을 공식 선언했다. 그는 반세기 전 로마누스 아르기루스가 일곱째 언덕에 지은 거대하고 무시무시한 페리블렙토스 수도원[11]으로 보내져, 내키지 않는 수도원 생활을 받아들였다. 안나 콤네나는 한참 후에 한 친구가 그를 찾아가 어떻게 지내는지 물었던 것을 기록했다. 노인은 이렇게 대답했다고 한다. "고기를 먹지 못하는 게 힘들 뿐 다른 것은 별로 문제가 없다네."[12]

쿠데타 세력의 타협

비잔티움의 제76대 황제가 된 젊은이는 키가 작고 땅딸막한 체구에
딱 벌어진 어깨와 풍성하게 수염을 기른 다부진 모습이었다. 짙은
눈썹 아래의 두 눈은 부드러우면서도 묘하게 예리해 보였다. 그의
딸인 안나조차도 아버지가 그냥 서 있을 때는 그다지 인상적인 모습
이 아니었다고 솔직하게 인정한다. 그러나 제위에 앉은 그는 전혀
다른 모습을 보였다. "그는 맹렬한 회오리바람을 떠올리게 했으며
…… 아름답고 우아하면서도 근접하기 어려운 위엄을 갖추고 있었
다."[13] 안나의 책에서, 특히 자기 아버지에 관한 부분은 조심스럽게
읽어야 한다. 그러나 알렉시우스를 아는 사람들은 한결같이 그가 바
실리우스 2세 이래로 가장 능력 있는 군주이며, 반세기 만에 처음으
로 제국에 강력하고 유능한 지도자가 생겼다고 믿었다.

알렉시우스는 황궁에 도착하자마자 즉각 업무를 시작했다. 가장
시급한 일은 휘하 병사들의 규율을 다잡는 것이었다. 왜냐하면 그들
이 벌인 행동에 대해 그 자신이 책임을 져야 할 뿐 아니라, 병사들을
제대로 통제하지 못한다면 노골적인 폭동이 발발할 가능성이 항상
열려 있기 때문이었다. 병사들은 이미 수도의 모든 구역과 모든 도
로에 퍼져 있었기 때문에 그 작업은 쉽지 않았다. 그러나 24시간 만
에 알렉시우스는 병사들을 모두 추슬러 병영으로 돌려보내고 사태
를 진정시킬 수 있었다. 콘스탄티노플은 평화를 되찾았다.

그러나 알렉시우스는 비잔티움의 신민으로서 양심의 가책에서
벗어날 수 없었다. 이 야만족 병사들을 수도에 풀어놓은 사람은 결

국 그였고, 그렇다면 병사들보다 오히려 그가 더 큰 죄를 지은 게 아닐까? 어머니의 충고에 따라 그는 총대주교에게 고뇌를 털어놓았고, 총대주교는 종교 법정을 소집해서 그 문제를 다루었다. 심의 결과는 유죄였다. 그에 따라 황제와 그의 가족 및 쿠데타에 연루된 모든 사람들은 일정 기간 단식해야 했고, 여러 가지 참회 의식을 치러야 했다. 더욱이 안나에 따르면 40일 동안 알렉시우스는 황제복 안에 늘 거친 베옷을 입었고, 밤에는 바닥에서 돌을 베고 잤다.

그런데 그 무렵 쿠데타 세력 내부에 심각한 불화가 싹트기 시작했다. 특히 알렉시우스의 추종자들과 두카스 가문의 관계가 심상치 않았다. 쟁점은 알렉시우스와 전 황후인 마리아의 관계였다. 마리아는 폐위된 황제의 아내였으므로 즉각 황궁에서 나가야 했지만 전혀 그럴 기색을 보이지 않았다. 물론 마리아는 새 황제의 양어머니라는 신분도 가지고 있었지만, 아무리 그렇다고 해도 황제가 아름다운 그녀와 부콜레온[14]에서 함께 지내면서 열다섯밖에 안 된 어린 아내 이레네 두카스와 장모, 처제들, 할아버지인 요한네스 부제를 더 작고 초라한 궁전에 기거하게 한 것은 납득하기 어려운 처사였다.

이런 조치에 두카스 가문이 어떻게 대응했을지는 뻔하다. 그들이 콤네누스 형제를 지지한 이유는 형제에게 특별한 애정이 있기 때문이 아니라 단지 알렉시우스가 두카스 가문의 딸과 결혼했기 때문이었다. 이레네의 형부인 게오르기우스 팔라이올로구스는 콤네누스의 지지자들이 알렉시우스에게 환호를 보내면서 이레네의 이름을 함께 외치지 않으려 했을 때 이렇게 말했다. "내가 그 큰 승리를 거둔 것은 그대들을 위해서가 아니라 이레네 때문이었다." 그리고 그는 함대를 회유해서 자기 편으로 만든 뒤 수병들에게 이레네와 알렉시우스의 순서로 이름을 외쳐야 한다고 주장했다.

분개한 것은 게오르기우스와 그의 가문만이 아니었다. 수도 전역에 이상한 소문들이 무성하게 나돌았다. 알렉시우스가 어린 아내와 이혼하고 마리아의 세 번째 남편이 되려 한다는 소문이 있는가 하면, 쿠데타의 진정한 주역은 알렉시우스의 야심찬 어머니인 안나 달라세나인데, 원래 두카스 가문을 싫어했던 그녀는 이제 아들이 무사히 제위에 올랐으므로 그 가문의 권력과 영향력을 영구히 제거하려 한다는 소문도 있었다. 앞의 것도 충분히 개연성이 있는 소문이었으나 뒤의 것은 분명한 사실이었다. 며칠 뒤인 부활절에 알렉시우스가 자신의 대관식에 아내를 참석시키지 않자 소문은 날개를 달았다.

두카스 가문뿐만 아니라 비잔티움의 양식 있는 모든 사람에게 그것은 심한 모욕이었다. 오랜 전통에 의하면 황후는 단지 황제의 아내인 것만이 아니라 공식 서열과 상당한 권력을 가진 신분이었다. 황후는 자신의 궁전도 가졌고 독자적인 세금 징수 지역에 대한 절대적인 통제권을 보유했으며, 제국의 공식 행사에서 필수불가결한 역할을 담당했다. 사실 마땅히 함께 치러야 할 대관식에 아내를 뺀 것에 대해서는 알렉시우스 자신도 몹시 불편했다. 설사 두카스 가문에 별다른 애정이 없다 해도 그들에게 큰 신세를 진 것은 틀림없는 사실이었다. 게다가 아직 치세 초기인데 제국 최대의 세도 가문을 적으로 만드는 게 과연 현명한 짓일까? 잠시 그는 어머니의 설득에 마음이 흔들렸으나 이미 돌아갈 수 없는 다리를 건넜다고 믿었다.

사태를 위기로 몰아넣은 것은 양측 사람들이 아니라 총대주교였다. 늙은 코스마스는 마지못해 황제의 단독 대관식을 집전했으나 그의 양심은 내내 편치 않았다. 그런데 며칠 뒤에 안나 달라세나가 보낸 사람들이 그를 찾아와서는 그에게 사임을 강요하면서 안나가 지명한 사람—유스트라티우스 가리다스라는 환관—을 총대주교로 앉히는 게 신상에 좋을 것이라고 강력하게 권고했다. 그러자 그는 참았던 분노를 터뜨렸다. 그는 자신의 이름을 걸고 소리쳤다(비잔티움에서 자기 이름을 걸고 선언하는 것은 특별히 엄숙한 의미를 지녔다). "코스마스를 걸고 말하건대, 만약 이레네에게 내 손으로 대관식을 치러 주지 못한다면 나는 총대주교직을 결코 내놓지 않을 것이오." 그가 과연 이 맹세의 자명한 결과를 감수하려 했는지는 기록에 없다. 어쨌든 알렉시우스가 황제로 공식 즉위한 지 이레째 되는 날 어린 황후는 소피아 대성당에서 대관식을 치렀다. 그리고 그해 5월 8일에 코스마스는 칼리아스의 수도원으로 떠났고, 환관 가리다스가 총대주교직을 계승했다.

일주일 만에 치른 두 번째 대관식으로 두카스 가문은 승리감에 도취했고, 알렉시우스는 첫째 교훈을 얻었다. 만약 그와 양어머니 사이에 감정적인 연계가 있었다면 이제 그것은 깨졌다. 마리아는 부콜레온을 떠나겠다면서 두 가지 조건을 내걸었다. 첫째는 자신의 안위 및 미카일 7세와의 사이에서 낳은 아들 콘스탄티누스의 안전을 '진홍색 글씨로 새기고 황금 봉인을 찍은' 문서로 보장해 달라는 것이었다. 둘째는 콘스탄티누스를 알렉시우스와 함께 공동 황제로 임명해 달라는 것이었다. 이 두 조건이 즉각 수락되자 그녀와 콘스탄티누스는 35년 전 콘스탄티누스 9세가 연인인 스클레리나를 위해 망가나 수도원 옆에 지은 화려한 저택에 은거했다.[15] 이사키우스 콤네누스도 그들과 함께 갔는데, 알렉시우스는 공동 황제 바로 아래 서열로 세바스토크라토르sebastocrator라는 직함을 새로 만들어 형에게 주었다(부제 자리는 이미 니케포루스 멜리세누스에게 주기로 약정되었다). 그 뒤 알렉시우스는 즉시 이레네를 부콜레온으로 데려왔다. 그들은 많은 사람들의 예상과 달리 행복한 결혼 생활을 영위했고 자식을 아홉이나 낳았다.

　그러나 새 황제의 가정 생활에는 서광이 비쳤지만, 정치 분야에서는 급속히 먹구름이 몰려오고 있었다. 알렉시우스가 대관식을 치른 지 불과 한 달 뒤에 아풀리아의 노르만 공작 로베르토 기스카르가 로마 제국에 대한 대규모 공세에 나선 것이다.

2

제국을 위협하는 노르만족

1081년~1091년

이 로베르토라는 사람은 노르만 혈통으로 신원은 알 수 없었으나 오만한 성격을 지닌 철저한 악한이었다. 그는 용감한 전사였고, 훌륭한 사람들의 재산과 권력을 교활하게 탈취하는 솜씨가 뛰어났다. 자신의 목적을 달성하는 데는 지독히도 냉혹했으며, 명백한 논증으로 비판을 피해 갈 줄도 아는 자였다. 그는 키가 무척 컸고, 얼굴색은 붉었으며, 금발과 넓은 어깨를 가졌고 눈은 불꽃이 튈 듯 반짝였다. …… 호메로스는 아킬레우스가 소리를 지르면 수많은 군중이 시끄럽게 떠드는 듯한 소리가 났다고 말한 바 있지만, 로베르토가 소리를 지르면 수만 명이 달아났다고 한다.

『알렉시아스』, I, 11

폭풍 전야의 외교

남이탈리아의 노르만인에 대한 이야기는 1015년 무렵 40명가량의 젊은 순례자들이 아풀리아 북부 몬테 가르가노에 있는 대천사 미카엘의 동굴 사당에 찾아온 것에서부터 시작한다. 그들은 인구가 적고 황량한 이 지역을 도전해 볼 만한 기회로 여겼다. 그러던 차에 그들은 마침 현지 롬바르드족 지도자들의 제안을 받아 용병으로 고용되어 비잔티움에 맞섰다.

이 소식이 노르망디에 전해지자 집 없고 할 일 없는 젊은이들이 하나둘씩 부와 모험을 찾아 남이탈리아로 오는가 싶더니 점점 그 수가 늘어나면서 꾸준한 이주가 이어졌다. 고용주가 롬바르드족이든 그리스인이든 가리지 않고 용병으로 활약하던 노르만인들은 이내 급료를 금이 아니라 토지로 달라고 요구했다. 1030년에 나폴리 공작 세르기우스는 용병 대장 라이눌프에게 감사의 표시로 아베르사 지역을 내주었다. 이후 노르만인의 진출은 급류를 탔다. 1053년에

† 로베르토 기스카르(1015-1085)의 모습이 새겨진 청동 주화(좌)와 비잔티움군의 수호성인 성 데메트리우스가 오른쪽의 바실리우스 1세에게 라바룸을 건네는 모습이 새겨진 1081년경의 금화(우).

아풀리아의 치비타테에서 그들은 교황 레오 9세가 직접 양성하여 거느리고 온 대군을 거뜬히 물리쳤다.

그 무렵 노르만 족장들 중 최고 권력자는 노르망디 공작 휘하의 변변치 못한 기사인 오트빌의 탕크레드라는 자의 집안이었다. 그의 열두 아들 중 여덟 명이 이탈리아로 이주했는데, 그중 다섯은 일급 지도자가 되었으며, 기스카르(Guiscard, '꾀돌이')라는 별명의 로베르토는 특히 뛰어난 자질을 갖춘 인물이었다. 치비타테의 패배 이후 교황의 정책은 바뀌었다. 1059년 교황 니콜라우스 2세는 아풀리아, 칼라브리아, 시칠리아를 새로 공작령으로 만들어 로베르토에게 작위와 함께 수여했다. 사실 아풀리아와 칼라브리아 지역은 대부분 비잔티움에 속했고, 시칠리아는 아직 사라센의 수중에 있었다. 그러나 로베르토는 합법성으로 입지를 강화했으니 '정복 면허'를 취득한 셈이었다.

2년 뒤 로베르토와 막내 동생 루지에로는 시칠리아를 침략했으며, 이후 10년 가까이 시칠리아와 남이탈리아에 압박을 가했다. 앞에서 보았듯이 1071년에 바리가 함락되면서 이탈리아에 마지막으로 남은 비잔티움의 거점이 사라진 것이다. 이듬해 초에는 팔레르모가 함락되어 시칠리아에 남은 사라센의 거점도 사라졌다. 또 1075년에는 롬바르드족의 마지막 독립 공국인 살레르노마저 노르만인들에게 정복되었다. 이로써 가릴리아노 강 이남의 이탈리아 전역이 로베르토 기스카르가 이끄는 노르만 세력의 지배를 받게 되었다.

수 세기 전부터 시칠리아는 마그나 그라이키아라는 이름으로 불려 왔으며, 우리가 다루는 이 당시에는 이탈리아보다 그리스 요소가 강한 곳이었다.* 주민의 대다수는 그리스어를 사용했으며, 오늘날에도 외딴 마을에서는 그리스어를 쓰고 있다. 또한 성당과 수도원에서도 거의 대부분 그리스 식으로 의식을 치렀다. 아풀리아와 칼라브리아는 비잔티움이 지배하던 시절처럼 여전히 테마로 불렸고, 중요한 조직을 이끄는 관리들도 예전처럼 군사 총독, 총독, 태수 등과 같은 비잔티움 식 직함을 유지했다. 그랬으니 기스카르가 자신이 다스

---

* 지금의 이탈리아는 한 나라를 이루고 있지만, 사실 남이탈리아는 상당히 다른 역사를 지녔다. 시칠리아와 남이탈리아 해안의 마그나 그라이키아(Magna Graecia)는 '큰 그리스'라는 뜻으로, 고대 그리스 시대부터 발달한 곳이었다. 폴리스들의 해외 식민시 개척이 활발했던 기원전 8세기에 건설되기 시작한 마그나 그라이키아는 서부 지중해 무역을 독점함으로써 이오니아 식민시들과 더불어 그리스의 대표적인 거대 식민시군으로 발달했다. 페르시아 전쟁과 펠로폰네소스 전쟁을 거치면서 그리스 본토와 이오니아의 폴리스들이 약해지기 시작한 기원전 5세기부터는 오히려 마그나 그라이키아가 '그리스보다 더 그리스적인' 문명을 이어 가게 된다(고전 철학에서는 피타고라스 학파와 엘레아 학파의 무대가 바로 이곳이다). 그러나 경제력은 강하지만 군대가 약했던 탓에 로마와 카르타고가 다툰 포에니 전쟁에서는 양측의 눈치만 보다가 결국 승자인 로마의 세력권으로 편입된다. 로마가 멸망한 뒤 아랍 세력이 시칠리아에 진출하는 과정은 『비잔티움 연대기: 창건과 혼란』에 소개되어 있다.

리는 이탈리아의 영토에 관한 한 로마 황제의 후계자로 자처하고, 나아가 비잔티움의 제위까지 꿈꾼 것은 놀랄 일이 아니었다.

하지만 그 꿈은 비잔티움 측에서 부지불식간에 불어넣어 준 것이기도 했다. 이미 1073년에 그는 미카일 7세에게서 두 통의 서신을 받았다. 군사 동맹의 대가로, 황실에서 태어난[16] 황제의 동생—"굳이 이런 것까지 말해야 할지 모르겠지만, 그는 워낙 잘생겨서 제국의 조각상이라고 불릴 만했다"—과 로베르토의 딸들 중에서 가장 아름다운 딸을 결혼시키자는 제안이었다. 여기에 답신이 없자 미카일은 제안을 더욱 강화한 또 다른 편지를 보냈다. 이번에는 자신의 갓난 아들 콘스탄티누스를 장래의 신랑감으로 정하는 한편, 로베르토에게는 비잔티움의 훈장을 44개나 주어 가족과 친지들에게 나누어 줄 수 있도록 하고, 아울러 매년 금 200파운드를 주겠다고 제안했다.

기스카르는 더 망설이지 않았다. 제위 계승에는 늘 불확실한 요소가 있었지만 현직 황제의 아들은 확실한 보증수표였다. 그는 자신의 딸을 비잔티움의 황후로 들일 수 있는 기회를 놓치고 싶지 않았다. 훈장을 받는 것은 곧 자신의 주요 부하들이 미카일에게 공개적으로 뇌물을 받는 셈이었으므로 썩 내키지 않았으나 감수하지 못할 위험은 아니었다. 그가 제안을 받아들이자 곧 신부감이 콘스탄티노플로 떠났다. 젖먹이 약혼자가 결혼할 수 있는 나이로 자랄 때까지 황궁의 규방에서 신부 수업을 쌓아야 했던 것이다.

훗날 이 일에 관해 안나 콤네나는 좀 짓궂은 기록을 남겼다.[17] 황제가 다짐을 두었음에도 불구하고 어린 헬레나—그녀는 콘스탄티노플에 도착하자마자 그리스 식 이름으로 다시 세례를 받고 정교회에 소속되었다─의 외모가 기대했던 것에 크게 미치지 못해 신랑감은 그녀와의 결혼을 마치 '도깨비의 자식'과 결혼하는 것처럼 끔찍하게 여겼다는 것이다. 그러나 안나 자신이 나중에 콘스탄티누스와 열렬한 사랑에 빠져 약혼했다는 것을 감안하면, 그녀의 판단은 좀 불순한 감이 있다.

1078년에 미카일 7세가 니케포루스 보타네이아테스에 의해 폐위되자 헬레나가 황후가 될 수 있는 길은 완전히 막혀 버리고 말았다. 앞에서 보았듯이 폐위된 황제는 수도원에 은거했는데, 책을 좋아하는 그의 기질은 황궁보다 수도원이 훨씬 더 잘 맞았으므로 그에게는 환영할 일이었다. 그러나 졸지에 수녀원에 갇혀 지내게 된 그 불운한 공주는 틀림없이 만족스럽지 않았을 것이다. 그 소식을 접한 그녀의 아버지는 심사가 엇갈렸다. 황제의 장인이 되겠다는 희망은 물거품이 되었지만, 자기 딸을 그렇게 대우했다는 것은 그가 간섭하기에 좋은 구실이 되었다. 마침 남이탈리아에서 반란이 일어나는 바람에 그의 행동은 다소 지연되었으나 1080년 여름에는 전쟁 준비에 전념할 수 있었다. 사실 전쟁 준비가 지연되어도 그는 손해 볼 게 없었다. 제국은 날이 갈수록 혼돈의 구렁텅이에 더 깊숙이 빠져들고 있었기 때문이다. 이런 상황에서 충분한 준비를 거친 뒤 공격을 전개한다면 승산은 있었다.

그는 처음부터 거느려 온 전투 경험이 풍부한 병사들에 만족하지 못하고 새로 군대를 편성했다. 나이를 불문하고 신병을 모집한다는 소식이 전해지자 롬바르디아와 아풀리아 전역에서 늙은이와 젊은이 할 것 없이 많은 사람들이 모여들었다. 무기 같은 것은 꿈에서조차 본 적이 없는 사람들도 있었다. 그런 병사들이 이제 흉갑을 입고, 방패를 들고, 전혀 익숙하지 않은 활시위를 서툰 자세로 당겼다. 전진하라는 명령을 받으면 넘어지기 일쑤였다.

안나 콤네나는 로베르토의 전쟁 준비를 이렇게 묘사한다. 어쨌든 원정 준비는 가을과 겨울에 걸쳐 착착 진행되었다. 그동안 함대가 정비되고 육군의 병력과 장비가 보강되었다. 기스카르는 그리스 백성들에게 열정을 불어넣기 위해 사이비임이 분명한 정교회 수도사까지 동원해서 사기를 쳤다. 전쟁 준비가 한창일 무렵 그 수도사는 살레르노에 와서 황당하게도 자신이 바로 미카일 황제라고 주장했다. 그는 수도원에서 가까스로 탈출해 나왔다면서 용감한 노르만 동맹군에게 잃어버린 제위를 찾아달라고 부탁했다. 아무도 그의 말을 믿지 않았지만, 로베르토는 그를 전폭적으로 믿는 체하면서 몇 개월 동안 그에게 특별한 대우를 해 주었다.

그러던 중 12월에 기스카르는 콘스탄티노플에 대사를 보내기로 했다. 그 목적은 세 가지. 보타네이아테스에게 헬레나를 만족스럽게 대우해 달라고 요구하고, 당시 제국의 수도에 고용되어 있는 상당수 노르만인들의 세력을 결집하는 한편, 당시 내무대신이었던 알렉시우스 콤네누스의 지지를 획득하는 것이었다. 로베르토는 퐁투아즈의 백작 라뒬프라는 사람을 대사로 발탁했으나 그의 임무는 성공하지 못했다. 라뒬프가 콘스탄티노플의 황제나 노르만인들과 어떻게 지냈는지는 기록에 없지만, 내무대신의 사람됨에 매료된 것은 분명하다. 귀환 길에 그는 알렉시우스가 쿠데타를 일으켰다는 소식을 들었다(아마 예상하지는 못했을 것이다). 그는 당시 브린디시에 있던 주군을 찾아가서 순진하게도 원정을 완전히 취소하라고 설득했다. 새황제는 노르만인들과 친해지고자 한다는 게 그의 주장이었다.

알렉시우스는 미카일 7세의 친한 친구였고, 로베르토의 사윗감인 어린 콘스탄티누스의 공식 후견인으로서 그 일곱 살짜리 소년에게 관직까지 주었다. 또한 알렉시우스의 관리 아래서 헬레나는 자기 아버지와 함께 있는 것처럼 안전했다. 게다가 라뒬프는 전 황제 미카일이 수도원에 있는 것을 자기 눈으로 직접 목격했노라고 말했다. 로베르토가 자기 편이라고 믿고 중시했던 미카일은 알고 보니 완전한 사기꾼이었다는 것이다. 라뒬프는 즉각 알렉시우스에게 사절을 보내 평화와 우호를 제안하라고 로베르토에게 권했다. 그러면 헬레나는 콘스탄티누스와 결혼하거나 가족의 품으로 돌아올 수 있을 터였다. 유혈극은 피할 수 있고 원정군 병사들은 각자 집으로 무사히 돌아갈 수 있을 것이었다.

로베르토 기스카르는 화를 잘 내기로 악명이 높았다. 그가 딱한 라뒬프에게 분노를 터뜨리는 모습은 보기에도 무시무시했다. 그는 결코 콘스탄티노플과의 평화를 원하지 않았다. 이미 원정군은 장비를 완벽하게 갖춘 채 브린디시와 오트란토에 모여 항해할 준비를 하고 있었다. 유럽 최고의 전리품이 그의 수중에 있었다. 황실과의 결혼에는 전혀 관심이 없었다. 설사 딸이 결혼한다 해도 이제는 황실과의 결혼이 아니었다. 딸을 돌려받는 데는 더욱 관심이 없었다. 그에게는 딸이 여섯이나 더 있었을뿐더러 헬레나는 콘스탄티노플에서 아주 유용한 역할을 하는 중이었다. 게다가 그는 아직 그 사이비 수도사를 미카일 황제라고 믿는 척했고—그의 연기가 좀더 괜찮았다면 더 좋았겠지만—미카일을 여전히 적법한 황제라고 여겼다. 이제 그에게 무엇보다 중요한 것은 알렉시우스가 헬레나를 돌려보내 일을 그르치기 전에 작전을 개시하는 것이었다. 다행히 그는 맏아들인 보에몽—멋진 금발을 자랑하는 스물일곱 살의 거한이었다—에게 선발대를 맡겨 아드리아 해를 건너가게 해 놓았으니 아들과 빨리 합류할수록 더 유리했다.

노르만의 두라초 침공

1081년 5월 말에 드디어 대함대가 출발했다. 함대에는 노르만 기사 1300명과 더불어 대규모의 사라센 지원군, 다소 주저하는 태도의 그리스 병사들을 포함한 수천 명의 이질적인 보병들이 타고 있었다. 아블로나[18]에서는 라구사*의 함선들도 원정군에 합세했다(발칸 민족들이 대개 그렇듯이 라구사인들은 늘 제국에 적대적이었다). 이후 함대는 해안을 따라 천천히 항해하여 코르푸에 닿았다. 코르푸의 제국 수비대는 즉각 투항했다. 이로써 교두보가 확보되고 이탈리아에서 증원군이 자유롭게 올 수 있게 되어 로베르토 기스카르는 전투에 더욱

* 달마치야 남쪽의 항구 도시이다.

매진할 수 있었다.

그의 첫째 목표는 일리리아의 수도이자 주요 항구인 두라초[19]였다. 거기서부터 800년 된 에그나티아 가도를 타고 동쪽으로 발칸 반도를 가로질러 마케도니아와 트라키아를 지나면 곧바로 콘스탄티노플이었다. 하지만 이내 행군이 그리 순조롭지 않으리라는 사실이 분명해졌다. 북쪽으로 가서 아크로케라우니아 곶—고대인들은 유피테르 신이 벼락을 내리치기 쉬운 곳이라는 이유로 그곳을 피했다—을 도는 순간 로베르토의 함대는 갑작스러운 폭풍을 만났다. 일부는 거기서 침몰되었고, 간신히 살아남은 나머지 함선들이 두라초 연해의 정박지에 도착해서 한숨을 돌리는 순간 북서쪽 수평선에서 베네치아 함대가 다가오는 게 보였다.

사실 기스카르가 제국의 영토에 상륙했다는 소식을 들었을 때 알렉시우스는 도제[Doge, 베네치아 공화국의 총독]인 도메니코 셀보에게 긴급 지원을 요청했다. 그런데 실은 그럴 필요도 없었다. 오트란토 해협을 노르만인이 지배하는 것은 제국만이 아니라 베네치아에도 심각한 위협이었기 때문이다.* 그래서 셀보는 직접 전함들을 거느리고 즉시 달려왔다. 밤이 되자 그는 노르만 함선들에 대해 대대적인 공세를 펼쳤다.

로베르토의 병사들은 완강하게 저항했으나 해전 경험이 없어 당

---

* 오트란토 해협은 지중해에서 아드리아 해로 들어가는 입구이기 때문에 이곳이 통제되면 베네치아는 발이 묶이는 셈이다. 게다가 당시 베네치아는 피사, 제노바 등 이탈리아 반도의 서해안을 이용하는 도시들과 지중해 무역을 놓고 경쟁을 벌이고 있었으므로 오트란토 해협은 곧 생명줄과도 같았다.

할 수밖에 없었다. 베네치아인들은 550년 전에 벨리사리우스가 팔레르모에서 사용한 방법을 구사했다. 보트에 활대의 양쪽 끝까지 병사들을 싣고 밧줄로 들어올려 아래의 적들에게 화살 세례를 퍼붓는 것이다.[20] 또한 그리스 화약을 제조하는 방법도 배운 듯하다. 노르만 역사가인 제프리 말라테라는 이렇게 쓰고 있다. "그들은 그리스 화약이라는 무기로 공격했다. 이것은 물로도 꺼지지 않고, 물속에 잠긴 관을 통해서 발사되기 때문에 우리의 배들은 수면 아래에서 불탔다." 그런 전술과 그런 무기에 노르만군은 속수무책이었다. 비록 대열은 무너졌지만 베네치아 함대는 적을 물리치면서 두라초 항구에 무사히 도착했다.

그러나 그런 정도로 좌절할 아풀리아 공이 아니었다. 그에게는 아직 대병력의 육군이 건재했고(해전이 벌어지기 전에 미리 상륙시켰다) 이제 그 병력은 두라초를 포위했다. 알렉시우스는 게오르기우스 팔라이올로구스에게 소규모 병력을 맡겨 두라초로 보내면서, 어떻게 해서든 자신이 병력을 모아 지원하러 갈 때까지 적을 붙잡아 두라고 명했다. 두라초의 방어군은 지원군이 온다는 소식을 듣고 더욱 거세게 저항했다. 여름 내내 포위가 지속된 가운데 방어군은 간간히 돌격대를 내보내면서 버텼다. 어느 무더운 날에는 팔라이올로구스가 머리에 노르만군이 쏜 화살촉이 박힌 상태에서 하루 종일 용감하게 적과 싸운 적도 있었다. 이윽고 10월 15일에 알렉시우스가 몸소 선두에서 군대를 이끌고 도착했다. 사흘 뒤에 역공이 개시되었다. 로베르토는 두라초 북쪽으로 약간 이동해서 대열을 정비했다. 중앙은 그 자신이 맡고, 좌익이자 측면에 해당하는 내륙 쪽은 그의 아들

보에몽이 맡았으며, 우익은 살레르노의 롬바르드족 공주이자 로베르토의 아내인 시켈가이타가 맡았다.

시켈가이타에 관해서는 약간의 설명이 필요할 듯싶다. 그녀는 전형적인 바그너형 인물로서 역사에서 가장 비슷한 유형을 찾자면 발키리에*라고 할 수 있다. 덩치가 매우 크고 힘도 무척 센 그녀는 항상 남편 곁에 그림자처럼 붙어 다녔으나, 물론 그녀가 가장 즐기는 전투를 할 때는 예외였다. 전장에서 그녀는 투구 아래로 긴 금발 머리를 늘어뜨린 채 여기저기 뛰어다니면서 병사들에게는 독려의 함성을, 적에게는 욕설을 퍼부었는데, 그 소리가 워낙 커서 듣는 사람은 귀가 멍할 정도였다. 그녀는 가히 오딘의 딸이라 할 만하며, 발트라우테, 혹은 그림게르다, 혹은 브룬힐트에 견줄 만한 여인이었을 것이다.**

항상 그랬듯이 황제는 강력한 바랑인 경비대를 거느리고 직접 전

---

* 발키리에(Valkyrie)는 북유럽의 신화에 나오는 여신이다. 바이킹은 싸우다 죽는 것을 최고의 영예로 여겼고, 그렇게 전사하면 발할라라는 천국에 갈 수 있다고 믿었다. 발키리에는 최고신 오딘의 시녀로서, 전사한 영웅의 영혼을 발할라로 인도하는 역할을 맡았다. 따라서 본문에 나오는 '역사에서'라는 말보다는 '신화에서'라는 말이 더 어울릴 것이다.
** 브룬힐트는 중세 독일의 유명한 서사시 『니벨룽겐의 노래』에 나오는 이젠란트의 여왕이다. 네덜란드 왕자인 지크프리트는 부르군트 왕 군터의 여동생인 크림힐트와 결혼하고 싶었고, 군터는 브룬힐트와 결혼하고 싶었다. 그러나 남성을 능가하는 여전사였던 브룬힐트는 자신과 싸워 이기는 자와 결혼한다는 조건을 내걸었다. 자신이 없었던 군터는 지크프리트에게 부탁해서 브룬힐트를 이기게 도와주면 동생과의 결혼을 허락해 주겠다고 말한다. 지크프리트는 마법의 힘을 빌려 군터를 도와주었고 두 사람은 마침내 원하는 여성들과 각각 결혼할 수 있었다. 지은이가 시켈가이타를 브룬힐트에 비유한 것은 바로 앞에서 그녀를 바그너형 인물이라고 표현한 것과 무관하지 않다. 19세기 독일의 작곡가 바그너는 그 이야기를 바탕으로 『니벨룽겐의 반지』라는 악극을 만들었기 때문이다.

투를 지휘했다. 당시 바랑인 경비대는 주로 잉글랜드의 앵글로색슨족으로 구성되어 있었는데, 그들은 헤이스팅스 전투* 이후 조국에 환멸을 느끼고 비잔티움으로 온 병사들이었다. 그들은 15년 동안 혐오스러운 노르만인들에게 복수하기를 고대했으므로 누구보다도 용맹하게 싸웠다. 커다란 양날 도끼를 휘두르며 말과 사람을 가리지 않고 공격하는 그들은 아풀리아 기사들에게 가히 공포의 대상이었다. 그처럼 기병에게 정면으로 달려드는 보병은 일찍이 본 적이 없었던 것이다. 얼마 안 가서 노르만군의 우익은 삽시간에 무너졌고 학살을 모면하기 위해 곧장 바다로 뛰어드는 자도 부지기수였다.

그런데 당시의 기록을 그대로 믿는다면 그날의 구세주는 바로 시켈가이타였다. 안나 콤네나는 그 이야기를 다음과 같이 전한다.

병사들이 달아나는 것을 본 로베르토의 아내 가이타(남편 곁에서 말을 달리는 그녀는 아테나까지는 아니더라도 팔라스처럼 늠름해 보였다**)는 맹렬히 그들을 쫓아가서 우렁찬 목소리로 마치 호메로스의 시를 읽는 것처럼 이렇게 외쳤다. "어디까지 달아나려는가, 그대들이여? 어서 일어나서 사나이답게 행동하라!" 그래도 병사들이 계속 달아나자 그녀는 장창을 움켜쥐고 전속력으로 말을 달려 도망자들을 쫓았다. 그제야 병사들

---

* 1066년에 노르망디 공작 윌리엄은 도버 해협을 건너 헤이스팅스에서 앵글로색슨 왕 해럴드 2세를 물리치고 영국을 정복했다. 앵글로색슨족도 영국의 원주민은 아니지만 5세기부터 대륙에서 옮겨와 영국을 터전으로 삼고 살아왔으므로 노르만인들이 지배하게 된 조국을 혐오하는 것은 이해할 수 있다. 하지만 일부만 그랬을 뿐 대다수는 윌리엄의 노르만 왕조를 지배층으로 받아들였다.
** 팔라스는 아테나 여신의 이름이므로 안나는 말장난을 한 것이다.

은 정신을 차리고 전장으로 돌아왔다.

그때 보에몽의 좌익도 서둘러 구조하러 달려왔다. 그의 궁수 부대가 나서자 바랑인 병사들은 적에게 가까이 접근할 수 없어 거꾸로 진퇴유곡에 빠졌다. 그리스군의 본대보다 너무 앞서 나왔기 때문에 퇴로마저 차단되어 그들은 그 자리에서 계속 싸울 수밖에 없었다. 마침내 살아남은 일부 병사들은 방향을 틀어 인근에 있던 대천사 미카엘의 예배당으로 피신했다. 그러나 노르만군은 서슴없이 그 예배당에 불을 질러―몬테 가르가노는 아주 멀리 있었으므로―바랑인 병사들은 거의 다 불에 타 죽고 말았다.

한편 황제는 중앙에서 여전히 용감히 싸우고 있었다. 그러나 비잔티움군의 정예 병력은 이미 오래전에 만지케르트에서 궤멸되었고, 지금 이끌고 있는 잡다한 야만족 용병들은 오합지졸인 데다 아풀리아의 노르만군을 물리치겠다는 신념도 없었다. 게오르기우스 팔라이올로구스가 이끄는 두라초의 돌격대도 전황을 구하지 못했으며, 설상가상으로 알렉시우스의 가신이었던 제타의 왕 콘스탄틴 보딘과 셀주크 술탄 쉴레이만이 빌려준 7천 명의 투르크 지원군이 황제의 기대를 저버리고 배신하는 사태마저 일어났다. 이제 마지막 승산마저 사라졌다. 병사들과 차단된 데다 게오르기우스의 아버지 니케포루스 팔라이올로구스와 미카일 7세의 동생 콘스탄티우스를 전장에서 잃었다는 슬픔, 심한 피로, 이마에 난 상처의 출혈과 통증에 시달리면서 알렉시우스는 호위병도 없이 말을 타고 오크리드의 산악 지대로 돌아왔다. 거기서 그는 건강을 회복하고 잔여 병력을 수습했다.

그래도 두라초는 넉 달을 더 버텼다. 1082년 2월이 되어서야 노르만군은 성문을 열 수 있었는데, 그것도 한 베네치아 주민이 배신한 덕분이었다(말라테라에 따르면 그는 그 대가로 로베르토의 조카딸과 결혼시켜 달라고 요구했다). 그러나 두라초를 손에 넣은 뒤부터는 정복의 속도가 한층 빨라졌다. 지역 주민들은 황제가 패배한 것을 알고는 침략자들에게 전혀 저항하지 않았다. 그리하여 불과 몇 주일 만에 일리리아 전역이 기스카르의 수중에 들어왔다. 그 뒤 그는 동쪽으로 카스토리아까지 행군했다. 그 도시는 300여 명의 바랑인 병사들이 방어군에 포함되어 있었는데도 쉽게 항복했다. 이 사건은 그러잖아도 하늘을 찌를 듯한 노르만군의 사기를 더욱 높여주었다. 제국의 정예부대마저 그들의 진군을 가로막지 못한다면 콘스탄티노플은 그들의 것이나 다름없었다.

그러나 사정은 전혀 그렇지 않았다. 4월에 로베르토가 아직 카스토리아에 있을 때 이탈리아에서 사자들이 도착해 아풀리아와 칼라브리아, 캄파니아에서 대대적인 반란이 터졌다는 소식을 전했다. 아울러 그들은 교황 그레고리우스 7세의 서신을 가져왔다. 그의 숙적인 로마인의 왕[21] 하인리히 4세가 로마의 관문에 와서 서방 황제의 지위를 요구하고 있으니 공작은 한시바삐 귀국해 달라는 내용이었다.* 할 수 없이 로베르토는 보에몽에게 원정군 지휘를 맡기고, 그리스로 돌아올 때까지 수염을 깎지 않겠다고 아버지 탕크레드의 영혼에게 맹세한 뒤 서둘러 해안으로 가서 배를 타고 아드리아 해를 건넜다.

기스카르의 집념

알렉시우스는 로베르토 기스카르를 맞아 베네치아에만 도움을 요청한 게 아니었다. 이미 그는 즉위할 무렵부터 로베르토의 공격에 대비해야 한다는 것을 느끼고, 동맹이 될 만한 세력을 열심히 찾았다. 가장 가까운 동맹자는 바로 로베르토의 조카인 아벨라르였다. 로베르토의 형 윙프레의 아들인 그는 삼촌에게 쫓겨난 뒤 콘스탄티노플에 피신해 있었으므로 쉽게 설득할 수 있었다. 그는 비밀리에 이탈리아로 돌아와 비잔티움에서 내준 막대한 자금과 형제인 에르망의 도움을 받아 반란을 일으켰다.

또한 알렉시우스는 하인리히 4세에게 사절을 보내 아풀리아 공작을 제어하지 않는다면 장차 위험해질 것이라고 충고했다. 양자의 거래는 협정으로 귀결되었고, 알렉시우스는 동맹의 대가로 하인리히에게 금괴 36만 개, 고위 궁정 관리 스무 명의 급료, 진주가 박힌 황금 가슴 장식, 크리스털 술잔, 붉은줄마노로 만든 컵, 그리고 '성인들의 유품이 작은 꼬리표로 분류되어 담긴 금갑 성물함' 등 귀중한 보물들을 선물했다. 어느 모로 보아도 값비싼 계약이었다. 그러

---

* 당시 하인리히 4세는 밀라노 주교의 임명권 문제로 교황과 다투고 있었다. 6년 전인 1076년에 그는 교황으로부터 파문을 당하고 일단 교황 앞에 무릎을 꿇었는데, 이것이 바로 카노사의 굴욕이라고 알려진 사건이다. 그러나 그 직후 하인리히는 권토중래 끝에 독일 지역의 제후들을 굴복시키고 다시 교황권에 도전한다. 본문의 장면은 이에 놀란 그레고리우스가 발칸에 있는 로베르토에게 구원을 요청한 것을 가리킨다. 당시 하인리히는 로마를 손에 넣고 자기 손으로 새 교황을 옹립했으며, 그레고리우스는 로베르토의 영토인 살레르노에 피신해 있다가 결국 1085년에 거기서 죽고 말았다.

나 1082년 봄에 로베르토가 갑자기 이탈리아로 떠났다는 소식을 전해 들은 순간 황제는 그 값비싼 외교 활동이 마침내 빛을 보았다고 여겼을 것이다.

알렉시우스는 테살로니카에서 겨울을 나면서 이듬해 여름에 원정에 나설 군대를 조련했다. 하지만 보에몽의 군대는 제국의 서부 속주들을 손에 넣으면서 꾸준히 세력을 확대하고 있었으며, 그의 아버지도 머잖아 전선에 복귀하여 수도로 진격할 가능성이 컸다. 노르만군을 물리치려면 훈련된 강한 방어군이 반드시 필요했다. 용병을 쓰려면 돈이 필요한데 국고는 이미 바닥을 드러냈다. 그렇다고 세수를 늘리기 위해 백성들을 더 쥐어짠다면 반란을 불러올 수도 있었다. 알렉시우스는 어머니, 형제, 아내에게서 돈을 갹출하고 생활비를 극도로 절감했다. 그러나 목적을 달성하기에는 여전히 돈이 턱없이 모자랐다. 마침내 그의 형인 세바스토크라토르 이사키우스는 소피아 대성당에서 종교 회의를 열고, 교회의 금과 은을 녹여 제국의 전쟁 포로들을 되찾아오던 전통적인 교회법을 상기시키면서 모든 교회 재산을 몰수하겠다고 선언했다.

사실 비잔티움의 역사에서 그와 비슷한 사례는 단 하나밖에 없었다. 618년에 페르시아 왕 호스로우가 침략해 왔을 때 세르기우스 총대주교가 자발적으로 교회와 수도원의 모든 재산을 국가에 헌납하여 헤라클리우스 황제가 크게 감사한 적이 있었다.[22] 그런데 이번 경우에는 교회가 아니라 국가 측에서 먼저 요구한 것이었다. 교회는 사실 그다지 애국심이 없었으므로 노골적으로 불쾌함을 드러냈지만 사정이 워낙 위중한 만큼 따를 수밖에 없었다. 그 덕분에 알렉시우스는 군대를 모집하는 데 숨통이 트였다.

하지만 그 군대도 모집된 첫해에는 보에몽의 진군을 막을 만한 힘이 없었다. 보에몽은 야니나와 아르타에서 두 차례 대승을 거둔 뒤 서서히 제국을 몰아붙이면서 마케도니아 전역과 테살리아 대부분을 장악했다. 알렉시우스는 1083년 봄 라리사에서 겨우 국면 전환의 계기를 만드는 데 성공했다. 그의 계획은 간단했다. 전투를 눈앞에 두었을 때 그는 주력군을 매부인 게오르기우스 멜리세누스와 또 다른 유명한 장군인 바실리우스 쿠르티키우스에게 맡기고, 이들에게 적을 향해 진군하되 양측이 정면으로 맞부딪치면 방향을 돌려 곧장 도망치라고 명령했다. 그러는 동안 알렉시우스는 세심하게 선발한 병력을 거느리고 어둠 속에서 우회로를 통해 노르만 진지의 배후로 가서 숨었다.

동이 트자 보에몽은 적의 군대와 기치를 보고 곧장 공격 명령을 내렸다. 멜리세누스와 쿠르티키우스는 지시받은 대로 행동했으며, 오래지 않아 비잔티움군은 반대 방향으로 달아나고 노르만군은 그들을 맹렬히 추격하는 양상이 전개되었다. 그러는 동안 알렉시우스는 적의 진지를 유린하고, 남아 있는 적들을 죽였으며, 적의 보급품을 약탈했다. 진지로 돌아온 보에몽은 어쩔 수 없이 라리사의 포위를 풀고 카스토리아로 물러났다. 그때부터 그는 패배를 거듭했다. 노르만군은 사기를 잃었고, 오랜 원정에 따른 향수에 시달리는 데다 급료도 받지 못했다. 그런 상황에 알렉시우스가 탈영병에게 큰 보수를 지불한다는 소문이 퍼지자 병사들은 더욱 싸울 의욕을 잃었다. 보에몽이 자금을 더 얻어 오기 위해 이탈리아로 떠났을 때 그의 주요 지휘관들은 곧바로 투항해 버렸다. 그 틈을 타서 베네치아 함대는 두라초와 코르푸를 수복했다. 1083년 말에 이르자 발칸에서 노르만이 점령한 지역은 연안의 한두 개 섬과 좁은 해안 지대밖에 남지 않게 되었다.

한편 아드리아 해 건너편에서 로베르토 기스카르는 눈부신 활약을 보였다. 아풀리아의 반란군은 콘스탄티노플에서 넉넉하게 제공하는 자금 덕분에 예상외로 그를 오랫동안 붙잡아 두고 있었다. 그러나 한여름이 되자 마지막 저항의 거점도 함락되었다. 그 뒤 로베르토는 산탄젤로 성에서 외롭게 버티고 있는 그레고리우스 교황을 구하고 하인리히를 내쫓기 위해 새로 군대를 모집했다. 이듬해 초여름에 그는 진군을 시작했다. 1084년 5월 24일에 그는 지금의 카페나 성문 부근에 도착해서 로마 성벽 아래에 진을 쳤다. 그러나 종려주일에 그레고리우스를 폐위하고 직접 꼭두각시 대립 교황*을 세운 하인리히는 그를 가만히 기다리고 있지 않았다. 아풀리아 공작이 로마 성문으로 들이닥치기 사흘 전에 군대의 대부분을 거느리고 롬바르디아로 숨어 버린 것이다.

만약 로마 시민들이 지난 3월에 어리석게도 하인리히에게 항복하지 않았더라면, 노르만군은 정복자가 아니라 구원자의 자격으로 로마에 입성했을 것이다. 5월 27일 밤에 로베르토는 병력을 거느리고 조용히 도시의 북쪽으로 돌아갔다. 그리고 새벽에 공격을 개시했다. 순식간에 돌격대의 선봉이 플라미니우스 성문을 뚫고 도시로 진

---

* 『비잔티움 연대기: 번영과 절정』, 442쪽의 옮긴이 주 참조.

입했다. 시민들은 완강하게 저항했다. 마르티우스 광장—테베레 강에서부터 산탄젤로 성에 이르는 구역—전역이 불타는 지옥으로 변했다. 그러나 얼마 지나지 않아 노르만군은 방어군을 다리까지 몰아낸 뒤 산탄젤로 성에서 교황을 구해 연기가 피어오르는 도시의 잔해를 뚫고 라테란 궁전으로 돌아왔다.

바로 그 순간부터 비극이 터졌다. 이미 심하게 파괴당했음에도 불구하고 로마는 또다시 기스카르의 병사들에게 일찍이 겪어 본 적 없는 대규모 약탈을 당했다. 도시 전체가 강탈과 노략질의 생생한 현장으로 바뀌었다. 이런 상황이 사흘 동안 지속되자 견디다 못한 주민들은 다시 억압자에 맞서 봉기했다. 로베르토 자신도 기습을 당해 포위되었다가 때마침 아들 루지에로 보르사가 온 덕분에 목숨을 건질 수 있었다. 무장 병력 1천 명을 거느린 루지에로는 격노한 군중을 거뜬히 뚫고 들어와 아버지를 구했다. 그러나 그 뒤부터 노르만인들은 로마 곳곳에 불을 질렀다. 카피톨리누스와 팔라티누스를 비롯하여 수많은 성당과 궁전, 고대의 신전들이 잿더미로 변했다. 콜로세움과 라테란 사이에 있는 건물들 가운데 불타지 않은 건물이 하나도 없을 정도였다. 이윽고 연기가 걷히고 살아남은 일부 로마 지도자들이 항복의 표시로 목에 칼을 밧줄로 걸고 아풀리아 공작 앞에 엎드렸을 때 이미 로마는 거의 폐허가 되었다.

몇 주 뒤 로베르토 기스카르는 그리스로 돌아왔다. 안나 콤네나가 여러 차례 지적했듯이 그는 집념과 끈기가 대단한 인물이었다. 예순여덟 살의 나이에도 불구하고 그는 전혀 기가 꺾이지 않고 원정을 처음부터 새로 시작했다. 1084년 가을에 그는 보에몽과 다른 두 아들 루지에로와 기, 그리고 150척의 새 함대를 이끌고 그리스 전선으로 복귀했다. 하지만 그들은 처음부터 최악의 사태를 겪어야 했다. 부트린토에서는 날씨 때문에 두 달이나 함대의 발이 묶였고, 가까스로 코르푸 해협을 건널 수 있게 되었을 때는 베네치아 함대의 공격을 받아 사흘 동안 두 차례나 참패를 당했다. 승리한 베네치아군은 석호(潟湖, 베네치아를 가리킨다)로 연락선을 보내 승전보를 알렸으나 그들은 기스카르를 얕잡아 보고 있었다. 사실 얼마 남지 않은 함선으로 세 번째 전투를 벌일 여력은 없었다. 그러나 연락선이 수평선 너머로 사라지는 것을 본 기스카르는 기습을 감행할 기회라고 여겼다. 그는 황급히 남은 선박들을 그러모아 마지막 공세를 전개했다.

그 계획은 멋지게 성공했다. 베네치아 함대는 적의 기습을 미처 예상치 못했을뿐더러 그들의 육중한 갤리선*은 이미 밸러스트(바닥짐)를 비운 탓에 수면 위로 너무 높이 떠 있어 접전 중에 병사들이 배의 한쪽으로 쏠리자 전복되어 버렸다. (안나 콤네나의 설명에 따르면 그렇다. 하지만 그녀의 이야기는 우리가 아는 베네치아의 항해술과는 상충한다.) 안나는 베네치아 병사 13,000명이 죽었고 2,500명이 포로로 잡혔다고 말한다. 그들은 이후 신체 훼손의 형벌을 당했는데, 이 대목에서 안나는 혐오스럽고 병적인 쾌락에 물든 섬뜩한 묘사를 보여 준다.[23] 코르푸를 함락시킨 노르만군은 의기양양하게 그리스 본

---

* 고대에서 근대 초기까지 널리 사용된 노를 기본 동력으로 하는 함선. 『비잔티움 연대기: 창건과 혼란』, 63쪽의 옮긴이 주 참조.

토의 겨울 막사에 안착했다.

그러나 겨울을 나는 동안 그들은 새로운 적과 싸워야 했다. 베네치아나 비잔티움의 군대보다 더 무시무시한 적이었다. 전염병—장티푸스로 추정된다—이 그들을 덮친 것이다. 이듬해인 1085년 봄까지 노르만 기사 500명이 숨졌고 상당수 병력이 힘을 쓰지 못하는 상태가 되었다. 그래도 로베르토는 자신감이 넘쳤다. 그의 직계 가족 중에는 보에몽만 병에 걸려 회복을 위해 바리로 후송되었다.

초여름이 되자 로베르토는 다시 병력을 이동시키기로 마음먹고 루지에로 보르사에게 선발대를 맡겨 케팔로니아를 점령하게 했다. 그리고 몇 주 뒤에는 아들과 합류하기 위해 출발했다. 그러나 남쪽으로 항해하던 도중 그는 그 무서운 병이 자신에게 찾아온 것을 느꼈다. 함대가 섬의 북단에 있는 아테르 곶에 닿았을 무렵 그의 병세는 심각해졌다. 그의 배는 황급히 정박지를 찾아 오늘날 피스카르도라고 부르는 만으로 들어갔다. 거기서 그는 1085년 7월 17일에 충직한 아내 시켈가이타가 지켜보는 가운데 숨을 거두었다.

지난 4년 동안 유럽 최강의 지배자 두 명—동방 황제와 서방 황제—이 그를 피해 달아났고, 중세의 저명한 교황이 그의 도움을 받아 목숨을 건졌다. 몇 달만 더 살았더라면 그는 아마도 자신의 야망을 실현했을 것이다. 그랬다면 알렉시우스 콤네누스도 기껏해야 비잔티움의 옥좌에 잠시 머물다 떠난 황제로 전락했을 것이다(혹은 마지막 황제가 되었을지도 모른다). 기스카르의 죽음으로 제국은 임박한 위기에서 벗어났다. 그의 아들들과 조카들은 상속권을 놓고 다툼을 시작하는 바람에 로베르토의 그 원대한 야망을 이어 가지 못했다.

그러나 그렇다고 해서 그들이 자신들에게 열린 새로운 지평을 완전히 무시한 것은 아니었다. 이제부터 우리는 남방의 노르만인들이 동방에 대해 끊임없이 질시의 시선을 던지는 것을 보게 될 것이다. 그로부터 불과 12년 뒤에 로베르토의 아들 보에몽은 독자적으로 우트르메르의 제1차 십자군 공국을 개척하게 된다.

알렉시우스의 승리

"제국은 임박한 위험에서 벗어났다." 비잔티움 제국의 역사를 서술하려는 사람에게 그것은 위험천만한 말이다. 비잔티움은 오랫동안 안전했던 적이 한번도 없었기 때문이다. 서방의 이웃들은 신뢰할 수 없는 정도를 넘어 수시로 제국을 배신했으며, 동방의 이웃들은 거의 항상 제국에 적대적이었고 언제든 치명타를 가하기 위해 기회를 노렸다. 하지만 수세기에 걸쳐 지속적으로 제국을 괴롭힌 것은 북방의 적들이었다. 고트족과 훈족, 아바르족과 슬라브족, 게피다이족과 불가르족, 마자르족과 우즈족 등 중앙아시아의 스텝에서 나온 야만족들이 그들이었다. 이들은 비록 콘스탄티노플을 점령하지는 못했지만 그 존재 자체가 위협이었고, 황제와 백성들을 늘 불안에 시달리게 했다.

이제 노르만이 잠시 무대에서 퇴장하자 이번에는 페체네그족이 무대에 올랐다. 사실 이들이 처음 등장하는 민족은 아니었다. 200여 년 전부터 그들은 만만찮은 적이었다. 그동안 그들은 야만족들 중에서도 가장 탐욕스럽고 가장 잔인한 민족임을 입증했다. 이 3부작의 둘째 권을 읽은 독자들은 10세기 중반에 콘스탄티누스 7세 포르피로게니투스가 아들 로마누스에게 페체네그족을 조심하라고 가르친 장면을 기억할 것이다. 당시 그는 그들과 계약, 동맹, 조약을 통해 우호를 다지고 끊임없이 값비싼 선물을 주어 그들과 평화를 유지하라고 말했다.[24]

그러나 이후의 황제들은 그 충고를 무시했다. 페체네그족은 발칸 동부의 이단 세력인 보고밀파[25]의 지원과 선동을 받아 꾸준히 세력을 확장했다. 1087년 봄에는 안나가 8만 명으로 추산한 야만족 대군이 제국을 침략했다. 그리고 3년 뒤에 그들은 제국군과 몇 차례의 승리와 패배를 주고받으면서 콘스탄티노플 인근까지 진출했다.

알렉시우스가 상대해야 할 적은 페체네그족과 보고밀파만이 아니었다. 스미르나의 투르크 아미르 사람 차카라는 자가 지난 10년 동안 자신의 세력권을 에게 해 전역으로 팽창하고 있었던 것이다. 그는 콘스탄티노플에 1년 정도 체류한 적이 있었는데, 그때 니케포루스 보타네이아테스에게서 프로토노빌리시무스라는 직함을 받았다. 그러나 로베르토 기스카르와 마찬가지로 그의 야망은 비잔티움의 제위에 있었다. 그러던 차에 페체네그족의 침략은 그에게 좋은 기회를 주었다. 오래전부터 함대를 육성해 왔던 그는 1090년 늦가을에 비잔티움의 중요한 섬들인 레스보스, 키오스, 사모스, 로도스를 어렵지 않게 손에 넣었다. 다행히 알렉시우스도 해군을 육성하고 있었다. 이듬해 초에 알렉시우스의 친척 콘스탄티누스 델라세누스가 이끄는 제국의 함대는 아미르가 마르마라 해로 들어오려는 것을 막아 냈다. 그러나 차카의 힘은 전혀 약해지지 않았다. 그가 1092년에 연회장에서 술탄 킬리지 아르슬란에 의해 살해되지 않았더라면 그의 침략은 계속되었을 것이다.

한편 페체네그족은 계속 콘스탄티노플을 압박했다. 알렉시우스는 열심히 싸워 그럭저럭 그들을 막아 낼 수는 있었지만, 만성적인 병력 부족으로 인해 그들을 완전히 몰아내지는 못했다. 그래서 그는 이이제이라는 비잔티움의 해묵은 외교술에 필사적으로 매달렸다. 혹시라도 두 야만족이 힘을 합친다면 제국은 오히려 적을 둘이나 맞이하게 되므로 그것은 언제나 위험을 내포한 전략이었다. 그러나 만지케르트에서 제국의 주요 병력을 잃은 상태이기 때문에 알렉시우스로서는 달리 선택의 여지가 없었다. 그래서 200년 전에 레오 현제가 마자르족을 불러 불가리아의 시메온을 상대하게 했듯이[26] 알렉시우스는 쿠만족에게 도움을 청했다.

쿠만족은 스키타이족이라는 더 잘 알려진 이름으로 앞서 이야기에 등장한 바 있다.[27] 투르크계의 유목민 전사 부족인 그들은 11세기에 동방에서 나타나 오늘날 우크라이나에 해당하는 지역에 정착했다. 그들은 페체네그족과 별다른 다툼거리가 없었으나—두 부족은 1087년에 함께 트라키아를 약탈하는 등 사이가 좋았던 듯하다—알렉시우스가 거절할 수 없는 제안을 하자 선뜻 그의 요구에 응했다. 늦은 봄에 그들이 도착함으로써 1091년 4월 28일 월요일 마침내 양측의 군대는 마리차 강 하구의 레부니움이라는 언덕 아래에서 맞닥뜨렸다.

그날 저녁에 황제는 병사들에게 기도하라고 말했다. 안나는 이렇게 쓰고 있다.

해가 지평선 아래로 저무는 순간 하늘이 불타는 것이 보였다. 햇빛으로 불타는 것이 아니라 수많은 별빛으로 불타는 것처럼 보였다. 모두가 횃불이나 촛불을 켜서 창끝에 달았기 때문이다. 병사들의 기도는 분명 천상에까지 가 닿았다. 그들의 기도가 높이 떠올라 하느님이 계신 곳까지 전해진 것이다.

아마 틀림없이 그랬던 모양이다. 이튿날 벌어진 전투에서 페체네그족이 더는 민족으로서 존립할 수 없을 만큼 참패를 당했기 때문이다(야만족의 관습에 따라 그들은 가족들을 모두 데리고 전투에 참여했다). 안나는 그들이 완전히 전멸했다고 말한다. 과장이지만 거의 사실에 가까웠다. 살아남은 일부 포로들은 황궁에서 부리는 노예가 되었고, 나머지 대다수—이들의 수만 해도 제국군의 서른 배나 되었다고 한다—는 그냥 학살되었다.

레부니움의 유혈극에서는 제국군이나 그 지휘관인 알렉시우스 콤네누스[28]나 모두 좋은 평판을 받기는 어렵다. 하지만 그 전투는 바실리우스 2세의 치세 이래로 제국의 군대가 거둔 가장 큰 승리였다. 그 덕분에 제국은 향후 30년 동안 페체네그족의 위협을 받지 않을 수 있었다. 또한 이 사건은 다른 야만족들에게도 좋은 경고가 되었고, 제국군에게는 사기를 크게 앙양시키는 효과를 가져왔다.

그보다 더 중요한 것은 그 덕분에 황제의 입지가 강화되었다는 점이다. 알다시피 그는 무력으로 제위를 찬탈했다. 따라서 비잔티움의 수십 개 귀족 가문에 속한 젊은이라면 누구나 그렇게 할 수 있었다. 그동안 알렉시우스가 보여 준 역량은 경쟁자들의 음모로부터 어느 정도 자신을 보호해 주는 역할을 했다. 이제 그는 비잔티움의 화려한 과거를 부활시킬 능력이 있다는 것을 유감없이 과시한 것이다. 레부니움 전투가 끝나고 며칠 뒤 바실레오스는 말을 타고 자랑스럽게 콘스탄티노플의 금문으로 입성했다. 그리고 연도에 모인 수많은 백성들의 갈채를 받으며 아름답게 장식된 거리를 지나 소피아 대성당으로 향했다. 즉위한 지 10년이 지나서야 비로소 그는 자신감과 희망에 찬 미래를 설계할 수 있게 되었다.

3

십자군의 시대

1091년~1108년

사람들은 무기와 말, 기타 전투 장비를 지닌 채 사방에서 모여들었다. 모두들 열정과 열의에 가득 차서 대로를 가득 메웠다. 이 전사들과 함께 바닷가의 모래알이나 하늘의 별들보다 많은 무수한 민간인들도 맨주먹에다 어깨에 십자가를 짊어지고 우리에게 왔다. 여자와 아이들도 고향을 떠났다. 하천이 모여 강을 이루듯 각지에서 온 사람들이 우리와 합류했다.

『알렉시아스』, X, 5

십자군 원정의 태동

1094년 말경에 알렉시우스 콤네누스는 로마의 사절단을 맞았다. 교황이 된 지 7년째인 우르바누스 2세는 그동안 콘스탄티노플과 교황청의 관계를 개선하기 위해 애쓰고 있었다. 사실 1054년의 우스꽝스럽고 아무짝에도 쓸모없는 분열[29]이 빚어진 뒤 동서 교회 양측은 다시 접촉하기 위해 노력했다. 특히 미카일 7세와 그레고리우스 7세가 열심이었다. 그러나 미카일이 폐위되었다는 소식을 들은 그레고리우스 교황은 찬탈자인 니케포루스 보타네이아테스를 즉결 파문했으며, 1081년에는 알렉시우스에게도 파문형을 내렸다.*

　서방 교회가 자신을 파문했다고 해서 황제가 크게 신경을 쓴 것은 아니지만―그는 비록 신앙심이 깊었으나 종교 문제에서 교황의 권위를 별로 인정하지 않았다―교황의 그런 태도는 양측의 관계를 더욱 어렵게 만들었다. 게다가 교황이 혐오스러운 아풀리아 공작과 결탁했다는 소식을 들었을 때 그나마 희박했던 그레고리우스에 대한 존경심은 아예 사라졌다. 한편 교황 역시 하인리히 4세가 알렉시우스와 같은 편이라는 사실을 알고 이를 갈았다. 이래저래 1085년 그레고리우스가 죽을 무렵 로마와 콘스탄티노플의 관계는 어느 때보다도 험악해져 있었다.

3년 뒤에 교황위를 이은** 우르바누스는 처음에는 제 코가 석 자인지라 동방 제국에 신경을 쓸 여유가 없었다. 그레고리우스 교황과 하인리히 4세가 다툼을 벌인 탓에 로마는 여전히 대립 교황의 수중에 있었던 것이다. 우르바누스는 5년 동안이나 끈질기게 외교를 펼친 덕분에 드디어 라테란 궁전에 들어갈 수 있었다. 그러나 이미 1089년에 그는 알렉시우스에게 내려진 파문을 거둠으로써 화해의 제스처를 취하기 시작했다. 이에 호응하여 황제는 그동안 폐쇄 조치를 내렸던 콘스탄티노플 라틴 성당들의 문을 다시 열도록 허가했다. 또한 그는 종교 회의를 소집하여 교황의 이름을 딥티크(공식 기도를 할 때 이름을 읊는 사람들의 명단이 적힌 두 장짜리 서판으로, 성직자들의 삶과 죽음, 은총의 기록이 적혀있다)에서 누락시켰던 게 "교회법상의 결정이 아니라 단순한 부주의였다"고 판결했다.

---

* 로마 교황 그레고리우스 7세는 1076년에 서방 황제(하인리히 4세)를 파문한 데다가 5년 뒤에는 동방 황제(알렉시우스)까지 파문했으니, 그의 배짱도 어지간하다 하겠다. 하지만 그는 배짱이 두둑하다기보다는 교회 개혁에 앞장선 개혁적인 인물이었다. 물론 개혁을 위해서는 힘이 필요했으므로 그는 세속 군주들과 타협하려 하지 않고 교회의 지배권을 확실히 하고자 했다. 어쨌든 하인리히를 파문한 사건은 이른바 '카노사의 굴욕'으로 잘 알려져 있는데, 알렉시우스를 파문한 일은 역사책에 거의 나오지 않는다(사실 당시에는 서방 제국보다 동방 제국이 훨씬 강했기 때문에 알렉시우스의 파문이 더 큰 화제였을 것이다). 이는 교회가 달랐던 탓도 있겠지만 후대의 역사가 서유럽 중심으로 전개되었기 때문이다.

** 그 사이에는 빅토리우스 3세가 교황으로 재임했다.

이것은 누가 봐도 명백한 호의의 표시였다. 그 뒤 몇 차례 서신이 오가면서 신학과 성사의 차이점에 관해 비잔티움 역사상 유례가 없을 만큼 온건한 토론이 진행되었다. 그 과정에서 양측의 불화는 점점 치유되었다. 그리하여 교황의 사절단이 콘스탄티노플에 왔을 때는 이렇게 양측의 우호가 회복되어 있었다.

교황 특사는 이듬해 3월 피아첸차에서 개최되는 서방 교회의 대공의회에 대표단을 보내 달라는 초청장을 가지고 왔다. 알렉시우스는 선뜻 응낙했다. 안건들은 주로 성직 매매, 프랑스 왕 필리프의 간통,* 성직자의 결혼 등 서방 교회의 내부 문제였을텐데, 그런 것들은 정교회와 견해가 다른 부분에 관해서만 신경을 쓰면 되었다. 따라서 알렉시우스에게 그 초청은 투르크를 물리치는 데 서방의 지원을 얻기 위한 좋은 기회가 될 수 있었다.

사실 아나톨리아의 사정은 만지케르트 이후 어느 때보다도 좋았다. 셀주크의 룸 술탄국은 거의 해체된 상태였고, 각지의 아미르들은 단합해서 제국을 상대하기보다는 자기들끼리 극심한 다툼을 벌이고 있었다(그 가운데는 비잔티움의 앞잡이들이 선동한 경우도 많았다). 처음으로 소아시아를 수복하는 것도 충분히 가능해 보였다. 하지만 그 일을 위해서는 인력이 턱없이 모자랐다. 황제가 거느린 주요 병

---

* 프랑스 카페 왕조의 왕 필리프는 아내를 두고서도 가신의 아내인 베르트라다 드 몽포르와 불미스러운 관계를 맺어 교황으로부터 파문을 당했다. 그러나 그것은 외형적인 이유였을 뿐이고, 실은 그가 성직자 서임권을 행사한 게 교황청의 분노를 산 것이었다(같은 사안이라도 군주가 볼 때는 서임권이고 교황이 볼 때는 성직 매매가 된다). 당시 서유럽에서는 이와 같은 세속 군주 대 교회의 권력 다툼이 절정에 달해 있었다.

력은 야만족 용병—이들은 신뢰도의 편차가 컸다—과 앵글로색슨족의 바랑인 경비대, 일시적으로 제국군에 복무하는 서방의 용병들이었다. 이들을 모두 합해 봐야 서쪽과 북쪽의 긴 국경을 방어하고 남이탈리아에서 노르만군이 침략하지 못하도록 제어할 수 있는 정도일 뿐, 셀주크족에 대한 원정은 불가능했다. 그러므로 알렉시우스는 서방으로부터 상당한 규모의 군사 원조를 받아야 했다. 피아첸차는 그 제안을 하기에 좋은 곳이 될 수 있었다.

공의회에 참석한 비잔티움 대표단은 훌륭하게 그 일을 처리했다. 현명하게도 그들은 경제적 이득을 말하지 않고 종교적 측면에서 호소했던 것이다. 동방의 그리스도교 사회들이 고통을 겪고 있으며, 소아시아는 지금 투르크 세력권 안에 있다. 이교도 군대가 콘스탄티노플의 코앞에까지 와 있는데, 이는 동방 제국만이 아니라 그리스도교권 전체에 대한 커다란 위협이다. 공의회 대표들은 이 호소를 듣고 깊은 인상을 받았다. 그중에서도 교황만큼 감격한 사람은 없었을 것이다.

우르바누스는 피아첸차에서 크레모나까지 여행하면서 아버지의 뜻을 거스른 하인리히 4세의 아들 콘라트*의 충성을 얻었고, 알프스를 넘어 자기 고향인 프랑스로 갔다. 긴 여행을 하는 동안 교황의 마음속에는 알렉시우스 콤네누스가 의도했던 것보다 훨씬 더 큰 야망이 싹트기 시작했다. 그래, 성전聖戰이다! 전 유럽의 힘을 모아 사라

---

* 하인리히 4세의 맏아들인 콘라트는 아버지가 교황과 싸우는 동안 아버지를 배신하고 교황에게 붙어 이탈리아의 왕이 되었다.

† 클레르몽 공의회의 연단에서 십자군 원정을 위해 일어설 것을 호소하는 교황 우르바누스 2세.

센과 대결하는 것이다.*

그가 보기에 피아첸차는 단지 서막일 뿐이었다. 프랑스에 도착하자 교황은 11월 18일에 클레르몽[30]에서 더 크고 더 중요한 공의회를 소집했다. 공의회는 열흘 동안 열기로 했고 주로 일상적인 교회 업무를 처리하지만, 11월 27일 화요일에는 모든 사람들이 참석할 수 있도록 공개된 가운데 교황이 그리스도교권 전체와 관련된 중대한 연설을 하기로 예정되었다. 그 소식이 퍼지자 수많은 사람들이 교황의 연설을 들으려고 그 작은 도시에 모여 들었다. 청중들이 인산인해를 이루자 주최 측은 아예 성당의 문을 닫고 클레르몽의 동문 바깥 광장에 높은 연단을 설치했다.[31]

우르바누스가 실제로 한 연설문은 지금 전해지지 않고 당대의 기록 네 가지가 전해지는데, 서로 워낙 달라서 어느 것이 정확한지 판단할 수 없는 실정이다. 교황은 우선 알렉시우스의 대표단이 피아첸

---

* 일반적으로 우리가 배우는 세계사에는 1095년 교황 우르바누스 2세가 클레르몽 공의회에서 성지 탈환을 주창하면서 십자군 원정을 제안했다고 되어 있다. 하지만 여기서 보듯이 교황에게 그 구상을 처음 전해 준 사람은 동방 황제인 알렉시우스였고, 처음 발의된 곳도 피아첸차 공의회였다. 이런 사실이 제대로 알려지지 않은 이유는 후대의 역사가 서유럽 중심으로 전개되었기 때문이다.

차에서 개진한 주장을 반복한 뒤 그 논점을 확대하여 동의를 요청한 것으로 여겨진다. 하지만 비잔티움 대표단과는 달리 그는 예루살렘이 처한 곤경을 호소했다. 즉 그리스도교 순례자들이 예루살렘의 투르크족 지배자들에게 자주 물건을 강탈당하고 박해를 받는다는 것이다. 그는 그런 상태가 계속되어서는 안 된다고 말했다. 동방 그리스도교권을 구원하는 것은 서방 그리스도교권의 의무이다. '명예나 이득을 노리지 않고 오로지 신앙심에서' 그렇게 하는 사람은 죽어서도 사면을 받을 것이며 모든 죄를 용서받을 것이다. 그 뒤로는 일사천리였다. 그리하여 1096년 8월 15일 성모승천대축일에 위대한 십자군이 조직되었다.

교황의 열정 어린 연설에 대한 반응은 그 자신이 예상한 것보다 훨씬 뜨거웠다. 르퓌의 주교 아데마르의 지도 아래 신부와 수도사, 귀족과 농민이 뒤섞인 수백 명의 사람들은 교황 앞에 무릎을 꿇고 기꺼이 십자가를 지겠다고 나섰다. 이리하여 제1차 십자군이 출발했다.

동방과 서방의 동상이몽

한편 알렉시우스는 클레르몽 공의회에 관한 소식을 듣고 깜짝 놀랐다. 우르바누스가 설파한 것과 같은 십자군은 결코 그가 바라는 게 아니었다. 그에게나 제국의 신민들에게나 이교도와의 전쟁은 새로울 것도 없고 흥분할 만한 일도 아니었다. 비잔티움은 이미 500년 전부터 늘 싸워 오고 있었으니까.

예루살렘은 예전에 제국의 영토였고, 그는 지금도 그렇다고 여기고 있었으므로 전력을 다해 되찾을 생각이었다. 그러나 그것은 제국의 과제일 뿐 그리스도교권 전체가 나설 일은 아니었다. 지금은 아나톨리아의 사정이 호전되었고 잃은 영토를 수복할 좋은 기회였다. 그런데 이제 자신의 시대를 맞아 자신의 방식대로 그 일을 수행하려는 순간에, 그는 제국으로 밀려 들어오는 서유럽의 불한당들, 끊임없이 먹을 것을 요구하며 누구의 말도 듣지 않는 수십만 명에 달하는 날강도 같은 자들의 뒤치다꺼리나 떠맡게 된 셈이었다. 그에게는 용병이 필요했지, 십자군이 필요한 게 아니었다.

그래도 알렉시우스는 최대한 피해를 줄일 수 있는 조치를 강구하지 않으면 안 되었다. 그 오합지졸들이 농촌을 유린하고 현지 주민들을 약탈하지 않도록 하기 위해 그는 두라초와 에그나티아 가도의 몇몇 지점에 식량을 대량으로 축적해 두는 한편 십자군 한 부대가 도착할 때마다 페체네그 군대 경찰대—아마도 레부니움의 생존자들일 것이다—를 파견하여 수도까지 호송하도록 했다. 이렇게 예방 조치를 취한 뒤 그는 한발 물러나 하회를 기다렸다. 그러나 메뚜기떼가 닥쳐오는 것을 보고 콘스탄티노플의 점쟁이들이 예언했듯이 제1차 십자군은 그가 우려하던 것 이상으로 최악이었다.

은둔자 피에르*는 결코 은둔자가 아니었다. 그저 누더기를 입고 악취를 풍기는 아미앵 출신의 광신도이자 순회 수도사에 불과했다. 하지만 그는 사람들을 끄는 묘한 능력을 지닌 인물이었다. 그는 프랑스 북부와 독일 지역을 순회하면서 십자군의 필요성을 역설하여 금세 4만 명가량의 추종자들을 모았다. 아녀자들도 다수 포함된 그 군중은 옛 예루살렘과 새 예루살렘도 구분하지 못했으며, 피에르가 자신들을 정말로 교회에서 자주 말하는 젖과 꿀이 흐르는 땅으로 데려가는 줄 알고 있었다. 그래서 다른 원정군은 주로 귀족들이 지휘하고 재정을 지원했지만, 피에르의 군대는 소수 독일 기사들을 제외하면 기본적으로 프랑스와 독일의 농민들과 그들의 가족으로 구성되었다.

그래도 이 무질서하고 제멋대로인 무리는 유럽 중부를 가로질러 베오그라드 맞은편 사바 강변에 위치한 헝가리의 셈린(지금의 제문)이라는 마을에 이르기까지는 대체로 말썽 없이 행진했다. 그런데 여기서 문제가 터졌다. 전하는 바로는 신발 한 켤레를 놓고 싸움이 벌어진 게 폭동으로 비화했다고 한다. 그러자 피에르가 이끄는 군중은 성채로 쳐들어가 헝가리 주민들을 4천 명이나 살해했다. 강을 건너 베오그라드에 도착해서도 그들은 약탈과 방화를 일삼았다.

뒤이어 니시에서도 똑같이 하려다가 거기서 비로소 덜미가 잡혔다. 불가리아의 비잔티움 총독인 니케타스가 기병대를 보낸 것이다. 잘 훈련되고 규율을 갖춘 군대 앞에서 십자군은 무력했다. 많은 사람이 살해당했고 더 많은 사람이 포로로 잡혔다. 그리하여 출발

---

* 피에르는 이른바 민중 십자군을 이끌고 정규 부대보다 먼저 십자군 원정을 시작한 인물이다. 일부 역사가에 따르면 그는 신망이 높은 인물이었고 교황 우르바누스보다 십자군 사상을 창시하는 데 더 큰 기여를 했다고 되어 있는데, 사실은 전혀 그렇지 않다. 심지어 어떤 역사서에는 그가 이끄는 민중 십자군을 마치 종교적 순수성으로 똘똘 뭉친 집단인 것처럼 기록하고 있으나 그들의 행적 어디에서도 그런 면모를 찾을 수 없다.

할 때 4만 명이었던 원정군은 사르디카(소피아)에 도착할 때는 4분의 1이나 줄어 있었다.[32]

그 뒤로는 더 이상 사건도 없고 새삼스럽게 비난할 일도 없다. 원정군은 그동안 저지른 비행—물론 그 지도자나 대다수 추종자들에게는 잘못이 없다—의 대가를 충분히 치렀다. 이윽고 8월 1일 원정군은 콘스탄티노플에 도착해서 환대를 받았고, 피에르는 황제를 접견했다. 하지만 알렉시우스는 피에르와 한마디 이야기를 나누고 그의 추종자들을 흘긋 보는 것만으로도 이 십자군이라는 군대로는 아나톨리아에서 셀주크군을 결코 상대할 수 없음을 깨달았다.

여느 때 같으면 피에르에게 자살이나 다름없는 원정을 중지하라고 했을 것이다. 하지만 십자군이 진을 치고 있는 도시 외곽—일반 병사들은 단체를 이루어 엄격히 통제된 상태에서만 성문 출입이 허가되었다—에서는 벌써부터 그들이 저지르는 강도, 강간, 약탈에 관한 불만의 소리가 높았다. 그들을 그대로 놔둘 수는 없었다. 그들이 온 곳으로 돌아가지 않겠다면 갈 곳으로 보내 주어야 했다. 그래서 8월 6일에 황제는 그들을 배에 실어 보스포루스 건너편에 내려다 주고는 알아서 하라고 내버려 두었다.

이 이야기의 결말은 아주 간단하다. 해협에서 불과 80킬로미터 떨어진 니코메디아(지금의 이즈미트)에서 프랑스계 십자군과 독일계 십자군은 서로 다투고 헤어졌으며, 규모가 작은 이탈리아계는 독일계를 따라갔다. 그 뒤 두 파는 니코메디아 만을 돌아 지금의 얄로바 동쪽에 위치한 키보투스라는 마을로 갔다. 그들은 이곳을 근거지로 삼고 현지 농촌을 유린하기 시작했다. 프랑스계는 당시 셀주크의 수도인 니케아까지 가면서 모두 그리스도교 그리스인인 현지 주민들을 죽이고 강간하고 때로는 고문도 자행했다.[33] 이들의 성공에 자극받은 독일계는 니케아 너머까지 가서 크세리고르돈이라는 성을 점령했다(그래도 그들은 무슬림 촌락에서만 만행을 저질렀다).

하지만 그것은 그들의 몰락을 불러왔다. 크세리고르돈 성은 언덕 위에 높이 서 있어 성벽 바깥에서만 물을 구할 수 있었다. 그래서 9월 말에 셀주크군이 성을 포위하자 방어군의 운명은 풍전등화가 되었다. 그들은 일주일간 버텼으나 여드레째가 되자 말과 당나귀의 피는 물론 자기들의 오줌까지 받아먹더니 결국 견디지 못하고 항복했다. 신앙을 버리고 변절한 자들은 목숨을 건져 포로가 되었고, 나머지는 학살당했다.

그 소식이 전해지자 키보투스는 공포의 도가니가 되었다. 게다가 투르크군이 곧 들이닥친다는 소식에 모두들 초상집 분위기였다. 콘스탄티노플에 회의차 가 있는 피에르가 돌아올 때까지 가만히 기다리자는 제안도 나왔다. 그러나 그는 돌아올 기미를 보이지 않고, 적은 계속 다가오자 전투를 피할 수 없는 상황이 되었다. 10월 21일에 약 2만 명에 달하는 십자군 전 병력이 키보투스에서 나와 행군하다가 투르크의 매복에 걸려들었다. 갑자기 화살 세례가 쏟아지는 바람에 행군은 중단되었다. 곧이어 적의 기병들이 공격해 왔다. 불과 몇 분 만에 전 병력은 쏜살같이 진지로 도망치기 시작했고 투르크군이 뒤를 쫓았다. 일부 운종은 자들은 해변의 어느 낡은 성에 들어가 방책을 치고 간신히 살아남았다. 그 밖에 투르크군이 각종 용도로 사용하기 위해 사로잡은 소년, 소녀들만 살았고 나머지는 모두 도륙되

† 제1차 십자군 원정에서 은둔자 피에르의 군대가 셀주크투르크군에게 학살되는 장면.

었다. 이른바 민중 십자군은 이렇게 끝났다.

1096년 여름에 은둔자 피에르를 따라 아시아로 건너온 오합지졸 군대는 결국 몇 달 뒤에 소아시아 서부의 평원에서 전멸을 당했지만, 이들이 제1차 십자군의 전형인 것은 아니다. 아홉 달 뒤에 알렉시우스는 또다시 주인의 신분으로 7만 내지 8만 명의 내키지 않는 손님들을 맞아야 했다. 그들 중에는 부유하고 권세 있는 서유럽의 봉건군주들이 거느리고 온 여성들도 상당수 있었다. 이들 때문에 생겨난 경제, 병참, 군사, 특히 외교상의 문제들은 비잔티움 역사상 유례가 없는 것이었다. 그나마 제국에게 다행스러운 점은 때마침 이 중대한 시기에 그 문제를 성공적으로 처리할 수 있는 뛰어난 감각과 능력을 갖춘 지도자가 있다는 사실이었다.

무엇보다도 근본적인 문제는 불신이었다. 알렉시우스는 십자군 지도자들이 표면적으로 내세우는 고결한 그리스도교적 동기를 믿지 않았다. 바일레울의 루셀이나 로베르토 기스카르에게서 당한 불행한 경험을 통해 그는 적어도 노르만인들은 뭔가 이득을 노리고 원정에 참여했다고 확신하고 있었다. 최고의 목표는 제국 자체를 집어삼키는 것이겠지만, 그게 안 되면 동방에 독자적인 공국을 세우려 들지도 몰랐다.

그런 정도라면 알렉시우스도 그다지 걱정하지 않았다. 제국과 사라센 사이에 그리스도교의 완충국들이 몇 개 생긴다면 그에게도 나쁠 게 없었으니까. 그의 진정한 관심은 첫째, 제국의 영토 내에 그런 공국이 세워져서는 안 된다는 것이었고, 둘째는 그 군주가 자신의 종주권을 인정해야 한다는 것이었다. 그가 알기로 서유럽의 봉건제는 엄숙한 충성 서약을 기반으로 하는 체제였다. 그러므로 그는 콘스탄티노플을 거쳐 가는 모든 지도자들에게 장차 그들이 수행할 정복 사업과 관련하여 충성 서약을 요구할 참이었다.

그 첫째는 프랑스의 왕 필리프 1세의 동생인 베르망두아의 위그였다. 그는 아드리아 해에서 심한 조난을 당해 형편없는 몰골로 1096년 11월 초에 콘스탄티노플에 왔다. 알렉시우스가 그에게 선물을 한 아름 안겨 주자 그는 기꺼이 충성 서약을 했다. 하지만 다음에 온 두 사람은 그리 고분고분하지 않았다. 그들은 로렌의 공작인 부용의 고드프루아와 그의 동생인 불로뉴의 보두앵이었는데, 특히 보두앵은 장남이 아니라서 재산을 상속받지 못한 채 아내와 아이들까지 거느리고 와 동방에서 자신의 왕국을 세우려는 야심을 품고 있었다.*

이들은 프랑스 북부와 저지대 나라들**의 수많은 유명 기사들과 잘 훈련된 대규모 군대를 거느리고 원정에 참여했다. 그들은 헝가리를 횡단할 때까지 큰 말썽을 부리지 않았으나 마르마라 해의 셀림브리아에 와서는 알 수 없는 이유로 갑자기 기강이 무너져 일주일 동안 인근 농촌을 약탈했다. 그러나 형제는 결국 지휘권을 다시 장악하고 크리스마스 이틀 전에 황금뿔의 위쪽, 지금의 에이위프 부근에 도착했다. 이곳에 진을 치려면 제국의 허가를 받아야 했다.

---

* 가부장제와 장자상속제를 특징으로 하는 게르만 전통에 따라 서유럽 봉건영주의 차남 이하는 토지와 재산을 상속받지 못했다(이들은 상급 영주의 궁정에 인질로 보내지는 경우가 많았는데, 그때 자기들끼리 '심심풀이'로 벌인 놀이가 바로 토너먼트라 불리는 마상시합이다). 그래서 십자군에 참가한 기사들은 동방의 전리품과 토지를 노리는 차남 이하의 사람들이 많았고, 교황 우르바누스도 순회 연설에서 동방 세계는 부유하다고 부르짖었다.
** 지금의 베네룩스 일대.

며칠 뒤 베르망두아의 위그가 알렉시우스의 특별 사절로 형제에게 와서는 블라케르나이 궁전에서 황제를 접견하고 충성 서약을 하라고 권했다. 그러나 고드프루아는 이미 서방 황제 하인리히 4세에게 충성을 서약하고 공작 작위를 받았다면서 한사코 거부했다. 게다가 그 무렵 그는 피에르의 군대가 어떻게 파멸했는지 이야기를 들어 알고 있었다. 소수 생존자들은 비잔티움이 배신한 탓이라고 공공연히 주장했던 것이다. 그런 반응에 우려가 커진 알렉시우스는 십자군 진영에 보내는 식량의 양을 대폭 줄였다. 하지만 보두앵이 인근 교외 지역을 약탈하는 방식으로 대응하자 황제는 그 조치를 철회할 수밖에 없었다.

이런 교착 상태가 석 달 동안 지속된 뒤 황제는 또 다른 무리의 십자군이 오고 있다는 소식을 접하고 보급품을 완전히 차단하기로 결정했다. 환영하지 않는 손님에게 노골적으로 도발한 것이다. 공격해 온다면 전쟁을 마다하지 않을 작정이었다. 적어도 표면상으로는 우호 관계에 있는 그리스도교 군대를 자신이 먼저 공격할 수는 없었지만, 그 형제에게 충성 서약을 면제해 준다면 뒤에 오는 십자군 지도자들에게 어떻게 충성을 강요할 수 있겠는가? 이리하여 양측 사이에는 전운이 무르익었다.

고드프루아와 보두앵은 콘스탄티노플의 맞은편 갈라타 언덕으로 진지를 이동하고, 황금뿔을 가로질러 수도 성벽의 북단과 이어지는 곳, 블라케르나이 바로 바깥에 병력을 집결시켰다. 종교적 예절마저 팽개친 형제의 행동─그날은 성주간의 목요일이었다─에 소스라쳐 놀란 알렉시우스는 그들이 제국 자체를 노리고 있는 게 틀림없다고 확신했다. 그래서 그는 병력을 대기시키고(아직 전투에 임하라는 확실한 지시는 내리지 않았다) 궁수들에게 성벽 위에서 적의 머리를 향해 화살을 쏘라고 명했다.

처음에는 이 전술이 통하는 듯했다. 십자군은 제국의 병사를 겨우 일곱 명 죽이고 퇴각했다. 그러나 그들은 곧 다시 공세로 나섰다. 그때 황제는 그들을 더 이상 그대로 놔둬서는 안 되겠다고 판단하고 정예 부대를 내보냈다. 그러자 당황한 프랑크군은 사기를 잃고 방향을 돌려 달아났다. 형제는 결국 항복할 수밖에 없었다. 부활절에 형제와 그 휘하의 우두머리 기사들은 마침내 황제에게 충성을 서약했다. 그것으로 금세 우호 관계가 회복되었다. 알렉시우스는 그들에게 선물을 주고 연회를 베풀었다. 그리고 이튿날 그는 십자군을 보스포루스 너머로 수송해 주었다.

서유럽의 까다로운 손님들

제1차 십자군 지도자들 중에는 알렉시우스 콤네누스가 누구보다도 불신하는 인물이 한 명 있었다. 바로 로베르토 기스카르의 맏아들로, 이제는 타란토 공작이 되어 있는 보에몽이었다. 그는 1097년 4월 9일에 네 동생과 두 조카가 포함된 군대를 거느리고 콘스탄티노플에 도착했다.

12년 전 로베르토가 병에 걸려 죽지 않았다면 그들 부자는 이미 알렉시우스를 내쫓고 비잔티움의 황제가 되었을지도 모른다. 게다가 로베르토는 보에몽의 어머니와 이혼한 뒤 여전사 시켈가이타와 결혼하고 이탈리아 영토를 시켈가이타에게서 낳은 아들인 루지에로 보르사에게 물려주었기 때문에 제국의 입장에서 보에몽은 어느 때보다도 위험한 인물이었다. 그는 이제 이탈리아에서는 얻을 게 없으므로 동방에서 한몫 단단히 챙기려 들 터였다. 더구나 군사적 측면에서 그는 유럽 최고의 명성을 날리는 자였다(전장에서의 개인적인 용맹도 대단하지만 군사를 조련하고 지휘하는 솜씨도 뛰어났다). 안나 콤네나도 보에몽의 외모에 대해 찬탄을 금치 못했다.

보에몽의 외모는, 간단히 말해서 그리스인과 야만족을 합쳐 당시 로마 세계 어디서도 볼 수 없을 만큼 뛰어났다. …… 키는 가장 키가 큰 사람보다도 머리 하나는 더 높았다. 허리와 옆구리는 날씬하고, 어깨와 가슴은 넓으며, 두 팔은 억세 보였다. 전체적으로 그는 야위지도, 뚱뚱하지도 않고 근육질이면서도 균형이 잘 잡힌 몸매였다. …… 잘 살펴보면 그는 약간 몸을 구부리고 있는 듯했다. …… 피부는 전체가 매우 희고 얼굴에만 붉은 기가 돌았다. 머리털은 밝은 갈색이며 다른 야만인들처럼 어깨까지 내려올 만큼 길지 않고 귀 부분까지만 내려왔다. 수염이 붉은색이었는지 어땠는지는 말할 수 없다. 깨끗이 면도를 한 덕분에 그의 뺨은 대리석보다 더 매끄러웠기 때문이다. 하지만 약간 불그스름한 인상이었다. 그의 연푸른색 눈은 남자의 기백과 위엄을 보여 주었다. 그는 넓은 콧구멍으로 힘차게 숨을 쉬었다. …… 그는 매력적인 인물이었으나 그 매력은 그의 인격 전체에서 우러나오는 불안감으로 인해 빛이 바랬다. 그의 모습에는 거칠고 야만적인 기운이 있었다. 내 생각에 그 이유는 그의 큰 키와 눈 때문인 듯하다. 심지어 그의 웃음조차 다른 사람들에게는 으름장처럼 들렸다.

황제는 보에몽이 도착한 이튿날 그를 접견했는데, 안나에 따르면 그에게 예전의 적대 관계를 정중하게 상기시켰다고 한다. 보에몽은 쾌활하게 그 점을 인정했으나 이번에는 자신의 자유로운 의지에 따라 친구로서 온 것이라고 말했다. 또한 그는 충성 서약에도 선뜻 응했다. 그러나 보에몽이 단도직입적으로 동방군 사령관, 즉 사실상 아시아 제국군의 총사령관의 직책을 요구했을 때 알렉시우스는 다소 불안한 기분이었다. 그가 나중에는 몰라도 당분간은 그런 직함이 적절치 않다고 하자 타란토 공작은 그 뻔한 거짓말을 담백하게 받아들이는 것처럼 보였다.

보에몽은 사실 상대의 의도를 능숙하게 떠 본 것이었다. 그는 남방인이었으므로 그리스어를 썩 잘했고, 여느 십자군 지도자들과는 달리 자신의 원대한 야망—나중에 보게 되지만 그것을 이루려면 그가 원정군의 총사령관이 되어야 했다—을 실현하려면 바실레오스가 자기 편이 되어 주어야 한다는 것을 잘 알고 있었다. 이 단계에서 황제와 적대하는 것은 바보짓이었다. 이런 판단이 있었기에 그는 자기 병사들에게도, 콘스탄티노플 시내를 다니다가 약탈이나 나쁜 짓을 저지르면 즉결 처형을 하겠다면서 철저히 단속했다. 어느 모로 보나 그들은 십자군의 표본이었고, 보에몽 자신도—적어도 당분간은—그렇게 보이고자 했다. 2주 뒤 그와 그의 군대는 보스포루스로 떠났으나 알렉시우스는 다음 손님을 맞아야 했다.

툴루즈 백작이자 프로방스 후작인 생질Saint-Gilles의 레몽 4세는 십자군 지도자들 가운데 가장 연로하고 가장 부유하며 가장 유명한 인물이었다. 또한 그는 아라곤의 공주 엘비라의 남편으로서 에스파냐에서 무어인*과 많은 전투를 벌여 전장에서의 경험도 풍부했다.

알렉시우스 콤네누스가 볼 때 레몽은 가장 까다로운 손님이었다. 비록 50대 후반의 나이였으나 그는 귀족들 가운데 처음으로 클레르몽에서 십자가를 지겠다고 나섰으며, 다시는 서유럽으로 돌아가지 않겠다고 공개적으로 맹세했다. 그래서 이번 원정에는 그의 아내와 아들 알폰소도 동행했다. 그의 군대는 제대로 조직된 십자군 중에서 가장 규모가 큰 1만여 명의 병력이었다. 레몽과 함께 여행한 그의 친구인 르퓌의 아데마르 주교는 우르바누스 교황에게서 십자군의 정신적 안녕을 위임받았다. 레몽 역시 보에몽에 못지않게 독자적인 군사 지휘권을 바라고 있는 게 분명했다.

하지만 타란토 공작과 달리 레몽은 휘하의 병사들을 거의 통제하지 않았다. 그래서 그의 병사들은 마구잡이로 강간과 약탈을 저지르다가 페체네그족 호송대와 여러 차례나 부딪치기도 했다. 그들이 온 지 불과 며칠 만에 프로방스의 기사 두 명이 살해당하는 사건이 터졌다. 그 직후에는 르퓌 주교가 실수로 거리에서 길을 잃는 사고도 일어났다. 그는 페체네그 병사들의 공격을 받고 심하게 다쳤다가 나중에 실수로 판명되어 자기 진영으로 돌려보내졌다. 레몽 자신도 에데사를 지날 때 주교처럼 당할 뻔했다가 간신히 모면했지만, 트라

* 북아프리카의 무슬림. 『비잔티움 연대기: 창건과 혼란』, 171쪽의 옮긴이 주 참조.

키아의 루사에서는 그의 군대가 말 그대로 도시를 뚫고 들어가 약탈했다.

이 무도한 행위가 있은 지 며칠 뒤에 알렉시우스가 보낸 사자가 와서 레몽에게 군대보다 먼저 콘스탄티노플로 오라는 전갈을 전했다. 레몽이 자리를 비우자 사정은 더욱 악화되어 마침내 페체네그 호송대는 더는 참을 수 없다고 판단했다. 그들은 그 지역에 주둔한 제국의 몇몇 부대와 힘을 합쳐 십자군을 쳐부수고 그들의 짐과 장비를 빼앗았다.

레몽은 황제와의 첫 접견을 준비하던 도중에 참패 소식을 들었으나 그래도 기가 죽지 않았다. 처음부터 레몽은 충성 서약 같은 건 하지 않겠다고 분명히 밝혔다. 충성을 서약하면 자신이 교황에게서 받았다고 믿는 특별한 권위를 포기하게 될 뿐 아니라 보에몽보다 아래 서열이 된다는 게 그 이유였다(당시 콘스탄티노플에는 황제가 보에몽에게 고위 관직을 주었다는 소문이 돌고 있었다). 하지만 레몽이 그런 이야기를 알렉시우스에게 직접 했을 리는 없다. 그 대신 그는 바실레오스가 직접 십자군의 총사령관을 맡는다면 자신은 기꺼이 그의 부하로서 참전하겠다고 말했다. 이에 대해 알렉시우스는 자기도 그러고 싶지만 제국을 떠날 수 없는 처지라고 응답할 수밖에 없었다.

두 주가량 교착 상태가 빚어지는 동안 서유럽의 지도자들은 차례로 툴루즈 백작에게 원정 전체를 위험하게 만들지 말고 생각을 바꾸라고 호소했다. 이윽고 타협이 이루어졌다. 백작은 랑그도크에서

---

* 툴루즈가 포함된 남프랑스 지역의 이름이다.

일반적으로 하는 서약의 형태로서 황제의 생명과 명예를 존중하고 황제에게 어떠한 피해도 주지 않겠다고 맹세했으며, 알렉시우스도 그 정도에 만족하고 더 트집을 잡지 않기로 했다.

넷째이자 마지막 원정군은 노르망디 공작 로베르의 군대였다. 그는 정복왕 윌리엄의 맏아들로서 1096년 9월에 원정을 출발했다. 그와 동행한 인물들은 그의 매제인 블루아 백작 에티엔과 사촌동생인 플랑드르 백작 로베르 2세*였는데, 이들 세 명이 공동으로 거느린 군대에는 바이외의 주교 오도를 비롯하여 노르망디, 브르타뉴, 잉글랜드의 유명한 귀족과 기사들이 다수 포함되어 있었다. 이들은 루카(여기서 교황 우르바누스가 그들을 접견했다), 로마, 몬테카시노를 거쳐 이탈리아 반도를 남하한 뒤 아풀리아의 노르만 공국으로 가서 루지에로 보르사 공작의 환대를 받았다. 그 뒤 12월 첫 주에 플랑드르 백작 로베르는 바리에서 배를 타고 에피루스로 건너갔다.

그러나 노르망디 공작과 블루아 백작은 남이탈리아의 매력에 푹

---

* 로베르 2세는 앞의 로베르와 구분하기 위해 붙인 것이다(실은 윌리엄의 아들도 정식 명칭은 로베르 2세다). 이 참에 당시 서양 왕명과 봉건 귀족들의 이름을 정리해 두어야 할 듯싶다. Robert는 영국식으로 읽으면 로버트지만 프랑스 식으로 읽으면 로베르이고 이탈리아 식으로는 로베르토가 된다(그래서 앞에 나온 노르망디 공작 기스카르의 이름을 로베르토로 표기한 바 있다. 그는 원래 노르망디가 고향이지만 활동 무대가 이탈리아였기 때문이다). 지은이는 이를 구분하지 않고 모두 영어식 이름으로 사용하고 있는데, Robert 같은 경우는 철자가 똑같으므로 쉽게 알 수 있으나 그렇지 않은 경우도 많다. 이를테면 지은이는 블루아 백작 에티엔을 Stephen으로, 앞에 나온 신성 로마 황제 하인리히를 Henry로 쓰고 있다. 그 밖에 지은이는 영어권 필자라는 이점을 마음껏 살려 비잔티움의 역사에 등장하는 인명을 편리하게도 거의 다 영어식으로 표기했지만, 우리는 각자의 '소속'을 따져 식별해야 하니 이것도 문화 수입국의 불리한 점일 것이다.

빠져 있다가 1097년 4월에야 비로소 아드리아 해를 건넜다. 그런데 브린디시를 떠난 첫 배가 곧 침몰하는 바람에 그들은 금과 은을 실은 돈궤는 물론이고, 병력 400명과 말, 노새까지 잃었다. 이 재앙을 보고 열정이 부족한 십자군은 곧장 집으로 돌아갔다.[34]

원정을 계속하기로 한 사람들은 핀두스 산맥에서 갑작스러운 홍수를 만나 한두 명이 목숨을 잃기도 했으나 대체로 쾌적하고 안전하게 여행했다. 그들은 5월 초에 콘스탄티노플에 도착했다. 먼저 온 십자군은 그 무렵 모두 소아시아에 가 있었다. 지도자들은 아무도 충성 서약에 까다롭게 굴지 않았으며, 오히려 황제의 관대함에 감복하고 황제가 내준 양질의 음식, 비단 옷 등의 선물에도 크게 즐거워했다. 예컨대 블루아의 에티엔은 다소 뻔뻔하게도 자기 아내인 윌리엄 왕의 딸 아델라에게 이런 편지를 보냈다. "사랑하는 아내여, 그대의 아버지께서도 좋은 선물을 많이 주셨지만, 이 사람이 준 것에 비하면 아무것도 아니라오."[35]

일반 병사들에게 베푼 것은 그보다 작았지만, 그들은 대여섯 명씩 조를 짜서 콘스탄티노플 시내를 관광하고 주요 성소에 참배할 수 있는 허가를 얻었으므로 전혀 불평하지 않았다. 2주 뒤 그들도 보스포루스를 건너—에티엔은 센 강이나 마른 강을 건너는 것보다 좋다고 썼다—니케아에서 다른 군대들과 합류했다.

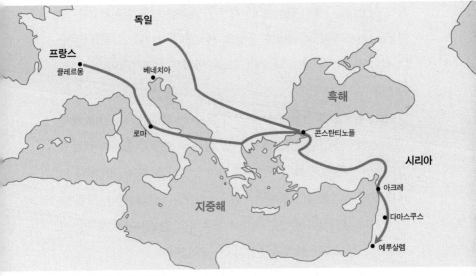

† 제1차 십자군의 주요 원정로

예상치 못한 성공

마지막 십자군을 실은 배가 아시아로 떠나는 모습을 지켜보면서 알
렉시우스 콤네누스가 얼마나 큰 안도감을 느꼈을지는 충분히 짐작
할 수 있다. 지난 아홉 달 동안 얼마나 많은 사람이 제국의 영토를
지나갔는지는 그 자신도 알기 어려웠다. 은둔자 피에르의 오합지졸
에서부터 생질의 레몽 같은 봉건 영주에 이르기까지 모두 합해도 그
수는 10만 명이 안 되었을 것이다.

물론 상궤에서 벗어난 약탈과 불행한 사건들도 종종 있었다. 하
지만 그가 만반의 준비를 해 둔 덕분에—특히 정기적으로 식량을
공급하고 치안 유지에 힘쓴 결과—대체로 군대들은 큰 문제를 일으

키지 않았다. 사적인 합의를 본 레몽을 제외한 모든 지휘관들은 자의든 타의든 일단 황제에게 충성을 서약했다. 설사 그들이 나중에 그 서약을 어긴다 해도 황제의 도덕적 입지는 크게 강화될 수 있을 터였다.

그는 십자군에 전혀 환상을 갖지 않았다. 십자군은 여전히 제국 내에 있었다. 비록 지금은 투르크를 상대로 싸우고 있지만 그들의 장기적인 야심이 무엇인지는 명확하지 않았다. 그들이 비잔티움에 대해 전혀 애정을 갖고 있지 않다는 것은 이미 분명해졌다. 그런 탓에 발칸과 트라키아에서도, 그들은 구원자로 환영을 받으리라고 기대했으나 실제로는 의혹과 불신의 눈길을 받았다.

한편 몇 명씩 짝을 지어 콘스탄티노플 시내를 관광한 서방의 병사들은 자신들이 본 것에 크게 마음이 흔들렸다. 프랑스의 농민이나 중세 독일 소도시의 시민에 불과했던 그들은 세계에서 가장 부유하고 화려한 도시, 비단과 향료 등 동방의 다양한 이국적인 물건들을 파는 시장, 호사스러운 옷차림으로 노예와 환관을 거느리고 다니는 귀족, 금장 가마를 탄 귀부인, 놀라우리만큼 정교한 머리장식 아래 온갖 화장품으로 아름답게

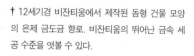

† 12세기경 비잔티움에서 제작된 돔형 건물 모양의 은제 금도금 향로. 비잔티움의 뛰어난 금속 세공 수준을 엿볼 수 있다.

† 십자군과 사라센군의 전투(파리, 국립도서관).

꾸민 그들의 얼굴 등을 보고 엄청난 문화적 충격을 받았다. 또한 그
들이 구경한 종교 행사는 매우 낯설고 불가해하면서도 대단히 이교
적인 측면을 보였다.

　비잔티움 사람들 역시 십자군을 따뜻하게 맞이한 것은 아니었다.
비록 명분상으로는 친구라 하더라도 외국군은 환영받지 못하는 손
님인 데다가 십자군은 예의범절도 엉망인 최악의 야만인이었다. 그
들은 제국의 땅을 유린하고, 제국의 여성을 겁탈하고, 제국의 도시
와 촌락을 약탈했다. 그러면서도 그들은 마치 그런 짓이 자신들의
권리인 양 여기고, 실제로는 깡패 무리나 다름없으면서도 영웅이자
구원자로 대우받으려 했다. 따라서 십자군이 떠난 것은 제국의 백성
들에게 큰 기쁨이었다. 심지어 사람들은 십자군이 다시 돌아온다 해
도 떠날 때보다 수가 크게 줄어 있기를 기대했다. 아무리 십자군이

같은 그리스도교도들이라지만 제국의 백성들 중에는 오히려 사라센군이 십자군을 물리쳐 주기를 은근히 바라는 사람도 많았다.

그러나 알렉시우스 콤네누스는 그런 희망을 품지 않았다. 그는 십자군을 부르지도 않았고 승인하지도 않았지만, 이제는 그들이 원래의 목적대로 이교도로부터 성지를 탈환해 준다면 전력을 다해 그들을 지원할 결심이었다. 그때까지 그리스도교권과 제국의 이해관계는 일치했다. 하지만 십자군이 자신들의 어깨에 짊어진 십자가를 잊고 제멋대로 행동하기 시작하면서부터 양측의 이해관계는 달라지게 된다. 알렉시우스도 잘 알고 있었듯이 외국군을 자기 땅에 들이기는 쉬워도 다시 내보내기는 무척 어려운 법이었다.

많은 사람들의 예상과는 반대로, 제1차 십자군은 약간 과장해서 말한다면 대성공을 거두었다. 그들은 1097년 6월에 니케아를 포위하여 점령함으로써 소아시아 서부의 비잔티움 영토를 상당 부분 수복하는 전과를 올렸다. 7월 1일에 셀주크투르크는 아나톨리아의 도릴라이움에서 참패했으며, 1098년 6월 3일에는 안티오크가 십자군의 수중으로 넘어갔다. 마지막으로 1099년 7월 15일에 그리스도교 병사들은 무시무시한 대학살극을 펼치며 예루살렘으로 들어가 그곳의 모든 무슬림들을 살육하고 시나고그(유대교회) 안의 유대인들을 산 채로 태워 죽인 다음 성묘 성당에서 피 묻은 손을 모아 쥐고 감사의 기도를 올렸다.

하지만 십자군 지도자 두 명은 거기에 참석하지 않았다. 불로뉴의 보두앵은 스스로 중부 유프라테스의 에데사 백작이 되었고, 보에몽은―툴루즈의 레몽과 심하게 다툰 뒤에―독자적으로 안티오크

du lac et des fontaines qui sourdent
la enuiron. Et ꝛ ses murs estoient
bes hautes et espes ꝛ bien garnist.
et plaine de grosses tours. Et se
en estoient les habitans fort seu
ers ꝛ acoustumes de porter armee
et bien se monstrerent. Comb
en que nos gens pour fortifica
tion quils brisserent ne laisserent
de fermer leur siege tout alento

excepte de la partie du lac laqueu
ne puient au premier assieg
bont leur tenot touiours bitt
Secours et Nouuelles de Soli
mand. Lequel se tenoit deden
forests a dix milles de Nique
a tout son armee. espiant tous
iours sil pourroit trouuer son
point pour leuer se siege de sa
Cite. et secourir ses gens. Auf

† 셀주크투르크의 참패로 끝난 1097년의 도릴라이음 전투(파리, 국립도서관)

공국을 세웠다.

예루살렘에서는 미래의 지도자를 뽑기 위한 선거가 치러졌다. 눈에 띄는 후보는 단연 레몽이었다. 그는 십자군 지도자들 중 가장 나이가 많고 부유했으며 경험이 풍부했다. 그런데 놀랍게도 그는 후보로 나서지 않았다. 그는 오만하고 고압적이어서 동료들에게 인기가 없었으므로 그들의 복종과 지지를 얻지 못하리라는 것을 그 자신이 잘 알고 있었다.

그래서 결국 그 자리는 하下 로렌의 고드프루아가 차지했다. 그는 십자군에서 용감하게 싸우기는 했어도 특별한 군사·외교적 수완을 발휘하지는 못했다. 그보다 더 중요한 고려 사항은 동료들과 크게 대조되는 참된 신앙심과 깨끗한 사생활이었다. 그 역시 망설이는 기색을 보였으나 결국에는 수락했다. 하지만 그는 그리스도가 가시면류관을 쓴 도시에서 왕의 직함을 지닐 수는 없다고 주장하고, 그 대신 아드보카투스 상크티 세풀크리Advocatus Sancti Sepulchri, 즉 '성묘의 수호자'라는 직함을 취했다.

독실한 그리스도교도인 알렉시우스 콤네누스는 예루살렘이 수복되었다는 소식에 뛸 듯이 기뻐했다. 십자군을 신뢰하기 때문이 아니었다. 그동안 예루살렘은 400년 가까이 이교도의 수중에 있었고 콘스탄티노플에서 너무 멀어 전략적 요충지가 되지 못했던 것이다.

그 반면에 안티오크의 소식은 그에게 커다란 근심거리를 안겨 주었다. 이 유서 깊은 총대주교구의 도시도 예루살렘 못지않게 파란만장한 역사를 지녔다. 6세기에 페르시아에게 약탈을 당하고 7세기 초까지 20년 가까이 페르시아의 지배를 받다가 637년에는 아랍의 수중에 넘어갔다. 수백 년 동안 아랍의 지배를 받다가 969년에 비로소 제국이 수복하여 1078년까지는 제국령으로 남았다. 안티오크의 주민들은 거의 대부분 그리스어를 썼고 정교회 신앙을 지니고 있었다. 그러므로 알렉시우스와 이성적인 제국의 신민들이 보기에 안티오크는 당연히 비잔티움의 도시여야 했다.

그런데 이제 그곳이 노르만 야심가의 손에 들어가 버린 것이다. 비록 보에몽은 충성 서약을 했지만 도시를 넘겨줄 의향은 전혀 없었고 이제는 굳이 적대감을 감추려고도 하지 않았다. 심지어 그는 그리스계의 총대주교를 내쫓고 아데마르 주교 휘하에서 목사를 지냈던 발랑스의 베르나르두스라는 라틴 사람을 그 자리에 앉혔다.

하지만 한 가지 위안거리는 있었다. 보에몽은 그 북쪽의 다니슈멘드 투르크족[36] 이 전혀 환영하지 않는 이웃이었다. 그랬으니 1100년 여름에 그 안티오크 공작이 투르크군에게 사로잡혀 쇠사슬에 묶인 채 멀리 폰투스 산맥의 니크사르—그리스의 네오카이사레아—로 끌려갔다는 소식을 듣고 알렉시우스가 얼마나 좋아했을지는 충분히 상상할 수 있다. 보에몽은 폰투스에 3년이나 억류되어 있다가, 1100년 7월에 고드프루아가 죽자 예루살렘의 왕이 된 보두앵—그는 형 고드프루아와는 달리 왕의 직함을 선뜻 받아들였다—이 몸값을 치른 뒤에야 석방될 수 있었다.

이렇게 십자군이 초반에 승리를 거두자 그 지도자들 중에는 비잔티움에 대해 보에몽과 같은 태도를 취하는 자들이 점차 늘어났다. 예루살렘을 정복한 이후 진짜 순례자들—이들은 그리스도의 이름으로 저질러진 만행에 환멸을 느꼈다—은 하나둘씩 고향으로 돌아

† 예루살렘을 공격하는 십자군, 1099년(파리, 국립도서관).

가기 시작했다. 우트르메르(이때부터 중동 지역의 십자군 영토는 이 이름으로 불리게 되었다)*에 남은 프랑크인들은 군사적 야심가들이었으므로 예루살렘을 수복한 뒤부터는 애초에 원했던 것을 얻고자 나섰다. 제1차 십자군의 지도자들 가운데 참된 신앙에 입각하여 행동하고 옛 비잔티움 영토를 정복하여 황제에게 반환한 사람은 공교롭게도 충성 서약조차 거부했던 툴루즈의 백작 레몽뿐이었다. 나머지는 실상 그들이 몰아낸 사라센인들과 거의 다를 바 없었다.

* 우트르메르(outremer)는 'outre(넘어서) + mer(바다)'라는 뜻의 프랑스어인데, 영어로 말하면 oversea(해외)에 해당한다(outremer 자체는 '청금석'이라는 뜻도 있는데, 이는 파란색 염료로 쓰였던 청금석이 해외에서 수입된 귀중품이었기 때문이다). 서유럽에서 출발한 십자군은 대부분 아드리아 해를 건넜으므로 중동 지역은 그들에게 문자 그대로 해외이기도 하지만, 주로 지중해 반대편이라는 의미에서 우트르메르라고 불렀을 것이다.

알렉시우스에게 그것은 전혀 놀랄 일이 아니었고, 오히려 그의 생각을 더욱 굳혀 줄 따름이었다. 그랬으니 1101년에 새로운 4개 원정군이 동방으로 가는 도중에 콘스탄티노플에 온 것을 보고 그는 무척 언짢은 기분이었을 것이다. 첫째는 밀라노의 안셀무스 대주교가 이끄는 약 2만 명의 롬바르디아 병력이었고, 둘째는 프랑스 기사들로 이루어진 부대였다. 그 가운데는 딱한 블루아의 에티엔도 끼어

† 코니아의 셀주크 건축물로 1274년에 건립된 메블라나 테케. 1397년 카라만의 아미르 알라에딘 알리가 녹색 탑을 추가했다.

있었는데, 그는 안티오크 포위전에서 도망쳤다가 무서운 아내 아델라에게 야단을 맞고—과연 윌리엄의 딸다웠다—실추된 명예를 되찾고자 다시 원정에 참여한 것이었다. 셋째는 느베르의 기욤 백작이 이끄는 또 다른 프랑스군이었고, 마지막으로는 아키텐 공작 기욤과 바이에른 공작 벨프가 공동으로 지휘하는 대규모 프랑스-독일 연합군이 있었다. 여기에는 베르망두아의 위그가 끼어 있었는데, 그는 안티오크를 점령한 뒤 제1차 십자군에서 물러났다가 예루살렘에 가려는 자신의 맹세를 실행하기 위해 참여했다.

이들 군대가 앞서 출발한 군대들처럼 성공을 거둘 경우 비잔티움에 어떤 영향을 미칠지 알렉시우스는 생각하고 싶지도 않았을 것이다. 그러나 그들은 모두 재앙을 만났다. 롬바르디아 군대—이들은 수도에 도착하자마자 블라케르나이 궁전으로 밀고 들어와서는 황제가 애완용으로 기르는 사자 한 마리를 죽였다—는 에티엔이 속한 기사단과 합쳐져서 알렉시우스를 방문하고 있던 툴루즈의 레몽의 지휘를 받으며 출발했다. 이들은 앙키라(지금의 앙카라)를 점령한 뒤 그 도시를 제국에 반환했지만, 그 직후에 아마세아(지금의 아마시아) 부근의 메르시반에서 다니슈멘드군의 매복에 걸렸다. 그 결과 전 병력의 5분의 4가 죽었고 아녀자들은 노예로 잡혔다(병사들은 대개 가족을 동반하고 있었다). 레몽은 프로방스 호위대, 비잔티움 호송대와 함께 야음을 틈타 탈출하여 콘스탄티노플로 돌아왔다.

다른 두 군대의 처지도 전혀 나을 것이 없었다. 느베르의 기욤은 6월 말경에 보스포루스를 건넌 뒤 앙키라를 거쳐 이코니움(코니아)으로 가서 이 도시를 점령하려 했으나 실패했다. 그 뒤 그는 헤라클레아 키비스트라(에렐리)로 이동했는데, 얼마 전에 적은 이곳을 버리고 떠나면서 모든 우물에 독을 풀었다. 때는 마침 한여름이었다. 심한 갈증에 시달린 그의 병사들은 필사적으로 마실 물을 찾았으나 소용이 없었다.

셀주크 술탄 킬리지 아르슬란과 다니슈멘드의 말리크 가지가 공동으로 지휘하는 투르크군은 십자군이 지칠 때까지 며칠 동안 기다렸다가 공격을 개시했다. 십자군 기병들은 뿔뿔이 달아났고 보병들과 비전투 인력은 살해되거나 사로잡혔다. 기욤은 동생을 비롯하여 몇 명의 기사들과 함께 겨우 탈출한 뒤 현지의 투르코폴레스[37]를 안내자로 고용하여 안티오크로 갔다. 그러나 안내자들이 배반하고 말과 소지품을 훔쳐 달아나는 바람에 그들은 졸지에 맨몸으로 황야에 남겨지고 말았다. 가까스로 안티오크에 도착하자 보에몽의 조카인 탕크레드는 그들을 딱하게 여기고 겨울을 날 수 있게 해 주었다. 이듬해 봄에 그들은 좌절에 빠져 말을 타고 예루살렘으로 갔다.

아키텐과 바이에른에서 온 십자군도 비슷한 운명을 겪은 것으로 보인다. 그들 역시 독을 푼 우물과 갈증에 시달렸다. 그러나 느베르의 군대와 달리 그들은 헤라클레아 근처에서 강을 발견했다. 그런데 불행하게도 그것은 바로 적이 노리던 바였다. 그들이 강물로 뛰어들자마자 투르크군은 화살 세례를 퍼부었고 매복 장소에서 나와 공격했다. 으레 그렇듯이 생존자는 더 빠른 말을 탄 지도자들이었다. 아키텐의 기욤은 타르수스로 탈출한 뒤 안티오크로 갔으며, 바이에른의 벨프는 무기와 갑옷을 팽개치고 변장한 채 산악 지대로 숨었다. 베르망두아의 위그는 더 불운했다. 그는 화살을 맞아 무릎에 심한 상처를 입고서 타르수스까지 왔으나 기운이 빠져 10월 18일에 죽었다. 예루살렘에 간다던 맹세는 끝내 실현되지 못했다.

전쟁 상태로 돌입한 동방과 서방

1103년 안티오크 공작 보에몽이 풀려난 것을 신호로 우트르메르에 정착한 십자군의 활동은 다시 활발해졌다. 이 무렵에 십자군은 간헐적으로 휴전기를 가진 것 이외에는 아랍, 투르크, 비잔티움을 가리지 않고 무차별적으로 싸웠다. 하지만 뚜렷한 성과는 올리지 못했다.

　1104년 초여름에 그들은 발리크 강변의 에데사에서 남동쪽으로 40킬로미터가량 떨어진 하란의 성벽 아래에서 투르크에게 참패를 당했다. 보에몽의 군대는 큰 손실을 입지 않고 탈출에 성공했으나 ─베르나르두스 총대주교는 너무 당황한 나머지 추격하는 투르크 병사들에게 잡히지 않으려고 말의 꼬리를 잘라 버리기까지 했다─ 에데사 주둔군은 전멸했고, 보두앵과 그의 사촌인 쿠르트네의 조슬랭은 포로로 잡혔다.

　하란에서의 참패는 1101년의 재앙과 더불어 초기 십자군의 군사적 평판에 돌이킬 수 없는 치명타를 날렸다. 그로 인해 안티오크와 에데사의 생존을 위해 필수적인 서유럽과 연결된 중요한 육상 보급로가 끊겼다. 하지만 그 틈을 타서 알렉시우스는 아다나, 모프수에스티아,[38] 타르수스 등 몇 군데 중요한 요새와 라오디케스(라타키에)

에서 남쪽의 트리폴리*에 이르는 지역의 해안 도시들을 탈환할 수 있었다. 이제 보에몽은 심각한 위협을 느꼈다. 그래서 그는 탕크레드에게 공국을 돌보게 하고, 자신은 증원군을 모으기 위해 『프랑크인의 업적Gesta Francorum』—어느 노르만인이 쓴 제1차 십자군에 관한 기록인데, 노르만인의 관점에 따라 심하게 편향되어 있다—을 가지고 늦가을에 유럽으로 떠났다.[39]

1105년 초에 아풀리아에 도착한 그는 여덟 달 동안 그곳에 머물렀다. 거의 10년 동안이나 영지를 비워 둔 탓에 할 일이 무척 많았다. 영지를 돌보는 틈틈이 그는 노르만 청년들에게 자기처럼 동방에서 한몫 잡아 보지 않겠느냐고 권했다. 그 뒤 9월에 보에몽은 로마로 가서 교황 파스칼리스 2세를 만났다. 그는 교황에게 우트르메르에 있는 십자군 왕국의 대적은 아랍도, 투르크도 아닌 바로 알렉시우스 콤네누스라는 점을 어렵지 않게 설득했다. 파스칼리스는 그의 주장에 크게 공감하여 특사를 붙여 주었고 보에몽은 그 특사와 함께 프랑스로 가서 비잔티움과 성전을 벌여야 한다고 부르짖었다.

안티오크 공작은 평생토록 동방 제국과 싸웠으면서도 또다시 싸우려 하고 있었다. 그러나 그 전과 후를 통틀어 보에몽이 저지른 가장 해악적인 짓은 그리스도교를 내걸고서 교황 파스칼리스를 부추긴 것이었다. 그의 아버지와 그가 벌인 이 편협하고 파괴적인 책동은 그때부터 그리스도교권의 공식 정책으로 자리잡게 되었다. 시기

---

* 현재 리비아의 도시가 아니라 레바논 북서부의 항구 도시를 말한다.

심인지 원한인지, 아니면 청교도적 반대인지 단순한 몰이해인지는 모르지만 이유를 불문하고 무조건 비잔티움을 증오한 대다수 십자군 지도자들은 이제 자신들의 편견에 교황의 지지라는 최고의 권위와 공식성까지 덧붙였다.

그 반면에 알렉시우스와 그의 신민들은 최악의 의심이 사실로 둔갑하는 것을 보았다. 이제 십자군은 위선에 찬 끔찍한 악몽에 불과했다. 종교적인 동기는 후안무치한 제국주의의 본 모습을 숨기기 위한 얄팍하기 그지없는 껍데기일 뿐이었다. 반세기 전의 훔베르트 추기경과 미카일 케룰라이우스 총대주교조차도 동방과 서방의 그리스도교권을 이렇듯 노골적으로 분열시키지는 않았다.[40]

프랑스 왕 필리프 1세는 파리에서 보에몽을 따뜻하게 맞아 주고 그에게 왕국 전역에서 군대를 모집할 수 있도록 허가해 주었다. 나아가 그는 선심의 표시로 자기 딸 콩스탕스를 주어 그와 결혼시켰고[41] 동시에 자신의 서녀庶女인 세실리아를 탕크레드에게 주었다. 보에몽은 1106년 내내 프랑스에 머물면서—부활절에는 노르망디에서 잉글랜드 왕 헨리 1세를 만났다—병력과 물자를 모은 뒤 그해 말에 콩스탕스와 함께 아풀리아로 돌아왔다. 세실리아는 이미 안티오크로 떠났지만 보에몽은 굳이 서둘 필요가 없었다. 1107년 가을에야 비로소 그의 새 군대는 항해할 차비를 갖추었다. 그의 계획은 기본적으로 사반세기 전에 로베르토 기스카르가 세운 계획과 다를 게 없었다. 즉 현재의 알바니아에 해당하는 에피루스에 상륙해서 두라초 요새를 점령하여 교두보를 확보한 뒤 동쪽으로 콘스탄티노플까지 행군하는 것이었다.

하지만 이번에는 운명의 여신이 그를 외면했다. 아풀리아의 군대는 발로나 부근에 무사히 상륙했다. 그러나 알렉시우스는 미리 두라초의 방어를 강화해 놓고 있었다. 그가 셀주크 술탄에게서 임대한 용병들은 적의 모든 공격에 완강하게 저항했다. 보에몽은 그리 당황하지 않고 포위를 시작했다. 하지만 그 직후에 비잔티움의 함대가 이탈리아와의 연결망을 차단하는 바람에 그는 그 상태에서 겨울을 나야 했다.

봄이 되자 알렉시우스가 주력군을 이끌고 들이닥쳤다. 이제 거꾸로 해로와 육로를 포위당한 공격군은 식량이 떨어진 데다 말라리아의 공격까지 받았다. 결국 9월에 안티오크 공작은 항복할 수밖에 없었다. 데볼 강둑의 자기 진영에서 알렉시우스의 앞에 끌려나온 보에몽은 굴욕적인 강화 조약에 서명했다. 예전에 한 충성 서약을 어긴 것을 사죄하고 황제에게 다시 충성을 맹세하는 한편 안티오크 공국의 종주권이 황제에게 있음을 인정하고 경계선을 섬세하게 확정하는 내용의 조약이었다. 마지막으로 보에몽은 자신이 임명한 라틴인 총대주교를 그리스인으로 바꾸는 데 동의했다.

데볼 조약으로 보에몽의 경력은 끝났다. 모멸감을 견디지 못한 그는 안티오크를 일단 탕크레드에게 맡기고, 콩스탕스에게서 낳은 두 아들이 왕위를 계승하도록 조처한 뒤 아풀리아로 돌아갔다. 그는 훌륭한 군인이었고 카리스마를 갖춘 지도자였지만 그가 품은 야망은 그를 저버렸고 결국 그의 삶을 망쳐 놓았다. 그는 이후 우트르메르에 다시 가 볼 생각도 하지 못한 채 3년 뒤 쓸쓸하게 죽었다.

지금도 대성당을 방문하는 관광객들은 아풀리아의 카노사에 있

는 그의 무덤을 볼 수 있다. 남쪽 벽 바깥에서 묘하게도 동쪽을 바라
보고 있는 그의 영묘는 남이탈리아에서 가장 오래된 노르만 식 무덤
이다. 그 아름다운 청동문에는 아랍식 무늬와 찬사의 글이 새겨져
있다. 그 안으로 들어가 보면 작은 기둥 두 개와 비석 하나만 외로이
서 있는데, 그 비석에는 'BOAMVNDVS' *라는 단 하나의 문구가
조야하면서도 장엄하게 새겨져 있다.

---

* 보에몽(Bohemond 혹은 Bohemund)의 이름을 라틴 식으로 표기한 것. 비문대로 읽으면
'보아문두스'가 될 것이다.

4

대제의 자격을 갖춘 황제

1108년~1118년

그들의 말을 들으면 나의 길에는 치즈가 넘치는 듯하고, 나의 산에는 젖의 강이 흐르는 듯합니다. 나는 마치 엄청난 부자이고 총독처럼 화려하게 사는 것 같습니다. 메디아의 사치 따위는 내가 누리는 사치와 비교하면 아무것도 아니고, 수사와 엑바타나의 궁전도 내 저택에 비하면 헛간에 불과하다는 생각이 듭니다.

오크리드 대주교 테오필락투스 제국의 징세관에 관해서 쓴 편지 41번

어려운 시기의 지도자

알렉시우스 콤네누스는 1108년 말에 그간의 성과에 만족하면서 콘
스탄티노플로 돌아왔다. 당분간 제국은 평화를 되찾았다. 안티오크
의 탕크레드가 벌써부터 데볼 조약을 거부하고 나섰지만, 그 조약은
보에몽을 무너뜨린 것으로 그 목적을 다했다. 어차피 탕크레드와 그
의 동료 십자군 지도자들은 눈앞의 사라센 적들 때문에 제국에 대해
서는 별다른 분란을 일으키지 못할 터였다. 그리하여 향후 2년 동안
황제는 국내 문제에 주력할 수 있었다. 앞의 두 장에서는 국제적 사
태가 너무 긴급한 탓에 우리도 제국 내부의 사정에는 신경을 쓰지
못했다.

알렉시우스 치세의 처음 10년은 아주 어려운 시기였다. 이미 니
케포루스 보타네이아테스가 치세할 때 뛰어난 청년 장군이었기에
그는 많은 백성들에게 위기에 처한 제국을 구할 유일한 희망으로 여
겨졌다. 그러나 절대 권력을 손에 쥔 뒤로는 그의 매력이 급속히 시

들어 갔다. 즉위한 그해에 그는 두라초에서 자신의 삶에서 가장 참담한 패배를 당했다. 이에 대해서는 18개월 뒤 통쾌하게 복수했지만 노르만인들은 1084년에 또다시 쳐들어 왔다. 로베르토 기스카르가 갑자기 죽지 않았다면 적들은 콘스탄티노플까지 쉽게 진격했을 터였다. 그 반면에 소아시아의 투르크족을 상대로 해서는, 스미르나의 차카 아미르를 상대로 별로 중요하지 않은 소규모 작전을 편 것이외에는 그들을 몰아내려는 시도조차 제대로 하지 못했다.

1091년 부활절까지, 즉위한 지 10년이 지나도록 명성에 걸맞은 업적을 전혀 올리지 못한 알렉시우스는 전반적으로 실패한 황제로 간주되었다. 백성들은 이러다가 유럽의 영토도 노르만, 페체네그, 보고밀파 등의 압력을 받아 결국 아시아의 영토와 같은 운명이 되는 게 아닌가 하고 우려했다. 앞으로 몇 년만 더 지나면 제국은 콘스탄티노플 성벽 안에만 갇혀 버리는 게 아닐까?

거기서 더 나아가 안티오크의 총대주교인 요한네스 옥시테는 공개 석상에서 황제를 두 차례나 통렬하게 비난하면서 이제 제국의 쇠락은 기정사실이라고 주장했다. 계속해서 그는 백성들이 좌절과 낙담에 빠져 있다고 말했다. 과거에 백성들은 패배하거나 운세가 바뀌면 자신들의 죄에 대해 신께서 징벌하시는 것이라고 믿었지만 이제는 신의 관심이 점점 자신들에게서 멀어진다고 느꼈다. 부자는 가난해지고 있으며, 빈민은—특히 마케도니아, 트라키아, 발칸 북부—굶주림과 야만족의 침략에 시달리고 있다. 이 전반적인 불행에 있어서 예외인 자들은 황족뿐이다. 총대주교는 "그들이야말로 제국과 우리 모두에게 가장 커다란 재앙"이라고 주장했다.

총대주교의 말은 약간 과장일 수도 있다. 안티오크는 수도에서 1천 킬로미터나 떨어져 있고 여전히 사라센의 수중에 있었기 때문에 그는 유럽 속주들의 상황에 관해 정확히 알 수 있는 처지가 아니었다. 하지만 그의 말은 대부분 사실이었다. 다만 과연 황제에게 그 책임을 모두 돌릴 수 있느냐는 데는 논란의 여지가 있다. 처음에는 노르만인이, 그 다음에는 페체네그족이 침략해 와서 발칸 반도의 넓은 지역을 황폐화시키고, 도시와 촌락을 불태우고, 많은 주민들을 살해하고, 더 많은 사람들에게서 삶의 터전을 빼앗은 것은 알렉시우스의 잘못이 아니었다. 그는 적들과 열심히 싸웠으며, 레부니움에서 페체네그족에게 참패를 당한 것은 안티오크 총대주교가 그를 비난한 지 몇 주 뒤의 일이었다. 노르만인들은 확실히 그를 더 큰 곤경에 빠뜨렸으나 달리 더 잘 대처하는 방법이 과연 있었는지는 알 수 없다.

족벌주의에 대한 비판은 대답하기가 더 어렵다. 또한 그 점을 지적한 사람은 안티오크 총대주교만이 아니다. 역사가인 요한네스 조나라스도 이런 말을 하고 있다.

그는 자신의 친척과 가신들에게 공적 자금을 잔뜩 내주었고 급료도 듬뿍 주었다. 그 덕분에 그들은 부자가 되었고 일개 시민보다는 황제에게 더 어울릴 만큼 많은 종자들을 거느렸다. 그들의 저택은 거의 하나의 도시라 할 만큼 방대했으며, 거처의 호화로움은 황궁에 못지않았다.[42]

물론 어느 나라, 어느 시대에든 무릇 지배 가문이라면 이러저러한 특권을 누리게 마련이다. 사실 재위 초기에 알렉시우스는 자신의 가문 외부에서는 믿을 만한 사람을 거의 구할 수 없었다. 11세기 중반 비잔티움의 혼란스러운 정세, 그가 즉위한 배경, 콘스탄티노플에 있는 그의 많은 적들을 감안한다면 어느 정도의 족벌주의는 분명히 허용될 수 있었다. 실제로 권세가문의 지지가 없었다면 그는 바실레오스로 오래 남지도 못했을 것이다. 그렇다면 그가 어머니 안나 달라세나, 형 이사키우스, 매부 멜리세누스, 아들 요한네스, 사위 니케포루스 브리엔니우스, 기타 가까운 일가붙이들을 요직에 앉히고 그에 따른 대가를 준 조치는 어느 정도 정당화될 수 있지 않을까?

그럴 수도 있다. 하지만 불행히도 그는 그들에게 돈을 많이 벌 수 있는 중요 직책과 특별히 만들어 낸 신설 직함만을 주는 데 만족하지 않고 그들을 지역의 권력자로까지 만들어 주었다. 예전에는 모든 공용 토지—즉 황제 개인의 영지가 아니라 국가에 귀속된 토지—를 제국 정부가 직접 관할했다. 그런데 알렉시우스는 그 방대한 토지의 관리와 운영을 친척들에게 나누어 맡기고 징세권까지 내주었다. 비록 명분상으로는 프로노이아pronoia, 즉 임시 조치였으므로 언제든 황제가 회수할 수 있었고, 관리자가 죽으면 그 토지는 도로 황제에게 반환되었다. 하지만 그렇다 해도 그것은 위험한 선례였으며, 그러잖아도 곤궁한 국고에 큰 부담이 되었다.

이미 그가 즉위하기 반세기 전부터 제국의 경제는 지속적으로 쇠퇴하고 있었다. 앞에서 본 것처럼[43] 20년 전에 금 노미스마의 가치는 25퍼센트나 떨어졌다. 보타네이아테스와 알렉시우스의 치세에도 평가절하는 여전히 지속되어 여섯 가지 비금속〔卑金屬, 주화에 섞이는 저열한 금속〕으로 주조된 여섯 가지 노미스마타가 통용될 지경에 이

† 1092년부터 1118년까지 비잔티움에서 주조된 알렉시우스 1세의 금화. 옥좌에 앉아 축성하고 있는 그리스도(좌)와 오른손에 라바룸을, 왼손에 승리의 십자가를 들고 있는 알렉시우스 1세(우).

르렀다. 하지만 그 화폐들을 주조한 제국의 재무대신은 처음에 모든 지불 행위가 원래의 금화로 이루어져야 한다고 주장했다. 그 결과 제국 전역에 경제적 혼란이 발생했다. 결국 1092년에 알렉시우스는 히페르피론(hyperphron, 비잔티움의 화폐 단위. 복수형은 히페르피라) 금화를 주조했는데, 이것이 향후 2세기 동안 제국의 기준 화폐가 되었다. 그러나 각 화폐들 간의 적절한 교환 비율을 정하게 된 것은 1109년에야 가능했다. 그동안 사정은 더욱 악화되었지만, 그래도 그 덕분에 재정 제도가 효율적으로 돌아갈 수 있게 되었다. 알렉시우스에게 그것은 무엇보다도 중요했다.

그럴 수밖에 없었다. 그의 치세 동안 제국은 내내 동방과 서방으로부터의 침략에 시달렸고 양측에서 동시에 공격받는 경우도 잦았다. 그가 선대로부터 물려받은 것이라고는 형편없는 장비, 잡다한 구성의 육군과 오랫동안 방치된 보잘것없는 함대뿐이었다. 이렇게 군대가 무기력한 상태였으므로 1081년 로베르토 기스카르가 공격해 왔을 때 황제는 베네치아에 도움을 청할 수밖에 없었다. 비잔티움이 생존하려면 육군을 재편하고 강화해야 했으며, 함대를 처음부터 새로 구성해야 했다. 그런데 그 두 가지 과제를 수행하려면 막대한 재정이 필요했다. 알렉시우스는 즉각 작업에 착수하여 돈을 구할 수 있는 모든 곳에서 자금을 짜냈다. 앞에서 본 것처럼 10년쯤 지나자 그는 육전과 해전에서 중요한 승리를 거둘 수 있었다. 그에게 그것은 힘들어도 마냥 즐거운 일이었다.

그는 언제나 투철한 군인이었고 전쟁의 기술에 큰 매력을 느꼈다. 『알렉시아스』에서 몇 번이나 강조되어 있듯이 오합지졸의 야만인 병사들을 어엿한 전사들로 탈바꿈시키는 군사 훈련만큼 그에게 행복한 일은 또 없었다. 원하는 대로 조련을 마친 뒤에 그는 그 군대를 자신이 지휘하기로 마음먹었다. 유능하고 뛰어난 장군이 병사들의 지지를 얻어 정부의 약점을 틈타 쿠데타를 일으키는 것은 아주 쉬운 일이었다. 그는 자신이 전임 황제를 타도한 것처럼 그의 장군이 자신을 상대로 같은 짓을 되풀이하도록 놔두고 싶지는 않았다. 그런 이유 때문에 그는 가급적 직접 군대의 지휘를 맡아 선두에서 병력을 이끌고자 했으며, 한 세기 전의 바실리우스 2세 이래로 비잔티움 역사에서 가장 위대한 군대 지휘관임을 증명하고 싶어 했다.

그처럼 제국을 제대로 방어하기 위해 엄청난 경비가 필요했으니 알렉시우스의 재정 정책이 얼마나 엄하고 주도면밀했을지는 이해하기 어렵지 않다. 그는 1082년 초와 같이 보에몽을 상대하기 위해 교회의 재산을 차압하는 짓 따위는 하지 않았다(실은 그의 형 이사키우스의 조치였지만). 그러나 귀족(물론 여기서 황족과 기타 가까운 지지자들은 제외된다), 원로원 의원(황제가 특히 싫어했다), 부유한 수도원은 황제의 가혹한 착취에 죽을 맛이었다. 이렇듯 경제가 혼란에 빠지자 전에 납부한 세금이 충분하지 않다거나, 잘못된 화폐로 납부했다거나, 심지어 아예 납부하지 않았다면서 추징금을 강요하는 경우도 비일비재했다.

　그들만이 아니라 더 하층의 백성들에게도 힘든 시절이었다. 이 점은 이미 1091년에 안티오크 총대주교가 제기한 주요 문제점이었지만 20년이 지나도록 나아진 것은 거의 없었다. 오크리드 대주교 테오필락투스—이 장의 첫머리에 소개된 제국 징세관에 관한 그의 이야기는 부유세에 시달려 본 적이 있는 사람이면 누구나 공감할 수 있을 것이다—는 황제의 조카인 두라초 공작 요한네스에게 편지를 보내 자기 관할의 어느 관구가 노르만인, 그리스인, 페체네그족, 십자군에 의해 여러 차례 유린당한 이야기를 전했다.

　나는 눈물을 감출 수 없었습니다. 성당에는 이제 사람들이 노래하지 않고 꺼진 촛불만 남아 있습니다. 주교와 목사는 달아났고, 시민들도 자기 집을 떠나 숲속에서 숨어 삽니다. 전쟁이 낳은 이 모든 참상 이외에도 농민들은 속인과 성직자의 대지주에게 토지를 빼앗겼고 세금만이 아니라 군역의 의무에 짓눌려 있습니다.

　물론 대주교는 어느 특별한 관구에 관해 말하고 있지만 그가 묘사하는 상황은 제국의 유럽 속주 어디서나 볼 수 있는 풍경이었을 것이다. 백성들의 가장 큰 고통이 군역이라는 그의 말도 옳았다. 정부에서는 신체 건강한 젊은이들을 싹쓸이하다시피 했으므로 백성들은 언제 군대에 끌려갈지 모른다는 불안 속에서 살아야 했다. 특히 도시의 거주자들보다 농민들의 처지가 더 딱했는데, 이는 황폐해진 경작지를 복구하려면 노동력이 절실하게 필요했기 때문이기도 하지만, 군대 복무를 마치고 난 농촌 출신 젊은이들이 콘스탄티노플 같은 도시에 정착해서 고향에 돌아오지 않는 경우가 많기 때문이기도 했다.[44] 알렉시우스 자신도 말했듯이 현명한 가정이라면 누구나 외국의 침략자들이 집을 파괴하고 아들을 죽이고 딸을 겁탈하게 놔두는 것보다 제국에 병사를 제공하는 편이 낫다는 것을 알았다. 그러나 당장 굶주림과 공포에 시달리는 농민들은 그런 논리적인 주장에 귀를 기울이려 하지 않았다. 그래서 이 모든 시련에 대한 책임을 지고 있는 황제는 대다수 백성들에게 미움을 샀다. 황제도 그걸 알고 있었다.

행정과 교회의 개혁

백성들의 눈에 비친 그런 이미지를 바꾸려면 어떻게 해야 할까? 사실 즉위 초부터 알렉시우스 콤네누스는 백성들의 사랑까지는 아니더라도 존경은 받아야겠다는 생각에서 무척 노력했다. 1025년에 바실리우스 2세가 사망한 뒤 1081년에 자신이 즉위할 때까지 56년 동안 제국의 지배자는 열세 명이나 되었다. 그러므로 그의 첫째 과제는 자신이 그저 그런 황제가 아니라는 점을 보여 주는 것이었다. 그의 의도는 분명했다. 전임 황제들은 안됐지만 철두철미하게 부패한 제도의 산물이었다. 그는 그 제도를 개혁하여 다시금 위대한 제국을 건설하고자 했다.

하지만 개혁을 하려면 먼저 숙청과 정화가 필요했다. 그래서 그의 어머니는 먼저 아우게이아스의 외양간* 같은 황궁의 규방을 손보았고,[45] 황제 자신은 대대적인 이단의 숙청 작업을 전개했다. 맨 먼저 희생당한 사람은 요한네스 이탈루스라는 미카일 프셀루스의 제자였다. 황제가 보기에 그는 초기 그리스도교 교부들의 저작은 멀리 하면서 플라톤과 아리스토텔레스의 저작을 지나치게 옹호했다. 결국 정교하게 조직된 여론 재판에서 그는 유죄 판결을 받고 평생토록 수도원에 갇혀 지내게 되었다. 알렉시우스의 치세에는 그런 식의 심문이 계속 이어졌다. 그의 치세 마지막 해에는 보고밀파의 지도자 —바실리우스라는 그리스도교 이름만 전해진다—가 원형 경기장에서 산 채로 화형을 당했는데, 당시까지 화형은 콘스탄티노플에서 거의 없었다.

비록 그런 조치는 강력한 선전의 의미를 담고 있지만, 알렉시우스의 신앙심이 독실하다는 점은 의심할 여지가 없다. 그는 늘 더 절박하고 시급한 일—이를테면 로베르토 기스카르나 보에몽과 싸우고, 페체네그족을 방어하고, 제국의 변방을 위협하는 십자군 세력을

---

* 아우게이아스는 그리스 신화에 나오는 엘리스의 왕으로서 헤라클레스에게 유명한 열두 과제 가운데 다섯째 과제를 지시한 인물인데, 그 과제가 바로 아우게이아스의 외양간을 청소하는 일이었다. 이 외양간에는 수천 마리의 소가 살고 있었으나 한번도 청소한 적이 없었다. 헤라클레스는 알페이오스 강과 페네이오스 강을 외양간으로 끌어들여 과제를 말끔히 해결한다.

억제하는 일—에 쫓겼으나 한시도 바실레오스로서, 12사도와 동격으로서 지닌 종교적 책무를 잊은 적은 없었다. 또한 그것은 단지 교리상의 문제에만 국한되지 않았다.

교리 이외에 교회 문제에도 관심이 컸던 그는 치세 초기에 수도원의 운영과 재산을 속인 후원자에게 위탁하는 이른바 카리스티쿰 charisticum이라는 오랜 관습을 근본적으로 개혁하고자 했다. 11세기에 부쩍 늘어난 이 관습은 수도원의 재산을 늘리는 것을 목적으로 했으며, 실제로 상당한 효과가 있었다. 그러나 동시에 종교의 세속화에 따른 필연적인 문제점을 내포하고 있었다. 후원자는 평수도사를 발탁하여 업무를 이관했는데, 그 수도사는 수도원에 살면서도 종교적 측면에는 아무런 기여도 하지 않았으며, 수도원장이나 수도사들의 일에 관여하거나 심지어 자기 마음대로 수도원을 사정없이 쥐어짤 수도 있었던 것이다.

그 자신이 직접 기금을 대서 수도원 몇 개를 창건하기도 했던 알렉시우스는 그런 폐단을 근절하기로 결심했다. 그는 그 제도를 폐지하지는 않았다. 오히려 그 제도는 치세 초기에 자신의 지지자들과 황족 식구들에게 보상을 해 주는 데 대단히 유용했다. 하지만 그는 수도원의 재산을 거래할 때는 반드시 해당 총대주교에게 등록하라는 명령을 내림으로써 수도원에 대한 총대주교의 통제를 강화했다.

1107년에 그는 한 걸음 더 나아가 종교계의 전반적인 개혁에 착수했다. 특히 그가 조직한 특별 설교단에 속한 전도사들은 황제가 배당한 교구에서 각자 공공 도덕을 수호하는 역할을 맡았다. 이 전도사들이 실제로 얼마나 큰 기여를 했는지는 알 수 없다. 후대의 역사가들은 그들에 관해 거의 언급하지 않는다. 그보다 훨씬 더 효과적인 업적은 콘스탄티노플의 아크로폴리스에 있는 성 파울루스 성당 옆, 지금의 토프카피 궁전이 있는 자리에 건립한 대형 '고아원'이었다. 황제의 딸은 고아원이라기보다는 병원이나 빈민 수용소에 더 가까운 그 건물을 '도시 안의 도시'라고 말한다.

그 건물을 둥그렇게 둘러싸고 많은 건물들, 빈민과 장애인을 위한 숙소가 지어졌다. 황제의 인도주의를 잘 보여 주는 증거였다. 그 안에 많은 불구자들이 가득 수용되어 있는 것을 보면 누구나 솔로몬의 현관을 연상할 것이다. 2층짜리 건물들이 두 개의 원을 그리며 배열되어 있었다. …… 그 원이 너무 넓어서 아침 일찍부터 밤까지 돌아다녀도 이곳 사람들을 다 찾아보기는 어려울 듯싶었다. 이들은 토지가 전혀 없었지만, 황제의 관대한 조치 덕분에 각자 지정된 집에서 살 수 있었고 필요한 음식과 옷도 제공받았다. …… 이런 식으로 보살핌을 받는 사람의 수는 무수히 많았다.[46]

그러나 알렉시우스의 동기가 오로지 박애에만 있는 것은 아니었다. 전임 황제들의 치세에 기강이 무너졌다는 것을 보여 주는 증상들 중의 하나는 수도에 거지들이 너무 많다는 것이었다. 대개 대신이나 고위 관리가 더 높은 직책으로의 승진을 앞두었을 때는 빈민들에게 관대한 시혜를 베풀게 마련이었다. 이럴 때면 그의 집은 자선을 바라고 찾아온 사람들로 인산인해를 이루었다. 니케포루스 보타네이아테스는 식어 가는 인기를 만회하기 위해 승진 인사를 엄청나

† 메메드 2세가 콘스탄티노플을 점령하고 6년 뒤인 1459년에 완공한 토프카피 궁전. 현재는 박물관으로 쓰이고 있다.

게 많이 단행했는데, 그 때문에 거지의 수가 크게 늘었다. 묘하게도 거지들은 집 주인에게 항상 미움만 받은 것은 아니었다. 그 무렵 콘스탄티노플에서의 사회적 지위는 신분보다는 후원과 기증 같은 자선 행위에 의해 결정되었다. 부자들은 자기가 얼마나 손이 큰지 공개 석상에서 과시하기를 즐겼다. 성 파울루스 성당의 옆 건물은 알렉시우스에게 수도의 거지들을 통제할 수 있게 해 주었지만, 동시에 고위 관리들의 위신을 깎아내리고 황제의 위신을 끌어올리는 데도 일조했다.

그는 외교에 능한 황제였으므로 동방 교회와 서방 교회의 불화를 치유하기 위해 열심히 노력하지 않았다면 이상한 일일 것이다. 하지만 불행하게도 그는 정교회의 신앙심이 너무 깊어―편협하다고 할 수도 있다―유연한 자세로 협상에 임하지 못했다. 1089년에 우르바누스 교황이 그로타페라타 대수도원장을 콘스탄티노플에 보내 라틴 의례를 허가해 달라고 긴급히 요청했을 때도 알렉시우스는 연석 회의를 열어 그 문제를 논의하겠다고 미적지근하게 응답했다. 이 회의의 결과는 지금 전해지지 않지만, 교황이 동방 제국에 내렸던 파문을 철회했다는 결론이 내려진 것을 보면 어느 정도 성공적이었던 것으로 보인다.

두 교회의 불화는 완전히 치유되지 못했으나, 그래도 2년 뒤에 페체네그족의 공격을 받았을 때 알렉시우스가 도움을 요청할 수 있을 정도로 관계가 회복되었다. 이후에도 양측의 회담은 간간이 이어졌다. 1108년에는 교황의 특사가 데볼 조약을 체결하는 데 증인으로 참석했고, 1112년에―몬테카시노의 역사가에 의하면―알렉시우스는 두 교회를 통합하는 대신 서방 황제의 자리를 달라고 제안하면서 실제로 그해 여름에 로마를 방문할 계획을 세웠다.

이 보고서의 정확성에는 충분히 의문을 제기할 수 있다. 우선 서방 제국은 그런 식으로 넘겨 줄 수 있는 게 아니었다. 서방 황제 하인리히 5세는 분명 파스칼리스 교황의 숙적이었다(그는 1111년에 교황과 추기경 열여섯 명을 두 달 동안 투옥한 적이 있었다). 하지만 파스칼리스는 4월 13일에 하인리히의 대관식을 집전해 준 대가로 자유를 얻었으며, 그 뒤 1년여 동안 다른 경쟁 황제에게 제관을 씌워 주지 못했다. 그러므로 그보다는 알렉시우스가 남부 이탈리아에 눈독을 들였을 가능성이 더 크다. 이 지역은 보에몽과 그의 이복동생인 루지에로 보르사가 1111년에 일주일 간격으로 죽은 뒤 무주공산이 된 데다 알렉시우스가 늘 비잔티움의 영토로 수복하고 싶어 했기 때문이다. 그러나 설사 그렇다고 해도, 비록 과거보다 입지가 한층 안정되기는 했으나 당시의 상황으로 볼 때 그가 그렇게 오랫동안 콘스탄티노플을 비워 놓으려 했을 리는 없다.

결과적으로 볼 때 알렉시우스가 어떤 계획을 가지고 있었는지는 중요하지 않았다. 1112년 여름에 그는 중병에 걸려 몇 주 동안 꼼짝도 하지 못했던 것이다. 로마와의 서신 왕래는 간헐적으로 지속되었으나 교황은 여느 때처럼 자신의 우월권을 강력하게 주장했다. 그에 대해 비잔티움은 제국의 독립성을 양보하려 하지 않았으므로 양측은 아무런 타결도 이루지 못했다. 게다가 황제는 곧 더 절박한 다른 문제로 관심을 돌리게 되었다.

제국의 새 기틀을 놓은 황제

1108년 말 데볼 조약으로 시작된 평화는 3년 동안 지속되었다. 그러다가 1111년에 다시 전쟁이 터져 알렉시우스의 치세 말기까지 이어졌다. 그해 가을 황제는 두 곳에서 한꺼번에 터질 뻔한 전쟁을 가까스로 막을 수 있었다. 투르크가 다시 적대적으로 나오는 것과 더불어 제노바와 피사의 함대가 이오니아 해안을 침략해 온 것이다. 다행히 알렉시우스는 피사와 조약을 맺어 전쟁을 피했는데, 그 내용은 피사의 십자군 활동을 방해하지 않고, 매년 금과 비단을 피사의 성당에 선물로 보내는 한편, 가장 중요한 것으로 콘스탄티노플에 영구적인 무역 조계를 설치하도록 허락하는 것이었다(아울러 조계의 대표자들에게는 소피아 대성당에서 치러지는 행사와 원형 경기장에서 벌어지는 경기에 참석할 수 있는 권한을 부여했다).[47]

하지만 투르크족은 더 다루기가 까다로웠다. 한 가지 다행스러운 것은 그들에게 정복의 의도가 아직 없다는 점이었다. 그들은 이미 소아시아의 대부분을 장악하고 있었으므로 굳이 더 정복을 꾀할 필요가 없었던 것이다. 그래서 투르크의 침략은 세심한 계획하에 이루어지는 기습이 대부분이었다. 즉 가급적 전면전은 피하고 넓게 펼쳐진 전선의 몇 군데를 동시에 급습해서—그 경우 제국의 방어군도 넓게 퍼질 수밖에 없다—전리품과 포로를 최대한 확보한 다음 재빨리 철수하는 것이었다.

1111년에 그들은 헬레스폰트를 건너 트라키아까지 진출했는데, 안나는 알렉시우스가 이듬해 초에 트라키아에서 그들과 싸웠다고 말한다. 1113년에는 약 5만 4천 명으로 구성된 또 다른 투르크군이 니케아를 공격했다가 실패하고 도릴라이움 근처에서 알렉시우스의 기습을 받아 패주했다. 이듬해에 황제는 트라키아로 돌아와 쿠만족이 침략해 온 북쪽 변방을 방어했다. 그들의 침략을 물리치자마자 1115년에는 이코니움의 셀주크 술탄인 말리크 샤가 지휘하는 투르크군이 공격해 왔다.

이 무렵 황제는 서서히 기력이 떨어지고 있었다. 육순에 가까운 나이에다—조나라스는 예순여덟 살이었다고 말한다[48]—병까지 겹친 탓에 이듬해에야 비로소 투르크의 침략에 대응했다. 1116년 가을에야 그는 군대를 거느리고 아나톨리아의 심장부에 있는 술탄을 공격했다. 필로멜리온까지 진군하면서 그는 예상했던 적의 저항을 거의 받지 않았다. 하지만 이때부터 행군 속도는 상당히 느려졌다. 투르크 침략자들을 피해 집을 버리고 달아났던 수많은 그리스인들이 속속 피신처에서 나와 보호해 달라며 제국군을 붙들고 늘어졌기 때문이다.

이 시점에서 어떤 이유인지는 모르지만 황제는 갑자기 돌아가기로 결정했다. 그가 귀환 길에 오르자 말리크 샤는 곧바로 공격 명령을 내렸다. 안나에 의하면[49] 그 공격은 큰 실패였다고 한다. 투르크군이 제국군에게 궤멸하자 말리크 샤는 어쩔 수 없이 강화를 제의했고, 그 결과 투르크군이 최근에 점령했던 지역은 제국에 반환되었으며, 만지케르트 이전 로마누스 디오게네스의 치세의 국경으로 돌아갔다는 게 안나의 설명이다.

그런 의미에서 안나는 진정으로 역사적인 승리였다고 말한다. 하지만 여기서 그녀는 사실을 말하는 게 아니라 자신의 소망에 빠져 있는 듯하다. 로마누스 시절의 옛 국경은 동쪽으로 아르메니아까지 뻗어 있었는데, 이 지역은 술탄에게서 돌려받지 못했다. 이후의 사태를 보면 그런 대규모의 영토 양도는 없었던 게 분명하다. 말리크 샤는 서부 아나톨리아의 전초 기지를 폐쇄했겠지만, 이코니움에 계속 머물렀으므로 황제가 영토를 반환받았을 가능성은 적다. 안나가 혼동한 데다가—의도적인 왜곡일 수도 있다—자료가 워낙 부족한 탓에[50] 필로멜리온에 관한 진상은 알 수 없다. 다만 확실한 것은 황제의 승리가 어떤 의미를 가지는 것이었든 간에 그것은 그의 마지막 승리였다는 점이다. 그가 병든 몸을 이끌고 수도에 돌아왔을 때 마침 황궁은 가정불화로 온통 시끄러웠다.

새로운 일은 아니었다. 즉위한 이래 그의 가족은 늘 불화가 심했다. 초기에는 주로 그의 탓이었다. 앞에서 본 것처럼 그는 자기 어머니인 안나 달라세나에게 큰 권력을 주었으며, 열다섯 살짜리 아내 이레네 두카스를 거부하고—심지어 그녀의 대관식도 치르지 않으려 했다—알라니아의 마리아에게 빠져 있었다. 물론 마리아는 금방 무대에서 퇴장했고 이레네가 남편의 곁으로 돌아왔다.

그러나 안나는 그 뒤에도 막후에서 권력을 휘둘렀다. 알렉시우스가 여러 차례 원정을 나갔을 때는 형식적으로 둘째 아들이자 세바스토크라토르인 이사키우스와 공동으로 섭정했지만 실은 혼자서 거의 전권을 행사했다. 그런 탓에 그녀는 점점 시민들의 인기를 잃었고 마침내 황제는 어머니에게 큰 문제가 있다는 소문이 돌기 시작했다. 결국 1090년경에 안나는—표면상으로는 자신의 뜻에 따라—판테포프테스 수도원으로 물러가 몇 년 뒤에 그런대로 명예를 잃지 않고 죽었다.

안나 달라세나가 무대에서 퇴장하자 마침내 이레네 황후가 전면에 나서게 되었다. 그녀의 딸 안나 콤네나는 어머니를 다음과 같이 말하는데, 빗나간 효심이 낳은 사실의 왜곡을 잘 보여 주는 사례라고 하겠다.

어머니는 공적인 생활을 대단히 싫어하는 편이었다. 그래서 그녀는 거의 평생을 주부로 보냈으며, 성인들의 책을 읽거나 자선사업 같은 선행에 몰두하면서 나름대로의 삶을 꾸려 왔다. …… 중요한 국가 행사에 황후로서 참석해야 할 경우에는 부끄러워 어쩔 줄 모르곤 했다. 전하는 이야기에 의하면 여류 철학자인 테아노[51]는 어느 날 실수로 팔꿈치를 드러낸 적이 있었다고 한다. 누군가가 그것을 보고 무심코 "아름다운 팔꿈치로군요!"라고 말하자 그녀는 "남에게 보여 주기에는 아름답지 않죠"라고 대답했다. 바로 내 어머니에게 해당하는 이야기다. …… 어머니는 다른 사람들의 눈앞에 팔꿈치나 얼굴을 드러내기를 꺼렸고, 심지어 낯선 사람에게는 목소리도 들리지 않게 처신했다. …… 하지만 시인이 말하듯이 신들조차도 필연성과는 싸울 수 없기 때문에 어머니는 아버지의 잦은 원정에 따라다녀야 했다. 타고난 얌전함으로 인해 어머니는 황궁 안에서의 생활에 어울렸지만, 다른 한편으로 아버지에 대한 헌신성과 불타는 사랑으로 인해 마지못해 집을 떠날 수밖에 없었다. …… 아버지의 발에 생긴 병은 아주 조심스럽게 돌봐야 했다. 아버지는 통풍으로 심한 고통을 겪었는데, 어머니의 손길이 가장 주효했다. 아버지를 잘 아는 어머니는 부드러운 마사지로 아버지의 고통을 상당히 덜어 주었다.[52]

여기까지는 모두 사실일지도 모른다. 하지만 한 가지 더 고려해야 할 사항이 있다. 알렉시우스가 이레네를 원정에 꼭 데려가려 한 데는 통풍 말고 다른 이유도 있었다. 아내를 조금도 신뢰하지 않았기 때문이다. 그의 걱정거리는 자신의 안전이 아니었다. 이레네와 딸 안나는 알렉시우스의 맏아들이자 제위 계승자인 요한네스 콤네누스를 몹시 싫어했다. 그들은 요한네스를 제거하고 안나의 남편인 니케포루스 브리엔니우스 부제를 후계자로 삼기 위해 음모를 꾸미고 있었다. 이 두 여인은 점차 불평분자들―이들 가운데는 황제의 둘째 아들 안드로니쿠스도 있었다―의 핵심이 되었다.

이레네는 황제에게 요한네스가 주정뱅이라는 등, 너무 방탕해서 제국의 통치자로서는 자격이 모자란다는 등 온갖 중상을 늘어놓았다. 하지만 알렉시우스는 언제나 그녀의 말을 듣지 않으려 했다. 그는 요한네스를 사랑하고 믿었으며, 그의 능력을 전폭적으로 신뢰했다(나중에 그 신뢰는 결국 옳았다는 게 증명된다). 게다가 황제는 자신의 왕조를 창건하려는 결심을 굳히고 있었다. 그가 보기에 지난 세기에 제국이 쇠퇴한 주요 원인들 중 하나는 제위의 근본적인 불안정이었다. 조에 황후의 무책임한 남편들이 제위를 잇거나, 제국의 재력가들과 세력가들이 제위를 장난처럼 주고받은 탓에 황제의 권력이 우스워져 버렸다. 실은 알렉시우스 자신도 그런 식으로 황제가 되었지만 더 이상 그런 현상이 되풀이되어서는 곤란했다. 그의 업적이 후대에까지 계승되려면 제위는 마땅히 맏아들에게 이어져야 했으며, 신이 허락한다면 또 그의 아들에게도 이어져야 했다.

황제는 콘스탄티노플에 돌아와서도 계속 건강이 나빠졌다. 이윽고 1118년 여름이 되자 머잖아 황제가 죽을 것은 분명해졌다. 그 무렵 황제는 끊임없는 고통에 시달렸고 숨쉬기도 몹시 힘들어했다. 이내 그는 똑바로 앉아 있지 않으면 숨을 전혀 쉬지 못하는 상태가 되었다. 배와 발은 심하게 부어올랐고 입과 혀, 목구멍이 말라 물조차 제대로 삼키지 못했다. 이레네는 그를 자기 소유의 망가나 궁전으로 데려가서 온종일 그의 곁에 있으면서 제국 전역에 황제의 회복을 비는 기도를 올리라는 명을 내렸다. 그러나 그것도 황제를 편안하게 해 주지는 못했으며, 이제 황제의 죽음은 돌이킬 수 없는 사실이 되었다.

8월 15일 오후 요한누스 콤네누스는 이제 목숨이 몇 시간밖에 남지 않은 아버지가 자신을 급히 찾는다는 전갈을 받았다. 서둘러 망가나로 간 그에게 알렉시우스는 황제의 반지를 주고 당장 바실레오스로 선언하라고 명했다. 요한네스는 황급히 소피아 대성당으로 달려가서 간단한 행사를 마치고 총대주교에게서 제관을 받았다. 황궁으로 돌아왔을 때 그는 처음에 바랑인 경비대의 제지를 받았다가—아마도 이레네의 명이었을 것이다—황제의 반지를 그들에게 보여 주고 아버지의 죽음이 임박했다는 이야기를 한 뒤에야 비로소 들어갈 수 있었다.

그럼 이레네는 어디 있었을까? 그때까지도 브리엔니우스를 제위에 앉히려고 노력하고 있었던 그녀는 아마 남편이 아들과 마지막 대화를 나누는 자리에 빠지고 싶지 않았을 것이다. 그러나 알렉시우스는 꾀를 부려 늘 자기 곁에 붙어 있던 그녀를 다른 곳으로 보냈다. 그녀가 돌아왔을 때는 이미 모든 게 끝나 있었다. 그래도 그녀는 어떻게든 사위를 제위에 앉히기 위해 마지막으로 애써 보았으나 알렉시우스는 빙그레 미소를 지으면서 말하기에도 힘겨워 감사 기도를 할 때처럼 두 손만 쳐들었다. 그날 저녁에 그는 죽었다. 그 이튿날 15년 전에 이레네가 세운 크리스트 필란트로포스 수도원에서 간소한 행사를 치른 뒤 그의 시신은 그곳에 묻혔다.

사실 그의 장례식은 더 성대하게 치러져야 했다. 제국의 백성들은 그들이 알고 있는 것 이상으로 알렉시우스에게 신세를 졌다. 우선 황제는 자신의 주요 목표를 실현했다. 그 목표란 1025년 바실리우스 2세가 죽을 때부터 시작된 정치적·도덕적 쇠퇴를 막고 제국을 새로이 안정시키는 것이었다. 그전까지 56년 동안 열세 명의 황제들이 온갖 실정을 거듭했지만, 그는 37년이나 재위하면서 권력을 안정시켰다. 이후 그의 아들은 우연한 사고로 죽을 때까지 25년간 재위하게 되며, 그의 손자도 37년간 권좌에 있게 된다.

그 다음으로는 그의 군사적인 업적을 꼽을 수 있다. 역대 어느 황제도 그만큼 많은 적을 앞에 두고서 그만큼 용감하고 결단력 있게 백성들을 지켜 주지 못했으며, 제국의 육군과 해군을 그만큼 증강시킨 사람도 없었다. 셋째로, 그는 십자군 문제를 훌륭하게 처리했다. 도합 30만 명이 넘는 각계각층의 남녀노소들이 제국을 거쳐갈 수 있도록 주선해 주었고, 그들에게 식량을 공급했으며, 제국의 한쪽 끝에서 다른 쪽 끝까지 그들을 보호해 주었다. 만약 십자군이 사반세기 전에만 들이닥쳤어도 비잔티움은 그들의 손아귀에 남아나지 못했을 것이다.

이리하여 알렉시우스 콤네누스는 정치가, 장군, 외교관이라는 세 가지 방면에서 세 가지 능력으로 제국을 구했다. 물론 실패도 있었다. 그는 경제를 복구하지 못했고, 로마와의 불화를 치유하지 못했으며, 남이탈리아를 수복하는 데도 실패했다. 그러나 그 가운데 첫째만이 중요했고 로마와 남이탈리아의 문제는 알렉시우스는 물론 후계자들도 결코 실현할 수 없는 꿈이었다. 그는 또한 족벌주의를 조장하고 여자들에게 지나치게 이끌리는 잘못도 저질렀다. 알라니아의 마리아, 안나 달라세나, 이레네가 모두 그에게 필요 이상으로 영향력을 행사했다. 심지어 제위 계승 같은 중대한 문제에서조차 그는 이레네에게 자신의 의지를 강력하게 관철시키지 못했으며, 확고한 명령보다는 술수를 통해 목적을 이루려 했다.

그는 자신의 병사들에게는 우상이었지만 늘 백성들의 사랑은 받지 못했다. 그는 그 점을 아쉬워했을까? 별로 그러지는 않았을 것이다. 그는 대중의 갈채를 위해 자신의 원칙을 버리는 사람이 아니었다. 즉위 초부터 그는 능력이 닿는 데까지 열심히, 그리고 양심껏 제국을 통치한 군주였다. 그리하여 그는 지난 100년 동안 어느 때보다도 강하고 잘 짜여진 제국을 아들에게 물려줄 수 있었다. 아마 그는 그 성과에 충분히 만족했을 것이다.

5

제국의 위기에 등장한 현군

1118년~1143년

내가 미치지 않았다면, 아무리 내가 적법하지 않은 방식으로, 즉 그리스도교적이지 않은
방식으로 제위에 올랐다고 해도 어찌 내 아들이 아닌 이방인에게 제위를 물려주겠소?

알렉시우스 콤네누스 아내에게 한 말, 니케타스 코니아테스의 『요한네스 콤네누스』, I

검소하고 관대한 황제

앞 장에서 묘사한 알렉시우스 콤네누스의 임종은 요한네스 조나라스와 니케타스 코니아테스[53]의 증언에 바탕을 둔 것으로, 안나 콤네나가 쓴『알렉시아스』의 끝 부분과는 상당히 다르다. 안나는 저명한 의사들이 침대 주변에서 논의하는 감동적인 장면을 그리고 있다. 황제는 점점 고통스러워하고, 그의 헌신적인 아내 이레네는 '나일 강의 물보다 많은 눈물을 흘리면서' 밤낮으로 남편을 간호한다. 딸들은 정성껏 돕는다. 마리아와 유도키아, 물론 안나 자신도 있다. 촛불이 켜져 있고 찬송가가 울려퍼진다. 황제가 임종하는 순간 남편을 잃은 황후는 자주색 신발을 벗고, 베일을 걷은 뒤 칼로 자신의 아름다운 머리칼을 마구 자른다. 그러나 안나는 딸과 사위의 음모를 막고 적법한 후계자인 요한네스에게 제위를 계승시키려는 아버지의 마지막 쿠데타에 관해 전혀 모르고 있다. 안나는 자기 책의 한 장 내내 요한네스의 이름을 단 한차례 언급할 뿐이다.

안나는 평생토록 남동생 요한네스를 싫어했는데, 사실 그것은 단지 시기심 때문이었다. 알렉시우스의 맏이였던 그녀는 어릴 때 미카일 7세의 어린 아들 콘스탄티누스와 약혼함으로써 5년 동안 비잔티움의 제위 계승을 꿈꾼 적이 있었다. 그러다가 1087년 9월 13일에 이레네 황후가 아들 요한네스를 낳자 안나의 꿈은 산산조각이 났다. 하지만 실망은 오래가지 않았다. 콘스탄티누스가 어린 나이에 죽은 뒤 그녀는 1097년에 니케포루스 브리엔니우스와 결혼한 것이다. 그의 아버지는 바로 1077년에 제위를 노렸다가 보타네이아테스에게 체포되어 실명을 당한 같은 이름의 장군이었다.[54]

니케포루스는 뛰어난 군인이자 지휘관이었으므로 1111년경에 알렉시우스는 사위를 부제로 임명했다. 그러자 안나의 야망은 되살아났다. 앞에서 말했듯이 그녀는 어머니 이레네와 또 다른 남동생 안드로니쿠스까지 끌어들였으나 결국 실패했다. 하지만 그래도 안나는 단념하지 않았다. 아버지의 장례식장에서 요한네스를 살해하려는 음모의 막후 조종자도 그녀였을 게 거의 확실하다. 당시 요한네스는 사전에 경고를 받고 그 자리를 피했다. 그가 즉위한 지 몇 달 뒤에 안나는 남편 브리엔니우스의 사주를 받아 금문 바로 바깥의 시골 궁전인 필로파티온에서 또다시 요한네스를 살해하려는 음모를 꾸몄다. 하지만 겁이 난 브리엔니우스는 마지막 순간 약속 장소에 나타나지 않았다. 그가 아무 말도 없이 배신하는 바람에 궁전에서 돌아다니던 공모자들은 즉각 체포되었다.

놀랍게도 새 황제는 자비를 베풀었다. 실명이나 신체 훼손의 형벌은 없었다. 죄인들은 재산을 몰수하는 정도의 벌을 받았으며, 그마저도 나중에는 반환받았다. 니케포루스 브리엔니우스는 처벌을 모면했고 이후 죽을 때까지 20년 동안 전장에서 황제에게 충성했다. 그리고 여유 시간이 나면 지루하기 짝이 없는 역사서를 집필했다. 하지만 그의 아내는 그렇게 운이 좋지 못했다. 필로파티온의 소식을 듣고 그녀는 분통을 터뜨리면서 몹시 거친 말투로 신을 저주하면서 남자다운 면모는 남편이 아니라 자신에게 주는 게 훨씬 낫지 않느냐고 소리쳤다. 그녀도 역시 잠시 재산을 몰수당했는데, 그보다 더 나쁜 것은 평생토록 황궁에 들어오지 못하는 벌이었다. 버림받고 수치를 당한 그녀는 테오토코스 케카리토메네 수녀원[55]으로 가서 이후 35년 동안 아버지의 생애를 책으로 썼다. 그러면서도 내내 자신의 처지를 한탄했으나, 그녀가 솔직히 인정한다면 결국 모든 것은 그녀 자신의 탓이었다.

제위에 올랐을 때 요한네스 콤네누스는 서른 번째 생일에서 한 달 모자란 나이였다. 그의 누나가 동생에 관해 언급하지 않은 탓에 우리는 황제의 성장기에 관해 거의 알 수 없다. 안나는 동생이 태어날 때의 모습을 다음과 같이 간략하게 말했다.

그 아이는 까무잡잡한 피부에 뺨보다 이마가 더 넓었다. 코는 납작하지도 않고 매부리코도 아닌 중간 정도였다. 이 갓난아기의 얼굴에서 가장 생기 넘치는 것은 짙은 눈이었다.

그래도 안나는 동생을 약간 좋게 말해 주고 있다. 티레의 기욤[56]처럼 요한네스 콤네누스를 칭송하는 사람조차도 그가 키도 작고 아주 못났다고 말한다. 더욱이 그는 검은 눈과 머리털, 피부색 때문에 '무어인'*이라는 별명까지 얻었다. 하지만 그는 칼로얀니스Kaloiannis, 즉 '아름다운 요한네스'라는 별명도 가지고 있었다. 이 별명이 비꼬는 의미라는 주장도 있지만, 당시의 기록들을 대충 훑어 봐도 그런 의미가 아니라는 것을 쉽게 알 수 있다. 그 말은 그의 외모가 아니라 마음을 가리키는 말이었다.

† 요한네스 2세 콤네누스. 이스탄불의 성 소피아 대성당 남쪽 주랑에 있는 모자이크.

그의 부모는 비록 다른 면에서는 결함이 많았으나 당시의 기준으로 보아도 신앙심이 깊었는데, 요한네스는 거기서 한술 더 떴다. 그는 경박하고 상스러운 것을 혐오했다. 그래서 궁정 사람들은 진지한 주제를 말할 게 아니라면 차라리 입을 다물고 지내는 편이 나았다. 사치 역시 금기의 대상이었다. 황궁의 식탁에 오르는 음식도 지극히 간소했다. 부유한 귀족들이 황제에게 깊은 인상을 주기 위해 자신의 저택을 호화롭게 꾸미거나 화

---

* 8세기에 북서 아프리카에 진출한 무슬림을 가리키는 말로(『비잔티움 연대기: 창건과 혼란』, 171쪽의 옮긴이 주 참조). 유럽인들이 붙인 이름이다(물론 그들 자신이 사용하던 이름도 있었겠지만, 역사 속의 지명은 언제나 후대에 주도적인 역할을 한 문명권에서 붙인 이름만이 살아남아 전해진다). 이들이 에스파냐를 800년 가까이 지배한 것에 수치를 느낀 유럽인들은 당연히 무어라는 이름에 '야만인'이라는 경멸스러운 뜻을 담게 되었으며, 그런 탓에 오늘날까지도 무어인이라고 하면 무슬림을 가리키지만 좋은 의미는 아니다.

려한 옷을 입으면 오히려 황제에게서 그 허영심을 따갑게 지적하는 훈계를 들어야 했다. 황제가 보기에 그런 사치와 허영은 타락과 부패를 낳을 뿐이었다.

오늘날 요한네스 콤네누스 황제 같은 사람을 친구로 사귀고 싶은 사람은 많지 않겠지만, 12세기 비잔티움 사람들은 그를 사랑했다. 무엇보다도 그는 위선과 거리가 멀었다. 그는 원칙을 엄격하게 지키는 사람이었으며, 신앙심이 독실하고 대단히 성실했다. 또한 그는 그의 시대에서는 보기 드물게 상냥하고 자비로운 성격의 소유자였다. 그가 누구에게도 사형이나 신체 훼손의 형벌을 가하지 않았다는 니케타스 코니아테스의 증언은 지금 우리가 보기에 그다지 미덕이 아닌 듯하다. 하지만 누나인 안나를 비롯한 반역의 공모자들을 그렇게 봐준 것은 위험하다고 할 만큼 인정 많은 조치였다. 게다가 그는 아주 관대한 황제이기도 했다. 역대 어느 황제도 그보다 자선을 많이 베푼 사람은 없었으니까.

그는 신민들을 희생시키고 친족을 등용한 아버지와 달랐다. 오히려 그는 의도적으로 형제와 친척을 멀리 했으며, 상당히 초라한 가문에서 대신들이나 가까운 조언자들을 발탁했다. 그가 가장 신뢰한 사람은 요한네스 악수크였는데, 그는 어릴 적에 니케아에서 십자군에게 사로잡힌 투르크인으로, 알렉시우스 콤네누스에게 선물로 바쳐졌다가 황궁에서 자라면서 요한네스 콤네누스의 단짝 친구가 된 인물이었다. 요한네스가 즉위하자마자 악수크는 황제에게 불려 가서 고속으로 승진했다. 얼마 지나지 않아 악수크는 군대의 총사령관에 해당하는 내무대신으로 임명되었다.

항상 측근에 두고 싶은 인물을 내무대신으로 임명한 것은 현명한 인사였다. 아버지처럼 요한네스 콤네누스도 타고난 군인이었기 때문이다. 알렉시우스가 그랬듯이 그도 신이 제국을 자신에게 주었고, 보호하라는 책무도 부여했다고 믿었다. 그러나 알렉시우스는 여러 적을 맞아 제국을 방어하는 데 주력했던 반면에 요한네스는 더 적극적으로 행동했다. 이교도가 점령하고 있는 제국의 영토를 해방시킴으로써 바실리우스 대제, 나아가 유스티니아누스 대제의 시대와 같은 비잔티움의 번영과 위세를 회복하려는 것이었다.

원대한 계획이었지만 그는 불굴의 의지와 패기로써 덤벼들었다. 우선 그는 아버지가 시작한 군사 조련에 자신의 훈련 방식을 접목시켜 개선하는 한편, 병사들에게 항상 용기와 인내의 표본을 몸소 보여 주었다. 백성들이 보기에 그의 삶은 하나의 기나긴 원정이었다. 그는 비록 황후를 사랑했고—황후는 헝가리의 피리스카 공주였는데, 듣기는 더 좋지만 짜증날 만큼 진부한 비잔티움식 이름인 이레네로 바꾸었다—평생토록 아내에게 충실했지만, 콘스탄티노플보다 전장에서 더 많은 시간을 보냈다. 또한 그의 네 아들도 전장에 나갈 만한 나이가 되자 곧 아버지를 따라다녔다.

동쪽과 서쪽의 분주한 원정

한 가지 중요한 측면에서 요한네스 콤네누스는 그의 아버지보다 운이 좋았다. 알렉시우스의 치세에는 서방의 상황이 늘 시끄러웠던 탓에 동쪽 변방을 위협하는 무슬림에 전념할 수 없었다. 그러나 요한네스가 즉위한 뒤 몇 년 동안 유럽에는 비교적 시급한 문제가 없었다. 도나우 강 건너편의 쿠만족과 페체네그족은 조용했고, 발칸 반도의 세르비아인은 비잔티움의 종주권을 인정했을뿐더러 자기들끼리 분열이 심해 말썽을 일으킬 여력이 없었다. 또한 헝가리인은 달마치야 해안 지대에서의 입지를 확고히 굳히는 데 여념이 없었다(이 지역은 표면적으로는 제국의 속주였으나 오래전부터 베네치아의 수중에 넘어가 있었다).

더 서쪽에서는 교황과 신성 로마 황제가 여전히 서로 패권 다툼을 벌이기에 바빴다. 한편 알렉시우스 치세에 유럽의 모든 적들을 합한 것보다도 더 큰 곤경을 제국에 안겨 주었던 노르만의 아풀리아에서는 로베르토 기스카르의 불쌍한 아들 루지에로 보르사와, 1111년에 그가 죽은 뒤 아버지를 계승한 무능한 아들 굴리엘모*가 현지 귀족들을 전혀 통제하지 못하면서 공국 자체가 점점 심한 혼란 속에 빠져들고 있었다. 그 틈을 타서 그들의 친척인 시칠리아 백작 루지에로가 급속히 세력을 확장했다. 1130년에 그는 시칠리아의 왕 루지에로 2세가 되어 남부의 모든 노르만 영토를 통합하게 되지만 그것은 12년 뒤의 일이고, 나중에 보듯이 요한네스는 뛰어난 외교술을 발휘하여 시칠리아 왕이 제국에 반기를 들지 못하도록 했다.

---

* 굴리엘모(Guglielmo)는 영어의 윌리엄(William), 프랑스어의 기욤(Guillaume), 에스파냐어의 기예르모(Guillermo)에 해당하는 이름이다(지은이는 윌리엄으로 표기하고 있다). 원래 그의 가계는 노르망디 출신이므로 기욤이라고 해도 되겠지만, 이제 시칠리아 왕계로 자리 잡았으므로 굴리엘모라고 표기하기로 한다.

유럽의 그런 사정 덕분에 요한네스는 소아시아에 주력할 여유를 얻었다. 소아시아는 반세기 전의 만지케르트 이래로 극심한 혼란에 휩싸여 있었다. 얼추 제국의 영토를 살펴보면 북부, 서부, 남부 해안과, 에페수스 남쪽 몇 킬로미터 떨어진 마이안데르 강의 어귀에서 흑해 남동 해안의 트레비존드─이곳은 콘스탄티누스 가브라스가 공작으로 있는 제국의 봉토였다─로 이어지는 선의 북서부를 대부분 장악했다. 그 선의 남동부는 이코니온의 셀주크 술탄인 마수드의 영토였다.

그러나 최근에 들어서는 술탄의 영향력이 감소하고 신흥 투르크족인 다니슈멘드족이 흥기하여 그 지도자인 아미르 가지* 2세가 할리스 강(지금의 키질 이르마크)에서 유프라테스 강까지의 일대를 장악하고 서쪽의 파플라고니아를 호시탐탐 넘보았다. 또한 수가 많은 투르크멘족도 이 일대의 권력자들과 이리저리 결탁하면서 세력을 키웠다. 알렉시우스의 치세 후반기에 그 유목민족은 프리지아와 피시디아로 침투했는데, 이 지역은 관목이 우거진 아나톨리아 중부 고원보다 기후도 온화하고 목초지도 많은 비옥한 곳이었다. 그리하여 투르크멘은 비잔티움의 항구 아탈레이아(안탈리아)에 이르는 육로를 차단하는 바람에 그 도시에는 해로로 가야만 했다. 그래서 요한네스가 계획한 제1차 원정의 목표는 셀주크만이 아니라 투르크멘도 포함되었다.

그는 1119년 봄에 원정을 출발해서 프리지아의 옛 수도인 리쿠스

---

* Ghazi. 여기서는 인명으로 쓰였지만 원래 '이슬람의 전사'라는 뜻이다.

의 라오디케아―지금의 데니즐리 시[57]에서 북쪽으로 약 6킬로미터 지점―를 향해 곧장 행군했다. 라오디케아는 1071년에 셀주크에게 점령되었다가 25년 뒤 알렉시우스 콤네누스가 잠시 탈환했으나 변화가 많은 변방의 도시와 촌락들이 으레 그렇듯이 도로 적의 수중에 넘어가 버렸다. 요한네스는 악수크와 일부 병력을 미리 보내서 포위를 준비하게 했다. 내무대신은 그 일을 잘 해냈다. 첫 공세에 적의 저항이 무너졌고 아미르 아부 샤라가 도망쳤다. 요한네스는 그곳에 다시 돌아가지 않아도 되도록 하려고 새로 방어 성벽을 쌓았다.

그런데 그 무렵 황제는 알지 못할 이유로 황급히 콘스탄티노플로 돌아갔다. 이에 대해서는 그의 누나가 음모를 꾸몄기 때문이라는 설이 있다.[58] 하지만 그녀가 실패한 거사를 준비했을 때는 이미 요한네스가 수도에 있던 때였으니까 그 때문에 그가 돌아간 것은 분명히 아니다. 안나 이외에 다른 음모자들이 있었을 가능성도 충분하다. 치세 초기의 불안정한 시기였으므로 요한네스는 아마 수도를 오래 비우기가 걱정스러웠을 것이다. 어쨌든 수도에 돌아가기 전까지 그는 아탈레이아 북쪽 50킬로미터 지점에 있는 소조폴리스를 정복했고 마이안데르 강에서 중부 고원 지대까지 이어지는 도로변의 성과 요새들을 손에 넣었다. 그 덕분에 늦가을에 아탈레이아를 잇는 중요한 육로가 다시 소통되었고, 요한네스와 악수크는 원정의 성과에 만족하면서 보스포루스로 귀환했다.

1120년에 그들이 다시 소아시아로 갔는지는 불확실하다. 우리의 주요 전거가 되는 역사가들[59]은 여러 면에서 존경스럽지만 정확한 사실에 관해서는 울화통이 터질 만큼 혼란스럽다. 어쨌든 그 이듬해에 페체네그족이 도나우 강을 건너 침략하는 바람에 황제는 다시 유럽으로 관심을 돌릴 수밖에 없었다. 1091년에 레부니움에서 알렉시우스에게 참패를 당한 이후 이 활발한 민족은 거의 분란을 일으키지 않았다. 그러나 그로부터 30년이 지나 새로운 세대가 성장하자 1121년에 수만 명의 페체네그 군대는 트라키아를 침략해서 완전히 유린했다.

침략의 정도로 보면 예전 그들의 조상들에게 미치지 못했으나, 요한네스의 야심찬 아시아 원정을 위해서는 유럽에서의 평화가 절실하게 필요했으므로 그는 침략자들을 단호하고도 신속하게 다루기로 마음먹었다. 황제는 제국의 군대를 제 위치로 이동시키는 한편 페체네그의 다양한 부족들을 이간질했다(다행히 그들에게는 최고 지도자가 없었다). 200년 전 콘스탄티누스 포르피로게니투스가 권장했던 것처럼 많은 선물을 안기는 방법도 구사했다. 하지만 페체네그족도 콘스탄티누스의 시대 이래로 많은 것을 배운 탓에 쉽게 넘어가지 않았다.

그것은 중요하지 않았다. 일단 군대가 준비되자 황제는 작전을 늦출 이유가 없었다. 전투 초반은 승패가 불분명했다. 요한네스 자신도 약간 상처를 입었다. 적을 상당수 사로잡았음에도 많은 적병들이 자기 진지로 돌아갈 수 있었다. 이제 그들은 전차들로 원형 성벽처럼 대열을 지은 채 그 뒤에 땅을 파고 숨었다. 제국의 기병대가 몇 차례 공격했지만 전차들은 끄떡없었다. 마침내 황제―그는 전투에 참여하지 않을 때는 늘 성모상 앞에 무릎을 꿇고 있었다―는 모두들 말에서 내리라고 명하고는 바랑인 경비대의 긴 방패와 커다란 전투용 도끼로 양옆을 지키게 하면서 도보로 진격했다. 도끼로 적의 전차들을 부숴 버리자 페체네그족은 사기가 크게 떨어졌다.

결국 그들 중 일부는 도망쳤으나 나머지는 포로로 잡혔다. 하지만 황제는 포로들을 풀어 주고 토지도 주었다. 이렇게 그들을 정착하게 한 뒤 즉각 제국군에 충원되거나 나중에 군 복무를 하겠다는 약속을 받았다. 아마 황제는 아버지의 치세에 발칸에서 십자군의 치안을 유지하는 데 페체네그 군대가 얼마나 유용했는지를 기억했을 것이다. 그는 두 번 다시 그런 일이 없기를 진심으로 바랐지만 앞으로 그들의 쓸모는 분명히 있으리라 믿었다. 이 승리를 기념하기 위해 그는 '페체네그 연례 휴일'을 만들었는데, 이 풍습은 수 세기 뒤에까지도 남아 있었다.

페체네그족이 다시는 비잔티움을 넘보지 못하도록 확실히 복속시킨 뒤 요한네스 콤네누스는 가급적 빨리 소아시아로 돌아가고 싶었을 것이다. 그러나 아직 유럽에서의 일은 끝나지 않았다. 이번에는 베네치아가 적대감을 보인 것이다. 게다가 치세 초기에는 조용하고 바르게 처신했던 헝가리인과 세르비아인의 동태도 수상치 않았다.

알렉시우스의 치세에 베네치아는 제국과 가장 가까운 동맹 세력이었다. 베네치아의 함대는 남이탈리아의 노르만―처음에는 로베르토 기스카르, 나중에는 보에몽―을 상대할 때 반드시 필요했다. 따라서 알렉시우스는 베네치아와의 우호 관계를 다지기 위해 1082년에 어떤 외국 상인들도 누려 본 적이 없는 통상 특권을 그들에게 주었고, 심지어 모든 관세를 완전히 면제해 주기도 했다. 그 덕분에 황금뿔에 있는 베네치아의 무역 조계는 규모도 커지고 부유해져서 비잔티움 사람들의 격렬한 분노를 살 정도였다.

많은 사람들은 베네치아인들이 오만하고 건방지다고 이야기했다. 그러나 요한네스가 즉위할 무렵에는 노르만의 위협이 사라진 때였다. 그래서 새로 선출된 베네치아의 도제 도메니코 미키엘이 예전처럼 통상 특권의 승인을 요구하자 요한네스는 단호하게 거절했다. 황제는 이제부터 그들도 다른 모든 상인들과 똑같이 대우할 것이라고 말했다. 베네치아는 당연히 격노했다. 1122년 8월 도제의 기함은 전함 71척을 거느리고 석호를 나섰다.

그들의 목표는 비잔티움의 중요한 전초기지로 강력한 방어군이 주둔하고 있는 코르푸였다.* 베네치아군은 코르푸를 여섯 달 동안 포위했다. 1123년 팔레스타인에서 필사적인 도움 요청이 오지 않았더라면 포위 기간은 더욱 길어졌을 것이다. 보두앵 왕이 포로로 잡혔으므로 동방의 라틴 세력이 생존하려면 도움이 반드시 필요하다는 전갈이었다. 그래서 베네치아가 포위를 푼 덕분에 코르푸는 잠시 평화를 얻었다. 하지만 이후 3년 동안 베네치아는 로도스, 키오스, 사모스, 레스보스, 안드로스 등의 섬들을 모두 손에 넣고 동부 지중해의 해상을 제패했다.

1126년 초에 베네치아가 케팔로니아까지 점령하기 위해 함대를 보내자 요한네스는 드디어 울분을 터뜨렸다. 하지만 제국의 함대는

---

* 지도를 보면 알겠지만 코르푸는 이탈리아에서 발칸으로 오는 길목에 있는 섬이기 때문에 늘 서유럽 원정군의 일차 목표가 된다.

적의 공세를 저지할 만한 능력이 없었으므로 전쟁은 그가 취소한 통상 특권보다 훨씬 큰 손해를 가져왔다. 결국 그해 8월에 그는 자존심을 삼키고 통상 특권을 다시 승인했다. 체면을 구긴 손실까지 포함시킨다 해도 그만하면 작은 대가였다.

헝가리와의 문제는 1095년에 발생했다. 헝가리의 새 국왕인 콜로만은 자기 형제인 알무스를 내쫓고 나중에는 그의 아들 벨라와 함께 실명시키라는 명령까지 내렸다. 요한네스가 즉위하자 알무스는 콘스탄티노플의 자기 친척—미래의 이레네 황후—에게로 피신하여 환대를 받았다. 나아가 그는 마케도니아에 영지까지 받았는데, 이후 그곳은 자의든 타의든 헝가리 망명객들의 집결지가 되었다. 그에 대해 콜로만은 이의를 제기하지 않았지만, 그의 형제이자 후계자인 스테판 2세는 그 불만분자들의 소행에 점점 관심을 보이다가 이윽고 비잔티움 궁정에 정식으로 항의하면서 알무스를 제국에서 추방하라고 요구했다. 요한네스는 당연히 거절했고 1128년에 스테판은 제국을 공격해 왔다. 그는 도나우 강을 건너와 베오그라드와 니시를 점령한 뒤 지금의 불가리아로 진군하면서 사르디카(소피아)와 필리포폴리스(플로브디프)까지 유린하고 다시 북쪽으로 돌아갔다.

그러나 황제의 반격도 만만치 않았다. 헝가리군이 떠난 직후에 필리포폴리스에 도착한 제국군은 곧 북상 길에 올라—이스쿠르 계곡[60]을 탔을 게 분명하다—도나우 강에서 제국의 함대와 합류했다. 그 무렵 스테판은 북쪽 강둑으로 물러가 있었다. 그는 병에 걸렸지만 병상에서도 엄격한 명령을 내려 헝가리군은 일사불란하게 강을 건넜다. 요한네스는 적군이 하람의 요새—도나우 강과 그 작은 지

류인 네라 강이 합류하는 곳 부근—아래에 진을 치고 있는 것을 알고 하류 쪽으로 2킬로미터쯤 떨어진 곳에서 함선으로 몰래 강을 건넜다. 그런 다음 적을 뒤쪽에서 강둑 방향으로 몰아붙였다. 꼼짝 못하게 된 헝가리군은 일부가 탈출했으나 대다수는 포로로 잡혔다. 이로써 황제는 적에게 점령된 도시들을 모두 탈환하는 데 성공했다.

이 원정의 직전인지 직후인지 확실치 않지만 그 무렵에 요한네스 콤네누스는 라스키아의 족장Zhupan인 볼칸이 이끄는 세르비아인을 상대로 한 작전에서도 비슷한 성과를 올려 페체네그족처럼 그들을 소아시아에 정착시켰다. 이 사건에 관한 자료—나아가 이 무렵 세르비아에 관한 총체적 정보—는 빈약하기 짝이 없다. 그러나 비록 세르비아인들은 제국의 지배에 반발하여 이따금 반란을 시도했지만 —헝가리인이 가세하기도 했다—두 번 다시 요한네스에게 큰 걱정거리가 되지 않았던 것은 분명하다. 그리하여 1130년에 황제는 드디어 유럽을 떠나 동방에 시선을 돌릴 수 있었다.

안티오크를 수복하다

그가 동방을 떠나 있던 10년 동안 아나톨리아의 사정은 크게 악화되었다. 다니슈멘드는 내부의 불화로 힘을 못 쓰는 이코니움 술탄국을 대신하여 한창 발흥하는 중이었다. 그 지도자인 아미르 가지는 1124년에 멜리테네를 병합하고 계속해서 3년 동안 카이사레아, 앙키라, 카스타몬, 강그라(각각 지금의 카이세리, 앙카라, 카스타모누, 창키리)를 손에 넣어 소아시아 전역에서 가장 강력한 패자로 떠올랐다. 다시 3년 뒤인 1130년 2월에 킬리키아의 피라무스 강변(지금의 세이한)에서 그의 군대는 젊은 보에몽 2세가 이끄는 안티오크 군대를 궤멸했다. 가지는 보에몽의 머리를 방부 처리해서 바그다드의 칼리프에게 선물로 보냈다.

요한네스 콤네누스는 안티오크 공작의 비참한 운명에 눈물을 금치 못했다. 그도 그럴 것이 그는 늘 안티오크 공국이 제국의 영토라고 생각했던 것이다. 하지만 아직 기회가 있을 때 가지를 다스려야 했다. 1130년부터 1135년 사이에 황제는 최소한 다섯 차례나 다니슈멘드를 공격했다. 초반 3년 동안 황제는 알렉시우스의 셋째 아들인 세바스토크라토르 이사키우스의 음모 때문에 곤란한 처지에 빠졌다. 그는 자기 형을 제위에서 끌어내리기 위해 제국의 모든 적들을 연대시키려 애쓰고 있었다. 그러나 1132년에 이사키우스는 성지로 떠났고—신앙심에서 그랬는지, 다른 하찮은 이유가 있었는지는 알 수 없다—그 뒤 요한네스의 행보는 순탄했다. 그해의 나머지 기간과 1133년 초에 그는 연전연승을 거두면서 비티니아와 파플라고니아를 횡단했으며, 중요한 요새인 카스타몬을 점령하고 할리스 강 너머까지 진격했다. 원정 도상에 있는 각 도시와 촌락의 그리스도교도와 무슬림들은 그를 열렬히 환영했고 현지 아미르들도 항복해 왔다.

수도에 돌아온 뒤 그는 전통적인 방식으로 개선식을 치렀다. 972년 요한네스 치미스케스의 치세 이래로 콘스탄티노플에서는 처음 보는 광경이었다.[61] 어려운 시기임을 감안하여 금문에서부터 네 마

† 요한네스 2세 콤네누스와 이레네 사이에 있는 성모자. 이스탄불 성 소피아 대성당의 모자이크 패널화.

리 백마가 끄는 개선 전차는 금장 대신 은장으로 처리했지만, 거리는 여느 개선식에서처럼 온갖 무늬의 직물로 장식되었고 집집의 창문마다 호화로운 융단이 내걸렸다. 육로성벽에서 소피아 대성당에 이르는 도로 주변에는 특별히 설치된 연단이 즐비했으며, 거의 시민 전부가 나와서 행진을 환호했다. 맨 앞에는 포로들, 그 다음에는 전투부대, 그 뒤로 장군들이 행진했고, 마지막으로 황제가 십자가를 짊어지고 도보로 행진했다. 예전의 치미스케스처럼 요한네스도 전차에 자신이 타는 대신 원정 기간 내내 가지고 다니던 성모상을 싣고 자신은 그 뒤를 따랐다.

그러나 아직 그의 일은 끝나지 않았다. 그 이듬해에 그는 다시 전장으로 복귀했다. 그런데 그 원정은 그의 아내 이레네가 비티니아에서 갑자기 사망함으로써 비극적으로 중단되었다. 황제와 그의 아들들은 즉시 군대를 놔두고 황후의 시신을 콘스탄티노플로 운구했다.

그들은 장례식을 치른 뒤 곧바로 강그라로 가는 도상에서 군대와 합류했다.

그해 여름이 끝날 무렵에는 아미르 가지가 죽었다는 기쁜 소식이 날아들었다. 그래도 칼리프의 사절이 와서 가지와 그의 후손들에게 말리크, 즉 왕이라는 직함을 수여하기로 했다는 소식을 전했으니 그는 행복하게 최후를 맞았을 것이다. "대사들은 그가 대중 앞에 나설 때 언제나 앞세우는 네 개의 검은 깃발과 북, 그리고 목에 거는 황금 사슬을 주었고, 그의 새로운 지위와 직함을 승인하는 표시로서 황금 왕홀로 그의 어깨를 두드렸다." 그럼에도 불구하고 그는 곧바로 사망했으므로 정작 그 영예를 누린 사람은 그의 아들 모하메드였다.

무슬림 지도자가 죽은 뒤에 필연적으로 따르게 마련인 혼란을 감안하면 당분간은 다니슈멘드의 도발이 없으리라고 기대해도 좋았다. 그러나 각 지역의 주둔군은 여전히 개별적으로 분란을 일으킬 수 있었다. 예를 들어 강그라는 총독이 얼마 전에 죽고 지휘권이 그의 아내에게 넘어갔음에도 불구하고 강력하게 저항한 탓에, 요한네스는 그곳의 공략을 포기하고 전해에 가지가 점령한 카스타몬으로 방향을 돌렸다. 이곳은 들어주기 쉬운 한두 가지 조건을 내걸고는 쉽게 항복했다.

† 12세기에 제작된 요한네스 2세 콤네누스의 대리석 부조.

카스타몬을 접수한 황제는 강그라로 돌아가서 이번에는 포위전을 펼쳤다. 방어군은 한동안 버티면서 인근에 있다는 투르크군이 구원하러 와 주기를 바랐다. 그러나 때는 마침 오랜만에 겪는 혹한의 겨울이었고 식량도 부족했다. 한두 주가 지나도록 구원군이 온다는 징후가 보이지 않자 총독의 아내는 항복의 조건을 제시했다. 도시를 떠나고자 하는 사람은 떠나도록 허락해 주고, 지난번에 잡아간 포로들 중 일부를 송환해 달라는 것이었다. 요한네스는 선뜻 수락했다. 하지만 킨나무스에 의하면 주민들 중 떠난 사람은 드물었고 대부분 황제의 군대에 들어왔다고 한다.

강그라에 2천 명의 제국군을 주둔시킨 뒤 1135년 초에 황제는 다시 수도로 돌아왔다. 지난 5년 동안 그는 많은 것을 성취했다. 가지의 죽음이라는 예기치 못한 일이 도움을 주기는 했지만, 황제는 의도했던 것을 거의 다 이루었다. 그전까지 반세기 동안 잃었던 방대한 영토를 모두 되찾은 것이다. 투르크를 완전히 무찌르지는 못했지만 치명상을 입은 그들이 다시 공세를 취하려면 상당한 시일이 필요할 터였다. 이제 황제는 자유롭게 자신의 가장 큰 야망을 실현하기 위한 작업에 들어갔다. 황제의 상대는 무슬림만이 아니라 그가 제국의 영토라고 생각하는 곳을 무단 점령하고 있는 두 개의 그리스도교 국가도 포함되었다. 그들은 바로 킬리키아의 아르메니아 왕국과 그 가까운 동맹국인 안티오크의 노르만 공국이었다.

때는 되었지만 아직 무르익지는 않았다. 황제는 야망을 실현하기 전에 먼저 잠재적인 적을 처리해야 했다. 시칠리아의 루지에로가 왕관을 쓴 지도 벌써 4년이나 되었다. 그동안 그는 꾸준히 세력과 영향력을 키워 대외 정복을 꿈꾸기에 이르렀다. 아풀리아의 항구들은 아드리아 해 건너편 제국의 영토와 불과 100킬로미터 정도밖에 떨어져 있지 않았다. 달마치야의 부유한 도시들은 근년에 시칠리아 선장들이 특히 즐기는 소규모 약탈의 대상이었다. 게다가 북아프리카 해안에 대한 기습은 시칠리아 왕이 현재의 영토에 마냥 만족하지 않으리라는 것을 말해 주었다. 방해를 받지 않는다면 그는 곧 지중해 중부까지 욕심을 낼 게 뻔했다.

또한 루지에로는 십자군 왕국들도 호시탐탐 노리고 있었다. 그는 보에몽 2세의 사촌이었으므로 안티오크에 대한 권리를 주장했다. 일찍이 1113년에 그의 어머니 아델레드가 보두앵 1세의 세 번째 아내가 되었을 때, 그들 사이에 후사가 없을 경우에는―부부의 나이로 미루어 후사가 없을 것은 거의 확실했지만―예루살렘의 왕위를 아델레드의 아들 루지에로에게 물려준다는 약속이 있었다. 그러나 보두앵은 아델레드가 가져온 막대한 지참금을 다 써 버린 뒤 그 결혼을 무효로 선언하고 아내를 시칠리아의 친정으로 쫓아 버렸다. 루지에로에게 그것은 결코 용납할 수 없는 모욕이었다. 적어도 그가 보기에 자신의 권리는 멀쩡히 살아 있었다. 그는 콘스탄티노플에 양해를 구하지 않았으나, 그 점은 그의 큰아버지인 로베르토 기스카르나 사촌인 보에몽도 마찬가지였다. 그러므로 설사 그가 십자군의 우트르메르를 정복하는 일에만 집중한다고 해도 비잔티움의 장기적인 전망은 심각할 터였다.

이런 상황에서 1135년 초에 보스포루스에서 독일로 사절단이 파견되었다. 그들은 서방 황제 로타르의 궁정으로 가서 그해 가을에 협정을 체결했다. 로타르는 비잔티움으로부터 많은 재정 지원을 받는 대가로 1137년 봄에 시칠리아 왕을 응징하기 위한 대규모 원정에 나섰다. 요한네스는 임무를 마치고 돌아온 사절단을 따뜻하게 맞았다. 이렇게 후방을 든든히 다져 놓은 다음 그는 드디어 동방으로 출발했다.

킬리키아는 아나톨리아 남해안과 타우루스 산맥 사이, 알라니아에서 알렉산드레타 만까지의 지역을 가리킨다. 이 지역에 아르메니아인들이 정착하게 된 이야기는 11세기 초로 거슬러 올라간다. 당시 바실리우스 2세는 아르메니아의 대부분을 평화롭게 제국에 통합하면서 그 대가로 바스푸라칸의 군주들에게 세바스테이아에서 유프라테스에 이르는 방대한 영토를 주었다.[62] 또한 후임 황제들도 비슷한 조치를 취한 탓에 1070년경까지 척박한 아르메니아 고지에서 남쪽의 따뜻하고 기름진 땅으로 사람들이 꾸준히 유입되었다. 만지케르트 이후에는 그 추세가 더욱 가속화되면서 많은 반독립 국가들이 생겨났다. 하지만 이들은 자기들끼리 끊임없이 다투었다. 십자군이 팔레스타인을 뚫고 왔을 때 킬리키아의 사정은 바로 그러했다.

그런 상태는 오래가지 못했다. 프랑크족의 십자군 왕국들이 서열을 짓고 어느 정도 안정되자 이들은 킬리키아도 자신들의 세력권으로 만들고자 했다. 킬리키아는 서방과의 주요한 연결로였으므로 그들이 이 지역을 장악하려 한 것은 당연했다. 그로 인해 아르메니아의 공국들은 대부분 멸망했다. 그 와중에 강력한(혹은 수완이 좋은) 나라 하나만이 살아남았는데, 아르메니아 바그라트 왕조의 마지막 왕인 가기크 2세의 친척이라고 주장하는[63] 루벤이라는 자가 1071년

타우루스에 세운 나라였다. 그의 손자인 레오는 1129년에 소小 아르메니아 왕국의 왕위를 계승하고, 3년 뒤에는 야심찬 정복 계획을 추진하여 타르수스, 아다나, 모프수에스티아를 점령했다. 그 지역들을 비잔티움에게서 빼앗은 것인지, 십자군에게서 빼앗은 것인지는 확실하지 않다.[64]

하지만 레오는 자신이 좀 심했다는 것을 곧 깨달았다. 1136년 후반에 안티오크 신임 공작인 푸아티에의 레몽은 그 복수로 레오를 사로잡아 감금했다. 레오는 얼마 뒤에 풀려났으나 그 대가로 아다나와 모프수에스티아―타르수스는 빠졌다―그리고 금괴 6만 개를 레몽에게 바쳐야 했다. 게다가 레오는 자유를 되찾자마자 1137년 이른 봄에 최악의 전갈을 받았다. 요한네스 콤네누스가 자신을 향해 진격해 오고 있다는 것이었다.

황제는 모험을 하려는 게 아니었다. 그는 근 20년 동안 고된 원정을 다니며 산전수전 다 겪은 자신의 베테랑 병사들은 물론이고, 페체네그족 포로들과 지난 몇 년 동안 그의 기치 아래로 열렬히 모여든 투르크족 병사들로 충원한 새 부대도 몇 개 거느리고 있었다. 심지어 그의 군대에는 아르메니아인들도 있었다. 그들은 프랑크족의 십자군에 못지않게 같은 민족인 루벤 왕조도 싫어한 탓에 양측에게서 도망쳐 콘스탄티노플을 찾아온 사람들이었다.

이 대병력이 킬리키아에 모습을 드러낸 순간 모든 것은 끝났다. 앞에 말한 세 도시는 또다시 임자가 바뀌었고, 셀레우키아(셀리프케)도 그 뒤를 이었으며, 피라무스 강변 150미터 높이의 가파른 절벽 위에 세워진 거의 난공불락의 요새인 아나자르부스(아나바르자)도

37일 동안 포위된 끝에 점령되었다. 그래도 레오는 항복하지 않고 두 아들과 함께 타우루스의 산속 깊숙이 숨었다. 시간이 없는 요한네스는 굳이 그를 추격하려 하지 않았다. 남아 있는 아르메니아의 몇 개 거점들을 마저 접수한 뒤 그는 이수스와 알렉산드레타를 압박한 다음 8월 29일에 애초 목표였던 안티오크 앞에서 전열을 정비했다.

안티오크는 그전부터 내부적으로도 위기에 처해 있었다. 1126년 열여덟 살의 나이로 아풀리아에서 안티오크에 온 보에몽 2세는 4년도 못 가서 가지에게 죽음을 당했다. 두 살짜리 딸 콩스탕스와 함께 살아남은 그의 아내 알리스는 예루살렘 왕 보두앵의 딸이었는데, 아버지가 명목상의 상위 군주이기도 했으므로* 마땅히 아버지에게 후계 문제를 위임했어야 옳았다. 하지만 그녀는 자신이 직접 섭정으로 나섰다. 게다가 보두앵이 화가 나서 이 문제를 매듭짓기 위해 온다는 소식을 듣고 알리스는 모술의 아타베그(Atabeg, 셀주크군의 고위 장교 또는 지역의 토후를 가리키는 말)로서 시리아 북부를 거의 장악하고 있는 이마드 아딘 장기에게 사절과 화려하게 장식된 말 한 필을 보내면서 충성을 서약할 테니 자신이 공녀公女의 자격으로 안티오크를 지배하는 권리를 승인해 달라고 요청했다.

그러나 그 사절은 돌아오지 않았다. 가는 도중에 보두앵의 병사들에게 사로잡혀 왕에게 끌려간 뒤 처형된 것이다. 그런 다음 왕은

---

* 아버지라서가 아니라 당시 예루살렘은 이 지역에 세워진 십자군 왕국들 중 서열이 가장 높았기 때문이다.

안티오크로 달려왔으나 딸은 문을 굳게 잠근 채 열어 주지 않았다. 그러나 며칠 뒤 그의 부하 두 명이 시내로 들어가서는 야음을 틈타 성문을 열고 군대를 들어오게 했다. 그래도 알리스는 방책을 치고 탑에 들어가 자신의 신변을 보장해 주지 않으면 나오지 않겠다고 버티었다. 아버지는 딸을 용서해 주는 대신 라오디케아의 영지로 추방하고 자신이 섭정을 맡았다. 1131년에 그가 죽은 뒤 섭정은 사위이자 후계자인 앙주의 풀크에게 넘어갔다. 그는 보두앵의 맏딸, 즉 알리스의 언니인 멜리장드의 남편이었다. 4년 동안 알리스는 때를 기다렸다. 1135년에 멜리장드는 풀크를 설득해서 동생이 돌아올 수 있도록 해 주었고, 알리스는 즉각 콘스탄티노플에 사절을 보내 자신의 일곱 살짜리 딸 콩스탕스와 황제의 막내아들 마누엘의 결혼을 제안했다.

당시의 상황에서 그 결혼 동맹은 안티오크에 전혀 해롭지 않았을 것이다. 그러나 현지의 프랑크인*들은 콩스탕스를, 아무리 황족이라 해도, 그리스인에게 시집보낸다는 발상에 찬성하지 않았다. 풀크 왕의 견해도 마찬가지였다. 그렇다면 다른 곳에서 콩스탕스의 신랑

---

* 여기서 프랑크인이란 주로 프랑스인과 독일인을 가리키지만 오늘날의 두 국가와는 다르다. 12세기 초반의 프랑스는 아직 통일된 왕국이 아니었다. 당시 서부는 앙주 가문이 브르타뉴에서부터 아키텐까지 영향력을 행사하고 있었고(이 힘을 바탕으로 앙주 가문은 1154년에 정략 결혼을 통해 잉글랜드 왕위까지 차지하게 되는데, 바로 잉글랜드의 플랜태저넷 왕조다), 동부는 카페 가문과 부르고뉴 가문이 대체로 지배했으며, 남부의 툴루즈와 프로방스는 아예 다른 문화권이나 다름없는 상황이었다. 또한 독일은 19세기까지도 수십 개의 작은 영방 국가들로 나뉘어 있었다. 그러므로 지은이는 나중에도 프랑스와 독일이라는 말을 쓰지만 지금의 해당 국가들과는 다르다는 점에 유의할 필요가 있다.

감을 찾아야 하는데, 풀크는 어렵지 않게 마음을 정했다. 그가 낙점한 인물은 푸아티에의 레몽, 즉 아키텐 공작 기욤 9세의 작은아들이었는데, 당시에는 잉글랜드 국왕 헨리 1세의 궁정에 가 있었다. 풀크는 몰래 휘하의 기사 한 명을 보내 그를 데려오게 했다. 그리하여 1136년 4월에 레몽은 안티오크에 도착했다(그 과정에서 그는, 앞에서 본 것처럼 안티오크 공국을 차지하려는 시칠리아 왕 루지에로의 손길을 간신히 피했다).

문제는 알리스의 동의를 얻는 것이었는데, 이것은 총대주교 라뒬프가 산뜻하게 해결했다. 총대주교는 이 잘생긴 젊은 왕자가 바로 알리스에게 청혼하러 왔다고 거짓말을 한 것이다. 아직 서른 살도 되지 않아 새 남편을 마다할 리 없는 알리스는 그 말에 크게 반색을 하면서 자기 궁전에 들어가 그가 청혼하러 오기만을 기다렸다. 그동안 총대주교는 황급히 콩스탕스를 성당으로 데려와 즉석에서 레몽과 결혼시켜 버렸다. 뒤늦게 사태를 알아차린 알리스는 크게 낙심해서 라오디케아로 돌아가 버렸고 얼마 뒤에 그곳에서 죽었다.

비잔티움의 공성 무기들이 안티오크의 성벽을 포격하고 공병들이 성벽 아래로 땅굴을 파기 시작했을 때에야 비로소 많은 시민들은 알리스의 계획대로 콩스탕스와 마누엘 콤네누스를 결혼시켰더라면 이런 곤경에 처하지 않았을 것이라고 후회했다. 아마 그 새 왕자가 잉글랜드에서 오지 않았다면 얼마나 좋았을까 하는 심정이었을 게다. 그 점은 푸아티에의 레몽도 마찬가지였다.

동방에서 1년여를 보낸 뒤 안티오크는 그에게, 또 그에게 안티오크는 어떤 의미였을까? 그는 자신의 새 공국을 도저히 사랑할 수 없었다. 그것은 유럽에서 익히 보았던 세련된 왕국과는 너무도 달랐다. 그의 삶은 따분하고 외로웠다. 그보다 서른 살 가까이나 어린 꼬마 신부는 남편에게 아무것도 해 줄 수 없었다. 요한네스 콤네누스의 군대를 상대로 오래 버틸 가능성이 없다는 것은 그도 잘 아는 사실이었다. 또한 십자군이 그를 도와주러 올 가능성도 전혀 없었다. 그는 며칠 동안 저항하는 척하다가 적진에 사자를 보내 황제를 상위 군주로 섬긴다면 자신을 안티오크의 총독으로 임명해 주겠느냐고 제안했다.

그러나 요한네스 콤네누스는 협상 따위를 할 기분이 아니었다. 그가 원하는 것은 단 하나, 무조건 항복이었다. 그에 대해 레몽은 자신에게 그럴 권한이 없다면서 먼저 예루살렘 왕과 상의해야 한다고 응답했다. 풀크의 답변은 무척 신중했다. 이마드 아딘 장기는 날이 갈수록 세력이 커져 십자군 국가들에게 큰 위협으로 성장해 있었다. 이런 판에 이마드 아딘 장기를 막아 줄 수 있는 힘을 가진 유일한 그리스도교 강국에게 등을 돌리는 것은 어리석은 짓이었다. 게다가 황제가 시리아와 팔레스타인의 어디까지 원정할 심산인지도 모르지 않는가? 만약 안티오크를 넘겨주는 것으로 황제가 더 이상 남쪽으로 진출하지 않도록 할 수 있다면 좋은 일이 아닐까? 이런 계산에서 나온 풀크의 결론은 레몽이나 요한네스가 생각한 것보다 훨씬 적극적이었다.

우리는 안티오크가 투르크에게 14년 동안 빼앗기기 전까지 콘스탄티노플 제국의 영토였다는 것, 그리고 우리 선조들이 맺은 조약에 관한 황제의 주장이 옳다는 것을 조상들에게서 들어 잘 알고 있소. 그런데도 진실을 부정하고 우리가 옳다고 여기는 것을 거부해야 하겠소?[65]

그리하여 안티오크는 항복했으며, 요한네스는 특유의 관대함으로 처리했다. 레몽은 황제의 진영까지 걸어가 충성을 서약하고 황제에게 자유로이 안티오크 시내와 요새에 들어갈 수 있도록 했다. 또한 그는 이후 바실레오스가 향후의 원정에서 성공을 거둘 경우 안티오크를 황제에게 양도하는 대신 알레포, 샤이자르,[66] 에메사(홈스), 하마를 영구 봉토로 받는다는 약속도 얻어 냈다.[67]

그 뒤에 제국의 깃발이 도시에 올려졌고 황제는 레몽과 현지 라틴 귀족들 모두에게 많은 선물을 주었다. 그리고 9월 초에 제국군은 진지를 거두었다. 가을이라 대규모 작전을 전개하기에는 너무 늦었으므로 요한네스는 숙제로 남아 있던 아르메니아 문제를 매듭짓기로 결심하고 타우루스 산악 지대로 출발했다. 레오와 그의 가족은 참호를 파고 몸을 숨겼다. 그러나 그들의 저항은 몇 주를 버티지 못했다. 루벤 왕가는 모두 제국의 포로로 잡혀 콘스탄티노플의 감옥에 감금되었다.

두 아들의 죽음을 딛고

아르메니아를 꺾고 안티오크에서의 입지를 강화한 뒤 이제 황제는 마음놓고 다음 계획에 착수할 수 있었다. 그것은 바로 십자군 가신들과 힘을 합쳐 시리아의 아랍인들을 공략하는 것이었다. 1138년 3월에 그는 안티오크로 돌아가서 레몽과 함께 성전기사단을 구성했으며, 여기에 에데사 백작인 쿠르트네의 조슬랭 2세가 지휘하는 군대까지 합류시켰다.[68] 그러나 당시 스물네 살인 조슬랭은 오히려 불신과 적대감만 조장했다. 그는 아르메니아 출신의 어머니—그녀는 레오의 누이로, 몇 달 전에 그녀의 세 아들이 레오와 함께 피신한 적이 있다—에게서 매우 까무잡잡한 피부를 물려받은 데다가 코가 너무크고 곰보여서 더욱 혐오감을 주는 얼굴이었다. 교활하고 게으르고호색적인 그는 모든 면에서 십자군의 일반적인 이미지와는 정반대인 인물이었다. 철두철미한 군인인 요한네스 콤네누스의 눈에 조슬랭은 안티오크 공작보다 더 혐오스럽게 보였다.

이리하여 매우 불만족스러운 두 동맹군과 함께 황제는 새 원정을시작했다. 그의 첫 목표는 알레포였다. 원정을 출발하기 한 달 전에그는 알레포와 그 인근 지역에서 오는 모든 상인들과 여행자들을 체포해서 원정 소식을 알레포 주민들이 전혀 알지 못하게 하라고 명령했다. 그런 다음에 그는 동쪽으로 행군을 시작했다. 도중에 그는 한두 곳의 작은 성을 점령했으나, 알레포를 정찰한 결과 때마침 이마드 아딘 장기가 도시의 주둔군을 증강했다는 것을 알고 적의 저항이만만치 않으리라고 예상했다. 시간과 힘을 낭비하지 않기 위해 황제는 남쪽을 압박해 들어가 4월 28일에 샤이자르에 이르렀다. 알레포에 비하면 이곳은 작고 상업적으로 중요하지 않은 도시였으며, 현지아미르도 마찬가지로 하찮게 여겼다. 하지만 그 도시는 오론테스 강중류 일대를 통과하는 거점으로서 장기가 시리아로 진출하는 것을 차단할 수 있는 요충지였다. 이윽고 연합군은 샤이자르를 포위하고 참호를 팠다. 열여덟 대의 대형 투석기가 성벽 앞의 전략적 지점에 배치되고 공성이 시작되었다.

그리스도교 문헌이나 무슬림 문헌에서 똑같이 인정하는 것은 요한네스의 대단한 패기와 용기다. 그의 독특한 금장 투구는 어디서나 한눈에 보였으므로 나약한 자에게 용기를 주고, 게으른 자를 꾸짖으며, 상처 입은 자를 위로하고, 공성무기에 방향을 지시하고, 그리스 병사, 바랑인, 페체네그족, 투르크족 등 모든 병사들에게 자신이 지닌 불굴의 의지를 불어넣어 주었다. 라틴 동맹군만 제 몫을 했다면 샤이자르는 충분히 점령할 수 있었다.

그러나 안티오크의 레몽과 에데사의 조슬랭은 전혀 싸울 의지가 없었다. 레몽은 황제가 손쉽게 많은 곳을 정복하게 된다면 얼마 전에 약속했던 것처럼 정복지들을 안티오크와 교환하자고 나올까 봐 겁이 났으므로 앞장서서 싸우려 하지 않았다. 또 평소에 황제만큼이나 레몽도 싫어하던 조슬랭은 남쪽이나 동쪽으로 레몽의 영토가 늘어나는 꼴을 보고 싶지 않았으므로 기회가 있을 때마다 의혹과 불신을 퍼뜨리고 다녔다. 티레의 기욤이 전하는 바에 의하면, 두 사람은 포위전에서 아무런 역할도 하지 않고 진지에서 주사위놀이만 하면서 지냈다.

한편 장기는 바그다드의 칼리프에게서 병력을 얻어 한층 늘어난 군대를 거느리고 샤이자르로 오고 있었다. 차라리 요한네스 콤네누스 혼자였더라면 충분히 그를 물리칠 수 있었겠지만, 이제 그는 공성 무기들을 무방비 상태로 내버려 둘 수도 없고 프랑크인들을 신뢰할 수도 없는 진퇴유곡의 처지가 되어 버렸다. 그가 자기 아들들과 그 문제를 논의하고 있을 때 샤이자르의 아미르가 사자를 보내 왔다. 제안인즉슨, 황제를 상위 군주로 섬기고 연례 공물, 많은 배상금과 선물을 바치겠다는 것이었다. 선물 가운데는 매우 귀중한 보물 두 가지가 포함되었다. 하나는 보석들이 박힌 식탁이었고, 또 하나는 루비로 장식된 십자가였는데, 그것은 바로 예전에 만지케르트 전투에서 로마누스 디오게네스 황제가 빼앗긴 보물이었다. 설사 요한네스가 샤이자르를 점령하는 데 성공했다고 해도 그보다 더 나은 선물은 받지 못했을 터였다. 그는 즉시 아미르의 제안을 받아들였다. 그래서 5월 21일에 황제는 포위를 풀고 안티오크로 돌아왔다.

안티오크에서 그는 아들들과 신하들, 군대의 지휘관들을 대동하고 도시에 당당히 입성함으로써 처음으로 자신의 종주권을 행사했다. 성문에서 총대주교의 영접을 받은 다음 그는 말을 타고 화려하게 장식된 거리를 천천히 행진했으며, 그의 뒤에는 잔뜩 부아가 난 표정의 안티오크 공작과 에데사 백작이 하인처럼 도보로 수행했다. 성당에서 미사를 마친 뒤 황제는 숙소로 정해진 궁전으로 갔다.

거기서 며칠 동안 휴식을 취한 뒤 그는 레몽과 조슬랭을 비롯하여 지도적인 지위에 있는 라틴 귀족들을 불렀다. 그들에게 황제는 전쟁이 아직 끝나지 않았고, 알레포도 이교도의 손에 있다고 말했다. 그러므로 레몽에게 약속했던 영토를 내줄 수는 없었다. 하지만 앞으로의 작전은 안티오크에서 수립해야 했다. 게다가 전쟁 장비와 보물들을 보관할 안전한 장소도 필요했다. 결국 황제의 이야기는 전해의 조약에 따라 레몽에게 안티오크의 성채를 당장 넘겨 달라는 것이었다.

일단 반응은 침묵이었다. 황제는 전에는 안티오크를 동맹자로 존중해 주더니 지금은 자신의 정복지처럼 대하며 마음대로 명령하고 있었다. 이제부터 자신들의 도시를 사실상 장기적으로 점령하겠다는 말에 프랑크인들은 잠시 할 말을 잃었다. 이윽고 조슬랭이 입을 열었다. 그는 레몽과 그의 측근들이 그 문제를 놓고 논의할 수 있도록 시간을 달라고 요청했다. 그 뒤 조슬랭은 은밀히 궁전을 빠져나와 자기 부하들에게, 황제가 라틴인들을 추방하라는 명을 내렸으니 우리도 그리스인들을 공격해야 한다고 선동하게 했다. 과연 순식간에 폭동이 일어났다. 그러자 조슬랭은 말을 타고 전속력으로 황제의 궁전에 와서는 요한네스 앞에 몸을 내던지며 숨을 헐떡거렸다. 분노한 군중이 자기 집의 문을 부수고 도시를 그리스인들에게 팔아먹은 매국노라면서 죽이겠다고 위협하는 상황에서 간신히 목숨을 건져 도망쳐 왔다는 것이었다.

에데사 백작의 무리와 두 달여를 함께 지낸 터라 황제는 사기극이라는 낌새를 알아차렸다. 그러나 그 무렵 바깥의 소요 사태는 궁전 안에서도 똑똑히 들릴 만큼 커졌다. 요한네스는 어떻게 해서든 유혈극을 막으려 했다. 소수의 개인 경호병들을 제외하면 그의 군대는 몇 킬로미터 떨어진 오론테스 강변에 진을 치고 있어 그는 적대적인 분위기의 도시에서 홀로 위험스럽게 남겨진 처지였다. 이렇듯 크게 달라진 상황에서는 조속한 시일에 시리아 원정을 재개하기란 불가능했다. 그래서 그는 당분간 레몽과 조슬랭에게서 충성 서약만 다시 확인받는 데 만족하고, 서둘러 콘스탄티노플로 돌아가기로 결정했다. 그는 곧바로 군대와 합류해서 며칠 뒤 귀국 길에 올랐다.

다행히 수도에서는 희소식이 그를 기다리고 있었다. 지난 8년 동안 무슬림 군주들까지 끌어들여 역모를 꾀하던 그의 동생 이사키우스와 이사키우스의 아들 요한네스가 마침내 음모를 포기한 것이다. 그들이 진심으로 과거의 행동을 뉘우쳤는지, 아니면 황제가 최근에 동방 원정에서 성공을 거두어 인기가 크게 올라간 탓에 자신들의 야망이 불가능하다고 여기고 포기한 것인지는 알 수 없다. 어쨌든 그들은 예상대로 황제에게서 완전히 용서를 받았다.

요한네스의 마지막 원정에 관한 이야기는 아주 간단하다. 1139년과 1140년에 그는 오랜 숙적인 가지의 아들, 다니슈멘드의 모하

✝ 십자군이 오늘날의 시리아에 세운 성채 크라크 데 슈발리에, 1140년경.

메드 아미르 때문에 분주했다. 그런데 트레비존드 공작 콘스탄티누스 가브라스가 황제에게 반기를 들고 다니슈멘드족과 동맹을 맺는 바람에 사태는 더욱 복잡해졌다. 1139년에는 만사가 순조로웠다. 황제는 동쪽으로 비티니아와 파플라고니아를 가로질러 흑해의 남동부 해안을 따라 진군했다. 그동안 적은 내내 그의 군대를 피해 퇴각했다. 그해 말에 반역을 일으킨 공작에게서 항복을 받은 뒤 요한네스는 남쪽으로 방향을 틀어 다니슈멘드의 본거지인 네오카이사레아로 향했다. 여기서 처음으로 행운이 그를 외면했다. 모하메드의 군대가 엄중히 방어하고 있는 그 천연 요새는 거의 난공불락이었다. 더구나 험준한 지형 때문에 통신망이 확보되지 못해 인명의 손실이 컸다.

황제에게 최대의 치욕은 그와 같은 이름을 가진 조카—동생 이사키우스의 아들로 얼마 전에 아버지와 함께 과거 불충의 죄를 용서받았다—가 변절하여 적에게로 가서 이슬람 신앙을 받아들이고 셀주크 술탄 마수드의 딸과 결혼한 일이었다.[69] 1140년 말경에 황제는 포위를 풀고—그 기간에 막내아들 마누엘은 기습하러 나온 방어군 돌격대를 격파하는 탁월한 전과를 올렸다[70]—콘스탄티노플로 돌아왔다. 그런데 이듬해에 다시 네오카이사레아를 공략할 작정이었으나 얼마 안 가 모하메드가 죽었다. 예상할 수 있듯이 후계 자리를 놓고 내분이 심하게 벌어진 것을 보고 요한네스는 계획을 바꿔 시리아에 주력하기로 했다.

그가 시리아를 떠난 이후 3년 동안 장기는 다마스쿠스를 점령하는 데 전념했다. 라틴 군주들은 많은 업적을 올릴 수도 있었으나 오히려 모든 기회를 상실했다. 사라센을 밀어붙이지도 못했을 뿐 아니라 요한네스가 처음에 정복했던 지역조차 지키지 못하고 거의 다 무슬림들에게 도로 빼앗겨 버렸다. 그렇다고 해서 시리아 원정을 포기할 수는 없었다. 하지만 이제 안티오크나 에데사의 지배자들을 믿을수 없다는 것은 너무도 명백해졌다. 황제는 만반의 준비를 갖추고 1142년 봄에 다시금 네 아들과 함께 마지막이 될지 모를 동방 원정을 떠났다.

원정군은 아탈레이아의 육로 통신망이 또다시 위협받고 있었기 때문에 남쪽 해안을 따라 아탈레이아로 갔다. 초기에는 주로 투르크멘 유목민들과 그들의 셀주크 지배자들을 몰아내고 변방의 방어망을 강화하는 데 주력했다. 한여름이 되자 그들은 아탈레이아에 도착했는데, 거기서 비극이 일어났다. 맏아들이자 공인된 후계자였던 알렉시우스가 병에 걸리더니 며칠 만에 죽은 것이다. 맏아들을 유독 사랑했던 황제는 둘째 안드로니쿠스와 셋째 이사키우스에게 해로를 통해 형의 시신을 콘스탄티노플로 송환하라고 명했다. 그런데 그 과정에서 안드로니쿠스가 그만 형의 뒤를 따르고 말았다(아마도 알렉시우스에게서 병이 전염되었던 듯하다).

연이어 터진 비극에 요한네스는 크게 상심했다. 그러나 그는 강행군을 멈추지 않고 킬리키아를 거쳐 동쪽으로 향했다. 이윽고 9월 중순에 그는 예고도 없이 에데사의 둘째 수도인 투르베셀(지금의 텔엘바시르)에 도착했다. 깜짝 놀란 조슬랭은 황급히 자신의 어린 딸 이자벨을 볼모로 내주었다. 9월 25일에 황제는 바그라스의 커다란 기사단 성채로 들어가서 레몽에게 사자를 보내 당장 안티오크를 내

† 1128년경 제작된 복음서에 수록된 요한네스 2세 콤네누스(좌)와 요절한 그의 아들 알렉시우스(우).
부자를 축성하는 그리스도의 양 옆에는 의인화된 '자비'와 '정의'가 배석해 있다.

놓으라고 요구했다. 전에 말한 것처럼 앞으로 정복할 지역으로 보상해 주겠다는 제안이었다.

레몽이 오래전부터 우려하던 순간이 드디어 닥쳤다. 그에게는 4년 전 조슬랭이 그랬던 것처럼 즉각 폭동을 일으킬 능력이 없었다. 워낙 무능해서 인기를 크게 잃은 탓에 그의 그리스도교 백성들은 오히려 황제가 다스리는 것을 더 환영할 터였다. 유일한 대책은 시간을 끄는 것뿐이었다. 그래서 그는 가신들과 의논해 보겠다고 한껏 예의를 갖춰 응답하고 회의를 소집했다. 가신들은 크게 반발했다. 레몽은 안티오크 상속녀의 남편이라는 자격으로 도시를 지배했을 뿐이라는 게 그들의 주장이었다. 그들은 레몽에게 아내의 재산을 마음대로 처분할 권리가 없으며, 설사 그녀가 동의한다 해도 자신들이 반대하면 무효라고 주장했다. 나아가 그들은 안티오크를 넘겨주려 한다면 즉시 레몽과 그의 아내를 폐위하겠다고 협박했다.

이런 답신이 바그라스의 황제에게 전해지자 그는 그것을 선전포고로 이해했다. 하지만 겨울이 다가오고 군대가 지쳐 있었으므로 그는 이듬해 봄까지 공격을 연기하기로 결정했다. 그 대신 병사들에게는 며칠 동안 인근의 프랑크 영지를 약탈하도록 허용했다. 레몽의 일당에게 곧 받게 될 응징의 맛을 미리 보여 주려는 의도였다. 그런 다음에 황제는 킬리키아로 돌아가서 아직 몇 군데 남아 있는 다니슈멘드의 전진기지를 소탕하고, 겨울을 보내며 그의 생애에서 가장 중요한 원정을 승리로 이끌기 위해 철저히 준비했다.

하지만 안타깝게도 그 준비는 헛수고로 돌아가고 말았다. 1143년 3월 만반의 준비가 갖추어졌을 때 요한네스는 타우루스로 잠시 사냥을 나갔다가 우연히 날아온 화살에 손을 맞았다. 처음에는 사소한 상처로 여기고 무시했지만 상처가 감염되면서 패혈증으로 이어지더니 얼마 안 가 그의 목숨을 위협할 정도로 심각해졌다. 평생토록 수많은 죽음을 접했던 탓에 그는 두려워하지 않았다. 그는 언제나처럼 침착한 태도로 후계를 준비했다. 남아 있는 두 아들 중 맏이인 이사키우스는 아직 콘스탄티노플에 있었고 막내인 마누엘만 그의 곁을 지키고 있었다. 양측의 파벌이 있었으므로 황제는 양측의 주장을 세심하게 들었다. 그러나 그러면서도 그는 최종 결정권은 전적으로 자신에게 있다는 사실을 모두에게 천명했다.

4월 4일 부활절에 죽어가는 황제는 성찬식을 치렀다. 그러고는 진지에 있는 모든 병사들이 자신에게 자유롭게 말할 수 있도록 침실의 문을 활짝 열라고 명했다. 죽기 전에 끝내지 못한 일을 모두 마치겠다는 각오였다. 이튿날 폭우가 쏟아지는 가운데서도 침실의 문은 다시 열렸다. 황제는 자신을 충직하게 따른 병사들에게 마지막 선물 ─황제의 식탁에 차려진 음식을 포함하여─을 나누어 주었다. 그런 다음에야 비로소 그는 회의를 소집하고 후계자를 발표했다. 그는 두 아들 다 훌륭하고 똑똑하며 강한 의지를 지닌 젊은이들이라고 말했다. 그러나 이사키우스는 성질이 급한 반면 마누엘은 형의 모든 자질과 더불어 주변의 충고와 이성의 명령에 귀를 기울일 줄 아는 지극히 부드러운 성격의 소유자였다. 그래서 황제는 막내인 마누엘을 후사로 삼겠다고 선언했다. 그는 곁에서 무릎을 꿇고 있는 아들에게로 몸을 돌린 뒤 남은 힘을 쥐어짜서 젊은 아들의 머리에 제관을 씌워 주고 어깨에는 자주색 황제복을 걸쳐 주었다.

황제는 몸이 쇠약해지는 가운데 사흘을 더 살았다. 그리고 1143년 4월 8일에 그는 팜필리아 출신의 수도사를 불러 고해를 하고 마지막 의식을 집전하도록 했다. 그의 죽음은 그의 삶과 마찬가지로 경건하고 깔끔했다. 사실 그만큼 열심히 일하고 자신을 희생시키면서 제국의 이익을 추구한 황제는 거의 없었다. 확실히 그는 낙담한 상태에서 죽었다.

그가 몇 년만 더 살았더라면 아마 제국은 시리아 깊숙이 팔레스타인까지 영토가 확장되었을 것이며, 만지케르트에서 입은 상처를 마침내 극복할 수 있었을 것이다. 아직 한창인 쉰셋의 나이에 죽음으로써 그가 시작한 동방 원정은 미완성으로 남을 수밖에 없었다. 하지만 아들 마누엘에게 넘기는 제국이 72년 전의 참패를 당한 이후 어느 때보다도 튼튼해지고 넓어졌다는 점에서 그는 위안을 찾았을 것이다. 게다가 또 한 가지 위안이 더 있었다. 바로 마누엘이 훌륭한 후계자라는 사실이다.

6

제2차 십자군

1143년~1149년

교황께서 명령을 내리셨고 저는 따랐습니다., …… 저는 선언과 연설을 했습니다. 지금 그들[십자군]은 수가 훨씬 늘었습니다. 도시와 성은 버려졌고 여자 일곱 명이 남자 한 명을 찾기도 어려운 실정입니다. 남편이 아직 살아 있는 생과부들이 아주 많습니다.

클레르보의 성 베르나르두스 교황 유게니우스 3세에게, 1146년

제위를 확보하라

마누엘은 비록 아버지가 많은 증인들 앞에서 추대한 바실레오스였지만 그의 제위 계승은 대단히 불확실했다. 황제는 콘스탄티노플에서 즉위하는 게 보통이었는데, 그는 여전히 킬리키아의 황야에 머물고 있었으므로 제위 경쟁자가 등장한다면 속수무책이었던 것이다. 안티오크를 상대로 전쟁을 계속하는 것은 확실히 불가능했다. 자신의 지위를 확고히 다지려면 가급적 빨리 수도로 돌아가야 했다.

하지만 그에게는 아직 자식으로서 해야 할 도리가 있었다. 우선 장례식을 치러야 했다. 요한네스가 사망한 바로 그 장소에 수도원을 건립하고, 그 뒤 시신은 육로를 통해 모프수에스티아로 운구해야 했다. 그곳에서 피라무스 강을 따라 바다로 나간 뒤 선박 편으로 보스포루스로 옮겨 판토크라토르의 기단에 매장할 예정이었다. 그래서 마누엘은 일단 악수크에게 섭정의 직함을 주고 미리 콘스탄티노플로 보내 가장 위험한 경쟁자인 그의 형 이사키우스를 체포하라는 지시를 내렸다. 이사키우스는 비록 아버지의 낙점을 받지는 못했으나 현재 황궁에 있었으므로 언제든 황권을 상징하는 보물과 표장을 손에 넣을 수 있었다.

악수크는 황제의 부음보다 먼저 수도에 도착했다. 그는 항의하는 이사키우스를 체포하여 판토크라토르에 감금했으며, 거기에 그치지 않고 현명하게도 또 다른 이사키우스, 즉 폰투스의 헤라클레아에 추방되어 있던 요한네스의 동생까지 체포했다. 이제 유일하게 말썽을 일으킬 수 있는 사람은 마누엘의 대관식을 치러 줄 총대주교뿐이었다. 그런데 마침 그 자리는 공석이었다. 현직 총대주교가 얼마 전에 죽었으나 후임자가 아직 임명되지 않았던 것이다.

그래서 내무대신은 군주가 모든 총대주교 후보에게서 지지를 받을 수 있도록 하기 위해 고위 성직자들을 모두 황궁으로 불러 진홍색 밀랍과 비단 리본으로 장식된 멋진 증서를 수여했다. 그 내용은 새 황제가 소피아 대성당의 성직자들에게 매년 은조각 200개씩 지급한다는 약속이었다. 그들은 그 선물에 크게 감사하면서 황제의 대관식에는 아무 문제도 없을 것임을 보장했다. 하지만 그들은 자신들이 싼 값에 팔리고 있다는 것을 알지 못했다. 악수크의 옷소매에는 필요할 경우 사용할 또 다른 문서가 있었던 것이다. 그 내용은 금조각 200개를 준다는 것이었다.

악수크가 신속하고 효과적으로 일을 처리해 준 덕분에 수도에는 아무런 혼란도 없었고 단 한 건의 음모만 있었다. 음모의 지도자인 요한네스 루지에로는 죽은 황제의 사위로서 마누엘의 누이 마리아와 결혼할 때 부제로 임명된 자였다. 노르만인으로 추측되는 그는 남이탈리아의 귀족으로, 1130년에 시칠리아 왕이 즉위한 직후 반란을 일으켰다가 실패하고 자기 나라에서 추방되어 콘스탄티노플로 왔다. 그는 당연히 노르만인들에게서 지지를 구했다. 다행히 악수크는 마리아 공주가 말해 준 덕분에 그 음모를 알아차리고 즉시 그녀의 남편을 체포했다.

몇 주가 지나서야 비로소 마누엘은 킬리키아를 떠날 수 있었다. 그전까지 그는 안티오크의 레몽과 가시돋친 내용의 서신을 주고받았다. 예기치 않게 사태가 전환되어 거의 죽었다가 살아난 레몽은 예의 그 오만한 자세로 돌아가 한껏 허세를 부렸다. 하지만 마누엘로서는 당장 제위 계승이 시급한지라 동방의 사정은 잠시 접어 둘 수밖에 없었다. 죽은 아버지에 대한 의무를 적절히 수행한 뒤에 마누엘은 군대와 함께 출발했다.

일단 귀환 길에 오르자 그를 저지할 사람은 아무도 없었다. 그가 떠나자마자 레몽이 킬리키아를 침략하여 요한네스에게 빼앗긴 성 몇 군데를 되찾았다는 소식이 전해졌지만, 심지어 친척인 안드로니쿠스가 사위와 귀족들을 거느리고 사냥을 나왔다가 시골에서 헤매던 중 셀주크 병사들에게 사로잡혔다는 소식도 전해졌지만, 마누엘은 발길을 멈추지 않았다. 결국 모두가 자업자득이었다. 마누엘은 그들을 구하느라 제위를 잃을 위험에 빠지고 싶지는 않았던 것이다.

마침내 8월 중순에 수도로 돌아온 마누엘이 맨 먼저 한 일은 미카일 쿠르쿠아스를 신임 총대주교로 임명하는 것이었고, 그 신임 총대주교가 취임한 뒤 맨 먼저 한 일은 물론 황제의 대관식을 치르는 것이었다. 곧바로 마누엘은 연례 보조금으로 약속했던 액수보다 많

† 마누엘 1세 콤네누스와 황후 안티오크의 마리

은 금 200파운드를 소피아 대성당의 주제단 위에 올려놓았다. 그러고는 즉위를 기념하여 수도의 모든 가정마다 금 두 조각씩을 하사한다고 포고했다. 며칠 뒤 마누엘은 형 이사키우스를 방면하고, 삼촌 이사키우스의 유배형을 면제해 주었다. 이제는 그들을 걱정할 필요가 없었다. 마누엘은 아버지가 지명했고, 총대주교가 대관식을 치렀고, 백성들이 갈채를 보낸 당당한 황제였다. 이것으로 그의 입지는 확고해졌다.

사람들이 마누엘 콤네누스에게서 눈여겨본 것은 그의 키였다. 당대의 역사가들 모두가 그 점을 말하고 있다. 오늘날의 관점에서는 지극히 정상적이지만 12세기의 기준에서는 확실히 특이했다. 그는 젊은이임에도[71] 약간 꾸부정하게 걸었는데, 그게 아니었다면 더 커 보였을 것이다. 니케타스는 그의 피부가 검다고 말하지만 그다지 심한 편은 아니었다. 나중에 그가 전하는 바에 따르면, 1149년 코르푸 포위전이 벌어질 무렵 베네치아인들은 에티오피아 노예에게 황제복을 입혀 마누엘을 조롱했다고 한다. 이 이야기로 미루어 그는 까무잡잡한 아버지의 피부를 물려받은 듯하다.

그러나 그는 최소한 두 가지 점에서 아버지와 크게 달랐다. 첫째, 그는 뛰어난 미남이었다. 둘째, 그는 매력이 넘치는 젊은이로서 인생의 즐거움을 향유할 줄 알았으며, 요한네스의 무감각하고 고결한 금욕적 성향과는 좋은 대조를 보였다. 그것은 아마 타고난 본성이었을 것이다. 마누엘은 블라케르나이 궁전에 있든, 사냥꾼 산막에 있든, 그가 자주 들르던 보스포루스 별장에 있든 어디서나 건수만 있으면 파티를 열었기 때문이다.

그러면서도 그는 결코 천박한 인물이 아니었다. 전장에 있을 때 그는 평소의 가벼움을 완전히 버리고 훌륭한 무예와 탁월한 마술馬術을 선보였다. 그는 모험 자체를 너무 좋아한 탓에 아버지와 같은 우수한 지휘관이 되지는 못했지만—그는 전쟁에서 특출한 성공을 거의 거두지 못했다─패기와 열정에서는 누구에게도 뒤지지 않았다. 그는 극단적인 더위나 극단적인 추위에 개의치 않았으며, 불굴의 인내력을 지녔다. 유일한 결함이라면 혼자 말을 타고 적의 영토 속으로 뛰어들어 불필요하게 위험을 초래하는 경향이었다. 기번은 그런 마누엘에 관해 "전쟁을 할 때는 평화를 모르는 듯하며, 평화로울 때는 전쟁을 할 능력이 없는 것처럼 보인다"고 말했다. 외교 솜씨가 노련했던 그는 곧 다가오는 시대를 맞아 타고난 정치가의 상상력과 수완을 여러 차례 선보이게 된다.

하지만 그는 역시 예술과 학문에 두루 해박한 전형적인 비잔티움 지식인이었다. 그래서 수도사 신학자들과 몇 시간이고 토론을 즐기는가 하면, 지극히 사변적인 교리 문제에 깊이 침잠하기도 했다. 때로 그의 지나친 주장에 상대방이 경악하는 경우도 있었다. 그는 논쟁에서 이기거나 진리에 도달하겠다는 것보다도 토론 자체를 즐겼다. 그랬으니 그가 교회 측과 점점 소원해진 것도 무리는 아니었다. 교회는 그가 끊임없이 로마와의 재통합을 실현하려 하는 것을 불신의 눈초리로 바라보았고, 여러 차례 사라센과 전술적 동맹을 맺는 것을 비난했으며, 심지어 셀주크 술탄을 콘스탄티노플에 초청하여 소피아 대성당으로 행진하는 엄숙한 의식에까지 참석하게 하는 것을 보고는 분개했다.

그중에서도 교회가 가장 개탄한 것은 그의 사생활이었을 것이다. 마누엘은 여색을 심하게 밝혔고 언제나 여성들과 어울렸다. 사실 그는 결혼하자마자 곧 첫 아내를 멀리 했으며, 34년 뒤에 임종을 맞았을 때도 둘째 아내를 빨리 내쫓으려고 애쓰고 있었다. 다른 여성들의 신분에 관해서 우리의 문헌은 좀처럼 밝히지 않는다. 유일하게 이름을 말할 수 있는 사람은 그의 조카딸인 테오도라다.[72] 그녀는 마누엘에게 아들 하나를 낳아 주었고, 황제는 그녀를 정비正妃처럼 여기고 별도의 궁전과 시종, 개인 경호대를 주었다. 그녀는 모든 면에서 황후처럼, 그것도 비잔티움의 황후처럼 처신했다. 한번은 장차 자신의 지위에 도전할지 모르는 경쟁자가 등장하자 가차없이 그 여인을 제거해 버리기도 했다. 장차 황제의 후궁이 되고자 하는 여성들에게 보내는 좋은 경고였다.

마누엘은 늘 충실하지 못한 남편이었다. 하지만 외모에서나 성격에서나 전혀 매력이 없는 그의 첫 아내는 남편의 타고난 바람기를 더욱 부추겼다. 1142년 초에 요한네스 콤네누스는 서방 황제 당선자인 콘라트*와 공동으로 시칠리아 왕 루지에로에 대항하기 위해 정략결혼을 제안하고 마누엘을 신랑감으로 정했다. 콘라트는 그 제안에 크게 기뻐하면서 자신의 처제이자 독일의 공주인 줄츠바흐의 베르타를 신부로 결정하고 그녀를 콘스탄티노플로 보냈다.

당시 형이 셋이나 있어 제위 계승의 가능성이 거의 없었던 마누

---

* 콘라트 3세는 교황의 대관식을 받지 못했으므로 끝내 황제는 되지 못했다(그래서 지은이도 뒤에 그를 황제가 아니라 '로마인의 왕'이라고 호칭하고 있다). 그런 그가 역사에 이름을 남기게 된 이유는 두 가지다. 첫째, 그는 호엔슈타우펜 왕조의 초대 왕이었다. 그때까지 신성 로마 제국의 제위는 오토 대제가 세운 작센 왕조와 잘리어 왕조의 두 시대를 거쳤으나 명예직에 불과했고, 실권을 가진 왕가로서는 호엔슈타우펜 왕조가 처음이었다. 둘째, 콘라트는 아들에게 왕위를 넘기지 못했으나 오히려 그 덕분에 서방 제국에 더욱 큰 기여를 했다. 그의 조카로 왕위를 계승한 프리드리히 1세의 시대에 이르러 서방 제국은 비약적인 발전을 이루었다. 바르바로사('붉은 수염')라는 이름으로 더욱 유명한 프리드리히는 이 책에서도 곧 당대의 주역들 가운데 하나로 등장하게 된다.

엘은 정략결혼 자체에 마음이 내키지 않았던 데다 신부감을 한번 보고는 더욱 냉담한 반응을 보였다. 하지만 제위에 오른 뒤인 1144년 말에 그는 생각이 바뀌어 콘라트와 더 의논하고—그 결과가 동맹조약이었다—합의를 보았다. 4년 동안이나 황궁의 규방에 묻혀 지냈던 베르타는 그제야 비로소 공식 석상에 나서게 되어 야만적인 프랑크 식 이름을 버리고, 지겨울 만큼 흔하지만 듣기 좋은 이레네라는 그리스 식 이름을 얻은 다음 1146년 1월에 곧바로 황제와 결혼했다.

테살로니카의 대주교인 오크리드의 바실리우스는 1160년 베르타의 장례 연설에서 "그녀의 외모, 율동적으로 아름다운 동작, 꽃처럼 아름다운 피부는 생명이 없는 물건에게조차 즐거움을 느끼게 했다"고 말했다. 하지만 장례 연설에서 진실을 말하는 사람은 없다. 다른 객관적인 문헌은 다르게 묘사한다. 예를 들어 니케타스 코니아테스의 말은 이렇다.

그녀는 몸을 치장하는 것보다는 정신을 아름답게 꾸미는 일에 훨씬 관심이 컸다. 그래서 화장품 따위를 멀리 하고 허영심 많은 여성처럼 솜씨를 부려 멋을 내지 않으려 했다. 그녀는 오로지 찬란한 덕으로부터 나오는 순수한 아름다움만을 추구하는 여성이었다. 그렇기 때문에 아직 무척 젊은 황제는 그녀를 거의 좋아하지 않았으며, 아내가 가진 당연한 권리를 무시하고 바람을 피웠다. 하지만 황제는 그녀를 고결하게 여겼고, 그녀가 백성들의 존경과 경의를 받을 수 있도록 고상한 옥좌와 시종들을 비롯한 많은 것을 그녀에게 주었다.[73]

그러나 사망할 무렵에 그녀는 존경도 경의도 받지 못했다. 아무리 열심히 노력해도—실은 그다지 열심히도 아니었지만—베르타는 비잔티움 사람들의 사랑을 받지 못했으며, 그들이 보기에 너무 투박하고 멋이 없었다. 백성들의 말을 빌리면 그녀는 너무 독일식이었다. 게다가 그녀는 상당히 비열하기도 했다. 오직 외교 분야에서만 그녀는 존재 가치를 보였는데, 남편과 형부 사이가 나빠지는 것을 몇 차례 막은 적이 있었고, 1148년에 콘스탄티노플을 방문한 콘라트와 마누엘이 동맹을 체결하는 과정에서도 중요한 역할을 했다. 그 일을 제외하면 그녀는 평생 동안 궁전에서 조용하게 지내면서 신앙 생활과 두 딸을 양육하는 데만 전념했다(딸 하나는 어려서 죽었다). 베르타의 죽음에 마누엘은 아무런 가책도 느끼지 않았다.

급변하는 '성지'의 정세

비잔티움의 제위에 오를 때 마누엘 콤네누스의 가슴속에는 응어리가 하나 있었다. 그는 킬리키아를 떠날 때 안티오크 공작이 준 모욕을 잊을 수 없었으며, 그가 걸음을 돌이키자마자 레몽이 잽싸게 빼앗겼던 성들을 되찾고 비잔티움의 도시, 촌락, 농촌에 큰 피해를 가한 것도 용서할 수 없었다. 치세 초기의 그 불명예스러운 사건을 응징하지 않고 넘어갈 수는 없었다. 안타깝게도 그는 직접 원정을 지휘하고 싶었으나 그럴 수 없었다. 아직 즉위 초기인데 수도를 비우면 동요가 일어날 수 있었던 것이다.

그래서 1144년 초에 마누엘은 남동쪽으로 수륙 양면의 원정군을 파견했다. 함대는 데메트리우스 브라나스에게 맡겼고, 육군은 콘토스테파누스 형제(요한네스와 안드로니쿠스)와 부르수크라는 개종한 투르크인이 공동으로 지휘하게 했다. 육군은 레몽의 수법과 똑같은 방식으로 잃은 성을 수복하고 안티오크 주변의 촌락들을 짓밟아 버렸다. 또한 브라나스는 공국의 전 해안을 장악한 채 부근의 모든 선박을 파괴하고 현지 주민들을 닥치는 대로 잡아들였다. 돈 가방을 든 징세관도 사로잡혔다.

안티오크 공작이 복수를 꾀했는지는 알 수 없다. 그해가 끝나기 전에 우트르메르의 전체 상황이 크게 변했기 때문이다. 크리스마스 이브에 이마드 아딘 장기는 에데사의 십자군 백국을 25일 동안 포위하고 끔찍한 학살을 자행한 끝에 점령했다. 그 다음 차례가 안티오크일 것은 불을 보듯 뻔했다. 레몽이 취할 방법은 단 하나뿐이었다. 그는 자존심을 굽히고 콘스탄티노플로 와서 마누엘에게 도움을 요청했다. 처음에 황제는 그를 접견조차 하지 않으려 했다. 안티오크 공작이 판토크라토르 수도원으로 가서 요한네스의 무덤 앞에 무릎을 꿇고 말없이 참회한 다음에야 접견이 허락되었다. 그래도 마누엘은 그를 잘 대해 주었고 군사 지원은 아니더라도 정기적으로 재정 지원을 약속했다.

레몽은 그 성과에 어느 정도 만족하면서 동방으로 돌아갔다. 그가 콘스탄티노플을 방문했다는 소식이 장기에게 전해졌다는 것을 알았다면 그는 더욱 크게 만족했을 것이다. 그 때문에 장기는 준비하고 있던 프랑크인에 대한 공격을 연기했다. 그리고 이듬해 그 위대한 아타베그가 술에 취한 어느 환관의 손에 살해되자 십자군 왕국들은 여태까지 그들이 마주했던 가장 강력한 적이 사라진 것에 비로소 안도의 한숨을 쉴 수 있었다.

그러나 에데사가 함락된 사건은 안티오크를 훨씬 넘어 그리스도교권 전역을 뒤흔들었다. 제1차 십자군의 초반 성공을 신의 은총으로 여겼던 서유럽인들은 그 편안한 생각에 새삼 의문을 품어야 했다. 불과 한 세기도 못 되어 어떻게 십자가가 초승달에게 질 수 있을까? 동방을 다녀온 여행자들은 우트르메르의 프랑크인들이 타락했다는 이야기를 자주 전했다. 그렇다면 혹시 그들이 이제는 구세주의 기치 아래 성지를 수호할 자격이 없다고 신께서 판단하신 게 아닐까?

물론 현지의 프랑크인들은 이미 오래전부터 성지의 환경에 익숙했으므로 더 합리적인 사고가 가능했다. 그들은 에데사가 함락당한 진정한 원인을 잘 알고 있었다. 바로 군사력이 약하기 때문이었다. 십자군이 처음 조직될 무렵의 열정적인 분위기는 1099년 환호에 찬 예루살렘 입성을 정점으로 하여 서서히 약해지다가 이제는 완전히 사라졌다.

서방으로부터의 이주민들은 하나둘씩 이어지고 있었지만, 대부분이 순례자들이어서 고대의 전통에 따라 비무장으로 올 뿐 아니라 설사 무기를 지니고 온 사람이라 하더라도 여름 한철 싸우고 나면 나가떨어지는 게 보통이었다. 굳이 항구적인 상비군이라고 말할 수 있는 군대는 성전기사단과 병원 기사단* 정도였으나 이들만으로는 적의 공세를 막아 내기 어려웠다. 증원군이 절실히 필요한 상황이었다. 그래서 자발라 주교인 위그가 이끄는 예루살렘의 사절단은 교황에게 가서 공식적으로 난국을 보고하고 시급히 십자군을 소집해 달라고 요청했다.

하지만 교황 유게니우스 3세는 자기 앞도 가리지 못할 만큼 입지가 약했다. 그는 중세 로마에서 일상적이었던 혼란의 소용돌이에 휘말려 취임 후 사흘 만에 로마에서 도망쳐 비테르보로 피신해야 했다.** 그는 우르바누스가 하려 했던 것처럼 새 십자군의 지도자가 될 능력이 없었다. 따라서 지도자를 선정해야 했는데, 그가 보기에 서유럽의 군주들 중에서 그 중책을 맡을 만한 후보는 단 한 사람뿐

* 제1차 십자군이 성지를 탈환하자 서유럽에서 오는 성지 순례자의 수는 크게 늘었지만, 십자군이 성지로 오는 모든 길목을 정복한 것은 아니었으므로 순례 도중에 죽거나 다치는 사람들이 많아졌다. 그래서 이들을 보호하기 위해 기사단이 조직되었다. 쉽게 말해서 십자군 왕국들은 성지를 방어하고 기사단은 순례자를 보호하는 역할 분담이 이루어졌다고 보면 된다. 성전기사단(템플 기사단)은 예루살렘 왕 보두앵 2세가 그들의 거처로 마련해 준 곳이 유대교의 옛 성전이 있던 터였기에 그런 이름이 붙었으며, 병원 기사단(요한기사단)은 다친 순례자들을 치료해 준다는 취지로 설립되었기에 그렇게 불렸다. 이 두 기사단과 독일 기사단(튜튼 기사단)을 합쳐 흔히 3대 기사단이라고 부르는데, 이들은 십자군 원정이 사실상 막을 내린 이후에도 중동과 동부 지중해의 섬들로 진출하여 중세사에서 조연의 역할을 하게 된다.

** 당시 교황의 위치가 불안했던 것은 사실 유게니우스의 책임이 아니다. 카노사 사건과 보름스 협약(1122년)을 거치면서 교황과 서방 황제의 갈등은 일시적으로 진정되었지만 그건 미봉책일 뿐이었다. 중세 초기까지 양자 사이에는 일종의 '분업' 관계가 성립했으나, 황제는 늘 절대권력을 노리고 교황은 늘 세속의 권력에 욕심을 내는 판에 그런 신사협정이 마냥 유효할 리는 없었다(더구나 교황은 서유럽 군주들의 재산을 합친 것보다도 더 많은 재산을 소유하고 있었다). 이런 배경이 교황을 괴롭히는 장기적인 원인이었다면, 단기적인 원인은 로마 귀족들이었다. 그들은 교황의 선출(당시 교황 선출권은 로마 추기경들이 가지고 있었다)에 여러모로 개입하면서 교황을 꼭두각시처럼 가지고 놀았다. 그러나 1152년에 즉위한 강력한 군주 프리드리히 1세가 직접 북이탈리아 원정을 계획하면서 로마 귀족들은 전선에서 빠지고 다시 황제 대 교황의 전선이 형성된다.

이었다. 마땅히 지도자가 되어야 할 콘라트는 독일에서 여전히 어려운 처지였고, 잉글랜드 왕 스티븐은 내란의 소용돌이에서 헤어나지 못하고 있었으며, 시칠리아의 루지에로는 여러 가지 이유에서 불가능했다. 남은 사람은 프랑스 왕 루이 7세밖에 없었다.

당시 루이는 스물네 살이었지만 젊은 나이에 어울리지 않게 답답할 만큼 신앙심이 두터웠다(그런 탓에 아름답고 쾌활하고 젊은 아내인 아키텐의 엘레오노르에게 심한 짜증을 안겨 주고 있었다). 그는 순례자의 취향이 강했으므로 십자군은 그리스도교도로서 당연한 의무라고 여겼다. 게다가 엘레오노르는 바로 안티오크 공작의 조카딸이 아닌가? 1145년 크리스마스에 루이는 십자가를 지겠다고 선언하고 교황에게 공식적으로 통지했다. 그런 다음 백성들의 마음도 자기처럼 십자군의 열정에 불타오르도록 하기 위해 그는 클레르보 대수도원장인 베르나르두스를 불렀다.

쉰다섯 살의 성 베르나르두스는 당대 유럽 최고의 정신적 지주였다. 현대의 관점에서 정신적 지주라고 하면 엄청난 개인적 흡인력으로 만나는 사람을 쉽게 압도하는 인물처럼 여기겠지만, 사실 그는 매력적인 인물이 아니었다. 그는 키가 크고 여윈 체격에 평생토록 엄격한 금욕 생활을 한 탓에 늘 병약했으며, 관용이나 온건과는 거리가 멀고 불타는 종교적 열정에 가득 찬 인물이었다. 그의 공적인 삶은 1115년 시토 대수도원장이었던 잉글랜드인 스테파누스 하딩이 수도원에서 생활하던 그에게 샹파뉴의 클레르보에 수도원을 창건하라고 명함으로써 시작되었다.

그때부터 베르나르두스의 영향력은 널리 확산되었다. 25년 동안 그는 유럽 각지를 돌아다니면서 연설하고, 설득하고, 언쟁하고, 토론하고, 수많은 편지를 썼으며, 자신이 그리스도교의 근본적 원칙이라고 믿는 모든 논쟁에 깊숙이 관여했다. 그러던 중 십자군을 조직하자는 제안을 받자 그는 그 일에 신명을 바치기로 결심했다. 이렇게 해서 그와 루이의 주창으로 제2차 십자군은 이듬해 종려주일 부르고뉴의 베젤레에서 모이기로 결정했다.

베르나르두스의 명성은 과연 허명이 아니었다. 약정된 날이 가까워지자 프랑스 전역에서 수많은 사람들이 그 작은 도시로 모여들기 시작했다. 너무 많은 사람들이 몰리는 바람에 성당 건물로는 수용할 수 없어 언덕 사면에 커다란 나무 연단이 황급히 설치되었다. 여기서 1146년 3월 31일에 베르나르두스는 자신의 생애에서 가장 중요한 연설을 했다. 루이는 교황이 결정의 징표로 보내 준 십자가를 가슴에 달고 그의 곁에 서 있었다.

그의 연설 내용은 지금 전해지지 않는다. 하지만 청중에게 강렬한 충격을 준 것은 연설 내용보다도 연설하는 태도였다. 처음에 잠잠했던 군중은 연설이 진행되면서 점점 분위기가 고조되더니 마침내 앞다투어 자기 옷에 십자가를 붙이겠다고 나섰다. 주최 측은 미리 천을 대충 잘라 십자가 문양을 준비해 두었다. 그러나 그마저도 순식간에 동나 버리자 대수도원장은 즉석에서 자기 옷을 여러 조각으로 찢어 십자가를 더 만들게 했다. 그 덕분에 주최 측은 한밤중까지 바느질을 해야 했다.

정말 놀라운 성과였다. 베르나르두스가 아니면 그 누구도 해낼 수 없는 일이었다. 그러나 곧 드러나게 되지만 차라리 없었더라면 좋았을 일이었다.

반갑지 않은 십자군

1146년 여름에 마누엘 콤네누스는 루이 7세에게서 곧 파견될 십자
군을 위해 도움을 청하는 서신을 받았다. 마누엘은 전 황제보다 서
유럽인과 서유럽의 사고방식을 좋아했지만, 프랑스와 독일─성 베
르나르두스는 프랑스에서 독일로 가서 역시 열렬한 환영을 받았다
─의 오합지졸들이 또다시 대거 제국으로 몰려온다고 생각하니 몹
시 불쾌한 기분이었다. 반세기 전에 할아버지가 제1차 십자군에게
얼마나 큰 된서리를 당했는지 익히 알고 있는 마누엘 콤네누스는 악
몽을 되풀이하고 싶지는 않았다.

　사실 그는 이코니움의 술탄 때문에 골머리를 앓고 있었다. 비록
전쟁이라고 말하기에는 좀 애매하지만 벌써 그들과 두 번째로 전쟁
을 벌이는 중이었다. 그런 상황이었으니 새로 오는 십자군은 어쩌면
제1차 십자군과 달리 장기적인 축복을 가져다줄지도 몰랐다. 하지
만 그는 의구심을 떨칠 수 없었다. 그래서 루이에게 보낸 답신은 받
는 사람이 불쾌하게 느낄 정도로 냉담했다. 마누엘은 십자군을 위해
식량과 보급품을 준비하기는 하겠지만 이번에는 모든 게 유료라고
못박았다. 또한 모든 십자군 지도자들은 제국의 영토를 지나면서 또
다시 동방 황제에게 충성을 서약해야 했다.

　마누엘이 혹시 새 십자군의 자질에 대해 일말의 기대감이라도 가

졌다면 그것은 초반에 여지없이 무너졌을 것이다. 1147년 5월에 라티스본을 출발한 2만 명의 독일군은 종교적 광신도에서부터 어중이 떠중이, 불한당까지 구성이 지나치게 이질적이었으며, 게다가 법망을 피해 달아난 자들도 십자가를 붙이면 모두 사면해 주겠다는 약속을 받고 가세했다. 예상했던 대로 그들은 비잔티움의 영토에 들어서 자마자 마음 내키는 대로 약탈, 강도, 강간, 심지어 살인까지 저질렀다. 게다가 지도자들도 추종자들에게 본보기를 보여 주지 못했다. 콘라트―그는 처음에 십자군에 관여하지 않겠다고 했다가 전해 크리스마스에 베르나르두스에게서 공개 비난을 받고 잘못을 뉘우쳤다―는 평소처럼 품위 있게 처신했지만, 아드리아노플(에디르네)에서

† 15세기에 장 푸케가 그린 〈제2차 십자군의 콘스탄티노플 입성〉.

그의 조카이자 부사령관인 슈바벤의 젊은 공작 프리드리히(역사에는 바르바로사라는 별명으로 더 유명하다)는 지역 산적들의 공격을 받은 데 대한 보복으로 한 수도원 전체를 불태워 버리고, 아무런 죄도 없는 수도사들을 모두 학살했다.

십자군은 마누엘이 미리 신중하게 편성한 제국 호위대와 점점 더 자주 충돌했다. 그리하여 9월 중순에 그들이 콘스탄티노플의 성벽 바깥에 집결했을 무렵―황제는 십자군에게 수도에 들르지 말고 헬레스폰트를 건너 아시아로 가라고 요청했으나 콘라트는 화를 내면서 거절했다―독일인과 그리스인의 갈등은 최악의 상황이 되어 있었다.

원정로 주변에 사는 사람들이 충격에서 벗어나기도 전에 이번에는 프랑스군이 서쪽에서 들이닥쳤다. 다행히 이들은 독일군보다 규모도 더 작았고 행동거지도 더 점잖았다. 기강이 좋아진 데는 왕비인 엘레오노르를 비롯하여 많은 저명한 귀부인들이 남편들을 동행하여 분위기를 조성한 덕택이 컸다. 그러나 이들의 행군도 순탄하지는 않았다. 이미 십자군에게 적대적으로 돌아선 발칸의 농민들은 조금 남은 식량의 가격으로 터무니없는 거액을 요구했다. 이래저래 양측의 불신은 점점 커졌고 충돌할 지경에까지 이르렀다. 콘스탄티노플에 도착하기 한참 전에 프랑스인들은 독일인과 그리스인 양측에 적대감을 품었다. 그런 판에 10월 4일 콘스탄티노플에 입성한 그들은 황제가 투르크 적들과 강화를 맺었다는 소식에 말문을 잃었다.

루이는 사실을 잘 모르는 게 당연했지만 마누엘로서는 현명한 조치였다. 그가 볼 때 프랑스군과 독일군이 수도에 집결한 것은 아시아의 투르크군보다 훨씬 더 심각한 위협이었다. 두 군대에는 서로 힘을 합쳐서 서유럽군을 이루어 콘스탄티노플을 공략하자는 극단주의자들이 있었다. 실제로 불과 며칠 뒤에 베르나르두스의 사촌인 랑그르 주교 조프루아는 프랑스 왕에게 그런 제안을 했다. 이에 대해 마누엘은 일부러 투르크의 엄청난 대군이 아나톨리아로 들어오고 있으며, 프랑크 군대가 서둘러 적지로 가지 않으면 기회를 놓치리라는 소문을 퍼뜨렸다. 또한 황제는 호화로운 여흥과 연회를 베풀어 루이를 즐겁게―다른 생각을 못하게―하는 한편, 가급적 빨리 프랑스군을 보스포루스 너머로 건네주기 위한 배편을 준비했다.

반갑지 않은 손님들에게 작별을 고하고 해협을 왕복하는 연락선이 뱃전까지 인마를 잔뜩 실은 채 출발하는 것을 보았을 때 마누엘은 이 프랑크인들의 두 번째 십자군 앞에 위험이 도사리고 있다는 것을 누구보다 확신할 수 있었다. 그 자신도 얼마 전에 아나톨리아 전선에서 돌아온 참이었다. 그가 말한 투르크군의 규모는 좀 과장된 것이었지만, 그는 십자군을 직접 본 결과 사기와 기강이라곤 전혀 없는 이 오합지졸이 셀주크 기병들의 기습을 당한다면 거의 승산이 없으리라는 것을 알았다.

황제는 십자군에게 식량과 안내자를 제공했고, 물을 구하기가 어렵다고 경고해 주었으며, 내륙을 직접 관통하는 길을 택하지 말고 아직 비잔티움이 장악하고 있는 해안 지대를 따라서 진군하라고 충고했다. 더 해 줄 수 있는 것은 없었다. 그렇게 조심해도 십자군이 궤멸당한다면 자업자득일 뿐이었다. 그렇게 된다면 마누엘은 유감스럽겠지만 그리 슬퍼지지는 않을 터였다.

그들을 떠나보내고 불과 며칠 뒤에 황제는 서로 다른 지역에서 온 두 가지 보고를 받았다. 첫째는 소아시아의 신속한 사자들이 전한 보고인데, 독일군이 도릴라이움 근처에서 투르크군의 기습을 받아 거의 전멸했다는 것이었다. 콘라트와 슈바벤 공작은 간신히 살아남아 프랑스군과 합류하기 위해 니케아로 갔지만, 이미 독일군의 9할이 죽었거나 파괴된 진지에서 죽어 가고 있었다.

둘째는 덜 반가운 소식이었다. 시칠리아 왕 루지에로의 함대가 제국을 향해 출발한다는 정보였다.

시칠리아 함대의 지휘관인 안티오크의 게오르기우스는 변절한 그리스인으로, 시칠리아에서 자신의 능력을 밑천으로 삼아 최고의 직함인 아미르 중의 아미르,[74] 해군 제독, 총리대신의 지위에 오른 인물이었다. 1147년 가을에 오트란토를 떠난 함대는 아드리아 해를 곧장 가로질러 코르푸로 왔다. 이 섬은 저항도 없이 함락되었다. 니케타스는 비잔티움의 과중한 세금에 신음하던 주민들이 제독의 달콤한 꾐에 넘어가 노르만인들을 구원군으로 환영하고 1천 명의 주둔군을 기꺼이 받아들였다고 전한다.

기수를 남쪽으로 돌린 함대는 전략적 요충지마다 분견대를 남겨두면서 펠로폰네소스 반도를 돌아 그리스 동해안의 에우보이아까지 갔다. 여기서 게오르기우스는 전진을 멈추기로 했다. 그 대신 그는 아테네를 습격하고, 이오니아의 섬들로 갔다가 다시 동쪽으로 돌려해안 도시들을 유린하면서 코린트 만에 이르렀다. 니케타스는 그가 "바다 괴물처럼 도상의 모든 것을 꿀꺽 삼켜 버렸다"고 말한다. 그의 한 돌격대는 그리스 내륙 깊숙이 들어와 비잔티움의 비단 생산 중심지인 테베까지 공략했다. 게오르기우스는 값비싼 고급 직물은 물론이고 누에를 배양하고 비단을 짤 줄 아는 전문가들을 포함하여 숙련된 여성 기술자들을 대거 납치하여 팔레르모로 개선했다.

시칠리아군의 약탈 소식을 들은 마누엘은 격노했다. 비록 그 자신도 십자군을 좋지 않게 보기는 했지만 명색이 그리스도교 국가인 시칠리아가 십자군 원정의 기회를 악용해서 제국을 공격했다는 데 그는 환멸을 느꼈다. 그 제독이 그리스인이라는 사실도 그의 분노를 달래 줄 수 없었다. 한 세기 전에 아풀리아는 제국의 가장 부유한 속주였으나 이제는 해적들의 보금자리에 불과했다. 이것은 용납할 수 없는 상황이었다. 그는 루지에로를 "에트나 산(시칠리아의 화산)의 분화구보다 더 높이 분노의 불길을 뿜으며 으르렁대는 용 …… 그리스도교권의 공동의 적이자 시칠리아를 불법적으로 점령한 자"[75]로 규정하고 그를 지중해에서 영원히 추방해야 한다고 말했다.

서방 제국이 시도했다가 실패했으니 이제는 비잔티움의 차례였다. 마누엘은 적절한 도움을 얻고 다른 일에서 해방된다면 자신이 할 수 있는 일이라고 여겼다. 십자군은 제국을 지나갔고 투르크와는 이미 강화를 맺었으니 지금이야말로 좋은 기회였다. 그는 제국의 모든 병사들을 동원하여 자신이 계획하고 있는 원대한 구상, 일생일대의 업적을 실현하고자 했다. 그것은 바로 남이탈리아와 시칠리아를 비잔티움의 영토로 수복하는 것이었다.

문제는 적절한 동맹군을 찾는 일이었다. 프랑스와 독일에는 기대할 게 없었으므로 마누엘은 베네치아를 염두에 두었다. 그도 잘 알듯이 베네치아는 오래전부터 시칠리아의 해상 진출을 우려했다. 이

† 13세기경 트레비존드에서 주조된 마누엘 1세 콤네누스 은화. 오른손에 긴 십자가를 들고 있는 성 유게니우스(좌), 오른손에 라바룸을, 왼손에 아카키아를 들고 있는 마누엘 1세 콤네누스(우).

제 베네치아는 과거처럼 지중해를 장악하지 못했다. 또한 팔레르모, 카타니아, 시라쿠사의 시장들이 번영을 누림에 따라 리알토* 의 시장은 점점 활기를 잃었다. 게다가 루지에로가 코르푸와 에피루스 해안을 계속 장악한다면 베네치아는 언제든 시칠리아에 의해 해로가 차단될 수 있었다. 물론 베네치아인들은 약간 홍정으로 나왔지만─그들에게는 무엇이든 공짜란 없었다─결국 1148년 3월에 마누엘은 키프로스, 로도스, 콘스탄티노플에서의 통상 특권을 늘려 주는 대가로 향후 여섯 달 동안 베네치아 함대의 전폭적인 지원을 받기로 했다.

다른 한편으로 그는 제국의 함대를 증강하는 작업도 게을리 하지 않았다. 당시 황제의 비서장이었던 요한네스 킨나무스는 제국의 해

* 원래는 베네치아의 두 큰 섬 가운데 하나의 이름인데, 점차 베네치아 상업 지구의 대명사로 사용되었다(지은이는 베네치아의 다른 이름으로 세레니시마, 리알토, 석호 등을 적절히 사용한다). 지금은 미국 뉴욕 시의 유명한 극장가 브로드웨이를 뜻하기도 한다.

군력을 갤리선 500척, 수송선 1천 척으로 추산했는데, 이를 육군으로 환산한다면 2~3만 명의 병력에 해당한다. 황제는 육군을 평소처럼 내무대신인 악수크에게 맡기고, 해군은 자신의 매부, 즉 누이 안나의 남편인 스테파누스 콘토스테파누스 공작에게 맡겼다. 그리고 황제 자신은 총지휘를 맡았다.

4월에 대규모 원정군은 떠날 차비를 했다. 함대는 장비와 식량을 갖추고 마르마라 해에 정박하고 있었으며, 육군은 진군 명령을 기다리는 중이었다. 그런데 갑자기 모든 일이 틀어졌다. 쿠만족이 도나우 강을 내려와 비잔티움의 영토를 침략해 왔고, 베네치아 함대는 도제가 사망한 탓에 지연되었으며, 변덕스러운 여름 폭풍이 덮쳐 와 동부 지중해의 운항이 어려워진 것이다. 그런 탓에 비잔티움과 베네치아의 해군은 가을이 되어서야 아드리아 해의 남쪽에서 만나 코르푸를 봉쇄할 수 있었다.

육상 공격은 더욱 늦어졌다. 쿠만족과 싸우던 마누엘은 겨울이 되어 핀두스 산맥이 눈으로 차단되면 군대가 그곳을 지나갈 수 없으리라고 판단했다. 그래서 그는 마케도니아의 겨울 지구에 진을 치고 자신은 테살로니카로 가서 중요한 손님을 맞았다. 호엔슈타우펜의 콘라트가 성지에서 돌아와 그곳에서 그를 기다리고 있었다.

실패는 불화를 부르고

제2차 십자군은 대실패였다. 콘라트는 도릴라이움에서 살아남은 소수의 병력을 거느리고 에페수스까지 가서 프랑스군과 합류했으나 하필 크리스마스를 맞아 심한 병에 걸렸다. 그 소식을 들은 마누엘과 그의 아내는 즉각 콘스탄티노플에서 배를 타고 가서 그를 황궁으로 데려온 뒤 직접 간호해서 회복시켰다. 1148년 3월에 마누엘은 로마인의 왕을 배편으로 팔레스타인의 전선에 복귀시켰다.

그동안 프랑스군은 아나톨리아를 고통스럽게 횡단하다가 투르크군의 공격을 받아 큰 타격을 입었다. 그것은 전적으로 루이가 해안을 따라가라는 황제의 충고를 무시한 탓이었지만, 그는 적과 만나게 된 것을 모두 비잔티움의 부주의 또는 배신 때문이라고 주장하면서 그리스인들에 대한 병적인 증오심만 키웠다. 결국 낙담에 빠진 루이와 그의 식솔들, 기병들은 아탈레이아에서 배를 탔고, 나머지 병사들과 순례자들은 알아서 성지로 오라고 놔두었다. 그래서 전년에 그토록 자신감에 넘쳐 원정을 출발했던 그의 군대는 1148년 늦은 봄에야 지친 발을 끌며 간신히 안티오크에 왔다.

그런데 그것은 시작일 따름이었다. 위대한 장기는 죽었지만 그의 위명은 더 위대한 그의 아들 누레딘에게로 전승되었다. 그가 거점으로 삼은 알레포는 프랑크인을 상대하는 무슬림 세력의 중심지가 되었다. 그래서 알레포는 십자군의 1차 목표이기도 했다. 안티오크에 도착한 루이는 당장 알레포를 공격하라는 레몽의 재촉을 받았다.

루이는 먼저 성묘에서 기도부터 올려야 한다면서 레몽의 재촉을 거절했지만 그의 아내인 엘레오노르의 생각은 달랐다(그녀는 그 위험하고 불편한 여행을 남편과 함께 했으면서도 남편에 대한 애정이 전혀 없었는데, 당시 그녀와 레몽의 관계는 단순한 조카딸과 숙부의 사이를 넘어서 있었던 것으로 추측된다). 그녀는 안티오크에 그냥 머물겠다고 말하면서 남편과 이혼하겠다고 나선 것이다. 그 부부는 원래 먼 친척이었다. 그들이 결혼할 무렵 촌수는 따지지 않고 넘어갔지만 다시 끄집어내면 지금도 말썽이 될 수 있다는 것을 엘레오노르는 알고 있었다.

루이는 기분이 언짢았으나 위기의 순간을 맞아서도 기백을 잃지 않았다. 그는 아내의 항의를 무시하고 억지로 그녀를 예루살렘으로 데려갔다. 그로 인해 레몽과의 사이가 더욱 벌어져 루이는 더는 십자군에도 참여하지 않겠다고 선언했다. 5월에 그가 아내를 끌고 예루살렘에 도착했을 때 콘라트는 이미 그곳에 와 있었다. 그들은 그곳에 머물다가 6월 24일에 아크레에서 작전 계획을 수립하기 위해 열리는 십자군 전체 회의에 참석했다. 결론은 금세 내려졌다. 모든 인마를 동원하여 다마스쿠스를 합동으로 공격하자는 것이었다.

왜 다마스쿠스를 첫 목표로 정했는지는 미스터리로 남아 있다. 다마스쿠스는 아랍 국가들 중 유일하게 누레딘에게 적대적이었으므로 프랑크인들에게는 동맹 세력이 될 수 있었다. 그러나 그곳을 공격함으로써 십자군의 뜻과는 반대로 다마스쿠스를 누레딘의 무슬림 연맹으로 가게 만들었으니 그들은 위기를 자초한 셈이었다. 게다가 다마스쿠스의 성벽은 견고했고 방어군의 저항도 완강했다. 둘째 날에 십자군의 전반적인 특징인 파멸적인 결정이 또 하나 내려졌다. 그들은 진지를 그늘도 없고 물도 없는 성벽의 남동부로 이동시켰다.

도시를 점령할 경우 어떻게 처리할 것인지를 놓고 이미 다투고 있던 그 팔레스타인 귀족들은 갑자기 사기가 떨어져 퇴각을 주장하기 시작했다. 뇌물과 배신이라는 나쁜 소문들이 나돌았다. 루이와 콘라트는 충격을 받았지만 이내 사태를 이해했다. 포위전을 계속한 다면 다마스쿠스를 더욱더 누레딘에게 가까워지도록 만들 뿐 아니라 사기가 전반적으로 저하되어 전군이 자멸할 지경이었다. 7월 28일, 작전을 개시한 지 겨우 닷새 만에 그들은 철수를 명했다.

시리아 사막에서 가장 지나기 힘든 곳은 다마스쿠스와 티베리아스 사이에 펼쳐진 짙은 회색의 단조로운 모래와 현무암 지대다. 아라비아의 여름, 그 작렬하는 햇볕과 뜨거운 사막 바람을 얼굴에 맞으며, 게다가 아랍 궁기병들에게 시달리고 사람과 말의 시체가 악취를 풍기는 가운데 사막을 횡단하여 퇴각하는 십자군 병사들은 무거운 절망감을 느꼈다. 그들은 이제 원정은 끝났다는 것을 알았다. 인력과 물자의 손실이 너무도 컸다. 더 이상 원정을 지속할 의지도 자금도 없었다. 그중에서도 가장 견디기 힘든 것은 수모였다. 그들은 1년의 대부분을 때로는 죽을 위험도 겪어 가며 돌아다녔고, 심한 갈증, 굶주림, 병, 극한의 더위와 추위에 시달렸다. 한때 서유럽의 그리스도교 이상을 소중하게 품었던 영광스러운 군대는 나흘 동안의 전투를 치른 뒤 원정 전체를 포기했다. 그들은 무슬림의 영토를 한 뼘도 되찾지 못했다. 그것은 그들이나 적들이나 잊지 못할 궁극적인 수모였다.

루이는 프랑스로 서둘러 귀환하려 하지 않았다. 그 무렵 그의 아내는 이혼할 결심을 단단히 굳히고 있었으므로 루이는 이혼으로 빚어질 온갖 어려움과 창피가 두려웠던 것이다. 그게 아니더라도 그는 부활절을 예루살렘에서 보내고 싶었다. 그 반면에 콘라트는 9월 8일에 식솔들과 함께 아크레를 떠나 배를 타고 테살로니카로 가서는

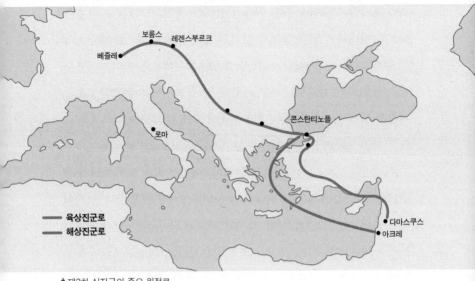

† 제2차 십자군의 주요 원정로

그곳에서 또다시 황제를 만나 콘스탄티노플로 갔다. 그들은 이제 가까운 친구 사이가 되어 있었다.* 십자군의 참패에도 불구하고 마누엘은 서유럽의 문화와 관습에 매료되었으며, 콘라트는 마누엘의 친절함과 매력에 크게 탄복했다. 게다가 진귀한 사치품들이 가득한 황궁도 자기 고향의 촌티 나는 궁정과는 전혀 달랐다.

그해 크리스마스에 두 황실은 또 다른 결혼을 성사시켰다. 마누엘의 조카딸 테오도라—마누엘의 죽은 형 안드로니쿠스의 딸—가 콘라트의 동생인 오스트리아 공작 하인리히와 결혼한 것이다.[76] 2월

---

* 마누엘과 콘라트는 동서지간이었지만 당시 마누엘은 스물여섯 살이었고 콘라트는 쉰다섯 살이었다.

초에 로마인의 왕이 독일로 떠나기 전에 두 황제는 시칠리아의 루지에로를 상대하기 위한 동맹을 맺었고 그해 후반에 남이탈리아 원정을 함께 하기로 약속했다. 나아가 그들은 루지에로를 무너뜨리고 난 뒤 아풀리아와 칼라브리아를 어떻게 할 것인지도 의논했다. 그 두 지역은 일단 콘라트가 차지했다가 곧바로 처제 베르타(이레네 황후)의 지참금조로 마누엘에게 다시 넘기자는 합의가 이루어졌다.

이 동맹은 실상 거의 실효가 없었다. 시칠리아 왕을 타도하지 못했을뿐더러 몇 년 뒤에 마누엘은 아풀리아의 대부분을 잠시 동안 차지하게 되는데, 그것은 서방 제국의 도움을 받아서가 아니라 그 자신이 노력한 결과였다. 하지만 그 동맹은 온통 그리스도교권의 수모로 얼룩진 제2차 십자군 원정에서 유일하게 긍정적인 성과였다. 단 한 사람 콘라트를 제외하고 프랑스와 독일, 프랑크와 비잔티움은 서로 위험할 만큼 불화로 치달았다. 심지어 새로 도착한 십자군과 오래전부터 우트르메르에 있었던 십자군의 사이도 좋지 않았다. 그런 현상은 이슬람 세력에게 큰 힘이 되었고, 그들이 새로이 단결하게 하는 계기를 주었다. 그들은 서방의 군사적 명성을 여지없이 실추시킨 것이었다.

그 명성이 회복되기까지는 수백 년이 필요했다.

7

시칠리아를 둘러싼 국제 정세

1149년~1158년

마누엘 황제는 동방의 백성들을 돈으로 회유하거나 무력으로 억누르는 것을 쉬운 일로
여겼지만, 서방인을 상대할 때는 그런 방법에 의지하지 않았다. 그들은 수가 많고, 자부
심이 대단하고, 성격이 잔인하고, 재산이 많고, 제국에 대한 뿌리 깊은 증오를 품고 있기
때문이다.

니케타스 코니아테스 『마누엘 콤네누스』, VII, I

시칠리아 왕의 책략

마누엘은 사려 깊은 주인이었으므로 콘라트가 콘스탄티노플을 떠나려 하지 않는 것에 조바심을 내지 않았고 굳이 손님을 서둘러 보낼 마음도 없었다. 하지만 일단 친구와 작별을 고한 뒤에는 즉각 코르푸의 군대와 합류하여 겨우내 포위전을 전개했다. 그 상황에 관한 최근의 보고서를 보면 결과는 좋지 않았음을 알 수 있다.

시칠리아가 장악한 성채는 옛 도시 터의 꼭대기에 버티고 있어 비잔티움의 투석기가 미치지 못했다. 니케타스에 따르면 그리스 병사들은 하늘을 겨냥하고 투석기를 쏘는 반면 방어군은 아래의 포위군을 향해 마음대로 화살과 돌멩이를 날려 보낼 수 있었다고 한다. (그리스 병사들은 그런 난공불락의 성을 시칠리아군이 작년에 어떻게 그리 쉽게 점령할 수 있었는지 의아해 했다.) 이제 승리할 수 있는 길은 오로지 성안의 방어군을 굶겨 죽이는 것밖에는 없었다. 하지만 방어군은 1년치 식량을 비축하고 있었으며, 비잔티움 측의 포위망도 보급품을 가져오는 시칠리아 함대까지 막아 내지는 못했다.

오랜 포위는 성안의 병사들만이 아니라 밖에서 공격하는 병사들에게도 심한 피로와 긴장을 주게 마련이다. 봄이 되자 그리스 수병들과 베네치아 동맹군은 서로 간신히 말을 붙일 정도로 소원해졌다. 그 절정은 베네치아 병사들이 인근의 작은 섬을 점령하고 앞바다에 정박한 비잔티움의 상선들에 불을 지른 사건이었다. 거기서 한술 더 떠서 그들은 제국의 기함을 손에 넣고 앞 장에서 언급한 것처럼[77] 그리스군이 보는 가운데 갑판 위에서 에티오피아 노예에게 황제복을 입히고 대관식을 치르는 장난까지 저질렀다. 그때 황제가 그 모욕적인 광경을 직접 보았는지는 알 수 없지만 나중에라도 그 이야기를 들었을 테고 베네치아인들의 작태에 분통을 터뜨렸을 것이다. 그러나 거기에 항의하기에는 너무도 그들이 필요했다. 그는 특유의 인내, 기지, 매력으로 곧 좋은 관계를 회복했다. 그동안에도 포위는 지속되었고 이제는 황제가 직접 지휘를 맡았다. 베네치아에 복수할 기회는 나중에 얼마든지 있을 터였다.

몇 달 뒤 그는 인내의 보상을 받았다. 늦여름에 코르푸가 함락된 것이다. 방어군 사령관이 뒤에 제국군에 들어왔다고 니케타스가 말하는 것으로 미루어 보면 아마 누군가가 배신을 한 듯하다. 황제는 즉시 달마치아의 아블로나 항구로 갔다. 거기서 아드리아 해를 건너 이탈리아에서 콘라트와 만날 심산이었다. 하지만 폭풍 때문에 일정을 늦추고 날씨가 좋아지기를 기다리던 도중에 그는 세르비아인들이 대규모 폭동을 일으켰다는 보고를 받았다. 이웃의 헝가리 왕국이 그들에게 적극적으로 군사 지원을 해 주고 있었다. 또한 안티오크의 게오르기우스가 그의 부재중을 틈타 40척의 함대로 헬레스폰트와 마르마라 해를 통해 콘스탄티노플의 성벽까지 왔다는 소식도 그를 분노하게 했다. 그 시칠리아 병사들은 상륙을 시도했다가 실패하자 보스포루스를 더 거슬러 올라가서 아시아 쪽 해안의 부유한 장원들을 털었으며, 돌아가기 전에는 심지어 오만하게도 황궁에까지 화살을 날려 보냈다.

황제에게는 참을 수 없는 모욕이었지만 당장은 세르비아의 반란이 훨씬 더 심각했다. 더욱이 그는 이 반란의 배후에 시칠리아 왕이 있다고 추측했다. 세르비아와 헝가리가 결탁한 것은 분명한데, 루지에로는 콜로만 왕의 아내인 부실라와 사촌이므로 헝가리 왕실과 친분이 두터웠던 것이다. 그러나 마누엘이 모르는 사실이 있었다. 시칠리아의 루지에로는 바이에른의 벨프 백작―그는 서방의 제위를 노리는 콘라트의 라이벌이었다―이 이끄는 독일 군주들의 연맹에 재정을 지원함으로써 콘라트에게도 마찬가지 쿠데타를 획책했다.

이리하여 시칠리아 왕은 중세의 가장 크고 강력한 군사동맹, 650년 동안 거의 공동 행동을 하지 못했던 동방 제국과 서방 제국의 동맹이 위력을 발휘하기도 전에, 몇 달 간격을 두고 두 제국의 발을 모두 묶어 놓는 데 성공했다. 마누엘이 생각하는 것처럼 그는 제국의 영토를 빼앗은 파렴치한 야심가였는지는 모르지만 어쨌든 만만찮은 적수인 것은 사실이었다.

한편 팔레스타인을 떠난 루이와 엘레오노르는 1149년 7월 29일 칼라브리아에 상륙한 다음 말을 타고 포텐차라는 작은 도시로 가서 그들을 기다리고 있던 루지에로와 만났다. 루이는 여전히 기분이 좋지 않았다. 그는 식솔들을 거느리고 시칠리아 함선들을 탔는데, 비잔티움의 바다에 맞서기에는 위험한 배였다. 결국 일행은 에게 해 어딘가에서 그리스 소함대—아마 코르푸에서 왔을 것이다—를 만나 공격당했다. 루이는 자신이 탄 배에 프랑스 깃발을 내걸어 간신히 살아났고, 남편과의 사이가 더욱 나빠져 다른 배에 타고 있었던 엘레오노르는 때마침 그곳을 지나던 시칠리아 전함에 의해 구조되었다. 그러나 다른 왕궁 식솔들과 거의 모든 화물을 싣고 있던 호송선 한 척은 그리스인들에게 나포되어 콘스탄티노플로 끌려갔다. 그러잖아도 십자군이 실패한 원인을 모조리 마누엘 콤네누스의 탓으로 돌리고 있던 루이에게 그 사태는 결정적인 증거였다. 이제 그는 시칠리아 왕의 제안이라면 무엇이든 수락할 태세였다.

그의 제안은 요컨대 비잔티움에 맞서 유럽 동맹을 결성하자는 것이었다. 루지에로는 마누엘이 그리스도교의 대의를 저버리고 투르크와 결탁하여 십자군에 관한 상세한 정보—진지의 위치, 준비 상태, 예정된 원정로—를 투르크 측에 미리 알려 주었다고 단언했다. 그렇듯 둥지 안에 독사가 숨어 있었으니 십자군 원정은 애초부터 실패가 예정되어 있었다는 주장이었다. 그러므로 가장 중대한 일은 바실레오스를 완전히 제거하고, 그가 지배하는 타락하고 종파적인 제국을 멸망시키는 것이었다. 그래야만 서유럽 연합은 제3차 십자군을 편성하여 제2차 십자군의 치욕을 깨끗이 씻어 버릴 수 있을 터였다.

루지에로의 계략은 대단히 음흉했다. 시칠리아 왕은 기질에서나 신념에서나 십자군과는 거리가 멀었다. 따라서 우트르메르의 그리스도교도 따위에는 전혀 신경을 쓰지 않았고 모든 게 자업자득이라고 여겼다. 오히려 그는 아랍인을 더 좋아했다. 시칠리아의 인구와 관리의 상당수도 아랍인이었으며, 루지에로는 아랍어를 능숙하게 구사했다.* 그게 아니더라도 그는 이미 안티오크와 예루살렘에 대한 소유권을 주장한 바 있었다. 게다가 그가 먼저 공격하지 않으면 마누엘이 그를 공격할 터였다. 공격은 최선의 방어라지 않던가? 그렇다면 지금보다 더 좋은 기회가 또 있을까? 유럽의 힘깨나 쓰는 군주들 가운데 십자군으로 평판에 손상을 입지 않은 사람은 그 혼자뿐이었고, 마누엘 콤네누스는 지금 서유럽에서 가장 심한 증오를 받는 자가 아닌가?

루지에로에게는 명백했지만 루이는 그 묘한 상황을 제대로 이해하지 않았다. 회의 결과에 흥분한 그는 티볼리로 가서 교황의 의사를 타진했다. 하지만 유게니우스 교황의 태도는 미적지근했다. 물론 교황도 두 제국의 동맹을 결코 환영하지 않았지만 그렇다고 이미 강력한 루지에로의 힘을 더 강하게 만들어 줄 생각은 없었다. 하지만 성 베르나르두스를 비롯하여 다른 지도적인 성직자들은 루이의 제안에 열광적인 반응을 보였다. 그리하여 루이가 파리로 돌아온 뒤 영향력이 큰 생드니 대수도원장 쉬제르가 주축이 되어 새로운 십자군이 준비되기 시작했다.

그러나 그 계획은 콘라트 때문에 실패했다. 이미 루지에로를 싫

---

* 노르만인들이 시칠리아와 남이탈리아를 정복한 11세기 이전까지 이 지역은 수백 년 동안 사라센의 지배를 받았다. 이 아랍적 전통은 이후 문화의 측면에서 전승되어 오늘날까지도 시칠리아 특유의 문화를 형성하고 있다. 이 지역과 더불어 사라센의 지배를 받은 이베리아 반도는 훨씬 더 늦은 15세기 말에야 비로소 아랍의 지배에서 벗어나 유럽 문명권에 편입된다.

어할 만한 이유를 충분히 쌓아 두고 있는 로마인의 왕에게 그 계획은 오히려 가장 강력한 한 가지 이유를 더 추가한 셈이었다. 십자군이 실패할 경우 그의 평판은 결정적인 타격을 입을 테고 루지에로의 명성은 크게 상승할 게 뻔했다. 그러나 왕관을 썼든 쓰지 않았든, 역사적으로 보나 신이 내린 권리로 보나 서유럽 그리스도교권의 칼과 방패는 역시 독일의 황제뿐이었다. 따라서 콘라트는 자신의 제위를 찬탈하려는 루지에로에게 크게 분노했으며, 그가 남이탈리아를 장악한 것도 용납할 수 없었다. 또한 콘라트는 루지에로가 바이에른의 벨프 가문에 재정을 대고 있다고 확신했다.

성 베르나르두스가 그의 태도를 바꾸게 하려고 애를 썼지만 아무 소용이 없었다. 클레르보 대수도원장은 프랑스인이었고 콘라트가 보기에 프랑스인은 시칠리아인만큼이나 믿을 수 없었다. 지난번에도 자신의 현명한 판단을 거스르고 베르나르두스의 충고에 따랐다가 큰 실패를 맛보지 않았던가? 그는 고집스럽게 비잔티움을 반대한 인물로 알려져 있었다. 실패한 십자군 원정에 대해 누구보다 큰 책임이 있는 인물로서 콘라트는 동방 황제에게만 허물을 물을 수는 없는 처지였다. 다른 한편으로 마누엘은 그가 깊이 신뢰하는 친구였다. 게다가 두 사람은 깰 의사가 전혀 없는 엄중한 동맹으로 묶여 있었다.

그래서 반反 비잔티움 대동맹은 수포로 돌아갔다. 그런데도 콘라트와 마누엘이 시칠리아 왕국에 대한 공동 원정을 연기할 수밖에 없었던 것은 순전히 루지에로의 빛나는 외교 덕분이었다. 그러나 오래가지 않아 그가 놓은 장애물은 거의 제거되었다. 1150년 플로흐베르크에서 벨프 백작과 그의 친구들은 회복하기 어려운 참패를 당했고, 그 이듬해에 마누엘이 응징 원정을 한 뒤 세르비아와 헝가리는 당분간 싸울 힘을 잃었다. 드디어 두 제국은 남이탈리아로 진군할 여유를 얻었다. 오래전부터 계획된 원정은 1152년 가을에 힘차게 시작되었다. 베네치아도 돕겠다고 나섰고 교황 유게니우스도 마침내 승인했다. 이제 루지에로의 앞날은 어느 때보다도 캄캄했다.

그 뒤 1152년 2월 15일에 콘라트는 밤베르크에서 쉰아홉 살 나이로 죽었다. 200년 전 오토 대제가 서방 제국을 부활시킨 이래 콘라트는 처음으로 로마에서 대관식을 치르지 않은 황제 당선자였다(하지만 그 약점이 결국 그의 치세 전체를 결정했다고 볼 수 있다). "회의할 때는 세네카 같았고, 외모는 파리스 같았으며, 전장에서는 헥토르 같았다"는 칭찬을 받을 만큼 젊은 시절에 그는 주변의 기대를 모았던 젊은이였다. 그러나 그 기대에 걸맞지 않게 그는 온전한 황제도 되지 못하고 불운한 왕에 그치고 말았다. 그를 치료했던 이탈리아의 의사들—아마 살레르노의 유명한 의과대학에 소속된 의사들이었을 것이다—은 시칠리아의 독살설을 입에 올렸다. 그러나 비록 자신의 숙적이 사망한 그 무렵에 루지에로가 세력을 다시 떨치게 된 것은 사실이지만 그에게 혐의를 둘 근거는 없다.

콘라트의 마음은 죽을 때까지 편치 못했다. 그가 조카이자 후계자인 슈바벤의 프리드리히에게 전한 마지막 명령은 자신이 시작한 싸움을 계속하라는 것이었다. 시칠리아 왕을 공격하라는 것이었으니 프리드리히로서는 마다할 이유가 없었다. 독일 궁정으로 망명한 아풀리아인들의 격려에 힘입어 그는 큰아버지의 원래 계획을 더 발전시켜 루지에로를 공격하러 가는 도중에 로마를 지날 때 아예 제관을 쓸까 하는 생각도 해 보았다. 하지만 제위 계승은 나름대로 문제가 있으므로 그것은 일단 무기한 연기하기로 마음을 바꾸었다.*

그가 큰아버지의 유지를 따르지 않은 부분은 비잔티움과 관계된 측면이었다. 그는 체질적으로 자기 제국의 힘과 위신을 깎아내릴 만한 일은 도저히 할 수 없었다. 경쟁 관계에 있는 동방 황제는 떠올리기만 해도 기분이 나빴다. 게다가 쟁점 지역인 남이탈리아의 속주들을 비잔티움에 양도하거나 공유한다는 것도 그로서는 생각하기에도 싫은 일이었다. 마누엘 콤네누스가 그와 함께 시칠리아의 왕을 상대로 싸운다면 그것은 좋았다. 하지만 무릇 승리에는 보상이 따르지 않던가?

즉위한 지 거의 1년이 지나서야 그는 비잔티움에 이탈리아 영토를 양도하지 않는다는 조건으로 콘스탄츠에서 교황과 조약을 맺었다. 동방 황제가 강제로 그곳을 차지하려 한다면 무력으로 맞서기로

* 여기에는 서방 황제를 둘러싼 역사적 배경이 관련되어 있다. 작센 왕조와 뒤이은 잘리어 왕조의 대가 1125년에 끊기자 제위의 적통은 사라졌다. 이때 독일의 제후들이 갈등을 해소하기 위한 방편으로 황제로 추대한 인물이 바로 마누엘의 동서인 콘라트 3세다. 콘라트는 호엔슈타우펜 가문이지만 벨프 가문이 거세게 도전한 데서 보듯이 아직 그 가문은 호엔슈타우펜 '왕조'가 되지는 못했다. 따라서 같은 가문의 프리드리히는 큰아버지 콘라트의 '왕위'는 계승할 수 있어도 '제관'까지 쓸 수 있는 상황은 아니었던 것이다. 이것이 지은이가 말하는 '제위 계승의 문제'다. 그러나 프리드리히는 결국 자력으로 제위를 꿰차고 호엔슈타우펜 왕조를 실현하게 된다.

했다. 이로써 두 제국의 짧은 밀월 관계는 끝났다.*

황제와 교황의 힘 겨루기

콘라트의 죽음이 마치 신호탄이라도 된 듯 곧이어 당대의 주역들이 죽기 시작했다. 1153년 7월 8일에는 교황 유게니우스가 티볼리에서 갑자기 죽었다. 그는 죽을 때까지도 교황복 안에 거친 시토 수도복을 입고 있었을 정도로 원래부터 교황이 되고 싶어 하지 않았고, 교황의 역할을 제대로 수행하지도 못했다. 그래도 그는 점잖고 겸손한 태도로 평소에 많은 사람의 사랑과 존경을 받았으므로 죽어서도 많은 사람의 애도를 받았다.

그러나 불과 6주 뒤에 죽은 클레르보의 베르나르두스는 그런 대우를 받지 못했다. 평생토록 베르나르두스는 진정한 수도자이면서도 정치 무대에 개입하지 않을 수 없다고 느끼는 남다른 본보기가 되었다. 그런데 그는 열성 교도의 관점으로 세상을 보았기 때문에 그의 개입은 필연적으로 재앙으로 이어질 수밖에 없었다. 결국 그가 주창했던 제2차 십자군은 그리스도교권에게 중세 최대의 수모를 안

---

* 애초에 그 밀월 관계는 콘라트와 마누엘의 개인적 친분(아울러 동서라는 관계)으로 시작되었기에 한계가 있었다. 콘라트는 서방에서 '반쪽 황제'로서 카리스마를 발휘하지 못한 탓에 약간 소외되어 있었고, 마누엘은 서유럽 문화를 추종했기 때문에—그는 서유럽의 마상 시합을 콘스탄티노플에 도입하기도 했다—서로 궁합이 잘 맞았던 것이다. 하지만 그런 사적인 친분까지 대물림될 수는 없었다.

겨 주었다. 그를 위인으로 여긴 사람들은 많았지만 그를 좋아한 사
람은 거의 없었다.

뒤이어 1154년 2월 26일에는 루지에로 왕이 팔레르모에서 죽었
다. 왕위를 계승한 그의 아들 굴리엘모는 특이한 외모[78]와 엄청난 힘
을 지닌 탓에 '악한 왕'이라는 별명을 얻었으나 그 별명에 진정으로
어울리는 인물은 아니었다. 그는 게으르고 주색잡기에 능했을 뿐 지
성과 외교 수완에서 아버지에게 전혀 미치지 못했다. 예를 들어 루
지에로였다면 즉위한 지 몇 주 만에 비잔티움의 황제에게 그렇듯 어
리석은 서신을 보내지는 않았을 것이다. 굴리엘모는 마누엘에게 평
화조약을 맺어 주면 그 대가로 안티오크의 게오르기우스가 테베 원
정에서 얻은 그리스인 포로들과 전리품을 모두 반환하겠다고 제안
한 것이다. 하지만 마누엘은 그 제안을 단호히 거부했다. 그 서신은
시칠리아의 새 왕이 제국의 침공을 두려워한다는 것을 드러냈다. 두
려워한다면 약한 것이고, 약하다면 싸워 이길 수 있는 상대였다.

서유럽의 정계를 뒤흔든 결과를 가져온 '연쇄 사망'의 마지막을
장식한 인물은 유게니우스의 후임자인 무능한 노인 아나스타시우스
4세였다. 겨우 열일곱 달 동안 재임하면서 그는 주로 자화자찬에 주
력했다. 그러나 1154년 말 그의 시신이 예전에 헬레나 황후의 유해
를 담았던 반암으로 된 대형 석관에 안치되었다(헬레나의 유해는 그
의 명령에 따라 몇 주 전에 아라코엘리의 소박한 납골묘로 이장되었다). 그
를 계승한 하드리아누스 4세는 전혀 성향이 다른 인물이었다. 영국
인으로서 유일하게 삼중관(Triple Crown, 교황의 관으로. tiara라고도
부른다)을 쓴 그는 1115년경 하트퍼드셔의 랭글리에서 니콜라스 브

릭스피어라는 이름으로 태어났다. 학생 시절에 그는 먼저 프랑스에 갔다가 그 뒤에 로마로 갔다. 로마에서 그는 웅변 실력과 뛰어난 자질, 잘생긴 외모로 유게니우스 교황의 관심을 끌었다. 니콜라스에게는 다행히도 교황은 영국을 무척 좋아했다.[79] 이후 그는 고속으로 승진했다.

1152년에 니콜라스는 스칸디나비아의 교회를 재편하라는 임무를 지니고 노르웨이에 가서 탁월한 성과를 올렸다. 그 덕분에 2년 뒤에 아나스타시우스가 죽었을 때 그는 만장일치로 교황에 선출되었다. 결과적으로 그가 선출된 것은 시의적절했다. 6개월 뒤에 그는 큰 위기를 맞았는데, 두 전임 교황이라면 전혀 해결하지 못했을 것이기 때문이다. 그 위기란 프리드리히 바르바로사가 이탈리아로 와서 자신의 대관식을 요구한 것이었다.

당시 프리드리히는 서른두 살이었다. 그 시대 독일인들이 보기에 그는 튜튼 기사의 전형이었다. 큰 키에 넓은 어깨, 미남이라기보다는 호남이었던 그는 반짝거리는 두 눈에 머리털이 붉었으며, 그를 잘 아는 어느 역사가[80]에 의하면 언제라도 곧 웃음을 터뜨릴 듯한 표정이었다고 한다. 그러나 그 쾌활한 외양 뒤에는 제국의 옛 영광을 되살리겠다는 강력하고 단호한 의지가 도사리고 있었다. 1155년 초에 북이탈리아에 온 그는 각지에 팽배한 공화주의의 분위기에 크게 놀랐고 화도 나서 아무래도 본때를 한번 보여 줘야겠다고 마음먹었다.* 밀라노는 항구적인 반란의 거점이었지만 너무 강한 상대였으므로 프리드리히는 밀라노의 동맹시인 토르토나를 선택해서 두 달 동안 포위한 끝에 돌맹이 하나 남지 않게 철저히 파괴해 버렸다.

프리드리히는 파비아에서 부활절을 보낸 뒤―거기서 그는 롬바르디아의 전통적인 철관鐵冠을 받았다―토스카나를 거쳐 로마 교황청을 경악하게 할 만한 속도로 남하하기 시작했다. 나이 든 추기경들은 1111년 프리드리히의 조상인 하인리히 5세가 성 베드로 대성당에서 파스칼리스 2세를 붙잡아 두 달 동안이나 감금한 끝에 항복을 받아 낸 사실을 기억하고 있었다. 새로 로마인의 왕이 된 이 자도 그런 짓을 충분히 저지를 만한 위인임에 틀림없었다. 그래서 하드리아누스는 말을 타고 나가 그를 만나기로 했다. 6월 9일 두 사람은 수트리 부근의 그라소 들판에서 만났다. 그러나 이 만남은 성공적이 아니었다. 관례에 따르면 교황이 다가올 때 왕은 말에서 내려 교황에게로 걸어가서 그의 말고삐를 쥐고 몇 걸음 더 나아간 다음 교황이 말에서 내리는 동안 등자를 잡고 있어야 했다. 그러나 그가 그렇게 하지 않자 하드리아누스는 앙갚음으로 그에게 전통적으로 해 주어야 할 평화의 입맞춤을 해 주지 않았다.

프리드리히는 자기가 교황의 하인이냐며 버티었고 하드리아누스 역시 단호한 자세였다. 이것은 사소한 의전상의 다툼이 아니라 제국

* 이탈리아의 공화주의적 전통은 멀리 로마 초기까지 거슬러 올라간다. 기원전 6세기에 로마인들은 당시 로마를 지배하던 에트루리아의 타르퀴니우스를 타도하고 공화정을 수립했는데, 이것이 로마 공화정의 시작이다. 이후 로마인들은 참주(왕)라면 치를 떨었고, 그런 분위기 때문에 황제가 되려던 카이사르가 암살되었음은 주지의 사실이다(그런 탓에 옥타비아누스[아우구스투스]가 제위에 오를 때도 그는 감히 황제를 칭하지 못하고 최고의 시민이라는 뜻의 프린켑스라는 직함으로 대신했다). 이 고대의 전통은 중세에도 살아남아 서유럽 각국의 면모가 갖춰지기 시작하는 긴박한 국제 정세 속에서도 북이탈리아가 통일 왕국을 이루는 것을 저해했다. 하지만 그런 질곡으로 인해 북이탈리아에는 자치 도시가 발달하고 이들이 주역이 되어 르네상스의 꽃을 피우게 되니, 역사의 아이러니라 할 수 있겠다.

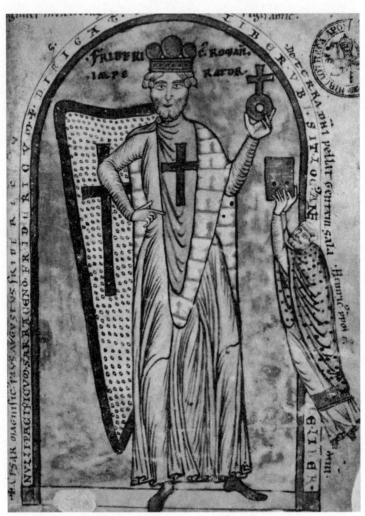

† 프리드리히 바르바로사 황제(로마, 바티칸 도서관).

과 교황령의 관계에 대해 근본적으로 도전하는 공식적인 거부 행위였다. 그러나 먼저 꼬리를 내린 측은 프리드리히였다. 그는 군대의 진영을 좀더 남쪽으로 옮기라고 명했다. 6월 11일 아침 몬테로시라는 작은 도시 부근에서 그 의식이 다시 벌어졌다. 이번에는 왕이 걸어가서 교황을 만나 그의 말고삐를 잡고 앞으로 이끌었다(돌멩이를 던질 만한 거리였다고 전한다). 그러고는 등자를 잡고 교황이 말에서 내리는 것을 부축했다. 하드리아누스가 대기하고 있는 옥좌에 앉자 프리드리히는 무릎을 굽히고 교황의 발에 입을 맞추었다. 교황은 답례로 평화의 입맞춤을 해 주었고, 곧이어 대화가 시작되었다.

이제 대관식을 늦출 이유가 전혀 없는 듯했다. 그러나 지난번 대관식이 거행된 이후 로마인들은 코뮌이라는 자치체를 설립하고 원로원을 부활시켰다. 그런데 그 원로원의 대표들이 며칠 뒤에 프리드리히의 진영으로 와서는 짐짓 과장된 태도로 생색을 내면서, 대관식을 치르기 전에 앞으로 로마의 자유를 보장한다는 서약을 하고 금 5천 파운드를 내서 성의를 보여야 한다고 주장한 것이다. 그에 대해 프리드리히는 침착하게 원래 자신의 것을 요구하는 것일 뿐이라고 대답했다. 계속해서 그는 보장 같은 것은 할 수 없었고, 돈에 관한 문제라면 자신이 원할 때 원하는 장소에서 주겠다고 말했다. 원로원 대표단은 불쾌한 기색으로 물러갔지만, 머잖아 그들이 교황에게 심각한 문제를 일으킬 것은 뻔했다(교황은 전에 코뮌을 경험한 바 있었다). 말썽을 피하려면 교황과 프리드리히는 서둘러야 했다.

6월 17일 토요일 새벽에 프리드리히는 금문을 통해 로마로 들어가서 곧장 성 베드로 대성당으로 향했다. 교황은 이미 한두 시간 전에 도착해서 대성당의 계단에서 그를 기다리고 있었다. 짧은 미사를 마친 뒤 하드리아누스는 성 베드로의 무덤 바로 위에 서서* 황급히 성 베드로의 칼을 프리드리히의 옆구리에 매어 주고 그의 머리에 제관을 씌워 주었다. 간략한 의식이 끝나자 황제가 된 프리드리히는 제관을 쓴 채 말을 타고 성 바깥에 있는 자기 진영으로 돌아갔고, 교황은 황급히 바티칸에 숨어 사태의 추이를 관망했다.

아직 아침 9시도 되기 전이었다. 원로원 의원들이 의사당에 모여 대관식을 어떻게 저지하면 좋을지를 논의하고 있던 도중에 갑자기 대관식이 이미 끝났다는 전갈이 왔다. 속았다는 생각에 격노한 그들은 군대를 소집했다. 곧 수많은 군중이 산탄젤로 다리로 몰려들었고, 또 다른 군중은 북쪽의 트라스테베레로 갔다. 비슷한 시각에 시 외곽에서 진을 치고 있는 독일 병사들에게도 즉각 전투 준비 명령이 떨어졌다. 황제는 불과 몇 시간 전에 그리스도의 교회를 수호하겠다고 서약하지 않았던가? 하지만 이미 그리스도의 교회는 위협받고 있었다. 그날 프리드리히는 두 번째로 로마에 입성했지만 이번에는 대관식 의상을 입지 않고 무장을 한 차림이었다.

그날 저녁까지 로마인의 황제와 로마 백성들 사이에는 치열한 전투가 벌어졌다. 밤이 되기 전에 황제의 군대는 반란군을 다리 건너편으로 내몰았다. 양측 모두 인명 손실이 컸다. 독일군에 관해서는 신뢰할 만한 수치가 없지만, 로마 시민들은 약 1천 명이 살해되거나 테베레 강에 빠져 죽었으며, 600명이 사로잡혔다고 한다. 원로원은

---

* 성 베드로 대성당은 베드로의 무덤 터에 지어졌다.

오만을 부린 대가도 컸지만, 황제 역시 제관을 얻은 대가를 톡톡히 치렀다. 승리는 했어도 그는 로마에 입성하지 못했다.

이튿날 아침 해가 뜨자 테베레 강의 모든 다리들이 차단되고 성문들이 봉쇄되어 있었다. 황제의 군대는 포위전을 할 준비는 갖추지 못했다. 게다가 로마 여름의 열기가 또다시 병사들을 공격했다. 말라리아가 창궐하고 이질이 극성을 부렸다. 유일한 해결책은 거기서 물러나 교황과 교황청을 장악하는 것이었다(바티칸도 교황에게 더 이상 안전한 곳이 아니었다). 6월 19일에 황제는 진지를 거두고 군대를 사비니 구릉 지대로 이동시켰다. 한 달 뒤 그는 하드리아누스를 티볼리에 무방비 상태로 내버려 둔 채 독일로 향했다.

시칠리아 수복 작전

콘스탄티노플에서 서유럽의 사태를 지켜보는 마누엘 콤네누스의 상황도 이제 크게 달라졌다. 콘라트가 죽은 뒤로는 서방 황제에게 어떠한 도움도 기대할 수 없는 처지였다. 사실 그는 콘스탄츠에서 프리드리히와 교황이 정확히 어떤 내용의 조약을 맺었는지 알지 못했으므로 여전히 이탈리아 분할의 가능성을 믿고 있었다. 그러나 프리드리히의 태도로 보건대 이제부터는 싸워서 얻을 수밖에 없다는 게 명백해졌다. 만약 독일군이 시칠리아의 굴리엘모를 공격한다면 비잔티움도 군대를 보내 콘스탄티노플의 정당한 권리를 옹호해야 했다. 또한 독일이 시칠리아를 공격하지 않는다면 마누엘 자신이 선수를 쳐야 했다.

한 가지 좋은 소식은 아풀리아의 노르만 귀족들이 다시 공공연히 반란의 조짐을 보인다는 것이었다. 그들은 늘 오트빌 가문에 적의를 품어 왔다. 따지고 보면 그 가문은 원래 자신들보다 지체가 높지도 않았던 데다가 패권을 얻은 과정도 전장에서 특출한 용기를 보였기 때문이 아니라 음모와 저급한 술수를 통해서였다. 게다가 귀족들은 전에도 루지에로가 아니라 그 전의 로베르토 기스카르를 상대로 반란을 일으킨 적이 있었다. 루지에로가 죽고 단점이 많은 굴리엘모가 후계자로 즉위한 것은 그들에게 시칠리아의 족쇄를 끊어 버릴 또 한 번의 기회를 주었다. 귀족들은 먼저 프리드리히에게 신뢰를 보냈으나 그가 황급히 떠나 버리자 크게 실망했다. 하지만 원래 그에게 특별한 충성심이 있었던 것은 아니었다. 그래서 그들은 그 대신 마누엘에게 도움을 요청했다.

물론 마누엘로서는 바라 마지않는 일이었다. 하지만 그는 대규모 원정을 제의하지는 않았다. 헝가리와의 전쟁이 다시금 불붙었으므로 도나우 강변에 군대를 주둔시켜야 했다. 그러나 1155년 여름에 첫 단계의 지원으로 마누엘은 두 사람의 고참 장군 미카일 팔라이올로구스—테살로니카 총독을 지냈던 인물—와 요한네스 두카스를 이탈리아로 보냈다.

그들의 임무는 노르만 귀족들 중 저항의 핵심 인물들과 접촉하고 대규모 봉기를 일으키도록 유도하는 것이었다. 그러면 비잔티움의 소규모 군대와 현지에서 충원한 용병들이 지원하기로 되어 있었다. 하지만 만약 프리드리히가 아직도 이탈리아에 있고 그를 로마로 돌아오게 할 수 있다면 그에게 마지막으로 한 번 더 동참을 권유해 보는 것도 좋을 듯했다. 그것은 아무래도 실현 불가능해 보였지만, 두 장군이 이탈리아에 도착하여 수소문해 본 결과 황제는 제국의 도시인 앙코나에 있었으며, 그들의 제안을 기꺼이 받아들였다.

당시 프리드리히는 무거운 심정으로 북상하던 중이었다. 교황은 그에게 원래 계획대로 군대를 이끌고 지체 없이 시칠리아 왕 굴리엘모를 향해 진격하라고 탄원했다. 또 프리드리히 자신도 당장 그렇게 하고 싶었다. 그러나 병들고 지친 독일 귀족들은 말을 들으려 하지 않았다. 그들은 이탈리아의 뜨거운 햇볕과 익숙하지 않은 음식, 얼굴 주위에서 윙윙거리는 수많은 벌레에 넌더리를 내고 있었다. 그들이 바라는 것은 오로지 어서 산맥의 장벽을 넘어 이 고통을 차단하는 것이었다. 팔라이올로구스와 두카스가 두 번째로 제의했을 때 프리드리히는 다시 한번 자신의 의지를 부하들에게 불어넣으려 했으나 역시 실패했다. 결국 그는 비잔티움 사절단에게 자신이 할 수 있는 게 아무것도 없으니 독자적으로 작전을 전개하라고 털어놓을 수밖에 없었다. 마누엘은 그 소식을 듣고도 크게 걱정하지 않았다. 전략적으로 볼 때 독일군을 참전시키면 유용하겠지만, 외교적으로 볼 때는 독일군이 없는 편이 훨씬 간편했다. 또한 독일군이 아니더라도 동맹군은 많았다.

이제 반란은 굴리엘모의 사촌인 로리텔로의 백작 로베르토라는 새로운 지도자의 지휘 아래 남이탈리아 전역으로 확산되고 있었다. 1155년 늦여름에 로베르토는 비에스티에서 미카일 팔라이올로구스와 만났다. 양측은 서로 상대방에게 필요한 것을 줄 수 있었다. 팔라이올로구스는 선박 열 척의 함대와 거의 무한한 자금, 필요할 경우 아드리아 해 건너편에서 증원군을 부를 수 있는 힘을 가지고 있었다. 또 로베르토는 현지 귀족 다수의 지지를 확보했고 해안의 상당 부분을 장악하고 있었는데, 그것은 비잔티움의 통신선이 적절히 유지되기 위해 필수적인 요건이었다. 두 사람은 금세 합의를 보고 동맹을 체결했다.

그들의 첫째 목표는 바리였다. 1071년 로베르토 기스카르에 의해 점령되기 전까지 바리는 비잔티움령 이탈리아의 수도이자 이탈리아 반도에 마지막으로 남은 그리스의 거점이었다. 바리 시민의 대다수를 이루는 그리스인들은 팔레르모 정부에 반감을 품고 있었으므로 해방의 기회를 크게 반가워했다. 그 시민들 중 일부가 공격자들에게 성문을 열어 주었다. 시칠리아 방어군은 옛 성채와 성 니콜라우스 성당에서 용감하게 싸웠으나 결국 항복하고 바리 시민들이 직접 성채를 부수는 광경을 속절없이 지켜보았다. 그 성채는 시칠리아 지배의 상징이 되어 있었으므로 팔라이올로구스의 만류에도 불구하고 시민들은 성채를 완전히 무너뜨렸다.

바리가 함락되었다는 소식과 굴리엘모 왕이 죽었다는 소문―실은 중병에 걸려 있었다―이 퍼지면서 아풀리아 해안 도시들은 사기가 크게 꺾였다. 그 다음에는 트라니가 항복했고, 그 옆의 항구 도시 조비나초도 뒤를 따랐다. 남쪽에서는 저항이 제법 격렬했다. 티레의 기욤에 의하면 예루살렘 총대주교가 그해 가을에 교황을 만나러 가기 위해 오트란토에 상륙했다가 전 지역이 극심한 혼란에 휩싸여 있는 것을 보고 어쩔 수 없이 도로 배를 타고 해안을 따라 앙코나까지 갔다고 한다.

9월 초가 되어서야 아스클레틴 총독이 지휘하는 굴리엘모의 군대가 출현했다. 기사 약 2천 명과 상당수의 보병으로 구성된 군대였으나 그들은 반란군의 상대가 되지 못하고 안드리아 성의 외곽에서 궤멸당하고 말았다. 안드리아 시의 왕당파 영주인 리카르도 백작은 영웅적으로 항전했지만 전투 도중에 말에서 떨어져 트라니의 어느 사제에게 죽었다. 그 사제는 백작의 몸을 갈라 내장을 찢어 버렸다고 한다. 백작이 전사한 것을 본 안드리아 시민들은 즉각 항복했다. 아직도 굴리엘모 왕에게 충성하는 도시들은 암담한 상황에 처했다.

티볼리에서 투스쿨룸으로 거처를 옮기면서 이 사태를 지켜보던 하드리아누스 교황의 마음은 흡족했다. 그리스인들에게 특별한 애정은 없지만 시칠리아인들보다는 그들이 나았다. 게다가 그 혐오스러운 굴리엘모가 바르바로사의 보복을 면하는가 싶더니 결국 응분의 대가를 받게 된 것에 무척 기뻤다. 그 무렵 교황이 먼저 비잔티움 측에 동맹을 제안했는지, 아니면 콘스탄티노플의 마누엘 콤네누스나 아풀리아의 미카일 팔라이올로구스가 먼저 교황에게 손을 내밀었는지는 알 수 없다. 어쨌든 늦여름에 회담이 열렸고, 그에 따라 하드리아누스는 캄파니아에서 용병들을 모집하는 작업에 착수했다(그 비용은 비잔티움이 댔을 게 거의 확실하다). 9월 29일에 그는 남쪽으로 진군했다.

동방 교회와 서방 교회의 대분열이 있은 지 불과 한 세기 만에 비잔티움의 황제와 로마의 교황이 군사 동맹을 맺은 것은 놀라운 일이었다. 그러나 하드리아누스는 남이탈리아의 정정을 다시 오지 않을 기회로 여겼다. 또한 그는 추방되었던 아풀리아의 가신들이 옛 봉토를 되찾을 가능성을 감지하고 기꺼이 황제의 종주권을 인정하는 것에도 큰 자극을 받았다. 이미 9월 9일에 카푸아의 로베르토 공작을 비롯하여 몇몇 고위 노르만 귀족들은 세습 재산을 돌려받았으며, 그해 말에는 캄파니아 전역과 아풀리아 대부분이 비잔티움이나 교황의 수중에 들어갔다.

미카일 팔라이올로구스는 남은 저항의 거점들을 소탕하면서 처음에 기대했던 것보다 더 큰 성공을 자축했다. 불과 여섯 달 만에 그는 그리스 세력권을 150년 전과 맞먹는 수준으로 확장했다. 최근에는 급속한 성공에 고무된 황제가 확보된 이탈리아 영토를 공고히 지키기 위해 그에게 대규모 원정군을 보내 준다는 소식이 전해졌다. 이 정도 속도라면 머잖아 남이탈리아 전역이 콘스탄티노플의 지배를 받게 될 것은 분명해 보였다. 굴리엘모의 세력은 무너질 테고, 독일인들이 실패한 일을 그리스인들이 성공시키는 것을 본 하드리아누스 교황은 비잔티움군의 우월함을 인정하고 그에 따라 자신의 정책을 조정할 터였다. 이제 콘스탄티노플의 기치 아래 로마 제국을 재통일한다는 콤네누스 왕조의 원대한 꿈은 곧 실현될 듯싶었다.

굴리엘모 왕은 좀처럼 자신의 궁전을 떠나기 싫어하는 사람이었다. 그러나 전진할 수밖에 없다고 느낀 순간—전에는 하기 싫었던 행동이지만—그는 용기라기보다는 저돌적인 투지로써 모든 위험에 맞섰다.

노르만의 시칠리아에 관해 가장 상세하고 흥미로운 기록을 우리에게 남겨 준 우고 팔칸두스는 굴리엘모에 관해 위와 같이 말했다. 그는 이 인용문에서처럼 자신의 군주에게 찬사를 바칠 때도 굳이 악의를 감추려 하지 않았다. 하지만 그의 말에는 진실이 담겨 있다. 굴리엘모가 초기에 둔감하게 반응한 것은 이해할 수 있다. 9월부터 크리스마스까지 그는 팔레르모에서 중병을 앓고 있었으므로 나라의 경영을 '아미르 중의 아미르'인 바리의 롬바르드 마이오에게 맡겼다. 1156년 초 아직 그는 병에서 완전히 나은 상태가 아니었지만 수도에서 일어난 폭동과 시칠리아 남부에서 귀족들이 일으킨 반란을 진압해야 했다. 하지만 그는 두 사태를 성공적으로 처리했다. 특히 귀족들에게 승리함으로써 그는 필요했던 도덕적인 용기를 얻을 수 있었다. 봄이 되고 건강을 회복하자 그는 다시금 혈기가 솟아올라 이탈리아 본토를 공략할 준비를 했다.

마누엘의 좌절

육군과 해군은 메시나에서 합류했다. 그리스군, 교황파, 반란 귀족들을 육상과 해상으로 동시에 공격할 작정이었다. 4월 하순에 육군은 본토로 건너가 칼라브리아를 횡단했으며, 함대는 해협을 통과한 다음 북동쪽의 브린디시로 향했다. 비잔티움군에게나 반란군에게나 좋지 않은 겨울이었다. 우선 미카일 팔라이올로구스가 점점 오만해진 탓에 양측 사이에는 불화가 싹텄고 로리텔로의 로베르토는 부아가 치밀었다. 그런데 그때 팔라이올로구스가 병에 걸리더니 바리에서 사망했다. 거만을 떨기는 했어도 그는 뛰어난 야전 지휘관이었으므로 그의 죽음은 비잔티움 측에 치명타였다. 요한네스 두카스는 군대를 다시 이동시키고 로리텔로 백작과 화해했다. 그러나 양측의 신뢰는 예전과 같지 않았고, 1155년과 같은 추진력은 다시 얻을 수 없었다.

브린디시는 벌써 3주 동안 포위된 상태였다. 성채의 왕당파 방어군은 용감하게 항전하여 비잔티움군의 전진을 차단하는 데 성공했다. 그런데다 굴리엘모 왕이 온다는 소식에 비잔티움에 협력하던 반란 세력이 하나둘씩 떨어져나가기 시작했다. 용병들은 으레 그렇듯이 중대한 순간을 맞아 급료를 대폭 올려달라고 요구했다가 거절당하고는 대거 도망쳐 버렸다. 뒤이어 로리텔로의 로베르토도 도망쳤고 그의 동료들도 그 뒤를 따랐다. 이제 두카스에게는 팔라이올로구스와 함께 거느리고 왔던 소수의 병력에다 지난 9개월 동안 여러 차례에 걸쳐 조금씩 아드리아 해를 건너온 병력이 전부였으므로 절망적인 중과부적의 위기였다. 시칠리아군은 육군보다 함대가 먼저 도착한 덕분에 두카스는 며칠을 더 버틸 수 있었다.

브린디시 항구의 입구는 너비가 100미터 정도밖에 안 되는 좁은 해로였다. 1200년 전에 율리우스 카이사르는 폼페이우스의 함대가 들어오지 못하도록 이 해로를 차단한 적이 있었다. 당시의 카이사르처럼 요한네스 두카스도 함선 네 척을 해로 입구에 횡렬로 배열하고 양안에 보병들을 배치했다. 그러나 굴리엘모의 육군이 서쪽 지평선에 모습을 드러내자 그의 희망은 산산조각이 났다. 육상과 해상만이 아니라 성채의 방어군마저 삼면 협공을 하자 두카스는 성벽 앞에 버티고 있을 수 없었다. 이제 비잔티움군은, 킨나무스의 표현에 따르면 그물에 갇혀 버렸다.

이후 짧은 살육전이 벌어졌고 그리스군은 참패했다. 시칠리아 해군은 항구의 입구 주변에 원형으로 배열된 작은 섬들마저 점령해서 바다로 탈출하는 길을 완전히 차단했다. 결국 두카스는 비잔티움군의 생존자들, 미처 도망치지 못한 노르만 소수 반란군과 함께 포로로 사로잡혔다. 그와 더불어 마누엘이 용병의 급료와 필요할 때 뇌물로 사용하라고 미카일 팔라이올로구스에게 맡긴 많은 금과 은을 실은 그리스 선박 네 척도 나포되었다. 1156년 5월 28일 단 하루 동안 제국은 그 전해에 이탈리아에서 올린 성과를 모조리 날려 버리고 말았다.

굴리엘모는 그리스 포로들에 대해서는 전쟁의 규칙에 따라 대우해주었으나 반란을 일으킨 신민들에 대해서는 전혀 자비를 베풀지 않았다. 앞서 그의 아버지도 그랬지만 그에게 반역은 결코 용납할 수 없는 범죄였다. 그래서 반역자들은 가장 운이 좋은 경우가 투옥이었다. 나머지는 모두 교수형이나 실명의 형벌을 당했고, 돌덩이를 매달고 바다에 던져지기도 했다. 또한 용감하게 항전한 브린디시는 용서를 받았지만 쉽게 항복한 바리는 그 대가를 치렀다. 굴리엘모는 바리 시민들에게 이틀 동안 짐을 꾸릴 시간을 주고 사흘째 되는 날에 성당까지 포함하여 도시 전체를 쑥밭으로 만들었다. 무너지지 않은 것은 성 니콜라우스 대성당과 작은 종교용 건물들 몇 개뿐이었다.

이리하여 해묵은 교훈이 되풀이되었다. 이제는 자명해진 교훈이지만 중세 유럽의 군주들은 거의 다 제대로 배우려 하지 않았다. 본토에서 먼 지역에서는 아무리 조직적인 현지 반란 세력이 있다 해도 일시적인 점령군으로 항구적인 정복을 도모할 수는 없었다. 바람몰이 작전은 전개하기 쉽고 특히 뇌물이나 자금으로 현지 불평분자들의 지원을 등에 업으면 더욱 힘을 얻을 수 있다. 그러나 그렇게 확보한 이득을 공고히 유지하려면 돈이 아무리 많아도 소용이 없다. 일찍이 노르만인이 남이탈리아와 시칠리아에 정착할 수 있었던 이유는 용병으로 왔다가 정착민으로 변신했기 때문이었다. 그래도 그들이 완전히 정착하기까지는 100년 가까이 걸렸다. 하지만 대외 진출을 시도했을 때—로베르토 기스카르와 보에몽이 비잔티움 제국을 침략한 것처럼—는 그들도 역시 실패했다.

마누엘 콤네누스는 아마 그리스어를 쓰고 그리스 전통을 어느 정도 유지하고 있는 아풀리아와 칼라브리아 현지의 집단들이 바리 시민들처럼 자신의 편을 들어 주리라고 믿었을 것이다. 그가 고려하지 못한 사실은 먼저 그런 사회가 전체 인구의 일부분에 불과하다는 것이고, 둘째로는 현지의 분란을 처리하기에는 굴리엘모의 군대가 그의 군대보다 훨씬 유리하다는 것이었다. 어쨌든 처음에 유망하게 보였던 원정은 용두사미로 끝났다. 사실 그것은 불가피한 결과였다.

그 비보가 전해지자 콘스탄티노플은 발칵 뒤집혔다. 팔레르모의 감옥에 갇혀 있어 자신을 변호하지 못하는 딱한 요한네스 두카스는 편리한 희생양이 되었다. 그러나 궁극적인 책임이 황제에게 있다는 것은 누구나 알았고 마누엘도 심한 수모를 느꼈다. 이듬해 여름 그 수모는 더욱 커졌다. 1만 명의 병력을 실은 시칠리아 함선 164척이 부유한 에우보이아 섬으로 들이닥쳐 해안 일대의 도시와 촌락을 약탈하고 유린한 것이다. 곧이어 함대는 볼로스 만의 알미라로 가서 다시 같은 짓을 저질렀다. 니케타스 코니아테스에 의하면 이후 그들은 헬레스폰트와 마르마라 해를 거쳐 콘스탄티노플까지 가서 황궁에 은촉을 입힌 화살 세례를 퍼부었다고 한다.[81]

이제는 제국의 대외 정책을 근본적으로 바꿀 때가 되었다. 마누엘이 무력으로 이탈리아 속주들을 정복할 수 없다면, 그의 경쟁자인 프리드리히 바르바로사도 마찬가지다(최소한 장기적인 정복은 불가능하다). 그러나 패기와 야망을 지닌 프리드리히는 적절한 기회가 닿으면 이탈리아 원정을 다시 시도해 굴리엘모를 왕위에서 끌어내릴지도 모른다. 그 경우 프리드리히가 두 제국을 하나의 왕홀 아래 통일할 꿈을 품고 있다면 그 다음 목표는 바로 비잔티움이 아니겠는가?

결론은 명백했다. 굴리엘모는 비록 벼락 출세한 인물이지만 프리드리히보다는 훨씬 편한 상대였다. 어떻게든 그와 협정을 맺어야 했다. 하지만 그렇다고 해서 동맹자에게서 버림을 받아 협상에 나서지 않을 수 없었던 하드리아누스와 같은 굴욕적인 처지에서 동맹을 구걸해서는 안 되었다. 그 결과가 1156년 6월에 교황과 굴리엘모가 체결한 베네벤토 조약이었다. 이 조약에서 교황은 굴리엘모가 시칠리아, 아풀리아, 칼라브리아, 예전의 카푸아 공국만이 아니라 나폴리, 아말피, 살레르노, 마르케, 아브루치 북부까지 지배하는 것을 승인했다. 그 조약의 문안은 이렇게 시작되었다.

굴리엘모, 시칠리아의 훌륭한 왕이자 그리스도의 가장 사랑하는 아들,

당대 모든 왕들과 유명인사들 중 가장 부유하고 공적이 큰 왕, 그 영광
스러운 이름이 지상의 가장 먼 끝에까지 이르는 왕, 신민들에게 평화를
가져다주고, 그리스도의 모든 적들에게 두려움을 불어넣은 위대한 업
적을 올린 왕.

마누엘은 이따위 문서에 자신의 이름을 집어넣을 생각은 없었다.
그는 적어도 대등한 관계에서 시칠리아 왕을 대하고 싶었다. 그래서
1157년 여름에 마누엘은 이탈리아로 사자를 파견했다. 그는 알렉시
스라는 영리한 젊은이였는데, 바로 내무대신 악수크의 아들이었다.
알렉시스가 받은 명령은 표면상으로는 예전의 미카일 팔라이올로구
스와 같이 아직 활동 중인 반란 귀족들과 접촉하고, 용병을 고용하
여 해안지대에서 소요 사태를 유발하고, 가급적 최대한 불안을 조성
하라는 것이었다. 그러나 마누엘은 그에게 또 다른 임무도 맡겼는
데, 그것은 바로 굴리엘모와 비밀리에 만나서 강화의 조건을 논의하
라는 것이었다. 그 두 가지 목적은 얼핏 보기에는 상호 모순인 듯하
지만 사실은 그렇지 않았다. 조약에 앞서 전투가 치열하게 전개될수
록 비잔티움은 굴리엘모에게서 더욱 유리한 협상 조건을 얻어 낼 수
있기 때문이었다.
　알렉시스는 두 임무를 모두 성공적으로 완수했다. 이탈리아에 도
착한 지 한두 달쯤 지나서 그는 로리텔로의 로베르토에게 또다시 시
칠리아의 북쪽 영토를 유린하게 했고, 반란군의 다른 지도자인 루페
카니나의 안드레아 백작에게는 카푸아를 가로질러 몬테카시노를 위
협하게 했다. 1158년 1월에 그 근처에서 벌어진 전면전에서 백작은

왕당과 군대를 격파했다.

한편 알렉시스는 자신이 그런 공작을 지원하고 있었기 때문에 직접 평화 회담을 제의하기가 어려웠으므로 팔레르모에 포로로 잡혀 있는 그리스인들 중 유명한 두 사람, 즉 요한네스 두카스와 알렉시우스 브리엔니우스에게 그 일을 부탁했다. 그들의 중재를 통해 어느 이른 봄날에 비밀 협정이 체결되었다. 알렉시스는 아풀리아의 지지자들에게 병력과 물자를 가지러 가는 것처럼 속이고는 그들을 내버려 둔 채 슬그머니 콘스탄티노플로 돌아왔다. 굴리엘모는 비잔티움의 동기에 대해 의혹의 시선을 거두지 못했지만, 그리스 포로들을 모두 돌려보내고 마누엘에게 외교 사절단을 파견했다. 사절단의 책임자는 한때 마누엘의 가정교사를 지낸 절친한 친구 엔리코 아리스티푸스였다.[82] 곧이어 강화조약이 체결되었으나 그 문안은 전해지지 않는다. 어쨌든 노르만 반란 귀족들은 갑자기 재정이 끊기자 정복지를 포기하고 더 믿을 만한 지원자를 찾아나설 수밖에 없었다.

8

만년의 마누엘 콤네누스

1158년~1180년

안티오크의 주민들은 황제가 왔어도 전혀 기뻐하지 않았다. 그러나 그를 오지 못하게 할 힘이 없다는 것을 알았으므로 그들은 황제 앞에서 노예처럼 처신했으며, 거리를 융단으로 장식하고 도로를 꽃으로 덮었다. …… 시리아의 대식가들, 이사우리아의 도둑들, 킬리키아의 해적들도 모두 참석했다. 심지어 자부심이 강한 이탈리아의 기사들도 자존심을 접고 걸어서 개선식에 참석했다.

니케타스 코니아테스 『마누엘 콤네누스』, III, iii

예루살렘을 제국의 품에

시칠리아 강화조약이 체결될 즈음 마누엘 콤네누스는 비잔티움의 제위에 오른 지 15년째를 맞고 있었다. 그를 게으르다고 욕할 수 있는 사람은 아무도 없었다. 그는 제2차 십자군으로 비롯된 군사, 외교, 행정상의 많은 문제들을 대단히 성공적으로 처리했을 뿐 아니라 아나톨리아에서는 셀주크와 다니슈멘드, 트라키아에서는 쿠만, 코르푸에서는 시칠리아, 도나우 속주에서는 세르비아와 헝가리를 상대로 직접 싸웠다. 도나우에서의 전쟁만 아니었다면 남이탈리아 원정도 직접 이끌었을 터였다. 그때까지 비교적 신경을 덜 썼던 지역은 그가 치세를 시작했던 킬리키아와 우트르메르의 십자군 왕국들이었다. 1158년 가을에 그는 그 공백을 메우기 위해 대군을 거느리고 콘스탄티노플을 출발했다.

당시 그는 매우 화가 나 있었는데, 그럴 만도 했다. 분노의 첫째 대상은 루벤 왕조 레오의 맏아들인 토로스였다. 그는 1143년 콘스탄티노플의 감옥에서 탈출한 뒤 사촌인 에데사의 조슬랭 2세와 함께 피신해서 자신의 세 동생을 비롯하여 뜻을 같이 하는 동료들을 규합했다. 그들의 도움으로 그는 이내 타우루스 고지에 있는 자기 가문의 바흐카 성을 탈환했다. 1151년에 그는 킬리키아 평원으로 내려와 비잔티움의 소부대를 격파하고 마미스트라의 제국 총독을 살해했다. 마누엘은 즉시 사촌 안드로니쿠스에게 군대를 주어 응징하게 했지만, 토로스는 기습 공격으로 오히려 제국군을 몰아냈다. 그래서 7년 뒤까지도 토로스는 아직 멀쩡했다.

그러나 아르메니아의 야심가보다도 더 심각한 문제는 안티오크 공작인 샤티용의 레날이었다. 프랑스 하급 귀족 가문의 작은아들인 레날은 제2차 십자군에 참가해서 동방에 온 뒤 아예 그곳에 머물기로 작정했다. 원래는 그저 그렇게 살다가 늙어 죽을 팔자였지만, 1149년 6월 28일에 푸아티에의 레몽이 죽는 바람에 그는 군대와 함께 졸지에 아미르 누레딘의 이슬람군에게 포위되는 신세가 되었다. 그 결과는 대학살이었다. 그 뒤 레몽의 두개골은 누레딘에 의해 은 상자에 담겨 바그다드의 칼리프에게 선물로 보내졌는데, 아마 거기서 보에몽의 머리와 만났을 듯싶다.*

다행히 누레딘은 안티오크까지 진격하지는 않았지만, 그래도 레몽의 아내 콩스탕스는 서둘러 새 남편을 구해야 했다. 그녀 자신은 그다지 눈이 높지 않았으나—네 아이를 낳았는데도 그녀는 아직 스물한 살이었다—막상 결혼할 남자를 정하기는 어려웠다. 그녀는 친

---

* 1130년에 가지가 보에몽의 머리를 칼리프에게 선물로 보낸 바 있다. 152쪽 참조.

척인 예루살렘 왕 보두앵 3세가 추천한 후보 세 명을 거절한 것은 물론, 그녀의 요청을 받고 마누엘 콤네누스가 상위 군주의 자격으로 추천한 후보도 퇴짜를 놓았다.[83] 결국 콩스탕스는 1153년에야 비로소 레날을 배우자로 결정하고 곧 결혼식을 올렸다. 보두앵은 안티오크에 대한 책무를 벗게 되어 기쁜 나머지 그 결혼을 무조건 허락했다.

하지만 콩스탕스의 선택은 최악이었다. 새 공작은 사람들에게 졸부 야심가로 간주되었을 뿐 아니라 애초부터 신의와 책임감이 전혀 없는 인물이었다. 그는 마누엘에게 자신의 공작위를 승인해 주면 토로스 형제들을 공격하겠노라고 약속해 놓고는 단 한 번 짧은 전투를 벌인 뒤 오히려 그들과 동맹을 맺었다. 그의 전적인 묵인 아래 토로스 일당은 킬리키아에 일부 남아 있는 비잔티움의 거점들을 공략했으며, 레날 자신은 더 중요한 제국의 영토인 평화로이 번영하는 키프로스 섬을 정복할 준비를 했다.

하지만 그 준비를 위해서는 돈이 필요했다. 그래서 레날은 안티오크 총대주교인 에메리에게 필요한 자금을 요청했다. 총대주교는 부자로 소문이 난 데다 레날의 결혼을 반대했던 전력이 있어 레날의 앙심을 샀다. 총대주교는 그 요청을 거절했지만 그 대가로 체포되고 감금되었다가 머리에 매를 맞았다. 그 뒤 레날은 그의 상처에 꿀을 발라 성채의 지붕에 올려놓았다. 총대주교는 안티오크의 혹독한 한여름 햇볕을 고스란히 받으며 하루 종일 벌레들에게 뜯겼다. 결국 그날 밤에 그는 항복하고 돈을 내놓았다. 며칠 뒤 에메리는 레날에게 격노한 보두앵이 총대주교를 풀어 주라며 보낸 사절 두 명과 함께 예루살렘으로 떠났다.

　1156년 봄에 레날과 토로스는 키프로스 공략에 나섰다. 마누엘
황제의 조카인 요한네스 콤네누스와 유명한 장군 미카일 브라니스
가 지휘하는 방어군은 용감하게 싸웠지만 병력 차이가 워낙 컸다.
결국 두 사람 다 투옥되었고, 프랑크와 아르메니아의 연합군은 키프
로스 주민들이 일찍이 겪어 보지 못한 끔찍한 파괴와 신성모독, 살
인, 강간, 약탈의 광란을 벌였다. 3주가 지난 뒤에야 레날은 군대에
출발 명령을 내렸다. 전리품이 배에 다 실을 수 없을 만큼 많은 탓에
일부 물건들을 약탈한 주민들에게 되파는 웃지 못할 상황이 벌어지
기도 했다. 포로들도 스스로 몸값을 물어야 풀려날 수 있었지만 섬
에는 돈이 남아 있지 않았으므로 콤네누스와 브라니스를 포함하여
키프로스의 지도층 시민들은 안티오크까지 끌려가서 몸값이 마련될
때까지 감금되었다. 또한 체포된 그리스 사제들 몇 명은 코가 잘린
채 조롱거리 삼아 콘스탄티노플로 보내졌다. 키프로스 섬은 그 후유
증에서 벗어나지 못했다.

　황제는 복수심을 불태우며 육로
를 통해 킬리키아로 진군했다. 거기
서 주력군은 좁고 울퉁불퉁한 해안
도로를 타게 하고 황제는 기병 500
명을 거느리고 서둘러 앞장서서 갔

† 샤티옹의 레날이 안티오크의 총대주교 에메리를 고
문하는 장면.

다. 아르메니아군을 기습하려는 의도였는데, 그 작전은 성공을 거두었다. 2주 뒤 멀리 아나자르부스까지 킬리키아의 모든 도시는 비잔티움의 수중에 들어왔다. 실망스러운 일은 단 하나였다. 타르수스에 있던 토로스가 지나가던 순례자에게서 기습에 관한 이야기를 듣고 가족을 불러모아 재빨리 고지의 무너진 성으로 도망친 것이다. 제국군은 몇 주 동안 그를 찾았지만 실패했다. 그런 탓에 모프수에스티아 성벽 바깥에 군대를 집결시켰을 때 마누엘의 기분은 썩 유쾌하지 못했다.

그러나 마누엘이 화나 있었다면 레날은 공포에 질려 있었다. 그가 입수한 정보로 미루어 보건대 제국군은 도저히 맞설 수 없는 강력한 적이었다. 유일한 방법은 비굴하지만 꼬리를 내리고 기는 것뿐이었다. 그는 우선 마누엘에게 사자를 보내 성채를 제국 방어군에게 넘기겠다고 제안했으나 일언지하에 거절당하자 직접 거친 베옷을 걸치고 황제의 진영 외곽으로 갔다. 황제는 서둘지 않았다. 그 무렵 그는 각 지역의 권력자들과 칼리프가 보낸 고위 사절들을 맞고 있었으므로 안티오크 공작은 자기 차례가 될 때까지 기다려야 했다.

이윽고 호출을 받았을 때 레날 일행은 맨발과 맨머리로 모프수에스티아 성을 걸어서 통과하여 그 건너편의 진영으로 갔다. 거기서 그들은 안내자가 이끄는 대로 제국군의 정예부대가 도열해 있는 한가운데를 지나쳐 커다란 천막으로 가서 바실레오스를 접견했다. 황제는 궁정 조신들과 외국 사절들에 둘러싸인 채 제위에 앉아 있었다. 레날은 황제의 발아래 엎드렸고 그의 수행원들은 탄원하는 자세로 두 손을 올렸다. 그래도 마누엘은 한참 동안이나 그들에게 눈길도 주지 않은 채 주변 사람들과 대화를 계속했다. 이윽고 그는 공작의 알현을 허락하고 세 가지 조건을 내걸었다. 안티오크의 성채를 즉각 제국에 반환할 것, 제국군의 주둔 비용을 시에서 부담할 것, 총대주교를 라틴인 대신에 그리스인으로 임명할 것이 조건이었다. 레날은 세 가지 모두 지키겠다고 서약한 뒤에야 겨우 용서를 받고 돌아갈 수 있었다.

며칠 뒤에는 예루살렘 왕 보두앵 3세가 왔다. 그는 비록 마누엘을 직접 만난 적은 없었지만 튼튼한 혈연관계가 있었다. 얼마 전에 황제의 조카딸, 즉 황제의 형 이사키우스의 딸인 테오도라와 결혼했기 때문이다. 신부는 아직 열세 살밖에 안 되었지만 결혼하기에 충분할 만큼 성숙했고 상당한 미녀였으므로 보두앵은 그녀를 보고 크게 기뻐했다. 하지만 그는 레날이 용서를 받았다는 소식에는 노골적으로 불만을 토로했다. 황제는 보두앵이 안티오크를 달라고 할 것으로 잘못 짐작하고, 처음에는 그를 접견하지 않으려 했다. 하지만 막상 서로 만나자 두 사람은 상대방에게 호감을 가졌다.

보두앵은 지성과 교양을 갖춘 서른 살의 젊은이로, 마누엘과 여러 모로 닮은 매력을 지닌 인물이었다. 그는 황제의 진영에 열흘 동안 머물면서 레날과 같은 취급을 받고 있던 토로스의 사면을 부탁했다. 황제는 그 요청을 허락했으나 산에만 머물러야 한다는 제한을 두었다. 아마 안티오크 총대주교를 교체하는 일이 무기한 연기된 것도 보두앵이 개입한 결과일 것이다. 그 덕분에 에메리는 총대주교로 복귀했고, 레날과 공식적으로 화해했다. 그러나 그런 일을 겪은 뒤 두 사람이 가까운 친구가 되기는 어려웠을 것이다.

세력 균형 속의 안정

1159년 4월 12일 부활절에 마누엘 콤네누스는 요새화된 다리를 건너 안티오크에 공식 입성식을 가졌다. 21년 전에 그는 아버지를 따라 그와 비슷한 행진에 참가한 적이 있었지만 지금은 더욱 인상적이었다. 현지 당국은 그 행사를 막기 위해 무척 애를 썼다. 황제를 암살하려는 음모도 있어 안전을 보장할 수 없다는 게 그 이유였다. 그러나 마누엘은 행사를 취소할 생각이 없었다. 그 대신 그는 많은 볼모를 요구했고, 예루살렘 왕도 포함하여 모든 프랑크인들이 행사에 비무장으로 참여해야 한다고 주장했다.

행렬의 앞장을 선 것은 떡 벌어진 어깨에 전투용 도끼를 짊어진 금발의 거한들, 바로 바랑인 경비대였다. 그 뒤로 황제가 자주색 망토로 갑옷을 감추고 진주가 달린 제관을 쓴 차림으로 행진했다. 킨나무스에 의하면 황제의 옆에서는 안티오크 공작이 "황제가 탄 말 안장의 등자 가죽을 붙잡고 있느라 여념이 없었고" 다른 프랑크 가신들이 그 뒤를 따랐다. 그 다음에 예루살렘의 보두앵이 맨발로 걸었고, 마지막에는 황제의 조신들이 행진했다. 에메리는 총대주교의 복장으로 성직자들을 대동하고 성문 바로 안쪽에 서 있었다. 꽃이 뿌려진 거리에서 행진 대열을 이끈 사람은 바로 그였다. 황제가 성 안에 들어서자 총대주교는 먼저 성 베드로 대성당에서 미사를 드린 다음 궁전으로 향했다.

축하연은 여드레 동안이나 벌어졌다. 종교 행사가 끝없이 이어지는 가운데서도 각종 연회, 환영식, 행진이 진행되었다. 프랑크인들에게 답례하는 뜻으로 마누엘은 당시 동방에서는 생소했던 마상 시합을 열었으며, 측근의 만류를 무릅쓰고 직접 경기에도 참여했다. 그는 위엄이 필요할 때는 위엄으로, 격의 없는 자리에서는 온화한 미소로 대하면서 안티오크의 시민과 귀족들에게서 인기를 얻었다. 그러는 과정에서 황제와 보두앵은 더욱 가까운 사이가 되었다. 심지어 보두앵이 사냥에서 팔이 부러지는 사고를 당했을 때 마누엘은 10여 년 전에 콘라트에게 그랬던 것처럼 직접 간호하겠다고 나서기도 했다.

마누엘이 안티오크를 떠날 무렵 비잔티움과 우트르메르의 관계는 그 어느 때보다도 우호적이었다. 그때 곧바로 황제가 프랑크인들의 기대에 부응하여 알레포의 공격에 나섰더라면 아마 그 관계는 지속될 수 있었으리라. 그러나 국경에 이르렀을 즈음 강화를 제의하는 누레딘의 사절들이 그를 찾아왔다. 아미르가 내건 조건은 좋았다. 조약의 대가로 그리스도교 포로 6천 명을 모두 석방하고 셀주크투르크를 정벌해 주겠다는 제안이었다. 마누엘은 그것을 수락하고 군대와 함께 콘스탄티노플로 돌아와 버렸다.

프랑크인들의 심정이 어땠을지는 이해할 수 있다. 도대체 왜 황제는 대군을 이끌고 소아시아를 거쳐 안티오크까지 왔으면서도 사라센과는 전투 한 번 벌이지 않고 철수한 걸까? 프랑크인들은 포로 6천 명이 송환된 것은 그리 달가워하지 않았다. 포로들 중에는 성전기사단의 단장인 블랑포르의 베르트랑 같은 프랑스의 유명인사도 한두 명 있었지만, 대다수는 제2차 십자군에서 사로잡힌 독일 병사들인 데다 그나마도 대부분 건강이 좋지 않아 가뜩이나 고갈된 재원에 더욱 부담만 줄 따름이었다. 프랑크인들이 정성을 다해 마누엘을 접대한 것은 그가 십자군 왕국의 적을 완전히 뿌리뽑아 줄 것으로 기대했기 때문이었다. 그런데 황제는 뻔뻔스럽게도 적과 협정을 맺고 그들을 내팽개친 것이다. 그들이 배신감을 느끼는 것은 당연했다.

사실 마누엘은 선택의 여지가 거의 없었다. 우트르메르의 십자군에게는 시리아가 무척 중요하겠지만 그에게는 단지 변방의 많은 속주들 가운데 하나일 따름이었다. 그의 권력은 비교적 확고했으나 수도로부터 멀리 떨어진 곳에서 몇 달씩 원정을 벌일 정도로 여유가 있는 것은 아니었다. 게다가 통신선과 보급선이 너무 길어져서 아랍이나 투르크에게 공격을 당하면 끊길 가능성이 컸다. 이미 콘스탄티노플에서는 모반이 감지되었고 유럽 변방에서도 분쟁의 조짐이 보였다. 어서 돌아가야 했다. 그게 아니더라도, 따지고 보면 누레딘이 과연 그에게 진짜 해가 되는 존재인 것도 아니었다. 오히려 누레딘은 프랑크인들을 공포에 떨게 만들고 있지 않은가? 마누엘은 그들이 겁을 먹어야만 자신에게 충성한다고 믿었다. 아나톨리아의 셀주크족은 알레포의 아타베그보다 훨씬 더 위험했으므로 누레딘이 제의하는 동맹은 마누엘이 도저히 거절할 처지가 아니었다.

이후의 사태는 그의 판단이 옳았음을 보여 주었다. 콘스탄티노플에 돌아온 지 석 달쯤 지난 1159년 가을에 황제는 다시 아나톨리아로 가서 셀주크 술탄 킬리지 아르슬란 2세와 싸우고 있었다. 이번에는 네 방면으로 공격이 전개되었다. 황제 자신은 세르비아 공작이 보낸 병력까지 합친 주력군을 거느리고 마이안데르 강의 유역을 공략했으며, 그의 장군 요한네스 콘토스테파누스는 레날, 토로스와 각각 맺은 조약에 따라 그들이 보낸 병력과 페체네그 부대를 이끌고 북서쪽으로 타우루스 고개를 넘었다. 또 누레딘은 유프라테스 중부로 진격했고, 다니슈멘드는 북동쪽으로부터 침공했다. 그 대규모 공세를 보자 술탄은 곧바로 항전을 포기했다. 1162년 초에 체결된 조약에 따라 술탄은 근년에 점령한 그리스 도시들을 모두 반환하고 국경을 준수하기로 약속했으며, 더 이상의 침략을 금지하고 제국의 요청이 있으면 언제든 군대를 제공하기로 합의했다. 마지막으로 그해 봄에 술탄은 콘스탄티노플을 공식 방문했다.

킬리지 아르슬란의 첫 방문을 맞아 황제는 그를 놀라게 해 줄 심산이었다. 우선 그는 홍옥과 사파이어를 박아 넣고 진주들을 빙 두른 높은 금장 옥좌에 앉아서 술탄을 영접했다. 황제 자신은 머리에 제관을 쓰고 어깨에는 더 많은 진주와 둥글게 다듬어진 큰 보석들로 장식된 커다란 자주색 외투를 걸쳤다. 그리고 목에는 사과만큼 큰 루비 하나를 금사슬로 걸었다. 황제의 옆자리에 앉았던 킨나무스는 술탄이 처음에는 복종의 기색을 별로 보이지 않았다고 말한다.

수도에 12주 동안 머물면서 술탄은 매일 두 차례씩 금과 은으로 된 그릇으로 식사를 했고, 식사가 끝난 뒤 황제는 그 그릇들을 모두 그에게 주었다. 거의 매일 새롭고 흥미로운 오락거리가 펼쳐졌다. 각종 연회, 마상 시합, 서커스, 전차 경주는 물론 수상 야외극까지 공연되었고, 그리스의 불까지 시범으로 보여 주었다. 하지만 이 축제 기간 내내 황제는 여러 가지 면에서 섬세하게 신경을 써서 술탄이 외국의 군주가 아니라 제국의 가신이라는 점을 은근히 강조했다.

그에 비해 술탄이 준비한 유일한 볼거리는 매우 초라했다. 술탄의 수행원들 중 한 명은 비행술 시범을 보여 주겠다고 나섰다. 그는 커다란 주머니들이 잔뜩 달린 옷을 입고 나왔는데, 그 안에 공기가 들어 있어 비행할 때 몸을 띄워 준다고 설명했다. 그러고는 원형 경기장 위의 높은 단에 올라가 공중으로 몸을 날렸다. 그러나 잠시 후 그의 몸이 경기장 바닥에 형편없이 나뒹굴었을 때 운집한 관중은 웃음을 참지 못했다. 나머지 체류 기간 동안 술탄의 수행원들은 거리에서 사람들이 퍼붓는 조롱과 야유를 견뎌야 했다.

요한네스 2세(요한네스 콤네누스)는 소아시아에서 제국의 입지를 만지케르트 이후 최대로 강화시켰고 그의 아들 마누엘은 그것을 더욱 확고히 다졌다. 셀주크 술탄은 기가 꺾였고, 모술의 아타베그는 크게 위축되었다. 마누엘은 그들 양측과 어느 때보다도 우호적인 관계에 있었으며, 그들에게 따끔한 교훈을 주었다. 서방에서 성지로 가는 육로는 다시 순례자들에게 개방되었다. 그리스도교도들 가운데서는 우트르메르의 프랑크인들만 불만이었다. 하지만 머잖아 그들에게는 더 큰 불만의 요인이 생겨나게 된다.

마누엘과 보두앵

1159년 말 마누엘이 아나톨리아를 공격하던 도중에 콘스탄티노플에서는 이레네 황후, 즉 술츠바흐의 베르타가 두 딸만 남기고 죽었다. 황제는 성대한 장례식을 치러 주고 아내의 시신을 아버지의 무덤이 있는 판토크라토르 수도원에 매장했다. 하지만 그는 아들이 절실하게 필요했다. 그래서 적절한 애도 기간이 지난 뒤 그는 요한네스 콘토스테파누스를 책임자로 삼고 예루살렘에 사절단을 보내 보두앵 왕에게 우트르메르의 공주들 중에서 둘째 황후감을 추천해 달라고 부탁했다.

후보는 둘이었다. 둘 다 보두앵의 친척으로 무척 미인이었는데, 한 명은 트리폴리의 백작 레몽 2세의 딸 멜리장드였고 다른 한 신부감은 안티오크의 콩스탕스가 첫 남편인 푸아티에의 레몽과의 사이에서 낳은 마리였다. 보두앵은 안티오크 가문 때문에 늘 골머리를 앓았으므로 그의 선택은 당연히 멜리장드였다. 동방의 십자군 왕국들은 흥분했다. 백작 레몽 3세는 누이의 혼수와 결혼식 준비를 위해 상당한 비용을 지출했고, 누이를 콘스탄티노플로 데려다 주기 위해 호송선을 12척이나 마련했다. 이렇게 한참 부산을 떨다가 그는 갑자기 콘스탄티노플에서 아무런 전갈도 없다는 것을 깨달았다. 무슨 일일까? 결혼을 하지 않겠다는 걸까? 혹시 비잔티움 사절단이 상스럽게도 누이가 서출이라는 그 소문을 황제에게 말한 걸까? 부모의 관계가 부자연스러운 데서 나온 뜬소문일 뿐인데, 그들이 그걸 사실로 믿은 게 아닐까?

그랬을지도 모른다. 하지만 황제에게는 결정을 미룰 만한 다른 이유가 있었다. 1160년 11월에 안티오크의 레날이 누레딘에게 포로로 잡혔다. 일단 그의 아내 콩스탕스가 권력을 떠맡았으나 그녀는 인기가 없었다. 다수 여론은 말더듬이로 알려진 그녀의 열다섯 살짜리 아들 보에몽에게 왕위를 계승시켜야 한다는 쪽이었다. 형식적으로 그 문제는 안티오크의 종주권자인 비잔티움의 황제에게 위임해야 했다. 그러나 현실적으로 안티오크 시민들은 예루살렘에 의지했다. 그래서 마누엘이 아니라 보두앵이 그 사안을 결정하게 되었다. 보두앵은 어린 보에몽을 지지한다고 선언하고, 그가 성년이 될 때까지 에메리 총대주교에게 섭정을 맡겼다. 그런데 여기에 분노와 모욕을 느낀 콩스탕스는 비잔티움의 황궁에 호소했다.

마누엘은 보두앵의 월권 행위에 격노했다. 그가 멜리장드를 거절한 이유는 그녀의 신분에 관한 의심 때문이 아니라 바로 보두앵 때문이었다. 그러나 그는 굳이 그것을 말하지는 않았다. 1161년 여름 레몽이 조급한 마음에서 사자를 보내 의향을 물었을 때에야 비로소 황제는 그 결혼은 없었던 일로 하자고 말했다. 트리폴리에서는 모두들 당황했다. 멜리장드는 불치의 병에 걸렸고,[84] 레몽은 누이의 결혼식을 위해 준비했던 12척의 갤리선을 전함으로 개조하여 키프로스의 해안 도시들을 괴롭혔다.

한편 보두앵은 몹시 걱정스러운 태도로 안티오크로 갔다가 다시 경악할 만한 사태를 겪었다. 안나 콤네나의 아들 알렉시우스 브리엔니우스가 이끄는 콘스탄티노플의 사절단이 와서는 콩스탕스를 왕위에 복귀시키고 그녀의 어린 딸 마리를 비잔티움의 황후로 낙점한 것이다. 1161년 9월에 마리는 성 시메온에서 배에 올랐고 크리스마스에 소피아 대성당에서 콘스탄티노플, 안티오크, 알렉산드리아의 총대주교들이 참석한 가운데 마누엘과 결혼했다.

보두앵은 현실을 받아들일 수밖에 없었다. 그래서 그는 어린 친척에게 축복을 전한 다음 트리폴리를 거쳐 예루살렘으로 돌아오려고 했다. 그러나 그는 끝내 자신의 왕국에 돌아가지 못했다. 트리폴리에서 그는 중병에 걸렸는데, 크리스마스가 지나도 회복되지 않았다. 간신히 베이루트까지는 왔으나 더 갈 수 없었다. 그곳에서 1162년 2월 10일에 그는 서른두 살의 창창한 나이로 죽었다.

마누엘은 그 소식을 듣고 눈물을 감추지 못했다. 보두앵은 좋은 왕이었다. 뛰어난 패기, 지성, 천부적인 정치적 감각으로 그는 위대한 왕이 될 자질을 갖추었다. 마누엘과 보두앵은 서로 처지가 다를 수밖에 없었지만 개인적으로는 진심으로 좋아하는 친구가 될 수 있었다. 더구나 그것은 군주들 간의 친분이었으므로 결코 그 의미가 작지 않았다.

하지만 황제의 생각은 더 이상 동방에 머물지 않았다. 그가 지금 또 다른 왕의 죽음, 즉 1161년 5월 31일 헝가리의 왕 게자 2세가 죽은 것에 더 큰 관심을 두고 있었다. 헝가리는 양대 제국 사이에 끼어 있어 늘 골치 아픈 나라였으며, 크로아티아와 달마치야를 두고 비잔티움과 자주 충돌할 수밖에 없었다. 게자는 특히 콘라트와 마누엘의 동맹을 수상쩍게 바라보았다. 처음에는 감히 중대한 행동을 취할 생각을 못했으나 콘라트가 죽은 뒤에 그는 점점 대담해져서 그 뒤 4년 동안 비잔티움과 몇 차례 전쟁을 벌였다. 그러던 중 마누엘은 남이탈리아에 전념하기 위해 1156년에 게자와 평화조약을 맺었다. 하지만 두 사람 다 그 조약이 지켜지리라고는 전혀 생각하지 않았다. 게자는 강력한 독립국을 세우고자 했고, 마누엘은 독립국 헝가리를 없애고 제국에 편입시키려는 결심이었기 때문이다.

게자의 죽음은 왕위 계승 문제를 낳았고 마누엘은 즉시 그 문제에 개입했다. 그는 게자의 동생 스테판을 후보로 밀면서 그에게 상당한 자금과 무기를 주었다. 그러나 스테판은 왕위 계승에 실패했고 그의 조카이자 게자의 아들이 스테판 3세로 왕위에 올랐다. 1163년에 마누엘은 헝가리의 새 왕에게 게오르기우스 팔라이올로구스를 대사로 보내 제안을 했다. 내용인즉슨, 만약 왕의 동생 벨라에게 크로아티아와 달마치아를 상속시켜 준다면 황제는 벨라를 자기 딸 마리아와 결혼시키고 장차 비잔티움의 제위까지도 승계시켜 주겠다는 것이었다. 스테판 3세가 응낙하자 팔라이올로구스는 그 왕자를 콘스탄티노플로 데려왔다. 벨라는 정교회로 개종하고 알렉시우스라는 비잔티움 식 이름과 더불어 군주Despot라는 직함을 받았다. 군주는 예전에 마누엘만 가졌던 직함이었는데, 이후 황제의 바로 아래 서열, 즉 세바스토크라토르와 부제보다 한 급 위의 서열을 가리키게 되었다.

원래대로라면 이것으로 헝가리와의 적대 관계는 끝나야 했겠지만 현실은 그렇지 않았다. 1164년에 마누엘과 벨라는 도나우 강을 건너 원정했는데, 이 지역은 스테판이 전해에 내주기로 합의하지 않은 모호한 곳이었다. 1167년까지 지속된 이 전쟁에서—특히 셀주크 술탄이 지난번의 조약에 따라 제공한 투르크군이 뛰어난 활약을 보였다—마누엘의 조카 안드로니쿠스 콘토스테파누스[85]가 이끄는 제국군은 큰 승리를 거두고 달마치야, 보스니아, 시르미움,[86] 크로아티아의 대부분을 차지했다.

이후에 벌어진 기념식의 주인공은 벨라와 그의 약혼녀였다. 하지만 4년이 지나도록 그들은 결혼식을 치르지 못했다. 1169년에 마리아 황후가 마누엘의 아들을 낳자 결혼식이 지연된 이유는 분명해졌다.

이제 칼자루는 마누엘에게 돌아갔다. 그는 벨라와 자기 딸의 약혼을 취소하고 그 대신 벨라를 아내의 이복 자매인 샤티옹의 안 공주와 결혼시키는 동시에 부제의 직위로 좌천시켰다. 그리고 3년 뒤에 황제는 아들 알렉시우스를 공동 황제로 임명했다. 하지만 벨라가 느꼈을 불만은 금세 해소되었다. 같은 해인 1172년 봄에 그의 형 스테판이 죽자 그는 마누엘의 적극적인 도움으로 헝가리의 왕위에 올랐기 때문이다. 콘스탄티노플을 떠나기 전에 그는 바실레오스에게 충성을 서약하면서 언제나 제국의 이익을 최우선으로 생각하겠다고 약속했다. 그 뒤에도 그는 그 약속을 충실히 이행했다.

헝가리 정책의 성공은 마누엘에게 또 하나의 행복한 결과를 가져다주었다. 늘 반란을 일삼는 세르비아에게 가장 귀중한 동맹국이 떨어져나간 것이다. 그동안 제국군은 되풀이되는 그들의 반란을 진압하는 데 무진 애를 썼으나 완전히 근절하지는 못했다. 1167년에 대족장 스테판 네만자가 큰 승리를 거두어 한때 마누엘의 적수가 될 듯싶었지만, 헝가리의 스테판이 죽은 뒤 1172년 여름에 황제가 직접 대규모 원정을 펼쳐 네만자의 희망을 완전히 종식시켰다. 샤티옹의 레날처럼 네만자도 정복자에게 복종할 수밖에 없었고, 마누엘이 콘스탄티노플에 개선할 때 패배한 반역자로서 개선식에 참가했다.

두 황제와 교황

서유럽 국가들 중 이런 사태 변화의 주요 희생자는 베네치아였다. 달마치야에 대해서는 베네치아도 소유권을 주장했으며, 그렇기 때문에 과거에 탐욕스럽게 나오는 헝가리에 맞서 비잔티움과 공동 보조를 취한 것이었다. 그러므로 황제가 태연하게 달마치야 해안 전체를 병합해 버리자 리알토가 어떤 반응을 보였을지는 불을 보듯 뻔했다. 사실 베네치아는 황제에게 큰 기대를 걸지 않았다. 그 무렵 황제는 외국 상인들에 관한 한 오래전부터 베네치아 공화국이 독점했던 콘스탄티노플과의 무역을 제노바, 피사, 아말피에게도 점점 큰 폭으로 허용하고 있었기 때문이다. 또한 황제는 본국에 가까운 앙코나시―이곳에는 여전히 그리스어를 하는 인구가 많았다―를 마치 제국의 식민시인 것처럼 취급했다. 심지어 황제가 옛 총독령을 부활시키려는 장기적인 목적을 가지고 있다는 소문도 퍼졌다.

그러나 마누엘도 할 말이 있었다. 그 무렵 수도에 상주하는 라틴인은 약 8만 명에 달했는데, 이들은 모두 제국의 경제와 정치가 허약할 때 마누엘과 전임 황제들이 어쩔 수 없이 부여한 특권을 누리고 있었다. 그중에서도 베네치아인들이 가장 많았으나 그들은 가장 큰 혜택을 누리면서도 가장 불만이 컸다. 황궁의 비서장인 니케타스 코니아테스는 심지어 "그들의 조계는 너무 부유하고 번영을 누리는 탓에 제국의 공권력을 비웃을 정도"라고 불평했다. 그래서 황제는 그들에게 본때를 보여 주기로 마음먹었다.

때마침 1171년 초 갈라타에 새로 들어선 제노바 상인들의 거주지—황금뿔의 더 먼 편에 있는 지구—가 공격을 받아 크게 파괴되는 사건이 터졌다. 범인들이 누구인지는 확인되지 않았으나 마누엘은 이것이 바라던 기회라고 여겼다. 그는 베네치아 상인들의 책임이라고 단정하고, 3월 12일에 비잔티움 영토 내의 모든 베네치아인들을 즉각 잡아들이고 그들의 선박과 재산을 몰수하라는 명을 내렸다. 일부는 제국의 전함으로 도망쳐서 베네치아 출신 선장의 처분에 자신의 운명을 맡기기도 했다. 하지만 대다수는 그보다 운이 없었다. 수도에서만도 1만 명이 체포되었으며, 감옥, 수도원, 수녀원마다 수많은 수용자들로 넘칠 지경이었다.

이 소식이 리알토에 전해지자 베네치아 본국의 반응은 처음에는 믿지 못하는 분위기였다가 나중에는 격노로 바뀌었다. 그러잖아도 베네치아인들은 제노바 조계에 대한 공격이 의도적으로 날조된 구실이라고 믿고 있었는데, 제노바인들이 이번 사건과 베네치아는 아무 관련이 없다고 천명하자 그 믿음은 사실이 되었다. 게다가 제국 전역에서 베네치아인들을 체포하는 작업이 한날한시에 질서 정연하고 효과적으로 진행된 것을 볼 때 비잔티움 측은 몇 주 전부터 용의주도하게 준비한 게 분명했다. 2년 전에도 그런 조치가 곧 취해진다는 소문이 나돌자 황제는 베네치아 대사들을 불러 베네치아 상인들의 안전을 특별히 보장한다고 약속한 적이 있었다. 그 덕분에 베네치아의 자금이 동방으로 더욱 많이 유입되어 제국은 큰 이득을 보았다.

이제 베네치아와 비잔티움을 묶어 주었던 예전의 유대는 끊어졌다. 베네치아 공화국은 일전불사를 다짐하기에 이르렀다. 즉각 강제 모금령이 내려져 모든 시민들이 각자 분담금을 내도록 했다.[87] 해외에 거주하는 베네치아인들—마누엘의 감옥에서 고생하는 사람들을 제외하고—에게는 본국 송환령과 징집령이 내려졌다. 약 석 달 동안에 비탈레 미키엘 도제는 120척의 함대를 모았고, 9월에는 석호를 출발해 동방 제국으로 향했다. 이스트리아와 달마치야의 여러 지점에 들러 베네치아 신민들을 최대한 모은 다음 함대는 펠로폰네소스를 돌아 계속 항해했다. 그런데 함대가 에우보이아에 이르자 제국의 대사들이 도제를 기다리고 있었다. 그들은 황제가 보내는 회유의 전갈을 전하면서 황제는 전쟁을 할 의사가 전혀 없다고 말했다. 그리고 도제가 콘스탄티노플에 강화 사절단을 보내 베네치아 측에 불리하지 않도록 모든 의견 차이를 조정하자고 제안했다.

비탈레 미키엘은 제의를 수락했는데, 그것은 그의 생애 최대의 실수였다. 그는 사절단을 보스포루스로 보낸 뒤 하회를 기다리기 위해 함대를 키오스 섬으로 향하게 했다. 그때 재앙이 덮쳤다. 병력을 가득 실은 배에서 역병이 발생하더니 순식간에 전 함대로 퍼졌다. 이듬해 봄까지 수천 명이 죽었으며, 생존자들도 몸이 약해지고 사기를 잃어 전쟁은커녕 다른 일도 할 수 없는 상태였다. 그 무렵 콘스탄티노플에 갔던 사절단이 돌아왔다. 그들은 형편없는 대우를 받았고 회담도 완전히 실패했다.

사실 황제는 태도를 바꿀 마음이 전혀 없었다. 그가 사절단을 초청한 목적은 단지 방어망을 강화하기 위해 시간을 벌려는 것뿐이었다. 좌절감과 모멸감을 안고 미키엘은 본국으로 돌아갔으나 개인적으로는 차라리 동방에 그대로 머무느니만 못했다. 베네치아 국민들은 도제가 한심하게도 비잔티움의 전형적인 술수에 놀아났다고 여겼을 뿐 아니라, 함대가 귀환함으로써 역병이 본국까지 번지게 되었기 때문이다. 전쟁은 그렇다 치고 역병은 도저히 용납할 수 없었다. 국민들은 반란을 일으키고 도제의 목숨을 요구했다. 궁전의 옆문으로 간신히 빠져나온 총독은 성 자카리아 수도원으로 피신하려 했으나 그것조차 실패하고 말았다. 그는 수백 미터도 도망치지 못하고 발각되어 그 자리에서 칼에 찔려 죽었다.

비잔티움과 베네치아가 외교 관계를 회복한 것은 그로부터 14년 뒤의 일이고, 베네치아가 보복에 나선 것은 32년 뒤의 일이다. 그러나 비탈레 미키엘이 석호에 역병을 퍼뜨린 지 5년 뒤 베네치아 공화국에서는 전 그리스도교권의 관심을 끄는 행사가 열렸다. 1177년 7월 24일에 미키엘의 후임자인 세바스차노 치아니는 12세기의 가장 중요한 정치 의식을 집전했는데, 그것은 바로 교황 알렉산데르 3세와 서방 황제 프리드리히 바르바로사의 화해를 주선한 것이었다.

사실 1155년 여름의 그 불행한 대관식 이후 프리드리히와 교황청의 관계는 내내 악화 일로를 걸었다. 프리드리히는 애초부터 북이탈리아에 대한 자신의 권리를 내세울 참이었지만, 롬바르디아의 대다수 도시들은 옛 봉건적 속박을 끊고 자치 공화정을 취했으며, 하드리아누스 교황도 그것을 지지했다.* 1159년 8월 밀라노, 크레마, 브레시아, 피아첸차의 대표들과 시칠리아 왕 굴리엘모의 사절이 아나니에서 교황과 만났다. 당시 이들이 맺은 협약은 장차 롬바르디아 동맹의 핵심을 이루게 된다.** 도시들은 교황의 동의가 없으면 공동의 적(황제)과 거래하지 않겠다고 약속했으며, 교황은 통상적인 40일의 유예 기간을 두고 황제를 파문하기로 했다.

그러나 교황은 그 일을 하지 못했다. 아나니에 머물 때 갑자기 협심증에 걸려 9월 1일에 사망한 것이다. 프리드리히 바르바로사는 교황의 죽음을 이용하여 적진에 불화의 씨앗을 뿌리는 데 성공했다. 후임 교황을 자유롭게 선출하도록 놔두면 전임 교황의 노선을 그대로 따를 게 분명하기 때문에, 프리드리히는 의도적으로 교황청 내의 분열을 조장했다. 이를테면 이런 식이다. 시에나의 추기경 롤란드—하드리아누스의 고문으로 교황의 대외 정책을 도맡았다—가 성 베드로 대성당에서 교황 알렉산데르 3세로 즉위할 때 성 체칠리아의 추기경 옥타비아누스는 갑자기 교황의 망토를 낚아채서 자신이 입었다. 그러자 알렉산데르의 지지자들은 외투를 도로 빼앗았다. 그러나 옥타비아누스는 그럴 줄 알고 미리 준비해 둔 또 한 벌의 망토를 재빨리 입었다. 그 다음에 대뜸 교황의 좌석으로 달려가 앉아서 자신이 교황 빅토리우스 4세라고 선언했다.

그것은 결코 올바른 행동이 아니었지만 어쨌든 통했다. 로마에 머물던 프리드리히의 대사는 즉각 빅토리우스가 적법한 교황이라고 주장했다. 비록 서유럽의 거의 모두가 알렉산데르를 교황으로 인정

* 중세의 북이탈리아는 북쪽으로 알프스 너머의 신성 로마 제국, 남쪽으로 교황령이라는 두 열강을 사이에 두고 있어 독자적이고 통일적인 정치 세력으로 발돋움하기는 어려웠다. 그래서 각 도시들이 분립하는 현상이 필연적이었는데, 누구도 왕을 칭할 처지가 못 되었으니 자연히 공화정을 취할 수밖에 없었다(그런 의미에서 보면 공화정 체제가 '봉건적 속박'을 끊은 결과라고는 할 수 없다). 서유럽의 다른 지역들이 강력한 왕권으로 무장할 때 북이탈리아의 도시들은 이런 정치적 질곡을 겪었으나 그 덕분에 경제와 문화의 틀이 자유로워져서 후대에는 지중해 무역으로 부유해지고 르네상스 문화를 일구게 된다. 하지만 그 때문에 후대에는 통일과 국민국가 수립이 늦어졌으니 역사에서 과연 무엇을 참된 진보라고 부를 수 있을까?
** 신성 로마 황제에 공동으로 맞서기 위한 정식 롬바르디아 동맹이 출범한 것은 1167년이다.

했지만, 그래도 그 사건의 파장은 커서 그러잖아도 혼란스러운 이탈리아의 정정은 대립 교황으로 인해 더욱 난맥상이 되었다. 한편 프리드리히—1160년에 결국 알렉산데르에게서 파문을 당했다—는 계속 알렉산데르에게 타격을 주려고 노력했으며, 심지어 빅토리우스가 4년 뒤에 죽자 자기 휘하의 분열파 추기경 두 사람을 동원하여 또 다른 대립 교황을 '선출'하게 했다.

마누엘 콤네누스에게 바르바로사와 교황의 다툼은 그리스도교교권 전반에 비잔티움의 패권을 재확립할 수 있는 절호의 기회였다. 서방 황제가 서유럽을 보호하는 전통적인 역할을 하지 않으려 하는 것을 보고 마누엘은 자신이 그 역할을 대신하기로 마음먹었다. 그렇게 화해의 제스처를 보낸다면 한 세기가 넘도록 분열되어 있는 동방 교회와 서방 교회의 재통합을 이룰 수 있을지도 몰랐다. 그래서 1160년 초에 교황의 특사로 고위 성직자 두 명이 콘스탄티노플에 와서 대립 교황 빅토리우스에게 반대하고 알렉산데르 3세의 편을 들어 달라고 요청했을 때 마누엘은 그들을 따뜻하게 환대했다. 이후 5년 동안 그는 교황만이 아니라 프랑스 왕—루이는 비잔티움에 대한 본능적인 불신을 어느 정도 가라앉혔다—과도 비밀 협상을 벌이면서 유럽 군주들과 이탈리아 도시들의 총동맹을 결성하여 프리드리히를 영구히 제거하고자 했다.

그러나 협상의 결과는 실망스러웠다. 그래서 마누엘은 1166년에 선수를 쳐서 알렉산데르의 입지를 더욱 공고히 해 줘야겠다고 마음먹었다. 그는 교회의 분열을 종식하기 위해 신학과 교리상의 중대한 양보를 하는 한편 교황에게 로마만이 아니라 원한다면 이탈리아를 통째로 살 수 있는 막대한 자금을 제공했다. 그 보답으로 알렉산데르는 그에게 제관을 수여함으로써 제국의 옛 통일을 복원시키고자 했다. 그 제안은 시의적절했다. 교황의 주요한 지지자인 시칠리아의 굴리엘모는 5월 7일에 사망했고 같은 이름을 가진 그의 아들은 아직 나이가 어렸다. 따라서 알렉산데르는 다른 곳에서 지지를 구해야 했는데, 그 후보는 단연 콘스탄티노플이었다. 곧이어 추기경 두 사람이 황제의 정확한 의도를 알기 위해 또다시 보스포루스로 왔다.

하지만 그것은 소용이 없었다. 두 교회는 이제 합의를 이루기에는 너무나 멀어져 있었던 것이다. 양측이 어떤 논의를 했는지는 알 수 없다. 요한네스 킨나무스에 의하면 교황이 마누엘에게 가장 먼저 요구한 것은 로마로 거처를 옮기라는 것이었다. 그게 사실이라면 황제는 당연히 거부했을 것이다. 그것은 생각할 수도 없는 일이었다. 결국 추기경들은 전보다 더욱 해결책이 없는 문제를 안고 돌아갔다. 1년쯤 뒤에 마누엘은 다시 협상을 시도했으나 역시 성공하지는 못했다. 그는 서방에서 자신의 인기가 얼마나 낮은지를 제대로 알지 못했다. 특히 제2차 십자군 이후 서유럽인들은 황제가 시리아와 성지에 대해 사악한 의도를 품고 있으며, 프랑크 군주들을 제거하고 동방의 종교 의식을 부활시키려 한다고 믿었다. 마누엘은 또한 알렉산데르의 눈에 자신이 지나친 요구를 하는 것으로 보인다는 사실도 알지 못했다. 교황은 비록 황제에게 지지를 요청하고 있지만 그렇다고 해서 자신의 권한을 조금이라도 양보할 의도는 없었다. 제국이 하나이든 둘이든 지상에서 그리스도의 대리인은 자기 하나밖에 없는 것이다.

최후의 전성기를 이끈 마누엘

1170년대 전반기 5년 동안 마누엘 콤네누스는 인생의 절정기를 누렸다. 동방에서는 우트르메르의 십자군 왕국들을 장악했고, 정략결혼으로 왕조 간의 혈연을 구축했으며, 셀주크 술탄을 복속시켰다. 또 서방에서는 그의 친구─혹자는 부하라고 하지만─벨라 3세가 헝가리의 왕위에 오름으로써 헝가리를 희생시켜 방대한 영토를 획득했다. 또한 세르비아의 대족장 스테판 네만자를 굴복시켰고, 제국 내의 베네치아 세력을 무너뜨려 막대한 이득을 챙겼다. 남이탈리아를 수복하지 못한 것이 유일한 실패였을 뿐 그는 자신의 임무를 훌륭하게 해냈다.

그러나 동방과 서방은 수천 킬로미터나 떨어져 있었으므로 마누엘이 동시에 양쪽을 돌볼 수는 없었다. 킬리지 아르슬란과 조약을 맺은 뒤 그는 10년 이상이나 소아시아를 그대로 방치하고 있었다. 그 시기에 셀주크 술탄은 놀고만 있지 않았다. 물론 그는 제국에 대해 적대 행위를 하지는 않았다. 그러나 그는 주요한 무슬림 정적들을 하나씩 제거해서 마침내 모술의 아타베그인 누레딘 한 사람만 남았다.

1173년에는 술탄이 누레딘과 결탁해서 군사 동맹을 맺으려 한다는 정보가 콘스탄티노플에 전해졌다. (황제는 몰랐겠지만 당시 킬리지 아르슬란은 프리드리히 바르바로사와도 접촉하고 있었다.) 마누엘은 즉시 아시아로 건너가 필라델피아─지금의 알라셰히르─에서 술탄과 만났다. 술탄은 황제를 부드럽게 대하면서 자신이 그리스도교 세

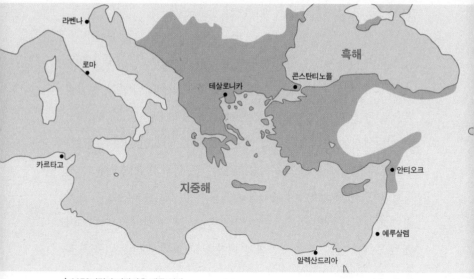

라벤나
로마
테살로니카
콘스탄티노플
흑해
카르타고
지중해
안티오크
예루살렘
알렉산드리아

† 1170년경의 비잔티움 제국 영역

력과 동맹을 맺은 것을 누레딘이 용납하지 않는 바람에 어쩔 수 없이 그의 뜻을 존중해 주었다고 말했다. 계속해서 그는 비잔티움이 걱정할 것은 전혀 없으며, 자신은 예전의 조약을 갱신해서 기쁘다고 말했다.

이리하여 한동안 위험은 사라졌다. 그러나 1174년 5월 15일에 모술의 강력한 아타베그가 죽자 그가 오랫동안 보호해 주고 있었던 다니슈멘드족은 셀주크의 무력 앞에 무방비 상태로 놓이게 되었다. 킬리지 아르슬란은 과연 주저없이 그들의 영토를 병합했으며, 다니슈멘드 왕자 두 명이 콘스탄티노플로 피신해서 도움을 호소했다. 그 뒤의 2년 동안은 외교적 협상의 기간이었다. 술탄은 느물거리고 얼버무리면서 늘 자신은 평화를 원하고 조약을 갱신하고자 한다고 말했다. 그러면서도 양측은 소규모의 접전을 멈추지 않았으며, 마누엘은 변방의 요새를 강화하기 위해 노력했다.

그러던 중 1176년 여름에 황제는 군대를 이끌고 이코니움으로 가서 라오디케아(지금의 데니즐리)와 마이안데르 상류 유역을 거쳐 셀주크의 국경에 가까운 산악 지대에 도착했다. 술탄의 사절들은 그곳으로 황제를 찾아와 마지막으로 괜찮은 강화 조건을 내걸었다. 고참 지휘관들은 그 제안을 받아들이자고 했다. 그들은 공성무기 같은 무거운 장비를 가지고서 셀주크군이 전략적 요충지를 점령하고 있는 산악지대를 행군하는 것은 위험하다고 주장했다. 그러나 불행히도 군대에는 전쟁에 처음 참여하는 호전적인 젊은 귀족들이 많았다. 그들이 원정을 계속하자고 강력하게 주장한 탓에 황제는 어리석게도 그에 따랐다.

미리오케팔룸 요새의 잔해 바로 건너편에서부터 행군로는 긴 치브리체 고개로 이어졌다. 그런데 이 길은 너무 좁아서 9월 17일에 제국군의 병력과 짐의 행렬은 수 킬로미터나 길게 늘어졌다. 그때까지 투르크군은 소규모 부대가 간헐적으로 기습하는 정도 이외에 별다른 행동을 취하지 않았다. 그런데 그 순간 그들은 양측 산기슭에서 물밀듯 쏟아져 내려오며 짐을 실은 노새들에게 화력을 집중시켰다. 곧 노새들의 시체로 길 양 방향이 모두 막혔다. 황제의 처남인 안티오크의 보두앵은 기병대를 거느리고 산기슭을 올라가 적진에 뛰어들었으나 달걀로 바위치기였고 모두 전사했다.

마누엘에게도 그런 기백이 있었더라면 패배하지 않았을 것이다. 그러나 그는 이미 모든 용기를 잃은 상태였다. 황급히 열린 작전회의에서 황제는 갑자기 도망치자는 제안을 내놓아 고참 지휘관들을 경악게 했다. 안드로니쿠스 콘토스테파누스는 강력히 항의했으며, 일반 병사들도 회의에서 나온 이야기를 전해 듣고 전군을 책임지고 있는 황제가 경솔한 처신으로 군대를 버리려 한다고 비난했다. 마누엘은 마지못해 전장에 남기로 동의했지만 이미 그의 평판은 크게 손상되어 다시 회복될 것 같지 않았다.

동이 트자 셀주크군은 공격을 재개했다. 대대적인 학살을 피할 수 없을 듯한 분위기가 한동안 지속되었다. 그러나 갑자기 전장이 고요해지더니 투르크 사절 한 명이 제국군의 진영으로 왔다. 그는 화려하게 치장된 군마 한 마리를 선물로 전하면서 술탄은 더 이상 피를 보고 싶지 않다고 전했다. 황제가 도릴라이움과 수블라이움의 요새들—이 두 요새는 한두 해 전에 마누엘이 강화해 놓았다—을 파괴해 준다면 기꺼이 강화조약을 맺겠다는 제안이었다. 마누엘이 그것을 받아들이자 양측의 군대는 철수했다.[88]

니케타스 코니아테스에 의하면 황제는 다른 길로 귀환하려 했지만, 안내자들이 대대적인 학살의 현장을 직접 봐야 한다면서 전장을 거쳐 가는 길로 안내했다고 한다. 고통스러운 여행이었다. 더구나 제국군의 잔여 병력은 일부 셀주크투르크 부대의 간헐적인 공격을 받으면서 행군했다. 그들은 전리품을 미처 충분히 챙기지 않은 상태에서 예상치 않게 강화조약이 체결되는 바람에 속았다는 생각으로 조약을 인정하지 않으려 했던 것이다. 이윽고 수블라이움에 도착하자 마누엘은 약속한 대로 요새를 불태우라고 명령했다. 며칠 뒤 필라델피아에 이르자 그는 수도에 사자를 보내 참패의 소식을 상세히 전하면서 그 재앙을 만지케르트에 비유했다. 다른 점이 있다면 자신이 로마누스 황제처럼 적에게 사로잡히지 않았고 킬리지 아르슬란이 강화를 제안했다는 것뿐이라고 그는 덧붙였다.

그런데 술탄은 왜 그런 제안을 했을까? 비잔티움의 거의 전 병력을 파멸시킬 절호의 기회를 맞았는데도 왜 공격을 감행하지 않았을까? 그 이유는 알 수 없다. 승산을 점칠 수 없었던 탓인지도 모른다. 그 자신도 상당한 손실을 입었거나, 마누엘만큼 승리를 확신하지 못했을 수도 있다. 혹은 장차 황제의 외교적·군사적 지원이 필요하리라고 생각했는지도 모른다. 어쨌든 두 요새를 해체하고 술탄의 백성들이 상가리우스와 마이안데르 유역을 자유로이 통행할 수 있게 되었다는 것만 해도 그에게는 작지 않은 소득이었다. 또한 미리오케팔룸의 패전으로 마누엘은 또다시 소아시아를 자신의 지배권에 편입시키겠다는 희망을 품지 못할 게 명백했다. 한두 차례 방어나 보복의 목적으로 소규모 공세를 취할 수는 있겠지만 동방에서 대규모 원정을 전개하지는 못할 터였다. 앞으로 마누엘은 국경에 병력을 배치하는 정도만 할 수 있을 따름이었다.

그렇다고 해서 그 뒤로 전투다운 전투가 전혀 없었다는 것은 아니다. 콘스탄티노플에 돌아오자 황제는 엄숙히 약속했음에도 불구하고 도릴라이움 요새를 파괴하려 하지 않았다. 그래서 1177년경에 화가 난 킬리지 아르슬란은 제국의 영토 깊숙이까지 들어와 마이안데르 유역, 트랄레스, 피시디아 안티오크를 유린했다. 그러나 이 원정과 그 뒤의 몇 차례 작전은 항구적인 침략이라기보다는 습격 정도였고 아나톨리아의 지도를 근본적으로 바꿔 놓지는 못했다.

그렇다면 마누엘이 동방에서 이룬 것은 뭘까? 사라센에 관한 한 그는 그 단 한 차례의 실수로 인해 아무것도 얻지 못했다. 그는 1162년에 체결한 강화조약에 지나치게 의존한 탓에 결과적으로 킬리지 아르슬란에게 11년 동안이나 힘을 키울 기간을 준 셈이었다. 그 데탕트—아울러 콘스탄티노플에 12주 동안 체재하면서 받은 막대한 양의 금과 은—를 이용하여 술탄은 무슬림 경쟁자들을 제거하고 동부 아나톨리아 최강의 세력으로 부상했다. 결국 마누엘은 지나친 아량을 베푼 데다 정치적 선견지명을 갖지 못한 탓에, 상호 적대하는 수많은 군소 지배자들을 하나의 커다란 세력으로 결집시켜 주었고 급기야는 그 세력에게 참패를 당한 것이다.

1178년 봄에 플랑드르 백작 필리프는 성지에서 돌아오는 길에 콘스탄티노플에 들렀다. 황제는 여느 때처럼 따뜻하게 환대해 주었고, 그에게 어린 아들 알렉시우스를 보여 주면서 프랑스로 돌아가면 루이 왕에게 알렉시우스와 왕의 딸들 중 한 명을 결혼시키자는 제안을 전해 달라고 부탁했다. 필리프의 전언을 들은 루이도 그 제안에 동의했다. 그래서 1179년 부활절에 프랑스의 아녜스 공주—루이와 그의 세 번째 아내인 샹파뉴의 알릭스의 딸—가 콘스탄티노플에서 새 삶을 시작하게 되었다. 그리고 1180년 3월 2일 일요일에는 황궁의 트리클리니움〔침상이 구비된 연회용 식당〕에서 테오도시우스 총대주교는 알렉시우스와 아녜스의 결혼식을 축복하고 아녜스에게 제관을 씌워 주었다. 신부의 나이는 아홉 살, 신랑은 열 살이었다.

그것은 마누엘의 마지막 외교적 성과였다. 그 몇 주 뒤에 그는 중병에 걸렸다. 심신이 모두 약해지자—그는 미리오케팔룸 사태 이후

† 이스탄불에 있는 판토크라토르 성당(1136년) 서쪽 전경.

로 건강이 내내 안 좋았다―그는 점점 궁정의 점성술사들에게 의지
했는데, 그들은 앞으로 14년은 더 살 수 있고 전장에서도 연전연승
을 거둘 테니 걱정하지 말라고 했다. 그들의 말을 지나치게 믿은 나
머지 황제는 마지막 순간까지도 알렉시우스가 성장할 때까지 섭정
을 정해야 한다는 말에 귀를 기울이지 않았다. 한편 점성술사들은
자신들의 예측이 빗나간 것을 호도하기 위해 곧 지진이 있을 거라는
등 큰 자연재해가 일어나리라는 등 어두운 예언을 마구 쏟아 냈다.
겁에 질린 황제는 지하 깊숙이 피신처를 파라고 명하는가 하면 황궁

의 어떤 부분을 허물라고 명하기도 했다.

지진은 끝내 일어나지 않았으나 9월 중순에 마누엘은 더 이상 죽음의 그림자를 피할 수 없음을 깨달았다. 그는 눈물이 그렁그렁한 채 아들을 불러 앞으로 제위 계승에서 겪을 어려움에 관해 말해 주었다. 하지만 그도 뾰족한 대책을 세우지는 못했다. 이윽고 황제는 총대주교의 탄원을 받아들여 점성술사들을 물리치고 그들의 말을 믿지 않기로 했다. 그런 뒤 깊은 숨을 내쉬며 맥을 짚어 보고 평 수도사의 복장을 달라고 했다. 그의 몸에서 황제의 표장이 벗겨진 뒤 그는 그 거친 옷을 간신히 입었다. 며칠 뒤 9월 24일에 예순 살을 일기로 삶을 마감했다. 그의 시신은 황궁의 입구 근처에 있는 판토크라토르 성당에 매장되었다. 오래전에 그는, 십자가에서 내려진 그리스도의 시신을 떠받치는 데 사용되었다고 전해지는 무거운 돌을 에페수스에서 가져왔을 때 자신이 그 돌을 직접 어깨에 짊어지고 부콜레온 항구에서 황궁까지 운반한 적이 있었다. 이제 그 돌은 그의 무덤 위에 놓이게 되었다.

마누엘에 관해서는 안타까움을 금할 수 없다. 콤네누스 왕조의 다섯 황제들 중에서 그는 가장 명석하고 재치가 뛰어났다. 그러나 바로 그런 자질이 그를 파멸로 몰아간 것인지도 모른다. 그의 아버지와 할아버지는 만지케르트의 피해를 복구하기 위해 천천히, 끈기 있게 노력하면서 조심스럽게 단계를 밟아 갔다. 그러나 마누엘은 특유의 활기찬 정신으로 도처에서 가능성을 발견했으며, 일단 길을 찾으면 곧장 파고들었다. 만약 그가 동방의 사정에 좀더 신경을 쓰고 킬리지 아르슬란의 위협을 알아차렸더라면 아나톨리아 전역을 비잔티움의 영토로 수복할 수도 있었을 것이다. 그러나 그는 서방 세계에 매료되어 이탈리아와 헝가리, 세르비아와 베네치아, 서방 황제와 교황에만 모든 관심을 집중했다. 물론 그 과정에서 많은 군사적·외교적 승리를 거두었으나, 어느 것도 확고하게 굳히지는 못했다. 죽을 무렵에 이르러서는 그가 이룩한 거의 모든 업적이 이미 효력을 잃었으며, 제국의 상태는 그가 즉위할 때보다 더욱 나빠져 있었다.

그뿐 아니라 제국은 더욱 빈곤해졌다. 마누엘의 외교는 다른 군주들보다도 자금 지원이나 뇌물에 의존하는 바가 더 컸다. 그는 자신의 취미를 위해서도 돈을 펑펑 썼으며, 친구들은 물론 만나는 거의 모든 사람들에게 미친 듯이 돈을 퍼 주었다. 결국에는 잦은 대규모 군사 원정으로 제국은 자금과 인력이 모두 고갈되어 버렸다. 그는 아버지의 정책을 계승하여 전쟁 포로들을 여러 지역에 정착시켜 군대에 복무하게 함으로써 수백 년 전에 제국에서 사용되었던 병농일치 제도를 부활시켰다. 그러나 그런 조치로는 그의 요구를 충족시킬 수 없었으므로 그는 용병의 수를 늘리는 방식을 채택했다. 용병들은 지역 주민들에 의존하여 생활했는데, 니케타스 코니아테스에 의하면 "주민들의 돈만이 아니라 입고 있는 옷까지도 빼앗아 갔다"고 한다.

이런 실정이었으니 제국의 속주에서 마누엘의 인기가 바닥인 것은 당연했다. 사실 콘스탄티노플에서조차 그에게는 진정한 친구가 거의 없었다. 여기서도 역시 문제는 그가 늘 서유럽의 예술과 관습, 제도에 매료되었던 점이다. 신민들은 황제가 동방의 손님들보다 서방의 손님들을 훨씬 더 환대하는 것에 불만이었으며, 특히 저택이나 궁전을 새로 지어야 할 때면 서방의 건축가를 부르는 황제의 취향을 싫어했다. 게다가 황제가 아무런 격식도 차리지 않고 서유럽풍의 마상시합에 참가하여 프랑크 기사들과 동등한 상황에서 경쟁하는 행태에 충격을 받았다. 그런 신민들에게 황제는 아주 구식이라면서 케케묵은 관념과 낡은 전통에 매달리지 말라고 말했던 것이다. 그랬으니 황제의 죽음에 그들이 기뻐하는 것은 당연했다.

마누엘의 행운은 때맞춰 죽었다는 점이다. 덕분에 그의 후계자들은 모든 뒤처리를 도맡아야 했다. 그는 평생토록 두려워했던 제3차 십자군의 망령을 피할 수 있었다. 사실 그 점에 대해서는 그에게 책임을 물을 수 없다. 하지만 곧이어 닥치게 되는 비잔티움의 많은 재난들 가운데 상당 부분은 그의 책임이 크다. 그는 후대에 어려운 숙제를 남겼다. 그 숙제는 설사 그의 후계자들보다 훨씬 유능한 황제들이 등장했다 해도 풀지 못했을 것이다.

9

잔혹한 황제 안드로니쿠스

1180년~1185년

이 군주는 화려한 동시에 타락한 삶을 살았으며, 혐오스러운 독재자와 뛰어난 정치가의 기질을 함께 갖추었다. 그는 제국을 구할 수도 있었으나 결국 파멸로 몰아넣었다. 우리는 그에게서 비잔티움 사회의 모든 필수적 특성들, 대조적인 요소들이 훌륭하게 결합되고 요약되어 있는 것을 발견한다. 선과 악의 묘한 조합, 한편으로는 잔인하고 퇴폐적이면서도 동시에 숭고하고 활기찬 면모를 지닌 이 사회는 수백 년 동안의 혼란스러운 역사 속에서도 늘 그 자체 내에서 생존에 필요한 자원을 찾아냈지만 번영을 누리지는 못했다.

찰스 딜 『비잔티움 인물전Figures Byzantines』, 제2권

피비린내 나는 궁정

알렉시우스 2세 콤네누스는 특별한 점이 없는 아이였다. 니케타스 코니아테스는 이렇게 말한다. "이 젊은 왕자는 허영과 자만심에 가득 차 있을 뿐 내적인 재능과 능력이 부족한 탓에 아주 단순한 일도 해내지 못했다. …… 그는 평생토록 놀이와 사냥을 즐기며 살았고, 몇 가지 악명 높은 버릇을 가지고 있었다." 그래서 그의 어머니인 안티오크의 마리가 아들을 대신해서 섭정으로 제국을 다스렸다.

그녀는 콘스탄티노플을 지배한 최초의 라틴인이었던 탓에 처음부터 큰 약점을 안고 출발했다. 사람들은 그녀의 남편 마누엘이 가지고 있었던 서유럽적 취향에는 신물이 났다. 당연한 생각이지만 그들은 이제 이탈리아와 프랑크 상인들의 통상 특권이 더 확대되지나 않을까 하고 우려했다. 그런 상황에서 마리가 주요 자문관으로 극단적인 친서방적 성향을 지닌 인물인 마누엘의 조카이자 예루살렘 왕비의 삼촌인 프로토세바스토스protosebastus 알렉시우스를 기용하자 비잔티움 사람들의 걱정은 한층 커졌다. 오래가지 않아 사람들은 그가 마리의 연인이라고 믿게 되었는데, 니케타스의 설명에서는 황후—그녀는 그리스도교권 전체에서 미모로 유명했다—가 그를 어떻게 생각했는지 알기가 쉽지 않다.

그는 낮에도 종일토록 침대에만 있으려 했다. 햇빛을 보지 않으려고 커튼까지 쳐 놓고 지냈다. …… 해가 뜨면 그는 마치 들짐승처럼 어둠을 찾아 헤맸다. 그가 특히 좋아한 것은 썩어가는 이를 빼고 그 자리에 새 이를 박아넣는 일이었다.

불만이 팽배해지면서 각종 음모가 횡행하기 시작했다. 그중 유명한 것은 마리의 의붓딸인 마리아의 음모였다. 그 계획이 탄로나자 마리아는 남편인 몬페라토의 레니에를 비롯하여 공모자들과 함께 간신히 소피아 대성당으로 피신했다. 그러나 황후 섭정은 성소의 권리 따위를 존중할 생각이 없었다. 음모자들을 잡아 오라는 명령을 받은 황궁 경비대가 들이닥치자 총대주교가 중재에 나서서 겨우 대성당이 신성모독을 면할 수 있었다.

이 사건에 비잔티움 사람들은 경악했다. 그 뒤 총대주교가 그 사건에 연루된 혐의를 받아 수도원으로 유배되자 황후의 정권은 더욱 인기를 잃었다. 사람들의 분노가 극도에 달한 탓에 심지어 마리는 의붓딸에게 벌을 내릴 수도 없을 정도였다. 나중에 콘스탄티노플 시민들이 총대주교의 수도원으로 대거 밀려가서 그를 어깨 위에 올리고 수도로 돌아왔을 때도 황후는 감히 간섭하지 못했다. 전체 사건을 다루는 방식이 너무도 서툴렀다.

이 첫 쿠데타는 실패했지만 곧이어 또 다른 위협이 다가왔다. 이번의 주역은 황제의 친척으로 결코 녹록지 않은 인물이었다. 세바스토크라토르 이사키우스의 아들인 안드로니쿠스 콤네누스는 비범한 인물이었다. 1182년에 그는 이미 예순네 살이었으나 거의 마흔 살로 볼 만큼 젊어 보였다. 180센티미터가 넘는 키에 얼굴도 잘생겼고, 지성, 재치 있는 화술, 품위, 위엄을 고루 갖춘 데다 침실에서나 전장에서나 뛰어난 활약을 펼치는 것으로 유명했던 그는 누구도 필적하지 못할 만큼 높은 인기를 누리고 있었다.

그가 정복한 상대는 무수히 많았고 추문에 휘말린 경우도 적지 않았다. 그중에서 특히 세 여자를 건드린 것이 마누엘의 노여움을 샀다. 첫째는 자신의 친척이자 황제의 조카딸인 유도키아 콤네나 공주와 놀아난 것인데, 빗발치는 비난에 대해 그는 이렇게 응수했다. "신민들은 군주의 본보기를 따라야 한다. 같은 공장에서 만든 두 물건은 원래 똑같이 마음에 드는 법이니까." 물론 이 말은 예전에 마누엘이 유도키아의 자매인 테오도라와 사귀면서 그녀에게 삼촌의 정도를 넘어서는 애정을 품은 일을 빗댄 것이었다.

몇 년 뒤 안드로니쿠스는 킬리키아의 군대 지휘권을 소홀히 하고 안티오크의 필리파라는 미녀를 유혹했다. 이때도 그는 전과 같은 생각이었을 것이다. 필리파는 예루살렘 왕인 보에몽 3세의 누이였을 뿐 아니라 마누엘의 두 번째 아내인 마리 황후의 자매였기 때문이다. 하지만 안드로니쿠스에게 이 사건은 그저 놀이에 불과했다. 당시 그는 마흔여덟 살이었고 상대방은 겨우 스무 살이었지만 그는 나

† 13세기경 트레비존드에서 주조된 은화. 말을 탄 성 유게니우스(좌)와 말을 탄 알렉시우스 2세 콤네누스(우)가 새겨져 있다.

이 차에 개의치 않고 그녀의 창문 아래에서 세레나데를 불렀다. 그러고도 며칠 뒤에 그는 또 다른 여성을 자신의 목록에 올렸다.

한번 상대를 정복하고 나면 안드로니쿠스는 오래 즐기려 하지 않았다. 드디어 참다 못한 마누엘은 그를 즉각 소환했다. 보에몽도 더 이상 그런 스캔들을 용납하지 않을 태세였다. 그 젊은 공주의 매력이 실은 대단치 않았는지도 모른다. 어쨌든 안드로니쿠스는 황급히 팔레스타인으로 가서 예루살렘 왕 아말리크에게 몸을 의탁하고자 했다. 그런데 아크레에서 그는 자기 친척이자 아말리크의 전 왕 보두앵 3세의 미망인인 스물한 살의 테오도라 왕비를 처음 보고 곧바로 사랑에 빠졌다. 얼마 뒤에 안드로니쿠스는 테오도라와 함께 자신의 새 봉토인 베이루트—아말리크가 도움을 준 대가로 최근에 준 봉토였다—로 갔다. 근친혼은 금지되었음에도 불구하고 두 사람은 그곳에서 잘 살았으나 이내 베이루트의 날씨가 너무 덥다고 느끼게 되었다.

안드로니쿠스와 테오도라는 무슬림의 동방을 오랫동안 방랑한 뒤 마침내 제국의 동방 속주 바로 바깥에 있는 콜로네아에 정착했다. 그들은 가져온 돈과 가끔씩 소규모의 약탈을 통해 얻는 소득으로 행복하게 살았다. 그러나 그들의 목가적인 생활도 마냥 지속되지는 못했다. 테오도라와 두 어린 아들이 트레비존드 공작에게 사로잡혀 콘스탄티노플로 송환된 것이다. 가족을 잃은 상실감에 안드로니쿠스는 수도로 달려가 짐짓 극적인 자세로 황제의 발아래 몸을 던지고 아내와 아이들을 돌려 주면 무슨 일이든 하겠다고 약속했다. 마누엘은 특유의 너그러움을 보였다. 더욱이 테오도라는 그의 조카딸이 아닌가? 하지만 그렇게 상궤를 벗어난 유명한 가족을 콘스탄티노플 안에 들일 수는 없었으므로 황제는 부부에게 흑해 연안의 쾌적한 성을 주었다. 거기서 그들은 상당히 명예로운 유배 생활, 아니 평화로운 은거 생활을 할 수도 있었다.

하지만 안타깝게도 그렇게 되지는 않았다. 안드로니쿠스는 늘 제위를 노리고 있었다. 마누엘이 죽고 황후 섭정에 대한 불만이 커지자 그는 기회가 왔다고 확신했다. 안티오크의 마리는 백성들이 경멸하는 '외국인'이지만 그는 진짜 콤네누스 가문이었다. 게다가 그는 패기와 능력, 판단력을 가지고 있었고, 젊은 시절의 로맨스 덕분에 제국 최고의 유명인사가 되어 있었다. 1182년 8월에 그는 수도로 진격했다. 옛 마법의 위력은 과연 대단했다. 그의 진군을 가로막으라고 보낸 군대는 싸우지 않으려 했다. 그 지휘관인 안드로니쿠스 앙겔루스는 오히려 항복하고 반란에 가담했다.[89] 그러자 보스포루스에서 제국 함대를 지휘하는 제독도 그 뒤를 좇았다.

수도로 진격하는 도중에도 많은 사람들이 집에서 나와 환호를 보냈다. 얼마 안 가 도로는 안드로니쿠스의 지지자들로 가득 메워졌다. 그가 해협을 건너기도 전에 콘스탄티노플에서는 폭동이 터졌고 그와 함께 지난 2년 동안 점점 커지던 외국인 혐오증이 폭발했다. 그 결과 수도 내의 거의 모든 라틴인들이 학살되었다. 남녀노소 가릴 게 없었고 심지어 병원에 있는 환자들까지도 살해되었으며, 그들이 사는 구역 전체가 불에 타 파괴되었다. 프로토세바스토스는 겁에 질려 달아날 생각도 못하고 궁전에 숨어 있다가 발견되었다. 그는 지하 감옥에 갇혔다가 나중에 안드로니쿠스의 명에 의해 실명의 형벌을 받았으며,[90] 젊은 황제와 그의 어머니는 필로파티온의 황제 별장에 감금되어 안드로니쿠스의 처분만을 기다리는 처지가 되었다.

그들의 운명은 걱정하던 것 이상으로 나빴다. 승리한 안드로니쿠스는 누구도 예상치 못했던 자신의 다른 측면을 드러냈다. 그것은 바로 일말의 동정심, 망설임, 양심의 가책도 없는 잔인함과 흉폭함이었다. 비록 절대권력을 손에 쥐었지만 그는 아직 황제가 아니었다. 그러므로 그는 조직적이고도 냉혹하게 자신과 제위 사이에 있는 모든 사람들을 차례로 제거했다. 마누엘의 딸 마리와 그녀의 남편이 첫 희생자였는데, 사인도 모호하고 갑작스럽게 죽은 것으로 미루어 누가 봐도 독살임이 뻔했다. 그 다음은 황후의 차례였다. 황후의 열세 살짜리 아들은 어머니의 사망 허가장에 직접 서명할 것을 강요당했고, 그의 어머니는 감옥에서 교살되었다.

1183년 9월 안드로니쿠스는 공동 황제가 되었다. 그리고 두 달 뒤에 소년 황제 알렉시우스가 활줄로 살해되었고 시신은 보스포루스에 던져졌다. 니케타스는 "황궁 정원의 나무들도 모두 베어졌다"

고 썼다. 이제 절차는 단 하나만이 남았다. 짧은 생애 중에서 마지막 3년 반 동안 알렉시우스 소년과 결혼 생활을 했던 프랑스의 아녜스는 다시 세례를 받고 더 고상한 비잔티움 식 이름인 안나로 바꾸었다. 그리고 알렉시우스가 제거되자마자 예순네 살의 새 황제는 그 열두 살짜리 소녀와 결혼했으며, 현대의 한 문헌을 믿을 수 있다면[91] 그 결혼 생활을 끝까지 유지했다.

어떤 황제도 그렇게 불길한 상황에서 치세를 시작한 적은 없었다. 그러나 한 가지 면에서 안드로니쿠스는 마누엘보다 더 잘한 일이 있었다. 모든 행정상의 폐단을 눈에 띄는 대로 제거해 버린 것이다. 비극은 그가 정부 기구의 부패를 근절하면 할수록 자신이 지닌 권력으로 인해 점점 더 부패한 인물이 되어 갔다는 데 있다. 그의 유일한 무기는 폭력과 무력이었다. 군사 귀족에 대한 정당한 응징조차도 걸핏하면 유혈극이나 무차별적인 살육으로 번지기 일쑤였다. 한 보고서에는 이렇게 되어 있다.

그는 브루사의 포도를 수확할 때 교수형을 당한 시신들로 나뭇가지가 늘어지게 해서 포도송이를 땄다. 그런 뒤에도 그는 시신들을 내려 매장하지 못하게 했다. 시신들이 햇볕에 말라 바람이 불 때마다 흔들리면 과수원의 허수아비처럼 새들을 쫓을 수 있다는 것이었다.

결국 오래가지 않아 공포의 대상은 안드로니쿠스 자신이 되었다. 그의 인기는 사라져 버렸고, 제국의 구원자는 괴물로 변했다. 그러자 수도와 속주에서 또다시 소요와 반란이 끊임없이 잇따랐으며, 반역자들이 곳곳에서 등장했다. 황제에게 사로잡힌 사람들은 황제가 보는 앞에서 고문을 받고 죽었는데, 더러는 황제가 손수 처단하기도 했다. 하지만 상당수는 서유럽으로 도망쳐 환대를 받기도 했다. 안드로니쿠스도 잘 알았지만 서유럽은 1182년의 학살극을 잊지 않았다. 먹구름이 몰려오고 있었다.

이미 1181년 초에 헝가리 왕 벨라 3세—그는 단지 마누엘과의 사적인 친분 때문에 그전까지는 행동하지 않았을 뿐이다—는 마누엘이 몇 년 전에 그토록 공을 들여 획득한 달마치야와 크로아티아, 시르미움 지구를 도로 빼앗았다. 또 1183년에는 세르비아의 대족장 스테판 네만자와 동맹을 맺고 제국을 침략하여 베오그라드, 브라니체보, 니시, 사르디카 등의 도시들을 철저히 유린하였다. 그리하여 6년 뒤에 제3차 십자군이 이 도시들을 지나갈 때는 폐허만이 남아 있었다.

아시아에서도 무슬림이 아니라 안드로니쿠스를 혐오하는 토지 귀족들이 분란을 일으켰다(실은 안드로니쿠스도 토지 귀족에 속했지만). 그의 먼 친척 한 명—마누엘의 종조카인 이사키우스 콤네누스—은 전략적 요충지인 키프로스 섬에서 반란을 일으키고 정치적 독립을 선언했다. 이것은 제국이 해체되는 첫 단계라고 할 수 있었다.

하지만 가장 중대한 위협은 비잔티움의 가장 오래고 가장 강력한 적인 노르만의 시칠리아였다.

시칠리아의 대대적 침공

1185년 1월 초에 아랍 여행가 이븐 주바이르는 시칠리아 서부의 트라파니 항구에 있었다. 제노바의 선박을 타고 고향인 에스파냐로 돌아가는 중에 잠깐 들른 것이었다. 하루 이틀만 지나면 떠날 참이었는데, 팔레르모 정부에서 명령이 떨어졌다. 통지가 있을 때까지 모든 선박의 출항을 금지한다는 명령이었다. 많은 전함들이 준비되고 있었다. 함대가 무사히 출항하기 전까지는 어떤 선박도 항구를 나갈 수 없었다.

비슷한 명령이 시칠리아의 모든 항구에 내려졌다. 유례없는 규모의 출항 규제였다. 시칠리아 내부에서도 무슨 일인지 아는 사람은 드물었다. 이븐 주바이르에 의하면 트라파니 사람들은 함대의 규모, 목적, 행선지에 관해 저마다 의견이 달랐다고 한다. 11년 전 시칠리아 원정 함대가 참패를 당했던 알렉산드리아로 간다는 설도 있었고, 근년에 들어 시칠리아인들에게 약탈지로 인기가 높은 마요르카가 목적지라는 설도 있었다.

물론 함대가 콘스탄티노플로 간다고 생각하는 사람들도 많았다. 전해에는 동방에서 오는 거의 모든 배들이 안드로니쿠스의 만행에 관한 소름끼치는 이야기를 전했다. 시칠리아로 피신하는 비잔티움 사람들의 수는 점점 늘었는데, 그들 중에 어떤 청년이 적법한 황제 알렉시우스 2세를 자칭한다는 소문도 나돌았다. 사람들이 말하듯이 그 청년이 실제로 왕을 접견했고 왕이 그의 이야기를 사실로 믿었다면, 선한 왕 굴리엘모[92]가 그의 제위를 찾아 주기 위해 원정 함대를 출범시키는 것은 지극히 자연스러운 일이었다.

그런 청년이 실제로 팔레르모의 궁정에 나타났는지는 알 수 없다. 전혀 불가능하다고 할 수는 없는 이야기다. 안드로니쿠스가 저지른 것과 같은 쿠데타에는 원래 그런 인물이 한두 명씩 꼭 나타나게 마련이다. 일찍이 로베르토 기스카르도 1081년에 비잔티움을 공격하려는 자신의 입지를 강화하기 위해 그런 인물을 이용한 바 있다. 테살로니카 대주교 유스타티우스—그의 이름은 앞으로 자주 나올 것이다—는 이븐 주바이르가 그 글을 쓰기 직전에 가짜 알렉시우스가 그리스 북부를 돌아다녔다는 것을 기정 사실로 믿고 있다. 하지만 그 소문이 진실이든 거짓이든, 굴리엘모에게 원정을 시도할 만한 동기가 없지 않았다는 것은 사실이다. 마누엘의 한 조카—헷갈리지만 그의 이름도 알렉시우스다—가 얼마 전에 시칠리아로 도피해서 그의 궁정으로 와서는 그에게 어서 콘스탄티노플로 가서 찬탈자를 타도해 달라고 졸라 댔던 것이다.

1184년에서 1185년의 겨우내 굴리엘모는 메시나에 있었다. 그는 군대를 싫어했고 피할 수만 있다면 직접 원정에 나서는 일은 하지 않았다. 그러나 이 경우에는 책임을 지고 전쟁 준비에 임했다. 비록 아무에게도 말하지 않았으나 그의 궁극적인 목적은 다름아닌 비잔티움의 제위였다. 그 목적을 위해서는 육군과 해군을 합친 군대의 힘이 지금껏 시칠리아 해안을 출발한 어느 군대보다도 강해야 했다. 실제로도 그랬다.

출발 준비를 갖추었을 무렵, 그의 사촌인 레체의 탕크레드 백작이 지휘하는 함대는 200척에서 300척의 함선에 약 8만 명의 병력이 타고 있었다고 한다. 그중에는 기사 5천 명과 궁기병의 특수 부대가 포함되었다. 이 대규모 육군의 지휘는 탕크레드의 매부인 아체라의 리카르도 백작과 보두앵이라는 인물이 공동으로 맡았는데, 보두앵에 관한 정보는 니케타스의 흥미로운 설명이 유일하다.

그는 평범한 가문 출신이지만, 왕은 그를 총애했고 군대 경험이 풍부한 점을 높이 사서 육군 사령관으로 임명했다. 그는 자신을 알렉산드로스 대왕과 비교하곤 했다. 그 이유는 알렉산드로스처럼 자기도 복부에 털이 많아 마치 날개가 돋은 것처럼 보일 뿐 아니라 알렉산드로스 못지않게 자기도 위대한 업적을, 그것도 단기간에 피 한 방울 흘리지 않고 이루었기 때문이라는 것이었다.

원정군은 1181년 6월 11일에 메시나를 떠나 곧장 두라초로 향했다. 비록 시칠리아의 모든 항구를 봉쇄하려는 굴리엘모의 시도가 완전히 성공하지는 못했지만—예컨대 이븐 주바이르가 탄 제노바 선박은 뇌물을 먹이고 간단히 트라파니에서 나올 수 있었다—그래도 그 보안 조치는 상당한 효과가 있었던 것으로 보인다. 그렇지 않았다면 안드로니쿠스가 그렇게 무방비 상태로 있었을 리 없기 때문이다. 알다시피 그는 오래전부터 서유럽을 불신했다. 또한 아드리아 해에 면한 제국 최대의 항구이자 마케도니아와 트라키아를 거쳐 콘스탄티노플에 이르는 주요 도로—에그나티아 가도—의 출발점인 두라초를 시칠리아군이 교두보로 삼으리라는 것도 그는 잘 알고 있었다.
그런데도 그는 두라초의 요새를 강화하지도 않았고 포위전에 대비하여 식량을 비축해 놓지도 않았다. 공격이 임박했다는 보고를 듣고서야 그는 서둘러 경험이 풍부한 요한네스 브라나스 장군을 보내 두라초를 구원하게 했다. 그러나 브라나스는 시칠리아 함대보다 불과 하루 이틀 늦게 두라초에 도착하는 바람에 별다른 역할을 하지 못했다.

두라초는 103년 전에도 노르만인들에게 넘어간 적이 있었다. 하지만 그때는 공격군과 방어군이 오랫동안 치열한 전투를 벌였다. 당시 제국군은 황제가 직접 지휘했고, 노르만군에는 당대의 두 걸출한 전사인 로베르토 기스카르와 그의 아들 보에몽이 있었다. 또한 로베르토의 아내인 롬바르드족의 시켈가이타도 남편과 의붓아들에 못지않게 용감히 싸웠으며, 도끼를 휘두르는 강인한 바랑인 경비대도 끝까지 싸우다 장렬하게 전사했다. 그런데 이번에는 전혀 달랐다. 승산이 없음을 안 브라나스는 싸워 보지도 않고 항복했다. 시칠리아 함대가 메시나를 출발한 지 2주일도 되지 않은 6월 24일에 두라초는 시칠리아의 차지가 되었다.

곧이어 시칠리아군은 발칸 반도를 가로질러 신속하고 평온하게 행군했다. 침략자들의 진격을 가로막으려는 시도는 전혀 없었다. 8월 6일에는 육군 전체가 테살로니카의 성벽 바깥에 진을 쳤으며, 15일에는 함대가 펠로폰네소스를 돌아 그 외항에 정박했다. 포위전이 시작되었다.

테살로니카는 성 바울에게까지 거슬러 올라가는* 그리스도교의

---

* 바울은 테살로니카를 포교의 거점으로 삼고 이곳에 교회를 세웠다.

† 8세기경에 건립된 테살로니카의 성 소피아 성당. 남쪽에서 바라본 모습.

1500년 전통을 가진 번영하는 도시였다. 또한 에게 해를 지배하는 해군 기지이자 콘스탄티노플과 쌍벽을 이루는 무역의 중심지이기도 했다. 전 유럽의 상인들과 아프리카와 레반트*의 아랍인, 유대인, 아르메니아인들이 서로 거래하기 위해 모여드는 10월의 연례 무역 시장은 콘스탄티노플을 능가하는 규모였다.** 이 시장 덕분에 테살로니카에는 성곽 내에 서유럽 상인들—주로 이탈리아인—의 항구적인 거주지가 있었다. 이곳은 공격군에게 적지 않은 가치가 있었다.

하지만 1185년 여름에 테살로니카가 재앙에 휘말린 주요 원인은

---

* 소아시아와 시리아, 동부 지중해의 섬들을 가리키는 고대의 이름이다.
** 이 시장은 오늘날까지도 간헐적으로 유지되고 있다. 테살로니카는 오스만 시대에도 유대적 색깔이 짙은 성격을 간직했으며, 제2차 세계대전 때는 약 5만 명의 세파르디인(에스파냐와 포르투갈계의 유대인)들이 이곳에서 폴란드로 추방되어 돌아오지 않았다.

외국인이 아니라 도시의 군사 총독인 다비디스 콤네누스에게 있었다. 그는 황제에게서 온갖 수단을 동원하여 전력을 다해서 적을 공격하라는 엄격한 지시를 받았고,[93] 두라초의 브라나스와 달리 방어 태세를 갖추고 식량을 비축할 시간이 있었음에도 불구하고 아무런 대비도 하지 않았다. 포위가 시작된 지 며칠 만에 화살이 다 떨어졌고 곧이어 투석기로 발사할 돌조차도 남지 않았다. 엎친 데 덮친 격으로 수조를 점검하지 않아 몇 군데에서 물이 새기 시작했다. 그래도 다비디스는 부끄러워하거나 괴로워하는 기색이 전혀 없었다. 그를 개인적으로 알았던 니케타스 코니아테스는 이렇게 말한다.

여자보다도 약하고 사슴보다도 겁이 많은 그는 적을 물리치려 하기보다 그저 적을 바라보는 데 만족했다. 방어군이 기습을 하려 하면 그는 마치 사냥개를 잡고 있는 사냥꾼처럼 그것을 말렸다. 그는 무기를 지니지도 않았고 투구나 흉갑을 입은 적도 없었다. …… 적의 공성 망치가 성벽을 울려 돌조각이 여기저기 떨어져 나갈 때도 그는 웃음을 터뜨렸고, 안전한 곳을 찾으면서 주변 사람들에게 말했다. "저 노파 무척 시끄럽구먼!" 적의 가장 큰 공성 무기를 가리키며 하는 이야기였다.

그 무서운 시기에 니케타스는 테살로니카에 있지 않았다. 그러나 그의 설명은 가장 권위 있는 자료, 즉 테살로니카 대주교인 유스타티우스의 문헌을 근거로 삼고 있다. 그는 저명한 호메로스 학자였지만 문장가는 아니었다. 그리스의 애국자로서 그는 라틴인들에 대한 혐오감을 감추려 하지 않고—그의 처지에서는 당연하지만—그들을 야만인이라고 생각했다. 하지만 그의 책『노르만의 테살로니카 정복에 관하여De Thessalonica urbe a Normannis capta』는 비록 과장과 편향이 있기는 해도 그 포위전에 관한 유일한 목격담이다. 거기에 나오는 이야기는 물론 아름답지 않다.

설사 준비와 방어 태세를 제대로 갖추었다 해도 다방면에 걸친 시칠리아의 맹공에 테살로니카가 그리 오래 버틸 수는 없었을 것이다. 방어군은 사령관이 허락하는 한 용감하게 싸웠으나 얼마 안 가서 동쪽 요새가 무너지기 시작했다. 한편 서쪽에서는 성안의 독일 용병들이 적에게 매수되어 성문을 열어 주었다. 8월 24일 새벽 시칠리아군은 동서 양쪽에서 동시에 비잔티움 제국 제2의 도시로 몰려들어 갔다.

시칠리아의 대군에는 그리스계 병사들도 수백 명이 있었다. 시칠리아 출신만이 아니라 아풀리아와 칼라브리아 출신도 상당수 있었는데, 이들은 그리스 촌락 부근에서 성장했으므로 그리스의 관습과 종교적 전통에 익숙하고 그리스어도 몇 마디 할 줄 알았다. 이들이 무지한 다른 동료들에게 좀 자제할 것을 권유했을 법도 하지만, 그렇게 하지도 않았을뿐더러 설사 했다 해도 소용이 없을 게 뻔했다. 시칠리아 병사들은 마음껏 폭력과 만행을 저질렀다. 테살로니카로서는 8세기 전 테오도시우스 대제가 원형경기장에서 시민 7천 명을 학살한 이래 최대 규모의 비극이었다.[94] 공교롭게도 유스타티우스는 그리스 민간인 사망자의 수를 그와 똑같은 7천 명으로 추정했다. 노르만군의 지휘관들조차 5천 명으로 추산한 것으로 미루어 편차가 그다지 크지는 않은 듯하다.

게다가 살인만으로 끝나지 않았다. 폭력의 손길은 여자와 아이들도 가리지 않았고, 모든 집들이 불타고 약탈당했으며, 성당들도 훼손되고 파괴되었다. 노르만령 시칠리아의 전체 역사를 통틀어 봐도 이렇듯 대규모로 신성모독이 자행된 경우는 드물었다. 그러잖아도 라틴인들을 싫어했던 그리스인들은 그 범죄에 경악했다. 니케타스는 이렇게 기록한다.

그 야만인들은 제단 바로 아래, 성상이 있는 곳에서도 만행을 멈추지 않았다. …… 그들이 우리의 성상까지 파괴하여 음식 조리용 불쏘시개로 사용한 행위는 정말 이해할 수 없는 짓이었다. 게다가 그들은 제단 위에서 춤까지 추면서 천사들을 벌벌 떨게 했고 온갖 불경스러운 노래들을 불렀다. 그런 다음에 그들은 성당 곳곳에 오줌을 누는 바람에 성

† 비잔티움 식으로 지어진 13세기 테살로니카의 목욕탕. 지금은 잔해만 남아 있다.

당 바닥이 온통 그들의 오줌으로 흥건할 정도였다.

어느 정도의 약탈은 예상되었다. 그것은 포위전에서 승리한 군대의 공인된 특권이었으므로 역할이 바뀌었다면 그리스인들도 마찬가지로 약탈의 권리를 주장했을 터였다. 그러나 이런 만행은 달랐다. 보두앵은 즉각 단호한 조치를 취했다. 즉 아침 일찍 도시에 들어갔다가 정오에는 어느 정도 질서를 회복시키는 방식이었다. 그런데 이번에는 병참 문제가 발생했다. 테살로니카는 갑자기 들이닥친 8천 명의 장정들을 먹여 살릴 준비가 되어 있지 않았다. 시칠리아 병사들에게 식량을 빼앗기자 현지 주민들은 거의 기아 상태가 되었다.

사망자의 시신을 수습하는 일도 큰 문제였다. 이 작업에는 며칠이 걸렸고, 한참 뒤에 8월의 열기가 마무리를 담당해 주었다. 그 다음에는 전염병까지 돌았다. 인구가 과밀해진 탓에 전염병은 더욱 기승을 부렸는데, 유스타티우스는 새로 빚은 술을 지나치게 마신 것도 원인이라고 주장한다. 이로 인해 점령군은 3천 명이 죽었고 현지 주민들의 사망자는 헤아릴 수 없을 정도였다.

또한 처음부터 고해의 문제도 심각했다. 라틴인들은 테살로니카의 성당 대부분을 장악하고 자기들 마음대로 사용했지만, 일부 병사들은 아직 그리스인들의 수중에 남아 있는 성당을 박차고 들어가 성무를 중단시키고 사제들을 우롱하는 일이 있었다. 더 위험한 사건도 일어났다. 한번은 시칠리아 병사들이 갑자기 규칙적으로 망치를 두드리는 소리에 깜짝 놀라 그것을 봉기 신호로 오해하고 무기를 집어 들기도 했다. 그것이 실은 정교회에서 신도들에게 기도를 권할 때

† 테살로니카의 사도 성당 전경.

사용하는 세만트론semantron이라는 나무판을 두드리는 소리라는 해명을 듣고서야 그들은 놀란 가슴을 쓸어내렸다.[95]

그렇게 한두 주가 지나자 불편한 생활이 어느 정도 자리를 잡았다. 보두앵은 재치가 있는 사령관이었고, 유스타티우스 대주교는 비록 포로 신분이었지만 불필요한 마찰을 막으려 애를 썼다. 한편 테살로니카 시민들은 진짜 귀한 게 뭔지 모르는 이 외국인들에게서 돈을 벌 수 있다는 것을 알게 되었다. 대주교는 테살로니카의 여성들이 쉽게 시칠리아 병사들에게 몸을 던지는 현실을 개탄했다. 그러나 테살로니카의 주변은 여전히 일촉즉발의 상황이었다. 그러므로 점령군이 다시 전투 태세를 갖추고 약간의 주둔군만 남겨둔 채 동쪽으로 출발한 것은 그리스인들과 시칠리아인들에게 모두 다행스러운 일이었다.

그때까지 안드로니쿠스는 다섯 차례나 군대를 테살로니카로 파견하여 적의 진군을 차단하려 했다. 그렇게 병력을 나누어 보낸 것은 황제의 불안정한 상태를 말해 주는 또 하나의 증거였다. 차라리 그 병력을 하나로 합치고 한 명의 유능한 사령관에게 지휘를 맡겼더라면 테살로니카를 구할 수 있었을지도 모른다. 결국 그 다섯 개 부대는 모두 도로 북쪽의 구릉지대로 퇴각한 채 시칠리아군이 수도로 행군하는 것을 멍하니 지켜보기만 했다. 보두앵이 이끄는 전위 부대가 콘스탄티노플로 가는 중간 지점에 위치한 모시노폴리스에 이르렀을 무렵 전체 상황을 완전히 바꾸게 되는—침략자들에게는 재앙을 가져온—사태가 터졌다. 참다 못한 백성들이 들고 일어나 안드로니쿠스 콤네누스를 살해한 것이다.

쿠데타로 살린 제국

다른 곳과 마찬가지로 콘스탄티노플에서도 테살로니카의 비극은 시민들을 공황 상태에 빠뜨렸다. 안드로니쿠스의 대응은 그의 성격처럼 모순적이었다. 한편으로 그는 수도의 방어 태세를 보강하고 강화하는 단호한 조치를 취했다. 그에 따라 병사들은 성벽의 상태를 세심하게 점검하고, 성벽에 너무 가까이 달라붙은 주택은 포위군이 성안으로 진입하는 데 좋은 수단이 될 가능성이 있으므로 파괴했다.

또한 황제는 황급히 100척의 함대를 동원하고 군량을 싣게 했다. 물론 급속히 다가오고 있는 시칠리아 함대에 비해서는 절반도 안 되지만 마르마라 해와 보스포루스 해협의 좁은 수역을 감안하면 나름대로 큰 역할을 할 수 있을 터였다.

그런데 다른 측면에서 황제는 비상사태를 전혀 아랑곳하지 않고 여느 때처럼 자신의 쾌락에만 몰두했다. 즉위한 지 3년이 지나면서 그는 점점 더 타락했다.

그는 티에스테스의 딸 50명 모두와 하룻밤에 동침한 헤라클레스를 흉내 내고자 한 듯했다.[96] 하지만 그는 정력을 강화하기 위한 수단으로 일종의 진통제를 자기 몸에다 바르는 등 온갖 편법을 동원해야 했다. 또한 그는 나일 강에서 잡히는 악어와 비슷한 스킹쿠스라는 물고기를 자주 먹었다. 스킹쿠스는 많은 사람들이 혐오하지만 최음제로 효과가 있다고 알려졌다.

그 무렵 안드로니쿠스는 마치 '박해의 광증'이라도 걸린 듯이 극단적인 잔혹함을 즐겼다. 니케타스에 의하면 그는 아무도 죽이지 않고 하루가 지나가면 시간을 낭비하는 것처럼 여겼다고 한다. "사람들은 누구나 불안과 슬픔 속에서 살았다. 황제가 학살한 사람들의 유령이 나오는 끔찍한 악몽 때문에 밤에도 제대로 잠을 잘 수 없었다." 콘스탄티노플의 시민들은 그 오래고 어두운 역사에서 익히 보아 온 공포의 시대를 살아가고 있었다. 그 절정은 1185년 여름이었다. 모든 죄수와 유배자, 나아가 그들의 가족까지 침략자들과 공모했다는 혐의를 씌워 처형하라는 칙령이 내려진 것이다.

다행히도 혁명이 제때 터진 덕분에 비극을 면할 수 있었다. 혁명의 불꽃을 피워 올린 사람은 황제의 친척인 이사키우스 앙겔루스였다. 특별히 원한을 살 이유가 없는 평범한 귀족이었던 그는 한 점쟁이가 그를 제위 계승자라고 예언한 탓에 졸지에 황제의 분노를 샀다. 황제가 심복을 보내 체포하려 하자 그는 자신의 칼로 심복을 죽여 버렸다. 그런 뒤에 그는 곧장 소피아 대성당으로 달려가서 안에 있는 사람들에게 자랑스럽게 자기가 한 일을 공개했다.

그 소식이 퍼지자 군중이 모여들기 시작했다. 그들 중에는 이사키우스의 삼촌인 요한네스 두카스도 있었다. 사람들은 비록 자신이 그 범죄에 가담하지는 않았어도 지금의 수상쩍은 분위기로 보아 더이상 가만히 있을 수는 없게 되었다고 판단했다. 니케타스는 "잡혀갈지 모른다는 생각, 자기 영혼에 각인된 죽음의 그림자 때문에 그들은 모든 이에게 동참하라고 호소했다"고 썼다.

군중은 즉각 반응했다. 소피아 대성당에서 횃불을 피워 놓고 밤을 보낸 사람들은 이튿날 아침에 시내로 달려가 집집마다 가장에게 나오라고 소리쳤다. 곧이어 감옥이 열렸고 죄수들이 풀려나 시위 군중에 합세했다. 한편 소피아 대성당에서는 이사키우스 앙겔루스가 바실레오스로 추대되었다.

성당지기 한 사람이 사다리를 타고 주제단 위로 올라가서는 콘스탄티누스의 제관을 가지고 내려와 그의 머리에 씌워 주었다. 이사키우스는 마지못해 제관을 받았다. 그 이유는 겸양이라든가 제관에 관심이 없기 때문이 아니라 자신의 목숨이 걸린 중대한 일이라고 생각했기 때문이다. 반면에 두카스는 즉시 한걸음 앞으로 나서서 모자를 벗고 보름달처럼 빛나는 대머리를 드러내며 제관을 받으려 했다. 하지만 성당에 모인 군중은 잿빛 머리의 안드로니쿠스로 인해 너무 큰 고통을 겪었다면서 더 이상 늙고 노쇠한 황제, 특히 긴 수염이 갈퀴처럼 둘로 갈라진 황제는 싫다고 소리쳤다.

처음에 혁명의 소식을 들었을 때 안드로니쿠스는 자신의 시골 영지인 멜루디온에 있었다. 수도로 돌아오면서 그는 충분히 그 사태를 진정시킬 수 있다고 자신했다. 그런데 황금뿔 어귀의 황궁으로 곧장 가서 경비병에게 군중을 향해 활을 쏘라고 명하자 병사들이 선뜻 복종하지 않는 것이었다. 그는 화가 나서 자신이 직접 활을 당겨 쏘았으나 그때 갑자기 사태를 확연히 깨달을 수 있었다. 그는 서둘러 자주색 외투와 장화를 벗어 던진 다음 머리에 '야만인이 쓰는 것과 같은' 작은 모자를 쓴 채 황급히 어린 아내와 총애하는 후궁 마라프티카—"그녀는 황제가 몹시 좋아하는 피리 솜씨가 뛰어났다"—를 데리고 대기 중이던 배에 올라 보스포루스를 거슬러 도망쳤다.

그와 동시에 군중은 황궁으로 침입하여 값나가는 것들을 모조리 약탈했다. 금덩이만도 500여 킬로그램, 은은 1300여 킬로그램이 강탈당했고 보석과 예술품은 수도 없이 사라졌다. 황실 예배당마저 약탈을 면하지 못했다. 벽에서 성상이 떨어져 나갔고 제단의 성배도 없어졌다. 그중에서도 가장 귀중한 보물은 예수 그리스도가 직접 써서 에데사의 아브가르 왕에게 보냈다는 서신이 들어 있는 성물함이

† 안드로니쿠스의 죽음

었다. 이것은 그 뒤로 다시 발견되지 않았다.

황제와 황후, 마라프티카는 곧 사로잡혔다. 내내 위엄을 잃지 않고 용기 있게 처신한 여자들은 풀려났지만, 안드로니쿠스는 사슬과 차꼬에 목이 묶인 채 이사키우스의 앞에 끌려왔다. 그는 형벌로 오른손을 잘리고 감옥에 갇혔다. 이후 그는 음식과 물이 없이 며칠을 보낸 뒤 다시 한쪽 눈이 실명되는 벌을 당하고 조그만 낙타에 실려 예전에 자신의 백성들이었던 성난 군중 앞에 끌려갔다. 황제 때문에 많은 고통을 당한 사람들은 이제 복수에 몸이 달았다. 니케타스 코니아테스는 그 광경을 이렇게 기록하고 있다.

상스럽고 경멸스러운 행동은 모조리 나온 것 같았다. …… 사람들은 그를 때리고, 꼬챙이로 찌르고, 그에게 돌멩이와 오물을 던졌다. 어떤 여자는 거리에서 그의 머리 위에 끓는 물을 한 바가지 퍼붓기도 했다. …… 그런 다음에 사람들은 그를 낙타의 등에서 끌어내려 발길질을 가했다. 그밖에도 그는 이루 형용할 수 없는 온갖 고통을 놀라운 인내력으로 참고 견디면서 자신을 박해하는 흥분한 군중에게는 한마디도 하지 않고 오로지 이런 말만 했다. "오, 주님이시여, 저를 굽어 살펴소서. 왜 이미 부러진 딱한 갈대를 짓밟으시옵니까?" …… 이윽고 크나큰 고통을 겪은 뒤 그는 남은 한 손으로 입을 가린 채 죽었다. 어떤 이의 말에 따르면 그가 손으로 입을 가린 것은 몸에 난 상처에서 흐르는 피를 빨아먹기 위해서였다고 한다.

테살로니카의 유스타티우스가 말했듯이 그는 많은 찬사를 받을 수도 있었고 쓰라린 비난을 받을 수도 있었던 모순에 찬 인물이었다. 그는 중용만 빼고 모든 재능을 지녔고, 삶만큼이나 죽음도 극적인 위인이었다. 또한 그는 영웅이자 악한이었고, 많은 것을 보존하는 동시에 파괴했으며, 후대에 교훈과 더불어 경고를 남겼다.

이사키우스 앙겔루스는 제위와 더불어 절망적인 상황도 물려받았다. 당시 침략군이 있는 모시노폴리스는 콘스탄티노플에서 불과 300킬로미터 정도 떨어져 있었으며, 시칠리아의 함대는 이미 마르마라 해에 들어와 육군이 도착하기를 기다리고 있었다. 황제는 즉위한 직후 보두앵에게 강화를 제의했으나 거부당하자 안드로니쿠스가 몇 개월 전에 했어야 할 일을 했다. 즉 휘하 장군들 중에서 가장 유능한 알렉시우스 브라나스를 다섯 개 부대의 총사령관으로 삼고, 제국이 동원할 수 있는 가장 큰 규모의 군대를 편성하여 그에게 맡겼다.

그 조치는 즉효를 보았다. 그리스군은 사기가 솟구쳤다. 더구나 그들 앞의 적은 자만하고 있었다. 예상과 달리 아무런 저항도 받지 않은 것을 보고 시칠리아군은 이제 방어망이 느슨해지고 기강이 흐트러진 상태였다. 브라나스는 신중하게 장소와 시기를 선택하여 공격에 나섰다. 그러고는 적군을 계속 몰아붙여 그들의 근거지인 암피폴리스까지 내몰았다.

니케타스는 신의 능력이 발현된 결과라고 말했다.

얼마 전까지만 해도 산이라도 무너뜨릴 듯 기세가 등등하던 적들이 마치 번개라도 맞은 양 깜짝 놀랐다. 반면에 로마인[97]들은 더 이상 두려워하지 않고, 마치 독수리가 연약한 새를 덮치듯 적들을 공격하고자 하는 열의에 불탔다.

스트리몬(지금의 스트루마) 강변의 암피폴리스 바로 외곽인 디미트리차[98]에서 보두앵은 마침내 평화 협상에 동의했다. 그가 왜 그랬는지는 알 수 없다. 비록 모시노폴리스에서 패배했어도 시칠리아 주력군은 전혀 다치지 않았고 테살로니카도 여전히 장악하고 있었다. 콘스탄티노플의 새 황제가 전임 황제처럼 노쇠하지는 않다지만 그래도 한창 나이는 아니었다. 게다가 그의 제위 계승권은 안드로니쿠스보다, 심지어 메시나에서부터 내내 군대를 따라오면서 보두앵의 곁을 거의 떠나지 않았던 마누엘의 조카 알렉시우스보다도 더 취약했다. 하지만 겨울이 다가오는 데다 트라키아의 가을비는 몹시 차가웠다. 콘스탄티노플에서 크리스마스를 보낼 것으로 기대했던 병사들에게 모시노폴리스에서의 패배는 전략적인 의미보다도 사기에 더 큰 영향을 미쳤다.

혹은 보두앵이 다른 의도를 품었는지도 모른다. 그리스인들은 확실히 그렇다고 주장했다. 그들은 보두앵이 평화 협상을 이용하여 자신들을 공격하려 한다고 여기고 선수를 치기로 했다. 11월 7일에 그리스군은 그 계획을 행동으로 옮겼는데, 니케타스에 의하면 "나팔소리도, 사령관의 명령도 기다리지 않았다"고 한다. 시칠리아군은 불시에 기습을 당했다. 그들은 힘껏 저항하다가 결국 몸을 돌려 도망쳤다. 일부는 달아나다가 죽었고, 더 많은 일부는 때마침 내린 비로 불어난 스트리몬 강물에 빠져 죽었으며, 보두앵과 아체라의 리카르도를 포함한 다른 일부는 포로로 잡혔다. 알렉시우스 콤네누스도 사로잡혔는데, 그는 나중에 이사키우스에게서 반역죄로 실명의 형벌을 받았다.

간신히 도망친 자들은 테살로니카로 가서 배편으로 시칠리아로 돌아가고자 했다. 하지만 불행히도 시칠리아 함대의 대부분은 아직 콘스탄티노플의 연안에서 육군이 오기를 기다리고 있으므로 병사들은 테살로니카에 그대로 남을 수밖에 없었다. 그때 테살로니카 시민들이 그들에게 반기를 들었다. 시민들은 석 달 전에 당했던 고통에 대해 처절한 응징을 가했다. 결국 여름에 의기양양하게 출발했던 대군은 거의 흔적도 없어졌고 소수의 생존자만이 두라초로 가는 고갯길을 질척거리며 넘었다.

이리하여 비잔티움은 살아났다. 그러나 제국의 백성들은 시칠리아의 침공을 큰 경고로 받아들였어야 했다. 게다가 다른 서방 국가들도 제국을 호시탐탐 노리고 있는 상황이었다. 불과 20년 뒤에 콘스탄티노플은 다시 서방의 도전을 받게 되는데, 그때는 타이틀 방어에 실패하고 만다.

10

예루살렘에서 전해진 비보

1185년~1198년

예루살렘을 정복한 날은 예언자께서 천국에 오르신 그날이었다. …… 술탄은 알현식을 열어 축하를 받았다. …… 그는 겸손하면서도 위엄 있는 자세로 법률가들과 학자들, 경건한 조신들 사이에 앉았다. 그의 표정은 환희로 빛났고, 그의 문은 활짝 열렸으며, 그의 자비는 널리 퍼졌다. 누구나 그에게 자유로이 다가가 그의 말을 듣고, 그의 행동을 축복하고, 그의 융단에 입을 맞추었다. 그의 얼굴은 빛나고, 그의 향기는 달콤하고, 그의 애정은 골고루 미쳤다. 그의 손등은 입맞춤의 키블라였고 그의 손바닥은 희망의 카바였다.*

이마드 아딘 알 이스파하니 살라딘의 비서

예루살렘의 녹색 깃발

갑자기 예기치 않게 위대한 왕조로 떠오른 앙겔루스 가문은 실상 연륜도 짧고 특별한 명망도 없는 집안이었다. 이 가문이 리디아의 도시인 필라델피아 바깥에 어느 정도 알려진 계기는 알렉시우스 1세의 딸인 포르피로게니타 테오도라가 이사키우스의 할아버지인 콘스탄티누스 앙겔루스와 사랑에 빠져 결혼한 것이었다. 그 뒤 앙겔루스 가문은 빠르게 성장했다. 마누엘이 즉위할 무렵에는 콘스탄티노플의 명망가에 속했고 군 사령관도 여러 명 배출했다. 그래서 콤네누스 왕조가 말기에 폭정을 일삼는 것에 반대하여 봉건귀족이 들고 일어났을 때 사람들은 당연히 앙겔루스 가문이 앞장서야 한다고 생각했다.

---

* 카바는 이슬람교도들이 가장 신성시하는 메카의 성소이며, 키블라는 그들이 하루에 다섯 차례씩 기도할 때 향하는 카바 신전의 방향을 말한다.

하지만 제국을 위해서는 좋지 않았다. 비잔티움의 제위에 오른 역대 왕조들 가운데 앙겔루스 왕조는 최악이었다. 한 가지 다행스러운 점은 그들의 지배 시기가 아주 짧았다는 것이다. 앙겔루스 왕조가 배출한 세 황제―이사키우스 2세, 알렉시우스 3세, 알렉시우스 4세―는 치세 기간을 모두 합쳐도 19년밖에 되지 않았다. 그러나 세 황제는 각자 개별적으로도 파멸을 가져왔고, 셋을 합치면 궁극적으로 콘스탄티노플의 몰락으로 이어지는 최대의 재앙을 일으키게 된다.

이사키우스의 치세 초기는 순탄했다. 노르만인들은 테살로니카에서만 물러간 게 아니라 두라초와 코르푸에서도 완전히 철수했다. 물론 그들은 케팔로니아―위대한 기스카르가 사망한 곳―인근의 섬들과 자킨토스는 아직도 장악하고 있었지만, 비잔티움이 기적적으로 살아난 대가로 치면 대단치 않은 것이었다.

한편 제국의 주요 적들 가운데 둘째에 해당하는 헝가리 왕 벨라 3세는 기꺼이 강화조약에 서명하고, 그에 대한 보증으로 자신의 열 살짜리 딸 마르가리타를 이사키우스와 결혼시켰다(그녀는 이름을 비잔티움 식인 마리아로 바꾸었다). 새 황제의 일부 신민들은 그가 전임 황제의 두 아들을 모두 실명시킨 것에 대해 개탄했으나―한 명은 그 직후에 죽었다―어쨌든 대다수 신민들에게 그의 치세 초반은 니케타스에 의하면 "혹독한 겨울 끝에 맞이한 따사로운 봄처럼, 혹은 사나운 폭풍 뒤에 찾아온 평화로운 고요처럼" 순탄했다.

그러나 그것은 곧 착각이었음이 드러났다. 안드로니쿠스는 비록 결함투성이 황제였지만 그래도 부패를 척결하는 데는 꽤 힘을 썼다.

그러나 이사키우스는 니케타스의 말을 빌리면 "관직을 마치 시장의 채소처럼 팔아먹었다." 또다시 뇌물이 관례가 되었고 속주의 징세관들은 예전처럼 가렴주구를 일삼았다. 또한 군대를 유지하는 데 투입되어야 할 돈이 적을 매수하는 데 사용되거나 궁중의 여흥에 낭비되는 탓에 군대의 사기도 땅에 떨어졌다. 한편 행정과 국방의 중추였던 테마 제도는 거의 해체될 지경에 이르렀으며, 안드로니쿠스에게 강력하게 통제되었던 봉건귀족들은 제 세상을 만나 한껏 기세를 올렸다.

황제가 아무 일도 하지 않은 것은 아니었다. 그는 잃어 버린 이오니아 섬들, 키프로스, 킬리키아(아르메니아인들에게 넘어갔다)를 수복하려는 노력은 전혀 하지 않았으나, 그래도 반란을 진압하고 국경을 보호하는 데는 열심이었다. 1186년과 1187년 사이에는 불가리아와 왈라키아의 반란을 진압하러 원정을 떠나기도 했다. 하지만 그는 귀족 두 명이 제2차 불가리아 제국을 형성하는 것을 막지 못했으며, 1190년의 발칸 원정에서는 군대가 적의 매복에 걸리고 그 자신은 간신히 도망쳐 목숨을 구하는 수모를 겪었다.

또한 세르비아의 대족장 스테판 네만자는 반란 도당과 결탁하고 적대 세력을 최대한 이용하여 자신의 권력을 키웠다. 결국 스테판은 비잔티움과 조약을 맺고, 자신의 아들을 황제의 조카딸과 결혼시켜 세바스토크라토르의 직함을 받아 냈다. 세르비아도 불가리아처럼 독립국이라는 것은 누가 보기에도 명백했다. 비잔티움이 발칸을 지배하던 시절은 끝났다. 그 시절은 다시 오지 않을 것이다.

더 나쁜 일은 그 다음이었다. 1187년 10월 중순 사라센이 예루살

렘을 점령했다는 끔찍한 소식이
전해지면서 비잔티움만이 아니
라 전 유럽이 다시금 새로운 위
기에 휩싸였다.

사실 레반트의 사정을 냉정하
게 바라보면 사라센이 예루살렘
을 점령한 것은 지극히 당연한
일이었다. 무슬림 측에서는 살라
딘이라는 천재적인 지도자가 등
장해서 자기 신앙의 신성한 도시
를 구하겠다는 일념을 불태우고

† 1187년 예루살렘을 정복한 이슬람 술탄 살라
딘. 오늘날까지 이슬람의 가장 위대한 영웅으로
일컬어진다.

있었던 반면, 그리스도교 측에서는 프랑크인들의 세 왕국―예루살
렘, 트리폴리, 안티오크―에서 모두 고만고만한 인물들이 저마다
권력을 차지하기 위해 치열한 내부 다툼을 벌이고 있었던 것이다.

특히 예루살렘에서는 살라딘이 욱일승천하는 중대한 시기에 문
둥이왕 보두앵 4세로 인해 더욱 문제가 많았다. 1174년 열세 살의
나이로 왕위에 올랐을 때 그는 이미 나병에 걸려 있었고 결국 11년
뒤에 죽었다. 물론 그에게는 후사가 없었다. 왕국이 생존하려면 현
명하고 결단력 있는 지도자가 절실하게 필요한 순간에 예루살렘의
왕위를 이은 것은 보두앵의 여덟 살짜리 조카였다.

소년왕 보두앵 5세마저 그 이듬해에 죽은 것은 일단 환영할 만한
일이기도 했다. 그러나 진정한 지도자를 찾을 기회는 또다시 사라지
고, 왕위는 소년의 계부인 뤼지냥의 기라는 자에게 넘어갔다. 그런

데 그는 우유부단하고 성을 잘 내는 데다 많은 사람들의 경멸을 받을 만큼 무능한 인물이었다. 그리하여 예루살렘은 내전이 일어날 뻔한 위기를 맞았는데, 그 무렵 1187년 5월에 살라딘은 오래 기다렸던 지하드(성전)를 선언하고 요르단 강을 건너 프랑크 영토를 침략했다.

무능한 기가 지휘를 맡았으니 그리스도교군의 참패는 불을 보듯 뻔했다. 7월 3일에 기는 예루살렘 왕국 역사상 최대 규모의 대군을 거느리고 갈릴리 산맥을 넘어 살라딘이 공격을 퍼붓고 있는 티베리아스 성으로 갔다. 연중 가장 무더운 날씨에 오랜 행군으로 지친 군대는 물도 없는 고원지대에 진을 칠 수밖에 없었다. 그 이튿날 열기와 갈증에 시달리던 군대는 하틴의 봉우리라고 불리는 작은 쌍봉 아래에서 무슬림군에게 포위되어 도륙을 당했다.

이제 사라센에게는 고립된 그리스도교 요새들을 하나씩 소탕하는 일만 남았다. 티베리아스는 하틴의 전투 다음날에 함락되었고 아크레가 그 뒤를 이었으며, 나블루스, 자파, 시돈, 베이루트가 연달아 적에게 항복했다. 살라딘은 남쪽으로 방향을 틀어 아스칼론을 습격했고, 싸움 한번 없이 가자의 항복을 받아냈다. 이제 그는 예루살렘으로 진군할 차비를 갖추었다. 신성한 도시의 방어군은 12일 동안 용감하게 항전했지만, 10월 2일에 무슬림 공병들에 의해 성벽이 무너지자 더 이상 버틸 수 없음을 깨달았다. 대표자인 이벨랭의 발리앙—기 왕은 하틴 전투 이후 포로로 잡혔다—은 직접 살라딘에게 가서 항복의 조건을 논의했다.

살라딘은 발리앙을 잘 알고 좋아했을뿐더러 피에 굶주리지도 않았고 복수심에 불타지도 않았다. 약간의 협상을 한 뒤 그는 예루살렘의 모든 그리스도교도들이 적절한 몸값을 지불하면 자유를 얻을수 있게 해 주겠다고 약속했다. 또한 돈을 내기 어려운 빈민 2만 명중에서 7천 명은 여러 그리스도교 단체들에게서 일괄적으로 몸값을받는다는 조건으로 방면하겠다고 말했다.

그날 살라딘은 군대를 이끌고 예루살렘에 입성했다. 88년 만에처음으로, 마호메트가 잠 속에서 예루살렘에서 천국으로 갔다는 바로 그날*에 마호메트의 녹색 깃발은 그가 승천한 지점 부근의 성전에서 다시 나부끼기 시작했고 그의 신성한 발자국은 경배하는 신도들에게 다시 모습을 드러냈다.

도시 전역에서 질서가 잘 유지되었다. 살인도, 유혈극도, 약탈도없었다. 몸값을 마련하지 못한 빈민 1만 3천 명은 남았지만 살라딘의 동생이자 부관인 알아딜은 자신의 몫으로 그중 1천 명을 달라고한 뒤 즉시 자유의 몸이 되도록 해 주었다. 또 7천 명은 총대주교에게 주었고 500명은 이벨랭의 발리앙에게 주었다. 살라딘은 그중에서 노인들, 몸값을 지불하고 석방된 여자들의 남편들을 풀어 주었고, 마지막으로 과부와 아이들도 모두 석방했다. 그래서 노예가 된그리스도교도는 극소수에 불과했다.

살라딘은 그 전에도 관대하기로 동방과 서방에 두루 유명했지만이번처럼 큰 규모로 자비를 베풀기는 처음이었다. 일찍이 1099년에예루살렘을 정복한 그리스도교도들이 저지른 대학살[99]을 잊지 않았

---

* 마호메트는 한밤중에 신비한 백마를 타고 예루살렘의 성전산에 와서 승천했다고 한다. 훗날 그 지점에 알 아크사 사원이 세워졌다.

음에도 그가 그렇게 너그러운 자세를 취했다는 것은 놀라운 일이었다. 그리스도교도 역시 그 사건을 잊지 않았으므로 살라딘의 관대함에 크게 놀라지 않을 수 없었다. 살라딘은 그리스도교도들에게 불구대천의 원수일지 모르지만, 그들에게 기사도 정신의 본보기를 유감없이 보여 주었다.

용두사미의 제3차 십자군

예루살렘이 함락되었다는 소식이 서방에 전해지자 교황 우르바누스 3세는 충격을 받아 죽었다. 그러나 후임자인 그레고리우스 8세는 즉각 성지를 수복하기 위해 무장할 것을 그리스도교권에 촉구했다. 이사키우스가 보기에 곧 닥쳐올 십자군이 이전 십자군들보다 더 큰 위험을 가져오리라는 것은 뻔했다. 더구나 그 우두머리는 바로 비잔티움의 오랜 숙적인 프리드리히 바르바로사였다. 그는 이코니움의 술탄과 연락을 주고받고 있었으며, 새로 독립한 발칸 반도의 공국들에게서 지지를 확보하는 중이었다.

제국에게 적대적이라는 점에서는 십자군 참전을 선언한 시칠리아의 굴리엘모도 전혀 나을 게 없었다. 비잔티움에게는 다행스럽게도 굴리엘모는 1189년 11월에 서른여섯 살의 나이로 후사를 남기지 못하고 죽었다. 그러나 왕위를 이은 그의 숙모 콘스탄차가 4년 전에 바르바로사의 맏아들 하인리히와 결혼한 것은 시칠리아의 대외정책이 변하지 않을 것임을 명백히 보여 주는 사건이었다.* 그 밖에 이 십자군에는 다른 두 명의 서유럽 군주들이 참가했는데, 잉글랜드의 사자왕 리처드는 굴리엘모의 처남이었고[100] 프랑스의 존엄왕 필리프는 얼마 전 누이인 아녜스가 겪은 고통을 생생히 기억하고 있었으므로 둘 다 비잔티움으로서는 전혀 달가울 게 없는 인물들이었다.

리처드와 필리프는 해로로 성지까지 가는 길을 선택함으로써 제국을 완전히 우회했다. 그런 탓에 우리의 이야기에서는 별다른 역할을 하지 못하게 된다. 다만 1191년 5월에 리처드가 예정에 없이 키프로스를 이사키우스 콤네누스에게서 빼앗아—이사키우스는 은사슬에 묶여 트리폴리에 감금되었다—먼저 성전기사단에게 넘겨 주었다가 그 이듬해에 다시 예루살렘의 폐위된 왕인 뤼지냥의 기에게 주었다는 사실만 알고 넘어가면 되겠다.

그 반면에 프리드리히 바르바로사는 육로를 택하고 1189년 5월에 십자군 역사상 최대 규모인 10만~15만 명으로 추산되는 병력을 거느리고 라티스본을 출발했다. 당연히 그는 황제에게 자신의 의도를 알렸고 몇 개월 전에 뉘른베르크에서 비잔티움의 사자와 만나 협정까지 체결했다. 하지만 이사키우스는 그가 셀주크 술탄은 물론이고 발칸의 군주들과 결탁하고 있다는 것을 잘 알았다. 게다가 서방 황제가 니시에 도착했을 때 스테판 네만자가 그를 성대하게 영접했고, 그 자리에서 세르비아와 불가리아가 비잔티움에 등을 돌리고 프

---

* 프리드리히 1세는 이 통혼으로 시칠리아의 상속권을 얻는데, 그 덕분에 이후 호엔슈타우펜 왕가는 시칠리아에 아직 남아 있던 이슬람 문화의 정서에 익숙해졌다. 그 뒤 독일이 영방 국가 체제가 되면서 독일에서 몰락한 호엔슈타우펜 왕가는 아예 시칠리아로 근거를 옮긴다. 이리하여 시칠리아는 이슬람, 노르만, 게르만의 세 문화가 융합된 독특한 지역으로 발전하게 된다.

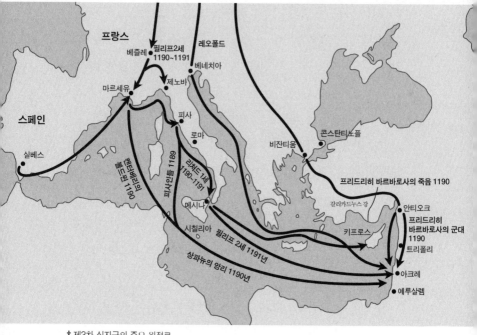

스페인

프랑스
베즐레
필리프2세
1190~1191
레오폴드
베네치아
제노바
마르세유
피사
로마
실베스
리처드 1세
1190~1191
필리프 2세
플랜타지넷
1189
캔터베리의
볼드윈 1190
콘스탄티노플
비잔티움
프리드리히 바르바로사의 죽음 1190
갈리카드누스 강
안티오크
메시나
키프로스
프리드리히
바르바로사의 군대
1190
시칠리아
필리프 2세 1191년
트리폴리
샹파뉴의 앙리 1190년
아크레
예루살렘

† 제3차 십자군의 주요 원정로.

리드리히에게 충성을 서약했다는 보고가 들어왔을 때 이사키우스의
우려는 더욱 커졌다.

어쨌든 황제는 전직 대사였던 콘스탄티누스 칸타쿠제누스와 요
한네스 두카스를 독일 궁정으로 보내 국경에서 서방의 대군을 맞게
했다. 그러나 그들은 황제가 지시한 대로 바르바로사를 영접하기는
커녕 오히려 그에게 자신들의 군주를 공격하라고 부추겼다. 프리드
리히는 크게 기뻐하면서 필리포폴리스를 마치 정복한 도시인 것처
럼 취급했다.

이제 이사키우스는 거의 공황 상태에 빠졌다. 그래서 그는 프리

드리히의 사절들이 그저 군대를 아시아로 수송해 달라는 의뢰를 하러 왔을 뿐인데도 이성을 잃고 그들을 감옥에 처넣어 버렸다. 아마 프리드리히가 어떤 책동을 부리지 못하도록 하기 위한 인질처럼 여겨졌던 듯하다. 이에 격노한 서방 황제는 독일에 머물고 있던 맏아들 하인리히에게 연락을 취해, 분열을 조장하는 그리스인들을 공격하는 일에 대한 교황의 축복을 받아 내고 함대를 모아 최대한 빨리 콘스탄티노플로 오라고 명했다. 또한 둘째아들인 슈바벤의 프리드리히에게는 트라키아의 도시 디디모티쿰을 저당 삼아 점령하게 했다. 그러자 이사키우스는 수도가 수륙 양면의 공격을 받게 되리라는 두려움에 결국 굴복했다.

겨울 동안 띄엄띄엄 논의가 지속된 결과 이사키우스는 프리드리히에게 보스포루스 대신 다르다넬스 해협을 건너는 조건이라면 병력 수송을 해 주고 아나톨리아를 횡단하는 데 필요한 식량을 공급해 주겠다고 했다. 물론 그의 의도는 십자군이 콘스탄티노플을 우회하도록 하기 위한 것이었다.

해협을 건넌 뒤 십자군은 필라델피아와 라오디케아, 그리고 마누엘 휘하 병사들의 유골이 여전히 전장에 흩어져 있는 미리오케팔룸을 거쳐 셀주크의 수도인 이코니움으로 향했다. 그동안 투르크 궁기병 무리에게 내내 시달린 탓에 프리드리히는 과거에 연락을 주고받았음에도 불구하고 지금 술탄은 십자군이 그의 영토를 무사히 통과하도록 놔두지 않으리라는 것을 알았다. 아니나 다를까, 술탄의 아들 쿠트브 아딘은 군대를 거느리고 와서 도시를 보호했다. 성벽 앞에서 전면전을 펼친 뒤에야 프리드리히는 도시에 입성할 수 있었다.

거기서 일주일간 휴식한 뒤 그는 다시 타우루스를 거쳐 해안 도시 셀레우키아로 향했다.

1190년 6월 10일 산악지대를 횡단하는 길고 험한 행군 끝에 프리드리히 바르바로사의 군대는 해안의 평지에 이르렀다. 살인적인 무더위였으니 셀레우키아를 거쳐 바다로 흘러드는 조그만 칼리카드누스[101] 강을 보고 병사들이 환호성을 올린 것은 두말할 것도 없다. 병사들과 약간 거리를 두고 선두에 있던 프리드리히는 말에 박차를 가해 강물 쪽으로 달렸다. 하지만 그게 그의 마지막 모습이었다. 물을 마시러 말에서 내렸다가 급류에 발을 헛디딘 걸까? 그의 말이 진흙을 딛고 미끄러져 그를 떨어뜨린 걸까? 아니면 차디찬 계곡의 물에 뛰어든 것이 일흔 살에 가까운 그의 지치고 늙은 몸에게 너무 큰 무리였을까? 이유는 알 수 없다. 그는 구조되었으나 때는 늦었다. 병사들이 강가로 와 보니 황제는 이미 강변에서 죽어 있었다.

그 즉시 군대는 와해되었다. 프리드리히의 아들 슈바벤 공작이 지휘권을 맡았지만 아버지를 대신하기에는 역부족이었다. 독일 귀족들은 대부분 유럽으로 돌아가 버렸고, 나머지는 우트르메르에서 그리스도교 세력의 수중에 유일하게 남아 있는 항구인 티레로 배를 타러 갔다. 잔여 병력은 식초로 대충 처리한 황제의 시신을 운반하며 행군하다가 매복에 걸려 상당수가 죽는 비극까지 겪으면서 시리아로 왔다.

간신히 안티오크에 닿은 생존자들은 더 이상 싸울 기력이 없었다. 그 무렵에는 또한 프리드리히의 시신도 병사들처럼 시들어 가고 있었다. 일단 병사들은 황제의 시신을 황급히 안티오크 대성당에 묻었다. 그 뒤로도 황제의 시신은 1268년 술탄 바이바르스가 이끄는 맘루크군이 도시의 모든 건물을 불태우고 도시를 송두리째 파괴해 버릴 때까지 78년이나 더 안티오크에 머물게 된다.

우트르메르로서는 다행히도 리처드와 존엄왕 필리프의 군대는 무사히 현지에 도착했다. 제3차 십자군 역시 예루살렘을 점령하지 못했으므로 최종적으로는 실패라고 평가되지만, 그래도 제2차 십자군만큼 수모를 당하지 않을 수 있었던 것은 리처드와 필리프의 덕분이 컸다. 이들이 되찾은 아크레는 맘루크에 의해 정복되기까지 근한 세기 동안 예루살렘 왕국의 수도가 되었다. 그러나 예루살렘은 이미 티레와 자파 사이의 좁은 해안 지대로 축소되어 한때 십자군이 팔레스타인을 지배했다는 희미한 흔적으로만 남았다. 한 세기 뒤인 1291년에 바이바르스에게 함락되었을 때 유일하게 놀라운 점이 있었다면 그토록 오래 존속했다는 사실이었다.

제 코가 석 자인 동방과 서방

1194년 크리스마스에 프리드리히 바르바로사의 아들 하인리히 6세는 9년 전에 콘스탄차 공주와 결혼한 것 덕분에 팔레르모 대성당에서 시칠리아의 왕위 계승을 위한 대관식을 치렀다. 그의 아내는 대관식에 참석하지 못했다. 나이 마흔에 첫 임신을 하게 된 그녀는 두 가지 일을 염두에 두고 있었다. 첫째는 아이를 무사히 낳는 것이었고, 둘째는 누구의 눈에도 의심할 바 없이 자신의 아이임이 드러나야 한다는 것이었다. 그녀는 시칠리아로의 여정을 미루지는 않았지만 굳이 서둘지는 않고 자신만의 시간을 즐겼다.

그러다가 앙코나의 서쪽으로 35킬로미터 지점인 예시라는 작은 마을에 이르렀을 무렵 그녀는 진통을 느끼기 시작했다. 그곳에서 남편의 대관식 다음날에 그녀는 마을 여성들 누구나 들어올 수 있도록 광장 한가운데에 커다란 천막을 치고 자신의 유일한 아들을 낳았다. 며칠 뒤 그녀는 천막 속에서 자랑스럽게 아들에게 젖을 물렸다. 그 아들인 프리드리히—그는 훗날 스투포르 문디Stupor Mundi, 즉 '세계의 경이'라는 별명을 얻게 된다—에 관해서는 이야기가 더 진행되면서 살펴보기로 하자.

프리드리히가 태어날 무렵 그의 아버지는 다시 새로운 십자군을 구상하고 있었다. 당연한 일이지만 하인리히는 아버지의 죽음에 이은 참패를 서방 제국의 수치로 여겼다. 그는 아버지가 살았더라면 예루살렘은 분명히 수복할 수 있었으리라고 확신했다. 따라서 그에게 십자군은 가문의 명예를 되살리기 위한 의무이기도 했다. 또한 그는 십자군을 통해 제국의 귀족들—속인과 성직자를 망라하여—에게서 자신의 위신을 세우고, 교황청과의 관계를 개선함으로써 간접적으로 시칠리아 신민들이 자신을 쉽게 받아들일 수 있도록 할 작정이었다. 그래서 1195년 부활절 주간에 그는 십자가를 짊어졌다.

부활절인 4월 2일에 바리에서 하인리히는 십자군을 소집한다고 공식적으로 발표했다. 그리고 며칠 뒤에는 이사키우스 황제에게 서한을 보내 십자군 원정을 방해하지 말고 협조할 것이며, 특히 함대를 준비해 달라고 단호하게 요구했다. 아울러 그 서신에는 예전에 시칠리아군이 점령했던 두라초에서 테살로니카까지 발칸 반도의 지역을 반환하라든가, 자기 아버지가 비잔티움의 영토를 지나갈 때 입은 피해를 보상하라는 등의 비현실적인 요구까지 포함되었다.

그 서신은 전형적인 서방 황제의 허세였으나 아쉽게도 수신자를 놓치고 말았다. 1195년 4월 8일—아마 하인리히가 그 서신을 쓴 날짜일 것이다—에 이사키우스 앙겔루스는 그의 형 알렉시우스가 선동한 쿠데타로 폐위된 것이다. 알렉시우스는 동생을 제위에서 끌어내리는 것에서 더 나아가 실명까지 시키고 자신이 제위에 올랐다. 이사키우스가 무능한 황제였다면 알렉시우스 3세는 그보다 한술 더 뜨는 인물이었다. 그는 우유부단하고 겁쟁이인 데다 행정 능력이라고는 전혀 없었으니 그런 그가 왜 제위를 탐냈는지조차 이해하기 어려울 정도였다. 이사키우스는 적어도 황제로서의 외적인 일에 관한 한 나름대로 열의를 보였으나 알렉시우스는 전혀 그렇지 않았다. 8년 간의 치세 동안 제국의 해체는 더욱 명백해졌고 그가 제위에서 물러날 무렵에는 전면적인 붕괴의 시점에 이르렀다.

하인리히 6세에게 콘스탄티노플의 정세 따위는 관심 밖이었다. 어차피 압력을 늦출 의도가 없었던 알렉시우스는 그가 전임 황제만큼 조종하기 쉬운 인물이라는 것을 알았다. 하인리히가 용병을 고용할 막대한 자금을 요구하자 겁에 질린 알렉시우스는 알라마니콘 Alamanikon, 즉 '독일세' 라는 특별세를 부과함으로써 백성들에게서 크게 인기를 잃었다. 그러고도 뜻대로 세금이 거두어지지 않자 그는 사도 성당에 안치된 역대 황제들의 무덤에서 귀중품들을 꺼내는 짓까지 저질렀다. 2년 뒤인 1197년 5월에 하인리히가 실명된 전 황제

이사키우스의 딸인 이레네(알렉시우스의 조카딸)를 멋대로 자기 동생인 슈바벤의 필리프와 결혼시킬 때도 알렉시우스는 아무런 반대도 하지 못했다. 그 정략 결혼에는 하인리히의 책략이 내포되어 있었다.

이레네는 예전에 레체의 탕크레드의 아들과 결혼한 적이 있었다. 그런데 레체의 탕크레드는 시칠리아 왕 굴리엘모의 서출 사촌으로서 왕의 사후에 왕위를 차지하여 비록 서출이지만 적통을 가지고 시칠리아를 다스리다가 4년여 만에 죽었다. 이사키우스가 그 부부를 자신의 상속자로 약속했다는 소문이 사실이든 아니든 그들의 결혼으로 하인리히는 그들의 권리를 옹호한다는 명분을 내세울 수 있었다. 그것은 제4차 십자군에서 필리프의 입지를 강화하는 데 큰 도움이 되었다.

하지만 제4차 십자군은 아직 구성되지 않았다. 그렇다면 1195년에 하인리히가 주창한 대규모 원정은 어떻게 된 걸까? 당시 독일의 유명인사들은 대부분 그의 호소에 적극 호응했다. 그래서 마인츠와 브레멘의 대주교에다 제국의 대법관인 힐데스하임의 주교를 포함한 아홉 명의 주교, 브라반트의 하인리히, 라인의 팔라틴 백작,* 브라운슈바이크의 하인리히, 오스트리아의 프리드리히, 달마치야의 베르톨트, 카린티아의 울리히 등 다섯 명의 공작, 그 밖에 수많은 하급

---

* 팔라틴 백작은 명칭만 백작일 뿐 작위라기보다는 관직이었다. 간단히 말하면 황제의 비서 또는 황궁의 집사와 같은 역할로, 주로 왕실의 법정과 재무에 관련된 업무를 담당했다. 그런 만큼 황제의 권력에 따라 팔라틴 백작의 위신도 함께 움직이게 마련인데, 강력한 권력을 지녔던 프리드리히 1세 때부터 팔라틴 백작도 막강한 지방 권력을 소유하게 되었다. 이 직함은 근세 초기까지 존속했으며, 그 흔적은 오늘날 독일 지명에서도 볼 수 있는 팔츠(Pfalz, 팔라틴 백작이 소유했던 영지)라는 이름으로 남아 있다.

귀족들도 동참을 선언했다.

　이들은 1197년 여름에 배를 타고 메시나를 출발한 뒤 곧바로 사라센의 적들을 향해 진격했다. 원정 초기는 비교적 성공적이었다. 그들이 북쪽으로 진출하자 시돈과 베이루트의 사라센은 도시를 파괴한 뒤 버리고 떠났다. 그러나 10월 말에 시칠리아에서 비보가 날아들었다. 시칠리아의 대규모 봉기를 진압하기 위해 남아 있던 하인리히가 9월 28일에 메시나에서 열병으로 죽었다는 소식이었다. 그러자 귀족들은 당장 귀국하여 이어질 권력 다툼에서 각자 자신의 이익을 챙기려 들었으며, 이로 인해 독일 지역에서는 내전이 발발했다. 그런 사정을 모르고 계속 전진하던 독일 병사들은 1198년 2월 초에 시나이에서 북상 중인 이집트군을 마주쳤을 때 갑자기 지도부가 자신들을 팽개쳐 버린 것을 깨닫고 대혼란을 일으켰다. 그들은 함대가 기다리고 있는 티레로 쏜살같이 달아났다. 이리하여 독일의 제2차 원정은 1차보다도 더 큰 대실패로 끝났다.

11

비잔티움을 정복한 십자군

1198년~1205년

그대들은 십자가를 어깨에 짊어졌다. 그 십자가와 성서에 대고 그대들은 폭력을 저지르지 않으며 좌우로 고개를 돌리지 않고 그리스도교의 땅을 통과하겠다고 맹세했다. 그대들의 적은 오로지 사라센이며, 사라센의 피만 요구한다고 그대들은 우리에게 분명히 말했다. ……

그러나 그대들은 십자가를 짊어지기는커녕 그것을 더럽히고 짓밟았다. 더없이 귀중한 진주를 찾는다고 말하면서도 실은 그 고귀한 진주를, 우리 주님의 육신을 진흙 속에 팽개쳤다. 오히려 사라센인들이 덜 불경스러울 정도였다.

니케타스 코니아테스 『알렉시우스 두카스』, IV, iv

음모가 뒤얽힌 원정 계획

12세기 말의 유럽은 극히 혼란스러운 상황이었다. 동방 제국과 서방 제국은 모두 조타수를 잃었고, 노르만령 시칠리아는 완전히 사라졌다.* 독일은 내전에 휩싸여 있었고, 잉글랜드와 프랑스는 독일보다는 덜 격렬하지만 1199년에 사자심왕 리처드가 죽은 이후 상속 문제를 놓고 분쟁을 벌이고 있었다.**

그리스도교권의 지도자들 가운데서는 오직 한 사람 교황 인노켄티우스 3세만이 제자리를 확고하게 지키고 있었다. 그는 1198년에 교황이 된 직후 십자군 원정을 재개할 것을 선포한 바 있었다. 원정군을 이끌 만한 왕들이 없다는 사실에도 그는 전혀 걱정하지 않았다. 그동안의 경험으로 봐도 군주들은 원정에 보탬이 되기는커녕 오히려 시시콜콜한 서열이나 의전 문제를 놓고 분란만 일으키기 일쑤였으니까. 따라서 몇몇 명망 귀족들이 동참 의사를 밝힌 것만으로도 충분했다. 교황이 계속 적절한 지원자를 모으고 있을 무렵 샹파뉴 백작 티발이 참여하겠다는 서신을 보내 왔다.

티발은 트루아 백작인 샹파뉴의 앙리의 동생이었다. 앙리는 1192
년 아말리크 1세의 딸 이자벨과 결혼한 이후 비록 왕은 아니지만 예
루살렘 왕국을 사실상 지배하다가 1197년 아크레의 궁전 창문에서
떨어지는 사고를 당했다. 티발은 앙리를 따라 팔레스타인에 가지는
않았으나 루이 7세의 손자이자 존엄왕 필리프와 사자심왕 리처드의
조카이기도 했으니, 말하자면 십자군의 피를 타고난 셈이었다. 게다
가 그는 패기와 야심에 찬 인물이었다. 엔에 있는 자신의 에크리 성
에서 마상 시합을 하던 도중에 그는 프랑스 각지를 순회하면서 동방
원정을 지지하고 다니던 유명한 전도사인 뇌이의 풀크를 만났다. 그
는 즉각 그 취지에 동의하고 교황 인노켄티우스에게 십자가를 지겠
다는 전갈을 보냈는데, 그보다 더 나은 지도자는 없었다.

하지만 그보다 더 큰 문제들이 앞에 놓여 있었다. 일찍이 사자심

---

* 독일의 호엔슈타우펜 왕조가 차지했으니까 이제부터는 노르만 왕조가 아니라는 뜻이다.
** 1154년에 프랑스의 앙주 가문이 통혼을 통해 잉글랜드의 왕조(플랜태저넷)가 된 이래로
잉글랜드와 프랑스는 사이가 좋지 않았다. 프랑스 내에 앙주 가문의 영토가 남아 있었기 때문
이다. 프랑스 왕은 상위 군주라는 형식상의 서열을 내세워 앙주 왕조를 지배하려 했고, 앙주
가문은 프랑스 내의 영토를 빼앗기지 않으려 했다(이 문제는 200년 뒤에 백년전쟁의 도화선
이 된다). 이랬으니 십자군에 동료로 참여한 리처드와 필리프의 사이가 어땠을지는 뻔하다.
더구나 필리프가 원정 도중 먼저 돌아와 리처드가 없는 틈에 앙주 소유 영토를 장악하려 하자
리처드에게도 십자군은 한가로운 짓이 되어 버렸다(이미 당시 유럽의 군주들은 종교적 대의
명분보다 현실적인 이해관계를 더 중시하고 있었다). 결국 리처드는 프랑스 북부에서 싸우다
전사했고, 프랑스와 잉글랜드의 다툼은 리처드의 뒤를 이은 동생 존(로빈 후드의 이야기로
잘 알려진 인물)이 계속 수행하게 된다. 이런 영토 문제에다 가문 간의 통혼으로 왕위 계승 문
제까지 겹쳐 당시 프랑스와 잉글랜드의 다툼은 대단히 복잡했다.

왕은 팔레스타인을 떠나기 전에 무슬림 동방의 약점이 이집트라고 보고 앞으로의 원정에서는 바로 이집트를 공략하는 데 힘을 집중해야 한다고 주장한 바 있었다. 그러자면 새 십자군은 해로를 통해 동방에 가야 했고 그러기 위해서는 많은 선박이 필요했는데, 그 선박들을 제공할 수 있는 곳은 단 하나 베네치아 공화국뿐이었다.

그래서 1201년 사순절 첫 주에 샹파뉴의 육군 원수인 빌라르두앵의 조프루아가 이끄는 여섯 명의 기사들이 베네치아에 갔다. 그들은 시의회의 특별 소집을 요청하고 일주일 뒤에 대답을 들었다. 공화국은 그들에게 기사 4500명과 그들의 말, 종자 9천 명,* 보병 2만 명을 수송해 주고 9개월분의 식량을 공급해 주겠다고 약속했다. 그 비용은 은화로 8만 4천 마르크였다. 그 밖에 베네치아는 나중에 정복지의 절반을 받는다는 조건으로 50척의 완전 무장한 갤리선을 무상으로 제공하겠다는 뜻을 밝혔다.

이런 응답을 조프루아 일행에게 전달한 사람은 베네치아의 도제인 엔리코 단돌로였다. 베네치아의 전 역사를 통틀어 단돌로만큼 놀라운 인물은 없다. 확실한 나이는 알 수 없지만, 1193년 1월 1일에 도제가 되었을 때 그는 이미 여든다섯 살의 노인인 데다 눈까지 먼 상태였다. 10년 뒤 콘스탄티노플의 성벽에서 그가 보여 준 힘과 용기를 생각하면 믿어지지 않는 이야기다. 설사 당시 그가 70대 중반이었다고 해도 제4차 십자군 시기에는 팔순을 눈앞에 두고 있었을 것이다. 헌신적이고 거의 광적인 애국심에 불탔던 그는 베네치아를

---

* 기사 한 명에는 보통 종자가 두 명이다.

위해 평생을 바쳤으며, 1172년에는 공화국 사절단의 일원으로 마누엘 콤네누스와의 실패한 강화 협상에 참가하기도 했다.

그는 이 무렵에 시력을 잃은 걸까? 그와 성이 같은 후대의 역사가인 안드레아 단돌로에 의하면 엔리코는 오만하고 고집스러운 성품으로 마누엘과 불화를 빚은 탓에 체포되어 부분적인 실명의 형벌을 받았다고 한다. 반면에 동시대인으로서 더 믿을 만한 문헌―『알티노 연대기』의 부록―에 따르면 콘스탄티노플로 가는 베네치아의 다음 사절단은 이전 사절단이 무사히 귀환한 뒤에야 출발했다고 한다.

우리가 아는 마누엘의 성격과 당시 베네치아에서 특별히 거센 항의가 있었다는 기록이 없는 것으로 미루어볼 때, 황제가 불쾌히 여겼다고 해서 실명의 형벌을 가하지는 않았을 것으로 생각된다. 또 다른 설[102]에 의하면 콘스탄티노플에서 단돌로는 어떤 싸움에 끼어들었다가 눈을 심하게 다쳤다고 한다. 하지만 『알티노 연대기』에 비추어 보면 이것 역시 가능성이 희박하다. 게다가 이미 그때도 그는 혈기 왕성한 젊은이가 아니라 오십 줄에 들어선 노련한 외교관이었다. 어쨌든 30년 뒤에도 사실이 분명히 드러나지는 않았던 모양이다. 그를 잘 알았던 빌라르두앵의 조프루아는 이렇게 말했기 때문이다. "그의 눈은 정상적으로 보이지만 실은 머리를 다친 뒤로 시력을 잃어 눈앞의 손마저 볼 수 없었다."

후대의 우리에게는 다행히도 조프루아는 십자군 자체만이 아니라 십자군을 준비하는 협상 과정에 관해서도 상세한 기록을 남겨 주었다. 지위상으로 봐도 그보다 더 적임자가 없었고 그 시대에 그보다 더 잘 기록할 수도 없었다. 그의 문체는 명확하고 간결했으며, 시

† 베네치아의 산마르코 대성당의 내부.

작 부분에서 당시 베네치아의 민주주의에 관해 생생하게 서술하고
있다. 이를테면 그는 이렇게 기록한다.

산마르코 대성당에는 적어도 1만 명의 군중이 모였다. 미사곡을 듣고
신께 안내해 달라고 기도하는 장면은 무척 아름다운 광경이었다. 미사
가 끝나고 도제는 사절들을 불러 그들이 직접 군중에게 요청하라고 부
탁했다. 샹파뉴의 육군 원수인 빌라르두앵의 조프루아가 다른 사람들
의 동의를 얻어 연설을 시작했다. …… 그러자 도제와 군중은 두 손을
쳐들고 한 목소리로 외쳤다. "우리는 동의한다! 우리는 동의한다!" 그
소리가 워낙 커서 마치 발아래 땅이 흔들리는 듯했다.

그 이튿날에 계약이 체결되었다. 조프루아는 그 협정에서 이집트

가 첫째 목적지라는 말은 하지 않았다. 그 이유는 설명하지 않지만, 그와 그의 동료들은 그 사실이 밝혀질 경우 사람들이 실망할까 봐 걱정했을 것이다(실제로 타당한 우려였다). 일반 대중은 예루살렘만이 십자군의 목적지라고 여겼고 다른 데서 시간을 낭비할 이유가 없다고 생각했기 때문이다. 더욱이 이집트 원정을 하려면 적진의 해안에 위험하게 상륙할 수밖에 없으므로 그리스도교권의 아크레에 조용히 정박했다가 전투가 벌어지기 전에 귀환하는 것과는 전혀 달랐다.

또한 베네치아인들은 그들대로 비밀이 있었으므로 그 사기극에 협조하게 된 것에 만족했다. 바로 그 순간 카이로에 가 있던 베네치아 대사들은 이집트와 대단히 유리한 입장에서 통상 협정을 논의하고 있었던 것이다. 그 논의에서 그들은 이집트에 대한 공격에 결코 가담하지 않기로 되어 있었다.

물론 훨씬 더 큰 이득이 달려 있는 십자군 계획에 그런 사정까지 반영된 것은 아니었다. 양측은 1년 뒤인 1202년 6월 24일 성 요한 축제일에 모든 십자군 병사들이 베네치아에 모여 출발하는 것으로 결론을 지었다.

원정의 목표는 성지 탈환이 아니다

엔리코 단돌로가 어떻게 프랑크 십자군을 이집트로 수송하지 않기로 했는지는 알 수 없다. 아마 그는 이집트 계획을 서방의 나라들에게 조금씩 누설했고 이것이 순식간에 모두가 아는 사실이 되어 버렸을 것이다. 하지만 만약 그가 그 사실에 대한 민중의 반응 때문에 십자군 지도자들이 마음을 바꾸리라고 믿었다면 그것은 오산이었다. 오히려 마음을 바꾼 것은 지도자들이 아니라 십자군 병사들이었다. 행선지에 관한 소식을 듣고 많은 사람들이 십자군 자체를 거절해 버렸다. 차라리 개별적으로 팔레스타인까지 가기로 마음먹고, 마르세유에서 아풀리아의 항구까지 타고 갈 배편을 알아보는 사람들도 많았다. 그래서 약정된 날짜에 베네치아에 모인 병력은 애초 예상했던 것의 3분의 1도 안 되는 규모였다.

예정대로 도착한 사람들에게 그 상황은 난감하기 짝이 없었다. 베네치아 측은 제 몫을 충실히 이행했다. 약속대로 전함들로 구성된 함대가 편성되어 있었을 뿐 아니라 모인 병력의 세 배 규모를 수용하기에 충분한 수송선들도 준비되어 있었다(조프루아는 그렇게 화려하고 아름다운 배는 본 적이 없었다고 말한다). 그렇게 수가 크게 모자라다 보니 자연히 십자군 측은 베네치아에 약정했던 돈을 지불할 수 없는 형편이었다. 지도자인 몬페라토 후작 보니파키우스―샹파뉴의 티발은 그 전해에 빌라루두앵이 돌아온 직후에 죽었다―가 조금 늦게 베네치아에 도착했을 때는 이미 원정군 전체가 위기에 처해 있었다.

베네치아인들은 돈을 받기 전에는 단 한 척의 배도 출항시키지 않겠다고 버티고 있었다. 심지어 그들은 대기 중인 군대에 대한 식량 공급도 끊겠다고 별렀다. 대다수 병사들이 부두에 갇혀 시내에 발도 디밀지 못하고 있었으므로 정말 그렇게 한다면 심각한 문제였다. 병사들을 도시에 들이지 않은 조치는 일부러 화나게 하려는 의

도가 아니라 도시에서 소요 사태가 일어나거나 전염병의 확산을 방지하기 위한 것이었다. 어쨌든 그 때문에 사정은 더욱 악화되었다. 보니파키우스부터 사재를 털자 다른 기사들과 귀족들도 뒤를 따랐고 병사들조차도 가진 것을 모두 내놓았다. 그러나 금과 은으로 된 식기류까지 모았어도 모금된 금액은 약정된 금액보다 3만 4천 마르크나 모자랐다.

돈이 조금씩 들어오는 동안에도 노회한 단돌로는 계속 십자군의 마음을 졸이게 만들었다. 그러다가 마침내 더 이상 나올 게 없어지자 그는 한 가지 제안을 했다. 베네치아의 도시인 차라[103]가 얼마 전에 헝가리에게 함락되었으니, 정식으로 원정을 출발하기 전에 프랑크인들이 베네치아를 도와 그 도시를 수복할 수 있게 해 준다면 채무 이행을 연기해 주겠노라는 제의였다. 그것은 아주 고약한 제안이었으며, 그 소식을 전해 들은 교황 인노켄티우스도 그 제안을 수락하지 말라고 긴급히 전갈을 보냈다. 그러나 교황도 나중에 사정을 이해하게 되지만 십자군에게는 선택의 여지가 없었다.

그 뒤 산마르코 대성당에서 행사가 열렸는데, 단돌로는 고령에도 불구하고 행사를 우

† 도제 엔리코 단돌로가 플랑드르의 보두앵 황제에게 제관을 씌워주는 모습. 1204년에 제작된 파양스 접시(베네치아, 코레르 시립박물관).

아하게 집전했다. 그리고 십자군의 지도부를 포함하여 성당에 모인 군중에게 그는 일장 연설을 했다. 당시 행사에 참석했던 빌라르두앵의 조프루아는 그의 연설을 다음과 같이 기록했다.

"여러분은 지금 세상에서 가장 고결한 일을 하고자 하는, 세상에서 가장 훌륭한 사람들과 함께 있습니다. 나는 지금 늙고 약한 몸입니다. 내 몸은 건강하지 못하므로 휴식이 필요합니다. 하지만 어느 누구도 나처럼 여러분을 다스릴 수 없다는 것을 압니다. 그러므로 여러분이 나의 지휘를 허락하고 십자가를 받아들여 스스로 방어한다면, 나는 내 아들에게 공화국의 정치를 맡기고 여러분과 순례자들과 함께 살고 죽을 준비가 되어 있습니다."

사람들은 그 말을 듣자 한 목소리로 외쳤다. "우리는 당신이 이 일을 마치고 우리와 함께하리라고 신께 기도합니다!"

말을 마치고 그는 연단에서 내려와 제단으로 올라가서는 무릎을 꿇고 흐느꼈다. 그리고 모든 사람이 지켜보는 가운데 자신의 커다란 면직 모자에 십자가를 수놓게 했다.

이렇게 해서 1202년 11월 8일 제4차 십자군이 베네치아를 출발했다. 하지만 "주홍색 선체에 광택 있는 주홍색 차일이 위에 펼쳐져 있고 뱃머리에서 심벌즈가 울리며 나팔수 네 명이 나팔을 부는" 갤리선을 타고 도제가 직접 이끄는 그 480척의 함선은 이집트로도, 팔레스타인으로도 가지 않았다. 불과 일 주일 뒤에 군대는 차라를 정복하고 유린했다. 곧이어 십자군의 미래를 예견하게 해 주듯이 전리품의 배분을 놓고 프랑크인과 베네치아인 사이에 싸움이 일어났다. 하지만 이내 양측은 타협을 이루고 도시의 서로 다른 구역에서 겨울을 나기로 했다. 한편 그 사태에 관한 소식을 전해 들은 교황은 격노하여 십자군 전체를 파문해 버렸다. 나중에는 베네치아인들에 대해서만 파문을 내렸지만, 십자군은 이미 첫 단추부터 잘못 뀐 셈이었다.

그러나 최악의 사태는 그 이후였다. 새해 초에 보니파키우스는 슈바벤의 필리프에게서 서신을 받았다. 필리프는, 바르바로사의 아들이자 5년 전에 서방의 제위를 비워 두고 죽은 하인리히 6세의 동생이었으며, 폐위되고 실명된 동방 황제 이사키우스 앙겔루스의 사위이기도 했다. 그 전해에는 이사키우스의 젊은 아들 알렉시우스가 감옥에서 도망쳐 필리프의 궁정으로 도피한 바 있었다. 보니파키우스는 베네치아로 떠나기 직전에 그곳으로 간 적이 있었는데, 거기서 세 사람은 아마 지금 필리프가 서신에서 공식적으로 제안하는 계획의 얼개를 짰을 게 틀림없다.

그 제안의 내용은 이러했다. 십자군이 젊은 알렉시우스를 콘스탄티노플로 호송해 가서 찬탈자인 그의 큰아버지 알렉시우스(알렉시우스 3세)를 내쫓고 그를 비잔티움의 제위에 올려 준다면, 알렉시우스는 이집트 정복의 비용을 제공하고, 자비로 병사 1만 명과 기사 500명을 성지에 주둔시키겠다는 것이다. 덧붙여 알렉시우스는 콘스탄티노플 교회를 로마 교회의 관할로 하겠다는 약속도 했다.

보니파키우스는 그 계획에 두 손을 들어 환영했다. 그렇게 한다면 십자군 자체에도 장기적인 이익이고 베네치아에 채무를 갚을 수

† 제4차 십자군은 1203년과 1204년 두 차례에 걸쳐 콘스탄티노플을 정복했다.

있는 기회가 될 뿐 아니라 상당한 개인적 이득도 취할 수 있다고 보았기 때문이다. 그가 단돌로에게 그 구상을 밝히자 늙은 도제도 열렬히 환영했다. 그는 파문을 받고도 전혀 기가 죽지 않았다. 베네치아가 교황의 뜻을 거역한 것은 이번이 처음도 아니었고 마지막도 아닐 터였다. 젊은 시절의 군사 · 외교적 경험으로 그는 비잔티움을 몹시 싫어하고 있었다. 게다가 현재의 황제는 전임 황제가 허가한 통상 특혜를 연장하는 일에 무척 까다롭게 굴었다. 제노바나 피사와의 경쟁이 갈수록 치열해지고 있었으므로 베네치아가 예전처럼 동방의 시장을 다시 장악하려면 모종의 조치가 필요했다. 또한 그 계획에 따른다면 이집트 원정도 연기할 수 있어 좋았다.

십자군은 그 바뀐 계획을 예상보다 더 환영했다. 일부는 노골적으로 반대하고 자기들끼리 팔레스타인으로 떠나기도 했지만, 대다수는 십자군의 재정이 튼튼해지고 그리스도교권을 통일할 수 있으리라는 생각에서 적극 지지했다. 교회 대분열 이후—실은 그 이전에도—비잔티움인들은 서방인들에게 인기가 없었다. 이전 십자군 원정에서도 그들은 기여한 게 없을 뿐 아니라 오히려 몇 번이나 그리스도교의 대의를 저버리고 배신했다. 그러므로 알렉시우스 청년이 적극적인 협조를 약속한 것은 환영할 만한 변화였고 결코 무시할 일이 아니었다.

마지막으로 십자군 지도자처럼 개인적인 이득을 노리고 원정에 참여한 병사들도 있었다. 보통 프랑크인은 비잔티움에 관해 전혀 알지 못했으나 막대한 금은보화에 관한 이야기는 누구나 들어서 알고 있었다. 그리스도의 십자가를 기치에 내걸었든 그렇지 않았든 중세의 군대에게 전설적인 부자 도시는 단 한 가지를 의미했다. 그것은 바로 약탈이었다.

비잔티움을 점령한 십자군

알렉시우스 청년은 4월 말에 차라에 도착했다. 며칠 뒤 함대가 출발했다. 함대는 두라초와 코르푸에 들렀는데, 두 곳에서 모두 알렉시우스는 동방 황제로 추대되었다. 그리하여 1203년 6월 24일, 베네치아에서 십자군이 소집된 지 꼭 1년 만에 함대는 콘스탄티노플에 닻을 내렸다. 십자군은 동방의 수도를 보고 깜짝 놀랐다. 조프루아는 이렇게 전한다.

전에 콘스탄티노플을 한번도 본 적이 없는 병사들이 어떤 표정이었을지 상상해 보라. 그 높은 성벽과 완전한 원형을 이루고 있는 튼튼한 망루, 화려한 궁전들과 하늘을 찌를 듯한 성당들—너무나 많아서 직접 눈으로 보지 않았다면 믿지 않았을 것이다—도시의 엄청난 길이와 너비, 병사들은 이 세상에 그렇듯 부유하고 웅장한 곳이 있다는 것을 알지 못했다. 그런 모습을 보고 전율하지 않을 만큼 대담한 사람은 없을 것이며, 또한 천지가 창조된 이래 그처럼 대단한 광경은 없을 것이다.

알렉시우스 3세는 십자군 원정에 관해 수도 없이 경고를 받았지만, 수도의 방어 태세를 전혀 갖추지 않았다. 16년 전에 그의 어리석은 동생(이사키우스 2세)이 베네치아에 조선업 전체를 위탁해 버린 이후 조선소는 놀다시피 했다. 또한 황제의 비서를 지낸 덕분에 사정을 잘 알고 있었던 니케타스 코니아테스에 의하면, 황제의 친척인 제독은 황제의 묵인 아래 나머지 선박들의 닻과 돛과 삭구를 모조리 팔아먹었으므로 배라고 해 봤자 내항에서 선체만 남은 채 썩어 가는 폐선들이 고작이었다. 그랬으니 대규모 함대가 성벽 아래를 지나쳐 보스포루스 어귀에 모습을 드러냈을 때 황제와 백성들은 넋이 나간 채 지켜볼 도리밖에 없었다.

침략군은 특별히 서둘지 않고 포위를 시작하면서 먼저 보급품을 보충하기 위해 해협의 아시아 쪽 해안, 칼케돈의 여름궁전 부근에 상륙했다. 빌라르두앵은 이렇게 쓴다. "인근 지역은 상당히 비옥했다. 갓 수확한 곡식 다발이 들판에 널려 있어 필요한 만큼 가져갈 수 있었다." 거기서 그들은 소규모 그리스 기병대의 형식적인 공격을 쉽게 물리쳤으며—그들은 첫 공격에 달아났으나 적의 전력을 점검하는 게 목적이었다—황제가 보낸 사자도 간단히 돌려보냈다. 그들은 사자에게, 황제가 당장 조카에게 제위를 넘긴다면 자신들이 조카에게 부탁해서 황제를 용서해 주고 관대하게 처분하도록 해 주겠다고 말했다. 또한 그렇게 하지 않으려거든 더 이상 사자를 보내지 말고 도시의 방어에나 신경을 쓰라고 으름장을 놓았다.

7월 5일 동이 트자마자 그들은 보스포루스를 건너와 갈라타 아래쪽, 황금뿔의 북동부에 상륙했다. 갈라타는 주로 외국 상인들의 조계였으므로 성벽이 없었다. 요새라고는 하나뿐인 원형 망루가 전부였는데, 이것은 쇠사슬로 된 거대한 원치를 오르내려 황금뿔의 입구를 여닫는 용도로 사용되었기 때문에 매우 중요했다.[104] 그 망루를 방어하기 위해 상당한 규모의 병력이 소집되었고 다소 놀랍게도 황제가 몸소 선두에 섰다.

앙겔루스 왕조의 치하에서 제국군의 사기가 크게 떨어진 탓에 장담할 수는 없겠지만, 그래도 다른 사람이 지휘했더라면 혹시 더 효과적인 방어가 가능했을지도 모른다. 모두들 알렉시우스가 어떻게 권력을 손에 넣었고 그의 사람됨이 병사들의 애정이나 충성을 받기에는 턱없이 모자란다는 것을 잘 알고 있었다. 어쨌든 지원군은 100여 척의 선박에서 신속하고 정확하게—베네치아인들은 효율성을 최고로 쳤다—쏟아져 나오는 병력, 말, 장비를 보고 잔뜩 겁에 질렸다. 십자군의 선두 대열이 공격을 위해 창을 겨누자마자 그들은 몸을 돌려 재빨리 내뺐고 여기서도 역시 황제는 선두에 섰다.

갈라타 망루 자체의 방어군은 24시간 동안이나 용감히 싸웠지만 이튿날 아침에는 결국 항복할 수밖에 없었다. 베네치아 수병들이 윈치를 풀자 길이 500미터에 이르는 거대한 쇠사슬이 황금뿔 어귀의 바다 속으로 철퍼덕 하고 잠겨 버렸다. 곧이어 함대가 밀려 들어와 내항에 있던 비잔티움의 쓸 만한 선박들을 모조리 파괴했다. 이것으로 해군은 간단히 승리했다.

하지만 콘스탄티노플은 함락되지 않았다. 황금뿔의 해안까지 뻗어 있는 성벽은 육중한 육로성벽보다 약하지만 튼튼하게 방어되고 있었다. 비잔티움군은 그때까지 볼 수 없었던 용기와 각오를 되찾기 시작했다. 수도가 생겨난 이후 900년을 통틀어 외국 침략자들에게 함락된 적은 한번도 없었다. 제국군은 지금도 수도가 함락된다는 것은 생각하지도 않았다. 이윽고 눈앞에 닥쳐온 위기를 분명하게 인식하게 된 그들은 확고한 임전 태세를 갖추었다.

공격은 비잔티움의 방어망이 가장 약한 곳으로 집중되었다. 그곳은 육로성벽과 황금뿔의 해안선이 만나는 곳, 바로 콘스탄티노플의 가장 북서쪽에 위치한 블라케르나이 궁전의 정면이었다. 7월 17일 목요일 아침 이곳을 향해 육지와 바다에서 동시에 공격이 시작되었다. 베네치아의 선박들은 공성 장비의 무게 때문에 뱃전 가까이까지 물에 잠겼다. 함선의 앞 갑판에는 1미터 간격으로 설치한 밧줄로 배다리와 사다리를 묶어 선반처럼 매달고 그 위에 쇠뇌와 투석기를 싣고 있었던 것이다. 육로 공격을 맡은 프랑크군은 처음에 도끼를 휘두르는 잉글랜드와 덴마크의 바랑인 경비대의 저항을 받고 패퇴했다. 그날의 승리를 결정지은 것은 베네치아군이었으며, 더 구체적으로는 바로 엔리코 단돌로였다.

늙은 도제의 용기를 말해 주는 사람은 편견이 섞인 후대 공화국의 역사 편찬자가 아니라 프랑크인의 목격자, 즉 빌라르두앵의 조프루아다. 그는 베네치아의 군대가 너무 해안에 가까이 있는 탓에 뱃머리의 사다리를 지키는 병사들은 제국의 방어병들과 육박전을 벌여야 했지만, 그런 상황에서도 그들은 적진에 상륙하기를 꺼렸다고 말한다.

바로 그때 정말 대담한 장면이 벌어졌다. 늙고 눈까지 먼 베네치아 공작은 완전무장을 하고 산마르코*의 깃발을 든 채 갤리선의 뱃머리에 우뚝 서서 병사들에게 배를 해안으로 몰라고 다그쳤다. 배가 해안에 이르자 그는 병사들과 함께 배에서 뛰어내려 깃발을 자기 앞의 땅바닥에 꽂았다. 다른 병사들은 산마르코의 깃발과 도제의 갤리선이 해안에 닿아 있는 것을 보고는 부끄러워하며 그의 뒤를 따라 해안으로 향했다.

공격이 힘을 얻자 방어하는 측의 승산이 없다는 게 곧 분명해졌다. 오래지 않아 단돌로는 프랑크 동맹군에게 성벽을 따라 늘어선 스물다섯 개의 망루를 모조리 장악했다는 전갈을 보낼 수 있었다. 그 무렵에 베네치아군은 성벽의 갈라진 틈을 통해 시내로 진입하기

* 산마르코 대성당이라는 이름에서도 알 수 있듯이 산마르코는 신약성서 중 『마가복음』의 저자인 마가를 가리킨다. 그는 우연한 계기로 베네치아 공화국의 수호성인이 되었다. 그는 1세기에 이집트의 알렉산드리아에 그리스도교를 전도하고 주교를 지내다가 거기서 죽었는데, 9세기 초에 베네치아 상인 두 명이 그의 유골을 가지고 귀국한 탓에 베네치아와 인연을 맺게 된 것이다(800년 전의 유골이라니 '진품' 인지는 의심스럽지만).

시작했다. 이들은 목조 주택에 불을 지르며 블라케르나이 지구를 온통 불바다로 만들었다. 그날 저녁 알렉시우스 3세는 비밀리에 도시를 빠져나갔다. 아내와 자식들은 모두 알아서 하라고 팽개쳤지만, 총애하는 딸 한 명과 그 밖에 몇 명의 여자들, 그리고 금 5톤과 보석한 자루를 챙겨 갔다.

동방 제국을 손에 넣은 서유럽

이제 비잔티움은 역사상 최대의 위기를 맞아 황제마저 없는 상태가 되어 버렸다. 황급히 소집된 정부 회의에서는 늙은 이사키우스 앙겔루스를 서둘러 감옥에서 풀어 내 다시 제위에 앉혔다. 형에게서 받은 형벌 때문에 그는 단돌로보다도 더 심한 맹인이었고 딱할 만큼 무능한 지배자였으나, 그래도 적법한 황제가 복위되었으므로 비잔티움 측에서는 십자군이 더 이상 개입할 근거가 사라졌다고 믿었다. 어떤 면에서는 사실이었지만 아직 젊은 알렉시우스가 보니파키우스와 도제에게 한 약속을 어떻게 이행하느냐는 문제는 남았다. 이사키우스는 자기 아들을 공동 황제로 삼아 그 문제를 매듭지었다. 그제야 비로소 십자군과 베네치아는 두 사람을 정식으로 승인했고, 황금뿔의 갈라타 쪽으로 물러가 약정된 보수를 기다렸다.

1203년 8월 1일에 알렉시우스 4세 앙겔루스는 아버지와 함께 제관을 쓰고 실권을 얻었다. 그러자 이내 그는 지난 봄에 차라에서 성급히 한 약속을 후회하기 시작했다. 큰아버지가 흥청망청 돈을 쓴 탓에 국고가 텅 비어 있었던 것이다. 할 수 없이 그는 새로 세금을 부과했는데, 자신들의 돈이 어디에 사용될지 뻔히 아는 백성들은 노골적으로 불만을 터뜨렸다. 또한 그가 성당을 장식하고 있는 금을 거두어 녹이려 하자 교회는 발칵 뒤집혔으며, 콘스탄티노플 교회를 혐오스러운 로마 교황에게 복속시키려는 그의 계획이 탄로나자 교회의 분노는 극에 달했다.

가을에서 겨울로 넘어가면서 황제의 인기는 점점 추락했고, 가까운 곳에서 탐욕스러운 눈길로 바라보고 있는 프랑크군은 점점 긴장감을 고조시켰다. 그러던 어느 날 밤에 십자군 병사들 몇 명이 도시를 돌아다니다가 성 이레네 성당 뒤편의 사라센 지구에 있는 조그만 모스크를 약탈하고 불을 질러 잿더미로 만들어 버리는 사건이 일어났다. 그 불길이 걷잡을 수 없이 번져 이후 48시간 동안 콘스탄티노플은 근 7세기 전 유스티니아누스 시절 이래 최대 규모의 화재에 휩싸이게 되었다.

황제가 달아난 큰아버지를 잡으러 갔다가 실패하고 돌아왔을 때 수도는 폐허로 변했고 백성들은 외국인들과 거의 전쟁에 돌입하기 직전이었다. 상황은 극한에 달해 있었다. 며칠 뒤 십자군 세 명과 베네치아인 세 명으로 된 대표단이 황제에게 와서 빚진 돈을 즉각 내놓으라고 따졌지만 황제는 속수무책이었다. 대표단의 일원이었던 빌라르두앵은 그들 일행이 황궁에 들어갔다 나오는 동안 군중으로부터 폭행을 당할 뻔했다고 말한다. "이리하여 전쟁이 시작되었고, 양측은 상대방에게 바다와 육지를 통해 최대한의 피해를 입혔다."

얄궂게도 이 전쟁은 십자군 측도, 그리스 측도 원치 않았다. 콘스탄티노플 시민들이 원하는 것은 한 가지밖에 없었다. 자신들이 사랑하는 도시를 파괴하고 모든 것을 쥐어짜려는 이 서유럽의 흉적들을 영원히 제거해 버리고 싶다는 심정뿐이었다. 한편 프랑크인들은 자신들이 고향을 떠나온 이유를 잊지 않았다. 그들은 어서 빨리 이교도들을 처단하러 가야 할 마당에 이 멍청하고 나약한 시민들 때문에 시간만 죽이고 있어야 한다는 것에 분개했다. 설사 그리스인들이 채무를 다 해결한다 해도 그들에게 물질적으로 이득이 될 것은 없었다. 그들은 그 돈을 받아 베네치아에게 진 빚을 갚아야 했으니까.

요컨대 모든 사태를 해결하는 열쇠는 베네치아에, 더 정확히 말하면 엔리코 단돌로에게 있었다. 그는 언제든 함대에게 출발하라는 명령을 내릴 수 있었다. 그렇게만 해 준다면 십자군도 안도의 한숨을 쉴 테고 비잔티움인들도 환호성을 지를 터였다. 그전까지 단돌로는 어떻게든 프랑크인들이 알렉시우스에게서 약속한 돈을 받아내야만 자신의 빚도 받을 수 있으리라는 생각만 하고 있었다. 그러나 이제 그는 돈 따위는 잊어 버렸다. 십자군 자체도 별로 중요하지 않았다. 그는 바로 더 큰 목적, 즉 비잔티움 제국을 타도하고 콘스탄티노플의 제위에 베네치아의 꼭두각시를 앉히는 일에 관심을 가지고 있었다.

그래서 평화적 해결의 가능성이 희박해지자 단돌로는 프랑크 동맹군에게 다른 의미의 충고를 하기에 이르렀다. 이제 이사키우스와 알렉시우스에게서 더 이상 기대할 게 없고 오히려 그들은 자신들에게 제관을 씌워 준 친구들을 서슴없이 배신하려 한다. 따라서 십자군이 빚을 받으려면 콘스탄티노플을 무력으로 정복하는 수밖에 없다. 그렇게 해도 도덕적 문제 따위는 없다. 자기들부터 신의를 저버린 앙겔루스 부자는 남의 신의를 따질 자격이 없기 때문이다. 일단 시내로 쳐들어가서 십자군 지도자들 중 한 사람을 황제로 앉히면 십자군이 베네치아에게 진 빚을 해결할 수 있고 십자군의 재정도 한층 확충할 수 있다. 이것은 두 번 다시 오지 않을 좋은 기회다. 단돌로는 이렇게 부추겼다.

한편 콘스탄티노플에서도 알렉시우스 4세가 물러나야 한다는 의견이 팽배해졌다. 1204년 1월 25일에는 원로원 의원, 성직자, 일반 백성들이 알렉시우스를 폐위하고 후임자를 선출하기 위해 소피아 대성당에 모였다. 사람들은 사흘 동안이나 결론을 내지 못하다가 결국 니콜라우스 카나부스라는 보잘것없는 사람─게다가 본인도 고사했다─을 발탁했으나, 그 회의를 계기로 당시 비잔티움에서 유일하게 진정한 실력을 지닌 인물이 실권을 장악했다.

알렉시우스 두카스─두 눈썹이 검고 숱이 많은 데다 한가운데가 붙어 있는 까닭에 무르주플루스라는 별명으로 불렀다─는 이미 황제 두 명을 배출한 적이 있는 명문 귀족 출신이었으며, 프로토베스타리우스protovestarius라는 관직에 올라 황제의 처소에 마음대로 출입할 권리를 가지게 되었다. 어느 날 한밤중에 그는 황제의 침실로 가서 백성들이 반란을 일으켰다며 황제를 깨웠다. 그러고는 유일한 탈출구라면서 황제의 몸을 긴 외투로 감싼 뒤 옆문으로 황궁을 나와 동료 공모자들이 기다리고 있는 곳으로 데려갔다.

그 불행한 젊은이는 족쇄로 손발이 묶인 다음 지하 감옥에 감금되었다. 거기서 그는 두 차례 독살 기도를 넘겼으나 결국 활줄로 교살되었다. 비슷한 시기에 그의 눈먼 아버지도 죽었다. 빌라르두앵은 그의 책 전체에서 볼 수 있는 특유의 순진한 태도로, 이사키우스가 아들이 죽었다는 소식에 갑작스럽게 병에 걸려 죽었다고 말한다. 병이라는 게 그렇듯 편리하게 생길 수 있느냐는 의문은 그에게 떠오르지 않은 듯하다.[105]

이렇게 경쟁자들을 제거한 뒤―니콜라우스 카나부스는 애초부터 나오지 말았어야 할 은둔지로 되돌아갔다―무르주플루스는 소피아 대성당에서 알렉시우스 5세로 즉위했다. 그는 곧바로 그동안 제국에 결핍되어 있었던 지도자의 자질을 보여 주기 시작했다. 십자군이 온 뒤 처음으로 성벽과 망루에 제대로 병력이 배치되었고 인부들이 밤낮으로 땀을 흘려 성벽을 보강하고 더 높이 돋웠다. 프랑크인들에게는 그 사태의 의미는 분명했다. 더 이상 협상은 없을 테고 새 황제가 채무 이행의 책임을 지지도 않을 터였다. 이제 십자군에게는 단 한 가지, 수도를 완전히 장악하는 방법밖에는 없었다. 무르주플루스는 제위를 찬탈했을 뿐 아니라 비난받아 마땅한 살인자였으므로 십자군은 적법한 황제이자 자신들의 동맹자였던 알렉시우스 4세를 대할 때보다 더 강경하게 나갈 수 있었다.

수도를 완전히 장악하는 것은 이미 몇 개월 전부터 단돌로가 주장해 오던 것이었다. 무르주플루스의 쿠데타가 일어난 이후 늙은 도제는 자연스럽게 베네치아와 프랑크 양측으로부터 전체 원정의 지도자로 인정받기에 이르렀다. 몬페라토의 보니파키우스는 자신의 영향력을 유지하기 위해 애를 썼고 서방 황제의 지위에 다가서 있었으므로 어느 때보다도 자신이 지도자가 되어야 할 필요성이 있었다.

그러나 그는 알렉시우스 4세와 너무 가까웠던 탓에 황제가 폐위되자 평판이 상당히 깎였다. 게다가 보니파키우스는 제노바와 연계되어 있었으며, 단돌로도 그 사실을 잘 알았다.

3월 초에 갈라타의 진영에서는 몇 차례 회의가 열렸다. 주요한 논의 사항은 공격 계획에 관한 것보다는—비록 무르주플루스가 방어를 강화했다고는 하지만 그들은 공격의 성공을 기정사실처럼 여겼다—제국을 정복한 이후 어떻게 운영할 것인가 하는 문제였다.

논의 결과 십자군과 베네치아 양측이 각각 여섯 명씩 황제 선출 위원을 임명한 다음 이 위원회에서 새 황제를 선출한다는 원칙이 정해졌다. 또한 황제가 프랑크인이면 총대주교는 베네치아인으로, 황제가 베네치아인이면 총대주교는 프랑크인으로 임명하기로 했다. 황제는 수도와 제국 영토의 4분의 1과 두 개의 주요 궁전—황금뿔의 블라케르나이와 마르마라의 낡은 궁전—을 소유하기로 했으며, 나머지 4분의 3의 영토는 베네치아에게 절반을 주고 나머지 절반은 십자군 기사들에게 봉토로 배분하기로 약정되었다. 그 밖에 베네치아에 대한 배려로서, 도제에게는 황제에 대한 충성의 서약을 면제받았다. 전리품은 모두 약정된 지점으로 가져온 뒤 정해진 비율에 따라 나누기로 했다. 마지막으로 양측은 적어도 만 1년 동안은, 즉 1205년 3월까지는 콘스탄티노플을 떠나지 않기로 했다.

팔순 노인의 야심

공격은 4월 9일 금요일 아침에 시작되었다. 9개월 전과 똑같이 단돌로와 베네치아 병사들은 해로성벽과 황금뿔이 만나는 지점에 공격을 퍼부었다. 하지만 이번에는 실패로 돌아갔다. 성벽과 망루가 높아진 탓에 베네치아 함선의 돛대를 이용하여 성벽에 오를 수 없었던 것이다. 오히려 성벽을 기단으로 삼아 그 위에 설치된 그리스군의 쇠뇌는 아래쪽 공격자들에게 큰 피해를 주었다. 오후가 되자 베네치아군은 인마와 장비를 거두고 갈라타로 돌아갔다.

이틀 동안 피해를 보수하는 데 전념한 뒤 월요일 아침 다시 공격이 재개되었다. 이번에는 망루를 향해 전보다 두 배나 무거운 돌을 발사할 수 있도록 하기 위해 배들을 두 척씩 밧줄로 묶었다. 때마침 강한 북풍이 불어온 탓에 사공들이 노를 젓는 것보다 훨씬 더 쉽게 배가 해안에서 떨어지자 공격자들은 돛과 돛 사이에 임시로 차폐물을 만들고 그 아래에서 작업할 수 있었다. 오래지 않아 망루 두 개가 무너졌다. 그와 거의 때를 같이 하여 십자군은 성문 하나를 열어젖히고 시내로 밀고 들어갔다.

용기와 결의로써 방어군을 지휘하던 무르주플루스는 거리로 뛰어나가 필사적으로 백성들을 규합하려 했다. 니케타스는 이렇게 기록한다.

그러나 사람들은 모두 좌절감에 빠져 있어 그의 명령이나 충고에 귀를 기울이려 하지 않았다. …… 자신의 노력이 헛수고로 돌아가자 황제는 프랑크인들에게 농락당하는 신세가 될 것을 우려하여 알렉시우스 3세의 아내인 유프로시네와 그가 열렬히 사모하는 그녀의 딸 유도키아를 데리고 달아났다. 그는 여자를 몹시 좋아했으며, 이미 교회법을 어기고 두 번이나 이혼한 경력이 있었다.

세 사람은 트라키아에 있는 전 황제에게로 도망쳤다. 그곳에서 무르주플루스는 유도키아와 결혼하고 군대를 모아 반격을 준비하기 시작했다.

성벽이 무너진 뒤 수도에서는 무시무시한 대학살이 벌어졌다. 빌라르두앵도 소름이 끼치는 광경이라고 말했다. 밤이 되어서야 '싸움과 살육에 지쳐' 정복자들은 휴전을 선언하고 수도의 한 광장에 차려 놓은 자신들의 진영으로 물러갔다.

그날 밤 십자군 측은 역공을 걱정하여 자신들과 그리스인들 사이의 구역에 불을 놓았다. …… 도시를 뒤덮은 맹렬한 불길은 밤새 타올랐고 이튿날에도 하루 종일 꺼지지 않았다. 프랑크인들이 들이닥친 이래 콘스탄티노플에서 세 번째로 발생한 화재였다. 프랑스 왕국의 큰 도시 세 군데에 있는 것보다 많은 주택이 불에 탔다.

그때까지 무기를 놓지 않던 방어군은 이제 전의를 상실했다. 이튿날 아침 십자군은 시내에서 저항 세력이 완전히 사라졌다는 것을 알았다.

그러나 콘스탄티노플 시민들에게는 정작 그때부터가 비극이었다. 세계에서 가장 부유한 도시를 눈앞에 두고 오랫동안 바깥에서 기다려 왔던 프랑크군은 전통에 따라 사흘간의 약탈 기회가 주어지자 메뚜기 떼처럼 달려들었다. 수백 년 전 야만족들이 침략했을 때를 제외하고 유럽에서 그와 같은 대대적인 파괴의 향연이 벌어진 적은 없었다. 또한 그처럼 아름답고 훌륭한 예술 작품들이 그처럼 무지막지하게, 그처럼 단기간에 파괴된 적도 일찍이 없었다. 명색이 그리스도교도인 자들이 그렇듯 무도한 짓을 저지를 수 있다는 데 경악한 채 속수무책으로 지켜보던 사람들 중에는 니케타스 코니아테스도 있었다.

이 이야기를 어디서 시작하고 어디서 끝내야 할지 나 자신도 모를 지경이다. 그들은 성상을 부수고, 순교자들의 신성한 유물을 말하기조차 부끄러운 곳에 집어던졌으며, 구세주의 살과 피를 아무 데나 마구 뿌렸다. 이 적그리스도의 사자들은 성배와 성반을 빼앗아 보석들을 뜯어 내고 술을 따라 마셨다. …… 대성당에 대한 신성모독은 생각만 해도 끔찍할 정도였다. 그들은 주제단과 전 세계가 감탄하는 예술품들을 파괴하고 그 조각들을 자기들끼리 나눠 가졌다. …… 그리고 그들은 말과 노새를 성당 안에까지 끌고 들어와서는 제기, 옥좌에서 뜯어 낸 조각이 새겨진 금과 은, 연단, 문짝, 가구 등을 닥치는 대로 실어 날랐다. 짐의 무게를 못 이겨 말과 노새 몇 마리가 쓰러지자 가차없이 칼로 죽여 버리는 바람에 성당 안에는 온통 짐승들의 피와 악취가 가득했다.

한 매춘부가 총대주교의 좌석에 앉아서 예수 그리스도의 상을 향해 욕설을 퍼붓고, 음탕한 노래를 부르고, 신성한 장소에서 불경스러운 춤을 추었다. …… 고결한 부인들이나 정숙한 처녀들, 심지어 신에게 봉헌된 처녀들에게까지도 전혀 자비가 베풀어지지 않았다. …… 거리의 주택과 성당에서는 울음과 탄식만 흘러나왔다.

병사들은 십자가를 어깨에 짊어지고 나갔다. 그들은 일찍이 그 십자가에 대고 폭력을 저지르지 않고 그리스도교의 땅을 통과할 것이며, 오로지 이교도를 상대로 해서만 무기를 들 것이며, 신성한 과제를 수행하기 전까지는 육체의 욕구를 금할 것이라고 굳게 맹세한 바 있었다.

그것은 콘스탄티노플의 가장 암울한 순간이었다. 심지어 250년 뒤에 오스만 술탄에게 최종적으로 함락될 때조차도 그때만큼 암울하지는 않았다. 그러나 모든 보물들이 유실된 것은 아니었다. 프랑스인과 플랑드르인은 대대적인 파괴에 광적으로 열중했으나 베네치아인들은 이성을 잃지 않았다. 그들은 한눈에 보물의 가치를 알아보았다. 물론 그들 역시 약탈에는 가담했으나 그래도 파괴하지는 않았다. 그 대신 그들은 손에 넣은 보물들을 모두 베네치아로 보냈다. 그 덕분에 콘스탄티누스의 시대 이래로 원형경기장을 굽어보고 있었던 네 마리의 대형 청동 마상은 이후 8세기 동안 산마르코 대성당의 대문 위에서 피아차를 굽어보게 되었다.[106] 대성당의 북쪽과 남쪽 측면에도 그 시기에 선박으로 실어 나른 조각과 부조들이 장식되었다. 또 성당 안의 북쪽 트랜셉트[transept, 교회 본체와 수직으로 교차하는 부분]에는 콘스탄티노플의 황제가 전장에 자주 들고 나갔던 니코포에이아 성모('승리를 가져오는 성모')의 성상이 걸렸으며, 남쪽의 보

† 원래 콘스탄티노플의 원형 경기장에 있었으나 제4차 십자군 병사들이 약탈하여 베네치아 산마르코 성당으로 옮긴 청동마상.

고寶庫에는 비잔티움 최고의 예술품이 보관되었다.

사흘간의 약탈이 끝난 뒤 다시 질서가 회복되었다. 미리 정한 대로 침략자들은 모든 전리품—혹은 미처 감추지 못한 전리품—을 세 군데 성당에 모아 놓고 세심하게 배분하기 시작했다. 4분의 1은 새로 선출될 황제의 몫으로 남겨 두고, 나머지는 프랑크군과 베네치아군 사이에 똑같이 나누었다. 배분을 마친 뒤 십자군은 엔리코 단돌로에게 채무를 청산했다. 이 절차가 끝나자 양측은 다음 과제, 즉 비잔티움의 새 황제를 선출하는 문제로 넘어갔다.

몬페라토의 보니파키우스는 마지막 남은 위신을 회복하여 황제 후보가 되기 위해 필사적으로 노력했다. 심지어 그는 이사키우스 앙겔루스의 미망인인 마리아 황후를 찾아내서 그녀와 결혼까지 했다. 하지만 그럴 필요는 없었다. 단돌로는 그를 생각하지도 않으려 했다. 프랑크 측은 의견이 분열된 반면 베네치아 측은 일치단결했기 때문에 단돌로는 어렵지 않게 선출 위원들을 움직여 고분고분하고 유순한 플랑드르와 에노의 백작인 보두앵을 제위에 올리는 데 성공했다.

5월 16일에 보두앵은 소피아 대성당에서 대관식을 치렀는데, 1년 동안 벌써 세 번째 황제인 셈이었다. 총대주교로 임명된 베네치아인 톰마소 모로시니[107]는 아직 콘스탄티노플에 도착하지 않았으므로 공식 취임식을 치르지 못했지만, 대관식에 참석한 사람들 중새 황제가 베네치아 공화국에 전적으로 힘입어 제위에 올랐다는 것을 모르는 이는 거의 없었다.

황제를 양보한 대가로 베네치아는 최대의 이득을 보았다. 십자군과의 조약으로 수도와 제국의 8분의 3을 확보한 데다 제국 영토 전역에서 제노바와 피사를 완전히 따돌리고 자유무역의 권리를 얻었다. 콘스탄티노플에서만도 도제는 소피아 대성당과 총대주교 관저의 주변에서부터 황금뿔 해안에 이르는 지역을 손에 넣었다. 나머지도 상당 부분을 베네치아에게 넘김으로써 베네치아 공화국은 지중해를 장악하고 본국의 항구에서 흑해까지 사슬처럼 이어지는 식민지를 차지하게 되었다.

그로 인해 라구사와 두라초, 그리스 본토의 서쪽 해안과 이오니아 제도, 펠로폰네소스 반도, 에우보이아, 낙소스, 안드로스 등의 섬들, 헬레스폰트와 마르마라의 주요 항구들인 갈리폴리, 라이데스툼,

헤라클레아, 그리고 트라키아 연안과 아드리아노플, 마지막으로 보니파키우스와의 간략한 협상을 거쳐 중요한 크레타 섬까지 모조리 베네치아의 수중에 들어갔다. 항구와 섬은 베네치아의 절대적인 소유였지만 그리스 본토에 관한 한 단돌로는 욕심을 부리지 않았다. 베네치아는 무역 공화국이므로 중요 항구들 이외에는 점령을 원치 않으며, 나머지에 대해서는 다른 나라가 관리의 책임을 떠맡아 주었으면 좋겠다는 게 그의 생각이었다.

결국 제4차 십자군의 실질적인 최대 수혜자는 프랑스도 플랑드르도—또한 얼굴마담에 불과한 황제 보두앵도—아닌 베네치아였다. 그리고 베네치아의 성공은 거의 전적으로 엔리코 단돌로의 공로였다. 사실 4년 전에 프랑크 사절들이 리알토에 와서 십자군 원정을 위해 공화국의 지원을 요청할 때부터 단돌로는 내내 베네치아의 이득을 염두에 두고 있었다. 그는 차라를 되찾았고 이집트 공격을 피함으로써 무슬림 세계와의 무역 이득을 보존할 수 있었다. 또한 그는 교묘하게 프랑크군을 조종하여 콘스탄티노플을 공격하게 함으로써 외관상 그 책임을 그들에게 떠넘겼다. 그의 용기는 첫 공격의 힘을 불어넣었다. 그의 책략은 앙겔루스 왕조를 몰락시켰고, 두 번째 포위전을 통해 콘스탄티노플을 물리적으로 점령하도록 만들었다. 그는 외교적 수완으로 베네치아에 막대한 이익을 가져오는 조약을 일궈냈고, 무역 제국으로 발돋움하기 위한 초석을 놓았다.

비록 그는 비잔티움의 제위를 거절했고—그가 그것을 받아들였더라면 본국에서 복잡한 법적 문제가 야기되었을 것이며 결국에는 공화국이 깨지고 말았을 것이다—황제 선출위원회에 들어가는 것도 고사했지만, 그럼에도 불구하고 황제 선출에 막후 영향력을 행사하여(황제의 선출은 그의 보호 아래 그가 임시로 거처하는 황궁에서 열렸다) 자신이 미는 후보를 제위에 앉히는 데 성공했다. 마지막으로, 그는 프랑크인들에게는 제국을 봉토로 분배하라고 권장하면서도—그렇게 하면 세력이 파편화되고 분열되어 베네치아의 팽창을 견제할 힘을 지니지 못하리라는 것을 그는 알고 있었다—베네치아가 차지한 지역은 봉건적 틀을 도입하지 않고 봉토가 아닌 영토로 만들었다. 그가 아흔 살에 가까운 맹인이라는 점을 고려하면 그것은 대단한 업적이었다.

하지만 단돌로 노인은 아직도 쉬려 하지 않았다. 무르주플루스는 더 이상 말썽거리가 되지 못했다. 그는 결혼하자마자 그를 시기한 장인의 손에 의해 실명되었으며, 그 이듬해에 프랑크군은 그를 사로잡아 콘스탄티노플로 데려와서 수도 한복판의 테오도시우스 기둥에서 처형해 버렸다. 그러나 다음 장에서 보겠지만 알렉시우스 3세의 또 다른 사위는 니케아에서, 콤네누스 가문의 두 사람은 트레비존드에서 각각 망명 제국을 수립했으며, 서자인 앙겔루스는 에피루스에서 자치적인 군주를 참칭했다. 그 때문에 '전직' 십자군은 새 정권을 안정시키기 위해 사방에서 힘한 싸움을 계속해야 했다.

특히 싸움이 격렬했던 곳은 베네치아가 새로 획득한 아드리아노플이었는데, 1205년 부활절 직후 이곳에서 황제 보두앵은 그만 불가르족에게 포로로 잡히고 말았다. 황제의 편에서 열심히 싸우던 늙은 도제는 할 수 없이 패잔병을 거느리고 콘스탄티노플로 귀환했다. 그가 상처를 입었는지는 기록에 없으나 6주 뒤에 그는 죽었다. 이상하게도 그의 시신은 베네치아로 가지 않고 소피아 대성당에 묻혔다. 오늘날 성당 남쪽 측랑 위에 있는 복도에 올라가면 아직도 그의 무덤을 볼 수 있다.

단돌로는 베네치아를 빛내는 데 크게 기여했다. 베네치아에서 그 위대한 도제를 기리는 기념물 하나 세우지 않았다는 것은 놀라운 일이다. 그러나 더 넓은 세계사적 관점에서 보면 그는 재앙을 불렀다. 비록 그가 십자군을 타락시켰다고 말할 수는 없지만, 동방 제국에 대한 십자군의 연속적인 침략은 이미 그리스도교권의 역사를 통틀어 가장 암울한 대목의 하나였기 때문이다.

하지만 제4차 십자군—그것을 십자군이라 부를 수 있다면—은

† 소피아 대성당 남쪽 측랑 위 복도에 있는 단돌로의 무덤.

부정과 위선, 폭력과 탐욕의 측면에서 앞선 십자군들을 훨씬 능가했다. 12세기의 콘스탄티노플은 세계에서 가장 부유한 대도시인 것만이 아니라 지성과 예술의 본산이었고 그리스와 로마로 대변되는 유럽 고전시대의 유산이 잘 보존되어 있는 곳이었다. 그런 도시를 유린함으로써 서방 문명은 일찍이 5세기에 야만족들이 로마를 약탈한 사건이나 7세기에 예언자의 군대가 알렉산드리아 도서관을 불태운 사건보다 더 큰 손실을 입었다. 아마 단일 사건으로서는 역사상 최대의 문명적 재앙이었을 것이다.

정치적인 면에서도 피해는 막심했다. 비록 보스포루스 일대를 라틴인들이 지배한 시기는 60년도 안 되지만, 비잔티움은 다시 힘을 회복하지 못했고 잃은 영토를 수복하지도 못했다. 비잔티움이 확고하고 견실한 지도력—그 뒤에도 그런 것이 전혀 없지는 않았다—아래 세력을 떨치고 번영했더라면 투르크의 진출을 제때에 충분히 막아 낼 수 있었을 것이다. 오히려 제국은 경제가 취약해지고, 영토가 좁아지고, 군사력이 약화되어 결국에는 오스만 세력에게 속절없이 당하게 된다. 십자가의 기치를 내건 군대에 의해 동방의 그리스도교 제국이 몰락하게 된 것—그리고 그 뒤 500년 동안 유럽 절반이 무슬림의 지배를 받게 된 것—은 역사상 보기 드문 아이러니였다. 그 군대를 수송하고, 자극하고, 지휘한 사람은 바로 엔리코 단돌로였으며, 그의 동기는 바로 베네치아 공화국의 이익을 위해서였다. 그러므로 베네치아가 그 비극에서 가장 큰 혜택을 입었다면, 그 늙은 도제는 세계사적 문명 파괴에 대한 주요 책임자라는 낙인을 면할 수 없을 것이다.

12

—

라틴 제국과 망명 제국

1205년~1253년

그리스인들이 여러분에게 등을 돌리는 것은 교리상의 차이 때문이라기보다는 라틴인들
에 대한 증오가 마음 깊숙이 스며들어 있기 때문입니다. 그리스인들은 라틴인들에게서
여러 시대에 걸쳐 숱한 고통을 겪었고, 지금도 매일 당하고 있습니다.

칼라브리아의 바를람 교황 베네딕투스 12세에게 한 이야기, 1340년경

해체된 제국

'로마 제국의 8분의 3을 소유한 영주'라는 영예로운 별칭을 얻은 단돌로 도제와는 대조적으로 황제 보두앵 1세는 변변치 못한 인물이었다. 제국의 또 다른 8분의 3이 프랑크 기사들에게 봉토로 분배되자 보두앵에게는 전임 황제들이 다스리던 영토의 4분의 1밖에 남지 않았다. 남은 영토는 트라키아—여기서도 베네치아에게 넘어간 아드리아노플은 제외다—와 소아시아의 북서부 지역, 레스보스, 사모스, 키오스 등 에게 해의 일부 섬들 정도였다.

그런데 그는 이 비참하게 축소된 재산조차도 온전히 차지하지 못하고 경쟁을 벌여야 했다. 제위를 거의 잡았다가 놓친 데 격분한 몬페라토의 보니파키우스는 아나톨리아의 땅을 주겠다는 제의를 거부하고, 테살로니카를 차지한 다음 이곳을 중심으로 하여 마케도니아와 테살리아의 대부분을 아우르는 왕국을 세웠다. 게다가 그는 용케도 남쪽에서 흥기하는 프랑크 하급 지배자들에게서 종주권을 얻어

냈는데, 그중에는 보이오티아와 아티카(이른바 아테네 공국)를 차지한 부르고뉴 출신 로슈의 오토, 펠로폰네소스를 차지한 프랑스 출신 샹플리트의 기욤—곧 빌라르두앵 가문이 계승하게 된다—이 있었다.

비잔티움의 영토였던 곳을 차지한 새 지배자들은 당연히 백성들의 미움을 받았다. 경제적으로는 그다지 변화가 없었다. 그리스 지주에게 내던 세금을 라틴 지주에게 내는 것만 달라졌을 뿐 속주와 농촌의 생활은 전과 다를 바 없었다. 하지만 도덕과 종교 면에서는 분위기가 크게 바뀌었다.

프랑크인들은 고압적이고 오만하며, 자신들이 저급하다고 여기는 정복민들에 대한 경멸을 숨기려 하지 않았을 뿐 아니라, 로마 교회를 철저히 지지했으므로 교회 의식을 모조리 라틴 식으로 바꾸어 버렸다. 또한 지역의 농민과 빈민들을 전혀 배려하지 않았다. 그래서 이들은 마음속의 분노를 억누르며 마지못해 현실을 받아들였다. 그 반면에 귀족들은 순종적이지 않았다. 그리스 귀족들은 대대로 살아온 땅에 환멸을 느끼고, 비잔티움을 계승하여 민족 정신과 정교회 신앙을 보존하고 있는 국가를 찾아 떠났다.

그 국가들 가운데 가장 크고 강하고 중요한 곳은 니케아 제국이었다. 이 나라에서 알렉시우스 3세의 사위인 테오도루스 라스카리스는 1206년에 황제로 공인받았고 2년 뒤에 대관식을 치렀다. 니케아 제국은 에게 해에서 흑해까지 아나톨리아 서쪽 끝의 넓은 띠 모양—평균 너비는 약 350킬로미터—의 땅을 영토로 삼았다. 그 북쪽과 서쪽은 라틴 제국이었고, 남쪽과 동쪽은 셀주크 술탄국이었다. 공식적인 수도는 니케아—1208년부터 총대주교가 여기에 머물면서 황제의 대관식을 집전했다—였으나 테오도루스의 후계자인 요한네스 3세 바타체스는 전략적 관점에서 훨씬 유리한 리디아의 도시 님파이움(지금의 케말파샤)에 주로 거주했다. 콘스탄티노플로부터 망명해 있는 시기인 57년 동안 제국을 사실상 지배한 곳은 니케아가 아니라 님파이움이었다.

그보다는 덜 중요하지만 비잔티움을 계승한 국가는 두 곳이 더 있었다. 위치는 각각 아드리아 해와 흑해의 남동쪽 끄트머리였는데, 콘스탄티노플에서 거리가 너무 멀어 별다른 영향력을 발휘하지는 못했다. 또한 그 두 나라는 총대주교를 보유한 니케아처럼 내세울 만한 특별한 위신도 없었다. 아드리아 해의 에피루스 공국(후대에 부여된 명칭)*은 콘스탄티노플이 함락된 직후 미카일 콤네누스 두카스가 세웠다. 그는 세바스토크라토르였던 요한네스 앙겔루스 두카스(알렉시우스 1세 콤네누스의 외손자)의 서자였으며, 따라서 이사키우스 2세와 알렉시우스 3세와도 사촌이었다.

그러나 미카일 자신도, 그의 아버지도 앙겔루스라는 성을 사용하지는 않았다. 수도인 아르타를 중심으로 그는 그리스 북서부 해안 전체와 테살리아의 일부를 지배했다. 이후 그의 이복형제로서 1215

---

* 에피루스는 원래 고대 그리스 시대에 있던 왕국이다. 위치상으로는 그리스 반도 북서쪽에 속하지만, 그리스와 직접적 관련이 있던 곳은 아니다. 이 나라가 세계사에 처음 족적을 남긴 것은 알렉산드로스 대왕의 마케도니아가 약해지고 서쪽에서 로마가 이탈리아 반도를 통일하던 기원전 3세기다. 알렉산드로스의 후계자를 꿈꾸었던 에피루스 왕 피로스는 코끼리 부대를 이끌고 이탈리아 반도 남쪽에 침입하여 로마와 한판 승부를 벌인다. 결국 피로스는 이 싸움에서 패배하고 날개를 접었지만, 오늘날 에피루스의 땅에 위치한 알바니아에서는 아직도 피로스를 민족 고대사의 영웅으로 추앙한다.

년에 그를 계승한 테오도루스는 9년 뒤에 라틴인들에게서 테살로니카를 빼앗고 황제로 즉위하여 니케아의 요한네스 바타체스와 경쟁을 벌였다. 하지만 이 경쟁은 오래가지 못했다. 1242년에 바타체스는 테오도루스의 아들 요한네스에게 황제의 직함을 포기하고 군주로 칭하도록 강요했으며, 4년 뒤에는 테살로니카를 자신의 관할로 만들었다.

니케아나 에피루스와는 달리 트레비존드 제국은 콘스탄티노플이 함락된 결과로 탄생한 것이 아니다. 이 나라는 1204년 4월에 안드로니쿠스 황제의 손자들인 알렉시우스 콤네누스와 다비디스 콤네누스가 세웠다. 이들은 안드로니쿠스의 아들 마누엘이 그루지야의 공주와 결혼해서 낳은 아들들이었다. 1185년에 안드로니쿠스가 죽은 뒤 이 어린 형제는 그루지야의 왕실에서 성장했다. 자라면서 앙겔루스 왕조를 타도하고 콤네누스 왕조를 잇겠다고 결심한 그들은 1204년 4월에 그루지야 타마르 여왕의 도움을 받아 트레비존드를 정복했다.

그해 후반에 다비디스는 그루지야 병사들과 용병들을 거느리고 흑해를 따라 서쪽으로 진출하여 파플라고니아를 점령하고 멀리 헤라클레아까지 갔다. 그러나 이 영토는 대부분 곧 도로 잃었다. 이후 257년 동안 존속한 트레비존드 제국—콘스탄티노플이 수복된 뒤에도 존속하다가 1461년에 투르크에 최종적으로 멸망했다—은 폰투스 산맥과 흑해 사이의 600킬로미터 정도의 좁은 해안 지대만을 지배하는 데 그쳤다.

† 1200년경의 지중해권 영역.

두 명의 황제와 두 명의 총대주교

비잔티움 망명 정부의 지도자로 떠오른 니케아의 테오도루스 1세는
초기에 여느 사람 같으면 극복하지 못했을 여러 어려움에 직면했다.
에피루스와 트레비존드의 경쟁자는 말할 것도 없고—1204년 가을
에 다비디스 콤네누스는 놀라운 속도로 서쪽으로 진출하는 중이었
다—그의 영토 내에서조차 소규모 그리스 공국들이 우후죽순처럼
생겨나고 있던 것이다. 필라델피아, 마이안데르 유역, 심지어 밀레
투스 부근 삼프손이라는 작고 외딴 도시에도 공국이 들어섰다.

그러다가 보두앵이 동생인 앙리, 블루아의 루이 백작과 함께 프
랑크군을 거느리고 해협을 건너 소아시아를 횡단하기 시작했다. 군

대만이 아니라 행정기구도 새로 정비해야 했던 테오도루스는 전혀 방비를 하지 못했다. 1204년 12월 6일 그는 마르마라 남쪽 약 60킬로미터 지점의 포이마네논(지금의 에스키 마니아스)에서 참패를 당하고, 비티니아 해안 전체와 브루사(부르사)까지 프랑크 측에 내주었다. 만약 프랑크군이 니케아까지 100킬로미터 정도만 더 전진했더라면 테오도루스의 제국은 탄생하자마자 멸망할 수밖에 없었을 것이다. 그러나 다행히도 때맞춰 발칸에서 심각한 위기가 터지는 바람에 그들은 돌아가야 했다.

문제는 보두앵의 오만한 자세였다. 처음에는 그를 상위 군주로 인정할 생각이었던 트라키아의 그리스 지주들은 이내 자신들이 이류 시민으로 전락했다고 생각했다. 그들은 반란을 일으킨 뒤, 불가리아 차르 칼로얀에게 지원을 요청하면서 콘스탄티노플에서 라틴인들을 몰아내 준다면 황제로 받들겠다는 조건을 제시했다. 차르에게 그보다 더 반가운 일은 없었다. 이미 1204년 초에 칼로얀은 로마 교황 인노켄티우스 3세의 사절단에 의해 (황제는 아니지만) 왕으로 임명되어 로마의 관할을 받아들인 바 있었다.*

하지만 그래도 발칸 반도에 확산되는 라틴 국가들에 대한 경계는 전혀 줄어들지 않았다. 차르는 비잔티움 세력 못지않게 유해한 십자군 세력을 근절하고자 했다. 1205년 초에 칼로얀은 진군에 나섰다.

---

* 앞서 제4차 십자군이 베네치아의 용병으로 전락하여 십자군 본연의 임무를 저버리고 헝가리의 차라를 공략했을 때 이미 인노켄티우스는 십자군을 파문했다. 따라서 교황은 불가리아의 차르를 이용하여 콘스탄티노플을 지배하는 타락한 십자군을 견제하려 했을 테고, 차르가 설사 동방 세력과 결탁했다 해도 '전직' 십자군보다는 덜 적대적으로 여겼을 것이다.

4월 14일에 그는 아드리아노플 외곽의 프랑크군을 섬멸하고는 블루아의 루이를 죽이고 황제 보두앵을 사로잡았는데, 보두앵은 결국 풀려나지 못하고 곧 죽었다. 이리하여 콘스탄티노플을 점령한 지 불과 1년 만에 라틴 세력은 무너졌다. 소아시아에서는 마르마라 해 남부의 작은 도시인 페가이(지금의 카라비가)만이 프랑크의 수중에 남아 있었다.

한편 새 나라를 그럭저럭 추스를 수 있게 된 테오도루스 라스카리스는 모든 면에서 비잔티움의 옛 방식을 따랐다. 백성들이 곧 비잔티움의 적통을 이은 새 수도로 돌아오리라는 것을 믿어 의심치 않았던 것이다. 황궁에서 일하는 사람들, 정부의 관직 등 그는 기억나는 대로 모든 직책을 예전처럼 복원시켰다. 유배된 주교들을 비롯한 저명한 성직자들도 니케아로 불러들였다. 디디모티쿰의 거처를 한사코 떠나지 않으려 했던 총대주교가 사망하자 후임자를 선출하기 위해서도 성직자들이 필요했다. 그들이 새 총대주교로 발탁한 미카일 아우토리아누스는 1208년의 성주간에 테오도루스의 대관식을 치러주었다.

이제 동방에는 황제 두 명과 총대주교 두 명이 콘스탄티노플의 라틴계와 니케아의 그리스계로 분립한 상황이 되었다. 양측 사이에 평화의 여지는 전혀 없었고 서로 상대방을 파멸시키고자 했다. 보두앵의 동생으로 형의 제위를 이은 에노의 앙리는 치세 초기 1년 반 동안에는 칼로얀을 상대하는 데 전념했다.

칼로얀은 1206년 여름에 아드리아노플을 유린하고 트라키아의 대부분을 휩쓴 데 이어 수도의 성벽 앞에까지 진출했다. 그러나 그는 그 이듬해 10월 26일에 테살로니카 포위전을 준비하던 중에 쿠 만족의 족장에게 피살되었다.[108] 그 덕분에 앙리는 니케아의 경쟁자에게 압력을 배가할 수 있게 되었다. 테오도루스처럼 그도 정부와 행정의 체계를 갖춰야 했으므로 즉각 공격할 형편은 못 되었다. 하지만 1209년에 앙리는 십자군으로서의 양심마저 저버린 채, 소아시아의 신생 그리스 국가를 도발이자 위협으로 여기고 있던 이코니움의 셀주크 술탄인 카이코스루와 군사 동맹을 맺었다.

그런데 프랑크군의 지원까지 얻은 술탄이 니케아 원정을 준비하던 중에 예기치 않은 손님을 맞았다. 그는 바로 전 황제인 알렉시우스 3세였다. 1204년 말에 알렉시우스는 보니파키우스에게 잡혀 그의 몬페라토 성에 몇 년 동안 감금되어 있었다. 하지만 1209년 혹은 1210년에 그는 사촌인 에피루스 군주 미카일이 몸값을 지불해 준 덕분에 풀려난 뒤 자신의 제위를 찾는 데 술탄이 혹시 도움을 주지 않을까 싶어 이코니움으로 온 것이었다. 물론 카이코스루는 그리스 황제가 복위되든 제거되든 관심이 있을 리 없었다. 하지만 그는 알렉시우스를 외교전에서 유용한 볼모로 쓸 수 있겠다고 보았다. 즉 제위 찬탈자 테오도루스와 달리 자신은 적법한 황제를 옹호한다는 명분을 내세울 수 있는 것이었다.

이윽고 술탄은 테오도루스를 타도하고 알렉시우스를 제위에 앉힌다는 목표를 천명하면서 1211년 봄에 니케아의 영토를 침략했다. 공교롭게도 모두 라틴 용병 부대를 핵심으로 한 양측의 군대는 엇비슷한 전력이었으므로 몇 차례 치열하게 격돌했으나 쉽사리 승부가 나지 않았다. 그러다가 마이안데르 강변의 안티오크 부근에서 술탄이 말에서 떨어져 죽었다. 그리스 측 문헌이 옳다면 테오도루스 황제가 직접 그와 단독 결투를 벌였다고 한다. 그러자 셀주크군은 즉각 도망쳤다. 알렉시우스 3세는 다시 포로로 잡혀 수도원에 감금된 상태로 여생을 보냈다.

테오도루스는 승리는 했지만 영토상의 이득은 거의 얻지 못했다. 그래도 마지막 남은 그리스 경쟁자를 제거할 수 있었을 뿐 아니라, 카이코스루의 후계자인 카이카우스가 즉시 강화를 제안했기 때문에 적어도 당분간은 셀주크의 위협으로부터 안전해져 십자군에만 전력을 집중할 수 있게 되었다. 하지만 여기서는 성공을 거두지 못했다. 1211년 10월 15일에 린다쿠스 강변에서 그의 군대는 앙리에게 또 다시 참패를 당했다. 앙리는 페르가몬과 님파이움까지 진출했으나 마침 후방에서 다시 불가르족의 압력이 거세진 탓에 더 이상 전진하지 못했다.*

1214년 후반에 두 라이벌 황제는 님파이움에서 강화조약을 맺었다. 그 결과 앙리는 남쪽으로 아트라미티온(지금의 에드레미트)에까지 이르는 소아시아 북서 해안을 차지하고, 거기서부터—라틴인들이 최근에 정복한 영토를 포함하여—셀주크 국경까지는 테오도루스의 몫이 되었다.

---

* 지금까지 무수히 보았듯이 비잔티움은 지리적 여건상 역사적으로 끊임없이 동방(사라센과 투르크)과 서방(이탈리아와 발칸)의 침략에 시달렸다(그런 의미에서 비잔티움은 세계사적으로 볼 때 서유럽 문명을 보호하는 데 결정적인 역할을 했다). 그런데 동방 제국에 대해 늘 침략자의 입장이었던 라틴인들이 이제 제국의 운영을 떠맡은 뒤에는 거꾸로 동방과 서방의 두 전선 때문에 갈팡질팡하는 모습을 보여 준다.

그 조약은 니케아의 번영을 가져왔다. 마침내 신생 제국이 십자군 측으로부터 존재를 공식적으로 인정받은 셈이었다. 게다가 이제 서쪽 국경도 동쪽 국경처럼 튼튼해졌다. 그와 때를 같이 하여 라틴 제국은 쇠퇴의 기운을 보이기 시작했다. 아내를 잃은 앙리는 자신의 뜻과는 달리 불가리아 공주와의 정략 결혼을 강요받고서 발칸 정치의 복잡한 분규에 휘말렸다. 그러다가 1216년 6월에 마흔 살의 창창한 나이로 그는 테살로니카에서 갑자기 죽었다.

그는 그때까지 콘스탄티노플의 라틴 군주들 중 가장 유능한 인물이었으며, 10년 만에 십자군의 잃어 버린 명분을 되살리는 데 성공했다. 한심한 그의 형 보두앵과는 달리 앙리는 그리스 신민들의 권리와 종교를 존중하고 니케아와의 권력 균형도 이루었다. 그의 후계자들이 그의 능력 중 하나라도 지녔더라면 그리스 황제가 비잔티움의 제위에 다시 오르는 일은 없었을지도 모른다.

삐걱이는 라틴 제국

에노의 앙리는 아내를 둘이나 두었음에도 후사를 얻지 못했다. 콘스탄티노플의 프랑크 귀족들은 후계자로 앙리의 누이 욜란다의 남편인 쿠르트네의 피에르를 선출했다. 당시 프랑스에 있었던 피에르는 황제로 추대되었다는 전갈을 받고 1217년 초에 동방으로 출발했다. 도중에 그는 로마에 들러 교황 호노리우스 3세에게 성대한 대관식을 부탁했다. 그런데 교황이 로마 성벽 바깥에 위치한 성 로렌초 성당에서 치를 것을 고집하자 피에르는 실망의 빛을 감추지 않았다. 교황은 성 베드로 대성당에서 그의 대관식을 치러줄 경우 그가 자칫 서방 황제 자리도 달라고 할까 우려한 것이었다.

어쨌든 한두 주일 뒤에 피에르는 베네치아 함대와 병력 5500명을 거느리고 두라초로 출발했다. 에피루스 군주인 테오도루스 두카스에게서 두라초를 빼앗으려는 의도였지만, 도시의 방어망이 워낙 튼튼한 탓에 그 원정은 실패로 끝나고 피에르는 상당수 병사들과 함께 알바니아 산맥에서 적에게 사로잡혔다. 그는 에피로트 감옥에 감금되었는데 그 뒤로는 그의 소식을 아무도 알지 못했다.

그 반면에 욜란다 황후는 현명하게도 자식들과 함께 해로를 택한 덕분에 무사히 콘스탄티노플에 도착한 다음 곧바로 아들 보두앵을 낳았다. 첫아들인 나무르 후작 필리프는 가족들과 함께 동방에 가기를 한사코 거절했으므로 욜란다는 1219년에 죽을 때까지 섭정을 맡았다. 그녀는 니케아에 대해 앙리의 유화 정책을 충실히 계승하여 자기 딸인 마리를 테오도루스 라스카리스의 세 번째 아내로 보냈다. 그러나 에피루스에게 이 소식은 커다란 위협이었다. 테오도루스 두카스는 쿠르트네의 피에르를 사로잡은 것에 만족하지도 않았고―아마 그를 살해했을 것이다―라스카리스를 적법한 바실레오스로 인정할 생각도 없었다.

두카스는 혜성 같이 떠오르고 있었다. 그는 도덕적으로 다소 모호한 태도를 보였다. 콘스탄티노플이 함락된 뒤 처음 5년간 그는 니케아의 영토에서 테오도루스 라스카리스와 함께 지내다가 라스카리스가 대관식을 치르자 그에게 충성의 서약을 했다. 나중에 그는 형제인 미카일의 긴급 호출을 받고 아르타로 갔다. 하지만 그 뒤 상황이 달라졌다. 테오도루스에게 1214년에 니케아가 프랑크인들과 맺은 조약은 용서할 수 없는 배신이었다. 게다가 이후 니케아 황제는 콘스탄티노플을 탈환하려 하지 않고 먼 트레비존드 제국과의 싸움에 열중했는데, 그것을 보고 테오도루스는 일말의 충성심마저 팽개쳐 버렸다. 라스카리스가 라틴 공주와 결혼한 것은 그 절정이었다.

적어도 그의 공식적인 태도는 그랬지만 진실은 아주 간단했다. 테오도루스는 에피루스 공국에 만족할 수 없었던 것이다. 자신의 이복형제와 달리 그는 세바스토크라토르였던 요한네스 앙겔루스 두카스의 적자였고, 따라서 알렉시우스 1세 콤네누스의 증손자였다. 그의 핏줄에는 콤네누스, 앙겔루스, 두카스 세 가문의 피가 흐르고 있었으므로—그는 이 세 개의 성을 함께 언급함으로써 그 사실을 자주 강조했다—테오도루스 라스카리스보다 제위를 주장하기에 훨씬 유리한 혈통이었다.[109] 그의 직접적 야심은 테살로니카였다. 하지만 테살로니카는 제국 제2의 도시일 뿐이었고, 테오도루스 앙겔루스 두카스 콤네누스가 보기에는 단지 궁극적 목적지인 콘스탄티노플로 향하는 도상의 징검다리에 지나지 않았다.

제4차 십자군 이후 몬페라토의 보니파키우스가 테살로니카에 터를 잡은 이래로 이곳의 사정은 좋지 않았다. 보니파키우스는 1207년에 불가르족과 싸우다가 전사했으며, 그 뒤 왕국은 그의 아내가 아들 데메트리우스를 대신하여 섭정으로 다스렸다. 많은 기사들이 각자 본국으로 돌아가자 왕국은 더욱 허약해졌고, 욜란다 황후가 온 이후에는—아직 라틴 제국의 가장 중요한 속국이었음에도—앙리의 치세에 누렸던 것처럼 콘스탄티노플의 전폭적인 지원을 더 이상 기대할 수 없었다. 1218년에 테오도루스가 테살리아와 마케도니아로 쳐들어 갔을 때 테살로니카가 독립적인 십자군 국가로서 유지되기 어렵다는 것은 명백해졌다.

테살로니카는 강력하게 저항했으나 1224년 가을 오랜 포위 끝에 결국 함락되었다. 그와 더불어 테살로니카의 라틴 왕국도 무너졌다. 에피루스의 테오도루스는 이제 아드리아 해에서 에게 해에 이르는 지역—에피루스, 아이톨리아, 아카르나니아, 테살리아, 마케도니아—의 새로운 패자로 떠올랐다. 곧이어 그는 테오도루스 라스카리스에 대한 공개적인 항의의 표시로 오크리드 주교(그는 니케아 총대주교와 다투고 있었다)에게 대관식을 집전하게 해서 로마인의 황제가 되었다.

이리하여 불과 한 세대 전만 해도 단일한 제국이 있던 자리에 세 개의 나라—둘은 그리스계, 하나는 라틴계—가 들어서게 되었다. 게다가 멀지 않은 곳에서 네 번째 나라의 후보도 있었다. 제2차 불가리아 제국이 꾸준히 성장하고 있었던 것이다. 차르 칼로얀은 제4차 십자군으로 인해 조성된 발칸의 전반적인 무질서를 잘 활용하여 트라키아와 마케도니아의 대부분까지 영토를 확장했다. 그의 조카인 보릴은 그만큼의 업적을 올리지는 못했지만, 1218년에 그의 사촌으로 그를 타도하고 실명까지 시킨 요한 2세 아센은 콘스탄티노플을 노렸다.

네 개의 열강 가운데 최약체 국가가 된 라틴 제국은 1225년부터 수도와 그 바로 북서부 지역, 마르마라 해 어귀의 소아시아 일부만을 간신히 점유한 처지로 전락했다. 1219년에는 욜란다 황후가 죽었고 그녀의 아들 로베르가 제위에 올랐다. 그러나 이 허약하고 무능한 젊은이—트루아 퐁텐의 오브레라는 사람은 그를 "거의 바보 천치"라고 말했다—는 테오도루스, 요한 아센, 그리고 1222년에 장인인 테오도루스 라스카리스에게서 제위를 물려받은 니케아 제국의 요한네스 바타체스 등 쟁쟁한 라이벌들에게 견줄 바가 못 되었다.

라스카리스는 1205년에 사람들이 생각하던 것 이상의 업적을 올린 위대한 지배자였다. 그는 아들을 두지 못했기 때문에 맏딸 이레네의 남편 바타체스를 후계자로 발탁한 것은 당연해 보였다. 하지만 라스카리스의 두 동생이 반발할 것도 역시 당연한 일이었다. 이들은 곧장 콘스탄티노플로 가서 젊은 황제에게 군사적 개입을 해 달라고 요청했다. 로베르는 특유의 어리석음으로 그러겠다고 동의했다. 그러나 그의 군대는 포이마네논에서 바타체스에게 박살이 났다. 20여년 전 테오도루스 라스카리스가 라틴군에게 참패한 바로 같은 장소였다.

몇 달 뒤 그 충격에서 미처 회복되기도 전에 이번에는 테살로니카가 점령당했다는 소식이 전해졌다. 로베르가 감당하기에는 너무 벅찬 상황이었다. 그 순간부터 그는 쾌락만을 좇았다. 그리스인과 프랑크인을 가리지 않고 여자를 농락하고, 성당과 수도원의 보물을 강탈하면서도 자신에게 남아 있는 제국을 다스리려 하지는 않았다. 또한 그는 아드리아노플에서 전사한 프랑스 하급 기사의 딸에게 빠져 몰래 그녀와 결혼한 다음 블라케르나이 궁전에서 살림을 차렸다.

그러자 귀족들이 참다 못해 들고 일어났다. 어느 날 밤 귀족들 몇 명은 황제의 침실로 쳐들어가서 그녀의 코와 입술을 칼로 잘라 얼굴조차 알아볼 수 없게 만들고, 그녀의 어머니를 사로잡아 물에 빠뜨려 죽였다. 으레 그렇듯이 로베르는 귀족들에게 대항하지도 못하고 로마로 도망쳐 교황 그레고리우스 9세에게 불평을 늘어놓았다. 그러나 교황조차 그에게 동정을 보이지 않고 콘스탄티노플로 돌아가라고 호통을 쳤다. 결국 로베르는 모레아의 클라렌차(지금의 킬리니)까지 와서 1228년 1월에 죽고 말았다.

비잔티움 삼국지

로베르는 적통의 후사를 남기지 못했다. 그의 동생이자 후계자인 보두앵 2세는 이제 겨우 열한 살이었으므로 다시 섭정이 필요했다. 콘스탄티노플의 귀족들이 처음에 낙점한 인물은 보두앵의 누나이자 테오도루스 라스카리스의 미망인으로서 남편이 죽은 뒤 수도에 돌아와 있던 마리였다. 그러나 그녀마저 몇 달 뒤에 죽는 바람에 섭정을 새로 임명해야 했다. 이때 다소 의외의 후보자가 등장했는데, 그는 바로 불가리아의 요한 아센이었다.

그는 보두앵과 자기 딸 헬레나를 결혼시키고 일단 자신이 제국을 관장한 뒤 테살로니카를 비롯하여 잃은 영토를 모두 수복하자고 제안했다. 그러나 귀족들은 그 제안을 거절하고, 살아 있는 십자군의 가장 저명한 인물을 발탁했다. 그는 예루살렘의 전 왕이자 제5차 십자군[110]의 지도자이며 교황의 사령관인 브리엔의 장이었다.

결함은 한 가지뿐이었다. 장은 1150년경에 태어났으므로 섭정이
될 무렵에는 이미 팔순에 가까운 나이였다. 하지만 그는 놀랄 만큼
원기가 왕성했으며—세 번째 아내인 베렝가리아와의 사이에서 낳
은 딸은 겨우 네 살이었다—어느 후보도 그의 경력에 비할 바가 못
되었다. 예순 살 때인 1210년에 그는 열일곱 살짜리 예루살렘 여왕
마리와 결혼했다. 그녀는 2년 뒤에 아이를 낳다가 죽었으므로 장은
어린 딸 이자벨을 대신하여 실질적인 왕으로 나라를 다스렸다.

그러다가 1225년에 딸이 서방 황제인 프리드리히 2세 스투포르
문디와 결혼한 뒤 장은 곧바로 사위에 의해 폐위되었다. 이제 그의
딸이 결혼을 했으므로 그에게는 왕위에 대한 법적인 권리가 없다는
게 그 이유였다. 화가 난 장은 로마로 가서 호노리우스 교황에게 호
소했다. 그의 처지에 공감한 교황은 그를 예루살렘으로 돌려보내지
않고 교황령에 속한 토스카나의 총독으로 임명했다. 2년 뒤에 호노
리우스를 승계한 그레고리우스 9세가 제국군의 공격을 받았을 때
장은 즉각 방어군을 규합했다.

그러던 중 느닷없이, 예기치 않게 콘스탄티노플에서 그를 불렀
다. 처음에는 별로 관심을 보이지 않았으나 그레고리우스가 강권하
는 바람에—라틴 제국에 교황의 영향력을 증대할 수 있는 절호의
기회였으니까—마침내 장은 결심을 했다. 하지만 그는 보두앵이 성
년에 이른 뒤 자신의 미래를 보호하기 위한 여러 가지 조건을 내걸
었다. 우선 어린 황제는 그의 네 살짜리 딸인 마리와 즉시 결혼시키
고, 그 대가로 마리에게는 적절한 영토를 준다. 또한 장은 섭정이 아
니라 바실레오스로 임명되는 것이며, 그가 죽은 다음에야 보두앵에

게 제위를 상속할 수 있도록 한다. 그리고 보두앵이 스무 살이 되어도 아직 황제가 못되었다면 니케아 제국과 소아시아의 프랑크 영토 전부를 그에게 준다.

이렇게 제의한 뒤에도 장은 서둘러 콘스탄티노플에 오지 않았다. 1229년 초에 귀족들은 그의 요구를 받아들였지만 장은 미워하는 사위와 싸우느라 이탈리아를 떠나지 못했다. 1231년 가을이 되어서야 그는 황금뿔에 모습을 드러냈다. 며칠 뒤에 그는 소피아 대성당에서 황제가 되었다.

그 3년의 공백 기간 동안 발칸의 정세는 급격한 변동을 겪었다. 테살로니카의 수도에 있는 테오도루스 황제에게 콘스탄티노플은— 황제는커녕 섭정조차 없었으므로—어느 때보다도 만만한 상대였다. 하지만 그는 불가르족도 염두에 두어야 했다. 불과 1~2년 전에 그는 요한 아센과 강화조약을 맺었다. 하지만 조약을 맺자마자 불가리아 차르는 라틴인들에게 테살로니카를 넘겨주겠다고 제의했다. 역시 그 자는 결코 신뢰할 수 없었다.

하기는, 어차피 북쪽에 대적을 두고서 조상의 유산을 되찾을 수는 없는 노릇이었다. 결국 해결책은 단 하나, 불가리아의 위협을 근절하는 것밖에 없었다. 그래서 1230년 초봄에 테오도루스는 군대를 거느리고 국경을 넘었다. 아센은 짐짓 시치미를 떼고 자신의 기치를 강화조약의 문구로 장식한 채 침략자를 응징한다면서 맞섰다. 이리하여 1230년 4월에 아드리아노플과 필리포폴리스 사이 마리차 강변의 클로코트니차라는 작은 마을 부근에서 양측 군대는 교전에 들어갔다.

전투는 순식간에 끝났다. 테오도루스는 용기와 자신감, 연승의 기록을 바탕으로 승리를 확신했으나 결국 임자를 만났다. 그의 군대는 궤멸되었고 그 자신도 포로로 잡혔다. 그의 동생 마누엘은 군주의 직함을 유지한 채 테살로니카에서 계속 살 수 있었지만, 그것은 그가 아센의 딸과 결혼했기 때문이었다. 마누엘은—요한네스 바타체스와 니케아 백성들에게는 우스꽝스러운 일이었지만—황제만이 사용할 수 있는 진홍색 잉크로 여러 법령에 서명했다. 그는 장인의 꼭두각시일 수밖에 없었고 그 자신도 거기서 벗어나지 않으려 했다.

어쨌든 라틴인들은 과거에 자신들이 경멸했던 나라 덕분에 절체절명의 위기에서 간신히 벗어날 수 있었다. 하지만 불가리아에 고마움을 느낄 여유는 없었다. 그들은 이제 요한 아센이 거침없이 트라키아, 마케도니아, 알바니아를 누비면서 테오도루스의 옛 영토를 차지하는 것을 숨죽이고 지켜볼 도리밖에 없었기 때문이다. 이내 아센은 아드리아 해에서 흑해까지 발칸 북부 전역을 불가리아의 영토로 만들었다.

수도인 투르노보에 있는 40인의 순교자 성당에는 그가 자신의 정복 활동을 자랑스레 기록해 놓은 비문이 있다. 그는 자신이 두라초에서 아드리아노플까지 모든 땅의 주인이라고 주장했다. 오직 콘스탄티노플과 그 주변의 도시들만이 프랑크인들의 수중에 있었다. "그곳도 역시 나의 관할하에 있다. 왜냐하면 그들에게는 나 이외에 황제가 없고, 나의 뜻에 복종하도록 신께서 정해 놓으셨기 때문이다."

형식상으로는 독립국인 세르비아에도 그는 테오도루스의 사위인 스테판 라도슬라프를 물러나게 하고 대신 자신의 사위인 스테판 블라디슬라프를 앉혔다. 클로코트니차의 수혜자는 불가리아 차르만이 아니었다. 요한네스 바타체스는 멀리 님파이움의 궁전에서 그런 사태 변화에 크게 기뻐하고 있었다. 그동안에는 테오도루스가 만만찮은 라이벌이었고 콘스탄티노플이 니케아가 아니라 테살로니카로 넘어갈 듯한 분위기였으나 이제 그 위험은 지나갔고 다시 오지 않을 터였다.

이렇게 패권을 향해 뛰던 네 후보 중 하나가 사실상 제거되자 나머지 셋 사이에도 급격한 세력 재편이 이루어지게 되었다. 이제 요한 아센은 보스포루스의 라틴인들에게 외교적인 제의를 하지 않았다. 그에게는 그들보다 바타체스가 더 가까운 동맹이 될 수 있었다. 더욱이 그 무렵에 그는 또 하나의 중대한 결정을 내리려 하고 있었는데, 그것은 바로 로마 교회를 거부하는 것이었다.

칼로얀의 개종에도 불구하고 서유럽의 그리스도교는 비잔티움의 옛 전통이 강한 불가르족에게 별로 뿌리를 내리지 못했다. 그게 아니더라도 장차 라틴 제국에 대해 공세를 취하려면 미리 종교적 색채를 달리 하는 게 보기 좋을 터였다. 그래서 1232년에 요한 아센은 그레고리우스 교황과 불화를 빚은 것을 구실로 삼아 로마 교회와 결별했다. 니케아 총대주교는 물론이고 예루살렘과 알렉산드리아, 안티오크의 총대주교들도 불가리아 정교회 총대주교구가 투르노보에 다시 설치되는 것에 기꺼이 동의했다. 그리고 3년 뒤에 갈리폴리에서 요한 아센은 니케아와 동맹 조약을 체결했고, 자기 딸 헬레나—7년 전 어린 보두앵의 배필로 넣으려 했다가 거절당한 딸—를 요한네스 바타체스의 아들인 테오도루스 2세 라스카리스와 람프사쿠스에서 결혼시켰다. 1235년 늦여름에 정교회의 동맹군은 콘스탄티노플의 육로와 해로를 봉쇄했다.

라틴인들은 또다시 위기에 처했다. 브리엔의 장은 노구를 이끌고 자신의 제국을 방어하기 위해 호랑이처럼 싸웠으며, 베네치아 함대도 지원을 아끼지 않았다. 그러나 이듬해에 포위가 재개되자 콘스탄티노플의 운명은 풍전등화가 되었다. 여기서 콘스탄티노플을 구한 것은 요한 아센의 심경 변화였다. 어느 날 아침 갑자기 그는 이미 초라해진 라틴 제국보다는 강성한 그리스 제국이 불가리아에 더 큰 위협이라는 점을 깨달았다. 그래서 그는 공격을 중단하고 니케아에 대사를 보내 헬레나까지 데려오게 했다.

1237년 여름에 그는 한걸음 더 나아갔다. 몽골의 침략을 받아* 도나우 강 분지에서 도망쳐 온 쿠만족의 큰 무리에게 자기 영토를 통과시켜 콘스탄티노플의 새 황제 보두앵—브리엔의 장은 아흔 살이 다 되어서 3월에 사망했다—을 위해 싸우도록 해 준 것이다. 그리고 그해 가을에는 그 자신이 직접 불가르족, 쿠만족, 라틴인으로 구성된 군대를 거느리고 트라키아에 있는 니케아의 중요한 요새 중 하나인 추룰룸을 공략했다.

그런데 그 포위전이 한창 전개되고 있을 무렵 재앙이 덮쳤다. 사

* 몽골 제국을 일으킨 칭기즈 칸이 서역 원정을 계획한 것은 사실이었지만 본격적으로 그 계획이 추진된 것은 1227년에 그를 계승한 오고타이 칸의 치세였다. 그는 1234년에 숙원 사업이었던 금의 정복을 마친 뒤 이듬해에 쿠릴타이를 열어 유럽 원정을 결정했다. 총사령관 바투가 20만의 군대를 이끌고 출발한 그 원정은 일찍이 한 무제의 흉노 정벌(기원전 2세기), 당 태종의 돌궐 정벌(7세기)에 이어 세 번째로 중국에서 시작된 세계적인 규모의 민족 이동을 불렀다. 그 결과의 하나가 본문에 나오는 쿠만족의 이동이다.

자들이 와서 투르노보에 지독한 전염병이 돈다는 소식을 전했다. 그 병은 이미 그의 아내와 아들, 최근에 임명한 총대주교의 목숨까지 앗아갔다. 요한 아센은 이것을 신이 내린 징벌로 해석했다. 그는 서둘러 포위를 푼 뒤(쿠만족과 라틴인의 도움으로 성공적으로 진행되던 포위전이었다) 바타체스와 강화를 맺고 앞으로 더 이상 말썽을 부리지 않겠다고 약속했다. 그러고는 새 아내를 구했다.

당시 그에게 포로로 잡혀 있던 테살로니카의 테오도루스—얼마 전에는 음모를 꾀했다가 실명까지 당했다—는 그 기회를 이용하여 자기 딸인 이레네를 그의 아내로 들여보내는 데 성공했다. 요한 아센에게 그 결혼이 어떤 외교적 이득을 주었는지는 명확하지 않지만 테오도루스에게는 큰 이득이었다. 차르의 장인이 된 그는 변장한 채 테살로니카로 돌아와서 동생인 마누엘을 폐위시키고, 아들인 요한네스를 제위에 올린 다음 그 자신도 황제의 직함을 되찾았다.

무르익는 통일의 기운

1241년은 여러 제국이 경쟁하는 복잡한 국제 정세의 분수령에 해당하는 해였다. 그해가 가기 전에 콘스탄티노플을 놓고 지루한 다툼을 벌이던 세 명의 주역들이 각자 무덤을 찾았다. 불가리아의 요한 아센, 테살로니카의 마누엘, 그리고 라틴 제국의 강력한 후원자였던 교황 그레고리우스 9세가 바로 그들이었다. 또한 그해에는 바투가 이끄는 몽골군이 모라비아와 헝가리를 초토화시키고 도나우 분지로 쳐들어오는 바람에 불가르족은 더 이상 동방에 주력할 수 없게 되었다.

이로써 또 하나의 강력한 후보가 대권 경쟁에서 탈락했다. 테살로니카는 사실상 클로코트니차에서 힘을 거의 잃었다. 당시 콘스탄티노플 주변으로만 국한되어 있던 라틴 제국은 적들의 알력에 힘입어 비로소 생존할 수 있었다. 그 적들 가운데 남은 것은 단 하나 니케아 제국뿐이었다. 니케아의 지배자인 요한네스 바타체스는 점점 자신감을 키우면서 고대 수도의 탈환을 준비했다.

그에게는 아직 테살로니카의 문제가 남아 있었다. 이른바 테살로니카의 황제 요한네스는 군사적인 측면에서는 더 이상 위협이 되지 못했지만, 그래도 콘스탄티노플을 차지하려는 경쟁자임에는 틀림없었으므로 그대로 놔둘 수는 없었다. 테살로니카의 요한네스는 유약하고 신앙심만 돈독한 데다 늘 수도원에 들어가기만 꿈꾸는 꼭두각시에 불과했고, 실질적인 소유주는 실명까지 당한 노인의 몸임에도 바타체스에 못지않은 야심을 가진 테오도루스였다.

1241년 말에 바타체스는 테오도루스를 니케아에 초청했다. 노인은 선뜻 받아들였고 니케아에 머무는 동안 지극히 정중한 대우를 받았다. 그러나 그가 자기 나라로 돌아가려 할 때 바타체스는 역시 정중한 태도로 죄송하지만 그건 안 되겠다고 말했다. 이리하여 테오도루스는 사실상 포로의 신분으로 지냈다. 이듬해 여름 바타체스는 그에게 상당한 규모의 군대를 붙여 테살로니카까지 호송해 주면서 그를 사절로 삼아 그의 아들에게 협상을 제안했다. 협상 결과 요한네스는 예전의 마누엘처럼 황제 대신 군주의 직함으로 바꾸었고 니케아의 종주권을 인정하기로 했다.

바타체스가 테살로니카에 머무는 동안 몽골군이 소아시아의 셀주크 영토를 침략했고 이미 그의 영토 가까이까지 왔다는 소식이 전해졌다. 그 뒤 몇 년 동안 사정은 상당히 심각해 보였다. 특히 1243년 6월 몽골군이 쾨세다 전투에서 술탄 카이코스루 2세를 물리치고 그에게 공물을 바칠 것을 강요한 뒤로는 더욱 위험한 상황이었다. 술탄의 가신이었던 트레비존드의 황제 역시 마찬가지 운명을 당했고 충성의 상대를 몽골의 칸으로 바꿔야 했다. 공동의 위기를 앞두고 바타체스는 카이코스루와 동맹을 맺었는데, 결과적으로 그런 대비책은 필요하지 않았다. 몽골군이 다시 물러간 덕분에 니케아 제국은 무사했고, 이웃 나라들과의 관계에서 바타체스의 위상은 한층 강력해졌다.*

1244년에 그는 더 한층 입지를 굳힐 수 있었다. 첫 아내인 테오도루스 라스카리스의 딸 이레네가 죽자 그는 프리드리히 2세의 서녀인 콘스탄체와 결혼했다. 프리드리히는 원래 먼 친척인 보두앵 황제와 다툴 만한 일은 없었다. 그러나 그리스 색채가 강한 팔레르모

---

* 당시 몽골군이 급작스럽게 철군한 이유는 1241년 오고타이 칸이 죽은 이후 몽골 본국에서 칸 지위를 둘러싸고 권력 다툼이 벌어졌기 때문이다. 유럽 원정군 총사령관이었던 바투는 오고타이 칸의 조카였으므로 칸 지위 계승에 발언권이 있었다. 그 덕분에 자칫하면 몽골의 말발굽에 짓밟힐 뻔했던 유럽 세계는 참화를 면하게 되었다. 니케아 제국에게는 다행스러운 일이었지만 몽골의 유럽 원정이 중단된 결과, 그러잖아도 서유럽에게 역전당하는 분위기였던 동유럽의 힘은 현저히 떨어지게 된다. 불가리아도 한창 뻗어나던 시기에 몽골군에게 결정타를 맞았을 뿐 아니라 러시아의 공국들은 이후 서유럽 국가들에게서 '타타르의 멍에'(서유럽인들은 몽골을 타타르라는 이름으로 불렀다)라는 조롱을 받아 가며, 몽골 침략이 남긴 숙제를 해결하는 데 200여 년을 더 보내야 했다.

의 궁정에서 성장한 덕분에 그는 그리스인들을 잘 알았고 그리스어를 완벽하게 구사했으며, 원래의 수도를 빼앗기고 망명 정부를 세운 처지에 대해 동정하고 있었다. 그러므로 그는 그 결혼에 크게 기뻐했다.

물론 그의 열두 살짜리 딸 콘스탄체는 그런 심정이 아니었을 것이다. 그녀는 안나라는 비잔티움 식 이름으로 바꾸고 자기보다 꼭 마흔 살이나 연상인 남자와 결혼해야 했다. 더구나 결혼한 뒤 그 늙은 남편은 후안무치하게도 그녀의 하녀들과 놀아난다는 소문이 세인의 입에 오르내렸다. 교황 인노켄티우스 4세는 그 결혼에 큰 충격을 받았고, 니케아 총대주교도 바타체스가 그 불행한 젊은 아내를 그렇게 대하는 것에 경악했다. 하지만 두 황제의 우정은 변함이 없었다.

몽골이 물러가면서 술탄국도 엉망이 되었으므로 요한네스 바타체스는 이제 불가리아로 관심을 돌렸다. 불가리아 제국 역시 야만족의 침략으로 만신창이가 되었다. 1246년 요한 아센의 열두 살짜리 아들 콜로만이 죽고 그의 더 어린 이복동생 미카일이 차르가 되자, 이제 동유럽은 바타체스의 낚시터가 되어 버렸다. 그해 가을에 바타체스는 세레스를 낚았고, 그곳을 거점으로 삼아 스트리몬 강에서 마리차 강 사이의 모든 영토와 마케도니아 서부 대부분을 차지했다. 그가 스트리몬 강변의 멜니크에 진을 치고 있을 무렵 테살로니카인들이 그에게 제의를 해왔다.

요한네스 군주가 2년 전에 죽었을 때 그의 아버지 테오도루스는 요한네스의 동생인 데메트리우스에게 군주의 자리를 잇게 했다. 그러나 데메트리우스는 방탕하고 쾌락만 좇는 인물이었으므로 백성들은 그의 가족 전부를 혐오하기에 이르렀다. 그래서 그들은 만약 바타체스가 고대로부터 내려온 테살로니카의 권리와 특권을 보장해 준다면 저항 없이 항복하겠노라고 말했다. 물론 바타체스야 더 바랄 게 없었다. 12월에 그는 순조롭게 테살로니카에 입성하여 늙은 테오도루스를 시골 영지로 추방하고 데메트리우스를 소아시아로 보내 감금한 뒤 자신의 먼 일가붙이인 안드로니쿠스 팔라이올로구스를 유럽 총독으로 임명했다.

이제 콘스탄티노플에 집중하기 전까지 그에게는 하나의 적만 남았다. 9년쯤 전에 에피루스 지역은 테살로니카에서 분리되어 원래 건국자인 미카일 1세의 서자 미카일 2세가 다스리는 독립 공국을 이루고 있었다. 이곳 역시 몽골이 불가리아를 침략한 것 때문에 이득을 보았고, 1230년에 요한 아센에게 빼앗긴 영토를 대부분 되찾았다. 그래서 에피루스 공국은 오크리드와 프릴레프 부근에서 니케아 제국과 국경을 맞대고 있었다. 바타체스는 에피루스를 공격하지 않았다. 그런 황량한 산악 지대에서는 전쟁이 오래갈 게 뻔했기 때문이다. 그 대신 그는 1249년에 미카일과 우호 조약을 맺고 자신의 손녀인 마리아와 미카일의 아들 니케포루스를 약혼시켰다.

테오도루스만 아니었다면 모든 게 순탄했을 것이다. 그런데 늙은 나이에도 불구하고 여전히 분란을 자주 일으키는 테오도루스는 조카를 부추겨 그 우호조약을 거절하게 하고 니케아 제국에 대해 다시 반기를 들게 했다. 1251년에 미카일은 프릴레프를 점령하고 악시우스 강(지금의 바르다르 강)까지 진격했다. 바타체스는 더 이상 참지 않았다. 그는 대군을 이끌고 유럽으로 건너가 1253년 초에 군주의 항복을 받아냈다.

결국 미카일은 어리석음의 대가를 톡톡히 치렀다. 최근에 획득한 영토만이 아니라 불가리아에게서 빼앗은 서부 마케도니아와 알바니아의 일부마저도 니케아 제국으로 넘겨야 했던 것이다. 게다가 아들 니케포루스를 바타체스의 궁정에 인질로 보내야 했다. 또한 늙고 눈까지 먼 테오도루스는 마르마라 해를 건너 진작 갔어야 할 감옥에서 여생을 보내야 했다.

13

부활한 제국

1253년~1261년

우리가 방어군의 저항을 물리치고 수도를 탈환한 것은 …… 오로지 신의 가호 덕분입니다. 신께서는 아주 약하게 보이는 도시들을 난공불락으로 만들어 주셨고, 막강해 보이는 도시들을 약하게 만들어 주셨습니다. 우리는 그동안 수적 우세에도 불구하고 콘스탄티노플을 탈환하는 데 여러 차례 실패를 겪었는데, 그 이유는 신께서 이 도시를 점유하는 것이 신의 은총에 달려 있다는 것을 우리로 하여금 깨닫도록 하시기 위해서였습니다. 신께서는 우리를 위해 이 은총을 내리셨고, 우리에게 영원한 은혜를 베푸셨습니다. 또한 그와 더불어 우리가 잃어 버린 지역들을 되찾을 수 있는 희망을 주셨습니다.

황제 미카일 8세 팔라이올로구스 백성들에게 한 말, 게오르기우스 파키메레스에게서 인용

서유럽을 동경한 황제

라틴 제국은 휘청거리고 있었다. 이미 1236년에 열아홉 살의 젊은 황제 보두앵은 어떻게든 병력과 자금을 확보해야겠다는 일념으로 이탈리아로 갔다. 교황 그레고리우스 9세는 서유럽 그리스도교권의 양심에 호소하여 콘스탄티노플을 야만적인 분리주의자들로부터 구해 내자고 주창했다. 1237년에 브리엔의 장이 죽었지만 보두앵은 4년 가까이나 외국에 나가 있었다. 그는 귀국이 지연된 이유를 프랑스에서 사적인 일이 있었던 데다 프리드리히 2세가 술책을 부렸기 때문이라고 말했다.

1240년 초에야 그는 보스포루스로 돌아와 성주간에 맞춰 대관식을 치렀다. 그는 약 3만 명의 병력을 데려왔으나 병사들은 급료를 받을 가망이 없다는 것을 알고는 곧 뿔뿔이 흩어져 버렸다. 이 만성적인 자금 부족은 콘스탄티노플 시민들—그리스인과 라틴인—의 사기를 크게 저하시키는 또 다른 결정으로 이어졌다. 수도의 가장 신성한 보물을 베네치아에 저당으로 잡힌 것이다. 그 보물이란 바로 그리스도가 십자가에 묶였을 때 머리에 썼던 가시면류관이었다. 그러나 그것을 되찾아야 할 때가 왔는데도 황제는 돈을 마련하지 못했다. 오히려 프랑스 왕 생 루이가 그 보물을 입수한 뒤 그것을 보관하기 위해 생트 샤펠을 세웠다.[111]

보두앵은 서유럽을 점점 동경했다. 사실 그를 비난하기도 어렵다. 비록 돈을 구걸하는 거지처럼 유럽의 궁정들을 돌아다녔지만, 그래도 서유럽의 도시들이 음울하고 음습한 콘스탄티노플보다는 더 좋았을 것이다. 1244년에 그는 다시 지원 요청을 위해 서유럽 나들이를 했다. 프리드리히 2세에게는 요한네스 바타체스와 체결한 조약을 연장하는 데 힘을 써 달라고 부탁했고, 그 밖에 툴루즈 백작 레몽, 리옹의 교황 인노켄티우스 4세(교황과 함께 보두앵은 1245년의 대공의회에 참석했는데, 이미 두 차례나 파문당했던 프리드리히는 여기서 아예 폐위 선고를 받았다), 파리의 생 루이를 두루 거친 뒤에 심지어 런던까지 가서 헨리 3세가 마지못해 투덜거리며 내주는 얼마 안 되는 돈을 받았다.

그러나 콘스탄티노플은 회복이 불가능한 환자였다. 1248년 10월 수도에 돌아온 그 딱한 황제는 곧 황궁 지붕의 납까지 녹여 팔아야 할 정도로 궁핍한 처지가 되었다. 그때 만약 그가 앞으로도 13년을 더 재위해야 한다는 사실을 알았더라면 아마 고개를 휘휘 내젓지 않았을까 싶다. 사실 니케아에 있는 그의 적이 계속 생존했다면 보두앵은 그렇게 오래 제위에 있지도 못했을 것이다. 1254년 11월 3일 요한네스 바타체스는 60대 초반의 나이로 님파이움에서 죽었다. 그의 아들 테오도루스가 제위를 승계했을 때는 바타체스가 만들어 낸 추진력도 사라지고 없었다.

콘스탄티노플을 궁극적으로 탈환하는 데 누구보다도 공적이 큰 요한네스 3세 바타체스가 살아서 수도에 개선하지 못했다는 것은 역사의 아이러니다. 치세 만년의 10년 동안 그의 건강은 꾸준히 악화되었다. 간질이 발작하는 횟수가 점점 잦아지면서 평정심을 잃는 경우가 잦아졌다. 예를 들어 1253년에는 제국의 젊은 장군들 중 가장 뛰어난 미카일 팔라이올로구스가 역모를 꾀했다는 혐의를 받은 적이 있었다.

망명 제국 시기에 관해 주요한 그리스 문헌을 남긴 게오르기우스 아크로폴리테스는 일반 시민 두 사람이 나눈 대화를 엿듣고 그에게 그런 혐의를 뒤집어 씌운 것에 불과하다고 말한다. 더구나 그중 한 사람은 나중에 자기 말이 잘못 해석되었다고 주장했다. 그러나 황제는 그 사건을 조사하기로 마음먹고 미카일에게 결백을 입증하려면 달군 쇠의 시련을 받으라고 명했다.* 다행히 그 사건은 유야무야되었다.[112] 몇 달 뒤에 요한네스는 기분을 극적으로 바꾸어 그 청년 장군을 라틴 용병들 전체를 관장하는 '총사령관'의 서열로 끌어올렸다. 그러나 그 무렵 황궁 주변의 사람들은 그의 권력이 얼마 가지 못하리라고 확신했다.

그렇지만 요한네스 바타체스는 위대한 지배자였고, 제국의 역사

---

* 뜨거운 쇠를 만져서 화상을 입으면 유죄이고 멀쩡하면 신의 가호를 받은 것이므로 무죄라고 판정하던 고대의 관습. 그러나 서유럽에만 있었을 뿐 비잔티움에서는 본 적이 없었던 관습이다.

전체를 통틀어도 손에 꼽힐 만한 인물이었다. 그는 전임 황제 테오도루스 라스카리스에게서 작지만 활력 있는 국가—비잔티움을 모델로 하고 효율적인 행정과 튼튼한 방어망을 지닌 국가—를 물려받아서 자신의 치세에 규모를 두 배로 키웠다. 그리하여 32년 뒤 아들 테오도루스 2세에게 물려줄 때 제국의 영토는 발칸 반도와 에게 해의 대부분을 아우르게 되었다. 경쟁국들이 힘을 잃거나 소멸하는 가운데서도 니케아는 성장을 거듭하여 바야흐로 존립의 목표를 달성하려는 시점에까지 이르렀다.

황제의 대내 통치는 그다지 특별할 게 없었다. 그는 토지를 빼앗기고 소아시아로 자신을 찾아온 지주들에게 라틴 제국으로 달라붙은 자들의 토지를 몰수하여 분배했다. 국경 지대는 어느 때보다도 강력히 방어하는 한편 군역을 치르는 병사들에게 소규모 자작 농지를 분급하는 비잔티움의 전통적인 제도를 취했다. 특히 최근에 몽골에게 쫓겨난 쿠만족은 트라키아나 마케도니아, 프리지아나 마이안데르 유역의 농장을 받고 크게 기뻐하면서 황제의 부름에 기꺼이 응했다.

또한 황제는 지금이 비상시라는 것, 콘스탄티노플이 수복되기 전까지는 희생이 따를 수밖에 없다는 것을 모든 백성들에게 상기시켰다. 외국으로부터의 수입—특히 베네치아로부터의 수입—은 금지되었고, 공업과 농업에서 자급자족이 생활 신조가 되었으며, 바타체스 자신도 직접 농장을 경영하는 모범을 보였다. 심지어 그는 달걀을 판 돈으로 '달걀 왕관'이라는 보석이 박힌 소형 왕관을 만들어 첫 아내인 이레네에게 공식 석상에서 선물함으로써 근면하고 검소한 생활이 얼마나 중요한지 증명하기도 했다.

　이레네는 그 왕관에 어울리는 훌륭한 내조자였다. 황제 부부는
많은 병원, 고아원, 자선단체를 설립했고, 성당과 수도원에 돈을 기
부했으며, 가난한 사람들을 위해 끊임없이 노력했다. 또한 예술과
문학을 권장한 덕분에 그들의 아들 테오도루스 대에 이르러 꽃피우
게 될 찬란한 문예 부흥의 토대가 놓였다. 테오도루스의 치세에 니
케아는 그 전 세기의 콘스탄티노플처럼 비잔티움 문화의 확고한 중
심지가 되었다.

　그 결과 요한네스 바타체스는 백성들의 진정한 사랑을 받았다.
비록 둘째 아내에 대한 처우는 욕을 먹어 마땅하지만, 그 밖에 모든
면에서 그는 친구인 게오루기우스 아크로폴리테스가 말했듯이 "친
절하고 상냥한 인물"이었다. 그랬으니 그가 죽은 뒤 곧 지역의 성인
으로 추존되어 존경을 받은 것은 그리 놀랄 일이 아니다. 그는 님파
이움 부근의 소산드라 수도원에 묻혔다.

새로운 지도자의 등장

요한네스 바타체스는 비록 콘스탄티노플의 탈환을 보지 못하고 죽
었지만, 임종 무렵에는 자신이 평생을 바쳐 노력해 온 목표가 머잖
아 실현되리라는 것을 알았다. 물론 외아들이자 후계자의 능력에 대
해서는 의심을 품지 않을 수 없었다. 그것은 테오도루스 2세 라스카
리스―그는 외가 쪽에서 황제의 이름을 물려받았다―가 제위에 어

울리지 않는 인물이라서가 아니었다. 당대 최고의 학자라 할 니케포루스 블렘미데스에게서 배운 그는 짧은 생애 동안 문학, 신학, 과학에 관해 방대한 문헌을 집대성할 만큼 지적인 군주였으며, 그렇다고 해서 지적인 관심 때문에 국정을 제대로 돌보지 못한 것도 아니었다.

그의 가장 큰 약점은 그의 탓이 아니었다. 아버지에게서 더욱 심각한 상태의 간질을 물려받은 게 문제였던 것이다. 바타체스에게는 이따금 불편을 주는 정도였지만 그의 아들은 증세가 더욱 위중했다. 그가 자라면서 간질은 그의 판단력을 손상시켰고, 힘을 소진시켰으며, 신체적으로 무력하게 만들었다. 황제로서 그것은 아주 좋지 않은 병이었고, 특히 군대를 거느리고 숙영할 때는 자칫하면 큰 위험을 부를 수도 있었다. 그럼에도 불구하고 그는 불가르족—그들은 8년 전의 패배를 딛고 어느 정도 세력을 회복했다—을 상대로 여러 차례 성공적인 원정을 이끌었고, 개인적인 용기와 뛰어난 군사적 기술을 보였다.

테오도루스는 강력하고 무자비하게 나라를 다스렸다. 본능적으로 귀족들을 불신했던 그는 그들을 최대한 무시하고 그 대신 평범한 가문 출신의 소규모 관료 집단에 의지했다. 그중에서도 특히 프로토베스티아리우스인 게오르기우스 무잘론과 그의 두 동생인 테오도루스와 안드로니쿠스는 황제에게 큰 힘이 되었다. 그러나 황제가 총대주교로 아르세니우스라는 엄격한 금욕주의자를 임명한 것은 교회의 큰 반발을 샀을뿐더러 로마와의 통일을 꾀하던 아버지의 오랜 꿈을 일거에 부숴 버리는 결과를 낳았다. 대외 정책에 관한 한 그는 사정이 좋아지기를 기다리는 데 만족했다. 잠시 셀주크 술탄이 위협적으로 나왔지만 때마침 몽골의 침략을 받았다. 술탄은 테오도루스를 공격하는 대신 침략자들에게 대항하기 위해 오히려 지원을 얻어야 하는 처지가 되었다.

불가르족에 관해서는 1255년부터 1256년의 2차 원정으로 강화 조약을 유도했다. 1256년에 차르 미카일 아센이 살해되고 그 이듬해에 콘스탄틴 티크라는 귀족이 차르 자리를 계승하자―그는 즉각 아내를 버리고 테오도루스의 딸 이레네와 결혼했다―두 나라의 관계는 더욱 개선되었다. 또 하나, 1249년에 계획되었다가 7년 뒤에야 실현된 정략결혼이 있었는데, 이는 요한네스 바타체스의 딸 마리아와 에피루스 군주 미카일 2세의 아들 니케포루스의 결혼이었다.

물론 그 의도는 에피루스와 니케아 사이의 유대를 공고히 다지려는 데 있었지만, 불행히도 역효과를 낳았다. 순조롭게 풀려 나가던 중 테오도루스는 막바지에 어리석게도 결혼 조건으로 두라초와 마케도니아 도시인 세르비아를 요구했던 것이다. 아들을 데리고 마리차 강변에 주둔한 제국군의 진영으로 왔던 신랑의 어머니는 체포될지 모른다는 두려움 때문에 할 수 없이 그 요구에 응하고 말았다. 그러나 그녀가 돌아가서 남편에게 그 중요한 두 도시를 내주기로 했다고 말하자 군주는 불같이 화를 내며 즉각 테살로니카 공격을 준비했다. 그의 선동으로 세르비아인과 알바니아인들도 그를 지지하고 나섰으며, 며칠 뒤 마케도니아도 가담했다.

이 상황을 타개할 최적임자는 의심할 바 없이 미카일 팔라이올로구스라는 젊은 장군이었다. 하지만 황제는 그를 싫어했다. 두 사람은 어릴 때부터 잘 알던 사이였는데, 테오도루스는 자신이 가지지 못한 모든 재능을 갖추고 있는 이 잘생기고 젊은 귀족을 항상 시기했다. 또한 황제는 자기 아버지가 그랬듯이 미카일을 본능적으로 불신했으며, 때로는 병적일 만큼 그 정도가 심했다. 이미 그해 초반에 황제가 그에게 역모를 꾀했다는 혐의를 뒤집어 씌우는 바람에 미카일은 셀주크 측으로 피신해서 술탄의 그리스도교 용병들을 지휘하여 몽골군과 싸우기도 했다.

미카일은 황제에게 충성을 맹세했고 황제도 그의 안전을 서약으로써 보장했다. 그럼에도 불구하고 테오도루스는 한참 동안이나 망설이다가 마지못해 그에게 군대의 지휘권을 위임했다. 그런 뒤에도 여전히 황제는 마음을 놓지 못하고, 혹시 미카일이 반기를 들지나 않을까 두려워 별로 힘을 쓸 수 없는 소규모의 군대만 내주었다. 미카일은 그 군대로도 용감히 싸워 두라초까지 진출하는 데 성공했으나 에피루스의 공세를 차단하기에는 역부족이었다. 초여름에 군주가 테살로니카의 성문에 이르자, 미카일 팔라이올로구스는 불명예스럽게 소환되어 곧 파문을 당한 뒤 니케아의 감옥에 갇혔다.

그런데도 미카일은 왜 대항하지 않았을까? 아마도 그는 황제에게 자신의 결백을 납득시킬 수 있다고 믿었을 것이다(결과적으로 그 판단은 옳았다). 또한 테오도루스가 그다지 오래 살지 못하리라는 것을 알았는지도 모른다. 제위 계승을 놓고 다툼이 벌어진다면 발칸에 있는 것보다는 니케아에 있는 게 중요했다. 아무리 그렇다 해도 테살로니카에서 절실하게 필요로 하는 제국 최고의 장군을 황제가 그렇듯 부당하게 대우하는 것을 보고, 니케아의 명망 가문들은 바실레오스가 더 이상 국정을 운영할 능력이 없다고 확신하게 되었다.

치세 초기부터 황제는 그들을 노골적으로 적대한 데다 최근에 미카일 팔라이올로구스를 그렇게 처우한 것을 보면 충동적이고 믿을 수 없다는 게 명백해졌다. 귀족들은 비록 행정에서 배제되어 있었지만 군대에서는 여전히 영향력이 컸다. 그러므로 테오도루스 라스카리스가 1258년에 서른여섯 살의 젊은 나이로 갑자기 병이 나서 죽는 일이 아니었더라면 필경 군대의 반란이 일어났을 것이다.

맏아들 요한네스가 아직 어린아이였으므로[113] 테오도루스는―대중의 정서를 무시하는 그 특유의 습관에 따라―백성들의 미움을 받고 있는 게오르기우스 무잘론을 섭정으로 임명한 바 있었다. 임종을 앞두었을 때 그는 귀족의 지도자들을 모아 놓고 억지로 요한네스와 게오르기우스에게 충성을 서약하게 했다. 그러나 프로토베스티아리우스와 그의 일당에 대한 미움은 너무도 컸다.

테오도루스가 죽은 지 불과 아흐레 뒤에 소산드라 수도원에서 열린 황제의 추모식장에서 귀족들은 무잘론과 그의 형제 한 명을 주제단에서 살해하고 그들의 몸을 난도질해 버렸다. 곧이어 궁정 혁명이 일어났고, 귀족들은 미카일 팔라이올로구스―아마 사건의 배후에는 그가 있었을 것이다―를 감옥에서 서둘러 석방시켜 게오르기우스의 직함을 대신하게 했다.

베네치아와 제노바의 대리 전쟁

당시 서른네 살인 미카일은 여러 면에서 적임자였다. 그는 전통과

명망을 자랑하는 가문—11세기에 니케포루스 팔라이올로구스라는 조상은 미카일 7세의 휘하에서 메소포타미아 총독을 지냈다—출신이었고, 그 자신도 두카스, 앙겔루스, 콤네누스 등 여러 황가의 혈통을 이어받았을 뿐 아니라 그의 아내 테오도라는 요한네스 바타체스의 종손녀였다.[114]

물론 그의 경력에도 오점이 없지는 않았다. 그는 반역죄로 재판을 받았고 술탄에게 도망친 적도 있는가 하면, 최근에는 잠시 투옥된 경험도 있었다. 그러나 그런 일들이 일어나게 된 정황은 누구나 알고 있었으므로 아무도 심각하게 여기지는 않았다. 또한 무잘론의 살해 사건에 관여한 것은 그의 평판에 흠이 될 수도 있었겠지만, 그 프로토베스티아리우스는 워낙 백성들의 미움을 많이 받고 있었으므로 그에게 큰 허물은 되지 않았다. 게다가 미카일은 군대—특히 그가 지휘했던 라틴 용병들—에서 인기가 높았고 교회에게도 호감을 사고 있었다.

어린 황제 테오도루스 라스카리스도 처음에는 모호한 태도를 취했으나 이내 미카일을 좋아하게 되었다. 이런 인기에 힘입어 미카일은 대공megas dux의 직함을 받았고, 얼마 뒤에 교회 측의 지지를 받아 군주의 서열에 올랐다. 그리고 마침내 1258년 11월에 그는 방패 위에 올라 공동 황제로 추대되었고 크리스마스에 니케아에서 대관식을 치렀다. 그와 테오도라가 먼저 보석들로 장식된 묵직한 제관을 받았으며, 그 다음에 그의 어린 동료 요한네스 4세가 진주 몇 개로 장식된 작은 관을 머리에 썼다.

대관식에 참석한 군중은 미카일 8세 팔라이올로구스가 장차 자신들을 전통의 수도로 데려다 주리라고 믿어 의심치 않았다. 하지만 그에게는 처리해야 할 적들이 있었다. 1258년 초에 프리드리히 2세의 서자인 시칠리아의 젊은 만프레디는 에피루스를 침략하고, 코르푸를 점령하고, 두라초와 아블로나, 부트린토 등 해안의 몇 개 도시를 손에 넣었다. 테살로니카를 함락시킬 수 있는 기회를 코앞에 두고서 마지못해 마케도니아 원정을 단념한 에피루스의 군주 미카일은 그 참에 만프레디와 힘을 합쳐 니케아를 상대하기로 마음먹었다. 그래서 그는 만프레디에게 자신의 맏딸인 헬레나를 시집보내고 그가 정복한 지역을 딸의 지참금으로 삼는 게 어떠냐고 제안했다.

만프레디는 이 제의를 선뜻 수락한 뒤 선의의 표시로 새 장인에게 독일 기사 400명을 보내 주었다. 곧이어 미카일은 펠로폰네소스 북부 아카이아의 라틴 군주인 빌라르두앵의 기욤에게도 둘째 딸 안나를 시집보내 새로운 동맹을 맺었다. 그들의 궁극적인 목표는 콘스탄티노플이었으나 그 목표를 이루려면 먼저 그 도상에 있는 테살로니카—니케아 제국의 유럽 수도—를 손에 넣어야 했다.

† 미카일 8세 팔라이올로구스의 납 문장(紋章). 13세기 비잔티움.

이리하여 미카일 팔라이올로구스가 즉위할 무렵에는 그리스 본토의 거의 전부가 그의 적인 상황이었다. 1258년 후반에 그는 그 세동맹국에 대사를 보내 적대적인 침략 행위를 중단해 달라고 부탁하는 한편, 로마에도 사절을 보내ㅡ교황은 늘 호엔슈타우펜 가문과 불구대천의 원수였다ㅡ단골 메뉴인 동방 교회와 서방 교회의 통합을 시사했다.

그러나 외교를 펼치기에는 너무 늦었다. 그가 우려했던 대로 사절들은 아무 성과 없이 빈손으로 돌아왔다. 다행히도 황제는 대안을 준비해 두고 있었다. 그해 가을에 그는 헝가리와 세르비아의 정예 부대, 쿠만족과 투르크 용병들이 포함된 대군을 발칸에 파견한 바 있었다. 사령관은 그의 동생인 세바스토크라토르 요한네스 팔라이올로구스와 내무대신 알렉시우스 스트라테고풀루스였다. 1259년 초에 황제는 그들에게 적을 공격하라고 명했다.

에피루스의 미카일과 그의 군대는 아직 카스토리아의 겨울 지구에 있었다. 거기서 기습 공격을 받은 미카일은 만프레디가 장악하고 있는 아블로나로 달아나 동맹군에게 긴급 지원을 요청했다. 그러자 만프레디는 기병대를 보냈으며, 기욤 공은 직접 대군을 거느리고 아카이아에서 와 주었다. 으레 그렇듯이 이 경우에도 병력의 정확한 규모는 전하지 않는다. 그러나 서방 동맹군의 전체 규모를 약 4만 5천명으로 보면 그리 틀리지는 않을 성싶다. 요한네스 팔라이올로구스는 적보다 적은 병력을 거느리고 북쪽으로 행군했다. 이리하여 몇주 뒤ㅡ정확한 날짜는 모르지만 초여름이었을 것이다ㅡ양측의 군대는 펠라고니아(지금의 비톨라 혹은 모나스티르)에서 만났다.

그런데 동맹군은 싸워 보기도 전에 무너졌다. 세바스토크라토르 요한네스는 형에게서 세 동맹군으로 구성된 적진의 분열을 이용하라는 명을 받았는데, 과연 그 말 그대로였다. 여기에 그의 탁월한 게릴라 전술이 한몫 거들었다. 군주 미카일과 그의 아들 니케포루스는 엉뚱하게도 동맹군이 자기들을 적에게 넘기려 한다고 의심하고, 야음을 틈타 진영을 버리고 자신들의 군대와 함께 케팔로니아로 도망쳤다. 또한 미카일의 서자인 요한네스는 빌라르두앵이 서자라는 자신의 신분을 조롱하자 홧김에 니케아 편으로 돌아서 버렸다.

그런 상태에서 전투가 시작되었다. 이제 요한네스 팔라이올로구스가 규율과 기강을 갖춘 군대와 함께 상대해야 할 적은 빌라르두앵과 만프레디의 프랑스-독일 연합 기병대뿐이었다. 더구나 그들마저도 쿠만족 궁수들의 화살 앞에서는 무방비 상태였다. 만프레디의 기사들은 항복하거나 포로로 잡혔고, 곧이어 빌라르두앵도 카스토리아 근처에서 짚더미 속에 숨어 있다가 튀어나온 뻐드렁니 때문에 발각되어 사로잡혔다. 그 뒤 요한네스는 테살리아로 진군했으며, 그의 부관인 알렉시우스 스트라테고풀루스는 곧장 에피루스로 진격하여 그 수도인 아르타를 점령했다. 완벽한 승리였다.

한번 탄 승세를 계속 유지하기 위해 1260년 초에 황제는 직접 병력을 이끌고 콘스탄티노플로 향했다. 안타깝게도 이 원정에 관해서는 알려진 게 거의 없다. 우리의 주요 문헌 가운데 아크로폴리테스의 설명과 파키메레스, 그레고라스의 설명이 워낙 서로 다르기 때문에 때로는 과연 그 두 가지 설명이 같은 원정을 말하고 있는지조차 의심스러울 정도다. 미카일이 수도의 어느 라틴인 유력자를 매수한 것은 분명하다. 그는 약속된 신호에 따라 성문 하나를 열기로 했는데, 중대한 순간에 그만 약속대로 하지 못하게 되었다. 그래서 미카일은 계획을 변경해 황금뿔을 사이에 두고 수도의 바로 맞은편에 있는 갈라타를 공격했다.

그러나 여기서도 그는 좌절을 맛보았다. 전함이 없었으므로[115] 황금뿔을 차단하는 거대한 쇠사슬을 뚫고 들어가지 못했던 것이다. 또한 갈라타의 라틴인들은 매일 아침 콘스탄티노플에서 배편으로 오는 병력의 지원을 받아 미카일이 예상했던 것보다 훨씬 강인하게 저항했다. 얼마 뒤에 그는 더 이상 이 작전에 시간을 낭비하지 않기로 결심하고 퇴각을 명했다. 설사 최종적인 승리를 거둔다 해도 이득이 많지 않았기 때문이다.

콘스탄티노플에서 벌벌 떨고 있는 딱한 보두앵에게는 미카일 팔라이올로구스가 퇴각한다는 소식도 거의 위안을 주지 못했다. 펠라고니아 전투 이후 적이 수도를 점령하는 것은 단지 시간문제라고 여겼기 때문이다. 그가 한번씩 구원을 요청했던 동맹자들 가운데 남아 있는 것은 교황령과 베네치아 공화국뿐이었다. 그나마 교황 알렉산데르 4세는 그의 호소에 감감무소식이었으므로 남은 것은 베네치아밖에 없었다. 베네치아인들은 과거에 라틴 제국의 성립에 어느 누구보다도 책임이 있었으며, 지금도 30척의 함대로 황금뿔과 보스포루스를 부지런히 순찰하고 있었다. 보두앵은 방어망을 강화하는 데 필요한 자금을 어떻게든 확보하기 위해 자기 아들 필리프를 담보로 맡기고 리알토의 상인들에게서 돈을 빌렸다. 그러나 베네치아의 지원도 점차 불확실해 보이기 시작했다.

한편 해군력이 절실했던 미카일 팔라이올로구스는 1261년 3월 13일에 님파이움에서 베네치아의 앙숙인 제노바와 조약을 맺었다.[116] 앞으로 벌어질 전쟁에서 지원을 해 주는 대가로 제노바에게는 지금까지 베네치아가 누렸던 모든 특권을 내주는 동시에 콘스탄티노플과 기타 주요 항구들의 일부를 조차해 주고 흑해에도 자유로이 출입할 수 있는 통행권을 주기로 했다. 제노바의 처지에서 그것은 동방 무역 제국의 기반을 닦을 수 있는 절호의 기회였다. 하지만 비잔티움에게 그것은 궁극적으로 재앙을 가져왔다. 장차 두 해상 공화국이 제국의 해군력을 고갈시켜 버린 뒤 무기력해진 제국을 놓고 수백 년 동안 자기들끼리 경쟁을 벌이게 되기 때문이다. 그러나 그것은 미래의 문제였다. 1261년 봄의 상황에서 제노바 동맹군은 미카일에게 하늘에서 내려 준 선물과도 같았다.

57년 만의 수도 탈환

많은 조약과 동맹, 많은 불화와 유혈극, 많은 장대한 야망과 좌절로 점철된 60년이 지난 뒤 콘스탄티노플의 수복은 거의 우연처럼 다가왔다. 1261년 한여름에 미카일 8세는 알렉시우스 스트라테고풀루스 부제[117]에게 소규모 군대를 맡겨 트라키아로 보냈다. 불가리아와의 국경 지대가 조용한지 점검하는 한편, 콘스탄티노플 바깥에서 약간의 무력 시위를 벌여 수도의 방어 태세를 시험해 보는 것이 그 목적이었다.

셀림브리아에 도착한 알렉시우스는 현지 그리스 주민들에게서 수도의 라틴 수비대가 없다는 사실을 전해 들었다. 베네치아 함대가 그들을 차출하여 흑해로부터 보스포루스로 들어오는 관문을 통제하는 니케아의 다프누시아 섬을 공격하러 갔다는 것이었다.[118] 또한 사람들은 알렉시우스에게 무장한 병사들이 쉽게 수도 안으로 들어갈 수 있는 뒷문이 육로성벽에 있다고 말해 주었다.

1260년 9월에 미카일이 갈라타에서 철수하면서 라틴 제국과 맺은 강화조약은 형식적으로 아직 유효했다. 그러나 라틴인들은 다프누시아를 공격함으로써 먼저 그 조약을 어겼으며, 더욱이 알렉시우스 스트라테고풀루스에게 그것은 놓치기에 너무나 아까운 천재일우의 기회였다. 그날 밤 정예병으로 구성한 작은 부대가 수도 안으로 잠입했다. 그들은 성벽 위의 경비병들을 기습으로 해치우고 시신을 아래로 떨어뜨렸다. 그런 다음 그들은 조용히 성문 하나를 열었다. 1261년 7월 25일 새벽에 군대는 수도 안으로 들어갔고 거의 아무런 저항도 받지 않았다.[119]

블라케르나이에서 자고 있던 보두앵은 바깥에서 나는 소란에 잠에서 깨어, 제관도 왕홀도 모두 팽개친 채 득달같이 도망쳤다. 도시의 한쪽 끝에서 다른 쪽 끝까지 도보로 가는 동안 그는 하마터면 체포될 뻔했고 팔에 상처를 입었다. 그래도 간신히 황궁에 도착한 뒤 그는 작은 항구 부콜레온에서 베네치아 상인을 찾았다. 베네치아 행정관을 비롯하여 몇 사람과 함께 황제는 베네치아 상선을 타고 라틴 세력이 장악한 에우보이아 섬[120]으로 도피했다.

그동안 알렉시우스의 병사들은 베네치아 지구 전역에 불을 질렀다. 베네치아 수병들이 다프투시아에서 돌아와 자기들의 집이 파괴된 것을 보면 가족들을 데리고 황급히 부두로 달아나느라 역공을 펼 엄두를 내지 못하고 곧장 본국으로 돌아가리라는 생각에서였다. 그리스 역사가들은 수도에 남아 있던 프랑크인들의 공포에 질린 모습을 즐겁게 묘사한다. 일부는 병사들의 보복을 피해 수도원으로 달아나 수도사로 변장했는가 하면, 숨을 곳만 있으면 무조건 찾아 들어가기도 했다. 심지어 하수도로 들어간 자들도 있었다고 한다.

사실 그들은 걱정할 필요가 없었다. 학살은 없었기 때문이다. 결국 그들은 하나둘씩 숨어 있는 곳에서 나와―귀중품을 잔뜩 짊어진 탓에 대부분 걸음이 휘청거렸다― 항구로 내려갔다. 항구에는 베네치아 선박 30척과 본국에서 막 도착한 대형 선박 한 척이 대기하고 있었다. 그들의 수가 몇 명이었는지는 기록에 없으나 1천 명쯤이었을 것이다. 그들이 모두 배에 오르자 함대는 에우보이아로 갔으나 식량까지 챙겨갈 틈은 없었던 듯하다. 난민들의 상당수가 목적지에 닿기도 전에 굶어죽었다는 기록이 전한다.

한편 미카일 황제는 수도에서 350킬로미터 떨어진 소아시아 메테오리움의 진영에서 잠자고 있던 중에 달려온 연락병들을 맞았다. 누나인 율로기아[121]가 그를 깨워―아크로폴리테스에 의하면 그의 발가락을 간질여 깨웠다고 한다―그 소식을 전했다. 하지만 처음에 그는 누나의 말을 믿으려 하지 않았다. 그는 보두앵이 팽개치고 간 황제복을 직접 받은 뒤에야 비로소 그 보고가 사실임을 믿게 되었다.

그는 곧 준비에 들어가서 3주 뒤인 1261년 8월 15일에 '새로운 콘스탄티누스'로서(그는 콘스탄티노플을 다시 한번 '창건'했다는 의미에서 그렇게 자칭했다) 수도에 정식으로 입성했다. 그것은 개선식이 아니었다. 그 사건의 중대한 역사적·상징적 의미를 잘 알고 있는 그는 신에게 감사하는 취지로 행사를 치르기로 했다. 그는 금문을 통과한 뒤 발길을 멈추고 로고테테스장이자 역사가인 게오르기우스 아크로폴리테스가 올리는 특별 기도를 들었다. 그런 다음에 호데게트리아의 대형 성상—호데게트리아는 '길을 안내하는 성모'라는 뜻이며, 성 루가가 직접 그린 성상이라고 한다—을 앞세우고, 전통적인 행진로를 따라 메세를 거쳐 소피아 대성당까지 가로질러 갔다. 그리고 거기서 총대주교 아르세니우스의 집전으로 두 번째 대관식을 치렀다. 이전의 대관식과는 달리 이번에는 그와 그의 아내만 제관을 받았으며, 그들의 어린 아들 안드로니쿠스는 정식 후계자로 책봉되었다.

그러면 그전까지 공동 황제였던 열 살짜리 소년 요한네스 라스카리스는 어떻게 되었을까? 그는 아무도 돌보지 않고 버려진 채 니케아에 그대로 방치되었다. 그러나 넉 달 뒤 크리스마스에 그는 두 눈이 뽑히는 형벌을 당했다. 공교롭게도 그날은 소년의 열한 번째 생일이었다.[122]

콘스탄티노플의 라틴 제국은 출발부터 기형적이었다. 반역과 탐욕이 낳은 그 비참한 제국은 57년 동안 존속하면서 아무것도 한 일이 없었고, 한순간도 번영을 구가한 적이 없었다. 1204년 이후 제국은 전혀 영토적 팽창을 이루지 못했고 오히려 얼마 안 가서 수도 주변만으로 영토가 쪼그라들고 말았다. 그런 상황에서도 그만큼 존속했다는 게 희한할 정도다.

모두 일곱 명의 황제들 중—팔순 노인 브리엔의 장을 제외하면
—에노의 앙리만이 비범한 군주였다. 아무도 그리스 백성들을 이해
하려는 노력을 하지 않았으며, 그리스어조차 전혀 배우려 하지 않았
다. 그러는 동안 프랑크 기사들은 하나둘씩 서유럽으로 돌아갔고,
동맹 세력들도 등을 돌렸으며, 국고마저 텅 비었다. 그 결과 제국은
출발할 때만큼이나 치욕적인 최후를 맞게 되었다. 방어군은 정작 쓸
모도 없는 일에 몰두해 있는 사이 불과 한줌의 병사들에 의해 단 하
룻밤 만에 정복당한 것이다.

이 딱한 불량품 제국의 악행이 그 자체에만 국한되었다면 그저
동정의 눈길을 보내는 것으로 족할 테고, 독자들은 이 장황하고 유
익한 점이 없는 장을 굳이 읽을 필요가 없었을 것이다. 하지만 불행
히도 그렇지 않았다. 라틴 제국이 남긴 어두운 유산은 비잔티움만이
아니라 그리스도교권 전체, 나아가 전 세계에까지 영향을 미쳤다.
그리스 제국은 그 중대한 시기에 입은 정신적·물질적 피해를 끝내
회복하지 못했기 때문이다. 제국은 만지케르트의 재앙 이후 유지했
던 영토의 대부분을 잃었고, 아름다운 건축물들은 거의 폐허가 되었
으며, 뛰어난 예술품들은 파괴되거나 서유럽으로 약탈되었다. 또한
백성들의 의욕도 전과 같은 수준으로 회복되지 못했다. 이후 비잔티
움 사람들은 과거의 영화에 대한 자부심만 가득할 뿐 자신들의 미래
에 대해서는 불안과 공포를 품었다.

그들은 그 밖에 다른 것도 잃었다. 라틴 세계에 의해 정복되기 전
까지 제국은 백성들 위에 군림하는 단일한 바실레오스, 천국과 지상
을 매개하며 12사도와 동격인 황제가 다스리고 있었다. 그러나 이

제 그런 통일성은 사라졌다. 그렇듯 웅장한 구상은 더 이상 존립할 수 없었다. 흑해 연안의 작은 비잔티움 세계에는 아직도 트레비존드의 황제가 독립적으로 존재하고 있었다. 또한 에피루스의 군주는 예전의 힘을 되찾기 위해 애쓰면서 언제라도 콘스탄티노플을 상대로 싸울 차비를 하고 있었다. 이렇게 분열된 상황에서 어떻게 그리스 제국이 과거처럼 이슬람 세력의 진출을 가로막는 그리스도교권의 동방의 보루가 될 수 있겠는가?

그러나 그리스도교권도 역시 제4차 십자군을 계기로 크게 달라졌다. 오랜 분열로 인해 이제는 양극화가 완전히 자리잡았다. 1054년의 교회 대분열 이전과 이후 수백 년 동안 동방 교회와 서방 교회는 정중하고 소원한 관계에서 노골적으로 서로를 비난하는 관계까지 오락가락했지만, 그 차이는 기본적으로 신학적인 측면에 있었다. 그런데 서방의 십자군이 콘스탄티노플을 정복한 뒤부터는 더 이상 그렇지 않았다.

비잔티움인들이 볼 때 그들의 제단을 더럽히고 그들의 가정을 약탈하고 그들의 여성을 능욕한 서유럽의 야만인들은 어떤 의미에서도 그리스도교도가 아니었다. 물론 앞으로도 정교회와 로마 교회를 억지로 통일하려는 시도는 있을 터였다. 실제로 1274년 미카일 팔라이올로구스는 잠시 통일에 성공하기도 했다. 그러나 설사 잠시는 가능할지 몰라도 오래갈 수는 없었다. 장기적으로는 비잔티움인들에게 그것이 로마 교회에 대한 굴복으로 보일 게 뻔하기 때문이었다. "추기경의 모자보다는 차라리 술탄의 터번이 낫다." 그들은 이런 말을 진심으로 서슴없이 하기에 이르렀다.

14

―

생존을 위한 외교

1261년~1270년

미카일 팔라이올로구스, 그 분리파이자 황제의 이름을 찬탈한 자가 …… 제국의 수도 콘
스탄티노플과 제국 전체를 장악하고, 보두앵 황제와 그곳에 거주하던 라틴인들을 쫓아
냈다. …… 그러므로 우리는 신의 도움을 얻어 분리파가 우리 공통의 어머니, 즉 신성 로
마 교회의 몸에서 마구 잘라 낸 고귀한 사지를 복원하기 위한 경건한 과제를 수행하고자
하는 바이다.

제2차 비테르보 조약 1267년 5월 27일

수복과 동시에 시작된 복구

바실레오스는 수도에 돌아왔다. 수도에 남아 있던 소수의 그리스 주민들은 한밤중까지 환호성을 질렀고 시내에서는 환희의 종소리가 울려퍼졌다. 수도사와 수녀들은 교회와 수도원을 부지런히 오가며 마치 대규모 종교 축일을 맞은 것처럼 이곳저곳을 장식했다. 하지만 미카일 팔라이올로구스는 그 축제에 참석하지 않았다. 자신이 다스려야 할 도시를 처음 보는 순간 그는 큰 걱정에 사로잡혔다.

　도시 전체가 황량하기 그지없었다. 성당들은 폐허가 되었고, 궁전들은 잿더미가 되었으며, 주택들이 밀집했던 지역에는 온통 타다 남은 나무 조각들뿐이었다. 1204년의 대화재에서 살아남은 주택들도 대부분이 파괴되어 장작으로 사용되어 버렸다. 그 당시의 피해를 복구하려 했던 시도도 없었고 잔해들도 대부분 50년 전과 마찬가지로 그대로 방치되어 있었다. 대관식을 치른 뒤 그는 말 없이 보스포루스의 황궁으로 들어가서—블라케르나이 궁전이 더 새 것이고 편안했지만 그는 라틴 황제들로 인해 더럽혀졌다고 여겼다[123] ─ 이제부터 해야 할 일들을 숙고하기 시작했다.

가장 시급한 일은 수도의 방어였다. 아직 그리스의 대부분을 프랑크인들이 점령하고 있는 상황이었다. 에피루스와 테살리아는 비록 그리스계가 차지했지만 제국에 적대적이었고, 세르비아와 불가리아도 마찬가지였다. 게다가 비잔티움의 해역과 동부 지중해는 베네치아와 제노바의 연못이나 다름없었다. 교황 우르바누스 4세[124]는 라틴 동방 제국의 붕괴를 현실로 받아들이려 하지 않았다. 또한 시칠리아로 돌아간 만프레디도 언제든지 구실만 찾으면 다시 공세로 나올 가능성이 다분했다. 이 서유럽과 발칸 열강의 일부나 전부가 동맹을 맺는다면 이제 막 수복된 제국은 끝장이었다.

그러므로 황제가 최우선 과제로 여긴 것은 육로성벽과 해로성벽을 철저하게 점검하고 필요한 부분이 있으면 개선하고 보강하는 작업이었다. 특히 가장 취약한 구역은 황금뿔의 둑이었다. 1203년과 1204년에 십자군이 비집고 들어온 곳도 바로 여기였다. 장기적으로는 내부 성벽을 전부 새로 쌓아 적의 함대 공격을 대비하는 이중의 요새로 방어해야 했다. 그러나 지금으로서는 일단 8킬로미터에 달하는 성벽 전체를 따라 2미터 높이의 대형 목책을 쌓고 부분적으로 방화가 가능하도록 가죽을 그 위에 덮는 정도로 만족할 수밖에 없었다.

물론 이상적으로는 적이 황금뿔로 진입하지 못하도록 하는 게 가장 좋았다. 그래서 황제는 예전에 황금뿔 어귀에서 적함의 출입을 차단했던 거대한 쇠사슬을 다시 설치했다. 하지만 이 쇠사슬은 완벽한 방어를 보장하지 못했고, 성능이 좋은 튼튼한 함선을 대신할 수는 없었다. 그러므로 미카일은 수도를 탈환한 직후부터 선박을 건조하는 작업을 서둘렀다. 함대가 생기기 전까지는 애오라지 제노바만 믿을 수밖에 없었다. 황제는 유일한 서방 측 동맹인 제노바에게 베네치아인들이 사용하던 궁전[125]을 넘겨 주었고 불과 몇 달 전에 체결한 님파이움 조약의 의무 조항들을 수시로 상기시켰다.

그 다음에는 정부를 이전해야 했는데, 이것도 결코 쉬운 일이 아니었다. 비잔티움의 관료 기구는 복잡하고 거추장스러웠다. 그 많은 부서들과 그것들을 운영하는 많은 관리들을 폐허나 다름없는 도시로 옮기는 것은 엄청난 작업이었다. 그나마 콘스탄티노플의 인구가 크게 감소했기 때문에 가능한 일이었다. 십자군이 왔을 때 한꺼번에 많은 그리스인들이 떠났고, 그들이 지배하는 기간에도 꾸준히 이주가 이루어졌다. 그 공백은 라틴인들이 채웠지만 이제 그들도 떠났으므로 도시는 버려진 것처럼 조용했다. 그래서 황제는 우선 모든 난민들을 수도로 불러들였고, 1262년에는 차코네스tsakones라는 새로운 개념의 공동체를 도입했다. 이곳으로 이주한 그리스인들은 아카이아 공이 그해에 그에게 정식으로 양도한 펠로폰네소스 남동부의 모넴바시아 일대에서 온 사람들이었다.

한편 제국군도 야심찬 재건 계획에 착수했다. 생활 편의 시설도 중요했지만 미카일은 백성들의 사기에 큰 영향을 미친다는 판단에서 폐허가 된 성당과 수도원을 재건하는 데도 주력했다. 라틴인들은 동방 교회의 성당을 혐오스러운 이단의 기념물이라고 간주하고 거의 존중하지 않았다. 그들은 지붕에서 납을 뜯어 내고, 모자이크와 프레스코를 훼손하고, 보물과 성물을 강탈했다.

그러나 비잔티움 사람들은 무엇보다 종교적 안정을 취해야 애국심과 민족적 자긍심이 되살아날 수 있었다. 그렇게 되면 미카일의 정책에 대한 교회의 지원도 얻어 낼 수 있을 터였다. 또한 황제는 법정과 극장, 시장과 광장 등 수도의 공공건물도 소홀히 여기지 않았다. 마지막으로, 자신의 모든 업적을 기념하기 위해 그는 사도 성당 앞에 자신의 수호천사인 성 미카엘의 형상을 조각한 기둥을 세웠다. 그 발치에는 황제의 모습을 표현한 조각상이 전통적인 자세로 콘스탄티노플의 모형을 미카엘 대천사에게 바치고 있었다. 그는 수도와 백성들에게 큰 기여를 했으므로 그들이 자신을 잊지 말아야 한다고 여긴 것이다.

'신생' 제국을 방어하라

우르바누스 교황에 대한 미카일 팔라이올로구스의 평가는 옳았다. 하지만 그는 교황과 불필요한 적대 관계를 맺고 싶지는 않았다. 니케아에서 처음 대관식을 치렀을 때 그는 격식에 따라 교황청에 사절을 보내 자신의 즉위를 공식적으로 통지했다. 그리고 이번의 두 번째 대관식에서도 마찬가지로 사절 두 사람—이들은 그리스인이었으나 둘 다 보두앵의 비서를 지냈다—을 시켜 교황에게 통지하고 아울러 많은 선물도 보냈다.

하지만 만약 그런 식으로 교황의 분노를 달래려 했다면 그는 실망할 수밖에 없었을 것이다. 파키메레스의 말을 그대로 믿기는 어렵지만, 두 사절 중 한 명은 산 채로 가죽을 벗기는 형벌을 당했고, 나머지 한 명은 간신히 목숨을 건져 도망쳐 왔다고 한다. 어쨌든 그들이 전혀 환대를 받지 못한 것은 틀림없는 사실인 듯하다.

보두앵의 부추김도 있었지만 우르바누스는 새로 십자군을 조직해서 콘스탄티노플을 다시 서방의 손아귀에 넣을 심산이었다. 이미 그는 동방 제국에 협력했다는 이유로 제노바를 파문했다. 베네치아는 당연히 교황의 계획을 적극적으로 지지했고, 동방 제국과 싸우려는 사람이면 누구든 무료로 수송해 주겠다고 나섰다. 그러나 다른 곳에서는 거의 반응을 보이지 않았다. 지난 세기에 불타 올랐던 십자군의 열정은 싸늘하게 식어 있었다. 프랑스의 생 루이는, 십자군의 목적은 이교도와 싸우는 것이지, 아무리 분리파라고 해도 같은 그리스도교도와 싸우는 게 아니라고 점잖게 지적했다. 독일은 1250년에 프리드리히 2세가 죽은 이후 혼란에 빠져 있었다. 에스파냐의 아라곤 왕국은 시칠리아에 눈독을 들이고 있었을 뿐 더 먼 지역에는 관심이 없었다. 그동안 십자군 원정에서 많은 공로를 세웠던 잉글랜드에 관해서는 교황 자신이 그다지 열의를 보이지 않았다.

프리드리히의 아들 만프레디에게 이런 사정은 좋은 기회였다. 로마와 동맹을 맺는다면 영토를 늘리는 것은 물론 그가 그토록 바라던 자신의 왕위에 대한 교황의 승인을 얻을 수도 있을 터였다.* 그래서 그와 보두앵은 교황과 화해하기 위해 온갖 방책을 동원했지만 허사였다. 전임 교황에게서 호엔슈타우펜 가문에 대한 증오심을 물려받은 우르바누스에게 그런 동맹은 일고의 가치도 없었다. 그는 시칠리아 왕이 콘스탄티노플에 관해 나름대로의 야심을 가지고 있다는 것을 잘 알았다. 설사 보두앵이 복위된다 해도 만프레디의 덕택으로 그렇게 된다는 것은 생각하기도 싫은 일이었다.

일찍부터 튼튼한 첩보망을 구축한 미카일 팔라이올로구스는 교황의 동태를 잘 파악하고 유심히 지켜보았다. 그는 오래전부터 만프레디와 동맹을 맺기 위해 노력했으나 성공하지 못했다. 그러던 중 1262년 여름에 그는 다시 한번 시도했다. 마침 만프레디의 이복누이이자 요한네스 바타체스의 미망인인 안나가 아직 황궁에 살고 있었다. 미카일은 아내인 테오도라와 이혼하고 그녀와 결혼하겠다고 제안했다.

옛날과 현대의 역사가들은 이 묘한 제의를 어떻게 해석해야 할지 확신하지 못한 듯하다. 그 결혼은 아마 두 군주의 관계를 더 가깝게 만들어 줄 수 있겠지만, 다른 한편으로는 궁정에서 큰 스캔들을 일으킬 수도 있다. 이미 그가 어린 요한네스 라스카리스에게 가혹하게 대한 것을 공개적으로 비난한 바 있는 아르세니우스 총대주교는 아예 황제를 파문해 버릴지도 모른다. 게오르기우스 파키메레스는 미카일의 진정한 동기가 안나에 대한 '불타는 사랑' 때문이었다고 말한다. 물론 그것도 불가능한 이야기는 아니다. 그때까지 서녀만 둘

---

* 알다시피 프리드리히 바르바로사 이래로 로마 교황은 호엔슈타우펜 왕가와 사이가 좋지 않았다. 그런 상황에서 프리드리히 2세의 아들인 데다 북이탈리아의 황제파(기벨린파)를 지원하는 야심가인 만프레디를 교황이 달가워할 리는 없었다. 그래서 우르바누스 4세의 전임 교황인 알렉산데르 4세는 만프레디를 두 차례나 파문하고, 엉뚱하게도 잉글랜드의 왕자 에드먼드를 시칠리아 왕으로 임명했다(물론 그는 만프레디에게 금세 쫓겨났다). 그런 탓에 만프레디는 사실상 시칠리아 왕이었음에도 교황의 공식 승인은 받지 못한 '찬탈자' 신분이었던 것이다.

을 낳은 미카일은 아직 서른 살인 여인의 매력에 충분히 빠질 수 있다. 또한 안나 역시 죽은 남편과는 사뭇 다른 미카일에게 훨씬 더 이끌렸을 것이다.

하지만 그 밖에 다른 문헌에는 그 이론에 대한 증거도 없고 그 뒤어떻게 되었는지에 관한 기록도 없다. 이후 미카일은 총대주교, 안나, 그리고 수녀원에서 평생을 보낼 생각이 없는 아내 테오도라의 압력을 받아 결국 그 계획을 포기하고 안나를 만프레디에게 돌려보내기로 결정했다. 그 대가로 만프레디는 에피루스 공국에 구금되어 있던 알렉시우스 스트라테고풀루스를 풀어 주었다. 그러나 미카일의 오랜 정치적 동맹은 결국 꿈으로 남았다.

미카일은 그다지 크게 실망하지는 않았다. 아직 가까이에서도 해야 할 일이 많았다. 우선 1204년 이전의 국경을 되찾는 게 급선무였다. 이 작업은 펠로폰네소스에서 시작했다. 1262년에 그는 3년 전 펠라고니아 전투에서 사로잡아 구금하고 있던 아카이아의 기욤 공작을 풀어 주고, 그 대가로 모넴바시아, 미스트라, 마이나, 게라키, 킨스테르나 등의 매우 중요한 요새들을 받았다. 이것은 펠로폰네소스 반도를 다시 제국의 세력권으로 편제하기 위한 첫 단계였다. 그 뒤 그와 기욤은 다시는 서로 전쟁을 벌이지 않기로 엄숙히 서약했다. 이 약속에 대한 보증으로 기욤은 황제의 아들 콘스탄티누스의 대부가 되어 주었고 제국의 내무대신이라는 직함을 받았다.

말할 나위도 없이 그 서약은 마치 처음부터 없었던 것처럼 곧바로 깨졌다. 1262년 5월에 테베에서 기욤은 베네치아와 동맹을 맺고 제국에 반기를 들었다. 그리고 불과 두 달 뒤 비테르보[126]에서 그는

교황 우르바누스, 보두앵, 베네치아, 펠로폰네소스의 라틴 귀족들과
도 협정을 맺었다. 이 자리에서 교황은 그에게서 '그리스 분리파' 라
는 낙인을 거두었다.

미카일 팔라이올로구스에게 그것은 참지 못할 도발이었다. 1263
년 초에 새로 건조된 제국의 함대는 프랑크인이 장악한 코스, 낙소
스, 파로스 섬을 약탈하고 에우보이아의 반대편 끝에 위치한 오레오
스와 카리스토스를 공격한 뒤 마지막으로 남동쪽의 모레아로 내려
가 라코니아의 해안 대부분을 장악했다. 한편 육군 1만 5천 명 병력
—그중 3분의 1은 셀주크 용병이었다—은 황제의 동생이자 세바스
토크라토르인 콘스탄티누스의 지휘 아래 제노바 함선을 타고 곧장
모넴바시아로 가서 북서쪽으로 행군하여 라케다이몬, 즉 고대의 스
파르타를 포위했다. 이에 크게 놀란 아카이아의 기욤은 동료 귀족들
을 동원하고자 황급히 코린트로 갔다. 그러자 콘스탄티누스는 포위
를 풀고 강행군으로 펠로폰네소스를 가로질러 기욤의 수도인 안드
라비다로 쳐들어 갔다.

한동안 아카이아 전역이 풍전등화의 위기에 처한 것처럼 보였다.
이런 상황에서 벗어날 수 있었던 것은 오로지 기욤이 거느린 바이이
〔bailli, 국왕을 대신하여 재판을 맡은 지방 관리〕인 요한네스 카타바스
라는 그리스인의 용기 덕분이었다. 노인의 몸인 데다 통풍을 심하게
앓고 있던 카타바스는 황급히 300명의 병력을 모아 제국군 진영 부
근의 좁은 협곡으로 갔다. 신속하게 정찰한 결과 침략군이 오랜 행
군을 마치고 휴식을 취하는 것을 안 그는 즉각 공격 명령을 내렸다.
보초가 피살되자 콘스탄티누스의 군대는 거의 아무런 저항도 하지

못했다. 대다수가 현장에서 살육되었고 나머지는 인근의 숲으로 달아났다. 세바스토크라토르는 간신히 목숨을 건진 뒤 펠로폰네소스 반도를 가로질러 미스트라로 돌아왔다.

그로부터 불과 한두 달 뒤에 제국과 제노바의 함선 48척으로 구성된 연합 함대는 남쪽의 모넴바시아로 항해하던 중에 스페차이라는 작은 섬의 연안에서 서른두 척으로 이루어진 베네치아의 소함대와 마주쳤다. 상세한 전투 내역은 확실치 않지만, 결과는 절반 이상이 싸우기를 거부했던 제노바 측의 참패였다. 그들은 제독 한 명을 포함하여 1천 명의 병력을 잃었다고 전한다.[127] 그들이 다시 동부 지중해에서 그만한 규모의 함대를 구성하는 데는 몇 년이 걸렸다. 하

† 비잔티움 후기 그리스의 미스트라에 세워진 도시의 유적. 북쪽 전경.

지만 더 중요한 것은 그들이 미카일 팔라이올로구스의 신뢰를 잃었다는 점이다. 미카일은 그들에게 돈을 주고 고용한 대가를 충실히 이행하라고 요구했다.

미카일은 그러잖아도 제노바 측에 불만이 많았다. 님파이움 조약이 체결되고 베네치아가 추방된 뒤 제노바 상인들은 콘스탄티노플에 대거 몰려와 거주하면서 공격적인 무역을 구사하여 토착 상인들을 위협했다. 비잔티움이 자기들의 해운에 전적으로 의존한다는 것을 잘 아는 그들은 걸핏하면 그리스 화물의 운송비를 인상해 달라고 요구했다. 그들로 인한 적대감은 점점 커져 위험 수위에 이르렀다. 스페차이에서 그들의 행동에 환멸을 느낀 데다가 이런 사항들을 고려하여 1263년 여름에 미카일은 60척의 갤리선으로 구성된 제노바 함대를 돌연히 해고하고 본국으로 돌아가라고 명했다.

하지만 님파이움 조약은 아직 끝나지 않았다. 오래지 않아 제노바는 함선들을 대거 교체해서 다시 보냈다. 황제는 마지못해 그들을 받아들였으나 이 억지 화해는 오래가지 못했다. 그 이듬해에 콘스탄티노플의 제노바 행정관인 굴리엘모 구에르치오가 시칠리아 왕 만프레디와 결탁하여 콘스탄티노플을 배반하려 한 음모가 탄로났다. 황제가 내민 꼼짝할 수 없는 증거 앞에 구에르치오는 사실을 자백했고, 곧바로 모든 제노바인들이 수도에서 추방되었다. 이리하여 님파이온 조약이 체결된 지 3년 만에 제노바와의 동맹은 파국으로 끝나고 말았다.

교황을 동맹자로

미카일에게는 그 어느 때보다도 우방이 절실하게 필요했다. 만프레디는 그의 제의를 무시했고, 생 루이는 자신의 십자군 원정에 몰두하고 있어 비잔티움을 고려할 여유가 없었다.* 하지만 교황 우르바누스가 있었다. 교황은 여전히 적대감을 품고 있었으나, 그것은 미카일에 대한 개인적 원한이 아니라 콘스탄티노플을 다시 로마에 복속시키려는 자연스러운 욕구에서 나온 것일 뿐이었다. 사적인 원한이라면 오히려 만프레디가 더 컸다. 호엔슈타우펜 가문과의 관계는 여전히 악화 일로에 있었고, 교황은 만프레디의 장기적인 야망을 잘 알았으므로 시칠리아 왕보다는 보스포루스의 이단적인 그리스 황제를 훨씬 낫게 여겼으며, 그 점은 미카일도 인식하고 있었다. 그러므로 교황과의 협상은 불가능해 보이지 않았다.

마침 그 무렵 콘스탄티노플에는 칼라브리아 크로토네의 라틴 주교인 니콜라우스라는 사람이 와 있었다. 그는 칼라브리아 사람이 대개 그렇듯이 그리스인이었으며, 오랫동안 제국과 정기적으로 접촉해 왔고 예전에 요한네스 바타체스와 테오도루스 라스카리스와도

---

* 당시 생 루이는 프랑스 남부를 정복하는 데 한껏 재미를 보고 있었다. 13세기 초 남프랑스에는 툴루즈 백작의 지원하에 알비파라는 교파가 흥기했다. 교황 인노켄티우스는 이들을 이단으로 보고 프랑스 왕에게 십자군을 조직하여 소탕하라는 명을 내렸는데, 그러잖아도 이 지역을 호시탐탐 노리고 있던 프랑스 왕(필리프 2세)에게는 굴러 들어온 호박이었다. 이렇게 해서 벌어진 '작은 십자군 전쟁'을 마무리한 사람이 바로 생 루이다. 그는 툴루즈 백작과 타협을 이루고 툴루즈, 랑그도크, 프로방스 등 남프랑스 일대를 손에 넣는 데 성공한다. 본문에서 언급된 생 루이의 십자군 원정이란 바로 그것을 가리킨다.

서신을 주고받은 일이 있었다. 여러 모로 미카일의 의사를 전달하기에는 안성맞춤의 중개자였다.

1263년 봄에 주교는 교황에게 보내는 서신을 지니고 로마로 출발했는데, 그 서신은 동서 교회의 통일을 타진하는 내용이었다. 교황과 동맹을 맺고 시칠리아 왕에게 맞서자는 제안까지 있었는지는 알 수 없지만 그것은 효력을 발휘했다. 서신에 대한 답신으로 7월 18일에 교황은 프란체스코회 소속 눈키오(nuncio, 교황 대사) 네 사람에게 교회 통일의 전권을 위임하여 콘스탄티노플에 보내겠다고 밝혔다. 또한 교황은 동방 황제와 아카이아 공작이 곧 공동의 종교를 가지게 될 것이므로 향후 적대를 중단하라고 당부했다.

그런데 우르바누스의 이 요구는 좀 지나쳤다. 미카일이 보기에는 설사 동방 교회를 로마 교회의 관할로 한다 해도 자신의 조건에 합당해야 했다. 그런데 라틴인들을 그리스에서 모조리 몰아내야 한다는 그의 결심은 전혀 변하지 않았던 것이다. 그래서 10월 초에 그는 약정된 눈키오가 오지 않은 것은 곧 교황의 마음이 변한 것이라고 주장하면서 기욤과의 전쟁을 재개했다. 로마에서 콘스탄티노플까지 가려면 보통 석 달 이상의 기간이 걸렸으므로 사실 미카일의 주장은 설득력이 매우 약했다. 하지만 이듬해 봄에도 프란체스코회 눈키오들이 여전히 오지 않자 황제의 입지는 훨씬 강해졌다. 하지만 결과적으로 그것은 중요하지 않았다.

또다시 세바스토크라토르 콘스탄티누스는 군대를 이끌고 펠로폰네소스를 가로질러 아카이아의 수도인 안드라비다로 갔고, 또다시 라틴인들은 그와 교전했다. 안드라비다에서 15킬로미터쯤 떨어진 외곽의 세르기아나라는 작은 마을에서 양측 군대는 마주쳤다. 그런데 전투가 시작되자마자 궁내장관인 미카일 칸타쿠제누스─지위는 콘스탄티누스의 부사령관이지만 능력과 용기는 훨씬 뛰어난 인물이었다─가 말에서 떨어져 전사했다. 이 광경에 겁을 먹은 세바스토크라토르는 즉시 전장에서 철수하고는 비교적 중요하지 않은 라코니아 북부의 니클리 요새를 포위했다. 하지만 여기서 또 한차례의 재앙이 그를 기다리고 있었다. 지난 여섯 달 동안 급료가 체불된 셀주크 용병 5천 명이 갑자기 급료를 요구했고, 뜻을 이루지 못하자 대거 군대를 버리고 가 버렸다.

이 시점에서 딱한 콘스탄티누스는 뜬금없이 병을 호소하면서 남은 군대를 방기하고 수도로 돌아와 버렸다. 반면에 아카이아의 기욤은 공세로 전환하여 남부 펠로폰네소스의 제국 영토를 침략했다. 거기서 배신한 투르크 병사들 덕분에 그는 그리스군을 격파하고 미스트라로 진군했다. 미스트라에서 비로소 그리스군은 성공적으로 항전했다. 하지만 그래도 기욤의 군대는 인근 지대와 멀리 모넴바시아의 성벽까지 유린하고 니클리로 돌아갔다.

미카일 팔라이올로구스에게는 다행히도 기욤은 그쯤에서 중단하기로 결정했다. 많은 군사적 성과를 거두었으나 전쟁은 그의 영토를 황폐화시켰고 그의 백성들을 파멸로 몰아갔으며, 인명의 손실도 상당했기 때문이다.[128] 평화를 갈구한 나머지 기욤은 잠시 비잔티움 측의 제안대로 자신의 딸이자 상속녀인 이자벨과 미카일의 맏아들인 안드로니쿠스 팔라이올로구스를 결혼시킬까 하는 생각도 진지하게 해 보았다. 물론 그럴 경우 그의 사후에 그의 공국 전체가 제국에게로 넘어가는 것은 어쩔 수 없었다. 자신들의 생애에 자신들의 영지가 사라지는 모습을 보고 싶지 않은 라틴 가신들의 압력을 받고서야 기욤은 비로소 협상을 포기했다.

모레아 전체를 피 한 방울 흘리지 않고 집어삼키려는 황제에게 기욤의 그 결정은 쓰디쓴 아픔이었을 것이다. 좌절과 모멸감을 느꼈지만 여전히 우방을 필요로 했던 그는 다시 로마를 바라볼 수밖에 없었다. 하지만 최근에 전혀 근거도 없이 악의에 찬 비방을 한 탓에 ―이에 대한 앙갚음으로 교황은 아카이아 전쟁을 십자군의 위상으로 끌어올렸다―새로운 제안을 한다 해도 교황의 환대를 받지는 못할 터였다. 그래서 그는 자신이 동의할 만한 제안을 교황이 먼저 해주기만을 바랄 따름이었다.

존경하는 아버지들 중의 아버지, 옛 로마의 축복받은 교황 성하, 사도들의 교구를 지키시는 신성한 우르바누스 님이시여 ……
과거에 특사와 눈키오들이 자주 오갔지만 그들은 함께 이야기를 나눌 수 없었고, 무지한 통역자를 통해서 대화했기에 참된 진실에 이른 적이 거의 없었습니다. 그로 인하여 형제들 간에 증오가 점점 커지고, 사랑이 소멸하고, 진실한 믿음이 감춰지는 현상이 벌어졌던 것입니다. ……
그러나 서방의 목소리가 우리의 심금을 울렸습니다. 우리 제국에 크로토네의 덕망 있는 니콜라우스가 왔습니다. 그는 우리에게 모든 사실을 기탄없이 털어놓았습니다. 그래서 우리는 거룩한 로마 교회가 신앙의 교리에서 우리와 다를 바 없고, 그것을 느끼고 노래하는 방식도 우리와 대동소이하다는 것을 깨달았습니다. 그러므로 우리는 로마 교회의 성사를 공경하고 믿고 지지하는 바입니다. 우리 교회의 어머니께 모든 사물, 모든 백성, 모든 교구, 모든 민족은 신앙심, 복종심, 사랑으로써 전하의 권위 아래 우리 교회의 어머니께 복속될 것입니다.

이 축약된 서신만 봐도 교황이 왜 미끼를 덥석 물었는지 충분히 이해할 수 있을 것이다. 비잔티움 황제가 이렇게 충실하고 충직한 로마 교회의 성원이라면 만프레디는 콘스탄티노플을 향한 꿈을 접어야 할 터였다. 게다가 미카일은 교회 통일의 문제만 제안한 게 아니었다. 나아가 그는 우르바누스가 마음에 두고 있는 성지 탈환을 위한 십자군을 적극적으로 지지하겠다고 나섰다.

'그리스인의 훌륭한 황제인 팔라이올로구스에게'로 시작되는 1264년 5월 23일자로 된 교황의 답신은 애정이 철철 넘치는 어조였다. 이 답신은 또다시 크로토네의 니콜라우스 주교가 가지고 왔다. 그는 프란체스코회 소속 교황 전권대사 두 사람―프라토의 제라르도와 상스의 라이네리우스―이 포함된 교황의 전권대사들을 이끌고 콘스탄티노플로 왔다.[129]

그들 일행이 도착한 때는 한여름이었고 곧바로 협상이 시작되었다. 그러나 만약 교황이 상대방에게 자신의 조건을 강요할 의도였다면 생각을 재빨리 바꿔야 했을 것이다. 황제의 대표단은 처음부터 자신들이 함부로 결정할 수 없다는 점을 설명했다. 정치와 교회에 두루 연관된 중요한 문제라면 공의회를 열어 논의해야 한다는 것이었다. 교황 사절단은 동의할 수밖에 없었는데, 그 양보는 중대한 결과를 가져왔다. 공의회가 소집되기도 전에 우르바누스가 1264년 10

월 2일에 페루자에서 갑자기 죽었기 때문이다.

임자가 바뀐 시칠리아

죽는 순간까지 교황의 주된 관심은 비잔티움을 라틴 세계로 수복하는 것보다 대적인 시칠리아의 만프레디에게 있었다. 사실 그들의 분쟁은 사적인 것만이 아니었다. 교황령과 서방 제국의 해묵은 경쟁은 이탈리아의 정계를 구엘프파(교황을 지지하는 세력)와 기벨린파(호엔슈타우펜 왕가와 결탁한 세력)의 두 극단으로 분열시켰다. 그럼에도 불구하고 우르바누스는 개인적으로도 만프레디를 몹시 싫어했다. 특히 그는 만프레디가 1258년에 여섯 살짜리 조카 콘라딘에게서 시칠리아 왕국(여기에는 나폴리를 비롯한 남이탈리아의 대부분이 포함되었다)을 빼앗은 것에 크게 화를 냈다.*

전통적으로 레뇨[Regno, 시칠리아 왕국의 별칭]는 교황의 종주권 아래 있었으므로 만프레디의 쿠데타 이후 교황은 그 역할을 대신할 다른 우호적인 군주를 물색하기 시작했다. 잉글랜드 왕 헨리 3세의

---

* 사실 엄밀하게 말하면 만프레디가 왕위를 빼앗은 것은 아니다. 호엔슈타우펜 왕가가 관련된 만큼 여기에는 서방 황제와 시칠리아 왕의 자리가 연동되어 있었다. 1254년에 시칠리아의 왕이자 만프레디의 이복형인 콘라트 4세가 죽자(그의 아들이 콘라딘이다) 신성 로마 제후들은 만프레디를 제위에 올리려 했다. 하지만 당시 호엔슈타우펜 가문이 실질적으로 소유한 나라는 시칠리아 왕국이었으므로 만프레디는 그들의 추대를 받아 시칠리아 왕이 되었다고도 할 수 있는 것이다. 로마 교황이 그를 적대시한 이유는 시칠리아를 빼앗긴 탓도 있지만 그가 서방 황제까지 노릴까 봐 두려워했기 때문일 것이다.

아들인 랭커스터의 에드먼드를 비롯하여 몇 사람을 고려했으나 그가 최종적으로 낙점한 인물은 앙주와 프로방스의 백작이자 프랑스 왕 루이의 동생인 카를로*였다.

그 형제는 달라도 그렇게 다를 수 없었다. 형인 생 루이와 달리 카를로는 동생으로 태어난 것에 대한 설움을 뼈저리게 각인하고 있는 인물이었다. 냉혹하고 잔인한 성격에다 야심과 욕심으로 똘똘 뭉친 그는 교황의 이름으로 만프레디의 왕국을 타도할 수 있는 기회를 크게 반겼다. 새 교황 클레멘스 4세―그도 역시 프랑스인이었다―는 우르바누스가 물꼬를 튼 협정들을 이어받아 마무리를 지었다. 카를로는 공식적으로 그 제안을 수락했다. 남편과 마찬가지로 야심가였던 그의 아내는 보석을 저당하여 원정 비용에 충당했다. 루이는 마지못해 동생의 뜻에 동의했다.

이윽고 1265년 성령강림대축일에 새 시칠리아 왕은 로마에 도착했다. 그는 특유의 과대망상증으로 자신이 라테란 궁전에서 즉시 취임할 수 있을 것으로 생각했다. 타고난 독재자였던 그는 자신이 신이 선택한 도구라고 굳게 믿었다. 그가 거느린 3만 명의 십자군―클레멘스는 이 전쟁을 십자군 전쟁이라고 선언했다―앞에서 만프레디의 승산은 희박했다. 이윽고 1266년 2월 26일 베네벤토 외곽에서 전투가 벌어졌다.

---

* 그는 프랑스 왕 생 루이의 동생이므로 샤를이라고 불러야 하지만, 시칠리아 왕이 되었으므로 역사상의 정식 명칭은 이탈리아 식으로 읽어 카를로 1세로 불린다(앞서 로베르토 기스카르의 경우와 마찬가지다). 하지만 사실 오늘날 유럽의 국적 개념을 가지고 중세 유럽을 바라보는 것은 무의미하므로 샤를이든 카를로든 표기만 다를 뿐 큰 차이는 없다.

불과 사흘 만에 만프레디는 시신으로 발견되었다. 카를로는 그를 그리스도교도로서 매장해 주지 않고 베네벤토 다리 아래에 방치했다. 프랑스 병사들은 지나가면서 만프레디의 시신에 돌을 던졌는데, 나중에는 그곳에 돌무덤이 생길 정도였다. 만프레디의 아내인 에피루스의 헬레나와 어린 세 아들은 노체라의 감옥에 감금되었다. 그네 사람 중에 셋은 결국 목숨을 건지지 못했고 한 아들만 살아남아 이후 그곳에서 43년 동안이나 감옥 생활을 했다. 카를로는 위험의 불씨를 남겨 둘 위인이 아니었다.

1268년에 만프레디의 조카인 콘라딘이 가문의 상속 재산을 구하려는 필사적인 각오로 독일에서 남하했을 때 카를로는 자신의 냉혹함을 더욱 확실하게 보여 주었다. 8월 23일에 카를로는 탈리아코초에서 그의 군대를 섬멸했다. 콘라딘을 체포되어 조롱 섞인 재판을 통해 반역죄로 유죄 판결을 받은 뒤 나폴리의 시장 광장에서 참수당했다. 호엔슈타우펜의 마지막 혈손이었던 콘라딘은 당시 겨우 열여섯 살이었다.

탈리아코초 전투는 남이탈리아의 지배자가 독일계에서 프랑스계로 바뀌었음을 뜻했다. 이제 전에 만프레디와 기벨린파가 했던 역할은 카를로와 구엘프파가 대신하게 되었다. 콘스탄티노플에서 이 사태를 유심히 지켜보고 있던 미카일 팔라이올로구스에게 그러한 변화는 전혀 바람직하지 않았다. 만프레디는 분명히 말썽거리였으나 카를로는 그보다 더했으면 더했지 덜하지 않으리라는 게 그의 생각이었다. 곧이어 전개되는 사태는 미카일의 판단이 옳았음을 증명했다. 이후 그는 죽을 때까지 16년 동안 시칠리아 왕과 싸우게 되기 때문이다.

카를로는 과연 거기서 멈추지 않았다. 시칠리아의 왕위에 오른 지 1년도 안 되어 그는 코르푸 섬과 에피루스 해안 일부를 점령하여 그리스나 마케도니아의 제국 영토를 침략할 수 있는 교두보를 마련했다. 1267년 5월 비테르보의 교황궁에서 클레멘스 교황, 아카이아의 기욤 공작, 폐위된 황제 보두앵—그는 아직도 제위를 되찾겠다는 희망을 포기하지 않았다—과 한 달 동안 논의한 뒤 카를로는 그의 장기적인 복안을 확실히 보여 주는 두 가지 조약을 체결했다. 하나는 기욤의 딸 이자벨—전에 안드로니쿠스 팔라이올로구스와 결혼시키려 했던 딸—을 카를로의 아들인 앙주의 필리프와 결혼시켜 장차 기욤의 사후에 아카이아 공국을 상속받도록 하는 조약이었다. 또 하나는 보스포루스의 라틴 제국을 수복하는 문제에 관한 카를로의 구상을 상세하게 보여 주는 조약인데, 여기서 간단히 그 내용을 개괄하고 넘어가는 게 좋겠다.

시칠리아 왕은 자신이든 자신의 상속자이든 향후 6년에서 7년 동안 2천 명의 기병대를 조직하여 보두앵을 위해 싸우기로 했다. 보두앵은 제위에 복귀하면 그 대가로 아카이아 공국의 종주권과 레스보스, 사모스, 키오스, 코스를 제외한 에게 해의 모든 섬들, 그리고 콘스탄티노플과 앞서 말한 네 섬만 제외하고 에피루스, 알바니아, 세르비아를 포함한 예상되는 정복지의 3분의 1을 카를로에게 주기로 했다. 또한 부르고뉴 공작 위그가 자신의 의무를 이행하지 않을 경우 그의 테살로니카 왕국(보두앵은 전년도에 그에게 왕국을 봉토로 준 바 있다)도 양도하고, 심지어 보두앵과 그의 아들 쿠르트네의 필리프가 적법한 후사를 남기지 못하고 사망할 경우에는 비잔티움의 제위까지도 카를로 측에 넘겨주기로 했다. 한편 베네치아에게는 제국에서 그전까지 가졌던 모든 특권을 되찾아 주기로 약속했으며, 새 동맹을 보증하기 위해 필리프는 카를로의 딸 베아트리스가 결혼할 수 있는 나이가 되면 곧바로 그녀와 결혼하기로 했다.

어느 면으로 봐도 그것은 엄청난 조약이었다. 사실 보두앵과 교황 클레멘스(그는 카를로가 자신의 구상대로 착착 실행하는 모습에 약간 불편함을 느끼고 있었다)가 아니었다면 카를로는 결코 제위를 직접 요구할 처지도 아니었다. 게다가 그에게는 당장의 이득도 있었다. 먼 장래에나 효력을 발휘하게 될 불확실한 약속의 대가로 카를로는 동부 지중해의 작은 제국을 얻었으며, 육로와 해로를 통해 콘스탄티노플을 쉽게 공략할 수 있는 위치를 확보하게 된 것이다. 그랬으니 미카일 팔라이올로구스가 그 소식을 듣고 우려한 것도 당연한 일이다. 이제는 그도 심각한 위협에 직면했다. 예전의 보두앵처럼 그도—카를로의 구상대로 일이 진전된다면—포위당한 수도의 황제가 될 수 있었다.

하늘이 구한 위기

교황 우르바누스는 교회 통일에 관한 협상에서 진전을 보지 못했지만, 미카일로서는 베네벤토 전투 이후 교황청과의 관계 개선이 어느 때보다도 절실했다. 그래서 그는 서둘러 로마와의 교신을 재개하고

자 했다. 하지만 클레멘스 4세는 전임 교황처럼 호락호락하지 않다는 것을 과시하려는 듯 "신앙의 순수성을 의심해서는 안 된다"는 이유로 그리스인들이 제기한 공의회를 단호히 거부했다. 즉 그는 필리오쿠에[130]조항, 성찬식 때 발효시킨 빵을 사용하는 문제, 교회의 관할권 등에 관해 논의 자체를 금지했다. 요컨대 과거 수백 년 동안 동방 교회와 서방 교회를 분리해 온 신학적 차이와 성사의 차이에 관해 일체 논의하지 말자는 것이었다. 그 대신 클레멘스는 황제에게 「신앙고백서」라는 문서를 보내고 무조건 그것을 승인해야만 이후의 논의를 할 수 있다고 주장했다. 교황의 서신은 이렇게 끝난다.

…… 이 문서가 부여하는 기회에 따라 우리는 이렇게 천명하는 바입니다. 우리는 황제 폐하에게 억압을 당한다고 불평하는 사람들에게 정의를 베풀 것이고, 주님께서 많은 영혼의 구원을 위하여 마련해 주시는 다른 방식으로 이 문제를 계속 추구할 것입니다.

'신이 마련해 주시는 다른 방식' 이 과연 신이 앙주군에게 그런 목적을 부여했다는 뜻인지는 확실치 않지만, 그 안에 내포된 위협은 명백했다.

또한 교황이 이런 태도를 견지하는 한 교회 통일은 결코 불가능하다는 것도 명백했다. 실은 정교회 성직자들도 거의 다 교회 통일을 반대했다. 지금과 같은 조건의 제안으로는 그들을 전혀 설득할 수 없었다. 그래서 미카일은 현명하게도 답신에서 그것을 무시하고 대신 성지를 탈환하는 십자군 원정에 동참하겠다는 자신의 약속을 중점적으로 부각시켰으며, 아르메니아 왕도 귀중한 지원을 아끼지 않으리라고 말했다. 그러나 클레멘스는 전혀 누그러지지 않았다. 그 나마도 1268년 11월 클레멘스가 죽자 양측은 미련 없이 갈라섰다.

그런데 비협조적인 교황이라 해도 아예 없는 것보다는 나았다. 교황청에 대한 카를로의 영향력은 막강했다. 그 뒤 3년 동안 그는 교황위를 계속 공석으로 남겨 둔 채 로마의 제약을 전혀 받지 않고 비잔티움에 대해 자기 마음대로 행동했다. 다행히 그 무렵에 미카일 은 두 동맹 세력을 얻게 되었다. 1267년 말에 그는 구에르치오 사건 이후 추방된 제노바인들을 다시 받아들이고 황금뿔의 먼 쪽에 위치 한 갈라타 전역을 그들에게 양도하는 조건으로 제노바와 조약을 맺 었다.[131] 그리고 이듬해 초에 그는 제노바의 앙숙인 베네치아와 또 다른 조약을 체결했다.

1264년 초에 미카일은 리알토에 대사를 보냈고, 1265년에는 베 네치아에 특권을 제공하는 계약을 승인한 바 있었다. 전에 베네치아 상인들이 누리던 것과 똑같은 특권은 아니지만 적어도 현재의 상태 보다는 훨씬 개선된 권리였다. 하지만 당시 베네치아는 조약의 비준 을 거부했다. 비잔티움의 동유럽이 혼란에 휩싸여 있었고 제국의 미 래가 불확실하므로 그들은 가급적 발을 빼려 했던 것이다.

그러나 4년이 지난 지금 사정은 달라졌다. 그동안 그들은 레반트 에 근거지가 없는 탓에 동부 지중해에 들끓는 투르크와 알바니아 해 적선의 공격에 매우 취약했으며, 카를로가 코르푸와 에피루스 해안 의 일부를 병합한 것에 크게 우려했다. 이제 그는 필요할 경우 아드 리아 해 전역을 차단할 수도 있게 되었기 때문이다. 이런 사실을 감안하면 제2차 비테르보 조약은 아무래도 강도가 약했다. 그래서 1267년 11월에 레니에르 제노 도제는 가장 노련한 외교관 두 명에게 조약 체결에 관한 전권을 맡겨 보스포루스로 보냈다. 1268년 4월 4일에는 드디어 조약이 체결되었고, 석 달 뒤 베네치아에서 비준되었다.

그 조약은 겨우 5년밖에 지속되지 않았다. 그러나 그 기간에 베네치아는 약속대로 침략 행위를 하지 않았고, 제국의 적들을 일체 지원하지 않았으며, 그리스 해역에 있는 베네치아의 세 군데 주요 근거지인 크레타, 모도네, 코로네의 그리스 포로들을 석방했다. 그 대가로 황제는 베네치아 거주지들을 존중해 주었고, 베네치아 상인들이 제국의 영토 전역에서 마음대로 거주하고 여행하고 또 관세를 물지 않고 상업 활동을 할 수 있는 자유를 부여했다. 예전과 비교하여 두 가지 사항이 누락되었는데, 하나는 베네치아가 콘스탄티노플과 제국 영토의 8분의 3을 가진다는 것이었고—사실 이것은 경제적 혜택에 비해 갈수록 유명무실해졌다—또 하나는 베네치아의 독점권이었다. 미카일은 제노바에도 기존의 권리를 모두 인정했다.

두 공화국 중 어느 한 측에게만 모든 권리를 몰아 주는 옛 정책의 위험성은 이제 여실히 드러났다. 이후부터는 두 공화국이 자유 경쟁을 벌여야 했고—수도 부근의 두 해협과 흑해에서는 서로 상대방을 공격하는 행위가 특별히 금지되었다—비잔티움은 한 측만 거래하다가 다른 측의 공격을 받는 위험 없이 양자의 경쟁을 이용하여 이득을 취할 수 있었다.

그러나 수도 탈환 이후 미카일의 군사 · 외교적 입지가 어느 때보다도 강화되었다면, 적의 입지는 더 급속히 강해지고 있었다. 교황의 구속에서 벗어난 앙주의 카를로는 그리스 제국을 상대로 공공연히 전쟁을 준비하고 있었다. 레뇨의 모든 조선소에서는 연일 철야작업이 진행되었으며, 카를로가 원정의 교두보로 삼은 모레아로 식량과 돈, 병력, 각종 보급품이 긴급히 수송되었다. 전략적 정보가새는 것을 막기 위해 이탈리아와 그리스 사이의 모든 무역이 금지되었다.

카를로는 또한 중부 유럽의 군주들과 다방면으로 동맹을 구축하느라 분주했다. 헝가리의 벨라 4세, 세르비아의 스테판 우로슈 1세, 불가리아의 콘스탄틴 티크가 그 대상이었다. 특히 티크의 아내 이레네는 실명당한 포로 요한네스 라스카리스의 누나였는데, 미카일이자기 동생을 어떻게 대했는지 결코 잊으면 안 된다고 남편에게 누누이 강조했다.[132] 돌다리도 두드리고 건넌다는 각오로 카를로는 심지어 셀주크 술탄, 아르메니아 왕, 몽골의 칸에게까지 대사를 보냈다.

이윽고 1269년 8월에 그는 제국의 동맹국인 제노바와 통상조약을 맺는 데 성공했다. 이 사건은 평소에도 늘 제노바인을 믿지 못할자들이라고 말해 왔던 미카일의 분노를 불렀다. (카를로는 베네치아에도 마찬가지로 접근했으나 성공하지 못했다.) 한편 폐위된 황제 보두앵은 샹파뉴의 테오발, 나바라 왕과 조약을 체결하고, 장차 제국을탈환하면 앞서 카를로, 부르고뉴 공작, 베네치아 측과 맺은 협정을침해하지 않는 선에서 한 구역을 떼어 주겠다고 약속했다. 서유럽과중부 유럽의 거의 전부가 적으로 돌아선 상황에서 미카일 팔라이올로구스와 그의 제국은 바람 앞의 촛불과 같은 신세였다.

다른 동맹 후보를 찾는 것은 무망한 일이었다. 아무도 없었기 때문이다. 이제부터 황제는 오로지 외교에 의존할 수밖에 없었다. 그가 마지막 희망으로 생각한 인물은 예상외로 프랑스의 왕 루이였다. 독실한 가톨릭교도로 앙주의 카를로에게는 형이 되는 루이는 여느 때 같으면 도움을 요청할 대상이 아니었다. 그러나 미카일도 알다시피 그는 또 다른 십자군을 위한 준비를 거의 마친 상태였고 십자군의 문제라면 물불 가리지 않고 달려드는 사람이었다.

비잔티움의 사절단은 황제의 서신을 지니고 서둘러 파리로 갔다. 바실레오스는 북아프리카 사라센을 상대로 한 왕의 십자군 원정에 동참하기를 희망하고 있으며, 군사적 지원을 아끼지 않겠노라고 제의하는 편지였다. 하지만 왕은 동생의 심한 반발에 부딪혔다. 만약 그렇게 한다면 양측의 십자군 원정을 모두 방해하겠다고 경고한 것이었다. 1270년에 보낸 두 번째 사절단에서 미카일은 성직자와 백성들이 공히 로마 교회에 기꺼이 복종하겠다는 뜻을 밝히는 한편, 카를로와의 분쟁에 관해서는 무조건 생 루이의 개인적 결정에 따르겠노라고 말했다.

왕은 즉각 반응을 보였다. 교황이 없었으므로 그는 곧 교황청에 연락해서 고위 성직자를 사절로 삼아 어서 콘스탄티노플로 파견하라고 권고했다. 얼마 뒤 알바노 주교가 보스포루스에 도착해서 교황청의 요구 사항을 전했다. 교황 클레멘스가 예전에 보냈던, 교황의 우월함을 명시한 그「신앙고백서」를 모든 그리스 성당과 수도원에 회람시키고 제국의 대표적인 성직자 모두에게서 서명을 받아 로마로 반송하라는 것이었다. 그러자 콘스탄티노플에서는 곧바로 공의

† 1265년경의 비잔티움 제국 영역.

회가 소집되어 황제, 총대주교, 기타 성직자들과 백성들이 「신앙고백서」를 읽고 공개적으로 승인했다.

미카일은 두 번째로 참고 넘어가기로 결심했다. 그는 알바노 주교에게 수고를 끼친 데 감사하면서 그를 서방으로 돌려보내고 루이 왕에게 또다시 고위 성직자 두 사람을 사절로 보냈다. 소피아 대성당의 카르토필락스(문서 보관인) 요한네스 베쿠스와 황궁의 부주교인 콘스탄티누스 멜리테니오테스는 선물을 잔뜩 안고 갔다.

하지만 시칠리아 남동부의 파세로 곶에 이르렀을 무렵 그들은 십자군이 이미 튀니스로 출발했다는 소식을 들었다. 그들은 8월 초에 튀니스에 도착했으나 루이는 심한 장티푸스에 걸려 있는 상태였다.

두 주가 지나서야 그는 겨우 사절들을 만나 주었는데, 숨을 몰아쉬면서 동생과 황제가 평화로이 지냈으면 좋겠다는 희망을 피력하는 정도였다. 그 이튿날인 8월 25일에 그는 죽었다. "그들의 손은 텅 비었고 희망만이 남았다." 그리스 사절들이 귀환 길에 올랐을 때 앙주의 카를로가 해군을 거느리고 튀니스에 도착했다.

그런데 카를로는 형이 죽고 군대의 지휘권을 장악했음에도 왜 십자군을 당장 중단하고 곧장 콘스탄티노플로 오지 않았을까? 혹시 죽은 형에게 나름대로 충성을 바치고자 했는지도 모르지만, 그의 성정으로 미루어 그럴 가능성은 적다. 아마도 원정이 상당히 진행되어 있고 성공의 가능성이 컸던 탓에 거기서 중단하면 오히려 어리석은 짓이 되는 상황이 아니었을까 싶다.

과연 얼마 뒤에 그는 튀니스의 아미르에게 압도적인 승리를 거두고 11월에 겨울을 나기 위해 시칠리아의 트라파니 항구를 향해 출발했다. 육군과 해군은 만반의 준비를 갖추었고 병사들의 사기는 하늘을 찌를 듯했다. 형의 죽음으로 마지막 속박마저 벗어던진 앙주의 카를로는 그 어느 때보다도 위험한 존재였고, 당연히 미카일 팔라이올로구스는 그 어느 때보다도 큰 위협을 느끼고 있었다. 이제 바랄 것은 기적밖에 없었다.

바로 그때 기적이 일어났다. 11월 22일에 카를로가 트라파니에 도착하자마자 서부 시칠리아에 일찍이 겪은 적 없던 최악의 폭풍우가 덮친 것이다. 그로 인해 열여덟 척의 대형 함선이 산산조각이 났고, 더불어 수많은 소형 선박들도 성냥개비처럼 부서졌다. 게다가 배에 타고 있던 수천의 군마들도 물에 빠져 죽었다. 불과 몇 시간 만에 육군과 해군이 동시에 궤멸해 버린 것이다. 그 소식을 들은 미카일 팔라이올로구스는 기쁨의 눈물을 흘렸다. 콘스탄티노플의 수호천사 축복의 성모가 다시 수도를 구했다. 이후 몇 년 동안은 시칠리아의 왕이 제국에 큰 위협을 주지 못할 터였다.

15

최후의 교회 통일

1270년~1282년

우리를 둘러싼 그 위험을 그렇듯 멋지게 피해 간 것에 대해 우리는 어떤 비난도 받지 않을 것입니다. …… 오히려 우리는 신중하고 지혜로운 모든 사람의 칭찬을 받을 것입니다. 내가 통일을 추구한 목적에는 물론 우리가 받고 있는 위험을 회피해야 한다는 절박한 필요성이 있었습니다. 하지만 나는 그 때문에 이 일에 착수한 것이 아닙니다.

미카일 팔라이올로구스 게오르기우스 파키메레스의 인용

공통의 이해관계를 추구하는 황제와 교황

1271년 8월의 마지막 주가 되었을 때 서유럽 그리스도교권에는 — 앙주의 카를로가 획책한 음모 때문에 — 벌써 2년 9개월 동안이나 교황이 없었다. 이는 교황령의 역사상 가장 긴 궐위였다. 만약 교황 선출 회의가 열리는 비테르보의 시장이 추기경들이 회합하는 궁전의 지붕을 제거하는 극단적인 조치를 취하지 않았더라면 그 궐위 상태가 얼마나 더 지속되었을지 모를 일이다. 그 조치는 과연 효험이 있어 9월 1일에 리에주의 부주교인 테오발도(혹은 테발도) 비스콘티가 교황으로 선출되었다. 당시 그는 팔레스타인에서 잉글랜드 왕자 에드워드(나중에 왕위에 올라 에드워드 1세가 된다)를 수행하고 있었다. 교황으로 선출되었다는 소식을 들은 그는 곧장 배를 타고 로마로 와서 교황 그레고리우스 10세로 취임했다.

그레고리우스는 동방 원정의 경험에서 깊은 인상을 받았다. 그는 항상 성지에 관심이 많았으며, 예루살렘의 탈환을 주요한 목적으로 삼았다. 하지만 그것은 그리스 제국의 도움이 없으면 불가능한 일이었다. 따라서 그는 두 교회의 불화를 치유하는 과제에 두 전임 교황보다 훨씬 더 큰 비중을 두었다. 팔레스타인으로 떠나기 전에도 이미 그는 미카일 팔라이올로구스에게 충심 어린 서신을 보내 교회 통일에 관한 자신의 의지를 강조한 바 있었다.

1272년 10월, 그는 2년 뒤에 리옹에서 총공의회를 개최할 테니 참석해 달라는 초청장을 황제에게 보냈다. 또한 그는 공의회가 열리기 전에 많은 사안들을 해결하기 위한 양측의 비공식적 논의를 즉각 시작하자고 제안했다. 비록 서신의 말미에 클레멘스 4세의 「신앙고백서」를 수록했으나 클레멘스와는 달리 그는 현실주의자였다. 미카일이 맞닥뜨리게 될 어려움과 시간이 많지 않은 점을 충분히 고려하여 교황은 성직자, 수도원, 백성들의 완전하고도 명료한 복종을 요구하지는 않고, 콘스탄티노플의 주교들이 교황의 우월권을 인정하는 것만으로도 충분하다는 뜻을 전했다. 대사들에게 채택이 가능한 신앙고백에 관해 교황이 내린 지침을 보면 그 점을 잘 알 수 있다.

"우리는 이 교회에 자발적으로 복종하며, 로마의 우월권을 승인하고 인정할 것이다." …… 만약 '승인한다'는 말에 거부감을 느낀다면 그 대신 그에 상당하는 다른 말도 좋습니다. 이를테면 "그러므로 우리 황제는 가톨릭 신앙의 진리에 동의한다." …… 하지만 만약 '동의한다'는 말에도 거부감을 느낀다면 그 대신 그에 상당하는 이런 말로 바꿀 수도 있습니다. "우리는 이 신앙을 승인하고, 취하고, 고백하고자 하고 …… 우리의 어머니 신성 로마 교회와 통일하고자 하며 …… 신앙의 고백에서 이 로마 교회에게 복종하고 그 우월권을 승인한다."[133]

자칫 얼버무리거나 지척거리면 그레고리우스가 카를로의 편으로 넘어갈지 모른다는 생각에서 미카일은 교황의 대사 편에 즉각 답신을 보냈다. 그는 교황에게 대사와의 협상이 이미 진행 중이며, 그 자신이 교회 통일의 문제를 다른 어느 국정보다 중시하고 있다고 말했다. 또한 공의회에 대표단을 파견하겠지만, 카를로가 "평화를 증오하는 마음에서, 이 신성한 과업을 미완성인 채로 무산시키지 못하도록" 안전조치를 해 달라고 부탁했다. 그것은 현명한 부탁이었다. 시칠리아 왕은 자기 영토를 지나는 비잔티움 대표단을 슬쩍 잡아들인 뒤 아예 처음부터 대표단을 파견하지 않았다고 충분히 억지를 쓸 수도 있는 위인이었기 때문이다.

교황도 미카일의 우려를 충분히 이해했다. 그래서 그는 즉시 그 요청을 수락하고, 몬테카시노 대수도원장에게 제국의 대표단이 레뇨에 도착하면 그들을 로마까지 호송하라고 명했다. 다른 한편으로 교황은 카를로에게 교회 통일을 위해 도덕적 의무를 다하라는 압력을 계속 가했다. 시칠리아 왕은 자기 나름의 도덕적 의무가 있다고 항의하면서, 1267년의 제2차 비테르보 조약에 따라 7년 이내에, 다시 말해 1274년 5월까지 원정군을 출발시키겠다고 으름장을 놓았다. 그러나 그레고리우스가 1년만 연기해 달라면서 매달리자 그는 마지못해 동의했다. 사실 카를로는 트라파니의 재앙으로부터 아직 충분히 회복되지 못한 상태이기도 했다.

몬테카시노 대수도원장이 자신의 직분을 잘 수행했고 시칠리아 왕이 한껏 자제했음에도 불구하고 그리스 대표단이 리옹까지 가는 길은 그다지 유쾌하지 못했다. 1274년 3월에 황금뿔을 떠난 그들은 말레아 곶 연해에서 춘분기의 폭풍을 만나 두 척의 선박 중 한 척이 침몰하고, 재무상 니콜라우스 파나레토스와 통역관 게오르기우스 베로이오테스를 포함한 승객 전원이 익사했다. 또한 귀중한 황금 성상 몇 점과 미카일 팔라이올로구스가 7년 전에 소피아 대성당에 기증한 금과 진주로 장식된 화려한 제대포〔祭臺布, 제단을 덮는 천〕 등 황제가 교황에게 보내는 값비싼 선물들마저 바다에 가라앉아 버렸다.

살아남은 세 명의 사절—전임 총대주교 게르마노스,[134] 니케아 대주교 테오파네스, 로고테테스장 게오르기우스 아크로폴리테스—이 6월 하순 리옹에 도착했을 무렵에는 이미 공의회가 7주째 지속되고 있었다. 생장 대성당(지금도 1274년과 거의 같은 모습이다)에는

† 프랑스 리옹의 생장 대성당.

추기경단 전원, 콘스탄티노플의 전임 라틴 총대주교 등 서유럽 그리스도교권의 대표적인 성직자들 1500명이 모여 있었다. 가톨릭 군주들도 모두 초청되었지만 온 사람은 아라곤의 하이메 1세 한 사람뿐이었다. 앙주의 카를로가 참석하지 않은 것은 특이한 일이었다.

6월 24일 비잔티움의 세 사절은 호송을 받으며 교황궁에 도착해서 교황에게서 환대와 평화의 입맞춤을 받았다. 그들은 교황에게 황제, 황제의 아들 안드로니쿠스, 정교회 주교들의 서신을 제출했다. 협상도 토론도 일체 없었다. 닷새 뒤인 6월 29일에 그레고리우스는 두 가지 언어로 특별 미사를 집전하면서 곧 다가올 교회 통일을 축하했으며, 비잔티움 대표단도 적극적으로 행사에 참여했다. 복음, 서한, 신경信經의 낭독도 라틴어와 그리스어 두 가지로 행해졌고, 필리오쿠에는 특히 힘주어 세 차례나 강조되었다. 그동안 비잔티움에게 이 용어는 무엇보다도 눈엣가시였는데, 이때도 그랬다면 아마 사절들은 불쾌함을 참느라 꽤나 애를 썼을 것이다.

이윽고 7월 6일에 교회 통일이 공식 선언되었다. 오스티아의 추기경 주교―장차 교황 인노켄티우스 5세가 되는 인물―가 설교를 하고 그레고리우스가 짧게 환영사를 한 뒤 황제의 서신이 라틴어로 번역되어 낭독되었다. 서신에서 황제는 필리오쿠에라는 말과 함께 '신앙고백' 을 했고 교황의 우월권을 인정했다. 다만 황제는 비잔티움 교회가 교회 대분열 이전부터 사용해 왔던 신경과 세계 공의회의 결론에 위배되지 않는 동방의 전례는 허용해 달라고 당부했다. 곧이어 다른 두 서신이 낭독되었다.

그리스 주교들은 서신에서 교회 통일에 찬성하면서 통일이 이루어지면 현재의 총대주교는 사임해야 한다고 말했다. 그러나 그들은 교황이 '교회 대분열 이전에 지녔던 모든 권리'를 되찾아야 한다고 주장했는데, 교황의 권리 대부분이 1054년의 교회 대분열의 결과로서 생겨났다는 것을 감안하면 좀 묘한 주장이었다. 마지막으로 로고테테스장 게오르기우스 아크로폴리테스는 황제를 대신하여 서신과 비슷한 내용으로 서약을 했다. 교황은 테데움(Te Deum, '주님을 찬양한다'는 뜻을 지닌 전통적인 라틴어 성가)을 부르고 화해에 대한 기쁨을 설교로 표현했다. 다시 신경이 라틴어와 그리스어로 낭독되고 행사는 끝났다. 220년 만에 드디어 동서 교회는 다시 하나가 된 것이다.

적어도 외관상으로는 그렇게 보였다.

자존심과 실익의 대립

1274년 여름 내내 보스포루스는 침묵에 휩싸여 있었다. 늦가을에 대표단이 돌아오자 성직자와 신민들은 새삼 그 사태의 중요성을 깨닫기에 이르렀다. 교황의 우월권을 승인한 것은 불쾌한 일이었다. 물론 황제도 누차 강조했듯이 로마와 콘스탄티노플을 오가는 여정이 길고 어렵기 때문에 콘스탄티노플의 총대주교가 실질적인 독립성을 잃지는 않을 수도 있었다. 황제의 말처럼 교황이 콘스탄티노플까지 와서 그리스 주교들에게 우월권을 행사할 일이 대체 언제 있겠는가? 또 누가 그렇게 바다 멀리까지 가서 로마에 청원을 하겠는가?

그러나 황제의 배신 ─ 성직자나 속인이나 비잔티움 사람들은 그것을 배신으로 여겼다―은 그보다 훨씬 큰 영향을 미쳤다. 그들의 제국은 늘 신정神政 체제를 취했고, 그들의 황제는 지상에서 신의 대리자, 12사도와 동격이었다. 백성들의 신앙을 상징하는 인물은 총대주교가 아니라 황제였다. 하지만 그렇다고 해서 황제가 전능한 존재는 아니었다.

백성들은 황제에게 따졌다. 대체 황제가 무슨 권한으로 우리가 믿는 종교의 토대인 정교회의 신경까지 바꾼단 말인가? 그 신경은 일곱 차례의 세계 공의회를 거치면서 서서히, 공들여 다듬어 온 것이었다. 신경의 내용을 수정하려면 다섯 총대주교가 모두 참석하여 공의회를 열어야 했다. 그런데 황제는 교회법까지 무시해 가면서 그 자체로 교회법에 어긋나는 서방의 신경을 채택했다. 더욱이 그 과정에서 그는 수도를 위기에서 구해 주신 축복의 성모를 대단히 욕되게 만들었다. 불과 70년 전에 콘스탄티노플 시민들은 성모의 보호를 잃은 결과로 지금도 성인 인구라면 누구나 기억하는 끔찍한 화를 입었다. 장차 또 시련이 닥치면 어떻게 할 텐가?

황제의 굴복은 또한 신민들의 국가적 자존심에 큰 상처를 주었다. 수백 년 동안 그들은 서방인들이 이단일 뿐 아니라 거칠고 야만적이며, 예의도 모르고 허세나 부리는 자들이라고 경멸해 왔다. 게다가 57년 동안 글도 제대로 알지 못하는 무지한 자들에게 들볶이고 시달려 온 경험은 그들의 믿음을 더욱 굳게 만들었다. 이제 자유를 얻은 지 겨우 13년밖에 지나지 않았는데, 또다시 프랑크의 멍에를 뒤집어쓰게 된 것이다. 제국의 백성들은 이대로 무릎을 꿇고 싶지 않았다.

1275년 1월 16일 리옹에서의 의식이 황궁 예배당에서 재연되는 특별한 행사가 끝난 뒤 시위자들이 처음으로 거리에 출현했다. 더욱 이 대표적인 교회 통일론자인 요한네스 베쿠스―4년 전 소피아 대성당의 카르토필락스였을 때 제국의 사절단으로 프랑스의 생 루이에게 갔던 인물이다―가 총대주교로 임명되자 시민들의 반감은 더욱 고조되었다. 이제 교회는 400년 전 포티우스 시절 이래로 가장 극심한 분열을 맞았다. 급기야 그 불화는 황족 내부에까지 번졌다. 수녀가 되어 있는 황제의 누이 율로기아가 황제의 정책에 결사적으로 반대하고 나섰다가 황제가 체포령을 내리는 사태가 벌어진 것이다. 그녀는 체포를 피해 불가리아로 달아나서, 1272년부터 불가르 차르 콘스탄틴 티크의 둘째 아내가 되어 있던 딸 마리아와 함께 이집트의 맘루크와 동맹을 맺고 황제를 제위에서 끌어내리는 공작에 들어갔다.

다행히도 그 계획은 실패로 돌아갔다. 황제의 더 큰 걱정거리는 에피루스의 지배자인 니케포루스―그는 몇 년 전에 아버지 미카일을 계승했다―와 그의 형제인 테살리아의 서자 요한네스의 반응이었다. 이 두 사람은 거의 정치적인 이유에서 교회 통일에 반대하여 피신해 오는 사람들을 받아들이고 있었다. 요한네스는 거기서 한걸음 더 나아가 정교회의 수호자를 자처하고, 1277년 5월 1일 도망쳐 온 수도사들의 '종교 회의'를 열어 황제, 총대주교, 교황을 파문하기까지 했다.

미카일 팔라이올로구스가 백성들의 정서를 오판한 것일까? 어느 정도는 그렇다고 할 수 있다. 하지만 그는 자신의 행동이 장차 라틴인의 침공으로 빚어질 파국으로부터 제국을 구하는 유일한 길이라고 믿었고, 백성들도 자신처럼 현실주의적 사고방식을 갖게 되기를 바랐다. 자신이 실패할지도 모르지만 어차피 그 결과는 감수할 수밖에 없다고 생각했다. 그가 아는 한 그 상황에서 다른 방법은 없었다.

백성들의 항의가 몇 주 동안 격렬하게 지속되자 그는 어쩔 수 없이 선동자들을 처벌했다. 하지만 설득이 완전히 실패할 경우에만 무력에 호소했다. 일단 결정을 내린 이상 절충이란 없었다. 요란한 목소리를 내는 반통일론자들은 투옥되거나 유배되거나 실명을 당했다. 그밖에 고문을 당하거나 재산을 몰수당하는 사람들도 있었다. 통일 반대 운동을 이끈 수도원은 특히 가혹한 징계를 당했다. 달변을 자랑하던 멜레티오스라는 수도사 선동자는 혀를 잘리는 형벌을 받았다.

로마 교회와 통일을 이루면 시칠리아 왕 카를로와 명의상의 라틴황제인 쿠르트네의 필리프―그는 1273년에 아버지 보두앵을 계승했다―에게서 도덕적 정당성을 박탈할 수 있으며, 따라서 그들이 침략할 명분을 없애고 일시적으로 그리스 제국을 구할 수 있다. 또한 서방인들도 미카일이 콘스탄티노플의 적법한 황제라는 것을 인정하게 된다. 나아가 발칸 반도에 아직 몇 군데 남은 라틴 거점들을 소탕하려는 그의 계획에 대해서 교황도 반대하지 않을 것이다. 미카일의 복안은 이러했지만 황제에게나, 신민들에게나 그 대가는 너무 컸다.

제국의 사절단이 통일 기념식에 참석하기 위해 리옹으로 가기 오래전부터 황제는 발칸 원정을 추진하고 있었다. 제국군은 알바니아의 중요 항구인 부트린토와 내륙의 베라트 요새를 점령하고 앙주군을 아드리아 해의 두라초와 아블로나까지 몰아냈다. 이에 크게 놀란 카를로는 증원군을 파견했다. 하지만 그는 이탈리아와 시칠리아에서 제노바와 기벨린파의 동맹 세력—이들은 시칠리아는 물론 아풀리아와 칼라브리아의 해안 도시들까지 끊임없이 기습했다—을 몰아내느라 여념이 없었으므로 제국의 공격에 적절히 대응하지 못하고 병력과 영토상의 적지 않은 손실을 감수할 수밖에 없었다.

그 이듬해에 황제는 압력의 수위를 더욱 높였다. 동생인 요한네스 팔라이올로구스 군주에게 대군을 맡겨 테살리아의 서자 요한네스를 공격하게 하는 한편, 해상으로는 73척의 함대를 보내 라틴인들을 괴롭히고 혹시 있을지 모르는 적의 지원을 차단했다.

서자 요한네스는 제국군의 기습을 당해 네오파트라스 성에서 포위되었지만 전에도 역경에 처한 경험은 많았다. 어느 날 밤 그는 밧줄을 타고 성벽을 내려와 말구종으로 변장한 채 말을 타고 비잔티움의 진영을 통과해서 탈출했다. 사흘 뒤 테베에 도착한 그는 테베의 지배자인 로슈의 공작 장 1세에게서 300명의 기병을 빌렸다. 이 기병대와 함께 서자 요한네스는 네오파트라스로 황급히 돌아가 제국군을 후방에서 덮쳤다. 군주는 병력을 규합하려 애썼지만 병사들은 겁에 질려 뿔뿔이 달아났다.

서자 요한네스는 용기와 책략으로 제국군을 이겼을 뿐 아니라 제국군의 무능함을 드러내 보임으로써 라틴 영주들의 사기를 북돋는 데 크게 기여 했다. 사기가 오른 영주들은 에우보이아와 크레타의 베네치아 함대를 동원하고 자신들의 함대까지 보태 볼로스 만의 데

1420년경 크리스토포로 부온델몬티가 양피지에 그린 콘스탄티노플 지도.

메트리아스에 있는 그리스 함대를 공격했다. 처음에는 공격군 측이 유리한 듯했다. 그리스 수병들은 상당수가 다치거나 바다에 빠져 죽었다. 그러나 때맞춰 군주 요한네스가 테살리아 현지에서 모은 병력을 거느리고 도착하자 서서히 전황이 바뀌기 시작했다.[135] 저녁 무렵이 되자 프랑크군의 거의 모든 지도자들이 사로잡혔고 라틴 함선은 두 척밖에 남지 않았다.

미카일 팔라이올로구스가 보기에 그 승리는 예전의 패배를 완전히 만회하는 성과였다. 그러나 그의 동생 요한네스 군주의 생각은 정반대였다. 그는 이번 승리로 네오파트라스의 수모를 상쇄할 수 없다고 보았다. 결국 그는 콘스탄티노플에 돌아오자마자 군대의 지휘권을 놓고 좌절감에 빠져 아예 군대에서 전역해 버렸다. 원래대로라면 그의 지위를 승계할 사람은 데메트리아스에서 함대를 지휘한 프로토스트라토르[136] 알렉시우스 필란트로페누스였다. 그러나 알렉시우스는 아직 그 전투에서 당한 부상으로부터 회복되지 않았으므로 황제는 후대에 리카리오라는 이름만 전해지는 변절한 라틴인을 그 자리에 앉혔다.

이 인물은 에우보이아 섬에 오래 거주한 베로네세 가문의 유명인사였다. 하지만 거기서 어느 라틴 지배자의 미망인인 펠리사 달레 카르체리와 간통을 저지른 탓에 라틴인들의 배척을 받았다. 그래서 1271년에 그는 제국을 위해 일하겠다고 제의했다. 그는 첫 전투에서 카리스토스 요새를 점령한 전과로 에우보이아 전체를 봉토로 받고 기사 200명과 함께 충성을 서약했다. 이후 그는 칼키스 시만 남겨 놓고 에우보이아 섬 전역을 소탕했으며, 다른 많은 섬들도 수복했다. 또한 스키로스, 스코펠로스, 스키아토스, 아모르고스 등을 베네치아 영주인 필리포 기시에게서 빼앗고 기시를 쇠사슬에 묶어 콘스탄티노플로 압송했다. 그 뒤로도 그는 케오스, 세리포스, 아스티팔라이아를 점령했고 산토리니와 테라시아도 손에 넣었다. 렘노스는 영주인 파올로 나바가이오소의 결단 덕분에 사흘 동안만 포위되었다가 항복했다.

에우보이아를 최종적으로 정복하는 것은 이제 시간문제였다. 유일하게 수도 칼키스만이 라틴인들의 수중에 남아 있을 뿐이었다. 성벽 바깥에서 전투가 벌어진 결과 섬의 지배자들인 펠리사의 형제 베로나의 기베르토와 아테네-테베 공작 로슈의 장을 사로잡았다. 그러나 리카리오가 승리를 음미하기도 전에 장의 형제인 나우플리아 총독 로슈의 자크가 대군을 이끌고 들이닥쳤다. 그리고 그와 때를 같이 하여 비잔티움군이 서자 요한네스에게 또다시 참패를 당했다는 소식이 전해졌다.

리카리오는 칼키스 정복을 미루기로 결정했다. 그가 포로들을 거느리고 콘스탄티노플로 돌아오자 황제는 그를 자신이 예전에 맡았던 궁내장관, 즉 라틴 용병들의 총사령관으로 승진시켰다. 베로나의 기베르토에게 그것은 견디기 어려운 충격이었다. 그는 예전에 자신의 하급 가신이었던 자가 화려한 제복을 입고서 황제와 친밀하게 귀엣말을 나누는 모습을 보고는 그 자리에서 뇌졸중으로 쓰러져 죽고 말았다. 로슈의 장은 금 3만 솔디의 몸값을 주고 풀려났으니 그래도 운이 좋은 편이었으나 그도 얼마 뒤에 죽었다.

그런데 그 무렵 리카리오의 이름은 갑자기 역사에서 사라진다.

죽었다는 소식도 없고 지위에서 물러났다는 이야기도 없다(전투에서 전사했다면 분명히 기록에 있어야 할 것이다). 아마 콘스탄티노플에서 병으로 죽지 않았을까 추측된다. 그는 결국 칼키스를 점령하지 못했고 자신이 태어난 섬을 완전히 정복하지 못했다. 하지만 그는 당대 최고의 해군 사령관으로 간주되기에 충분하며, 발칸 제국을 되찾기 위한 미카일 팔라이올로구스의 오랜 싸움에서 당당한 주역의 한 사람이라고 볼 수 있다.

교회 통일을 놓고 겉도는 황제와 백성들

발칸 반도와 에게 해에서 벌어진 전쟁에 그레고리우스 교황은 울고 싶은 심정이었다. 하지만 현실주의자인 그는 좌절감에 빠져 있지만은 않았다. 1275년에 그는 미카일 팔라이올로구스와 앙주의 카를로가 1년 동안 휴전을 맺도록 하는 데 성공했다. 교황은 자신이 축복을 내릴 수 있는 군사 작전, 바로 십자군 원정에 그 두 사람이 매진해 주기를 바라는 것이었다.

이 시점에서 놀랍게도 미카일은 십자군의 원정로를 해로가 아닌 제1차 십자군의 경우와 똑같이 하자고 제안했다. 즉 발칸을 거쳐 콘스탄티노플로 온 다음 여기서 보스포루스를 건너고 소아시아를 가로질러 시리아와 팔레스타인으로 들어가는 것이다. 그런 계획은 매우 위험해 보였다. 무엇보다도 라틴인들이 다시 콘스탄티노플을 공격할지 모른다는 위험이 있는 것이다. 물론 이 십자군 원정을 통해 투르크와 몽골에게서 아나톨리아를 탈환할 수도 있었다. 그러나 설사 그게 가능하다 할지라도 그 수복된 영토가 적법한 종주권자에게 돌아오리라는 것을 누가 보장할 수 있을까? 미카일로서는 또다시 많은 라틴 군주들이 제국의 영토에서 으스대며 활보하는 것을 생각하기만 해도 불쾌했을 것이다.

그러나 달리 생각할 수도 있다. 어차피 올 십자군이라면 가급적 그들을 잘 활용하는 편이 낫지 않을까? 최소한 아나톨리아에서 이교도들을 영구히 제거할 수는 있을 테고, 또 다른 이득도 얻을 수 있지 않을까? 일찍이 위대한 조상 알렉시우스 황제는 제1차 십자군을 활용하여 상당한 성과를 거두지 않았던가? 미카일은 틀림없이 열심히 오랫동안 숙고하고 그런 제안을 했을 것이다.

그런데 그레고리우스 교황은 즉각 관심을 보였다. 그리스도교권의 큰 도시들—안티오크를 포함하여—을 탈환한다는 생각은 그에게 거부할 수 없는 매력이었다. 미카일의 제안을 받아들이면 십자군은 오래 걸리고 불편한 항해의 위험을 면할 수 있다. 이런 열정으로 그는 1276년 부활절이 지난 뒤 황제에게 브린디시에서 가급적 빨리 직접 만나자고 제의했다. 브린디시가 마음에 들지 않는다면(그럴 가능성도 있었으니까) 아블로나에서 바로 아드리아 해 건너편인 레뇨에서 만나도 좋다는 뜻을 전했다.

1276년 1월 10일에 그레고리우스 교황은 아레초에서 죽었다. 후임 교황은 온건하고 평화를 사랑하는 인노켄티우스 5세였다. 그는 그리스 대사들과 긴밀한 접촉을 유지하기는 했지만 십자군 원정에는 그다지 열의가 없었으며, 육로 원정이나 황제와의 만남에 관심을 보이지 않았다. 따라서 그 두 계획은 결국 폐기되었다. 이것으로써 그리스도교권이 결집하여 투르크 세력을 아나톨리아에서 몰아내고 200년 만에 비잔티움에게 아나톨리아를 수복해 줄 수 있는 마지막 기회는 사라졌다. 이 장의 말미에서 이유가 분명히 밝혀지겠지만 그 기회는 다시 오지 않았다.

인노켄티우스는 본명이 피에르 드 타랑테즈라는 프랑스인이었다. 그가 교황으로 선출됨으로써 앙주의 카를로는 더욱 사기가 올랐다. 사실 그는 파렴치하게도 인노켄티우스의 선출을 위해 배후 공작을 벌였으므로 목적이 달성되자 즉시 교황궁으로 달려갔다. 카를로는 미카일이 리옹에서 선수를 친 것을 용납할 수 없었다. 또한 그는 비잔티움과 우호 관계를 유지하려 한 그레고리우스 교황의 정책을 노골적으로 싫어했다. 콘스탄티노플에 대한 그의 의도는 여느 때처럼 단호했다. 파키메레스와 당시 시칠리아 역사가인 네오카스트로의 바르톨로메오에 따르면, 신임 교황이 전임자보다 비잔티움에 호의적이지 않은 것을 알고 그는 자신의 왕홀을 씹을 정도로 흥분했다고 한다.

그러나 인노켄티우스는 불과 다섯 달 뒤에 죽었고, 그의 후임자인 하드리아누스 5세는 더 짧은 다섯 주 동안 재위했다. 또 그의 뒤를 이은 요한네스 21세는 일곱 달 동안 교황으로 있던 중에 비테르보 궁전에서 새로 지은 서재의 천장이 무너지는 사고로 죽었다.[137] 결국 1277년 11월에야 비로소 추기경단은 카를로의 끊임없는 책동을 물리치고, 오랜 기간 재위하게 되는 새 교황을 선출했는데, 그때까지 1년 반 동안 그들은 모두 네 차례에 걸쳐 여섯 달 동안이나 교황 선출 회의를 열었다.

새 교황 니콜라우스 3세가 된 조반니 가에타니 오르시니는 전통에 빛나는 로마 세도가의 출신이었다. 그런 배경을 지닌 덕분에 그는 카를로가 사사건건 교황의 일에 관여하려 드는 것을 싫어했으며, 그의 팽창주의적 야심은 더욱 싫어했다. 오래전부터 시칠리아 왕은 로마 원로원 의원이라는 신분을 이용하여 교황 선출에 영향력을 행사해 왔다. 프랑스와 이탈리아의 추기경들에게 뇌물을 주고 자신이 미는 후보에게 투표하도록 한 것이다. 또한 그는 토스카나의 황제 대리인이라는 직함을 활용하여 자신의 야망을 반도 전체로 확산시키려 하고 있었다.

그러나 새 교황은 취임한 지 몇 주 만에 카를로의 그 두 가지 직함을 박탈해 버렸으며, 나아가 콘스탄티노플을 공격하려는 그의 계획도 절대적으로 금지했다. 그렇다고 해서 교황이 미카일 팔라이올로구스나 비잔티움에 대해 특별한 호의를 가진 것은 결코 아니다. 다만 니콜라우스는 동방과 서방을 서로 대립하는 세력으로 보고, 교황의 역할은 그 두 세력의 균형을 유지하면서 어느 한쪽이 지나치게 강성해지지 않도록 하는 데 있다고 생각한 것이다. 하지만 미카일에게는 니콜라우스의 생각 따위야 아무래도 좋았다. 그는 단지 숙적의 콧대가 납작해지고 마침내 오랫동안 제국을 괴롭혀 온 위협이 사라졌다는 데 만족할 따름이었다.

한 가지 측면에서 교황은 전임자 못지않게 단호했다. 그는 비잔티움이 리옹에서 교회 통일을 수락했으면 이제 그 통일이 완성되었음을 입증해야 한다고 보았다. 즉 그리스 교회는 교리와 성사의 모든 면에서 로마의 지시를 철저하게 따를 자세가 되어 있음을 보여야 하는 것이었다. 물론 미카일 팔라이올로구스는 오래전부터 그런 방향으로 가고 있었다. 리옹에서의 기념식 이외에 그는 1275년 1월 콘스탄티노플에서도 교회 통일 기념식을 열기로 했는데, 이 때문에 시내에서는 폭동이 터졌다.

1277년 4월에 블라케르나이 궁전에서 총대주교, 고위 성직자들, 교황의 눈키오들이 참석한 가운데 미카일과 그의 아들 안드로니쿠스—1272년부터 공동 황제였다—는 게오르기우스 아크로폴리테스가 리옹에서 그들을 대신하여 서약한 내용을 구두로 비준했다. 그리고 그 뒤에 그들은 관련 사안들을 확증하는 여러 가지 라틴어 문서에 서명했다. 여기에는 필리오쿠에, 연옥의 교리, 로마에서 행해지는 일곱 가지 성사,* 발효시키지 않은 빵의 사용, 교황의 우월권, 교황청에 탄원할 권리 등이 포함되었다.

그 뒤로 모든 일이 술술 진행되었으면 좋겠지만, 불행히도 그리스 성직자들은 좀처럼 개인적으로 교회 통일을 승인하지 않으려 했다. 또한 그들을 대신하여 총대주교 요한네스 베쿠스가 작성한 공동 서신은 몇 가지 주요 쟁점에 관해 명백하게 모호한 태도를 취했다. 그래도 몇 개월 뒤에 소피아 대성당에서 열린 종교 회의에서는 에피루스의 니케포루스와 서자 요한네스가 정교회 신앙을 버리지 않았다는 이유로 그들을 파문하는 등 나름대로 성의를 보였다. 앞서 보았듯이 그에 대해 서자 요한네스는 미카일, 요한네스 베쿠스, 니콜

---

* 세례, 견진, 성체, 고백, 병자, 신품, 혼인의 일곱 가지.

† 비잔티움 후기에 증축된 이스탄불의 블라케르나이 궁전. 14세기.

라우스 교황을 거꾸로 파문하면서 맞섰다. 그러나 로마 교황청은 여전히 콘스탄티노플 그리스 교회의 진실성을 크게 의심하고 있었다.

니콜라우스 3세는 이 사안을 완전히, 영구적으로 매듭지을 작정이었다. 하지만 그에게는 그레고리우스 10세만큼의 인내심과 외교술이 없었다. 1279년 봄에 그는 그로세토의 바르톨로메오를 책임자로 삼고 황제에게 사절단을 보내 일방적인 요구 사항들을 전했다. 첫째, "총대주교와 모든 성채, 촌락에 있는 성직자들은 개인적·집단적으로, 또 조건과 이유를 불문하고 로마 교회의 신앙과 우월권이 옳다는 것을 서약으로써 인정하거나 고백해야 합니다." 그리고 문서에는 이 서약에 필요한 전문이 수록되어 있었다. 둘째, "설교를 하는 사람은 공개적으로, 그리고 세심하게 회중에게 참된 신앙을 가르치고, 필리오쿠에를 추가한 신경을 읊어야 합니다." 이를 보장하기 위해 교황 특사들은 직접 제국의 주요 도시들을 방문하여 성당과 수도원으로 신도들을 불러모은 뒤 신앙을 고백하고 교황의 우월권을 승인하는 방법을 시범삼아 보여 주겠다고 했다.

이 문서는 서명을 해서 로마로 보내야 했다. 그런 뒤에야 그리스 성직자들은 성무를 집전할 수 있었다. 다른 모든 성무는 교회법에 어긋나는 것이었고 로마의 승인을 받을 수 없었다. 니콜라우스는 특히 그리스인들이 교회 대분열 이전의 고대 의식을 보존하게 해 달라는 황제의 요청—총대주교도 여러 차례 서신을 통해 요구했던 것이었다—을 거부했다. 고백자나 고백 방식에서 다양성을 허용하면 신앙의 통일은 불가능하다는 게 교황의 생각이었다. 마지막으로 교황은 추기경급의 교황 대사를 콘스탄티노플에 상주하도록 하겠다는 뜻을 밝혔다.

그동안 신민들에게 교황의 대표가 수도에 항구적으로 체재하는 일은 없을 거라고 늘 장담했던 미카일에게 교황의 마지막 요구는 특히나 쓰라렸다. 로마에 관한 그의 생각 전체가 급속히 궁지로 빠져들었다. 애초부터 교회 통일을 원치 않았던 동방 교회는 여러 교황들에게 연이어 닦달을 당하는 것에 공공연히 불만을 토로했다. 미카일은 더 이상 교회의 요구를 무시하기 어렵다고 느꼈다. 설상가상으로 그는 요한네스 베쿠스와도 커다란 견해 차이를 빚었다. 그 때문에 총대주교는 사직서를 제출하고 망가나 수도원으로 들어가 버렸다.

그는 이 곤란한 사실을 눈키오들에게 숨기고, 총대주교가 당분간 휴식을 취하는 것일 뿐이라고 그들에게 말했다. 그리고 베쿠스에게는 그들을 휴식처에서 만나 이 거짓말이 탄로나지 않도록 해 달라고 부탁했다. 하지만 그래도 그들의 요구를 만족시킬 수 있는 방법은

없었다. 기껏해야 거듭되는 미봉책으로 그들을 화나지 않도록 하는
게 최선이었다. 여기에도 교회의 지원이 필요했다. 황제는 고위 성
직자 전원을 황궁으로 불러 전에 없이 솔직하게 말했다.

여러분도 잘 아시다시피 현재의 협정은 매우 어렵게 실현되었습니다.
…… 지금까지 나는 무력으로 여러분 다수의 뜻을 눌렀으며, 내 가족까
지 포함하여 여러 친구들을 화나게 했다는 것을 잘 알고 있습니다.
…… 나는 그것으로 사태가 종결되었고 라틴인들도 더 이상을 요구하
지 않으리라고 믿었습니다. …… 그런데 불화를 일으키고자 작정한 일
부 사람들 때문에 그들은 지금 통일의 증거를 더 요구하고 있습니다. 그
것이 바로 현재 교황 대표단이 온 목적입니다. 내가 여러분에게 미리 이
런 말을 하는 의도는 앞으로 여러분이 교황 사절들의 말을 들을 때 지나
치게 당혹해하지 않도록 하기 위해, 그리고 내가 그들을 대하는 태도를
보고 내가 나쁜 신앙을 품었다고 의심하지 않도록 하기 위해서입니다.
신께 맹세컨대 나는 우리의 신앙을 한 치도 바꾸지 않겠습니다. 나는
우리 조상들의 신성한 신경을 지지할 것이며, 라틴인만이 아니라 누구
든 그것을 의문시하는 자에게는 반대할 것을 약속합니다. 설사 내가 사
절들을 성심껏 영접한다 해도 여러분에게 누가 되지는 않을 것입니다.
나는 새로운 문제가 발생하지 않도록 하려면 그들을 친절하게 맞아야
한다고 생각합니다. 이 신임 교황은 그레고리우스 교황만큼 우리에 대
해 호의를 가지고 있지는 않기 때문입니다.

그의 연설은 효과가 있었다. 그리스의 성직자들은 바르톨로메오

주교의 말을 잠자코 들었고 나름대로 정중한 태도를 유지했다. 그러나 서약을 하라는 요구는 완강하게 거부했다. 황제가 할 수 있는 최선의 조치는 2년 전에 했던 것과 비슷한 선언문을 발표하는 것뿐이었다. 하지만 그 당시에 서명했던 사람들도 대부분 이제는 서명조차 거부하고 나섰다. 그래서 황제는 가공의 주교들을 많이 만들고 서명을 위조하여 문서를 그럴듯하게 보이도록 꾸몄다. 또한 미카일은 눈키오들에게 자신의 진실한 자세를 납득시키기 위해 그들을 감옥에 데려가서 교회 통일에 반대하는 사람들—황족의 일부까지 포함하여—을 어떻게 처벌하고 있는지 보여 주었다. 이윽고 9월 1일 그들이 참석한 가운데 미카일과 안드로니쿠스는 전에 했던 서약을 구두와 문서로 다시 한번 되풀이했다.

더 이상 할 수 있는 조치는 없었다. 바르톨로메오와 사절 일행은 적어도 미카일과 그의 아들 안드로니쿠스의 신앙에 관한 한 절반쯤은 믿어 줄 수도 있었다. 그러나 그리스 교회에 관해서는 오히려 예전의 의혹이 확신으로 굳어졌다. 어떤 문서를 어떻게 작성하든 상관없이 진정한 교회 통일은 망상에 지나지 않았다. 비잔티움인들의 마음속에는 여전히 교회 대분열이 강력하게 자리잡고 있었던 것이다.

카를로를 상대로 한 공동 전선

교황 니콜라우스 3세는 진정으로 제국을 로마의 품으로 끌어들이지도 못했을 뿐 아니라 앙주의 카를로와도 화해하지 못했다. 카를로의 침략 행위는 막았지만, 양측의 평화 조약을 성사시키려는 그의 노력은 양측 모두에게서 무시당하고 있었다. 카를로는 여전히 콘스탄티노플에 흑심을 품고 있었기 때문이고, 미카일은 그 조약으로 발칸에서 손이 묶일까 봐 걱정했기 때문이다. 발칸에서 그는 아카이아, 에피루스, 테살리아와 싸우면서 큰 성과를 거두고 있었던 것이다.

아카이아의 기욤은 1278년 5월 1일에 죽었다. 이미 그 전해에는 그의 상속자이자 사위인 앙주의 필리프가 죽었으므로 이제 1267년의 비테르보 조약에 따라 카를로는 아카이아 공국을 상속하여 동유럽 전체를 라틴 세계로 만들 수 있게 되었다. 미카일 팔라이올로구스에게 이런 사태는 걱정거리가 되지 않았다. 이제부터 아카이아에는 백성들의 충성을 모을 수 있는 자체의 군주가 없고 별로 중요하지 않은, 게다가 콘스탄티노플에만 눈독을 들이고 있는 외국인 부재 군주만 있을 뿐이었다. 카를로가 총독으로 보낸 바이이들의 탐욕과 부패로 인해 현지 주민들은 그리스계와 라틴계를 가리지 않고 공공연한 반란의 기미를 보였다. 그 덕분에 제국군은 모넴바시아와 미스트라 두 곳을 주요 기지로 삼고 모레아 수복 작전을 전보다 원활하게 전개할 수 있었다.

그래도 카를로는 신경쓰지 않았다. 제국을 해상으로 원정하려면 펠로폰네소스의 항구들이 유용할 터였다. 그러나 그에게는 충분한 해운 능력이 없었고 베네치아와 협정을 체결하지도 못했으므로—베네치아는 오히려 미카일과 1277년에 새 조약을 맺었다—해상 공격은 어려웠다. 그러므로 육로 공격 이외에 선택의 여지는 없었다. 물론 교황은 그것을 금지했다. 하지만 이미 육순에 접어든 교황은 오래 살지 못할 게 뻔했다. 게다가 카를로는 필요하다면 교황의 명령을 어길 각오도 되어 있었다.

때가 되면 앙주군은 발칸 반도의 병목에 해당하는 유서 깊은 에그나티아 가도를 따라 육로 원정을 시도해야 할 텐데, 그러기 위해서는 알바니아나 북부 에피루스에 교두보가 반드시 필요했다. 그런데 이 지역에 대해 제국의 압력이 점점 거세지고 있었다. 그래서 1279년 4월 카를로는 니케포루스 공작과 공식 조약을 체결했다. 제국에 맞서 군사 지원을 받는 대가로 니케포루스는 시칠리아 왕의 가신이 되었고 그에게 많은 중요한 요새들을 양도했다.

그 뒤 18개월 동안 많은 인마가 꾸준히 아드리아 해를 건넜다. 이들은 카를로가 무척 신뢰하는 쉴리의 붉은머리 우고라는 장군의 지휘를 받았다. 그와 더불어 대량의 무기와 공성무기, 그리고 공병, 토목 기술자, 목수 등이 병력과 합류하여 기술 지원을 담당했다. 1280년 8월에 니콜라우스 3세가 죽은 것은 곧 교황의 금지령이 끝났음을 뜻했다.

그해 늦가을에 기병 2천 명과 사라센 궁수들이 다수 포함된 8천 명 규모의 군대가 동쪽으로 알바니아를 가로질러 비잔티움의 요새 도시인 베라트에 도착했다. 에그나티아 가도의 서쪽 끝부분을 굽어보는 높은 암반 지대에 세워진 베라트는 쉴리가 발칸 반도를 횡단하여 설치하고자 계획하고 있는 요새들의 사슬에서 첫 번째 고리에 해당하는 곳이었다. 그는 즉각 포위 명령을 내렸다. 중요한 요새인 만큼 베라트에는 장비를 잘 갖춘 강력한 수비대가 있었다. 그러나 앙주군의 규모가 크다는 것은 쉽게 공격을 포기하지 않으리라는 뜻이었으므로 현지 지휘관은 콘스탄티노플에 긴급 증원군을 요청했다.

하지만 당시 미카일 팔라이올로구스는 크게 상심해 있었다. 교회 통일에 반대하는 분노의 목소리는 좀처럼 사그라지지 않았다. 심지어 황제는 이번 앙주의 침략을 구실로 삼아 자신에게 반대하는 신민들이 자신을 제거하려 할지 모른다고까지 우려했다. 베네치아인들도 그다지 신뢰할 수 없었다. 1277년의 조약에 따라 그들은 콘스탄티노플로 돌아오기 시작했는데, 2년 뒤에 조약 기간이 끝났음에도 불구하고 그 수가 꾸준히 늘고 있었다.

베라트가 함락된다면 카를로는 금세 테살로니카로 올 것이다. 그럼 콘스탄티노플의 운명은 어떻게 될까? 일단 황제는 정예 병력을 그러모아 조카인 미카일 타르카네이오테스─누이인 마리아의 아들─에게 맡기고 도시 전역을 불철주야로 순찰하라고 지시했다. 적어도 그날 밤에 관한 한 교회 통일의 문제는 잊혀진 듯했다. 수백 군데의 성당에서 사람들은 비잔티움의 전통에 따라 의식을 치르고 제국을 위해 한 목소리로 기도했던 것이다.

베라트의 포위는 겨우내 지속되었다. 카를로는 사령관에게 연신 전갈을 보내 노고를 치하했고 12월에는 도시를 공격하라고 지시했다. 그러나 베라트의 방어 위치가 워낙 좋은 탓에 공격을 통해 점령하기란 거의 불가능했다. 쉴리는 인근 시골만 유린한 채 그리스 수비대가 기아에 시달리다가 항복하기를 바랄 따름이었다.

그동안 수비대는 완강하게 방어했는데, 마침내 1281년 3월에 그 보상을 받았다. 지평선에 구원군이 모습을 드러낸 것이다. 게다가 야음을 틈타 식량을 실은 뗏목들이 아수네스 강(지금의 리움 강)을 통해 요새로 전해지자, 그렇잖아도 심각한 굶주림에 시달리던 병사들은 더욱 사기가 올랐다. 한편 황제에게서 전면전을 피하라는 지시를 받은 타르카네이오테스는 인근 구릉 지대에 참호를 파고 기회를 기다렸다.

그 기회는 오래지 않아 왔다. 며칠 뒤 쉴리―불타는 듯한 붉은 머리털로 쉽게 식별되었다―는 그리스군의 형세를 직접 정찰하기로 마음먹고, 호위병 스물다섯 명과 함께 진영을 나섰다. 하지만 그의 말이 화살을 맞고 고꾸라지는 바람에 그는 투르크 용병들에게 포위되었다. 호위병 몇 명이 탈출하여 그 소식을 진영에 전하자 앙주군은 지도자를 잃었다는 생각에 흩어져 달아났다.

그리스군은 요새 안의 수비 병력까지 가세하여 추격에 나섰다. 여느 때처럼 중무장한 라틴 기병대는 두꺼운 갑옷으로 제국 궁수들의 화살을 잘 막아 냈지만, 그들이 타고 있는 말들이 화살을 맞고 하나둘씩 쓰러졌다. 저녁이 되자 지휘관들을 포함하여 앙주군의 대부분이 죽거나 사로잡혔다. 쉴리도 포함된 포로들은 콘스탄티노플로 압송되어 시내를 가로지르는 개선 행진에 참여했다.

훗날 미카일 팔라이올로구스는 그날의 승리를 황궁의 벽에 벽화로 그리게 했다. 펠라고니아 전투와 콘스탄티노플의 수복 이래로 라틴인들에게 거둔 최대의 승리였다. 더욱이 그 덕분에 미카일은 이제 알바니아와 북부 에피루스는 물론 멀리 남쪽의 이오안니나까지 손에 넣었다. 그 반면에 앙주의 카를로에게 그 치명적인 몇 시간은 참을 수 없는 수모를 가져다 주었다. 2년 동안 원정을 준비해 온 고된 노력이 물거품처럼 사라져 버렸고 동방 제국을 정복하겠다는 그의 오랜 꿈은 무기한 연기되었다.

그러나 그는 꿈을 연기했을지언정 포기하지는 않았다. 베라트에
서의 참패로 인해 오히려 카를로는 미카일 팔라이올로구스를 파멸
시키겠다는 각오를 더욱 굳혔다. 그 패배에도 불구하고 그의 사정은
전혀 절망적이지 않았고, 니콜라우스 교황이 죽은 지 6개월 뒤인
1281년 2월에 시몽 드 브리라는 프랑스인이 새 교황으로 선출된 것
을 계기로 더욱 크게 호전되었다.[138]

교황 마르티누스 4세가 된 시몽은 원래 생 루이의 궁정에서 일하
던 사람이었다. 그 뒤 그는 교황 특사로 활동하면서 카를로가 시칠
리아 왕으로 즉위할 수 있도록 도와 주었다. 열렬한 애국주의자이고
이탈리아인을 몹시 혐오했던 마르티누스는 프랑스를 위해 헌신적으
로 일했고, 교황의 권력을 이용하여 프랑스의 이익을 도모했다. 그
에 따라 카를로는 로마의 간섭을 받지 않고 마음껏 자신의 팽창 정
책을 추구할 수 있게 되었다.

그 정책의 첫 목표는 베네치아였다. 베라트에서의 참패 이래 더
이상 콘스탄티노플로 육로 원정군을 보내는 것은 무망한 일이 되었
다. 이제 원정은 해로를 이용해야 했고, 그러려면 베네치아 함대의
도움이 있어야 했다. 지금까지 세레니시마에 대한 카를로의 구애는
1277년의 베네치아-비잔티움 조약 때문에 아무런 효과도 없었다.
그러나 4년 만에 베네치아의 태도는 크게 바뀌었다. 이제 리알토에
서는 그 조약을 중요하지 않게 여겼다. 그도 그럴 것이, 베네치아의
무역량은 내내 감소했고, 베네치아 상인들은 2류 시민으로 취급받
았으며, 조약에서 보장된 그들의 권리는 무시되었던 것이다. 그들이

보기에 최악의 사태는 제노바인들이 번영을 누리면서 예전에 베네치아인들이 가졌던 모든 특권들을 누린다는 사실이었다.

1279년에 베네치아의 도제는 그 조약을 취소했고, 그 뒤부터 베네치아와 제국의 관계는 한층 더 악화되었다. 그리고 1281년에 베네치아는 노선의 전환을 준비했다. 마침내 7월 3일에 오르비에토에서 카를로, 라틴 '황제' 쿠르트네의 필리프, 베네치아 공화국의 공식 대표들이 조약에 서명함으로써 바다를 통해 콘스탄티노플을 원정하는 길이 열렸다. 이 원정은 1283년 봄에 출발하기로 계획이 잡혔으며, 세 명의 군주─카를로(혹은 그의 맏아들), 필리프, 조반니 단돌로 도제─가 모두 직접 참여하기로 했다. 그에 따라 4월 1일까지 40여 척의 무장 갤리선이 2주 전에 카를로와 필리프가 브린디시에서 마련한 수송선들과 접촉하기 위해 석호를 출발했다.

교황 마르티누스는 그 조약에 서명하지 않았다. 하지만 오르비에토의 교황궁에서 조약이 체결되었다는 사실은 곧 교황이 그 조약을 전폭적으로 지지한다는 증거였다. 게다가 조약이 체결되고 불과 석 달 뒤인 10월 18일에 교황은 갑자기 비잔티움의 황제에게 파문을 선고했다.

우리는 그리스인의 황제인 미카일 팔라이올로구스에게 그리스 분리파와 이단자들을 지지한 혐의로 파문을 선고하는 바이다. …… 지위의 고하를 막론하고 모든 왕, 군주, 공작, 후작, 백작, 남작, 나아가 모든 도시나 요새 등은 미카일 팔라이올로구스가 파문당한 동안 그와 일체의 동맹이나 결사를 맺는 것이 금지된다. …… 또한 그의 영토는 교회의 금제를 받을 것이고, 그는 교회로부터 받은 모든 재산을 박탈당할 것이며, 기타 우리가 가장 적당하다고 생각하는 영적인 형벌을 받게 될 것이다. …… 그러한 동맹을 우리는 무효라고 선언한다.

그 이듬해에는 두 번이나 더 파문이 가해졌다. 하지만 미카일에게는 한 번의 파문으로도 충분했다. 역대 어느 바실레오스도 미카일처럼 교황에게 헌신한 적은 없었다. 그와 그의 아들은 로마 교회에 두 차례나 충성을 서약했고, 필리오쿠에를 포함하여 로마 신경의 모든 조항을 받아들였다. 또한 그는 내전의 위험성과 자신의 제위에 대한 위협을 감수하면서까지 최선을 다해 동방 교회에게도 그렇게 하라고 설득했으며, 실제로 상당한 성과를 거두었다. 그런데 이제 그 라틴 교회가 그에게 치하는커녕 파문을 내렸다. 미카일로서는 20년 동안이나 공들인 노력—그 자신만이 아니라 전임 교황 여섯 명까지—이 물거품으로 돌아갔고 적들만 앞에 두게 된 것이었다.

그런 상황에서도 그는 교회 통일을 단념하지 않았다. 그는 여전히 자신이 서약에 묶여 있다고 간주했으며, 마르티누스의 후임자가 파문을 철회할 가능성을 버리지 않았다. 하지만 그는 교황의 이름을 딥티크에서 삭제하고, 라틴 의식을 시행하려는 모든 조치를 중단시켰다. 또한 그는 그리스 교회와 우호적인 관계를 회복하기 위해 애썼다. 다가올 시련 앞에서는 무엇보다 교회의 협조가 가장 절실했던 것이다.

앙주의 카를로는 당대 유럽에서 가장 힘센 군주였다. 시칠리아 왕국(남이탈리아 전역을 포함한다)과 알바니아는 물론이고 그는 아카이아, 프로방스, 포르칼키에, 앙주, 멘의 지배자였으며, 튀니스의 상위 군주이자 로마 원로원의 의원이었다. 프랑스의 왕은 그의 조카였고, 헝가리 왕이자 명의상으로 콘스탄티노플의 황제는 그의 사위였다. 또한 그는 외교 분야에서도 가능한 모든 조처를 취해 놓았다. 세르비아, 불가리아, 에피루스 등의 그리스 공국들은 물론이고 지중해의 해상을 제패하기 위해 무엇보다도 중요한 베네치아 공화국과도 두루 동맹을 맺은 상태였다. 그런가 하면 교황마저 그의 꼭두각시였다. 교황은 고맙게도 사실상 정복 전쟁이라 불러야 할 전쟁을 십자군의 위상으로 격상시켜 주었다.

카를로는 전년의 패배로부터 교훈을 얻어 이제는 어느 때보다도 더 큰 규모로 해상 원정을 준비했다. 레뇨에서 거두는 세금으로 그 비용을 충당하기 위해 그는 추가로 십자군을 위한 십일조를 징수했는데, 그로 인해 그의 백성들은 몹시 궁핍해졌다. 어쨌든 그렇게 해서 확보한 자금은 오르비에토 조약에서 예견된 수준을 훨씬 상회했다. 그는 나폴리, 프로방스, 아드리아 해에 면한 여러 항구에서 함선 300척을 건조하도록 하고, 별도로 시칠리아에서도 100척을 준비하도록 명했다. 이런 규모의 함대라면 기사 2만 7천 명의 병력은 물론이고, 공성무기, 쇠망치, 도끼, 밧줄, 역청을 끓이기 위한 대형 솥, 쇠꼬챙이와 곡괭이 수천 자루, 기타 그의 인생에서 가장 야심찬 원정에 필요한 모든 장비를 실을 수 있을 터였다.

카를로에게 반대하는 세력은 미카일 팔라이올로구스를 비롯하여 제노바 공화국, 그리고 우리의 이야기에 처음 등장하는 아라곤의 페드로 3세였다. 페드로의 아내인 콘스탄사는 만프레디 왕의 딸이었으므로 그는 자신이 호엔슈타우펜의 적법한 상속자라고 여겼으며, 따라서 자신의 것이 되어야 할 왕국을 찬탈한 앙주 가문을 무척 싫어했다.

1276년에 즉위한 이래로 그는 휘하에 거느린 뛰어난 이탈리아 출신의 재상인 프로치다의 요한네스와 함께 카를로를 타도하기 위해 노력했다. 아라곤의 사절은 비밀리에 두 차례 콘스탄티노플의 미카일을 방문한 다음 귀환 길에 시칠리아에 들러 비잔티움에서 받은 상당량의 금을 뿌리며 불만의 분위기를 조장했다.[139] 1280년 말에 이르러 페드로는 공격적인 의도를 노골적으로 드러냈다. 그와 미카일은 서로 동기는 사뭇 달랐으나 카를로에 대한 적대감은 마찬가지였다.

하늘은 또다시 제국을 구했다

아라곤의 페드로와 프로치다의 요한네스는 일을 훌륭하게 처리했다. 남이탈리아에서 카를로는 대체로 유능하고 성실한 지배자로서 인기가 높았다. 그러나 시칠리아에서는 원래부터 미움을 받았던 데다 근년에 들어 중과세로 더욱 인기를 잃었다. 더욱이 주로 그리스계인 시칠리아 주민들은 비잔티움에 강한 애착을 품고 있어 카를로의 원정 계획에 찬동하지 않았다. 이래저래 시칠리아에는 반란의 기운이 뚜렷했다. 1282년 부활절에 카를로의 대함대가 메시나에 정박한 채 관리들이 농장과 농가들을 긴 원정에 필요한 양곡과 사료, 말은 물론 소와 돼지까지도 무상으로 징발하자 앙주에 반발하는 백성들의 감정은 폭발할 지경에 이르렀다.

부활절 이튿날인 3월 30일에 지금도 팔레르모 외곽에 남아 있는 산토스피리토 성당 앞에서 도화선에 불이 붙었다. 사람들은 평상시처럼 성당의 광장에 모여 봄의 따스한 햇볕을 쬐면서 저녁 미사를 알리는 종소리를 기다리고 있었다. 그때 갑자기 술에 취한 앙주 병사 몇 명이 나타나더니 그중 한 명―드루에트라는 하사였다―이 어느 젊은 여성에게 수작을 걸었다. 그러자 근처에 서 있던 그 여성의 남편이 그 광경을 보고는 시칠리아인답게 드루에트에게 달려들어 칼로 찔러 죽였다. 동료 병사들이 보복을 하려고 달려왔지만 군중이 그들을 포위했다. 병사들도 현장에서 순식간에 살해되었다.

만종이 울릴 무렵 팔레르모 시민들은 시내를 가로지르면서 사람들에게 억압자에 맞서 봉기하자고 촉구했다. 그들은 시칠리아 방언으로 "모라누 리 프란치스키Moranu li Franchiski!"라고 외쳤는데, "프랑스인에게 죽음을!"이라는 뜻이었다.* 그들의 외침은 헛되지 않았다. 밤새 학살이 자행되었다. 군중은 도미니쿠스회와 프란체스코회 수도사들을 수도원에서 끌어내 이탈리아인들만 발음할 수 있다는 "ciciri"**라는 말을 하게 했다. 그 말을 발음하지 못한 사람들은 그

---

* 시칠리아를 고향으로 하는 유명한 폭력 조직인 마피아가 이 무렵 프랑스에 대한 반감을 모태로 하여 생겨났다는 설도 있다. 그 설에 따르면 마피아(Mafia)라는 용어는 "이탈리아는 열망한다, 프랑스인의 죽음을(Morte alla Francia Italia Anela)"이라는 문구의 머리글자를 취한 것이라고 한다.

** 대략 '치치리'와 비슷한 발음이다.

자리에서 도륙되었다. 희생자의 수는 2천 명이 훨씬 넘었다. 이튿날 아침이 되자 팔레르모에는 프랑스인이 한 명도 남지 않았다.

폭동은 이미 섬 전역으로 퍼지고 있었다. 4월 말에는 메시나 항구에 정박해 있던 앙주 함선 70척이 불에 타 침몰했다. 카를로는 또다시 그리스 원정을 뒤로 미룰 수밖에 없었다. 그는 본토의 항구에 있던 함선 200척을 메시나로 불러들이고 콘스탄티노플을 정복하기 위해 모은 전 병력을 폭동 진압에 투입했다. 또한 그는 다른 군대를 구성해서 자신이 직접 이끌고 7월 25일에 해협을 건너 메시나를 포위했다. 여름 내내 포위가 지속되었으나 성과는 없었다. 오히려 8월 30일에 아라곤의 페드로가 대군을 거느리고 트라파니에 상륙하더니 9월 2일에는 팔레르모에 들어가서 왕을 자칭했다. (그는 정식으로 대관식을 치르고 싶었겠지만, 팔레르모의 프랑스인 대주교는 살해당했고 몬레알레 대주교는 도망쳤다.) 그로부터 2주일 뒤 페드로의 사절들이 메시나 외곽에 주둔한 앙주 진영의 카를로에게 찾아왔다.

이제 카를로의 상황은 절망적이었다. 페드로가 진격하는 속도를 보면 시칠리아 섬에서 그의 인기가 얼마나 높은지 충분히 알 수 있었다. 또한 아라곤 군대의 기세는 육군과 해군 모두 카를로가 감당하기에 벅찼다. 그가 그 자리에서 물러나지 않고 적에게 항전한다면 적의 해군에게 봉쇄당할 가능성이 농후했다. 그 경우 그는 진격해오는 적군과 아직 정복하지 못한 메시나의 사이에 갇혀 진퇴유곡의 상태가 되고, 해협 건너편으로 퇴각할 수 있는 가능성은 완전히 사라지는 것이었다. 따라서 유일한 방책은 일단 이탈리아로 돌아가서 병력을 재규합한 뒤 이듬해에 해안의 비교적 취약한 지점을 찾아 공략하는 것뿐이었다.

그래서 그는 최대한 체면을 유지하면서 아라곤의 사절들에게 페드로의 시칠리아 소유권은 인정할 수 없지만 일단은 철수하겠다는 뜻을 밝혔다. 즉시 철수가 시작되었고, 때맞춰 아라곤군이 상륙하자 앙주군의 철수 속도는 더욱 빨라졌다. 하지만 많은 장비와 보급품을 두고 갈 수밖에 없었고, 그와 더불어 운이 나쁜 병사들도 상당수 남겨졌다. 메시나 시민들은 그들을 마구 학살한 뒤에 10월 2일 페드로를 환영하기 위해 성문을 활짝 열었다.

이 시칠리아 만종 사태는 비잔티움을 심각하게 위협하는 앙주의 카를로를 제거해 주었다. 미카일 팔라이올로구스와 그의 백성들에게 이것은 또 하나의 기적까지는 아니더라도 적어도 신이 그들의 편임을 보여 주는 증거였다. 황제 자신은 산토스피리토 성당의 사건이나 그 후속 사태와는 전혀 연관이 없었다. 하지만 그는 외교적 책략과 자금 지원을 통해 시칠리아의 반란 세력을 배후에서 도왔다. 만년에 아들 안드로니쿠스를 위해 쓴 짤막한 자전적 기록에서 그는 그 일에 관해 매우 조심스럽게 밝히고 있다.

시칠리아인들은 현재의 야만족 왕에게 달라붙은 세력을 무척 경멸하기 때문에 언제든 무기를 들고 일어나 예속 상태에서 벗어날 용기를 지니고 있다. 과감하게 말하면 나는 신께서 그들의 해방을 준비하셨으며, 나를 통해 그것을 실현하셨다고 본다. 여기서 더 이상의 진실을 밝히지는 않겠다.

하지만 미카일의 불안은 아직 끝나지 않았다. 시칠리아 왕의 위협이 사라졌다고 여긴 순간부터 그는 투르크 원정을 시작했다. 그동안 투르크는 미카일이 서방의 사태에 전념하고 있는 기간을 최대한 활용하여 동부 변방에 점점 더 큰 압력을 가해 오고 있었다. 황제는 아나톨리아를 다녀온 뒤 곧바로 테살리아의 서자 요한네스에 대한 원정을 시작해야 했다. 동생인 세바스토크라토르와 주요 장군 몇 명이 죽은 탓에 그는 직접 군대의 지휘를 맡았다. 요한네스를 완전히 제거하겠다는 결심에서 그는 사위인 몽골족의 노가이,[140] 즉 황금 군단*의 칸에게 지원을 요청했고, 노가이는 즉시 타타르 병력 4천 명을 보내 주었다.

그러나 미카일은 이제 기력이 쇠한 쉰아홉 살의 노인이었다. 수도를 출발할 무렵 그의 건강은 분명히 좋지 않았다. 테오도라 황후는 남편에게 최소한 이듬해 봄까지만이라도 콘스탄티노플에 그대로 있으라고 열심히 설득했다. 하지만 황제는 그 말을 듣지 않고 11월 하순에 마르마라 해의 북부 연안에 있는 셀림브리아에서 배에 올랐으나 때마침 불어닥친 심한 폭풍으로 인해 함선이 손상을 입었다. 결국 그는 35킬로미터 정도밖에 가지 못한 채 라이데스툼(지금의 테키르다)에 도로 상륙할 수밖에 없었다. 그 뒤 그는 말을 타고 계속 행군했지만 트라키아의 파코미오스라는 작은 마을에 이르자 더 이상 갈 힘이 없었다. 결국 그는 병상에 누웠다가 1282년 12월 11일에

* 몽골 제국이 분열된 이후 중앙아시아와 남러시아 일대에 바투가 건국한 킵차크 한국은 별명이 금장한국(金帳汗國)이었는데, 이 때문에 킵차크 한국의 군대를 황금 군단(Golden Horde)이라고 부르게 되었다.

† 13세기경 비잔티움에서 주조된 안드로니쿠스 2세 팔라이올로구스의 금화. 콘스탄티노플 성벽 위로 솟아오르는 오란스 형의 성모(좌)와 그리스도 앞에 무릎 꿇고 있는 안드로니쿠스 2세(우).

아들이자 공동 황제인 안드로니쿠스를 후계자로 선포하고 죽었다.

단독 황제로서 안드로니쿠스가 처음으로 취한 중대한 조치는 대단히 현명했다. 그는 주저없이 명령을 내렸고 그날 밤에 그 명령은 집행되었다. 병사들은 어둠 속에서 미카일의 시신을 멀리 외딴 곳으로 옮긴 다음 들짐승들이 접근하지 못하도록 흙을 덮었다. 무덤도 없었고 장례식도 없었다. 그레고라스에 의하면 안드로니쿠스는 마치 아버지가 교회를 배신하기라도 한 것처럼 시신마저 혐오스럽게 취급했다. 하지만 그레고라스는 안드로니쿠스만큼 충직한 아들도 없다고 덧붙인다. 그가 그렇게 한 진짜 이유는 아버지의 시신이 훼손을 당하지 않도록 하기 위해서였기 때문이다.

그는 아버지가 수도에서 얼마나 인기가 없는지 잘 알고 있었다. 정교회의 시각에서 보면—비록 파문을 당했다지만—미카일은 로마 교회를 정식으로 거부한 적이 없었으므로 이단의 취급을 받은 셈이었다. 그러므로 정식 장례식은 어려웠다. 미카일을 싫어하는 교회는 그리스도교식 매장을 거부할 게 뻔하니까 아예 시도도 하지 않는 편이 나왔다. 그래서 몇 년 동안 미카일의 시신은 처음 매장된 곳에 있었다가 한참 뒤에 안드로니쿠스는 아버지의 유해를 인근 셀림브리아의 수도원으로 옮겼다. 그러나 미카일은 콘스탄티노플을 수복하고 서방 세력의 침탈로 거의 멸망할 뻔한 제국을 구해 낸 공로에도 불구하고 사후에 추방령을 받아 다시는 수도에 돌아오지 못했다.

오늘날 미카일 팔라이올로구스는 콘스탄티노플을 수복한 황제로 기억되지만, 지금까지 보았듯이 사실 그 일에 대해서는 별로 기여한 바 없다. 콘스탄티노플의 라틴인들은 이미 제풀에 지쳐 어차피 오래 버티지 못할 처지였다. 또한 미카일도 자신이 처음으로 군대를 거느리고 수도에 당당히 입성한 게 아니었다. 그는 결코 군인 황제가 아니었다. 그의 치세에 벌어진 중요한 전투에 그는 거의 개입하지 않았다. 그는 젊은 시절에는 뛰어난 장군이었지만 즉위한 뒤에는 실제 전투는 다른 사람들에게 맡기고 자신은 반드시 필요한 경우에만 전장에 참여했다. 그것은 용기가 부족해서가 아니었다. 당시의 정황에서는 군사 작전보다 외교가 더 중요했으며, 그는 이 분야에 능했다. 아마 비잔티움의 역사상 가장 뛰어난 외교관일 것이다.

유럽 대륙 전체가 제국을 적대시하는 상황에서, 그는 상대를 속일 때, 단호하게 맞설 때, 양보하고 타협할 때, 동맹을 맺고 정략결혼을 주선할 때, 위협하고 으름장을 놓을 때, 회유하고 뇌물을 먹일 때를 누구보다 잘 알았다. 제국의 안전을 도모하기 위해 그는 어떤 희생도 마다하지 않았다. 심지어 정교회의 독립성마저도 포기했다. 그러나 그가 죽을 무렵 제국은 지난 100년 동안 그 어느 때보다도 안전해졌을 뿐 아니라 교회 역시 어느 때보다도 큰 자유를 누렸다.

그에게는 운이 많이 따랐다고도 할 수 있다. 하지만 위대한 인물 치고 그렇지 않은 사람이 없었다고 본다면 그는 분명히 위대한 인물이었다. 또한 위인들이 으레 그렇듯이 그에게도 역시 결함이 있었다. 무엇보다 그는 위선적이었고 일구이언을 자주 했다. 비록 그는 막다른 골목에 이른 마당에 선택의 여지가 없지 않냐고 항변하겠지만, 그렇다 해도 그가 제위에 오르기 전에나 그 뒤에나 누구도 그를 신뢰하지 않았다는 것은 큰 문제였다.

그는 화를 잘 내는 성격은 아니었으나 한번 화를 내면 매우 잔인하고 무자비했다. 그가 교회 통일을 추진하기 위해 콘스탄티노플에서 실시한 공포 정치는 비잔티움의 기준으로 보아도 무시무시한 것이었다. 게다가 그는 비정한 측면도 가지고 있었다. 게오르기우스 무잘론 형제를 살해한 것은 그렇다 치더라도 소년 황제 요한네스 라스카리스를 그렇듯 잔인하게 처우한 행위는 그의 가족까지 포함하여 그 시대의 모든 사람들에게 충격을 주었고, 지금 우리가 생각하기에도 끔찍하다. 하지만 그를 알면 알수록 확신하게 되는 사실은, 비잔티움의 전 역사를 통틀어 가장 위험한 시기에 제국의 안전을 확보할 수 있었던 것은 그가 아니었다면 거의 불가능했다는 점이다. 그런 측면에서 보면, 그 자신도 운이 좋았지만 필요할 때 그와 같은 황제를 둘 수 있었던 그의 백성들도 역시 운이 좋았다고 할 것이다.

하지만 그 행운은 바로 그 다음 세대에까지 따르지는 않았다. 경제적인 면에서 미카일은 뇌물과 회유를 기본으로 하는 정책 때문에 제국을 파산 지경에 빠뜨렸다. 또한 군사적인 면에서는 콘스탄티노플을 수복한 이후 유럽 방면에만 치중하느라 아나톨리아에서는 투르크와 몽골이 마음대로 활개를 치며 세력을 떨치고 영토를 늘리도록 놔 두었다. 이런 평가를 듣는다면 아마 그는 인력과 자원이 부족한 탓에 두 전선을 동시에 상대할 수 없으니 상황이 더 절박한 유럽 전선에 치중한 게 당연하다고 변명할 것이다.

그러나 당시의 지각 있는 사람이라면 대부분 동방의 위협이 더 심각하다는 것을 알고 있었다. 설사 절박한 위협은 아닐지라도 이슬람 세력은 앙주 왕이 가장 강할 때보다도 더 강력한 적이었다. 만약 제국의 수도가 그대로 니케아에 있었더라면, 소아시아 서부의 제국 영토는 더 안전했을 것이다. 특히 셀주크 술탄국이 1243년 쾨세다에서 몽골군에게 참패한 뒤 세력을 회복하지 못했기 때문이었다. 그런 점에서, 정부가 콘스탄티노플로 복귀한 것은 재앙을 부른 것이나 마찬가지였다.

이것은 새로운 사실이 아니었다. 두 대륙의 교차점에 있는 비잔티움은 언제나 동방과 서방을 모두 돌봐야 했으므로 무릇 바실레오스라면 누구나 둘 중 어느 한쪽에 교대로 힘을 집중할 수밖에 없었다. 그런 점에서 미카일도 예외가 아니었다. 따라서 그 책임은 그만이 아니라 서방의 나라들—특히 발칸 반도의 정교회 공국들—도 함께 져야 한다. 그들은 자신의 야망에만 눈이 멀어 장차 그들 자신만이 아니라 전체 그리스도교권에 닥쳐 오게 될 위험을 보지 못했다. 그것을 막아 내려면 무엇보다 비잔티움이 강력하게 통합된 제국으로 존재해야 했다.

16

—

해적을 고용한 제국

1282년~1311년

20년 동안 지속된 전쟁에서는 배나 진지가 곧 병사들의 고향이었고, 무기는 그들의 유일
한 직업이자 재산이었다. 용맹은 그들이 아는 유일한 덕목이었고, 그들의 여자들은 연인
과 남편의 두려움을 모르는 기질을 본받았다. 소문에 의하면, 카탈루냐인들은 날이 넓은
칼을 휘둘러 상대방과 말을 한꺼번에 두 조각을 냈다고 한다. 그 소문 자체도 강력한 무
기였다.

에드워드 기번 『로마 제국 쇠망사』, 제62장

복고의 후유증

콘스탄티노플에 돌아온 황제 안드로니쿠스 2세는 한 가지 생각에 몰두했다. 그것은 리옹에서의 교회 통일을 취소하고, 다시 한번 정교회의 완전 독립을 천명하는 것이었다. 공동 황제였을 때는 아버지의 정책을 지지할 수밖에 없었지만 그때도 마음이 내켜서 그런 것은 아니었다. 천성적으로 신앙심이 두터웠고 비잔티움의 전통에 따라 신학적 열정을 지니고 있었던 그는 언제나 교회 일에 전념했는데, 이는 군주로서 주요한 약점 중의 하나였다.

그는 아버지가 교회의 파문을 당한 채로 죽어 영원한 저주를 받았다고 여겼으며, 그 자신은 결코 그런 운명을 겪지 않으리라 다짐했다. 그래서 그는 수도에 돌아오자마자 예전에 했던 로마에 대한 충성 서약을 공식적으로 취소했다. 전 황제와 함께 강력한 교회 통일론자였던 요한네스 베쿠스 총대주교는 직위에서 쫓겨나 수도원에 감금되었다. 그리고 그 전임자였던 요세푸스가 늙고 병든 몸으로 들

것에 실려 와서 다시 총대주교로 취
임했다. 미카일에게서 신앙 문제로
감금당하고 신체 훼손의 형벌을 받
았던 사람들은 수도사나 속인이나
할 것 없이 순교자로 간주되어 군중
의 갈채를 받으면서 거리를 행진했
다. 소피아 대성당에서는 21년 전 라
틴인들이 떠났을 때처럼 성당을 새
로 정화하고 봉헌하는 특별 성사를
치렀다.

† 안드로니쿠스 2세(?) 팔라이올로구스 황
제(아테네, 비잔티움 박물관).

　하지만 축제의 분위기는 금세 분
노로 바뀌었다. 자신들의 교회를 배
신한 자들에게 복수와 심판을 내리라는 목소리가 점점 커졌다. 그중
에서도 가장 요란하고 가장 고집스러운 목소리를 낸 집단은 아르세
니우스파라는 분리주의자들이었다. 이들의 명칭은 요한네스 라스카
리스를 가혹하게 처우했다는 이유로 미카일 8세를 파문했다가 1267
년에 해임된 아르세니우스 총대주교에게서 따온 것이다.

　아르세니우스 본인은 이미 죽은 지 오래였지만 생전에도 자신의
후임자들인 요세푸스와 요한네스 베쿠스를 끝내 승인하지 않았다.
그 분파의 더 극단적인 구성원들이 보기에는 여전히 라스카리스가
적법한 황제였다. 미카일은 교회의 파문까지 받은 찬탈자였으며, 그
의 아들 역시 요세푸스가 대관식을 치러 주었으므로 미카일과 다를
바 없었다.

안드로니쿠스는 아르세니우스파에게 콘스탄티노플의 특별한 성당을 내주고 그들 중 한 명인 사르디스의 주교를 황제의 개인 고해신부로 임명하는 등 그들과 화해하기 위해 무진 애를 썼다. 그러나 1283년 초에 요세푸스 총대주교가 죽은 뒤, 아르세니우스파가 아니라 키프로스 출신의 속인 학자—그레고리우스 2세—가 그의 자리를 잇자 그들은 다시 분노를 터뜨렸다. 그레고리우스는 그들을 달래기 위해 즉시 블라케르나이 성당에서 종교 회의를 소집했다. 이 자리에는 알렉산드리아와 안티오크 총대주교를 불러 과거에 교회 통일을 옹호했던 입장을 공식적으로 철회하게 했다(안티오크 총대주교는 소환을 받자 곧 사임하고 시리아로 달아났다). 또한 미카일의 미망인인 테오도라 황후는 그리스 신앙을 고백하고, 남편에게 그리스도교도로서의 장례식을 치러 달라고 요구하지 않겠다는 엄숙한 약속을 해야 했다.

이 조치들은 정교회의 분노를 누그러뜨리는 데 제법 효과가 있었지만 아르세니우스파에게는 별무신통이었다. 그래서 1284년에 황제는 유배지에서 죽은 아르세니우스의 시신을 수도로 옮겨 성 안드레아 수도원에 특별히 마련된 사당에 안치하도록 허용했다. 또 6년 뒤인 1290년에는 더 인상적인 행동을 보였다. 실명을 당한 채 마르마라의 다키비제 감옥에 29년 동안이나 갇혀 있는 요한네스 라스카리스를 직접 찾아간 것이다.

아쉽게도 게오르기우스 파키메레스는 두 사람의 만남을 너무 짧게 설명하고 넘어간다. 황제는 요한네스에게 미카일의 잔혹한 처우에 대해 용서를 빌었고, 현재의 생활을 더 안락하게 해 주기 위해 자신이 할 수 있는 일이 무엇인지 물었으며, 마지막으로 자신을 비잔 티움의 적법한 황제로 승인해 달라고 부탁했다. 영리하게도 파키메 레스는 요한네스가 뭐라고 대답했는지는 기록하지 않았다.

그 무렵 그레고리우스 총대주교는 이단으로 재판을 받고 사임해야 했다. 제법 긴 공위 기간이 지난 뒤 안드로니쿠스는 아토스 산에서 은둔자로 살았던 아타나시우스라는 사람을 후임으로 앉혔다. 신앙심이 깊은 황제가 볼 때 신임 총대주교의 금욕주의는 교회가 오랫동안 몰두해 온 바람직하지 못한 정치적 문제로부터 관심을 전환하도록 하기에 적합했다. 그러나 성직자들의 입장에서는 거친 옷을 입은 더러운 차림으로 돌아다니면서 성직자들의 세속적인 관심과 재산 축적에 대해 일침을 가하는 총대주교가 못마땅하게만 보였다.

총대주교가 부유한 성당과 수도원의 재산을 박탈하려는 조치를 시행했을 때 성직자들의 적대감은 더욱 노골화되었다. 아타나시우스는 공격을 당했고 거리에서 돌멩이 세례를 받기도 했다. 심지어 경호원 없이는 외출도 하지 못할 상태에 이르렀다. 1293년 여름, 급속히 감소하는 제국 영토의 관리와 방어 상태를 살펴보기 위해 소아시아에 몇 개월 동안 갔다가 돌아온 황제에게 고위 성직자들은 총대주교의 해임을 요구했다.

황제는 최대한 그 요구를 거절하려 했다. 그러나 반발이 너무 심했고 아타나시우스는 결국 10월에 스스로 사임했다. 하지만 그러기 전에 그는 자신의 적들과 자신을 밀어내기 위한 음모에 관련된 자들을 공식적으로 파문하는 교서를 직접 썼다. 그러고는 과연 그답게 이 문서를 소피아 대성당의 북쪽 주랑에 있는 대접 받침(기둥의 맨

윗부분에 얹히는 장식) 안에 감춰 놓았다. 말할 나위 없이 몇 년 뒤 이 것이 발견되었을 때는 큰 소동이 일어났다.

한편 제국의 정치적 상황은 점점 더 절망적으로 변해 가고 있었다. 잠시 좋았던 때도 있기는 했다. 이를테면 아내를 잃은 황제[141]가 두 번째 아내로 몬페라토 후작 굴리엘모 5세의 열한 살짜리 딸인 욜란다를 맞아들였을 때였다. 굴리엘모는 여전히 제4차 십자군 때 생겨난 직함인 '테살로니카의 왕'을 자칭했다. 그는 이 권리를 욜란다의 지참금 조로 새 사위에게 양도했다. 테살로니카는 비록 오랫동안 방치되어 왔지만, 안드로니쿠스—실은 그 대가로 굴리엘모에게 상당한 돈을 지불했다—는 제국 제2의 도시라는 지위가 더 이상 모호한 상태로 남아 있어서는 안 된다고 여겼다. 게다가 만약 테살로니카가 공격받을 경우 제국이 구원하러 오기도 어려웠다. 이미 그는 군대를 최대한 감축하기로 결심했기 때문이다.

물론 긴축은 군사 분야만이 아니라 어디서나 절실하게 필요했다. 하지만 제국의 아시아 영토가 나날이 줄어드는 상황에서 황제가 무책임하게 그런 조치를 내린 이유는 이해하기 어렵다. 오래전에 아나톨리아를 잃은 이후 비잔티움은 만성적인 인력 부족에 허덕였다. 그래서 비잔티움은 오랫동안 외국 용병에 의존해 왔다. 안드로니쿠스의 실수는 그들을 극단적으로 줄이고, 노련한 병사들 대신 잡다한 유랑민이나 난민들을 고용한 것이었는데, 그 결과 비용은 절약할 수 있었으나 오합지졸만으로 군대를 충원한 셈이 되었다.

게다가 해군을 전면 폐지한 것은 오히려 제노바 측에 큰 즐거움을 가져다 주었다. 이제 그들은 운송비로 훨씬 더 높은 가격을 부를 수 있었고, 비잔티움의 간섭이 없이 콘스탄티노플과 흑해, 에게 해에서 마음대로 자신들의 이익을 추구할 수 있게 되었다. 또한 그 조치는 투르크에게도 이득을 주었다. 그 무렵 지중해 연안까지 세력을 뻗친 그들은 자체적으로 해군을 조직하기 시작했고, 제국에서 해고되어 실직한 조선술과 항해술의 기술자들, 수많은 가난한 선원들을 적극적으로 받아들였다.

등을 돌린 서유럽

투르크는 셀주크 술탄국의 전성기만큼 통합된 전투력을 보유하지는 못했다. 1243년에 쾨세다에서 몽골군에게 참패함으로써 술탄은 아나톨리아의 지배권을 거의 잃었다. 또한 1258년에 훌라구가 바그다드를 점령하고 아바스 칼리프 왕조가 멸망한 이래로 셀주크족은 몽골의 가신에 불과한 존재가 되었다.

한편 몽골의 침략을 피해 서쪽으로 달아난 많은 투르크 부족들— 아울러 페르시아에서 메소포타미아에 걸쳐 살아가던 무수한 투르크멘 유목민들—은 비잔티움 국경 부근의 황무지에 터전을 잡았다. 술탄국이 붕괴하자 이들은 수시로 제국의 영토를 침범했다. 1261년에 수도를 탈환한 이래로 소아시아에서 입지를 확보하지 못한 제국은 그들의 침략에 거의 무기력했다. 게다가 그들은 그 침략을 지하드, 즉 이교도에 대한 성전의 일환이라고 정당화했으며, 이내 자신들을 가지ghazi, 즉 이슬람 신앙의 전사라고 여기기에 이르렀다.

13세기 후반 내내 그들의 수는 꾸준히 증가했다. 이리하여 14세기 초반이 되면 소아시아에서는 니케아와 니코메디아, 사르디스와 브루사, 필라델피아, 로파디움(지금의 울루바드)과 마그네시아 등의 주요 요새들과 흑해 연안의 아니아(지금의 쿠샤다시)와 헤라클레아 등 고립된 항구들만이 제국령으로 남았고, 그 이외에 아나톨리아 전 지역은 투르크의 수중에 들어갔다.

서방에서도 역시 사정은 급속히 악화일로를 걷고 있었다. 1285년에 앙주의 카를로가 죽고 당시 아라곤의 페드로에게 잡혀 있던 그의 아들 카를로 2세가 왕위를 물려받았을 때 콘스탄티노플에서는 환호성이 울렸다. 그러나 4년 뒤에 풀려난 젊은 왕도 비잔티움에 대해 적대적이고 위험스럽기는 아버지에 못지않았다. 1291년, 우트르메르의 마지막 십자군 왕국인 아크레가 함락된 바로 그해에 카를로 2세는 에피루스의 군주 니케포루스와 동맹을 맺고 그의 딸 타마르와 자기 아들 필리프의 결혼을 제안했다.[142] 그러자 안드로니쿠스는 즉각 제노바 함대의 지원으로 남은 군대를 에피루스의 수도인 아르타로 보내 공격하게 했다.

이 원정은 초기에는 제법 큰 성공을 거두어 이오안니나만이 아니라 두라초까지 되찾았으나 그 동맹을 막지는 못했다. 필리프는 1294년의 결혼으로 타란토 공작이라는 직함을 얻었고, 자기 아버지가 지닌 모든 그리스 영토를 지배하는 대군주가 되었다. 이후 에피루스는 나폴리의 봉토로 간주되었다. 바야흐로 콘스탄티노플에 대한 두 번째 앙주의 위협이 점점 가시화되고 있었다.

한편 세르비아에서는 스테판 밀류틴이라는 새 지도자가 1282년에 왕위에 올라 스테판 우로슈 2세가 되었다.[143] 그해가 다 가기 전에 그는 앙주의 카를로를 지지한다고 선언하고 에피루스와 동맹을 맺더니 제국에 선전포고를 하고 스코플레를 점령하여 수도로 삼았다. 이것은 안드로니쿠스에게 또 다른 고민거리였다. 악시우스 강변의 스코플레는 테살로니카와 그리스 북부를 잇는 길을 통제하는 전략적 요충지였던 것이다. 나아가 그는 테살리아의 요한네스 두카스의 딸과도 통혼을 성사시켰다. 세르비아-테살리아 동맹은 테살로니카만이 아니라 발칸 반도에서 아드리아 해에 이르는 모든 서방 교통로에 대한 심각한 위협이었다.

군대의 취약함을 잘 알고 있던 안드로니쿠스는 마침내 1297년에 외교적으로 사태를 해결하고자 했다. 밀류틴의 유일한 적법한 아내가 얼마 전에 죽었다는 소식을 듣고(사실 밀류틴은 그 테살리아 공주 이외에도 후궁을 둘이나 두고 있었다), 그는 자신의 누이이자 트레비존드 황제 요한네스 2세의 미망인인 유도키아와의 결혼을 제안했다. 세르비아 군주에게 비잔티움 황제의 매부가 된다는 생각은 당연히 매력적이었으므로 밀류틴은 크게 기뻐하며 그 제안을 수락했다.

그런데 안드로니쿠스가 그 혼사 건을 유도키아에게 말했을 때 그녀는 한사코 결혼을 거절했다. 그녀는 황제에게, 그래도 한 남자의 아내로 살았던 자기가 호색적인 야만족에게 시집가서 살리라고 생각했다면 큰 오산이라고 쏘아붙였다. 그렇잖아도 밀류틴은 이미 처제와 열렬한 애정을 주고받는다는 사실이 널리 알려져 있었는데, 공교롭게도 그의 처제는 수녀였다.

황제는 자기 누이를 잘 알았으므로 설득할 수 없었다. 하지만 그렇다고 밀류틴에게 체면을 잃을 수는 없는 노릇이었다. 해결책은 하나뿐이었다. 욜란다-이레네가 낳은 자신의 딸 시모니스를 대신 신부감으로 내세우는 것이었다. 당시 시모니스는 겨우 다섯 살이었고 남편감은 마흔 살이었으나 어린 딸이 희생될 수밖에 없었다.

1299년 부활절에 안드로니쿠스는 직접 시모니스를 데리고 신랑이 기다리고 있는 테살로니카로 갔다. 거기서 오크리드 대주교의 집전으로 결혼식이 거행되었다. 전하는 바에 따르면 밀류틴은 신부에게 반했다고 한다. 물론 어린 신부는 그가 이미 정복한 마케도니아 영토 전부를 지참금으로 가져왔기 때문이다. 하지만 그는 시모니스가 세르비아의 왕립 보육원에서 몇 년 더 자라야만 아내 구실을 할 수 있겠다고 말했다. 한편 콘스탄티노플에서는 총대주교인 요한네스 12세가 그 결혼에 대한 항의의 표시로 사임했다. 그러나 그 결혼에서 교회법에 명백히 어긋나는 부분은 전혀 찾지 못했으므로 그는 몇 달 동안 주저하다가 결국 다시 총대주교를 맡기로 결심했다.

콘스탄티노플의 13세기 말은 분란이 끊이지 않은 시기였지만 14세기 초에는 상황이 더욱 나빠졌다. 미카일 팔라이올로구스는 비록 인기는 없었어도 최소한 강하고 결단력을 지닌 황제였다. 그런데 그의 아들은 병적인 신앙심 이외에는 유약했고 점점 무능한 측면을 드러냈다. 안드로니쿠스는 가속화되는 제국의 쇠퇴를 멈출 능력이 없었다.

이미 그가 소아시아에 있던 1292년 초에 역모가 탄로났는데, 그 주모자는 바로 그의 동생인 콘스탄티누스였다. 이후 그는 12년이나 감옥에 갇혀 지내다가 결국 감옥에서 죽었다. 그러나 음모는 계속되었다. 1295년 가을에 제국 최고의 장군인 알렉시우스 필란트로페누스—12년 전 데메트리아스 전투의 영웅—는 투르크와의 전쟁에서 연승을 거둔 것에 고무되어 반란을 일으켰다. 그러나 부하의 배반으로 거사는 실패했고 그는 체포되어 실명을 당했다. 하지만 그를 좋아하고 신뢰했던 황제는 그의 반역으로 크게 흔들린 마음을 추스르지 못했다.

내부의 분란으로도 힘겨울 지경인데, 거기서 멈추지 않고 콘스탄티노플은 제노바와 베네치아가 다툼을 벌이는 각축장으로 전락했다. 1296년 7월, 미카일 8세가 세운 기둥이 불길하게 지진으로 쓰러진 지 몇 주 뒤에 베네치아 함선 75척이 보스포루스 어귀로 와서 갈라타의 제노바 조계에 맹공을 퍼부어 항구의 건물과 해안의 창고들을 불태워 버렸다. 제국 수비대가 서둘러 구조에 나서자 베네치아인들은 수도까지 공격했다. 그들이 마르마라 해를 지나는 동안 해로성벽 주변의 많은 그리스 가옥들이 불길에 휩싸였다. 안드로니쿠스는 즉각 베네치아에 대사를 보내 항의했다. 그러나 갈라타의 제노바인들은 고상한 외교 같은 것은 알지 못했다. 12월에 그들은 반격에 나서서 수도의 베네치아 건물들을 파괴하고 그 지도자들을 살해했다.

이제 베네치아의 차례였다. 이듬해 여름에 다시 베네치아 함대가 콘스탄티노플로 와서 도제의 서신을 전했다. 도제는 황제가 제노바인들을 부추기고 있다고 비난하면서 베네치아가 입은 피해를 책임지고 보상하라고 따졌다. 시간을 좀 주었더라면 안드로니쿠스는 사태가 악화되는 것을 우려하여 아마도 그들의 요구에 굴복했을 것이다. 하지만 그러기도 전에—쇠사슬을 올려 가로막기도 전에—베네치아 함대는 황금뿔로 들어와서 블라케르나이 궁전 아래에 닻을 내린 다음 해안에 정박해 있던 황제의 갤리선 한 척에 불을 질렀다. 그 뒤 그들은 제노바인들을 포로로 잡아 본국으로 돌아갔다. 그와 거의 동시에 또 다른 베네치아 함대가 제노바 측이 봉쇄하고 있던 보스포루스를 뚫고 흑해로 들어와 크리미아의 카파(지금의 페오도시아) 항구를 점령했다. 그들은 현지 타타르인들의 맹렬한 공격을 막아 내며 항구를 장악하고 있다가 겨울이 되자 마지못해 퇴각했다.

비잔티움에게는 통탄스럽게도 1299년에 베네치아와 제노바는 자기들끼리 강화조약을 맺었다. 그러나 베네치아는 여전히 황제에게 보상을 요구했으며, 1302년에 다시 콘스탄티노플을 침략했다. 7년 동안 벌써 세 번째 공격이었다. 그들은 전과 같이 황금뿔로 들어와서 사정거리 안에 있는 제국의 건물들을 불태웠으나 이번에도 해군이 없는 황제는 그들을 막지 못했다.

온갖 피해를 다 준 뒤 베네치아 함대는 마르마라 해의 프린키포 섬(지금의 뷔위카다)을 점령했다. 당시 이 섬은 투르크의 침공으로 집을 잃은 아나톨리아의 그리스 난민들을 수용하는 장소로 사용되고 있었다. 베네치아는 황제가 밀린 보상을 해 주지 않으면 그 난민들을 학살하거나 노예로 팔아 버리겠다고 으름장을 놓았다. 그런 뻔뻔한 공갈에도 무기력한 안드로니쿠스는 항복했다. 결국 그는 베네치아가 예전에 콘스탄티노플에서 누렸던 특권을 10년간 보장해 주는 조약을 맺었다.

용병이 된 해적단

1302년은 여러 가지 면에서 비잔티움인들에게 지긋지긋한 해였다. 이른 봄에는 황제의 아들이자 공동 황제인 미카일 9세가 카리아의 마그네시아[144]에서 투르크에게 참패했다. 그는 남은 병력을 버리고 (실은 그전에 대부분의 병사들이 도망친 상태였다) 간신히 자기 목숨만 건져 돌아왔다. 다음에는 베네치아의 습격이 있었고, 몇 주 뒤인 7월 27일에 니코메디아 외곽에서 제국군—몽골족이 도나우 유역을 침략했을 때 쿠만족에 뒤이어 제국으로 도망쳐 온 알라니족 병사들이 상당수 포함되었다—은 오스만이라는 현지의 가지 아미르가 이끄는, 아군의 두 배가 넘는 투르크 대군을 만났다. 이어진 전투는 특별히 참담한 결과는 아니었다. 그리스인과 알라니족의 병사들은 그런 대로 무사히 니코메디아로 퇴각할 수 있었다.

그러나 오스만의 진로는 분명해졌고 그의 진격을 막을 자는 없었다. 그의 군대는 마르마라의 남쪽 해안을 따라 남서쪽으로 진군하면서 비티니아의 전 지역을 유린했으며, 트로아스를 가로질러 에게 해안의 아드라미티움에 이르렀다. 계속해서 그들은 니코메디아, 니케아, 브루사, 로파디움 등 대형 요새 도시들을 지나쳤다. 당시 그 요새들은 토지를 침탈당한 지역 농민들의 피난처로 사용되고 있었다. 파키메레스는 그 비극적인—오늘날에는 너무도 익숙하지만—장면을 다음과 같이 묘사한다.

길에서는 사람들과 짐승들이 개미들처럼 이리저리 혼란스럽게 뛰어다니고 있었다. 거기 있는 사람들은 누구나 적어도 부모 중 한 명을 잃는 슬픔을 겪었다. 어떤 여자는 남편을 잃어 울었고, 어떤 여자는 딸이 죽어 통곡했으며, 형제는 형제를 찾아 헤맸고, 모두가 사랑하는 사람을 떠나보냈다. 그 많은 사람들 중에서 일부는 성벽 안에서 피신처를 구했고, 또 일부는 아직 성 밖에 있었으며, 그 뒤에서 가재도구를 끌고 터벅터벅 걸어오는 사람들도 있었다. 아무리 냉담한 사람이라 해도 병에 걸린 아이들, 절망하는 여인들, 늙고 다친 사람들이 줄지어 길을 걷는 모습을 보면 눈물을 흘리지 않을 수 없을 것이다. …… 이 끔찍한 일은 오로지 신께서 분노하시어 자비를 거두신 탓이라고 볼 수밖에 없다.

이것이 바로 오스만이라는 이름이 역사에 처음으로 등장하는 장면이다. 13세기 말에 아나톨리아에서 가장 작은 가지 아미르국의 군주로 출발한 그는 장차 자신의 이름을 딴 오스만 제국이라는 대제국을 창건하게 된다.

한편 바로 그해, 1302년에 안드로니쿠스 팔라이올로구스는 카탈루냐 동지회의 지도자인 루지에로 데 플로르에게서 전갈을 받았다.

카탈루냐 동지회는 1281년 아라곤의 페드로가 북아프리카와 시칠리아를 원정할 때 고용한 에스파냐 직업 용병들의 모임이었는데, 전부는 아니지만 대부분이 카탈루냐 출신이었기에 그런 이름이 붙었다. 나중에 그들은 페드로의 아들 페데리코가 자기 형인 아라곤의 하이메나 앙주의 카를로 2세와 싸울 때도 고용되었다. 그러나 1302년 8월 31일에 페데리코와 카를로가 시칠리아의 칼타벨로타에서 평화 조약을 맺음에 따라 시칠리아의 독립이 최종적으로 승인되었다.

그러자 카탈루냐 병사들은 에스파냐로 돌아갈 수 없어—당연하지만 하이메가 그들을 반역자로 간주했기 때문이다—새 고용주를 찾아야 했다.

루지에로 데 플로르는 기스카르 유형의 야심가였다. 이런 인물에게는 원래 상당히 과장된 전설이 따라붙게 마련이다. 그는 프리드리히 2세의 잘생긴 매 사냥꾼이었던 독일인 리하르트 폰 데어 블루메의 아들이라고 전해진다. 프리드리히가 죽은 뒤에도 리하르트는 황제의 아들 만프레디와 손자 콘라딘을 위해 일했다. 하지만 그는 1268년 탈리아코초 전투(415쪽 참조)에서 전사했다. 승리한 앙주의 카를로가 콘라딘을 참수하고 그를 도운 모든 사람들의 재산을 몰수하는 바람에 리하르트의 미망인은 팔레르모에서 곤궁하게 살아야 했다. 이후 그녀는 두 어린 아들과 함께 배를 타고 브린디시로 갔는데, 전하는 바에 따르면 어느 날 굶주림에 시달리다가 매음굴 바깥에서 졸도했다고 한다. 창녀들이 그녀를 데려다가 음식을 주었고, 곧—아마도 감사하는 마음에서—그녀도 그들과 같은 일을 하게 되었다.

그녀의 두 아들 중 형에 관해서는 전하는 기록이 없다. 동생은 불과 여덟 살 때 성전기사단의 갤리선을 탔다. 그에 관한 소식은 1291년에 다시 들을 수 있다. 이 무렵 그는 20년 가까이 바르바리 해적(북아프리카 해안에 출몰하던 이슬람 해적)과 싸우면서 지중해를 누비고 있었다. 또한 그는 루트거 폰 데어 블루메라는 이름을 루지에로 데 플로르라는 라틴 식 이름으로 바꾸고, 팔콘이라는 이름의 선박도 한 척 가지고 있었다(팔콘은 '매'라는 뜻이니까 그에게 무척 친근했을 것이다).

그해에 우트르메르 십자군 왕국의 마지막 보루인 아크레 시가 맘루크군[145]의 포위를 받았다. 성전기사단에서 일하던 루지에로는 처음에 시를 방어하기 위해 용감하게 싸웠다. 그러나 승산이 없는 것을 깨닫고 그는 자기 배로 돌아갔다. 그런데 이교도에게 사로잡히는 끔찍한 운명에서 필사적으로 벗어나려는 겁에 질린 여자와 아이들이 그를 따랐다. 그들에게 루지에로는 구세주나 다름없었다. 배를 타고자 하는 사람이 워낙 많았기 때문에 그는 마음대로 선별할 수 있었다. 그는 금과 보석을 가진 사람들에게만 승선을 허락했고, 그들 중에서도 흥정을 붙였다. 팔콘 호는 금세 수용 인원을 다 채웠다. 승객들을 키프로스에 내려 주고 마르세유로 돌아갈 무렵 팔콘 호의 선장은 부자가 되어 있었다.

하지만 금세 징벌이 뒤따랐다. 루지에로의 행위를 전해 들은 성전기사단의 수장은 그를 기사단에서 추방하고 교황 보니파키우스 8세에게 그가 도둑이며 배교자라고 탄핵했다. 루지에로는 육로를 통해 제노바로 달아나서 도리아 가문*에게 부탁하여 올리베타라는 배한 척을 얻었다. 이때부터 그는 노골적인 해적질로 이름을 날렸고, 몇 년 만에 재산을 몇 배로 늘렸다. 그 뒤 루지에로는 시칠리아의 페데리코의 휘하로 들어가서 제독으로 임명되었다. 그는 곧 육전과 해

---

* 당시 북이탈리아는 북쪽으로 신성 로마 제국, 남쪽으로 교황령이 있었기에 정치적 통일이 불가능했으므로 왕이나 군주가 출현할 수 없는 사정이었다. 그래서 대부분의 도시들은 모호한 공화정을 취했는데, 지배적인 가문이 사실상 권력을 세습했으나 그렇다고 왕조를 이룬 것은 아니었다. 12세기에 제노바를 지배했던 가문이 바로 도리아 가문이었으며, 이후 이탈리아 르네상스를 이끄는 피렌체의 메디치 가문도 그런 경우다.

전에서 뛰어난 활약을 보여 왕실의 인정을 받았다. 그 결과로 탄생한 게 바로 카탈루냐 동지회였다.

1302년 말경에 루지에로는 안드로니쿠스 팔라이올로구스에게 사절 두 명을 보내 자신의 동지회가 아홉 달 동안 제국을 위해 일해주겠다고 제안했다. 그 고용은 자신에게 명백한 이득임에도 불구하고—자신의 반역 행위를 잊지 않고 있는 성전기사단과 교황 양측으로부터 거리를 둘 수 있었으므로—그는 평소처럼 가격을 높이 불렀다. 우선 제국이 보통 용병에게 지불하는 급료의 두 배를 요구했고, 더군다나 넉 달치를 선불로 달라고 했다. 그리고 자신을 비잔티움의 다섯째 관직에 해당하는 메가스 둑스로 임명하고, 황제의 조카딸—황제의 누이 이레네와 불가리아의 왕 요한 3세 아센의 딸—과 결혼시켜 달라고 요구했다. 또한 자신의 심복인 코르베란 달레에게는 제국의 집사 관직을 주도록 했다.

자신이 막다른 골목에 처했음을 잘 아는 안드로니쿠스는 그 제안을 수락했다. 이리하여 1302년 9월에 카탈루냐의 갤리선과 수송선 39척이 황금뿔에 나타났다. 배를 타고 온 병력은 2500명이었는데—절반 이상이 기병이었다—병사들은 각자 아내, 정부, 아이들까지 데려왔으므로 모두 6500명에 가까운 인원이었다. 곧이어 루지에로는 곧 비잔티움의 정식 절차에 따라 콘스탄티노플에서 신부와 결혼했다.

그러나 그의 부하들은 별로 예의바르게 처신하지 않았다. 그들과 현지 제노바인들 사이에 싸움이 터지는 바람에—에스파냐 기록자들의 말이 옳다면—결혼식 날 밤에 루지에로는 열여섯 살짜리 어린 신부를 놔두고 거리에 나가 질서를 바로잡아야 했다. 같은 문헌에서 추정한 바에 따르면 제노바인의 사망자가 3천 명에 이르렀다고 한다. 이 수치는 명백히 과장된 것이지만 피해가 적지 않았던 것은 사실이다. 그래서 황제는 카탈루냐 병사들에게 서둘러 수도를 떠나라고 말했다. 며칠 뒤 동지회 소속 전군과 그 가족들은 마르마라 해를 건너 당시 투르크가 포위하고 있던 키지쿠스로 향했다.

과연 동지회는 이름값을 톡톡히 했다. 그들의 활약 덕분에 1303년 봄이 되자 투르크는 모든 곳에서 퇴각했다. 그러나 다른 한편으로 안드로니쿠스는 통제 불가능한 세력을 풀어놓았다는 것을 깨달았다. 지금까지 제국의 용병들은 그리스인의 지휘 아래 있었으며, 황제나 휘하 장군들의 명령에 복종했다. 하지만 카탈루냐인들은 고용주를 전혀 아랑곳하지 않았다. 결정도 자기들이 했고 전투 계획도 자체적으로 수립했다. 무엇이든 약탈한 것은 자기들이 가졌다. 나아가 그들의 거만한 태도는 비잔티움의 다른 동맹군에게 늘 불만거리였다.

얼마 안 가서 알라니족 용병 500명은 자신들과 똑같이 싸운 카탈루냐인들의 급료가 자신들의 두 배나 된다는 사실을 알게 되었다. 그 결과는 폭동과 대량 탈영이었다. 카탈루냐인들이 공동 황제인 미카일 9세가 주둔하고 있던 페가이에 이르자 그리스 병사들은 그들에 대한 적대감으로 성문을 닫아 버렸다. 하지만 페가이에 별로 관심이 없었던 동지회는 필라델피아에 눈독을 들였다.

지금 필라델피아는 알라셰히르의 보잘것없는 소도시이지만 그무렵에는 중요한 국경 도시이자 군사 기지였다. 필라델피아를 포위한 군대는 오스만투르크족이 아니라 당시에는 그 일대에서 더 강성했던 카라만투르크족이었다. 카탈루냐군은 필라델피아에 도착한 즉시 행동에 나섰다. 200킬로미터에 가까운 거리를 강행군했으나 그들은 바로 이튿날 새벽부터 공격에 들어갔다. 투르크군은 열심히 싸웠으나 그들의 화살은 유럽 병사의 갑옷을 꿰뚫지 못했다. 에스파냐 측의 기록에 의하면 한낮이 되자 1만 8천 명에 이르는 투르크 병사들의 시신이 전장을 가득 메웠다고 한다.

아미르를 포함하여 나머지 병력은 전의를 상실하고 달아났다. 루지에로 데 플로르에게는 승리를 마무리할 완벽한 기회였다. 카라만 영토까지 적을 추격하여 아미르에게 결정적인 패배를 안기고 제국이 아나톨리아를 수복할 길을 열어 줄 수 있었다. 그러나 그는 그렇게 하지 않았다. 그의 군대는 해안으로 돌아가서 함대와 접선했다. 그동안 해군과 함대가 키오스, 렘노스, 레스보스를 점령한 것을 알고 루지에로는 크게 기뻐했다.

이 전직 해적은 황실의 식구가 된 지 불과 2년 만에 오스만투르크와 카라만투르크를 상대로 연승 행진을 벌이면서 소아시아 남서부 대부분을 장악했다. 그런 전과를 올렸어도 그의 마음에는 비잔티움을 위해 헌신적으로 싸운다는 생각 따위는 거의 없었다. 물론 황제에게서 돈을 받는 것은 즐거운 일이었다. 그러나 지난 몇 달 동안의 경험을 바탕으로 삼아 그는 아나톨리아에서 자신의 독자적인 왕국을 갖고 싶다는 꿈을 키우게 되었다.

아나톨리아는 토질이 비옥하고 기후가 온화할뿐더러 적들이 모두 약하고 분열되어 있어 왕국을 세우기에는 안성맞춤이었다. 그때부터 그는 가는 곳마다 절대적인 권력을 행사했으며, 비잔티움의 관리나 병사, 수도사라 해도 자신의 비위를 건드리면 마음대로 징계했다(필요하다면 사형도 서슴거리지 않았다).

어느 용병대장의 최후

1304년 초에 루지에로 데 플로르는 야심찬 동방 원정을 출발했다. 그가 왜 동방 원정을 구상했는지는 알 수 없다. 그것은 오히려 오스만과 카라만으로 하여금 세력을 재규합하고 재무장할 기회를 주는 셈이라는 사실을 그 자신도 모르지 않았을 것이기 때문이다. 어쨌든 초봄에 출발한 동지회는 8월 중순에 타우루스의 '철의 관문' 앞에 이르렀다.

이 고개는 워낙 좁아서 노새조차도 짐을 내린 다음에 한 줄로 통과해야 했다. 따라서 매복하기에는 완벽한 곳이었다. 루지에로는 기병을 시켜 정찰을 보냈는데, 이는 매우 현명한 처사였다. 예상대로 투르크군이 기다리고 있었던 것이다. 또다시 치열한 전투가 벌어졌고, 또다시 카탈루냐군은 파죽지세로 밀고 나아갔다. 그러나 그들은 곧 멈추었다. 하급 지휘관들 몇 명이 유프라테스 강을 건너 시리아까지 계속 진군하자고 주장했지만, 루지에로는 돌아가자는 명령을 내렸다.

왜 그랬을까? 루지에로와 함께 원정에 참여한 기록자 라몬 문타네르에 의하면, 그때 황제의 사자가 와서 서방으로 오라는 명령을 전했다고 한다. 사실 루지에로 데 플로르가 황제의 명령에 고분고분 복종하지 않은 것은 이미 오래전부터였다. 다만 걱정되는 것은 원정 때문에 수도의 사정에 관해 점점 멀어진다는 점이었다. 만약 콘스탄티노플에서 위기가 발생한다면 그는 그것을 이용해야 했다.

게다가 그는 마그네시아에 남겨 두고 온 많은 재물이 이제 슬슬 걱정되기 시작했다. 자신과 병사들의 급료는 어떻게 할 것인가? 아무리 멋대로 처신하고 비잔티움 측에 오만한 태도를 보인다 해도 그들은 아직 신분상 용병이었고 황제에게서 받아야 할 급료도 1년치나 밀려 있었다. 또한 루지에로는 비록 부도덕한 야심가였지만 불필요한 모험을 즐기지는 않았다. 이 시기의 그는 충동적인 부하들이 무모한 계획에 빠져들지 않도록 조심하는 기색을 보였다. 그들이 행군해야 하는 아나톨리아 고원에서 그는 병사들에게 겨울이 다가오고 있다고 말했다. 아직 안전할 때 서둘러 귀환해야 했다.

실제로 그들은 황급히 돌아갔다. 그러나 그들이 없는 사이에 아탈리오테스라는 그리스 기사가 마그네시아를 점령하고 모아 놓은 재물도 차지해 버렸다. 그들은 즉각 포위를 준비했는데, 그 순간 황제에게서 더 긴급한 전갈이 도착했다. 테오도루스 스베토슬라프라는 자가 몽골군을 몰아내고, 흑해의 비잔티움 항구들을 포함하여 불가리아 대부분 지역을 통일하더니 이제는 트라키아를 침공해서 콘스탄티노플을 위협하고 있다는 소식이었다.

안드로니쿠스 혼자서는 아무 일도 할 수 없었다. 카탈루냐의 도움이 있어야만 수도를 구할 수 있었다. 루지에로로서도 이것은 무시할 수 없는 긴급 상황이었다. 테오도루스라는 새로운 말썽거리를 그

대로 놔두면 장차 그의 장기적인 복안에 심각한 장애물이 될 수도 있었다. 그러잖아도 방어가 완강한 마그네시아의 정복은 뒤로 미룰 수밖에 없었다. 루지에로는 트로아스를 거쳐 헬레스폰토스로 와서 해협을 건넌 뒤 갈리폴리에 진을 쳤다.

그 시점의 정확한 연대는 확실하지 않다. 당시의 정황을 전하는 그리스 문헌과 에스파냐 문헌이 서로 조화시키기가 불가능할 만큼 크게 상충하기 때문이다. 하지만 1304년에서 1305년으로 넘어가는 겨울에 공동 황제 미카일에게서 루지에로 데 플로르의 도움이 이제부터 필요하지 않다는 연락이 온 것은 확실한 듯하다. 곧이어 미카일은 비잔티움 군대에게 더 이상 루지에로의 명령에 복종하지 말라는 칙령을 내렸다. 불가리아의 위협이 어떻게 그토록 신속하고도 손쉽게 해소될 수 있었는지에 대해서는 아무런 설명도 없다. 따라서 여기서는 의구심을 버릴 수 없다. 혹시 불가리아의 위협 따위는 애초부터 없었던 게 아닐까? 그것은 카탈루냐 동지회를 동방으로부터 소환해서 감시의 눈길 아래 묶어 두려는 술수가 아니었을까?

실제 사정이야 어떠하든 콘스탄티노플에 가까이 있게 된 것은 루지에로 데 플로르에게도 좋은 일이었다. 그가 수도에 머물고 있던 1305년 초에 에스파냐 갤리선 9척이 황금뿔에 모습을 드러냈다. 그 지휘관인 베렝게르 덴텐사는 시칠리아 원정을 함께 했던 루지에로의 오랜 전우였는데, 지금은 아라곤의 하이메 2세가 황제에게 보내는 특별 대사 자격으로 콘스탄티노플에 온 것이었다.

베렝게르가 지원군을 거느리고 방문한 목적은 알려지지 않았다 (비록 제국 측에서 요청하지는 않았어도 지원군은 환영을 받았다). 제노바인들은 그가 라틴 제국을 부활시키려는 비밀스러운 음모와 연관되어 있다는 소문을 열심히 퍼뜨렸지만, 그 후속 사태가 없는 것으로 보아 사실로 믿기 어렵다. 또 그레고라스는 안드로니쿠스가 그를 루지에로와 반목시켜 어부지리를 얻으려 했다고 말하지만, 이것은 터무니없는 주장이다. 어쨌든 베렝게르는 온갖 환대를 받았고 메가스 둑스의 직함도 받았다. 그와 동시에 루지에로는 부제로 승진했다.

루지에로의 승진은 사실 당연한 조치였다. 카탈루냐 동지회는 아나톨리아에서 투르크를 상대로 적어도 세 차례 중요한 전투에서 승리했고, 그 밖에 소규모 전투에서도 여러 차례 승리를 거두었다. 하지만 그 조치는 루지에로를 달래려는 의도도 있었다. 안드로니쿠스는 불가리아의 위협에서 자신이 취한 행동이 루지에로를 쓸데없이 화나게 했다는 것을 알고 있었다. 게다가 동지회의 급료는 1년치나 밀렸으며, 동지회의 두 지휘관은 황제와 협상하는 과정에서 점점 위협적인 태도로 변해 갔다.

안타깝게도 안드로니쿠스가 할 수 있는 일은 거의 없었다. 제국의 금고는 여느 때처럼 텅 비어 있었던 것이다. 근년에 들어 그는 화폐 가치를 다시 하락시켜야 했다. 히페르피론─이 주화의 이름은 얄궂게도 '고도로 세련되었다'는 뜻이었다─에 함유된 금은 20퍼센트 아래로 떨어졌고, 영악한 루지에로는 비금속이 함유된 화폐에 속지 않았다. 베렝게르 덴텐사는 노골적으로 분노를 터뜨렸다. 그는 식사와 더불어 제공되는 금은 식기들마저 반환하고─파키메레스에 따르면 그는 그 식기들을 아주 비천한 용도로 사용하고 난 뒤에 반환했다고 한다─자신의 기함에 올라 카탈루냐 동지회의 진영이 있

는 갈리폴리로 갔다. 블라케르나이를 떠날 때 그는 궁전 바로 앞에
서 자신이 받았던 작위의 기장을 바다 속으로 던져 버림으로써 항의
를 표시했다.

수습에 나선 안드로니쿠스는 루지에로의 요구를 받아들여 그에
게 비잔티움령 아나톨리아 전역을 봉토로 내줄 수밖에 없었다.
1305년 봄에 카탈루냐군은 비로소 아시아로 떠날 차비를 했다. 하
지만 떠나기에 앞서 루지에로는 당시 아드리아노플에 있던 미카일 9
세를 공식 방문하기로 마음먹었다. 그는 한번도 만난 적이 없는 그
공동 황제가 자기 아버지보다도 카탈루냐인들을 더 미워하고 불신
한다는 것을 알고 있었다. 루지에로의 의도는 아마 서로의 관계를
개선하거나, 적어도 안드로니쿠스와 이루지 못한 모종의 합의를 이
루려는 데 있었을 것이다.[146] 임신 중이던 그의 아내 마리아와 장모
가 적의 소굴로 들어가려는 루지에로를 극구 만류했지만, 그는 그들
을 뿌리치고 1305년 3월 23일에 기병 300명과 보병 1천 명을 거느
리고 미카일의 사령부로 갔다.

루지에로는 아드리아노플에서 성대한 영접을 받으며 일주일 넘
게 머물렀다. 이토록 오래 머물렀다는 것은 곧 단순히 의례상의 방
문 이상이라는 것을 뜻한다고도 볼 수 있다. 혹시 미카일은 일부러
시간을 끌어 카탈루냐인들을 상대하는 데 필요한 지원군을 부르려
했던 걸까? 아마 그랬을 것이다. 확실하게 말할 수 있는 것은 갈리
폴리로 출발하기 전날인 4월 5일 저녁에 루지에로 데 플로르가 암
살되었다는 사실이다.

파키메레스—당시 그는 150킬로미터 이상 떨어진 콘스탄티노플

에 있었다—는 암살자가 게오르기우스 기르콘이라는 알라니족의 족장이었다고 말한다. 그는 자신의 아들이 키지쿠스에서 카탈루냐 인들에게 살해된 탓에 오래전부터 루지에로에게 증오심을 품고 있었다. 나아가 파키메레스는 그 살해 사건이 공동 황후인 아르메니아의 리타 마리아의 침전 문턱에서 일어났다고 이야기하지만, 루지에로가 거기서 뭘 하고 있었는지는 말하지 않는다.

그 반면에 서방의 문헌—정황으로 보아 더 신뢰할 만하다—에서는 범인을 기르콘이라고 보는 것은 같지만, 장소는 미카일이 주최한 환송회 자리였다고 말한다. 연회가 끝날 즈음에 통상의 관례대로 미카일은 먼저 자리를 비웠고 손님들은 계속 술을 마시며 놀았다. 그러다가 갑자기 문들이 활짝 열리더니 중무장한 알라니족의 용병들이 연회장으로 뛰어들어왔다. 무장도 하지 않았고 수적으로도 열세인 데다 술에 만취해 있었던 카탈루냐인들은 저항 한번 하지 못했다. 루지에로는 부하들과 함께 현장에서 살해되었다.

이것으로 그리스 측과 카탈루냐 동지회의 동맹은 끝났다. 이제는 노골적인 전쟁이었다.

이 소식이 갈리폴리의 카탈루냐 진영에 전해지자 아시아로의 이동은 중단되었다. 이미 해협을 건넌 병사들은 즉각 소환되었고 곧이어 갈리폴리 반도는 에스파냐의 영토라는 선언이 뒤따랐다. 동지회는 트라키아를 행군하면서 처절한 복수에 나섰다. 아드리아노플에서 상당한 병력이 손실되기는 했지만 적극적인 충원으로 투르크족과 불가르족까지 동지회에 편입시켜 금세 원래의 규모를 회복했다. 이러한 사태 전환에 크게 놀란 미카일 9세는 적어도 부분적인 책임

† 14세기경 비잔티움에서 주조된 은화로, 제위에 앉은 그리스도(좌), 안드로니쿠스 2세와 미카일 9세 팔라이올로구스 부자(우).

이 있었으므로 최선을 다해 그들의 진군을 막으려 했다. 그러나 그의 군대는 라이데스툼(테키르다)에서 궤멸되었고 그는 죽을 힘을 다해 싸운 끝에 간신히 목숨을 건져 도망쳤다.

트라키아 속주는 서방에서 콘스탄티노플로 직접 이어지는 도로가 있는 탓에 수 세기 동안 수많은 침탈을 당했다. 일찍이 아바르족과 훈족, 게피다이족과 불가르족, 스키타이족과 슬라브족, 그리스도교 십자군에 이르기까지 많은 민족들이 트라키아를 약탈했다. 그러나 카탈루냐인들은 그중에서도 최악이었다. 워낙 잔인한 학살에다 형용할 수 없는 만행을 저지른 탓에 애초부터 트라키아 사람은 하나도 살려 두지 않기로 작심한 것 같았다. 농장과 마을, 때로는 도시 전체가 잿더미로 변했고, 공포에 질린 무수한 피난민들이 불타는 농토를 버리고 줄을 지어 콘스탄티노플로 밀려왔다. 아드리아노플과 디디모티쿰은 견고했기 때문에 무사했으나 그곳의 방어군은 감히 선제공격에 나설 엄두도 내지 못했다. 제국에서 가장 부유하고 비옥한 속주인 트라키아는 이제 황무지가 되었다.

황무지는 주민에게만이 아니라 정복자에게도 매력이 없었다. 그래서 1308년 여름에 카탈루냐인들은 서쪽의 테살로니카로 방향을 틀었다. 그들은 테살로니카를 점령하지는 못했으나 작은 도시 몇 군데를 파괴하고 아토스 산의 수도원들을 약탈한 뒤 테살리아로 내려갔다가 그 뒤 1310년에 다시 남쪽의 보이오티아로 가서 아테네와 테베의 프랑스 공작인 브리엔의 발터 휘하로 들어갔다.

오래전부터 테살리아에 눈독을 들였던 발터는 카탈루냐인들의 도움을 받아 병약한 젊은이 요한네스 2세 두카스[147]를 손쉽게 제압했다. 오래지 않아 발터는 카탈루냐인들이 다루기 까다롭고 위험한 용병이라는 것을 깨닫고 그들을 해고했다. 하지만 1311년 3월 15일

† 11세기 말에서 12세기 초 건립된 아토스 산의 도케이아리우 수도원.

에 카탈루냐인들은 오히려 케피수스 강변에서 발터의 군대를 전멸시켰다. 발터 자신도 휘하 기사들과 함께 전사했다. 그 뒤 카탈루냐 동지회는 아테네로 가서 자체적으로 공국을 세웠다. 이 공국은 이후 77년 동안 존속하게 된다.

이리하여 카탈루냐인들은 우리의 이야기에서 벗어났다. 불과 10년 동안 그들은 투르크가 100년 동안 제국에 입혔던 피해보다 더 큰 피해를 끼쳤다. 더구나 그들은 황제에게 급료까지 받으면서 그런 짓을 저질렀다. 그들의 급료를 충당하기 위해 안드로니쿠스 팔라이올로구스는 화폐 가치까지 떨어뜨려야 했고, 그러잖아도 궁핍한 백성들에게 더욱 무거운 세금을 물려야 했다. 그들이 트라키아에 입힌 피해는 복구하는 데만도 몇 세대가 걸렸다. 그들에게 집을 파괴당하고 내몰린 피난민들은 콘스탄티노플을 거의 기근으로 몰아넣었다.

만약 그들이 안드로니쿠스와의 약속을 잘 지켜 투르크를 몰아 내는 데 주력하고 영토에 대한 야심을 품지 않았더라면, 이슬람 세력의 진출은 기세가 꺾였을 것이며, 이후 레반트의 역사는 사뭇 달라졌을 것이다. 그러나 그들은 그렇게 하지 않았다. 그 대신 그들은 100년 전의 제4차 십자군처럼 제국을 구하러 왔다가 오히려 회복하지 못할 치명타를 안기고 말았다.

17

할아버지와 손자의 권력 다툼

1307년~1341년

악마는 이 세상이 생겨났을 때부터 늘 인간을 해치려 했지. 언제나 그 자신의 의도대로
된 것은 아니지만 그의 의도는 대체로 성공했단다.

안드로니쿠스 2세 콘스탄티노플을 점령한 뒤 손자인 안드로니쿠스 3세에게 해 준 이야기

밖은 무너지고 안은 곪다

비잔티움의 14세기 초 10년간은 카탈루냐 동지회로 인해 암담했지만 안드로니쿠스 팔라이올로구스가 처리해야 할 문제는 그것만이 아니었다. 서쪽에서는 테오도루스 스베토슬라프가 여전히 으르렁거렸다. 결국 1307년까지 안드로니쿠스는 그에게 이미 점령한 흑해의 항구들을 내주고 미카일 9세의 딸인 테오도라를 시집 보냈다. 그 뒤에는 카를로 2세의 아들인 타란토의 필리프가 알비니아 가톨릭교도들과 힘을 합쳐 두라초를 점령했다.

게다가 또 한 명의 서유럽 군주가 이 소동의 한복판에 뛰어들었다. 미남왕 필리프의 동생인 발루아의 샤를이었다. 1301년에 그는 보두앵 황제의 손녀인 쿠르트네의 카트린과 결혼하고, 라틴 제국을 되찾으려는 결심을 굳히고 있었다. 그 목적을 위해 그는 교황 클레멘스 5세에게 도움을 청했으며─교황은 친절하게도 안드로니쿠스에게 파문을 내려 주었다─베네치아, 세르비아의 밀류틴(그 무렵 그는 장인에 대한 환상을 버렸다)은 물론 1308년에 카탈루냐 동지회와도 두루 협정을 맺었다.

하지만 그해에 그의 아내가 사망하자 왕위 계승권은 그들의 딸인 발루아의 카트린에게 넘어갔다. 샤를은 아무런 권리도 가지지 못했을 뿐 아니라 타란토의 필리프가 첫 아내인 타마르와 이혼하고 1313년에 카트린과 결혼하자 더욱 초조해졌다. 샤를의 온갖 책동은 아무런 효과도 없었지만 14세기 초에 그는 황제에게 큰 골칫거리였다.

동쪽에서는 1304년에 카탈루냐인들이 아나톨리아에서 떠난 뒤 투르크가 계속 진출하고 있었다. 그해에 아이딘족은 에페수스를 장악했고, 1307년에는 오스만이 트리코키아 요새를 점령하여 니코메디아와 니케아의 연락선을 두절시켰으며, 1308년에는 카라만이 이코니온을 손에 넣음으로써 거의 숨이 다한 셀주크 술탄국을 완전히 멸망시켰다.

이어 1309년에 비잔티움은 또다시 큰 손실을 입었다. 한동안 제노바가 장악하고 있었던 로도스 섬이 요한기사단[148]에게 함락된 것이었다. 날이 갈수록 제국의 영토는 점점 줄어들었고, 황제는 투르크의 진출을 저지할 희망을 포기한 지 이미 오래였다.

콘스탄티노플에서는 아르세니우스파가 늘 커다란 말썽거리였다. 지나치게 금욕적이었던 아타나시우스가 1293년에 총대주교직에서 물러나면서 그들은 다소 위안을 얻었겠지만 그 위안은 오래가지 못했다. 10년 뒤에 황제의 고집으로 그가 복위된 것이다.[149] 1304년 아르세니우스파의 기세는 더 이상 놔둘 수 없을 만큼 높아졌다. 그들의 양심에 호소하려는 모든 노력이 실패로 돌아가자 안드로니쿠스는 결국 모셀레에 있는 그들의 수도원에 무장 경비대를 배치했다. 그 이듬해에는 또다시 황제를 암살하려는 음모가 발각되었는데, 그 주동자인 요한네스 드리미스는 아르세니우스파와 연계를 가진 자였다. 안드로니쿠스는 그 수도원을 영구히 폐쇄하고 수도사들을 체포하라는 명령을 내렸다.

그러나 이미 그 추세는 거스를 수 없는 대세가 되고 있었다. 실명된 채 감금된 요한네스 라스카리스는 이제 20년 전처럼 바람직한 황제 후보가 아니었다. 게다가 옛 니케아 제국은 거의 투르크에 함락된 상태였다. 1309년에 아타나시우스 총대주교—그는 비잔티움을 하나의 넓은 수도원으로 여겼다고 한다—는 더 작은 수도원으로 옮겨 죽을 때까지 그곳에 머물렀다. 그 후임자인 니폰은 즉각 아르세니우스파로 인한 분열을 치유하는 작업에 착수했다. 그의 노력은 1년 만에 결실을 보았다. 1310년 9월 14일 소피아 대성당에서 열린 웅장한 행사를 통해 정교회는 공식적으로 재통합되었다.

안드로니쿠스는 큰 안도의 한숨을 내쉬었으나 마침 그해에는 새로운 적이 생겼다. 바로 그의 아내인 이레네, 즉 몬페라토의 욜란다였다. 열한 살의 어린 나이로 그에게 시집 왔던 그녀는 야망과 고집을 품은 여인으로 자라났다. 부부의 관계는 이미 오래전부터 팽팽한 긴장 상태였지만, 곪아 오던 상처가 마침내 터진 계기는 제위 계승 문제였다.

이레네는 남편이 죽을 경우 맏아들인 미카일 9세만이 아니라 네 아들—미카일을 제외한 세 명은 이레네의 소생이었다—이 모두 제국을 골고루 나눠 가져야 한다고 주장했다. 안드로니쿠스는 당연히 반대했다. 사실 그의 생각이 옳았으나 황후는 그가 맏아들만 편애한다고 비난하면서 자신의 세 아들을 데리고 테살로니카로 갔다. 그녀에게 테살로니카는 어린 시절을 보낸 고향일 뿐 아니라 이제 열여섯 살로 자라난 딸 시모니스의 불가르 궁정에서 멀지 않은 곳이었다. 이후 이레네는 그곳에서 죽을 때까지 7년 동안 머물면서 누구든 자기 말을 들어주는 사람만 있으면 함께 남편에 대한 음모를 꾸몄다.

당시 테살로니카에는 공동 황제 미카일도 있었다(아마 계모보다 조금 늦게 갔을 것이다). 그는 아직 30대 중반의 창창한 나이였음에도 지치고 고단해 보였다. 용감하지만 군사적 재능은 크게 모자랐던 그는 어른이 된 이후 세월의 절반 이상을 전장에서 보냈고 주요한 전투에서 승리한 적이 한 번도 없었다. 1304년 불가르족을 상대로 치른 소규모 전투에서 몇 차례 승리한 것 이외에는 소아시아에서나 발칸에서나 패전의 연속이었다.

최근에 그에게 참패를 안긴 것은 2천 명가량의 투르크군이었다. 그들은 카탈루냐 측에 합세한 이후 카탈루냐군이 그리스로 들어가 2년 동안 그 일대를 호령할 때 트라키아에 남아 약탈을 일삼으며 제국의 통신망을 크게 교란시켰다. 1311년 초에 미카일은 투르크와 맞붙었으나 결과는 여느 때와 마찬가지였다. 이 전투 이후 그는 군사 지휘권을 박탈당하고 일찌감치 공직에서 물러났다.

미카일은 아르메니아 출신의 아내 마리아(원래 이름은 리타였으나 더 고상한 비잔티움 식 이름으로 바꾸었다)에게서 네 아이를 얻었는데, 그중 가장 똑똑하고 외모도 출중한 맏아들 안드로니쿠스는 1316년 2월에 열아홉 살의 나이로 공동 황제가 되었다. 이제 비잔티움의 제위에는 삼대에 걸쳐 세 명의 황제가 공존하게 되었으니 앞으로 두 세대 이상은 제위 계승을 걱정할 필요가 없을 터였다.

하지만 젊은 안드로니쿠스는 곧 극심한 정서 불안을 보이기 시작했다. 그는 술과 도박에 탐닉했고 갈라타의 제노바인들에게 많은 빚을 졌다. 제위에 오른 이듬해에 그는 브라운슈바이크 그루벤하겐의 아델라이데라는 지독히도 따분한 이름을 지닌 독일의 어느 귀족 여성과 결혼했지만, 아이 하나만 낳은 뒤(그 아이도 어려서 죽었다) 아내에게는 관심을 끊고 다시 옛 생활로 되돌아갔다.

그 무렵 청년 안드로니쿠스의 행태는 그의 아버지와 할아버지에게 심각한 걱정을 끼치기 시작했다. 드디어 1320년에 그는 돌이키지 못할 죄까지 짓고 말았다. 자신의 정부 한 명이 간통을 저지르고 있다고 의심한 그는 그녀의 집 근처에 염탐꾼을 숨겨 놓았다. 그의 동생인 마누엘이 실제로 형의 정부와 간통을 저질렀는지, 아니면 그냥 우연히 그곳을 지나치다가 걸려들었는지는 확실치 않다. 어쨌든 마누엘은 그곳에서 잡혀 살해되었다.

이 소식이 전해졌을 때 미카일 9세는 죽은 딸 안나 때문에 슬픔에 잠겨 있었다.[150] 그런 상황에서 한 아들이 다른 아들을 죽인 사건은 그에게 감당할 수 없는 충격을 주었다. 결국 그는 기력이 쇠해 10월 12일에 테살로니카에서 죽었다. 그러자 안드로니쿠스 2세는 격분하여 손자 안드로니쿠스와 의절하고 자신의 막내아들인 콘스탄티누스를 비잔티움의 황제로 임명했다.

그 결과는 곧 내전이었다.

할아버지에게 승리한 손자

황제의 나이는 그 시대로서는 노인에 속하는 예순이었다. 그는 제국
이 쇠퇴 일로를 걷는 40년 동안 제위에 있었다. 다행히 1290년부터
치세 말기까지 안드로니쿠스에게 충성과 조언을 아끼지 않은 학자
테오도루스 메토키테스가 있었지만, 그도 제국의 쇠락을 막을 힘은
없었다. 트라키아는 황폐해졌고 소아시아는 거의 적의 수중에 넘어
갔다. 해군과 상선이 없었던 탓에 무역과 식량의 공급은 서로 다투
는 베네치아와 제노바에게 전적으로 의존할 수밖에 없었다.

세금은 매년 증액되었으나 세수입은 군대 육성에 사용되지 않고
카탈루냐와 투르크에 공물, 즉 보호비로 지불되었다. 그랬으니 청년
안드로니쿠스 3세가 아드리아노플에서 반란의 기치를 올렸을 때 수
도에서도 귀족과 지주 계층의 젊은 세대를 중심으로 열정적인 지지
세력이 잇따른 것은 당연했다.

젊은 황제의 오른팔은 군사 귀족의 지도자인 요한네스 칸타쿠제
누스였다. 그의 아버지는 모레아 총독을 지냈고, 그 자신은 제국의
비중 있는 지주로서 마케도니아, 트라키아, 테살리아에 방대한 영지
를 소유하고 있었다. 비록 그는 안드로니쿠스보다 몇 살 많았지만,
둘은 어렸을 때부터 절친한 친구였다. 요한네스는 배후 실력자로서,
내무대신으로서, 나중에는 마지못해 들고 일어선 반역자 혹은 황제
로서 14세기 비잔티움의 정계를 주무르게 된다.

후대를 위해 그에 못지않게 중요한 것은 그가 1320년부터 1356
년까지의 제국에 관해 길고 상세한 역사를 직접 썼다는 사실이다.

† 14세기 경 비잔티움에서 주조된 안드로니쿠스 3세 팔라이올로구스 은화. 제위에 앉은 그리스도 (좌)와 안드로니쿠스 3세와 왼손에 순교자의 십자가를 든 성 데메트리우스(우).

집필 과정에서 그는 인물과 사건에 대한 자신의 기억에 의존하면서 원본 문서도 자주 인용했다. 여기에는 물론 어느 정도 그의 편견이 작용할 수밖에 없지만, 그는 당대의 탁월한 군인이자 정치가였으므로 그런 단점이 있다고 해서 그의 기록을 폄하할 수는 없다.

안드로니쿠스 3세의 지지자들 중에서 요한네스 칸타쿠제누스 다음으로 중요한 인물은 시르기안네스 팔라이올로구스였다. 그는 모계 쪽으로 미미한 황실의 혈통을 이어받았고 아버지는 쿠만족의 후손이었는데, 나중에 보겠지만 황제를 배신하게 된다. 그와 요한네스는 트라키아의 총독직을 사들인 다음—매관매직이 성행한 것은 팔라이올로구스 왕조만이 아니었다—중과세에 신음하고 있는 현지 주민들의 불만을 선동하는 작업에 착수했다. 1321년 부활절에 젊은 황제는 그들에게 가담했다.

그레고라스에 의하면 황제는 우선 트라키아 속주 전역에 세금을 완전히 면제해 주는 조치를 취했다고 한다. 이를 포함하여 여러 가지 터무니없는 약속을 남발하면서 그는 순식간에 백성들의 지지를 얻었다. 그 뒤 시르기안네스가 수도로 진군하자 반란의 물결이 사방으로 퍼질 것을 우려한 늙은 안드로니쿠스는 황급히 협상에 나섰다. 그 결과 6월 6일에 양측은 제국을 분할하기로 합의했다. 안드로니쿠스 2세는 예전처럼 보스포루스에서 다스렸고, 안드로니쿠스 3세는 아드리아노플에 자리잡았다.

불과 몇 년 전에 이레네 황후가 비슷한 제안을 했을 때는 말도 안 된다며 펄쩍 뛰었던 황제가 이제는 선선히 그러마고 동의한 것은 지난 10년 사이에 황제의 위상이 그만큼 실추했음을 말해 주는 사실이었다. 그래도 통일의 외양은 유지하기 위해 할아버지 안드로니쿠스는 대외 정책의 책임을 자신이 혼자서 짊어지겠다고 고집했다. 그러나 처음부터 손자 안드로니쿠스는 독자적인 외교 노선을 취할 결심을 보였다. 그러다 보니 얼마 안 가서 서로 다른 두 제국이 전혀 다른 정책, 심지어 상충하는 정책을 추구하는 양상이 벌어졌다.

그런 상황에서 평화가 오래갈 리는 없는 법, 과연 1322년 초에 양측은 다시 적대 관계로 변했다. 묘하게도 문제를 유발한 사람은 시르기안네스였다. 그는 요한네스 칸타쿠제누스가 젊은 황제의 특별한 총애를 받는다고 늘 그를 시기했는데, 결국 이 시기심이 그를 배반의 길로 이끌었다. 콘스탄티노플로 돌아온 그는 곧장 안드로니쿠스 노인에게 가서 손자에게 따끔한 교훈을 가르치라고 부추겼다. 하지만 그것은 소용이 없었다. 트라키아와 마케도니아에서 반란이 너무 자주 일어나는 탓에 노황제가 그의 말대로 하다가는 자칫 보유하고 있는 영토마저 잃을 가능성이 농후했다.

그래서 1322년 7월에 두 황제는 두 번째로 협정을 맺었다. 이제 더 이상 제국의 분할은 논의되지 않았다. 할아버지와 손자는 공동으로 제국을 다스리기로 합의했으며, 안드로니쿠스 3세는 제위의 단독 상속자로 추인받았다. 하지만 안드로니쿠스 2세는 선임 황제의 지위를 유지했고 손자의 정책을 거부할 수 있는 권리도 보유했다.

이렇게 해서 시작된 평화기는 5년 동안 지속되었다. 그 기간 중인 1325년 2월 2일에 안드로니쿠스 3세는 소피아 대성당에서 두 번째 대관식을 치렀으며, 1326년 4월 6일에는 오스만투르크가 7년 간의 포위 끝에 브루사를 점령하고 수도로 삼았다.[151]

그 재앙보다 더 놀라운 일은 안드로니쿠스 2세의 조카인 테살로니카 총독 요한네스 팔라이올로구스가 제국으로부터의 분리를 선언했다는 소식이었다. 요한네스는 또한 로고테테스장인 테오도루스 메토키테스의 사위이기도 했다. 테오도루스 자신은 늘 변함없이 황제에게 충성했지만, 제국의 중요 기지인 멜니크와 스트루미카를 지휘하는 그의 두 아들은 즉시 반란에 동참했다. 그 뒤 요한네스는 세르비아 왕 스테판 데칸스키(그는 요한네스의 사위였다)에게 지지를 부탁하기 위해 직접 세르비아 궁정으로 떠났다.

만약 그가 스테판과의 동맹을 성사시켰다면 제국은 다시 심각한 위협에 직면했을 것이고, 그랬더라면 할아버지와 손자는 일시적으로 적대 관계를 해소하고 힘을 합쳐 적을 상대했을 것이다. 그러나 요한네스 팔라이올로구스는 스코플레에 도착한 직후 돌연 사망했다. 이로써 제국의 임박한 위험이 물러갔나 싶더니 1327년 가을에 기어코 내전이 터졌다. 7년 동안 벌써 세 번째 내전이었다.

이번에는 두 황제만 싸운 게 아니었다. 스테판 데칸스키는 요한 네스 팔라이올로구스와 결탁하려 했던 이력이 있지만 어쨌든 노황 제의 손자사위였으므로 안드로니쿠스 2세를 지지하고 나섰으며, 불 가리아의 차르인 미카일 시스만—그는 스테판의 누이인 첫 아내와 이혼하고 안드로니쿠스 3세의 누이이자 테오도루스 스베토슬라프 의 미망인인 테오도라와 결혼했다—은 물론 새 처남과의 동맹을 선 언했다. 지난번과 마찬가지로 별다른 전투는 없었다. 말할 필요도 없이 손자 안드로니쿠스는 가는 곳마다 군중의 환호를 받았다(과거 에 인기를 모았던 호방한 공약과 기증이 이번에도 큰 몫을 했다). 1328년 1월에 그는 요한네스 칸타쿠제누스와 함께 테살로니카로 가서 바실 레오스로서 성대한 환영을 받았다. 트라키아와 마케도니아의 거의 모든 주요 도시와 성들이 그에게 지지를 표명했다.

그는 서둘지 않고 침착하게 봄에 우기가 끝나는 대로 수도로 진 격할 준비를 했다. 하지만 그전에 당혹스러운 소식이 그에게 전해졌 다. 미카일 차르가 그를 배신하고 불가리아 기병 3천 명을 콘스탄티 노플로 보내 수도를 방어하게 했다는 것이었다. 안드로니쿠스는 더 이상 좌시할 수 없었다. 그는 선발대를 거느리고 황급히 동쪽으로 가서 불가리아 기병대와 도중에 만났다. 그러고는 그 지휘관에게 철 군 명령을 내리라면서, 불과 1년 전에 불가리아 차르와 맺은 동맹을 정면으로 위반할 셈이냐고 따졌다. 차르에게 조약의 의무를 다하라 는 분노 어린 경고를 전하게 한 뒤 그는 후위에서 오는 본대를 기다 렸다.

1328년 봄에 안드로니쿠스 2세에게 가해진 결정타는 불가르족이 떠난 것만이 아니었다. 베네치아와 제노바까지 다시 분쟁을 벌이기 시작했다. 이들은 그리스 백성들의 고통은 아랑곳하지 않고 콘스탄티노플과 그 주변 해역을 자신들의 전장으로 만들어 버렸다. 4월 내내 베네치아의 함선 40척이 갈라타와 보스포루스 입구를 차단하는 바람에 수도의 주민들은 굶어 죽을 지경에 이르렀다.

이미 내전 기간 중에 양측의 군대가 트라키아의 비옥한 들판을 이리저리 오가며 싸우는 통에 농토의 경작이 불가능했고, 서부 속주로부터 오는 식량의 육로 공급이 중단된 바 있었다. 그런데 이제는 해로마저 이용할 수 없게 된 것이다. 그나마 가까스로 들여온 소량의 식량은 값이 엄청나게 비싸 오래전부터 중과세에 시달려 온 일반 백성으로서는 꿈도 꿀 수 없었다. 늙은 황제의 인기는 나날이 곤두박질쳤고 그의 권위는 점점 불안정해졌다.

그런 상황이었으니 그의 손자가 수도를 점령하기란 손바닥 뒤집듯 쉬운 일이었다. 1328년 5월 23일 밤에 안드로니쿠스와 요한네스 칸타쿠제누스는 공성용 사다리를 든 병사 스물네 명을 거느리고 로마누스 성문 맞은편 대형 보루의 벽을 기어올랐다. 수도 내부의 공모자들이 밧줄을 내려뜨려 사다리를 끌어올리자 병사 몇 명이 성벽을 넘어 들어가 성문을 열었다. 학살은 없었고 약탈도 거의 없었다. 아무도 다치지 않았다.

깊은 잠에서 깨어난 늙은 안드로니쿠스는 처음에는 소스라쳐 놀랐으나 이내 평온을 되찾았다. 그에게 요구된 사항은 단지 퇴위하는 것뿐이었다. 그 요구에 동의한 뒤에도 그는 황제의 직함과 기장을 그대로 보유했고 원한다면 블라케르나이 궁전에 계속 사는 것도 허용되었다. 반란 세력은 지난해에 손자를 파문하라는 안드로니쿠스 2세의 명령을 거부했다가 망가나 수도원에 감금된 총대주교 에사이아스를 석방했다. 그레고라스에 따르면 자기 궁전으로 돌아올 때 총대주교는 여느 때처럼 고위 성직자들이 아니라 음악가, 무희, 희극 배우들의 호위를 받았는데, 배우 한 명이 워낙 웃기는 바람에 말에서 떨어질 뻔했다고 한다.

사실 늙은 황제는 감당하지도 못할 책무에 계속 시달리는 것보다는 차라리 실권을 빼앗기는 게 반가웠을 것이다. 어쨌든 그를 제외하고 유일하게 피해를 입은 사람은 로고테테스장인 테오도루스 메토키테스였다. 달리 희생양이 될 만한 인물이 없었던 탓에 이 점잖은 학자는 섬기던 주인의 모든 잘못에 대한 책임을 뒤집어썼다. 그의 재산은 몰수되었으며, 그의 집은 약탈되어 불에 탔다. 그 자신도 처음에는 유배되었다가 나중에 코라에 있는 성 구세주 수도원—그가 얼마 전에 자비를 들여 복원하고 장식한 수도원이었다[152]—에서 지내도 좋다는 허락을 받았다. 육로성벽이 황금뿔과 이어지고 블라케르나이 궁전에서 돌팔매질을 할 수 있을 만큼 가까운 그곳에서 테오도루스는 여생을 살다가 1332년 3월에 죽었다.

그가 죽기 한 달 전에 안드로니쿠스 2세가 죽었다. 노황제는 폐위된 뒤에도 2년 동안 콘스탄티노플에 있다가 그 뒤에는 수도원으로 보내져 안토니우스라는 이름을 얻었다. 1332년 2월 13일에 그는 세르비아의 스테판 밀류틴의 미망인인 딸 시모니스와 함께 식사를 하고 몇 시간 뒤에 죽었다. 그는 일흔세 살까지 살면서 거의 반세기 동안이나 제국을 지배했다. 그의 치세는 비잔티움 1천 년 역사를 통

✝ 이스탄불, 코라의 성 구세주 성당(카리예 자미) 남쪽 측면 예배당 앱스에 있는 아나스타시스(지옥의 정복) 프레스코. 그리스도교 예술의 최고 걸작으로 꼽힌다.

틀어 어느 때보다도 강력하고 결의가 굳은 지도자가 절실하게 필요한 시기였으나 안타깝게도 그는 역대 어느 황제보다도 허약한 황제였다.

만약 안드로니쿠스 2세가 신앙심을 조금 덜 가지는 대신 정치적 감각을 더 가졌더라면, 무슨 일이든 기다리기보다 먼저 헤치고 나갔더라면, 아버지의 외교술, 아들의 용기, 손자의 패기를 절반만큼만 가졌더라면, 그는 카탈루냐의 성장과 셀주크의 몰락을 잘 활용하여 제국의 쇠퇴를 막을 수 있었을지도 모른다.

하지만 그는 장기적인 시야나 명확한 정치적 목적이 없었던 탓에 숱하게 터지는 재앙들 속에서 방향타를 잃고 이리저리 헤매다가 결국 손자의 손에 의해 제위에서 밀려났다(그의 손자 안드로니쿠스 3세도 역시 결함이 많은 황제였으나 그는 최소한 원하는 것이 확고했고 그것을 위해 싸울 의지를 가지고 있었다). 그의 치세 동안 불행한 백성들은 적에게 포위되고, 거의 기아에 허덕이고, 턱없이 무거운 세금에 신음했으니 노황제가 퇴장한 것은 그들에게 무척이나 반가운 일이었다.

젊은 황제와 유능한 참모

안드로니쿠스 3세는 이제 서른한 살이 되었다. 지난 10년의 세월은 그를 한층 성숙하게 만들어 주었다. 아직도 그는 수많은 사냥꾼, 사냥개, 매와 함께 사냥의 즐거움에 탐닉할 때가 많았다. 또 백성들 모두가 황제처럼 마상 시합이라는 스포츠를 좋아하지는 않았다.[153] 게다가 그는 매우 무절제하게 젊음을 즐기기도 했다. 그러나 비록 이따금 발작적으로 무책임하고 무모한 면모를 보이기는 했어도—자신의 약점을 알고 있었으므로 실행할 수 없는 약속은 하지 않았다—그는 용맹한 군인이었고 대체로 성실한 지배자였다. 적어도 할아버지 안드로니쿠스보다는 훨씬 나은 군주였다.

무엇보다도 그는 운이 좋았다. 우선 13년의 치세 내내 그의 곁에는 정치와 군사 분야에서 출중한 능력을 지닌 데다 그에게 변함없이 충성했던 요한네스 칸타쿠제누스라는 탁월한 참모가 있었다. 황제에게 그는 단순한 친구와 고문 이상의 역할이었고, 진정한 의미에서 영감과 감화를 주는 존재였다. 그는 반란을 일으켰을 때는 배후에서 반란을 조종했고, 반란이 성공한 뒤에는 제국의 국정을 이끌었다. 그러면서도 그는 모든 관직을 거부했다. 심지어 안드로니쿠스가 감사의 뜻으로 권유한 섭정과 공동 황제의 지위까지도 거절하고, 그저 내무대신, 즉 총사령관의 직함만 유지했다. 그러나 그가 실질적인 권력의 소유자라는 사실은 콘스탄티노플의 어느 누구도 의심하지 않았다.

하지만 그의 치세에 가장 중대한 결정을 내린 사람은 아마 내무대신이 아니라 안드로니쿠스 본인이었을 것이다. 황제는 제국의 법 제도가 매우 부패해 있다는 것을—당하는 백성들에 못지않게—잘 알고 있었다. 앞서 요한네스 칸타쿠제누스와 시르기안네스 팔라이올로구스가 트라키아의 총독직을 돈으로 쉽게 산 것을 봐도 당시의 정황을 충분히 짐작할 수 있다. 심지어 모든 면에서 성실한 도덕군자였던 테오도루스 메토키테스조차도 거리낌 없이 고위 관직을 사고팔았다.

안드로니쿠스 2세는 이미 30년 전에 이 문제를 개선하려 했지만 성공하지 못했다. 그러나 그의 손자는 단독 황제로 즉위한 지 1년도 안 된 상태에서 그 문제에 도전했다. 1329년에 그는 새로 임용한 법관들에게 '로마인의 보편 법관'이라는 이름을 붙여 주었다. 성직자 두 명과 속인 두 명, 총 네 명으로 구성된 그들은 사실상의 대법원으로서 제국 전역의 법 집행을 감독하는 권한을 지니고 있었다. 특히 부정부패나 고위 공직자의 탈세를 엄중히 감시하는 것이 이들의 역할이었다. 지역의 법관들 역시 각 지역에서 비슷한 책무를 부여받았다.

사실 이 제도가 전적으로 성공한 것은 아니었다. 무릇 부정부패란 일단 뿌리를 내리면 완전히 근절하기가 쉽지 않게 마련이다. 이미 1337년에 소피아 대성당에서 황제와 총대주교의 주관으로 열린 특별 법정에서는 보편 법관 네 명 가운데 세 명이 뇌물을 받은 혐의로 직위를 박탈당하고 유배를 갈 정도였다. 그러나 후임자들이 곧 임명되면서 그 제도는 점차 자리를 잡아 제국의 수명만큼 존속하게 되었다.

국제무대에서 안드로니쿠스의 새로운 강경책은 즉효를 보았다. 그가 쿠데타를 일으킨 지 한 달도 안 되어 불가리아의 차르 미카일 시스만은 트라키아를 침략했다. 과거에도 몇 차례 침략을 받은 적이 있었지만 이번에는 대응 방식이 달랐다. 안드로니쿠스는 직접 군대를 거느리고 보복에 나서서 불가리아의 요새 한 곳을 점령했다. 그리고 두 달 뒤 미카일은 재차 제국을 침략했으나 제국군의 항전도 만만치 않았다. 그 결과 양측은 강화 조약을 맺고 향후 2년간 침략 행위를 금하기로 했다.

불가리아 군대가 1330년 7월 28일 벨부슈트(지금의 큐스텐딜)에서 스테판 데칸스키가 이끄는 세르비아군에 의해 완전히 궤멸되는 사건이 아니었다면 그 조약은 더 오래 지속되었을 것이다. 이 전투에서 차르 자신도 큰 상처를 입고 포로로 잡혔다가 곧 죽었다. 스테판은 자기 조카인 요한 스테판[154]을 불가리아의 왕위에 앉혔으며, 딸한 테오도라는 목숨을 건지기 위해 도망쳐야 했다.

누이에게는 불행이었어도 안드로니쿠스에게는 축복이었다. 불가리아 사태에 개입할 수 있는 좋은 핑계를 주었기 때문이다. 누이의 명예를 되찾는다는 구실로 그는 할아버지가 사반세기 전에 불가르 족에게 넘겨 주었던 메셈브리아와 앙키알루스 등 흑해의 항구들과 국경 주변의 요새 몇 군데를 점령했다. 하지만 그 이듬해에 두 슬라브 국가에서 궁정 혁명이 일어나는 바람에 점령지를 오래 유지하지는 못했다.

불가리아에서는 요한 스테판과 그의 어머니 안나가 타도되고 시스만의 조카인 요한 알렉산다르가 권력을 잡았으며, 세르비아에서는 귀족 집단이 데칸스키를 살해하고 그의 아들 스테판 두샨을 왕위에 올렸다. 이 두 지배자는 서로 동맹을 맺고 스테판 두샨과 알렉산다르의 누이 헬레나의 통혼으로 그 동맹을 강화한 뒤 공동의 꿈을 실현하기 위한 작업에 착수했다. 그 꿈은 바로 바실레오스를 타도하고 콘스탄티노플에 대슬라브 제국을 건설하는 것이었다. 요한 알렉산다르는 빼앗긴 흑해의 항구들을 손쉽게 되찾았고, 스테판은 남쪽의 비잔티움 영토로 꾸준히 밀고 내려왔다. 여기에는 제국의 내분도 큰 몫을 했다. 특히 1334년에 시르기안네스 팔라이올로구스가 제국을 배신하고 세르비아 진영으로 넘어온 것이 컸다.

시르기안네스는 성격을 이해하기 어려운 인물이다. 부계 쪽의 혈통은 혼혈이지만 모계 쪽으로 귀족 혈통을 타고 난 그는 황제와 내무대신의 절친한 친구였다. 또한 그는 머리가 대단히 명석했고 외모도 매력적이었던 듯하다. 하지만 신뢰나 충성심의 의미는 알지 못했다. 그전에도 그는 섬기는 군주를 배신한 적이 있었는데, 내전 기간

중에 뻔뻔스럽게도 안드로니쿠스 2세의 편으로 넘어갔던 것이다. 그 뒤 노황제를 암살하려는 음모에 연루되어 종신형을 선고받고 수감되었다.

그러나 안드로니쿠스 3세가 즉위한 뒤 그는 공식적으로 사면을 받고 석방되어ㅡ여기에는 요한네스 칸타쿠제누스의 덕택이 컸다고 전한다ㅡ놀랍게도 테살로니카 총독으로 임명되었다. 그런데 그는 현지에 부임하자마자 칸타쿠제누스를 음해하는 공작을 펴기 시작했고, 황제의 어머니인 리타마리아ㅡ그녀는 남편의 사후에 테살로니카로 거처를 옮겼다ㅡ의 비위를 맞춰 그녀의 양자가 되었다. 1333년에 그녀가 죽자 시르기안네스가 또다시 음모를 꾸미고 있다는 사실이 드러났다. 이번에는 그 대상이 황제였는데, 아마 그를 제위에서 끌어내리려 했던 듯하다.

당시 그가 스테판 두샨과 내통하고 있었는지는 알 수 없다. 하지만 테살로니카는 세르비아의 국경과 아주 가까웠고, 안드로니쿠스는 그냥 넘어갈 태세가 아니었다. 시르기안네스는 체포되어 재판을 받기 위해 수도로 압송되었다. 그러나 재판이 시작되기 전에 그는 수도를 탈출해서 황금뿔을 건너 갈라타로 간 다음 거기서 에우보이아와 테살리아를 거쳐 세르비아로 도망쳤다. 스테판 두샨은 그를 따뜻하게 맞아 주고 그에게 군대 지휘권을 주었으며, 시르기안네스는 1334년 봄에 카스토리아와 그 일대의 요새 여러 곳을 점령하여 은혜에 보답했다.

황제와 요한네스 칸타쿠제누스는 황급히 마케도니아로 가서 시르기안네스를 영구히 제거하기로 결심했다. 그러나 시급히 모집한 군대로 과연 그 일을 해낼 수 있을지 자신이 없었던 그들은 우회 전술을 구사하기로 했다. 두 사람은 군대 지휘관들 중에서 스프란체스 팔라이올로구스[155]라는 고참 지휘관을 발탁해서 테살로니카 일대의 몇 개 도시를 관장하는 총독으로 임명해 주겠다는 제안을 했다. 이 사실을 알면 시르기안네스는 그를 공격하려 할 터이므로 이를테면 그는 완벽한 미끼가 된 셈이었다. 스프란체스는 그 제안을 수락하고 자신감을 보였다. 그에게 시르기안네스를 체포해서 징벌을 받도록 넘겨 주는 것은 쉬운 일이었다.

모든 일이 계획대로 술술 풀렸다. 다만 스프란체스가 명령대로 반역자를 생포하지 않고 그 자리에서 죽여 버린 것을 빼고는 말이다. 스프란체스는 명령 불복종으로 견책을 받았으나 곧 대大 스트라토페다르크[156]의 서열로 승진되었고 급료도 대폭 인상되었다. 황제는 작은 대가로 큰 성과를 올린 셈이었다. 그런데 불과 한두 달 뒤인 1334년 8월에 그는 스테판 두샨과 테살로니카 국경 부근에서 만났다. 여기서 스테판은 헝가리와의 싸움을 제국이 지원해 준다면 그 대가로 시르기안네스가 점령한 영토를 제국에 반환하겠다고 제안했다.

안드로니쿠스는 그 영토가 필요했다. 세르비아의 스테판이 지난 2년 동안 다른 정복지―오크리드, 프릴레프, 스트루미카, 보데나 등―는 일절 내놓지 않겠다는 의사를 분명히 밝혔기 때문에 그것이라도 되찾아야 했다. 이제 제국은 마케도니아의 대부분을 잃었다. 바야흐로 제국의 마지막 붕괴가 시작되었다.

뒤늦은 통일 논의

소아시아에서는 붕괴 과정이 급속하게 진행되었다. 1329년 5월 말에 오르한이 이끄는 오스만투르크군이 니케아를 포위하자 황제와 요한네스 칸타쿠제누스는 약 4천 명의 병력을 거느리고 해협 너머의 칼케돈으로 가서 마르마라 해 연안을 따라 남동쪽으로 진군했다. 사흘째 되는 날 아침 그들은 투르크군이 펠레카노스(지금의 마니아스)라는 작은 마을 위쪽의 구릉에 주둔해 있다는 것을 알아냈다. 적들은 전략적으로 좋은 위치에 있었고 병력의 규모도 제국군의 두 배는 됨직했다. 하지만 잠시 작전 회의를 거친 뒤 그들은 오르한이 평원으로 내려와 응전할 경우 전면전으로 맞서기로 결정했다.

과연 오르한은 예상대로 나왔고, 6월 10일에 전투가 벌어졌다. 양측은 찌는 듯한 무더위 속에서 하루 종일 싸웠다. 비잔티움군이 투르크군의 두 차례 대규모 공세를 물리친 덕분에 저녁이 되자 전황은 제국 측에 유리해 보였다. 하지만 사상자가 워낙 많아 승리를 장담할 수 없었다. 게다가 오르한이 의도적으로 군대의 일부를 뒤로 빼고 있는 것을 보아 이튿날에 총공세로 나올 게 거의 확실했다. 그래서 칸타쿠제누스의 제안에 따라 제국군은 새벽부터 조심스럽게 철수하기 시작했다.

올바른 결정이었다. 그런데 불행히도 철수 도중 일부 젊고 미숙한 병사들이 투르크 궁수들의 끊임없는 공격에 시달리다가 대열에서 이탈하는 사태가 일어났다. 칸타쿠제누스는 위험하다는 것을 잘 알면서도 말을 달려 그들의 뒤를 쫓았다. 그의 모습이 안 보이자 잠시 후 안드로니쿠스도 그 뒤를 따랐다. 과연 그들이 우려하던 일이 벌어졌다. 다혈질의 젊은 병사들이 적들에게 포위되어 있는 것이었다. 곧이어 격렬한 전투가 벌어졌는데, 그 와중에 황제는 허벅지에 상처를 입었다. 그는 간신히 본대가 있는 곳으로 귀환했다. 그가 탄 말은 도착하자마자 피를 뿜으며 쓰러져 죽었다.

그 이튿날에 황제는 들것에 실려 콘스탄티노플로 돌아왔다. 사실 그의 상처는 아주 미미한 것이었다. 아무렇지도 않게 넘어갈 일이었지만 황제가 들것에 실려 가는 모습을 본 일부 병사들은 그가 죽은 것으로 착각했다. 겁에 질린 병사들이 온통 혼란에 빠지자 요한네스 칸타쿠제누스—그도 간신히 목숨을 건져 귀환했다—로서도 사태를 수습하기 어려운 상태가 되어 버렸다. 때맞춰 필로크레네 성벽 외곽에서 추격해 온 투르크군과의 교전이 벌어졌다.

펠레카노스 전투에서 비잔티움의 황제는 처음으로 오스만 아미르와 만났다. 그 전투는 만지케르트 전투만큼 제국에 큰 피해를 주지는 않았지만, 투르크의 소아시아 진출이 거스를 수 없는 대세임을 분명히 보여 주었다. 그 증거라 할 만한 사건도 곧이어 발생했다. 1331년 3월 2일에는 70년 전 제국의 수도였던 니케아가 함락되었고, 6년 뒤에는 니코메디아도 마찬가지 운명이 되었다. 이제 아시아에 남아 있는 제국의 영토는—에게 해의 한두 개 섬을 제외하고는—투르크가 군이 정복하려 애쓸 필요도 없는 조그만 촌락들뿐이었다. 이를테면 흑해의 필라델피아나 헤라클레아 같은 곳들이었다. 이런 곳들은 전략적 가치가 작았고 마음만 먹으면 정복하는 것은 시간 문제였다. 마르마라 해의 아시아 쪽 해안을 전부 장악한 오르한은 해군력을 키워 유럽 쪽 해안을 차지하고자 했다.

남쪽과 동쪽에 관한 현 정세에서 안드로니쿠스가 매달릴 수 있는 지푸라기는 단 세 가닥이었다. 첫째는 투르크와 외교 관계를 맺는 것이었다. 그래서 1333년 8월에 황제는 니코메디아로 건너갔다. 구실은 포위된 도시를 격려하기 위해서였지만, 실은 비밀리에 오르한과 만나 제국의 아시아 영토를 그대로 남겨 두는 대신 아미르에게 연례 공물을 바치는 조건으로 강화 조약을 체결하기 위한 행차였다.

둘째, 다방면으로 보건대 오르한은 흔히 생각하듯 미치광이 같은 야만인이 아니라—그의 아버지 오스만처럼—합리적이고 교양 있는 인물이었다. 그는 정복지의 그리스도교도들에게 이슬람교를 강요하지 않았으며, 자신에게 저항한 자들에게도 보복을 하지 말라고 명했다. 니케아를 점령한 뒤 그는 모든 주민들에게 도시를 떠나고 싶으면 성상과 성물을 지니고 마음대로 떠나도록 허락했다. (그 제안을 악용하는 사람은 거의 없었다.) 그의 주요 목적은 그의 아버지도 유언했듯이 정의, 학문, 이슬람 신앙에 충실한 국가를 건설하는 것이었지만, 그는 다른 민족과 종교까지도 끌어안는 포용성을 가지고 있었다. 개종과 정복은 부차적일 따름이며, 때가 되면 저절로 따라오게 되어 있다고 그는 믿었다.

마지막 수단은 비잔티움의 해군력을 크게 강화하여 에게 해를 장악하는 것이었다. 즉위하는 순간부터 안드로니쿠스는 해군을 재건하기 시작해서 몇 년 뒤에는 에게 해의 섬들에 제국의 건재함을 알릴 수 있었다. 그 덕분에 1329년에는 사반세기 동안 제노바의 자카리아 가문이 지배하던 키로스에서 반란이 일어나 이 섬이 제국의 세력권으로 복귀하는 소득이 있었다. 그에 못지않게 중요한 소득은 그해 말 황제가 배를 타고 키오스에서 스미르나 만 북쪽 입구에 있는 새 도시 포카이아[157]로 가서 충성의 서약을 받아 낸 것이었다.

안타깝게도 당시 동부 지중해 세계를 지배하는 서유럽 열강은 제노바만이 아니었다. 요한기사단은 여전히 로도스를 점령했고, 키프로스[158]의 베네치아와 뤼지냥 가문을 비롯하여 자카리아 같은 여러 서유럽 가문들이 각자 자신의 이익을 줄기차게 추구하고 있었다(그들 중 일부는 제4차 십자군 이래로 에게 해의 섬들을 지배하고 있었다). 하지만 이들에게도 공통의 관심사가 한 가지 있었는데, 그것은 바로 소아시아 해안을 장악한 투르크의 약탈로부터 에게 해를 보호하는 것이었다.

그에 따라 그리스도교권의 대동단결을 이루자는 제안이 자연스럽게 제기되었다. 아비뇽 교황*요한네스 22세가 주창한 이 제안은 먼저 무슬림 해적들을 격파한 다음 대규모 십자군으로 소아시아를 가로질러 성지를 되찾는다는 계획이었다. 그러나 또다른 문제가 대두되었다. 여기서 비잔티움의 역할은 뭘까? 이 점에 관해 십자군

---

* 12세기를 고비로 교황권은 점차 약화되었고, 이에 따라 서유럽 세계에는 교황의 영향력과 간섭에서 벗어나 각국이 독자적인 영역을 구축하려는 노력이 일어났다(교황권의 몰락에는 십자군의 거듭된 실패도 한몫을 했다). 13세기 말 프랑스의 효웅 필리프 4세(생 루이의 아들)는 프랑스 내 영국 영토를 차지하려는 전쟁을 벌이다가(이에 관해서는 앞서 본 바 있다) 자금이 부족해지자 교회에 과세를 했고, 이것을 계기로 교황과 충돌하게 되었다. 심지어 1303년 그는 교황 보니파키우스 8세를 납치하는 사태까지 일으키는데, 교황이 그 후유증으로 얼마 안 가서 죽자 1309년부터는 아예 교황청을 프로방스의 아비뇽으로 옮겨 버렸다. 이때부터 70여 년 간 교황청은 로마가 아니라 아비뇽에 있게 되는데, 요한네스 22세는 바로 그 시기의 교황이다.

원정을 가장 열렬하게 지지하는 두
세력인 베네치아와 기사단은 동방
제국을 참여시키자는 쪽이었지만,
교황의 태도는 단호했다. 제국이 계
속 교회 분리를 주장하는 한 동맹의
대상이 될 수 없다는 것이었다.

해묵은 논쟁 거리였다. 리옹 공의
회 이후의 참사를 겪고서도 교황청
은 교회 분열이 황제의 펜 끝에서만
해결될 문제가 아니라는 것을 여전
히 이해하지 못하고 있었다. 안드로
니쿠스 3세 본인은 교회 재통일에

† 중세에 제작된 로마의 지도. 교황이 아비
뇽으로 떠난 뒤의 로마를 남편을 잃어 슬피
울고 있는 과부로 의인화했다.

반대할 하등의 이유가 없었다. 그러나 그는 위로부터의 교회 통일을
강행하려다 실패한 증조부[미카일 8세]의 전철을 밟고 싶지는 않았
다. 사실 교황의 태도도 마음에 들지 않았다. 그는 십자군을 믿지 않
았고 백성들도 마찬가지였으며, 그 생각이 옳다는 것은 역사적으로
도 입증된 바 있었다.

황제의 관심은 수도와 제국을 어떻게 방어할 것인가 하는 대내적
인 것이었는데, 그 자신도 잘 알다시피 서유럽 국가들의 관심은 전
혀 달랐다. 그에게는 투르크보다 제노바가 훨씬 더 큰 골칫거리였
다. 키오스를 잃은 지 6년 뒤인 1335년 늦가을에 제노바는 레스보
스를 점령하는 것으로 실점을 만회했다. 그에 대한 응징으로 안드로
니쿠스는 콘스탄티노플에서 황금뿔 건너편에 있는 갈라타의 제노바

방어군을 격파하라고 명했다. 그런 다음에 그는 요한네스 칸타쿠제누스와 함께 에게 해로 가서 아이딘의 아미르인 우무르 파샤와 새로운 동맹을 교섭했다.

'신의 사자獅子'라는 별명을 지녔고 투르크 문학의 위대한 서사시[159]의 주제이기도 한 우무르는 전형적인 가지Ghanzi, 즉 '이슬람교의 전사'였다. 그는 평생토록 에게 해 일대에서 제노바인, 베네치아인, 요한기사단 등의 그리스도교도들을 괴롭혔으며, 1332년과 1333년에는 에우보이아와 그리스 본토까지 진출했다. 그는 특히 제노바를 증오했으므로 비잔티움의 제안을 환영했다.

동맹의 결과로 비잔티움과 투르크 연합 함대는 1336년에 레스보스를 되찾았다. 나중에 보겠지만 훗날 우무르는 황제의 유럽 원정에 상당수의 잘 훈련된 전사들을 보내기도 했다. 그러나 그 협상은 단순한 동맹 이상의 것이었다. 그것을 계기로 아미르와 요한네스 칸타쿠제누스는 평생의 벗이 될 것을 다짐했다. 이 우정은 장차 두 사람이 생각하던 것 이상으로 중요한 역할을 하게 된다.

제국의 수명을 늘린 황제와 참모

안드로니쿠스와 칸타쿠제누스가 유일하게 영토상으로 어느 정도 규모의 성공―그것도 역시 잠시뿐이었지만―을 거둔 것은 테살리아와 에피루스에서였다. 이 두 그리스 국가를 지배하던 왕조들의 마지막 후계자는 이미 1318년에 몇 달 간격으로 죽었다. 테살리아의 요한네스 2세는 평범하게 죽었지만, 에피루스의 토마스는 앞에서 본 것처럼(본서 주석 150 참조) 조카인 니콜라우스 오르시니에게 암살당했고, 이후 오르시니는 삼촌의 왕좌만이 아니라 미망인인 안드로니쿠스 3세의 누이 안나까지 물려받았다. 요한네스가 죽은 뒤 테살리아는 해체되었다.

그 대부분의 땅은 카탈루냐, 베네치아, 기타 현지 귀족들이 제멋대로 나누어 가졌다. 제국의 영토는 스테판 가브리엘로풀루스 멜리세누스라는 사람이 평화롭게 다스리는 북서부의 트리칼라와 카스토리아 사이의 비교적 작은 지역뿐이었다(그는 황제에게서 세바스토크라토르의 직함과 권한을 부여받았다). 그러나 1333년에 그가 사망하자 이 지역도 무정부 상태가 되었다. 이 상황을 타개한 사람은 마침 다행히도 그때 마케도니아에 있었던 황제 본인과 테살로니카 총독인 미카일 모노마쿠스였다. 두 사람은 군대와 함께 황급히 그곳으로 가서 에피루스 군주—1323년에 형제인 니콜라우스를 살해하고 그의 자리를 빼앗은 요한네스 오르시니—를 몰아내고 남쪽의 카탈루냐 국경까지 제국의 지배를 관철시켰다.

테살리아를 제국의 영토로 편입시킨 이상 에피루스를 수복하는 것은 시간문제였다. 오르시니 가문은 적법한 왕조로 공인되지 못한 상태인 데다가 이어진 내분과 외부로부터의 계속된 공격에 시달리고 있어 한때 번영했던 에피루스 공국은 붕괴할 시점에 이르렀다. 친親 비잔티움 태도를 취하고 있는 아르타의 지도자들 중에는 군주의 아내인 안나[160]가 있었다.

1335년에 그녀는 최근 들어 테살리아의 정세가 변화한 것에 용기를 얻어 남편을 독살하고—17년 동안 오르시니 가문 내부에서 세 번째로 일어난 암살 사건이었다—자신이 일곱 살짜리 아들 니케포루스를 대신하여 섭정이 되었다. 2년 뒤 황제가 알바니아 반란을 진압하기 위해 그 지역에 다시 왔을 때 안나는 황제가 있는 베라트로 대표단을 보내 협정을 제안했다. 자신과 니케포루스가 에피루스를 계속 통치하도록 허락해 주면 황제의 종주권을 인정하겠다는 제안이었다.

그러나 안드로니쿠스는 단호히 거절했다. 에피루스는 벌써 130여 년 동안이나 독립적인 공국이었지만 이제부터는 자신이 직접 책임지고 제국의 총독을 보내 다스리도록 하겠다는 게 그의 생각이었다. 실제로 현지에서 황제는 프로토스트라토르인 테오도루스 시나데누스를 총독으로 임명하여 에피루스로 파견했다. 그는 황제의 친한 친구이자 전우로서, 9년 전 황제가 할아버지를 상대로 쿠데타를 일으켰을 때 함께한 동지였다. 안나 모자와 그녀의 두 딸에게는 테살로니카에 토지를 주어 안락한 유배 생활을 누릴 수 있도록 해 주면 될 터였다.

그런데 비잔티움의 역사에서 흔히 보는 일이지만 사태는 결코 예상대로 전개되지 않았다. 갑자기 어린 니케포루스가 실종된 것이다. 소년은 에피루스의 어느 귀족에게 유괴되었는데, 에피루스 공국을 독립적으로 유지시키고자 하는 서유럽 세력과 공모한 게 틀림없었다. 니케포루스는 이탈리아로 납치되어 결국 타란토의 공녀이자 명목상 콘스탄티노플의 라틴 황후인 발루아의 카트린[161]이 있는 궁정으로 갔다.

그 뒤 1338년 가을에 카트린은 니케포루스를 자기 남편 필리프가 군주로 있는 아카이아로 데려가서 소년을 꼭두각시로 내세우고 에피루스에서 비잔티움에 반대하는 봉기를 촉발시키려 했다. 그녀의 계략은 곧 성공을 거두었다. 아르타의 총독 테오도루스 시나데누스는 체포되어 투옥되었고, 1339년 초에 니케포루스는 에피루스로 귀국해서 해안 요새 토모카스트룸으로 들어갔다.

하지만 그 반란은 얼마 지속되지 못했다. 아르타 이외에 요안니나를 비롯한 몇 개 도시까지 반란의 불꽃이 이어지지 못한 것이다. 1340년에 황제는 여느 때처럼 요한네스 칸타쿠제누스를 대동하고 돌아와서 아르타를 포위했다. 그해 중반에는 대사면령이 내려졌고 시나데누스가 풀려났다. 그 뒤 요한네스는 토모카스트룸으로 갔다. 해안에 앙주의 함대가 도사리고 있음에도 그는 니케포루스에게 왕위를 포기하고 테살로니카로 가라고 설득할 수 있었다. 니케포루스는 보상 치고는 좀 모호하지만 판히페르세바스토스라는 직함을 받고, 칸타쿠제누스의 딸 마리아와 결혼시켜 주겠다는 약속을 받았다. 열세 살의 소년에게는 감당하기 힘들 만큼 다사다난한 한 해였다.

1341년 이른 봄에 테살로니카에서 황제는 사촌인 이레네와 요한네스 칸타쿠제누스의 맏아들인 마타이우스의 결혼식을 축하했다. 이로써 두 가문은 한층 더 돈독한 사이가 되었다. 곧이어 황제와 내무대신이 함께 콘스탄티노플에 돌아왔을 때 새로운 위기가 터졌다. 그런데 이번은 지난번과는 전혀 달리, 비잔티움에서만 일어날 수 있는 전형적인 위기였다. 원인 제공자는 헤시카슴hesychasm — '신성한 침묵'이라는 뜻의 그리스어 —을 신봉하는 아토스 산 정교회 은둔자들의 작은 집단이었다.

헤시카슴이라고 해서 새로울 것은 없었다. 그리스도교의 초기부터 정교회는 늘 신비주의와 금욕주의의 강력한 전통을 유지해 왔다. 이를 신봉하는 신도들은 말없이 명상 속에서 혼자 살아갔다. 그러다가 1330년대에 시나이의 그레고리우스라는 수도사는 일종의 물리적 기술을 이용하면 예수 그리스도가 타보르 산에서 변형되었을 때 그를 감싼 것과 같은 신성한 빛을 볼 수 있다는 소문을 동부 지중해 일대에 퍼뜨렸다.*

그레고리우스의 가르침은 신성한 산 위에서의 특별한 은총과 연관되었으므로 순식간에 헤시카슴 신봉자들에게 파고들었다. 하지만 불행히도 그것은 종교 논쟁에 대한 해묵은 열정을 다시금 일깨웠다. 더구나 그레고리우스가 말하는 그 기술이라는 것도 우스꽝스럽기 짝이 없었다. 그는 턱을 가슴에 대고 배꼽에 시선을 고정시킨 채 규칙적인 호흡을 하면서 예수 기도문[162]을 암송하라는 것이다.

헤시카슴에 반대하는 세력의 선봉장은 칼라브리아의 수도사인 바를람이었다. 일찍이 그의 해박한 학식에 주목한 요한네스 칸타쿠제누스는 그를 콘스탄티노플 대학의 교수로 초빙했다. 또한 1339년에 그는 아비뇽의 교황에게 밀사로 파견되어 교회 통일에 관한 비잔티움의 견해를 설명했다. 그런데 돌아오는 길에 그는 경솔하게도 당

---

* 예수가 산에 올라가서 군중에게 설교할 때(흔히 산상수훈이라고 알려져 있다) 그의 모습이 변했다는 것을 말한다. 신약 성서의 『마태복음』에 기록되어 있는 장면인데, 해당 부분 성서를 인용하면 이렇다. "그들 앞에서 변형되사 그 얼굴이 해같이 빛나며 옷이 빛과 같이 희어졌더라."

대의 가장 위대한 학자인 니케포루스 그레고라스와 공개 토론을 벌였다가 호된 패배를 당했다. 그런 수모를 부분적으로나마 감추려는 의도에서였는지 그는 자신이 이단적 미신이라고 간주하는 관습을 타파하기 위한 운동을 열성적으로 전개했다.

그러나 헤시카슴 신봉자들에게도 선봉장이 있었다. 신학자인 그레고리우스 팔라마스는 「거룩한 헤시카슴 신봉자들을 변호하는 삼장三章」이라는 방대한 선언문을 발표했다. 이 문서는 이후 신성한 산에 있는 그레고리우스의 모든 동료들의 서명으로 큰 영향력을 지니게 되었다. 헤시카슴을 굳게 신봉했던 칸타쿠제누스의 영향력과 더불어 그 선언문에 감화를 받은 황제는 공의회를 소집해서 사안을 매듭지으려 했다.

공의회는 1341년 6월 10일 소피아 대성당에서 열렸고 단 하루만에 끝났는데, 그 결과는 헤시카슴파의 압도적인 승리였다. 바를람과 그의 모든 저작은 단죄의 대상이 되었다. 그래도 그레고리우스 팔라마스와 그의 동료들은 넓은 아량을 보이며 그를 포용하고 칭찬했다. 하지만 바를람 본인은 먼저 자신의 과오를 인정했으나 그 뒤에는 아주 좋지 않은 방향으로 나아갔다. 심문 과정이 자신에게 불리하도록 조작되었다고 요란하게 불평을 토로하고는 징계와 악평을 받은 채로 칼라브리아로 돌아간 것이다. 칸타쿠제누스의 말에 따르면 그는 거기서도 깊은 환멸에 빠져 정교회를 완전히 버리고 로마교회를 채택한 뒤 게라체의 주교를 지내는 등 다소 다채로운 이력의 만년을 보냈다고 한다.

공의회 위원들이 모두 집으로 돌아간 뒤 황제는 피곤을 호소하면서 호데곤 수도원[163]으로 들어가 휴식을 취했다. 그런데 이튿날 그는 심한 열병에 걸렸다. 이후 나흘 동안 병세가 점점 악화되더니 1341년 6월 15일 그는 죽고 말았다.

그의 통치는 현명하고 훌륭했다. 그는 어떻게든 그를 제위에서 멀리 떼어 놓으려 했던 그의 할아버지보다 훨씬 유능한 군주였다. 젊은 시절에는 고집을 부리기도 했지만 나이가 들면서 그는 힘이 넘치고 열심히 일하는 성실한 황제가 되었다(물론 사냥에 대한 탐닉은 끝내 버리지 못했다). 법 개혁과 부정부패를 근절하기 위한 조치로 백성들의 신망을 얻었으며, 그 작업을 시작하는 데만 그친 게 아니라 끝까지 밀고 나아갔다. 외교관이나 정치가보다는 행동하는 군인 같은 풍모를 지녔던 그는 운도 좋았다. 치세 내내 요한네스 칸타쿠제누스 같은 참모가 그의 곁에서 조언을 아끼지 않았기 때문이다.

그의 비극, 나아가 그 후임 황제들의 비극은 제국의 앞날에 암운이 드리운 시기에 제위에 올랐다는 것이다. 발칸에서 그가 거둔 소득—그나마도 제국의 군사적 개가라기보다는 발칸 국가들이 자체적으로 붕괴한 데 힘입은 것이었지만—은 일시적이었고, 아나톨리아를 잃은 것에 비하면 아무것도 아니었다. 오스만투르크는 아나톨리아를 장악함으로써 콘스탄티노플을 목전에 두게 되었기 때문이다. 이러한 쇠퇴는 그의 책임이 아니다. 그는 그런 추세를 막을 수 없었다. 그럼에도 불구하고 그는 많은 사람들이 예상했던 것 이상으로 많은 업적을 올렸다. 특히 그와 내무대신의 공조 체제는 의기소침한 제국 백성들의 사기를 진작하고 머잖아 다가올 더 큰 시련에 대비하게 하는 데 큰 역할을 했다.

18

불필요한 내전

1341년~1347년

공화국이든 군주국이든 한 나라가 멸망하는 가장 큰 요인은 지혜와 지성을 지닌 인력이
부족하다는 점이오. 공화국에는 좋은 자질을 갖춘 시민들이, 그리고 군주국에는 유능한
재상들이 많이 있을 때 불운하게 빚어진 손실을 금세 복구할 수 있소. 그런 인력이 부족
하면 깊은 침체에 빠지게 된다오. 내가 지금 제국의 현 상태를 개탄하는 것도 바로 그 점
이오. 과거에는 뛰어난 인재가 많았으나 지금은 인재가 고갈되어 통치자가 피치자를 계
도할 만한 역량을 지니지 못한 경우가 부지기수라오.

요한네스 칸타쿠제누스 황후 안나가 보낸 대사들에게

군대가 추대한 황제

안드로니쿠스 3세 팔라이올로구스의 시신이 무덤에 안치되기도 전
에 그가 한 가지 큰 실수를 저질렀다는 사실이 드러났다. 후계자에
관한 확실한 지침을 남기지 않은 것이다. 물론 두 아들 중 맏이인 요
한네스—그는 아버지가 죽고 사흘 뒤에 아홉 번째 생일을 맞았다
—가 가장 유망한 제위 상속자였지만, 비잔티움의 제위는 현실적으
로 대개 세습되었더라도 제도적으로 반드시 그러한 것은 아니었으
며, 그의 아버지는 뜻밖에도 살아 생전에 그를 공동 황제로 임명하
지 않았다.*

　내무대신 요한네스 칸타쿠제누스는 제위에 대한 야심이 없었다.
안드로니쿠스가 공동 황제를 몇 차례 제안했을 때도 모두 거절했던
그였다. 황제가 죽은 뒤 그는 어린 황태자와 그의 어머니인 황후 사
부아의 안나에게 충성을 바쳤다. 하지만 그는 이미 13년 동안이나
제국의 국정을 돌보고 있었으므로 어떤 상황에서도 국정을 중단한

다는 생각은 결코 하지 않았다. 그래서 그는 곧바로 황궁으로 거처를 옮겨 법과 질서를 그대로 유지하는 한편 권력의 매끄러운 승계를 준비했다.

그러나 그 일은 예상보다 어려웠다. 우선 그가 죽은 황제와 가깝게 지냈다는 점이 주변의 시기심을 불러일으켰다. 안드로니쿠스의 치세에는 그 시기심이 겉으로 드러나지 않았지만 이제는 누구도 감출 필요가 없어졌다. 그중에서도 가장 심한 사람은 안나 황후였다. 그녀는 남편이 언제나 자신보다 요한네스와 어울리기를 더 좋아한 것에 평소에도 불만이 많았다. 또한 총대주교인 요한네스 칼레카스도 그의 적이었다. 전망이 어두운 기혼 사제[164]로 경력을 시작했던 그는 전적으로 칸타쿠제누스의 도움에 힘입어 테살로니카 대주교가 되었고 나중에는 총대주교에까지 올랐다. 하지만 그의 야망은 감사의 마음을 앞질렀다. 그러잖아도 안드니쿠스는 수도를 떠나 원정을 출발할 때 두 차례나 그를 섭정으로 임명한 바 있었기에 총대주교는 자신의 꿈이 결코 헛된 게 아니라고 여겼다.

물론 칸타쿠제누스는 원정이 있을 때마다 늘 황제를 수행했으므로 자연히 섭정을 맡을 기회가 없었고, 또 지금 상황은 황제가 살아 있던 때와 비교할 수 없었다. 하지만 그는 총대주교보다도 예전에

---

* 중국이나 한반도 왕조에서는 선왕의 재위시에 미리 후계자를 '책봉'하여 왕위 계승에서 일어날 수 있는 혼란을 예방했는데, 비잔티움에서 그 책봉에 해당하는 제도가 바로 공동 황제였다. 다만 태자나 세자의 책봉은 후계자 한 명으로 고정시킨 데 반해 비잔티움의 경우는 셋 이상의 공동 황제도 가능했다는 점이 다르다. 어쨌든 안드로니쿠스가 아들을 공동 황제로 임명하지 않은 것은 이를테면 조선의 왕이 세자 책봉을 하지 않고 죽은 경우와 비교할 수 있겠다.

자신의 부하였던 알렉시우스 아포카우쿠스에게 더 신경을 쓰고 있었다. 아포카우쿠스는 출신도 확실치 않은 벼락 출세한 야심가로서 귀족 혈통인 척 가장하려 하지도 않았다. 그는 칸타쿠제누스, 테오도루스 시나데누스, 시르기안네스 팔라이올로구스와 함께 안드로니쿠스 3세가 할아버지와 싸울 때 황제를 지지했던 인물 중 한 사람이었다. 그 뒤 그는 내무대신을 그림자처럼 따라다녔으며, 그의 덕분에 상당한 권력을 얻고 막대한 재산도 모을 수 있었다. 게다가 투르크 약탈자의 공격으로부터 헬레스폰트를 방위하는 새 함대의 제독이라는 현재의 직위에 오른 것도 칸타쿠제누스의 덕택이었다.

안드로니쿠스가 죽자 그는 대뜸 칸타쿠제누스와의 친분을 이용하여 이득을 취할 수 있겠다고 여겼다. 그래서 그는 자신의 상사에게 어서 제관을 받으라고 촉구했다. 그의 말마따나 요한네스는 제관을 요구하기만 하면 언제든 쓸 수 있는 위치에 있었다. 그렇게 된다면 아포카우쿠스는 안드로니쿠스의 치세에 요한네스가 차지했던 지위를 손에 넣을 수 있을 터였다.

그런데 요한네스 칸타쿠제누스는 오로지 팔라이올로구스 가문에 충성한다는 일념뿐이었다. 80년에 걸쳐 세 명의 황제를 배출했으니 —불행한 미카일 9세까지 친다면 네 명—정통성 있는 왕가로 자리를 잡았다는 게 그의 생각이었다. 따라서 그가 제위를 차지한다면 그것은 곧 찬탈이었으므로 그는 동의할 수 없었다. 그러자 아포카우쿠스는 옛 상사에게 등을 돌리고 오히려 그를 몰락시키고자 했다. 한편 황후, 총대주교, 내무대신은 불안정한 타협 상황에서 정국을 살피고 있었다.

이런 정국이 얼마나 지속될지는 아무도 몰랐다. 그런데 한두 달 뒤에 그 세 거두 중 내무대신이 또다시 제국의 방어에 주력해야 하는 상황이 닥쳤다. 바실레오스의 죽음은 언제나 주변 국가들의 분란을 불렀다. 더욱이 공위 기간이라면 말할 나위도 없었다. 과연 이번에도 비잔티움의 주요한 세 적은 다시 공세로 돌아섰다. 세르비아는 테살로니카로 진격했고, 불가르는 북부 변방으로 밀려들어 왔으며, 오스만투르크는 트라키아 해안을 약탈했다.

이 세 적을 맞아 요한네스 칸타쿠제누스는 자비를 들여 군대를 충원해서 7월 중순에 콘스탄티노플을 떠났다. 전선에서 그는 혁혁한 전과를 거두었다. 9월에 수도로 돌아왔을 때는 국제 질서가 회복되었고 제국은 스테판 두샨, 요한 알렉산다르, 아미르 오르한과 두루 조약을 맺었다. 게다가 덤으로, 모레아에서 온 사절단은 아카이아 공국을 제국에게 내주겠다고 제안했다. 아카이아에서는 발루아의 카트린이 피렌체의 금융 가문인 아차유올리 가문에게 정권을 넘기려 했기 때문에 현지 귀족들이 무척 격앙된 상태였다.

요한네스 칸타쿠제누스에게 그것은 무척 바람직한 변화였다. 아카이아를 제국의 영토로 돌려받았으므로 이제 남부 그리스의 카탈루냐인들은 협상의 자세로 나올 수밖에 없었고, 발칸 반도에서 제국의 입지는 한층 강화될 터였다. 하지만 결과적으로 본다면 그런 제의가 아예 없는 편이 그에게는 더 나았다. 이 협상을 위해 그가 9월 23일에 군대와 함께 트라키아로 돌아가자, 이 틈을 타서 그의 적들은 한데 뭉쳤다.

알렉시우스 아포카우쿠스의 주재로 열린 모임에서 제국의 고위

인사들—그 가운데는 안나 황후(그녀는 요한네스가 자신과 아들을 음해하려 한다는 주변의 충동질을 그대로 믿었다)와 총대주교는 물론 칸타쿠제누스의 장인인 불가리아의 안드로니쿠스 아센도 있었다—은 내무대신을 공공의 적으로 규정했다. 그러자 곧 군중이 모여—콘스탄티노플에서 군중을 모으기란 쉬운 일이었다—요한네스의 저택으로 가서 약탈과 방화를 저질렀다. 그의 시골 영지도 파괴되고 몰수되었다.

총대주교는 섭정을 자임하고 나섰으며, 아포카우쿠스는 메가스 둑스의 서열로 승진하여 수도의 치안 대장으로 임명되었다. 한편 요한네스의 어머니를 비롯한 가족 전체가 연금 상태에 놓였고, 미처 대피하지 못한 그의 친지들은 체포되었다. 황후는 요한네스의 군 지휘권을 박탈하고 군대를 해산한다는 명령장에 직접 서명하여 아드리아노플에서 남쪽으로 40킬로미터 떨어진 디디모티쿰에 있던 요한네스의 진영으로 보냈다.

그러나 음모자들은 오래가지 못했다. 그들이 저지른 짓은 범죄였다. 상대가 제국을 위해 싸우러 나간 사이에 자신들의 이기적인 목적을 추구한 비겁한 짓이었다. 황후의 명령장이 디디모티쿰에 전해지자 군대는 한목소리로 요한네스 칸타쿠제누스를 지지하고 나섰다.

1341년 10월 26일에 군대는 현지에서 요한네스를 바실레오스로 추대했다. 요한네스 본인은 비록 대관식을 치르지 않아도 어린 요한네스 5세가 적법한 황제라고 주장했다. 그의 진의에 관해서는 의심할 여지가 없었다. 사실 제위에 대한 욕심이 조금만 있었어도 안드로니쿠스의 사후에 손쉽게 황제가 될 수 있었던 그였다. 그가 남긴 기록에서 제위를 수락한 장면을 정당화하는 몇 쪽을 보면 재미있는 대목이 나온다. 예를 들어 서임식(이 행사에서도 그는 자신과 아내의 이름보다 먼저 안나 황후와 요한네스 5세의 이름을 부르게 했다)에서는 황급히 준비된 황제복이 그의 몸에 맞지 않았다. 내의는 작아서 몸에 꼭 끼었고, 겉옷은 너무 커서 헐렁했다.

그 자신의 감정이 어떠하든 이제 요한네스 칸타쿠제누스는 전통적인 방식에 따라 군대의 추대를 받은 몸이었다(비록 수 세기 만에 처음 있는 일이었지만). 콘스탄티노플의 현 체제에서 그 추대가 승인을 받을 리는 없었으므로 내전은 불가피했다. 과연 그가 추대된 지 며칠 뒤에 총대주교가 그를 파문했다는 소식이 전해졌다. 11월 19일 요한네스 5세는 소피아 대성당에서 대관식을 치렀다. 이제 전선은 확연히 갈렸다.

피를 부르는 제위

상황은 요한네스 칸타쿠제누스의 편이 아니었다. 오래전부터 수도와 여러 속주에서는 빈민들과 귀족 세력이 심한 불화를 빚고 있었다. 비잔티움의 적들이 진격해 오면서 그들에게 정복된 지역의 수많은 난민들이 수도로 몰려든 탓에 빈민들의 처지는 갈수록 악화되었다. 그 반면에 부유한 지주들은 세금도 거의 내지 않았고 이미 만연해 있는 부정부패를 최대한 이용하여 부를 축적했다.

그러잖아도 빈곤한 제국에서 소수 귀족에게 부가 집중되자 대다

† 요한네스 5세 팔라이올로구스 금화. 왼손에 십자가를 들고 있는 성 요한(좌)과 오른손에 십자가를, 왼손에 아카키아를 들고 있는 요한네스 5세 팔라이올로구스(우).

수 백성들의 가슴에는 불만과 원한이 맺혔다. 당시 서유럽 세계의 도시들에서는 상인과 수공업 부르주아가 성장하여 부자와 빈민 사이에서 완충의 역할을 하고 있었다. 하지만 비잔티움 제국에서는 그런 요소가 없었으므로 경제적 양극화가 점차 뚜렷해지는 현상을 막을 방법이 없었다.

알렉시우스 아포카우쿠스는 군중을 이용하여 내무대신의 재산을 약탈하는 과정에서 위험한 힘을 풀어놓았다. 요한네스의 저택에서는 빈민들은 평소에 구경도 하지 못한 귀중품들이 나왔다. 그의 어머니, 그리고 동료 귀족들의 집에서도 금과 은, 보석은 물론이고 각종 희귀한 음식이 대량으로 발견되었다. 이는 아포카우쿠스가 이용하기에 좋은 구실이 되었다(아마 그는 처음으로 자신의 미천한 출신에 고마워했을 것이다). 그는 요한네스 칸타쿠제누스로 대표되는 부와 특권을 지닌 계층에 반대하여 억압받는 가난한 빈민의 옹호자를 자처했다.

이런 분위기는 삽시간에 널리 퍼졌다. 요한네스가 황제로 추대되었다는 소식이 전해지자 아드리아노플에서는 수도에서 일어난 것과 비슷한 반란이 연달아 터졌다. 당연한 일이지만 현지 귀족들은 칸타쿠제누스의 편이었다. 그러나 민중은 귀족들에게 공격을 가했고 거리에서 약탈과 파괴의 향연을 벌였다. 그들에게 사로잡히지 않은 귀족들은 목숨을 건지기 위해 달아났다.

그러는 동안 민중 자치체가 생겨나 섭정의 역할을 자청했다. 아포카우쿠스는 그것을 승인하고 황급히 아들 마누엘을 아드리아노플로 보내 그 자치체의 공식 대표자가 되게 했다. 얼마 안 가서 트라키아 전역에서 무장봉기가 속출했고 지주들은 숨거나 재빨리 줄행랑을 쳤다. 테살로니카의 사태는 더 극적이었다. 요한네스의 옛 친구인 테오도루스 시나데누스 총독은 은밀히 성문을 열겠다고 제안했으나 실행하기도 전에 자리에서 쫓겨났다.

그 대신 젤로트당*이라는 급진적인 정치 조직이 권력을 장악하고 공포 정치를 실시하며 반대파를 모조리 탄압했다. 여기서도 아포카우쿠스는 자신의 권위를 내세우기 위해 다른 아들 요한네스를 명목상의 총독으로 파견했지만, 젤로트당은 그를 무시해 버리고 7년 동

---

* 젤로트당(Zealot)은 원래 로마 제국 시대인 1~2세기경 로마의 지배에 반대한 유대인들을 가리키는 말로, '열심당'이라고도 한다. 유대 전통의 선민 의식에 투철했던 이들은 유대 신앙을 광신하며 로마에 끝까지 저항했다. 특히 기원후 70년 예루살렘이 함락된 후 마사다 요새에 들어가 남녀노소가 3년 동안 로마군에 항전하다가 960명 전원이 자살한 비극은 젤로트당의 대표적인 사건이다. 물론 비잔티움의 젤로트당은 그들과는 무관하고, 다만 '젤로타이'라는 그리스어를 명칭으로 사용했을 뿐이다(젤로트란 '열심인 사람'이라는 뜻의 그리스어 '젤로타이'에서 나온 이름인데, 오늘날 영어에 zeal이라는 단어로 남아 있다)

† 요한네스 6세 칸타쿠제누스, 황제와
수도사의 이중 초상(파리, 국립도서관).

안이나 테살로니카를 독립 공화국처
럼 지배했다.

한편 요한네스 칸타쿠제누스는 절
망적인 처지가 되었다. 불과 한 달 전
만 해도 그는 콘스탄티노플에서 독보
적인 지위에 있으면서 거의 무소불위
의 권력을 휘둘렀으며, 정적들은 좀
있었지만 대체로 폭넓은 존경을 받는
몸이었다. 그동안 군사와 외교상의 업
적도 많이 올렸고, 머잖아 모레아를
넘겨받고 그리스가 다시 제국령이 되
면 비잔티움은 일대 전환점을 맞이할
수 있었다.

그런데 이제 그는 법적 권한을 박탈당하고 파문을 당했으며, 자
신이 평생을 바친 제국의 공적이라는 낙인까지 찍혔다. 게다가 저택
이 파괴되고 재산이 약탈되었으며 영지는 몰수되었다. 그의 어머니
도 집에서 쫓겨나 재산을 잃었다(그녀는 심한 학대를 받아 얼마 뒤에 죽
고 말았다). 테오도루스 시나데누스를 비롯한 친한 친구들이 모두 그
를 버렸다. 그와 친분이 있는 사람이면 누구든 재산을 몰수당하고
투옥되거나 심지어 처형까지 당할 수 있는 판국이었다.

그의 이름은 부자에 의한 빈민의 착취를 뜻하는 대명사가 되어
버렸다. 실은 그 착취의 폐단이야말로 그가 평생토록 근절하기 위해
노력한 것이 아니던가? 물론 현재 그는 황제였다. 공식 대관식은 없

었어도 서임식은 치렀다. 하지만 비록 원치 않았던 제위였으나 그가 받아들였다는 사실은 그때까지도 변함없이 충성을 바치는 적법한 황제가 그를 더욱 오해하게 만들었다.

무엇보다도 시급한 것은 동맹자였다. 그는 아이딘의 아미르인 옛 친구 우무르에게 긴급 전갈을 보냈다. 그러나 아미르는 너무 먼 곳에 있었고 요한네스 칸타쿠제누스의 처지는 상당히 위급했다. 할 수 없이 그는 오랫동안 망설이다가 세르비아의 스테판 두산에게 손을 내밀었다. 하지만 스테판은 늘 제국의 적이었으므로 그의 도움을 빌리는 것은 신망을 잃는 짓이라는 것을 잘 알았으므로 요한네스는 세르비아로 출발하면서 병사들에게 자신을 따르든지 말든지 마음대로 선택하라고 말했다. 불과 2천 명만 따르겠다고 나섰을 때도 그는 전혀 놀라지 않았다. 현재의 상황에서는 이것저것 꼼꼼하게 따져 볼 여유조차 없었다. 그는 8년 전에 세르비아 왕과 잠깐 만났을 때 분위기가 상당히 우호적이었다는 것을 기억했다.

1342년 7월 스코플레 부근의 프리슈티나에서 가진 두 번째 만남은 먼젓번보다 더 우호적이었다. 그러잖아도 스테판은 황제의 곤경을 최대한 이용할 심산이었다. 만약 요한네스 칸타쿠제누스가 비잔티움령 마케도니아의 대부분을 달라는 요구까지 수락했더라면 스테판은 더욱 친근하게 굴었을 것이다. 그래도 그는 새 친구에게 보호와 지원을 해 주겠다고 약속하고, 선의의 표시로 디디모티쿰으로 돌아가는 길에 용병 부대를 붙여 주었다.

요한네스 칸타쿠제누스에게 그것은 다행스러운 일이었다. 세레스에 이르렀을 때 앞길이 차단되어 더 이상 갈 수 없었던 것이다. 그러나 할 수 없이 세레스를 포위했을 때 군대 내에 무시무시한 전염병이 돌았다. 정예병 1500명이 몇 주 만에 죽었다. 결국 그는 온갖 어려움을 뚫고 가까스로 세르비아 국경까지 돌아가는 데 성공했다. 이제 요한네스는 다른 걱정거리들은 물론이고 가족이 있는 디디모티쿰에도 가지 못하는 처량한 신세가 되었다.

그나마 스테판 두샨의 도움으로 칸타쿠제누스는 1342년의 남은 기간을 무사히 넘길 수 있었다. 그러다가 그해 크리스마스 직전 드디어 바라던 소식이 들려왔다. 우무르가 오고 있다는 소식이었다. 요한네스의 전갈을 받은 아미르가 즉각 함대를 준비시켰던 것이다. 북동쪽으로 출발한 그의 함대는 에게 해를 거쳐 마리차 강 어귀까지 와 있었다.

여기서부터 아미르는 병력을 이끌고 디디모티쿰—이곳에 남은 병사들은 아직 칸타쿠제누스에게 충성하고 있었다—으로 가서 방어 태세를 강화하고 방어군을 남겨 두었다. 한겨울의 혹독한 추위 때문에 옛 친구를 만나러 트라키아를 횡단하는 것은 포기할 수밖에 없었다. 하지만 아미르의 도움은 매우 요긴했다. 특히 그가 만사를 제쳐두고 신속하게 도우러 와 준 것은 정신적인 격려가 무엇보다도 절실한 요한네스에게 큰 힘이 되었다.

바야흐로 대세의 흐름이 바뀌기 시작했다. 1342년부터 1343년 사이의 겨울에 테살리아 속주는 요한네스의 지지를 선언했고 곧이어 봄이 되자 마케도니아의 여러 중요한 도시들이 자발적으로 복종했다. 이런 사태에 크게 놀란 아포카우쿠스는 소함대를 이끌고 테살로니카로 왔다. 그러나 한두 주 뒤에 멀리 수평선에서 우무르의 기함이 보이고 그 뒤로 200척의 함대가 모습을 드러냈다. 이번에는 두 친구가 서로 만나 함께 테살로니카를 포위했다. 도시의 방어망은 튼튼했으나 아미르의 6천 병력에 힘입어 칸타쿠제누스는 디디모티쿰까지 돌파할 수 있었다. 거기서 그는 거의 1년 만에 아내와 재회했다.

한편 콘스탄티노플에서는 사기가 급속히 저하되었고 식량마저 부족했다. 요한네스 칸타쿠제누스가 최근에 거둔 승리는 몹시 불길했다. 안나 황후와 그녀의 측근들은 투르크가 유럽 속주에서 마음껏 활개를 치고 다닌다는 생각을 하기만 해도 끔찍했다. 우무르의 병사들은 가는 곳마다 파괴 행각을 벌였다. 트라키아와 마케도니아의 불운한 주민들은 과거에도 침략군을 숱하게 겪었지만 이번과 같은 만행은 일찍이 경험하지 못했다.

물론 투르크 병사들이 이 지역에 온 것은 이번이 처음은 아니었다. 35년 전에 카탈루냐인들도 투르크군을 끌어들였고 안나의 남편인 안드로니쿠스도 할아버지와 싸울 때 그들을 이용했다. 더 최근에는 안나 황후도 아미르 오르한과 접촉한 적이 있었다. 그때 오르한은 칸타쿠제누스와 동맹을 맺는 편이 자신에게 더 유리하다는 판단에서 황후의 요청을 거부했다. 그런 경험이 있었지만 그녀는 이 이교도 야만족을 생각할 때면 언제나 두려웠다.

더구나 그들은 이제 아시아에만 머물러 있는 게 아니라 수도의 성문 바로 앞에까지 이르렀다. 그래서 1343년 여름에 그녀는 사부아 출신의 기사 한 명을 아비뇽으로 보내 교황 클레멘스 6세에게 절박하게 호소했다. 도움을 준다면 황후 자신이 복종하는 것은 물론 ─그녀는 어차피 라틴 신앙이었으니 문제가 없었다─아들 요한네스, 알렉시우스 아포카우쿠스, 심지어 콘스탄티노플의 총대주교인 요한네스 칼레카스도 교황에게 복종하겠다는 것이었다.

적어도 뒤의 두 사람에 관한 한 안나는 거짓말을 하고 있었다. 그래도 교황이 의심하지 않을까 우려했던 안나는 그 직후에 베네치아와 제노바에도 긴급 구원을 요청했다. 하지만 두 공화국 모두 공짜로는 아무 일도 해 주지 않으리라는 것을 그녀는 잘 알고 있었다. 또한 연이은 두 차례의 내전으로 인해 제국의 국고에 지원의 대가를 치를 만한 자금이 없다는 것도 잘 알고 있었다.

결국 황후는 후대 사람들이 이 사건으로 그녀를 기억할 수밖에 없는 행위를 했다. 1343년 8월에 금화 3만 두카도를 빌리는 조건으로 베네치아 측에 비잔티움 제관의 보석들을 저당잡힌 것이다. 그 뒤 보석은 회수되지 못했다. 황후의 그 행위는 한때 위대했던 로마 제국이 어느 정도까지 쇠락했는지를 다른 어떤 사실보다도 더 극적으로 보여 준다.

그러나 그것은 아무런 도움도 되지 못했다. 아비뇽에서도, 제노바에서도, 베네치아에서도 도움은 오지 않았다. 설상가상으로 요한네스의 입지가 꾸준히 강화되자 황후가 가장 신뢰하는 지지자들마저 하나둘씩 등을 돌리기 시작했다. 1344년에는 트라키아의 대표적인 장군 요한네스 바타체스가 칸타쿠제누스의 진영으로 넘어갔다. 한두 달 뒤에 아드리아노플의 총독인 알렉시우스의 아들 마누엘 아포카우쿠스도 변절했고 그 이듬해 초에 아드리아노플 자체도 넘어갔다.

당시 아포카우쿠스의 행위는 그의 절망적인 심정을 잘 보여 준다. 그는 늘 많은 경호원을 거느리고서야 집을 나섰다. 또 긴급히 탈출할 때 사용할 수 있도록 황금뿔의 배 한 척에 병력과 식량을 배치해 두었다. 충성심이 조금이라도 의심되는 사람들─거의 모든 부자들이 이에 해당했다─은 속속들이 체포했다. 그리고 오랫동안 폐허로 남아 있던 콘스탄티누스 황궁의 일부를 감옥으로 개조하여 그들을 수용했다.

결국 아포카우쿠스가 죽음을 맞이하게 된 곳도 바로 이곳이었다. 1345년 6월 11일 정기적으로 감독하던 건축 공사 현장에서 그는 측근 한 명과 잠시 이야기를 나누기 위해 경호원들과 조금 떨어져 있었다. 그런데 마침 마당 가운데서 운동을 하던 죄수들이 그를 보았다. 그중 몇 명─그중에는 그의 조카도 있었다고 한다─이 그를 덮쳤다. 처음에 죄수들의 무기는 돌맹이가 고작이었지만 곧 그들은 묵직한 나무 곤봉을 찾아 냈다. 이윽고 그들은 일꾼 한 명에게서 도끼를 빼앗아 아포카우쿠스의 목을 잘랐다.

죄수들은 그의 머리를 장대에 꽂아 감옥의 벽 위에 자랑스럽게 전시했다. 그 광경을 본 경호원들은 겁에 질려 달아났다. 범행을 저지른 죄수들은 건물 안에 그대로 머물렀다. 자신들을 처벌하러 올 경우 건물 안에 있는 편이 더 방어하기 쉽다는 판단에서였다. 하지만 그들은 실상 자신들이 처벌을 받으리라고 생각하지 않았다. 제국의 모든 사람들이 증오하는 독재자를 제거했으니 공익적인 일을 한 게 아닐까? 오히려 그들은 나라를 구한 공로로 감사와 보상을 받아야 하지 않을까?

그 소식을 들었을 때 황후도 그들과 비슷하게 생각했다. 그래서 그녀는 판히페르세바스토스인 이사키우스 아센에게 죄수들에게 아무런 제재도 가하지 않겠다는 뜻을 알리고 모든 죄수들을 집으로 돌려보내라고 명령했다. 그런데 안타깝게도 아센은 그 명령을 즉각 실행하지 못했다(요한네스 칸타쿠제누스는 그가 너무 바빠 깜빡했다고 말한다). 이튿날 아침 아포카우쿠스의 부하 한 명은 수병들에게 주인의 죽음을 복수하자고 선동했다. 수병들은 무장을 했고 죄수들은 무방비 상태였다. 아포카우쿠스의 살해에 동참한 죄수들을 비롯하여 일부는 인근의 네아 성당[165]으로 대피했다가 이후 탈출했으나 약 200명의 죄수들이 바로 네아 성당의 문턱에서 학살당했다.

기쁘지 않은 대관식

알렉시우스 아포카우쿠스의 죽음은 비록 그 자신이 자초한 감이 있으나 섭정단에게 큰 타격이었다. 하지만 그것으로 사태가 모두 정리된 것은 아니었다. 요한네스 칸타쿠제누스가 콘스탄티노플로 개선하기 위해서는 아직도 해결되어야 할 일들이 많았다. 게다가 그 자신이 처리해야 할 문제도 있었다. 스테판 두샨이 등을 돌린 것도 그 중 하나였다. 세르비아 왕은 마케도니아 전역을 정복하기로 결심하고 세레스까지 포위했다. 그리하여 요한네스는 두 전선에서 두 적을 동시에 상대해야 했다.

테살로니카에서도 실망스러운 소식이 들려왔다. 명목상의 테살로니카 총독인 요한네스 아포카우쿠스는 자신의 지배를 관철하려는 생각에서 젤로트당의 지도자를 살해하고 정권을 탈취했다. 그런데 그의 아버지가 죽었다는 소식을 듣고 그는 칸타쿠제누스를 공개적으로 지지하며 도시를 그에게 넘기겠다고 선언했다. 하지만 적의 움직임은 더 빨랐다. 요한네스나 그의 아들 마누엘—베로이아(지금의 베리아)를 지배하고 있었다—이 테살로니카를 접수하러 가기도 전에 아포카우쿠스는 추종자 약 100명과 함께 체포되었다. 젤로트당은 그들을 한 명씩 성벽 위에서 떨어뜨려 아래에 모인 군중의 손에 처단을 맡겼다. 군중은 거리를 누비고 다니면서 귀족들을 발견할 때마다 때려죽였다. 곧 젤로트당은 전처럼 테살로니카를 장악했다.

또다시 요한네스는 동맹자가 절실하게 필요한 상황에 처했다. 스테판 두샨은 그를 배신했고, 언제나 그에게 충직했던 아미르 우무르는 1344년 드디어 출동한 교황의 동맹군에게 스미르나 항구를 빼앗기고 함대가 파괴되는 큰 타격을 입었다. 그래도 그 이듬해에 우무르는 옛 친구를 위해 트라키아로 잠시 원정을 와 주었지만 과거와 같은 도움을 주기는 어려웠다. 당시 리디아에 있던 그의 이웃인 사루한의 아미르는 요한네스에게 호의를 보였다. 그는 전에도 병력을 지원했으니 아마 지금도 해 줄 터였다. 그러나 요한네스 칸타쿠제누스가 수도를 향해 진격하려면 그 정도의 도움으로는 모자랐다. 그래서 1345년 초에 그는 오르한과 직접 만났다.

비록 정치와 종교상의 관점에서 요한네스는 그의 동포들처럼 투르크를 싫어했지만, 개인적으로는 그들과 언제나 잘 어울렸다. 그는 투르크어를 공부했다고 직접 밝힌 바 있다. 그 덕분에 좀 더듬거리기는 해도 투르크어를 말할 수 있었고, 투르크인들은 그런 그를 좋아했다. 당시의 다른 그리스 귀족들은 대개 그런 시도조차도 수치스럽게 생각했던 것이다. 그래서 요한네스는 우무르와 그랬듯이 오르한과도 금세 친해질 수 있었다.

마침 오르한이 그의 세 딸 중 둘째인 테오도라를 보고 사랑에 빠지자 둘은 더욱 친해졌다. 엔베르에 의하면 그의 세 딸은 모두 상당한 미인이었다고 한다. 또한 그레고라스는 오르한이 테오도라를 아내로 취하는 대가로 요한네스에게 자신의 군대와 더불어 가신으로서 충성하겠다고 약속했다고 말한다. 어쨌든 오르한과 테오도라는 1346년에 셀림브리아에서 결혼했다. 신부는 그리스도교 신앙을 계속 가져도 좋다는 허락을 받았고, 나중에는 남편의 나라에 사는 자유민과 노예 등 그리스도교 주민들을 위해 열심히 활동했다.

그러나 그해에는 더 불길한 사건도 있었다. 부활절에 스코플례 대성당에서 스테판 두샨이 세르비아 대주교—두샨은 그를 총대주교로 승진시켰다—에게서 '세르비아인과 그리스인의 황제'라는 칭호와 함께 제관을 받은 것이다.* 여기서 그의 야망은 여실히 드러났

---

* 이 사건은 발칸에서 세르비아가 주도적인 위치를 차지하게 되었다는 것을 상징한다. 실제로 당시 세르비아는 전성기를 맞아 동유럽 최강국의 지위를 누리고 있었다. 그러나 그 뒤 세르비아는 다른 동유럽 국가들과 마찬가지로 오스만투르크의 공격을 받아 멸망한다. 투르크가 약화되고 서유럽 열강이 세계의 패자로 발돋움하는 19세기 초반에 세르비아는 다른 발칸 국가들과 함께 독립을 이루게 되는데, 그 무렵 세르비아에서 제기된 구호가 바로 '대세르비아주의' 다. 이는 세르비아를 중심으로 발칸의 슬라브 국가들이 통일을 이루어야 한다는 이념이다. 이것은 1346년의 그 사건, 즉 세르비아 왕이 '세르비아인과 그리스인의 황제'로 승격된 것에서 역사적 기원을 찾을 수 있지 않을까? 대세르비아주의는 다음 세기에 오스트리아의 발칸 정책과 충돌하면서 제1차 세계대전의 도화선을 만들게 된다. 이렇게 본다면 20세기 세계대전의 뿌리는 무려 700년을 거슬러 올라가는 셈이다.

다. 5월 21일 성 콘스탄티누스와 성 헬레나의 축일을 맞아 요한네스가 예루살렘 총대주교인 라자루스에게서 아내와 함께 제관―현지 대장장이가 급조한 것이었다―을 받은 행위는 필경 스테판 두샨의 허세에 대한 대응이었을 것이다.

어쨌든 그것으로 5년 전에 치른 서임식과 황제의 추대는 이제 공식화되었다. 하지만 요한네스는 맏아들인 마타이우스가 공동 황제로 임명되는 것에는 한사코 반대했다. 그 자리는 그가 아직도 적법한 군주이자 선임 군주로 여기고 있는 열네 살짜리 요한네스 팔라이올로구스의 몫이라고 여겼기 때문이다.

칸타쿠제누스가 대관식을 치르기 불과 이틀 전인 5월 19일에 콘스탄티노플에서는 비극이 일어났다. 800여 년이나 제 자리를 지켜온 소피아 대성당의 동쪽 일부가 갑자기 주저앉아 버린 것이었다. 미신을 믿는 비잔티움 사람들에게 그것은 신이 자신들을 버리려 하고 있다는 매우 불길한 징조였다. 그러잖아도 인기가 없었던 총대주교는 더욱 신망을 잃었으며, 그해 말에 이르면 콘스탄티노플에서 황후 혼자만 제외하고는 요한네스 칸타쿠제누스가 돌아오기를 바라지 않는 사람이 없었다.

마침내 그는 모든 준비를 마쳤다. 수도 안의 협력자들도 계책을 준비했다. 그가 오기로 예정된 날은 1347년 2월 1일이었다. 하지만 이때도 작전은 거의 실패할 뻔했다. 셀림브리아에서 정예 병력 1천 명을 거느리고 수도로 행군하면서 그는 남의 이목을 끌지 않기 위해 일부러 외딴 길로 우회했다. 그래서 일정이 예상보다 오래 걸려 예정된 시각보다 스물네 시간이나 늦게 수도의 성벽에 도착했다. 그는 자신의 책『역사』에서 당시 동지들이 그곳에 없을까 봐 무척 초조했던 심정을 털어놓고 있다. 그런데 운이 닿으려고 그랬던지 그의 동지들도 전날 밤에 성문에 오지 못하고 일정이 하루 늦춰졌다. 그래서 2월 2일 늦은 밤에 황제 요한네스 칸타쿠제누스와 1천 병력은 금문의 벽돌벽에 나 있는 좁은 틈으로 들어갔다. 그로서는 무려 5년 반 만에 수도에 입성하는 셈이었다.

이튿날 아침에 그는 병력을 블라케르나이 궁전 앞에 집결시키고, 여느 때처럼 정중한 태도로 황후의 알현을 요청했다. 황후는 거절했다. 사부아의 안나는 자신이 패배했고 정복자의 비위를 맞추려 노력해야 한다는 것을 알고 있었다. 그 전날에 그녀는 주교들의 종교 회의를 통해 총대주교를 해임하기까지 했다. 하지만 5년 동안 매일 아포카우쿠스에게 세뇌당한 터라 그녀는 칸타쿠제누스가 자신과 네

아이를 죽이려 한다고만 믿고, 그를 한사코 궁전에 들이지 않으려 했다. 섭정단의 치하에서 투옥과 고문을 당한 경험을 가진 요한네스의 일부 추종자들이 인내심을 잃고 궁전을 습격한 뒤에야 비로소, 애초부터 황후와 운명을 같이 할 생각이 없었던 경비병들은 황후의 명

† 요한네스 칸타쿠제누스는 야음을 틈타 금문의 좁은 틈으로 콘스탄티노플로 들어갔다.(이스탄불, 금문)

령을 어기고 궁전의 문을 열었다.

닷새가 지난 뒤인 2월 8일에 양측의 합의가 이루어졌다. 향후 10년 동안 두 황제는 공동으로 지배하기로 했고 요한네스 칸타쿠제누스가 선임 황제의 자리를 차지하기로 했다. 그 10년이 지나면 두 황제는 동등한 지위를 가지기로 했다. 정치범들은 모두 석방되었다. 보복은 일체 허용되지 않았고, 각자의 재산은 내전이 일어나기 이전의 상태를 유지하기로 했다. 요컨대 협약 전체가 매우 합리적이었다. 너무 합리적이어서 5년 전에는 왜 그런 협약이 체결되지 못했을까 의아스러울 정도였다.

대사면의 예외는 단 한 사람이었다. 선임 황제의 정적으로 1341년에 그를 파문했던 전임 총대주교 요한네스 칼레카스는 여전히 화해의 시도를 한사코 거부했다. 그는 요한네스 팔라이올로구스의 섭정으로서 패배한 정권의 명목상의 수장이기도 했지만, 요한네스 칸타쿠제누스가 수도에 돌아오기 전날에 해임되어 자존심에 큰 상처를 입었다. 하지만 그것은 칸타쿠제누스의 책임이 아니었고 순전히 정치적인 이유만도 아니었다. 총대주교는 그레고리우스 팔라마스와 헤시카슴 교리를 내내 반대했던 것이다.

소피아 대성당에서 공의회가 열렸음에도 불구하고 종교 논쟁은 여전히 치열했다. 1341년에 바를람이 무대에서 사라지자마자 곧 그레고리우스 아킨디누스라는 수도사가 새 인물로 등장했다. 서유럽의 스콜라 철학에 매우 해박했던 그는 바를람을 대신하여 헤시카슴의 강력한 적수로 떠올랐다. 게다가 그는 웅변 솜씨가 뛰어나고 구변도 좋았다.

하지만 1341년 두 달 동안 열린 제1차 공의회—요한네스 칸타쿠제누스가 사회를 맡았다—에서는 결국 먼젓번과 똑같이 팔라마스를 옹호하고 아킨디누스를 비난하는 결론이 내려졌다. 제2차 공의회가 열린 8월은 마침 총대주교가 섭정이 되기 위해 공작하던 시기였다. 그래서 그는 자신의 정적이 주재한 공의회의 결론을 단호하게 반대하고, 그 대신 아킨디누스 일파와 공동의 보조를 취했다. 황후를 그의 편으로 끌어들이는 것은 어렵지 않았다.

이 순간부터, 비비 꼬인 헤시카슴 논쟁은 내전이 그랬던 것처럼 전형적인 비잔티움의 양상으로 진행된다. 즉 요한네스 칸타쿠제누스가 헤시카슴을 신봉하기 때문에 요한네스 칼레카스는 그것에 반대하고, 그레고리우스 팔라마스가 칸타쿠제누스를 섭정으로 추대하자고 주장하기 때문에 그레고리우스 아킨디누스는 총대주교를 지지하는 식이다. 콘스탄티노플의 섭정단은 아직 상당히 안정적인 반면에 헤시카슴파는 계속 심한 공격을 받는다. 팔라마스는 1343년에 투옥되고 1344년에는 파문을 당한다. 그 뒤 칸타쿠제누스의 승리가 가까워지자 종교 논쟁의 저울추는 다시 흔들린다. 그래서 팔라마스는 석방되고 총대주교는 비난을 받고 해임된다.

물론 이런 분석은 지나치게 단순하다. 예를 들어 니케포루스 그레고라스는 정치적으로는 칸타쿠제누스파였지만 헤시카슴에는 격렬하게 반대했으며, 헤시카슴파 중에서도 정치적으로는 팔라이올로구스 왕조에만 충성하는 사람들도 많았다. 그러나 대체적으로 논쟁의 전선은 매우 뚜렷했다. 비잔티움 역사에서 정치와 종교의 쟁점은 거의 구분되지 않았고 항상 복잡하게 얽혀 있었다.

바로 이런 경향 때문에 총대주교는 헤시카슴의 쟁점을 이용하여 자신의 정치적 목적을 추구할 수 있었던 것이다. 하지만 그가 몰락하고 요한네스 칸타쿠제누스가 등장함으로써 더 이상 그런 상황은 불가능해졌다. 2월 말에 칸타쿠제누스와 황후가 공동으로 주재한 종교 회의—칼레카스는 당연히 참석을 거부했다—에서는 총대주교의 궐석 상태에서 그의 해임을 결정하고 그레고리우스 팔라마스의 정통성을 지지했다. 아킨디누스는 콘스탄티노플에서 도망쳤다가 얼마 뒤 망명지에서 죽었다.

헤시파슴파 수도사로서 신임 총대주교가 된 이시도루스 부카리스는 자신의 옛 친구인 팔라마스를 테살로니카의 대주교로 임명했으며(하지만 테살로니카는 아직 젤로트당이 장악하고 있었다), 요한네스 칸타쿠제누스의 파문을 공식적으로 철회했다. 그리하여 마침내 1347년 5월 21일—칸타쿠제누스가 아드리아노플에서 첫 대관식을 치른 지 정확히 1년 뒤—에 블라케르나이의 성모 성당에서 두 번째 대관식이 치러졌다. 한 주일 뒤 요한네스의 아름다운 막내딸 헬레나도 같은 성당에서 공동 황제인 열다섯 살의 요한네스 5세[166]와 결혼했다.

대관식과 결혼식이라면 무엇보다도 즐거운 행사여야 할 것이다. 하지만 두 행사가 거행된 분위기는 슬프고 우울했다. 전통적으로 황제의 대관식과 황실의 결혼식은 소피아 성당에서 치러야 했으나 전년에 성당의 동쪽 부분이 파괴되어 사용할 수 없었다. 또한 두 황제는 비잔티움의 보석 제관을 써야 했지만, 그것도 황태후 때문에 이미 저당잡혀 있는 상태였다. 그래서 행사 참석자들은 유리로 된 관을 쓴 황제의 모습에 눈물을 삼켜야 했다. 게다가 피로연에서 사용된 술잔은 백랍[주석과 납의 합금으로 고대에 식기를 만드는 데 사용되었다]으로 된 잔이었고 접시는 값싼 질그릇이었다. 과거에 손님들의 눈을 현란하게 만들었던 그 많은 금과 은은 불필요한 내전을 치르는 비용으로 다 소모되었고 이제는 없었다.

19

—

수렁으로 빠져드는 제국

1347년~1354년

우리는 지금 너무도 약한 처지에 놓여 있습니다. 남에게 멍에를 씌우기는커녕 우리의 멍에를 벗기도 어려운 실정입니다. …… 다시 일어나 우리의 친구들이 존중하고 우리의 적들이 두려워하는 제국을 건설합시다. 만약 그 반대로 우리가 좌절로 인해 비난받아 마땅할 나태에 빠진다면 우리는 노예가 되고 말 것입니다. 여기에 중간이란 없습니다. 고대의 미덕을 되찾아 제국을 구하거나, 아니면 실패하고 정복자의 지배를 받아야 합니다. 그러니 고귀한 결정을 내리십시오. 여러분의 영광과 안전과 자유와 생명을 위해 행동에 나서십시오.

요한네스 칸타쿠제누스 1347년 백성들에게 기금 모금을 호소하며

세르비아의 위협

니케포루스 그레고라스는 "만약 요한네스 칸타쿠제누스가 팔라마스의 이단에 빠지지 않았다면 그는 비잔티움의 가장 위대한 황제의 반열에 올랐을 것"이라고 말했다. 이단에 관해서는 니케포루스가 틀렸을지 모르지만 어쨌든 그 말의 취지는 분명하다. 요한네스 6세는 성실과 용기와 지성을 갖춘 데다 정치적 식견까지 뛰어난 인물이었다. 그가 만약 1341년 안드로니쿠스 3세가 죽었을 때 곧바로 제위를 차지했더라면 제국의 쇠퇴를 늦추고 다시 번영의 도상에 올려놓을 수 있었을지도 모른다. 그러나 그로부터 6년이 지난 지금 제국은 회복이 거의 불가능한 상태였다.

그의 불운은 분열과 파산의 위기를 맞아 백성들은 좌절하고 사방에서 적들이 공격하는 상황에서 제국을 물려받았다는 데 있었다. 그는 오래전부터 제국의 정치적·경제적 붕괴에 관해 열심히 고민했고 제국을 회복시키는 데 필요한 조치가 무엇인지 잘 알고 있었지만, 막상 확고한 최고 권력을 손에 쥐었을 때는 안타깝게도 그의 뜻을 펼치는 데 필요한 자금이 전혀 남아 있지 않았다.

그의 또 다른 불운은 세르비아인과 그리스인의 황제로 자칭하는 스테판 두샨과 동시대인이었다는 점이다. 제국의 내전으로 최대의 혜택을 입은 사람을 꼽으라면 단연 스테판이었다. 그는 이쪽 저쪽을 부지런히 오가면서 섭정단과 칸타쿠제누스의 약점을 이용하여 이득을 취했다. 1345년 9월에 세레스를 점령한 이후 그는 테살로니카를 제외한 마케도니아 전역을 수중에 넣었다. 그로부터 불과 한 달 뒤에 그는 베네치아의 도제에게 보낸 서한에서 '페레 토티우스 임페리이 로마니 도미누스fere totius imperii romani dominus', 즉 '로마 제국 거의 전체의 주인'이라고 자칭했다.

이 직함에서 보듯이 그는 마케도니아를 차지하는 데 만족할 생각이 전혀 없었다. 계속해서 스테판은 알바니아와 에피루스, 아카르나니아와 아이톨리아, 마지막으로 테살리아까지 정복했다. 더구나 그 모든 지역을 별다른 전투 한번 없이, 단기간의 포위만으로 간단히 접수했다. 1355년 스테판이 사망할 무렵 세르비아 제국은 아드리아 해에서 에게 해까지, 도나우 강에서 코린트 만까지 이르러 비잔티움 제국보다 훨씬 큰 영토를 자랑했다.

그 무렵 스테판은 거의 그리스인이나 다름없었고, 그의 백성들도 이미 오래전에 야만족의 이미지에서 벗어났다. 일찍이 안드로니쿠스의 로고테테스였던 테오도루스 메토키테스는 1298년에 외교 임무로 세르비아의 수도를 방문했을 때 궁정이 화려한 데다 비잔티움의 운치가 가득한 것을 보고 깊은 인상을 받은 바 있었다.

그 뒤로 반세기 동안 세르비아의 그리스화는 더욱 진척되었다. 두샨은 세르비아 제국의 남부와 그리스까지를 다스렸고, 북부는 명목상으로 아들—나중에 스테판 우로슈 5세가 되지만 당시에는 어린아이였다—에게 맡겼다. 스테판은 그리스어를 유창하게 구사했으며, 그리스 관리들을 정부에 임용하고 그들에게 그리스 관직을 주었다. 필요한 경우에는 그리스 제도를 채택하는 것도 마다하지 않았다. 예를 들어 스테판은 비잔티움의 교회법 학자인 마타이우스 블라스타레스가 쓴 『법 대전Syntagma』을 참고로 하여 만든 새 법전을 1349년에 반포했다.

스테판 두샨이 콘스탄티노플의 제위를 탐내는 것은 명백했지만, 그는 한 가지 약점이 있어 제위를 차지할 가능성이 크지 않았다. 세르비아는 전통적으로 내륙 국가였다. 스테판은 해상 정복에서도 제법 성공을 거두었으나 실질적인 해군을 보유하지는 못했다. 비잔티움은 사정이 위급해질수록 수도의 육로성벽을 더욱 튼튼히 해야 했다. 내전으로 모든 게 황폐해졌음에도 이 육중한 성벽은 여전히 난공불락이었다. 따라서 콘스탄티노플은 바다 쪽에서 공략해야만 성공할 수 있었다. 그런데 함대가 없는 두샨은 4세기 전에 그의 위대한 조상 시메온이 그랬듯이 제국의 수도를 정복할 수 없었다. 그래서 그는 여러 차례 베네치아 측에 지원을 요청했지만 언제나 거절당했다. 베네치아인들에게는 강력한 세르비아 제국보다는 허약한 비잔티움 제국이 존속하는 게 더 나았던 것이다.

그러나 스테판 두샨은 요한네스 6세가 당한 불운의 시작도, 끝도 아니었다. 그는 치세 첫해부터 어떤 발칸 국가보다도 강력한 적을 만났다. 1347년 봄에 흑사병이 콘스탄티노플을 휩쓴 것이다. 이미 흑사병이 퍼져 있던 크리미아의 제노바 식민시 카파에서 몽골군의 공격을 피해 탈출한 선박을 통해 전염되었을 게 거의 확실하다. 카파는 수백 년 전에도 흑사병의 공격을 받았으나 이번만큼의 규모는 아니었다.

이탈리아 에스테 출신의 어느 연대기 작가는 콘스탄티노플 전인구의 9분의 8이 흑사병으로 죽었다고 말하지만, 그 주장을 반드시 믿을 필요는 없다(그러나 다른 통계 수치가 없는 것도 사실이다). 이미 한 세대에 걸쳐 일어난 두 차례의 내전으로 의욕을 상실한 비잔티움인들은 오래전부터 우려하던 일이 결국 사실로 드러났다고 여겼을 것이다. 즉 1천여 년 동안 수도의 수호자였던 성모가 마침내 그들을 버린 것이다.

세르비아 황제의 행동이나 흑사병의 확산보다 덜 극적이지만 그런 것들에 못지않게 요한네스 칸타쿠제누스를 곤경으로 몰아넣은 것은 제국의 전반적인 사정이었다. 한때 제국의 영토는 지브롤터 해협에서 메소포타미아에 이르렀으나 이제는 아드리아노플과 디디모티쿰의 두 중요한 도시를 포함하여 예전의 트라키아 속주와 에게 해 북부의 몇 개 섬으로 축소되었다(그중에서도 키오스 섬은 1346년 제노바에 도로 빼앗겼다). 이 보잘것없는 영토에다 1350년 드디어 젤로트 당이 축출된 테살로니카를 추가할 수 있었다. 하지만 테살로니카는 스테판 두샨의 영토에 완전히 둘러싸여 해로를 통해서만 갈 수 있는 곳이 되어 버렸다.

경제적인 사정은 더욱 어려웠다. 오랜 전란으로 트라키아의 농토는 경작이 불가능한 황무지로 변해 버린 데다 투르크 산적들에게 끊임없이 시달렸고, 해안 지대는 소아시아 아미르들의 해적 떼에게 약탈을 당했다. 식량은 제노바 상인들이 흑해로부터 수송해 주고 있었지만 언제든 그들이 원하면 차단할 수 있었다. 무역도 교착 상태였다. 그레고라스에 의하면 당시 갈라타의 제노바인들은 매년 20만 히페르피라를 관세로 징수했는데, 이 금액이 황금뿔 맞은편의 콘스탄티노플로 오면 3만 히페르피라에 불과했다고 한다.

그나마도 히페르피론의 화폐 가치는 날이 갈수록 더 하락했다. 정부가 사용하는 주요 경비는 기부금이나 차관에 의존할 수밖에 없었고, 그나마도 원래의 목적과는 전혀 다른 곳에 쓰이기 일쑤였다. 이를테면 1350년에 모스크바 대공 시메온이 소피아 대성당이 무너졌다는 소식을 듣고 성당을 재건하라고 많은 금을 보냈지만, 이 그리스도교의 명분에 충실한 기부금은 오히려 무슬림들의 주머니 속으로 들어가 버렸다. 투르크 용병들을 충원하는 데 사용되었기 때문이다.

안정을 찾은 신임 황제

요한네스는 무엇보다 아직 남아 있는 영토를 공고히 다지는 데 주력했다. 그의 막내아들인 안드로니쿠스는 흑사병으로 목숨을 잃었다. 남은 두 아들 중 맏이인 마타이우스는 디디모티쿰과 크리스토폴리스 사이, 세르비아의 국경과 면해 있는 트라키아 지역을 보존하는 임무를 맡았고, 차남인 마누엘은 조금 뒤에 모레아를 관장하는 임무를 맡았다(이후 모레아는 자치적인 공국이 된다). 이는 요한네스가 단지 고집스러운 두 아들에게 일거리를 주기 위한 것이었다는 설도 있지만, 그런 해석은 그와 그의 아들들에게 부당한 듯하다.

그는 스테판 두샨이 그 두 지역을 차지하기 위해 호시탐탐 노린다는 것을 잘 알았다. 또한 그는 압력을 받으면 제국의 영토가 쉽게 조각나 버린다는 것도 잘 알았다. 내전이 끝난 뒤 그에게는 개인적으로 신뢰할 만한 인물들이 별로 남지 않았다. 따라서 그는 작아진 제국의 두 요충지를 누구보다 믿을 수 있는 사람들에게 맡기기 위해 아들들을 발탁한 것이다.

그 다음에 요한네스는 갈라타와 제노바인들에게로 시선을 돌렸다. 그들은 제국을 볼모로 잡고 제국의 경제를 고사시키고 있었다. 하지만 그것을 막으려면 함대—상선과 전함 둘 다—가 있어야 하는데, 그에게는 함대를 육성할 자금이 없었다. 그는 부자들에게 자금을 요청했으나 소용이 없었다. 부자들도 이 무렵에는 상당량의 재산을 잃고 의욕마저 잃어 더 이상의 희생을 감수하지 않으려 했다.

황제가 가까스로 모금한 돈은 겨우 5만 히페르피라로서, 그의 계획을 착수하기에는 턱도 없이 모자라는 금액이었다. 또 관세의 문제도 있었다. 갈라타에서 거둬들이는 연간 세 수입은 콘스탄티노플의 일곱 배에 달했다. 이런 사정을 개선하려면 외국 상선들이 황금뿔의 동쪽 연안보다 서쪽 연안으로 오도록 만들어야 했다. 이를 위해 황제는 수입 관세를 대폭 삭감했다.

제노바인들은 당연히 강력하게 항의했으며, 항의가 무시되자 곧바로 무력을 동원했다. 1348년 8월 제노바의 소함대가 황금뿔을 가로질러 오더니 주변에 있는 비잔티움의 선박들에 불을 질렀다. 당시 요한네스 칸타쿠제누스는 트라키아에 가 있었지만, 그의 아내 이레네는 차남 마누엘, 사위인 니케포루스—딸 마리아(523쪽 참조)의 남편—와 함께 콘스탄티노플 시민들의 항전을 선도했다. 시민들은 해안가에 있는 제노바의 창고들에 불을 지르고, 바위와 불붙은 짐짝들을 갈라타로 집어던졌다.

이런 식으로 몇 주 동안 전투가 지속되었다. 그동안 제노바인들은 키오스에서 선박과 장비를 더 가져와서 가장 큰 선박 두 척에 대형 투석기를 설치했다. 게다가 그들은 또 다른 선박에 수도의 해로 성벽보다 더 높은 공성탑을 세웠다. 그런 다음 작은 선박 아홉 척이 그 함선을 끌고 황금뿔을 건너와서는 맹렬히 성벽을 공격했다. 한때는 수도가 심각한 위험에 처한 듯했다.

하지만 제노바는 상대를 얕보았다. 콘스탄티노플 시민들은 수도를 방어하기 위해 호랑이처럼 용맹하게 싸웠다. 그레고라스는 노예들에게도 무기를 주고 활과 화살의 사용법을 가르쳤다고 말한다. 마침내 공성탑이 무너졌고 침략자들은 많은 사상자를 낸 채 갈라타로 물러갈 수밖에 없었다. 그 이튿날 아침에 그들은 이레네에게 대사들을 보내 강화를 요청했다. 그러나 시민들은 이미 흥분할 대로 흥분한 상태였다.

10월 1일에 돌아온 황제는 콘스탄티노플만이 아니라 트라키아 전역의 주민들에게서—필요하다면 강제로라도—자금을 모집하여 조선 계획을 추진하라고 명했다. 이에 따라 트라키아의 삼림에서 황

† 1348년 제노바인들이 세운 갈라타 탑 꼭대기에서는 황금뿔과 보스포루스가 한눈에 보인다.

소가 끄는 수레로 목재가 운송되었다. 제국에는 목재를 운송할 만한 선박이 없는 데다 제노바가 해상을 장악하고 있기 때문에 배를 건조하려면 그 방법밖에 없었다.

한편 갈라타에서도 방어를 위한 공사가 한창이었다. 황금뿔을 따라 성벽―현재의 갈라타 다리와 아타튀르크 다리 사이의 동해안을 방어하는 성벽―이 세워지고 보강되었으며, 여기에 뒤편 구릉 지대로 양쪽에 두 개의 성벽이 추가되어 삼각형 모양의 요새가 형성되었다. 그 정점에는 그리스도의 탑이라고 불리는 커다란 원통형 탑이 세워졌는데, 이것은 오늘날 흔히 갈라타 탑이라고 불린다.[167] 공사가 진행되는 동안에도 제노바 측에서는 몇 차례 더 강화 회담을 제안했으나 황제는 여전히 거부했다. 황제는 이제 신속하게 건조되고 있는 제국의 함대를 사용해 볼 참이었다.

1349년 이른 봄에 드디어 대형 선박 아홉 척과 소형 선박 약 100척이 건조되었다. 그중 일부는 부유한 시민들이 자비를 들여 마련했다. 3월 초에 첫 함대가 마르마라 해의 조선소를 나와 황금뿔 어귀로 왔다. 여기서 함대는 5일 밤에 제노바의 대형 선박 한 척을 나포해 불태웠다. 하지만 이어진 사태로 미루어 보면 이 초기의 승리는 다분히 행운이었던 듯하다. 이튿날 현장에 도착한 비잔티움 함선들은 재앙을 당했기 때문이다.

사실 제국의 지휘관과 선원들은 항해술의 기본적 규칙에도 무지했다. 정확히 어떤 사태가 벌어졌는지는 수수께끼다. 함대가 지금의 세랄리오 곶에서 황금뿔 쪽으로 막 뱃머리를 돌렸을 때 갑자기 돌풍이 불어 온 것일까? 요한네스 칸타쿠제누스 본인의 설명이나 알렉시우스 마크렘볼리테스라는 애국심에 찬 비잔티움 목격자의 증언에 따르면 그렇다. 하지만 그 다음에 어떻게 되었는지는 말하지 않는다. 당대의 문헌들은 그리스 문헌뿐인데, 함대 전체가 갑자기 한꺼번에 공포에 사로잡히더니 병사들과 선원들이 적과 싸워 보기도 전에 바다 속으로 줄줄이 몸을 던졌다고 말한다. 이에 깜짝 놀란 제노바인들은 처음에 무슨 술수를 쓰는 줄 알았다. 하지만 가까이 가 보니 제국의 선박들에는 사람이 없었다. 할 수 없이 그들은 갈라타로 그 배들을 끌고 갔다.

그런데 정말 그렇게 간단한 사태였을까? 그렇게 특이한 집단 히스테리가 발발한 현상, 그렇게 공포가 대규모로 휩쓴 현상에 대해 다른 설명이 전혀 없는 걸까? 만약 다른 이유가 있었다면 무엇이었을까? 물론 다른 이유가 없을 수도 있다. 그 사태의 원인이 단지 항해에 익숙하지 않은 병사들이 흥분했기 때문일 수도 있다. 하지만 그렇다면 왜 선장은 돛을 내리고 병사들을 진정시키지 않았을까? 진실이 무엇인지는 알 수 없다. 그러나 그 결과는 명백하다. 그 사태가 벌어진 뒤 바다는 온통 허우적대는 사람들로 가득했다. 자기 갑옷의 무게 때문에 가라앉는 병사들도 있었고, 갈라타의 급류에 휩쓸리는 병사들도 있었다. 제노바인들은 손쉽게 적을 물리쳤다. 살아서 해안까지 돌아간 병사는 극소수였다.

그런 비극을 겪고도 아직 그 이야기는 끝나지 않았다. 병사들을 휩쓴 그 공포는 수도에서 그 광경을 지켜보던 사람들에게까지 파급되었다.

성벽과 성문의 안팎에는 사람들이 빼곡했다. 나팔이나 북이 있었다면 사람들의 투지를 다소나마 끌어올릴 수 있었을지도 몰랐다. 그들은 시체처럼 뻣뻣이 서 있다가 갑자기 몸을 돌려 우르르 도망쳤다. 그 과정에서 서로 밟히고 깔리는 야단법석이 일어났다. 적들은 깜짝 놀라 그 모습을 바라보았다. 자신들의 승리를 기뻐하기보다는 그 재앙을 딱하게 여기는 듯했다. 그들은 이것이 악마의 장난임이 틀림없다고 여겼다. 그래서 아무도 뒤쫓지 않는데도 사람들이 스스로 자기 목숨을 버리는 것이라고 생각했다.[168]

적을 후방에서 공격하라는 명령을 받고 갈라타의 동쪽으로 우회한 병사들도 마찬가지 운명을 당했다. 아군 함대에서 일어난 일을 본 그들은 무기를 버리고 도망쳤다. 비잔티움의 오랜 역사에서 1349년 3월 6일의 패배보다 더 큰 참패도 많았으나 어느 것도 그만큼 부끄럽지는 않았다.

그래도 한두 주 뒤에 공식 평화 조약을 맺기 위해 콘스탄티노플에 온 제노바의 전권대사들은 싹싹한 태도로 나왔다. 제노바 공화국은 제국에 전쟁 배상금으로 10만 히페르피라를 선선히 지불했으며, 그동안 불법으로 점유해 왔던 갈라타 뒤편의 토지를 반환했다. 또한 다시는 콘스탄티노플을 공격하지 않겠다는 약속도 했다. 그 대가로 비잔티움은 사실상 아무것도 내주지 않았다. 대사들에게 선물만 잔뜩 안겨 주고 정성껏 송별식을 치러 준 게 고작이었다. 요한네스와 제국의 백성들은 예상했던 것보다, 혹은 마땅히 받아야 할 것보다 더 큰 것을 얻었다.

이 협상의 성공에 고무되어 요한네스 칸타쿠제누스는 최근에 겪은 재앙의 모든 기억을 재빨리 지워 버렸다. 그는 국제 무대에서 제국의 명성을 회복하기 위해, 인기가 하락하는 것을 감수하고 백성들에게 더 많은 세금을 부과하여 함대를 다시 건조했다. 이번에는 함대를 맡길 지휘관과 병사들을 철저히 훈련시키는 일도 게을리 하지 않았다. 이내 그의 운도 달라지기 시작했다. 그해 후반에 황제는 제노바인들을 설득하여—그들도 갈라타가 지속적으로 번창하려면 제국의 호의가 반드시 필요하다는 사실을 결국 깨달았다—그들이 내전 시기에 재점령했던 키오스 섬을 돌려받는 데 성공했다. 그리고 9월에 요한네스는 1342년에 요한네스 5세와 안나 황후가 베네치아와 체결한 평화 조약을 5년 연장했다.

그 다음에는 테살로니카를 품에 안을 차례였다. 1345년의 대학살 이후 젤로트당은 권력을 더욱 단단히 틀어쥐고 요한네스 5세 팔라이올로구스의 요구에 대해 겉으로만 따르는 척했다. 그러나 그들은 칸타쿠제누스의 요구에 대해서는 완강히 거부했고 1347년에 테살로니카 대주교로 임명된 그레고리우스 팔라마스가 자기 교구로 가는 것도 허락하지 않았다. 그런데 테살로니카를 스테판 두샨에게 넘기겠다고 공공연히 떠든 것은 정도를 지나쳤다. 스테판은 경솔하게도 그 말을 그대로 믿고 군대와 함께 테살로니카 성문 앞까지 오기도 했다.

1350년 초에 내분이 심했던 젤로트당의 지도부는 당원들에 의해 쫓겨났고 테오도루스 메토키테스의 아들인 알렉시우스가 새 지도자로 발탁되었는데, 그는 적법한 정부를 지지하겠다고 공개적으로 선언했다. 드디어 요한네스 칸타쿠제누스는 기회를 잡았다. 그는 맏아들 마타이우스에게 대군을 주어 테살로니카로 파견하고(그 군대에는 요한네스의 사위인 오르한이 지원해 준 투르크 기병 2만 명도 포함되었다), 자신은 공동 황제인 요한네스 5세와 함께 해로로 그 뒤를 따라갔다.

오르한의 병력이 갑자기 소아시아로 소환되는 바람에 원정에 차질을 빚기는 했으나, 스트리몬 강 어귀에 이르러 다행히 마타이우스는 투르크 해적 함대를 발견했다. 그들은 기꺼이 마타이우스에게 합류하기로 동의했고, 그들의 도움으로 두 황제는 1350년 가을에 테살로니카로 공식 입성했다. 주민들 대다수는 그들을 따뜻하게 환영해 주었다. 그레고리우스 팔라마스도 그 뒤에 곧 도착했다. 남은 젤로트당원들은 유배를 보내거나 콘스탄티노플로 보내 재판을 받게 했다.

칸타쿠제누스는 요한네스 5세를 테살로니카에 남겨 두고 몇 주 동안 마케도니아와 트라키아를 원정하면서 베로이아, 에데사를 비롯하여 많은 작은 요새들을 되찾았다. 1351년 초에 이르러서야 그는 수도로 완전히 돌아왔다. 그런데 바람 잘 날 없는 수도에서는 때마침 헤시카슴 논쟁이 재연되었다. 헤시카슴의 지도자이자 강력한 대변인인 팔라마스가 테살로니카에 가 있는 틈을 타서 헤시카슴의 반대파가 다시 공격의 포문을 연 것이다.

반대 운동을 이끌던 요한네스 칼레카스와 그레고리우스 아킨디누스는 둘 다 죽었지만, 그들의 자리는 역사가인 니케포루스 그레고라스가 메웠고 에페수스의 마타이우스 주교를 비롯하여 저명한 성직자들이 그를 지지했다. 바야흐로 이 비잔티움의 고유한 논쟁은 종교와 무관한 많은 쟁점들까지도 물들이고, 곡해하고, 때로는 해악을 끼치고 있었으며, 제국의 정치 기구 전체를 오염시키고 있었다.

이 문제를 완전히 매듭짓기 위해 1351년 5월 28일에 블라케르나이 궁전에서 제3차 공의회가 소집되었다. 제1차, 제2차 공의회와 마찬가지로 요한네스 칸타쿠제누스가 직접 사회를 맡았다. 테살로니카에서 서둘러 달려온 그레고리우스 팔라마스와 니케포루스 그레고라스는 각자 자신의 신념을 옹호하면서 장황하고 격정적으로 연설했다. 하지만 회의가 끝났을 때는 모두들 헤시카슴파가 승리했다는 것을 알았다.

7월에 소집된 제4차이자 마지막 공의회에서는 회의 결과가 확정되었고, 8월 15일 소피아 대성당에서 거행된 엄숙한 행사에서 요한네스는 총대주교 칼리스투스에게 그 내용을 상세하게 설명한 공식 문서를 전달하고 반대파의 모든 사람들을 파문하라고 요구했다. 그레고라스에 의하면 요한네스 5세 팔라이올로구스는 이듬해 테살로니카에서 돌아와 마지못해 그 문서에 서명했다고 한다.

가엾은 그레고라스는 그 패배를 극복하지 못했고 옛 친구 칸타쿠제누스가 자신을 배신했다며 용서하지 않겠다고 다짐했다. 그는 얼마 전에 서원〔誓願, 수도 생활에 들어가겠다는 맹세〕을 한 처지였기에 파문은 그에게 특히 아픈 징벌이었다. 이후 코라 수도원에 감금되어 지내는 3년 동안 그는 문헌을 뒤적이며 팔라마스와 헤시카슴파, 그리고 그들이 내세우는 모든 주장을 탄핵할 만한 근거를 열심히 찾았다. 그는 1354년에 석방되었지만 그때까지도 원한에 사무쳐 있었다.

그는 당대 최고의 역사가이자 신학자였지만, 헛된 집착에 사로잡혀 예전의 동료와 지지자들에게서도 공감을 얻지 못했다. 하지만 그렇다 해도 그가 죽은 뒤 5년가량 지나서 사람들이 그의 시신을 거리에 끌어내기까지 한 것은 지나친 일이었다. 우리로서는 그가 숙적인 그레고리우스 팔라마스의 전혀 다른 운명을 알지 못하고 죽은 게 고마울 따름이다. 그는 1368년에 시성諡聖을 받았고 오늘날까지 동방 교회의 성인으로서 존경을 받고 있기 때문이다.

† 블라케르나이 궁전의 공의회에 참석한 요한네스 6세 칸타쿠제누스, 1351년(파리, 국립도서관).

동방에서 맞붙은 베네치아와 제노바

1349년이 끝날 무렵, 제국이 베네치아와 제노바 양측과 맺은 조약 문서의 잉크가 채 마르기도 전에 요한네스 칸타쿠제누스는 이제 그 두 공화국으로 인한 어려움은 사라졌다고 믿었다. 하지만 두 공화국에게 흑해 일대와 통상할 수 있는 대가는 뿌리치기 어려운 매력이었다. 따라서 그들의 경쟁은 곧 노골적인 전쟁으로 비화되었다. 갈라타와 콘스탄티노플이 워낙 가깝기 때문에 비잔티움으로서는 어느 한쪽을 지지하지 않을 수 없는 상황이었는데, 그 때문에 큰 곤경을 겪기도 했다.

1351년 5월에 베네치아 함대가 황금뿔로 들어와 갈라타를 공격했을 때가 그런 경우였다. 비잔티움이 자신들을 도우러 오지 않은 것 때문에 격분한 제노바인들은 투석기로 수도의 성벽에다 바위를 발사했다. 그래서 요한네스는 할 수 없이 베네치아 측으로 붙었으나, 하필이면 베네치아가 곧 철수하는 바람에 제노바의 분노를 고스란히 혼자서 감당할 수밖에 없게 되었다. 그 결과 7월 28일에 해전이 벌어져 예상대로 제노바가 승리를 거두었다. 석 달 뒤 제노바 함대는 갈라타로 귀환하는 도중에 마르마라 북단의 헤라클레아 항구를 점령하고 유린했다. 그 뒤 콘스탄티노플을 지나쳐 보스포루스를 거슬러 갈 때는 아무 일도 없었지만—황제는 모든 도시들에 경계령을 내렸다—흑해에서 함대는 북서쪽으로 방향을 돌려 무방비 상태인 소조폴리스를 약탈했다.

그 무렵에는 베네치아도 바짝 긴장했다. 지난 11월에 제노바는 귀중한 식민지인 에우보이아를 점령했다. 제노바는 분명히 기선을 제압했고 그 효과를 유지하려는 태세였다. 다행히도 베네치아에게 는 잠재적인 동맹자가 있었다. 아라곤의 왕 페드로는 서부 지중해에 서 제노바의 영향력을 줄이기 위해 베네치아에 완전 무장한 전함 스 물여섯 척을 제공하면서 함대 유지비의 3분의 2만 부담하라고 제안 했다. 그러자 요한네스 칸타쿠제누스도 같은 조건으로 베네치아에 함선 열두 척을 제공하고, 승리할 경우 갈라타를 불태우고 제노바가 점령했던 섬들을 제국에 반환한다는 조건을 내걸었다. 7년 전에 베 네치아에게 저당잡힌 제관의 보석은 아직 찾으려는 엄두도 내지 못 했다.

이 협정을 맺기 전의 외교적 협상과 그 이후의 군사적 준비 과정 에는 상당한 기간이 걸렸다. 아라곤의 조약은 1351년 7월에야 체결 되었다. 바로 그 무렵에 요한네스 칸타쿠제누스는 베네치아가 스테 판 두산의 도움을 받아 당시 테살로니카에 있던 그의 사위 요한네스 5세를 타도하려 한다는 보고를 접했다. 듣자니 베네치아는 그에게 테네도스를 양도하는 대가로 2만 두카도의 '차관'을 제공하겠다고 제안한 모양이었다. 테네도스는 헬레스폰트 입구를 통제하는 데 전 략적으로 매우 중요한 섬이었다.[169]

수도를 떠날 수 없었던 칸타쿠제누스는 요한네스 5세의 어머니 인 안나 황후를 테살로니카로 보내 아들의 각오를 다지게 하고 스테 판이 그 위험한 정책을 단념하도록 설득하게 했다. 다행히 그녀가 그 두 가지 과제를 성공적으로 수행함으로써 또 다른 내전의 가능성 이 사라졌다. 그러나 그 사건으로 인해 베네치아와 새로 동맹을 맺을 가능성도 거의 사라졌다.

그 결과 두 공화국의 함대는 1352년 초에 이르러서야 마르마라 해에서 맞붙었다. 양측 모두 뛰어난 능력을 지닌 제독에게 명운을 걸었다. 동맹군 측의 제독은 베네치아의 니콜로 피사니였고, 제노바의 제독은 500여 년 동안 공화국의 역사를 빛냈던 유명한 가문 출신의 파가니노 도리아였다. 2월 13일 양측은 보스포루스 어귀의 갈라타 성벽 아래에서 만났다. 방어하는 입장의 파가니노는 유리한 지점을 장악하고 함선들을 세심하게 배열했다.

공격하는 측이 그들에게 접근하려면 위험할 정도로 열을 좁게 지어야만 했다. 피사니는 제노바의 덫을 한눈에 파악했다. 물살이 거칠고 낮이 짧은 시기였다. 이럴 때 공격하는 것은 분명히 어리석은 짓이었다. 그러나 아라곤 측의 사령관은 그의 말을 듣지 않았다. 피사니가 미처 제지하기도 전에 그는 밧줄을 자르고 제노바 진영으로 다가갔다. 베네치아군과 비잔티움군은 그를 따라갈 수밖에 없었다.

곧이어 벌어진 전투는 베네치아와 제노바의 대결로 변했다. 비잔티움군은 적과 교전하지 않고 뒤로 물러났고, 처음에 용감하게 나갔던 아라곤군은 금세 기가 죽었다. 이리하여 당대 최고의 두 해상 강국이 서로 물러설 곳도 없이 정면 대결을 벌이게 되었다. 곧 화재가 발생했고 때마침 강풍이 불어닥치면서 삽시간에 양측 함대에게 불길이 번져갔다. 그러나 양측은 오히려 선박에 붙은 불을 조명으로 삼아 한밤중까지 전투를 계속했다.

마침내 바람과 물살의 역방향에서 싸우던 베네치아가 굴복할 수밖에 없었다. 베네치아는 갤리선 대부분과 정예병 1500명을 잃었는데, 당시로서는 엄청난 피해였다. 더구나 불과 4년 전에 흑사병 때문에 인구의 60퍼센트가 희생된 터라 그 피해는 더욱 막심했다. 날이 밝으니 바다 위에는 온통 부서진 선박들과 떠다니는 시신으로 가득해서 바닷물이 보이지 않을 정도였다. 도리아는 아군 측의 손실도 적에 못지않다는 것을 알았다. 심지어 그는 갈라타의 제노바인들이 총체적인 공황을 느낄지 모른다는 우려에서 피해 상황을 알리지도 못했다. 제노바가 승리한 것은 분명한 사실이었으나 그것은 상처뿐인 영광이었다.

요한네스 칸타쿠제누스에게 그 패배의 의미는 간단했다. 베네치아와 아라곤은 싸움을 계속할 의지가 없었다. 생존자들은 선체를 최대한 수리한 뒤 서방으로 돌아가 버렸다. 하지만 요한네스는 또다시 제노바와 평화 협상을 하는 것 이외에 선택의 여지가 없었다. 그 조약이 체결된 5월에, 테살로니카에서 예정보다 오랫동안 머물던 요

† 14세기 비잔티움에서 주조된 요한네스 5세 팔라이올로구스의 소액 동화(銅貨). 성 데메트리우스의 것으로 추정되는 제단에 작은 십자가를 내밀고 있는 황제(좌), 오른편에 구부정하게 앉아 있는 성 데메트리우스 쪽으로 창을 들고 있는 군인들(우).

한네스 5세 팔라이올로구스가 수도로 돌아왔다.

　젊은 황제는 이제 스무 살의 장부로 성장했고, 과거와 달리 더는 장인의 명령에 무조건 복종하려 하지 않았다. 칸타쿠제누스의 두 아들은 이미 오래전부터 제국의 중요 지역을 맡아서 다스리고 있었다. 또 그의 어머니인 안나 황후는 최근에 마케도니아의 지배권을 맡아 그 수도인 살로니카에 머물고 있었다. 이제 젊은 황제도 제 몫을 요구할 차례였다.

　요한네스 6세는 사위의 야망을 잘 알았고, 그 야망이 충족되지 않으면 내전이 벌어질지도 모른다고 여겼다. 그래서 그는 공동 황제에게 트라키아의 큰 몫을 떼어 주었다. 이 지역은 콘스탄티노플에 이르는 길목을 통제하는 곳이었으므로 전략적으로 극히 중요한 요충지였다. 사위는 흔쾌히 받아들였지만 여기에는 한 가지 문제가 있었다. 그 지역에는 대도시인 디디모티쿰이 있었는데, 그곳에서의 세수를 이미 오래전에 아들 마타이우스에게 내주었던 것이다. 이 문제를 해결하기 위해 칸타쿠제누스는 마타이우스에게 아드리아노플과 그 주변의 영토를 할당해 주었다. 그러나 자신의 텃밭을 빼앗긴 마타이우스는 당연히 매제를 괘씸하게 여길 수밖에 없었다. 게다가 더 큰 문제는 그 괘씸한 매제가 그와 가까운 이웃이라는 점이었다.

　불안정한 평화를 먼저 깬 쪽은 놀랍게도 요한네스 팔라이올로구스였다. 마타이우스에게 기선을 빼앗기지 않기 위해 그는 1352년 여름에 마타이우스의 영토를 침범해서 아드리아노플을 포위했다. 마타이우스가 아버지에게 도움을 요청하자 요한네스 6세는 아미르 오르한에게서 빌린 상당 규모의 투르크 병력을 보내 주었는데, 지휘관은 오르한의 아들인 슐레이만 파샤였다. 그러자 요한네스 5세는 세르비아와 불가리아에 손을 벌렸으며, 스테판 두샨은 이를 받아들여 기병 4천 명을 파견했다.

결국 도시는 구할 수 있었지만 그것은 중요치 않았다. 오히려 그 사건을 계기로 제국은 다시 내전에 휩싸이게 되었다. 더구나 불길한 조짐은 칸타쿠제누스가 자신의 그리스도교 백성들을 상대로 하는 전쟁에 이교도 용병을 끌어들였다는 사실이었다. 아드리아노플을 구한 뒤 슐레이만의 투르크군은 약탈 허가를 얻었으며, 인근의 소도시와 촌락들까지 공포에 떨게 만들었다. 더구나 선임 황제의 이름으로 약탈을 자행했으니 여론이 좋을 리 없었다.

몇 달 뒤에 그 투르크군이 얼어붙은 마리차 강에서 세르비아와 불가리아 연합군을 격파한 것은 거의 문제가 되지 않았다. 그들은 적어도 겉으로는 외국군에 맞서 싸우는, 완전히 합법적인 용병이었던 것이다. 그러나 아드리아노플에서 그들이 저지른 만행은 전혀 달랐다. 의도적이든 우연이든 그들과 결탁하고 있다는 사실로 인해 요한네스 칸타쿠제누스의 평판은 도저히 좋아질 수 없었다. 심지어 콘스탄티노플에서조차 그의 인기는 급락했다. 백성들도 잘 알고 있듯이 그는 진짜 황족이 아니었다. 찬탈자까지는 아니더라도 어떤 의미에서 그는 황실 관리인에 불과했다. 이제 요한네스 팔라이올로구스가 성장했으니, 제국을 파국으로 몰고 간 것밖에는 아무것도 한 일이 없는 관리인은 물러나야 하지 않을까?

사실 그 무렵 요한네스 6세는 권력에 대한 욕심을 모두 버린 상태였다. 이미 1341년에 그는 아토스 산의 바토페디 수도원에 은거할 땅을 사 놓았으며, 1350년에는 망가나의 성 게오르기우스 수도원에 상당한 돈을 기부했다. 그 뒤부터 그는 수도원 생활을 동경하는 말을 자주 하곤 했다. 또한 애초부터 그는 요한네스 팔라이올로구스가 적법한 황제임을 누차 강조했었다. 그래서 안드로니쿠스 3세가 죽은 뒤 많은 친구들이 그를 제거하라고 제안했고, 또 얼마든지 그렇게 할 수 있었지만 오히려 공동 황제로 앉혔다. 그런데 이제 젊은 요한네스는 자신을 믿을 수 없다고 하지 않는가? 게다가 현재 그는 베네치아, 불가리아, 그리고 스테판 두샨의 꼭두각시가 되어 그들이 얼마나 위험한지 인식할 능력도 없고 그들의 부추김을 물리칠 힘도 없지 않은가?

그래서 1353년 4월에 요한네스 칸타쿠제누스는 콘스탄티노플에서 지지자들의 조언에 따라, 6년 전 대관식을 치를 때의 그였다면 생각하지도 못했을 조치를 취했다. 블라케르나이 궁전의 공식 행사에서 요한네스 5세를 공식적으로 폐위하고 자신의 아들인 마타이우스를 공동 황제로 임명한 것이다. 하지만 그러면서도 그는 팔라이올로구스 왕조의 대가 끊긴 것은 아니라면서 요한네스의 아들인 안드로니쿠스(물론 그 소년의 어머니는 칸타쿠제누스의 딸이었다)가 상속권을 가지고 있다는 것을 강조했다. 그 뒤 그는 사위의 가족을 테네도스로 추방했다.

하지만 또다시 그는 반대 세력을 과소평가하고 있었다. 요한네스 5세를 굳게 지지하는 총대주교 칼리스투스는 마타이우스의 대관식을 일언지하에 거부했다. 한술 더 떠서 그는 칸타쿠제누스를 파문한 뒤 사임하고 수도원에 들어가 버렸다. 그러고는 며칠 뒤에 갈라타로 건너가서 제노바 측의 도움을 받아 테네도스로 갔다. 폐위된 황제는 물론 그를 반가이 맞아 주었다. 후임 총대주교로는 헤라클레아의 주교였던 필로테우스가 선출되었다. 예상할 수 있듯이 그는 열렬한 칸타쿠제누스의 지지파였다. 그러나 마타이우스와 그의 아내 이레네는 1354년 2월에야 비로소 대관식을 치를 수 있었으며, 그 대관식도 전통적 행사 장소인 소피아 대성당이 아니라 블라케르나이의 성모 성당에서 열렸다.

제 발로 물러난 황제

대관식을 치른 지 한 달도 채 안 된 1354년 3월 2일에 트라키아에 대규모 지진이 일어나 대부분의 지역이 파괴되었다. 수많은 도시와 촌락이 피해를 입었고, 생존자들마저 그 뒤에 이어진 눈보라와 홍수로 인해 사망했다. 한때 대도시였던 갈리폴리는, 다행히 주민들의 상당수는 해로로 탈출했지만 거의 집 한 채도 남아 있지 않은 폐허로 변했다. 어느 모로 보아도 이 재앙은 끔찍한 것이었다.

그러나 그것보다 더 심한 재앙은 투르크의 행동이었다. 이 점에서는 트라키아를 근거지로 삼고 활동하는 산적 같은 무리들이나 소아시아에서 건너온 슐레이만 파샤의 규율을 갖춘 병사들이나 마찬가지였다. 슐레이만에게 그것은 바로 고대하던 기회였다. 페가이에 있다가 지진의 소식을 들은 그는 곧바로 병사들과 그들의 가족을 최대한 거느리고 트라키아로 와서 버려진 도시들에 터전을 잡았다. 대다수는 폐허가 된 갈리폴리로 갔고, 곧이어 더 많은 투르크인들이 그곳으로 가서 합류했다. 이렇게 몇 달이 지나자 갈리폴리는 성벽이 재건되었고 어느 정도 도시의 꼴을 갖추었다. 다만 전에는 그리스인들이 있던 곳에 이제는 투르크 주민들만 살게 되었다.

제국의 처지에서, 투르크족이 유럽 대륙에 첫발을 내디딘 것은 지진보다도 더 큰 재앙이었다. 황폐해진 지역은 조만간 복구되겠지만, 트라키아에서 소아시아까지 여행하는 사람들이 거치는 교통의 요지인 갈리폴리는 영구히 잃은 듯했다. 요한네스 6세는 투르크 측에 영토를 반환하라고 요구했으나 슐레이만은 알라의 뜻에 따라 도시를 점유한 것이니 제국에 넘겨 주면 불경스러운 행위가 되는 것이라고 주장했다.

실제로 그는 무력으로 점령하려 한 게 아니었다. 그의 백성들은 단지 옛 주민들이 버리고 떠난 장소에 정착했을 따름이었다. 황제는 갈리폴리를 어떻게든 되찾으려는 생각에서 처음에 제안했던 배상액을 네 배로 올렸지만 파샤의 고집을 꺾을 수 없었다. 그러자 요한네스는 오르한에게 호소했다. 니코메디아 부근에서 직접 만나 이 사태를 논의하자는 그의 요구에 오르한은 선뜻 동의했다. 하지만 그곳에 간 요한네스는 아미르가 갑자기 병에 걸려 여행을 할 수 없다는 전갈을 받았다.

이제 요한네스는 신이 자신을 버렸다고 생각하지 않을 수 없었다. 그는 그 어느 때보다도 세속적인 일을 잊어 버리고 싶었다. 더 늦기 전에 은둔하여 기도와 명상의 삶을 살면서 신과 함께 평화롭고 조용하게 여생을 마치고 싶은 마음뿐이었다. 그해 여름의 어느 날 그는 사위인 요한네스 팔라이올로구스와 만나 논의라도 할 수 있을까 기대하고 테네도스로 갔다. 하지만 섬 주민들은 그가 탄 배를 받아 주지 않았으며, 자신의 시대가 왔다고 판단한 사위는 장인을 만나 주지 않았다. 결국 황제는 쓸쓸히 콘스탄티노플로 돌아와 무기력한 심정으로 사태의 변화를 지켜보았다.

과연 얼마 안 가서 사태의 변화가 일어났다. 1354년 11월 21일 요한네스 팔라이올로구스는 테네도스를 빠져 나왔다. 달도 없이 어두운 데다 폭우가 간헐적으로 쏟아지는 밤이었지만 순풍이 불어 준 덕분에 헬레스폰트를 빠르게 거슬러 가서 마르마라 해로 들어갔다. 22일 이른 시각에 그는 아직 어둠에 잠겨 있는 콘스탄티노플에 도착해서 남의 눈에 띄지 않고 입성하는 데 성공했다.

하지만 수도에 들어가자마자 그는 신속히 자신의 존재를 알렸다. 동이 트자 군중은 이미 거리에 나와 그의 이름을 외쳤다. 이내 대규모 소요가 터졌다. 요한네스 칸타쿠제누스 가족의 저택은 또다시 약탈과 방화를 당했다. 그의 지지자들이 사는 집도 비슷한 운명을 당했다. 일부 군중은 무기고를 장악했고 다른 일부는 블라케르나이로 행진했다. 한편 요한네스 5세는 소피아 대성당 맞은편의 옛 황궁을 임시 거처로 삼았다.

11월 24일에 그는 장인에게 사자를 보내 만나자고 제의했다. 이어진 협상에서 그는 놀랍게도 장인의 처지를 충분히 이해한다고 말했다. 그리고 장인을 폐위하려는 게 아니라 예전처럼 공동 황제로 함께 제국을 다스리자고 제안했다. 게다가 마타이우스 칸타쿠제누스도 죽을 때까지 아드리아노플에서 자신의 영토를 다스릴 수 있도록 허용했다. 요한네스 6세는 최근에 재건하고 증축하여 카탈루냐 용병대를 주둔시킨 금문의 요새 한 곳을 양도해야 했다. 하지만 그는 선임 황제의 지위를 그대로 유지하고 블라케르나이 궁전에 계속 살 수 있었으며, 요한네스 5세는 테오도루스 메토키테스의 사유 저택이었던 웅장한 대형 궁전에 거처하기로 했다.

이리하여 임박한 위기는 넘겼다. 두 황제는 서로의 약속을 준수하기로 엄숙히 맹세했다. 그러나 아직 해결되지 않은 문제들은 많았다. 그중 하나는 슐레이만의 투르크족이 트라키아에 아직 버티고 있다는 것이었고, 다른 하나는 요한네스 칸타쿠제누스의 인기가 나날이 하락하고 있다는 것이었다. 그 자신도 그 점을 잘 알았다. 또한 그의 지지자들도 시민들의 공공연한 적대를 받아 급속히 감소하는 중이었다. 일주일 동안 그는 현 상태를 유지하려 안간힘을 썼다.

그러나 자신을 반대하는 특별히 격렬한 시위가 한차례 일어난 뒤 그는 마침내 오래전부터 생각해 오던 것을 실행하기로 결정했다. 12월 4일 블라케르나이에서 그는 엄숙히 제관을 내려놓았고, 황금 독수리 문양이 수놓인 황제만 착용하는 예복과 자주색 장화도 벗었다. 그리고 정교회 수도사의 소박한 검은색 옷을 입었다. 그의 아내 이레네도 역시 화려한 황후복을 벗고 키리아 마르타 수녀원의 수녀가 되었다. 이 수녀원은 1270년대에 미카일 8세의 누이인 마리아 팔라이올로기나가 창건했고, 그녀의 시어머니인 테오도라 칸타쿠제나의 무덤이 있는 곳이었다. 요한네스 칸타쿠제누스는 망가나의 성 게오르기우스 수도원으로 갔다가, 나중에 그의 옛 친구이자 지지자인 요한네스 카르시아네이테스가 얼마 전에 자신의 이름을 따서 설립한 더 작은 곳으로 옮겼다.

이때부터 수도사 요아사푸스가 된 요한네스 칸타쿠제누스가 제위에 있었던 기간은 불과 7년이었다. 그러나 그는 사실상 사반세기 동안 제국을 다스렸으며, 10년 이상 제국의 조타수를 맡았다. 수도원에 들어간 이후 그는 29년을 더 살다가 1383년에 죽었다. 1356년까지 수도사 생활 초기에 그는 주로 저서 『역사』를 저술하면서 보냈다. 집필을 마친 뒤 그는 신학으로 관심을 돌려 헤시카슴을 옹호하는 데 여생을 바쳤다. 하지만 곧 보게 되듯이 그는 그 뒤에도 정치에서 완전히 손을 떼지 않았으며, 내심 그러기를 원했다.

에드워드 기번을 포함한 많은 역사가들은 요한네스의 진의에 의구심을 품었다. 그는 정말 겉으로 드러난 것처럼 자발적으로 제위에서 물러난 걸까? 실은 야망을 품은 젊은 사위에 의해 강제로 폐위된 게 아닐까? 하지만 반드시 그렇게 생각할 이유는 없다. 요한네스는 평생 깊은 종교적 신심을 견지한 사람이었다. 적어도 15년 동안 그는 은둔 생활을 꿈꾸었다. 더구나 만년에 겪은 수모와 좌절은 오래전부터 품어 온 그 꿈을 더욱 앞당겨 실현하도록 만들기에 충분했다. 그의 백성들 역시 그를 필요로 하지 않았다. 그의 사위인 요한네스 5세는 그 본인보다 훨씬 적법한 황제였고, 그때쯤이면 제국을 다스릴 만한 어느 정도의 역량은 보여 주고 있었다. 그러므로 그가 제위에서 물러나야 한다면 바로 그때가 좋은 기회였다.

어쨌든 요한네스 칸타쿠제누스를 생각하면 안타까운 마음을 금할 수 없다. 제국의 이익을 위해 그만큼 애쓴 황제는 드물었고, 사리사욕을 그만큼 덜 가졌던 황제도 드물었다. 그는 자신이 원했다면 이미 1330년대에 안드로니쿠스 3세와 공동 황제가 될 수 있었고, 안드로니쿠스가 죽은 뒤에도 얼마든지 제위에 오를 수 있었지만 늘 그러기를 거부했다. 제국이 내전으로 만신창이가 되고 나서야 비로소 제관을 썼으며, 그때에도 마지못해 제위에 올랐다. 또한 요한네스 팔라이올로구스가 다시 전쟁을 도발한 것이 제국의 앞날을 온통 위기로 몰아넣으리라고 확신하지 않았더라면, 사위를 폐위하고 아들을 공동 황제로 임명하는 일도 없었을 것이다. 불행히도 그가 그렇듯 강하게 자기 주장을 펼친 시기는 너무 늦었다. 그가 1341년에만 그렇게 했더라도 그는 제국을 공고히 만들고 13년 동안의 재난을 없앨 수 있었을지도 모른다. 그 피해는 1353년에 드러났다.

그는 운도 없었다. 요한네스 팔라이올로구스의 무모함, 헤시카슴 논쟁, 흑사병, 투르크의 공격, 제노바와 베네치아의 야심, 이런 것들 중 하나만 없었더라도 그는 앞길을 잘 헤쳐 나갔을 것이다. 그 문제들이 한꺼번에 터진 탓에 그는 곤경에 처하지 않을 수 없었다. 하지만 무엇보다도 큰 부담은 제국의 도덕적 · 재정적 파탄이었다. 국고는 텅 비었고 비잔티움의 신민들은 의욕을 잃었다. 예전의 자부심은 사라졌고, 그와 함께 과거의 영화를 재현하려는 의지도 사라졌다.

물론 진정으로 카리스마를 갖춘 황제였다면 백성들에게 다시금 활기를 불어넣을 수도 있었을 것이다. 그러나 요한네스 칸타쿠제누스는 현명한 정치가이자 뛰어난 장군이기는 해도 기본적으로 학자이자 지식인이었으므로 그런 유형의 지도자는 못 되었다. 그래서 백성들에게 각오와 용기를 불어넣기는커녕 그들의 애정과 신뢰만 저버린 결과를 빚고 말았다. 결국 제국을 위해 헌신한 35년이라는 시

간은 아무런 대가도 받지 못했다. 그런 점에서, 그의 부부가 황제와
황후의 예복을 벗고 거친 수도복으로 갈아입을 때의 심정이 단순히
안도감뿐이었으리라고 믿기는 어렵다.

20

—

슐탄의 가신이 되다

1354년~1391년

차르는 지상의 왕국이 아니라
천상의 왕국을 선택한다.
그는 코소보에 성당을 지었다.
그 바닥에는 대리석이 아니라
주홍색 비단이 깔렸다.
거기서 그는 세르비아 총대주교와
지체 높은 열두 주교를 불렀다.
그 다음에 그는 병사들에게 성찬식을 베풀고 전투 명령을 내렸다.
군주가 병사들에게 명령을 내리고 있을 바로 그 시간에
투르크가 코소보를 공격했다. ……

투르크는 라자르를 압도했고
차르 라자르는 파멸했다.
그의 군대도 함께 파멸했다.
7만 명의 병사들은
모두 거룩했고 모두 훌륭했다.
신의 뜻이 실현되었다.

『코소보의 사시(史詩)』

시대착오적인 강경파 황제

요한네스 칸타쿠제누스가 수도원으로 떠날 무렵 그리스도교권의 모든 군주들은 비잔티움이 곧 붕괴하리라는 것을 기정사실로 받아들이고 있었다. 다만 문제는 어느 나라에 함락되느냐는 것뿐이었다. 그가 제위에서 물러나기 넉 달 전에 콘스탄티노플의 베네치아 대표는 현재 비잔티움인들이 누구든 요구만 하면 제국을 내줄 태세라고 본국에 보고했다. 그리고 넉 달 뒤에 베네치아의 도제는 오스만투르크의 손아귀에서 제국을 구하려면 당장 제국을 병합해야 한다고 주장했다.

하지만 당시 베네치아나 투르크보다 더 힘센 동유럽의 강자는 스테판 두샨이었다. 당시 그는 세르비아, 마케도니아, 불가리아와 더불어 아티카, 보이오티아, 펠로폰네소스만 제외하고 멀리 코린트만까지 이르는 그리스 본토 전역을 영토로 거느렸다. 평생에 걸쳐 스테판은 콘스탄티노플의 제위에 앉아 자신의 세르비아 제국을 통치하는 것을 꿈으로 안고 살았다. 이를 위해 그는 자신에게 도움이 된다고 생각되는 유럽의 모든 군주나 투르크의 아미르들과 협상했으며, 로마의 교황에게도 교회 통일을 미끼로 내걸었다. 그가 정상의 위치에 있을 때 갑자기 병에 걸리는 사태만 없었다면 그는 자신의 야망을 실현하고 유럽의 역사를 바꾸었을지도 모른다. 그는 1355년 12월에 후계를 위해 적절한 안배도 하지 못한 채 마흔여섯 살로 죽었다.

그가 죽자마자 그의 제국도 급속히 붕괴했다. 스테판 두샨은 생전에 자신이 그리스 땅인 '루마니아'〔로마인의 땅이라는 뜻〕를 다스리고 아들 스테판 우로슈 5세에게 옛 세르비아 지역을 맡겼으나, 그 아들은 왕족만이 아니라 궁정의 아주 미천한 하인들[170]까지 제각기 독립 공국을 수립하는 사태마저 막을 능력과 권위가 없었다. 1년도 안 되어 '세르비아인과 그리스인의 제국'은 마치 애초부터 존재하지도 않았던 것처럼 해체되고 말았다.

비잔티움에게 그것은 거의 기적과도 같은 낭보였다. 하지만 백성들도 잘 알고 있듯이 제국은 그 사태를 유리한 국면으로 이끌 힘이 없었다. 요한네스 5세는 비잔티움의 옛 영토에 전혀 야망을 보이지 않았던 반면에, 에피루스의 폐위된 군주인 니케포루스 2세는 영토 수복의 각오를 다졌으나 실행에 옮겨 보지도 못하고 1358년의 전투에서 전사했다. 사실 비잔티움에게 두샨의 죽음은 한 가지 위협이 다른 위협으로 대체된 데 불과했다. 세르비아 제국의 붕괴는 곧 투르크가 기다리던 좋은 기회였기 때문이다. 이제 유럽에는 투르크의 진출을 저지할 세력이 전혀 없었다.

요한네스 5세는 14년 전부터 공동 황제였지만 아직 스물세 살에 불과했다. 그는 장인과는 전혀 딴판인 인물이었다. 요한네스 칸타쿠제누스가 오스만투르크족에게 스스럼없이 유화 정책을 펴고 아미르 오르한에게 자기 딸까지 시집 보낸 것과는 달리 요한네스 팔라이올로구스는 외교를 구사할 만한 인내심이 크게 부족했다. 그는 비잔티움과 투르크가 공존하기에는 세상이 너무 좁기 때문에 투르크를 반드시 제거해야 한다고 보았다.

그것은 곧 전쟁을 의미했으며, 제국의 현재 상태를 감안할 때 전쟁은 곧 이교도에 맞선 그리스도교권의 대동단결을 의미했다. 십자군 시대가 끝난 이후 근년에 들어 그런 동맹의 시도는 특별한 성과를 내지 못했다. 그러나 교황 클레멘스 6세는 아비뇽에 망명한 상태에서도 1344년에 아이딘의 우무르에 대항하는 동맹을 결성하는 데 성공했다. 이제 투르크가 유럽에 항구적인 교두보를 확보한 이상 서방 국가들은 아직 시간이 있을 때 정치·종교적으로 결정적인 행동에 나서야 한다는 것을 분명히 느끼고 있었다.

즉위한 지 1년도 안 된 1355년 12월 15일에 요한네스는 아비뇽에 사절을 보내 클레멘스의 후임자인 인노켄티우스 6세에게 서신을 전달했다. 그 내용은 길고 상세했다. 우선 황제는 기사 500명, 보병 1천 명, 수송선 열다섯 척과 전함 다섯 척을 급히 콘스탄티노플로 보내 달라고 요청했다. 자신이 직접 그 병력을 지휘하여 6개월 동안 투르크와 발칸의 그리스 적들을 상대하겠다는 것이었다.

계속해서 그는 다음과 같이 제안했다. 그 기간 동안 교황의 특사가 수도에 머물면서 콘스탄티노플의 고위 성직자들이 교회 통일의 명분에 충실히 따르는지 감독하도록 한다. 그 과정에서 백성들은 틀림없이 대거 개종할 테고 제국은 쉽게 교황청의 뜻에 복종하게 될 것이다. 이 약속을 이행하겠다는 의지의 표시로 황제는 다섯 살짜리 둘째 아들 마누엘을 아비뇽에 보내겠다. 어떤 이유에서든 황제 본인이 서신의 약속을 이행하지 못한다면 교황이 그 아이를 마음대로 기르도록 한다. 가톨릭 신앙을 가르치고 나중에 자라면 교황이 알아서 적절한 배우자를 찾아 짝을 지어 줘도 상관없다. 한편 제위 상속자로 내정된 마누엘의 형 안드로니쿠스는 라틴어와 라틴 문학을 열심히 배울 것이다. 또한 귀족 자제들도 그와 비슷한 정도로 계몽될 수 있도록 하기 위해 라틴 대학 세 곳을 창립한다. 혹시라도 제국의 백성들이 대규모 개종을 하지 못한다면 최소한 황제 개인적으로라도 로마 교회에 복종하겠다. 반대로 대규모 개종에 성공한다면 더 큰 규모의 병력을 지원해 달라. 그러면 황제가 '성모 교회의 총사령관이자 기수'라는 직함으로 직접 지휘를 맡아 투르크를 중앙아시아로 몰아낼 것이다.

이 장황한 서신은 1356년 6월 아비뇽에 전해졌다. 하지만 현명하고 현실적인 프랑스인이었던 인노켄티우스 6세는 그 서신을 그다지 진지하게 받아들이지 않은 듯하다. 답신에서 그는 요한네스가 제국의 백성들을 이끌고 로마 교회의 품안으로 들어오겠다는 것을 정중히 치하하면서도 구체적인 제안은 하지 않았다. 그는 분명히 대화 자체를 원치 않았고, 그리스도교 군대를 보내 줄 의사도 전혀 없었다. 하지만 교황은 황제의 개인적인 개종에는 관심이 있었다. 그래서 그는 특별 대사 두 명을 보내 요한네스가 로마 교회의 품으로 들어오도록 중재하게 했다.

특사들은 둘 다 주교였다. 한 사람은 카르멜회에 속한 피에르 토마였고 또 한 사람은 도미니스쿠스회에 속한 기욤 콩티였다. 이들은 1357년 4월에 콘스탄티노플에 도착하여 황제의 영접을 받았다. 하지만 성과는 거의 없었다. 피에르 토마의 성인전聖人傳 작가[171]는 그가 황제를 개종시키는 데 성공했다고 주장했지만, 이후의 사건들을 보면 그렇지 않다는 게 드러난다. 두 주교는 동방의 사정이 요한네스가 서신에서 말한 것과는 전혀 다르다는 것을 알고 곧 개종의 노력을 포기했다. 콩티는 일행과 함께 돌아간 반면 피에르 토마는 키프로스로 가서 훗날 동방의 교황 특사로 임명되었다.

한편 황제는 그렇게 대충 넘어간 것을 다행으로 여겨야 했다. 만약 교황이 그의 서신을 액면 그대로 믿고 그의 요청대로 군대를 보낸 뒤 약속을 이행하라고 촉구했다면, 그의 처지는 몹시 난처해졌을 것이다. 물론 콘스탄티노플에도 교회 통일에 반대하지 않는 사람들이 상당수 있는 것은 사실이었다. 예를 들어 저명한 학자이자 성 토마스 아퀴나스의 번역자인 데메트리우스 키도네스는 당시 로마 교회를 지지했다.

그러나 속인과 성직자를 불문하고 비잔티움에서 영향력을 지닌 인물들의 압도적인 다수는 여전히 옛 신앙을 고수했다. 게다가 얼마 전에 총대주교 칼리스투스—요한네스 6세에 의해 폐위되었던 그는 요한네스 5세에 의해 복직되었다—는 불가리아와 세르비아의 총대주교구로부터 콘스탄티노플의 우월권을 승인받았다. 그런 상황에서 요한네스 5세가 진심으로 교회 통일을 꿈꾸었으리라고는 보기는 어렵다. 설사 그랬다고 하더라도 1357년 여름 무렵이면 더 이상 교회 통일이 가능하다고 생각하지는 못했을 것이다.

불발로 끝난 요한네스 팔라이올로구스의 서신을 길게 이야기한 이유는 그것이 황제의 사람됨을 잘 보여 주는 사례이기 때문이다. 황제는 신뢰할 수 없는 인물이었으며, 가능한 결과를 충분히 생각하지 않고 충동적으로 행동하는 경향을 지니고 있었다. 그의 장인 요한네스 칸타쿠제누스가 잘 알고 있었듯이 황제는 바깥으로 위협이 임박해 있고 안으로 해체와 붕괴의 위기를 맞고 있는 제국을 이끌고 나가기에는 역량이 모자랐다.

대 투르크 연합 전선을 위해

오스만족은 트라키아로 물밀듯 밀려들어 왔다. 1354년에 슐레이만이 갈리폴리를 장악한 것을 교두보로 삼아 그들은 발칸 반도에 대거 진출했다. 곧이어 요한네스 칸타쿠제누스가 아이딘과 사루한의 아미르에게 지원을 요청했을 때 제국에 왔던 투르크 해적들과 그 밖에 독자적으로 활동하던 해적 무리들도 속속 발칸으로 모여들었다. 그에 따라 이미 내전에 지쳐 있던 비잔티움령 트라키아도 쉽게 그들에게 넘어갔다. 이미 1359년에 그들은 콘스탄티노플의 성벽까지 진출했다.

다행히 수도에 위협이 될 만큼 큰 규모는 아니었지만, 방어망이 약하고 내전으로 초토화된 트라키아의 나머지 지역들은 그들의 손쉬운 사냥감이 되었다. 1361년에는 디디모티쿰, 1362년에는 아드리아노플이 차례로 함락되었다. 점령되는 도시와 촌락들마다 원래 살던 주민들은 소아시아에 노예로 팔려 가고 투르크 이주민들이 옮겨 와서 살았다.

같은 해인 1362년에는 오르한이 죽었다. 아미르 자리를 계승한 그의 아들 무라드—다른 아들인 슐레이만은 2년 전에 죽었다—는 아버지나 형보다 더 패기와 각오가 굳은 인물이었다. 그는 트라키아만이 아니라 불가리아까지 원정하여 1363년에는 필리포폴리스를 점령했다. 이에 위협을 느낀 불가르 차르 요한 알렉산다르는 비잔티움에 등을 돌리고 무라드와 동맹을 맺었다.

그 소식이 콘스탄티노플에 전해지자 요한네스 팔라이올로구스는 즉각 대응에 들어갔다. 1364년에 그는 남아 있는 소수의 선박과 병력을 거느리고 직접 흑해의 불가리아 항구들을 상대로 응징 원정을 떠나 앙키알루스를 점령했다. 전략적인 가치는 거의 없었으나 이 승전보가 제국의 백성에게 주는 심리적인 효과는 컸다. 제국이 아무리 쇠락했다지만 아직 가끔은 승리할 수 있는 힘이 남아 있었던 것이다.

게다가 황제가 돌아오자 비록 잠시나마 그에게 희망을 준 소식이 기다리고 있었다. 교황 우르바누스 5세가 마침내 십자군을 조직했다. 십자군의 지휘는 가톨릭 군주들인 헝가리의 로요슈 1세와 키프로스의 피에르 1세가 맡았고, 황제의 사촌인 사부아* 백작 아마데우

---

* 사부아는 오늘날 프랑스 남동부 이탈리아 국경 근처에 해당하는데, 지리적 여건으로 인해 예로부터 주변 강국들의 정세에 휘말리는 역사를 전개해 왔다. 11세기부터는 신성 로마 제국에 백국(伯國)으로 합병되었으나, 이 제국의 영토가 대부분 그렇듯이 이때부터 사부아는 거의 독립적인 지위를 가졌다. 그러니까 아마데우스는 사부아 백작이지만 거의 사부아 왕이라 보면 된다. 사부아는 이후에도 유럽 강국들과 교황 세력 사이에서 줄타기 외교로 존속했으며, 19세기 중반에 이르러 이탈리아 통일의 주역이 되었다.

스 6세[172]도 적극적으로 동참했다. 그러나 이 원정군은 투르크로 행군하지 않고 이집트로 갔다가 1365년 10월에 치욕적인 참패를 당했다. 요한네스는 또다시 동맹자를 구해야 했다.

이미 거의 붕괴한 세르비아에는 총대주교 칼리스투스를 사절로 보내 의사를 타진해 보았다. 총대주교는 스테판 두샨의 미망인을 만났지만 불행히도 실질적인 협상에 들어가기도 전에 곧바로 죽고 말았다. 당연히 근거도 없는 독살설이 나돌았으나 분위기를 반전시키지는 못했다. 제노바와 베네치아는 우호적이었으나 무기력했다. 교황 우르바누스 5세와 키프로스의 피에르는 섣불리 이집트를 공격했다가 창피만 당하고 말았다.

다만 헝가리의 로요슈 대왕은 건재했다. 신중한 성격을 지닌 그는 적시에 이집트 원정에서 발을 뺐다. 여느 그리스도교도와 마찬가지로 그도 역시 이교도보다 교회 분리파를 훨씬 더 싫어했으므로 투르크보다 이단인 불가르에 대해 독자적으로 성전을 계획했다. 1365년 접경 지대에 있는 비딘이 헝가리군의 손에 들어갔으며, 곧이어 프란체스코회 전도사들이 대량으로 파견되어 현지 주민들을 반강제로 개종하는 작업이 시작되었다.

이런 환경은 외교 협상을 전개하기에는 결코 좋다고 할 수 없었다. 하지만 요한네스는 아직도 분위기만 괜찮으면 로요슈를 설득할 수 있다고 판단한 모양이다. 그는 직접 헝가리로 갈 결심을 했다. 그런 사례는 일찍이 없었다. 비잔티움의 바실레오스가 원정군을 거느리고 제국의 변방을 순회하는 경우는 있었어도 서방의 그리스도교 국가에 도움을 요청하러 몸소 떠나는 것은 전례가 없는 일이었다.

하지만 요한네스는 상황이 그만큼 절박하다고 여겼다.

1366년 초에 그는 제국을 맏아들 안드로니쿠스에게 맡기고, 다른 아들들인 마누엘과 미카일을 대동한 채 흑해 연안을 북쪽으로 항해하여 도나우 강으로 들어간 뒤 강을 거슬러 부다까지 갔다. 로요슈 왕은 그들을 환대해 주었으나 이미 교황과 협상 중에 있었으므로 회의가 시작되자 곧바로 자신의 견해를 명확히 밝혔다. 우선 개종이 가장 우선이었다. 황제와 제국이 로마에 복종해야만 군사 지원의 문제를 논의할 수 있다는 것이었다.

이번에는 요한네스도 확정적인 대답을 하지 못했다. 설사 대답을 했다 해도 로요슈는 믿지 않았겠지만. 두 아들을 모두 볼모로 맡기고(하지만 정확히 무엇 때문에 볼모가 필요했는지는 알 수 없다)[173] 요한네스는 우울한 귀환 길에 올랐다. 그런데 도중에 그는 불가르족에게 가로막혀 사실상 포로 신세가 되었다. 그들은 은근히 비잔티움과 헝가리 동맹에 대한 경계심을 내비친 것이었다.

제국의 역사상 황제가 외국군에게 포로로 잡힌 경우는 거의 3세기 전인 만지케르트 전투 때 로마누스 디오게네스가 유일했다. 그래도 당시 그는 셀주크군에게 사로잡혀 정중한 대우를 받고 일주일 뒤에 방면되었다. 하지만 요한네스는 같은 그리스도교권의 군대에게 잡혔음에도 불구하고 불가르 차르 요한 알렉산다르에게서 철저히 푸대접을 받다가―더구나 그는 안드로니쿠스의 장인이었으니 황제와는 사돈간이었다―여섯 달 뒤에야 국경 지대의 작은 마을에서 풀려날 수 있었다. 예전 같으면 로마인의 진정한 황제, 신의 대리자를 이렇게 대우하는 것은 상상도 할 수 없는 일이었다. 제국의 위상이 얼마나 추락했는지를 여실히 보여 주는 사건이었다. 더구나 요한네스가 풀려날 수 있었던 것도 차르의 시혜가 아니라 놀랍게도 그의 사촌인 사부아의 아마데우스 덕택이었다.

1365년의 원정을 실패한 이후 아마데우스는 독자적으로 소규모 십자군을 조직했다. 1366년 5월에 그는 함선 열다섯 척과 병력 1700명을 거느리고, 사촌을 투르크군으로부터 구원하기 위해 베네치아를 떠나 콘스탄티노플로 왔다. 헬레스폰트 어귀에 도착하자마자 황제의 누이 마리아의 남편으로 레스보스를 다스리는 제노바 사람 프란체스코 가틸루시오가 아마데우스와 합류했다. 두 사람은 즉각 갈리폴리를 공략해서 이틀 동안의 격렬한 전투 끝에 수복했다.

이 승전보로 인해 비잔티움의 사기는 크게 올랐다. 지난 12년 동안 갈리폴리는 투르크의 교두보이자 유럽 대륙에 최초로 생겨난 무슬림의 전진 기지로서, 유럽에 오는 투르크족은 모두 이곳을 경유했다. 이제 이곳을 되찾았으니 무라드가 트라키아에 증원군을 보내기는 한층 어려워졌다. 하지만 콘스탄티노플에서는 이 로마 가톨릭 군대를 수도에 들어오도록 허용해야 하는지를 놓고 곤혹스러운 논의가 벌어졌다. 데메트리우스 키도네스가 간곡히 설득한 덕분에 비로소 9월 1일에 성문이 열렸다.

아마데우스가 포로로 잡힌 사촌의 처지를 알게 된 것은 아마 이 무렵이었을 것이다(혹은 가틸루시오에게서 미리 들었을 수도 있겠지만). 그는 한 달 동안 준비를 한 뒤 흑해 연안을 따라가서 제국의 이름으로 항구 도시 메셈브리아와 소조폴리스를 점령하고 바르나를 포위했다. 거기서 그는 투르노보의 차르에게 최후통첩을 보냈다. 요한 알렉산다르는 귀중한 볼모를 잡고 있었으니 황제의 몸값으로 두 항구의 반환을 요구할 법도 하건만 그러지 못했다. 왜냐하면 당시 불가리아의 군사적·경제적 상황은 매우 취약해서 아마데우스는 그의 요구를 일축해 버릴 게 뻔했기 때문이다. 결국 차르는 황제를 보내 줄 수밖에 없었고, 요한네스는 크리스마스 직전에 메셈브리아에 있는 사부아 백작의 진영에 도착했다. 두 사람은 겨우내 그 해변에서 지내다가 1367년 봄에 콘스탄티노플로 돌아왔다.

그들은 왜 그토록 늦게 수도로 돌아왔을까? 무엇보다도 진지한 논의를 해야 했기 때문이다. 사부아 백작은 그 무렵 자금 부족에 허덕였다. 갈리폴리, 메셈브리아, 소조폴리스를 제국의 영토로 묶어 두려면 상당한 규모의 주둔군이 필요했다. 그러려면 인력과 자금이 모두 많이 있어야 했다. 아마데우스가 보기에는 제국이 적어도 주둔군의 유지비와 병사들이 불가리아 원정을 할 수 있도록 식량을 제공하는 정도는 담당해야 했다.

그보다 더 중요한 문제도 있었다. 아마데우스는 자신의 원정에 교황이 축복을 내려 준 데 대한 보답으로 교회 통일을 다시 추진하기로 서약하고, 실제로 파울루스라는 교황의 사절을 데려왔다. 그는 스미르나의 주교 출신으로 얼마 전에 명목상 콘스탄티노플의 라틴 총대주교로 임명된 사람이었다. 그렇듯 섬세한 사항에 관한 예비 토론이라면 수도로부터 멀리 떨어진 곳에서 하는 편이 훨씬 나았던 것이다.

황제의 구걸 여행

보스포루스에 도착했을 때 요한네스는 결심을 굳혔다. 교회는 말할 것도 없고 신민들에게도 교회 통일을 강요할 수는 없었다. 시도라도 했다가는 황제인 자신조차 폐위될 게 거의 뻔했다. 하지만 그는 개인적으로 로마에 복종할 수 있었다. 또한 그것과 동시에 그는 파울루스와 정교회 지도자들 간에 난해한 토론을 주선했다. 그렇게 하면 오랫동안 갈라져 있던 균열을 극복하는 데 도움이 되지 않을까 하는 게 그의 희망이었다.

그것은 결코 쉽지 않았다. 총대주교 필로테우스[174]는 당연히 자신의 지위를 찬탈하려는 자와의 협상을 단호히 거부했다. 하지만 요한네스가 자신의 장인인 수도사 요아사푸스—전 황제인 요한네스 칸타쿠제누스인데, 필로테우스는 그를 열렬히 지지했다—를 총대주교로 임명하여 동방 교회를 대표하게 하려는 데 대해서는 필로테우스도 반대하지 못했다.

얼핏 생각하면 놀라운 일인 듯싶지만 실상은 그렇지 않다. 수백 년 동안 역사가들은 요한네스 칸타쿠제누스가 폐위된 뒤 수도원에서 엄격한 은둔 생활을 했다고 믿었으며, 그가 내내 신학 연구에 침잠하고 아주 가끔 황제가 호출할 때만 마지못해 응했다고 여겼다. 그러나 그는—특히 자신의 옛 친구인 필로테우스가 총대주교에 복귀한 1364년부터—국정에서 점차 중요한 역할을 한 것으로 보인다. 필로테우스는 그가 "정부의 들보이자 가장 훌륭한 고문이며, 황족의 아버지나 다름없었다"[175]고 말하면서 당시 칸타쿠제누스가 황제로서 제국을 다스리던 시대에 못지않은 권력─혹은 적어도 영향력─을 지녔음을 시사했다.*

토론은 1367년 6월에 시작되었다. 비잔티움의 관점에서 보면 큰 성과였다. 요한네스 칸타쿠제누스는 서방 교회만이 아니라 동방 교회도 교회 통일을 열렬히 바라고 있다고 주장했다. 그러나 현재의 차이점은 진정한 세계 공의회를 통해서만 해소될 수 있었다. 거기에는 교황, 각 지역의 총대주교, 대주교, 주교들이 참석해야 하는데, 이는 로마에서 수락한 적이 없었다. 그는 다른 방법이 전혀 없다고 강조했다.

100년 전에 미카일 8세가 비극적으로 증명했듯이, 통일은 위에서 일방적으로 강요한다고 해서 이뤄질 수 있는 게 아니었다. 황제가 백성들의 마음까지 통제할 수는 없었다. 이 점에 관해서는 파울루스도 어느 정도 공감한 듯하다. 결국 그는 칸타쿠제누스가 제안한 공의회를 2년 안에 콘스탄티노플에서 여는 데 동의했다. 그 뒤 파울루스는 아마데우스 백작과 함께 서방으로 돌아갔다. 거기에는 정교회의 교회와 수도원을 대표하는 사람들도 동행했는데, 그들은 좀 나중에 황제 자신이 서방으로 갈 때까지 일종의 전위 부대 역할을 할 예정이었다.

---

* 비록 폐위된 뒤에도 정치에서 손을 놓지 않았다고는 하지만 그래도 비잔티움의 역사상 제국의 쌍두마차에 해당하는 황제와 총대주교를 모두 지낸 독특한 이력의 주인공은 칸타쿠제누스밖에 없다. 물론 서유럽 세계에도 그런 경우는 없다. 그렇게 보면 칸타쿠제누스는, 교황과 황제가 처음부터 완전히 분리되어 서로 견제하고 치열한 권력 다툼을 벌인 서유럽 세계보다 동방 제국이 훨씬 정교일치의 정도가 긴밀했다는 것을 말해 주는 역사적 증거라고 볼 수도 있겠다.

그해 초에 우르바누스 교황은 교황청을 로마로 옮기려 한 적이 있었다. 하지만 그 시도는 성공하지 못했다. 그 직후에 프랑스 추기경들의 주장에 따라 그는 아비뇽으로 돌아갈 수밖에 없었던 것이다. 이후 교황청은 1377년까지 아비뇽에 있게 된다. 그러나 비잔티움의 대표단이 그해 여름에 간 곳은 프랑스가 아니라 이탈리아였다. 우르바누스는 비테르보에서 그들을 따뜻하게 영접했다. 그들은 교황과 함께 로마로 가서(당시 로마는 폐허에 가까운 빈곤한 도시로 변해 있었다) 10월 16일 교황이 공식적으로 로마에 입성할 때 동행했다.

하지만 그때부터 대표단은 점차 실망이 커졌다. 알고 보니 파울루스는 교황의 지시를 받지 않고 콘스탄티노플에서 개인적인 견해를 밝힌 것이었다. 우르바누스는 세계 공의회에 참석하기는커녕 그런 것을 소집할 생각도 없었다. 교황은 교황청의 권위로써 이미 명백히 확립된 신앙 문제를 새삼스럽게 토론하는 목적이 뭐냐고 물었다. 11월 6일에 교황은 스물세 통의 서신에 서명을 했다. 그것들은 모두 교회 통일에 관심을 가진 고위 성직자들에게 보내는 서신이었는데, 비잔티움 교회가 로마에 복속되었고 황제가 직접 로마를 방문하기로 약속했다는 내용이었다. 서신에는 공의회를 소집하는 문제조차 언급되지 않았는데, 하물며 요한네스 팔라이올로구스가 바라는 국제 십자군에 관한 사항은 당연히 없었다.

하지만 요한네스는 약속을 지켰다. 1369년 초여름에 그는 또다시 맏아들—이때에는 공동 황제 안드로니쿠스 4세가 되어 있었다—을 콘스탄티노플의 섭정으로 임명하고 수도를 출발했다. 동행한 사람은 그의 매부인 프란체스코 가틸루시오, 데메트리우스 키도네스, 그 밖에 공공연한 친서방파 인물들이었다. 하지만 그런 여행은 생각할 수도 없는 일이라며 한사코 반대한 정교회 성직자들은 포함시키지 않았다. 황제는 나폴리에 상륙해서 며칠 동안 시칠리아 여왕의 영접을 받고 여독을 풀면서 곧 있을 토론을 준비했다. 그런 다음에 그는 로마로 향했다. 우르바누스도 곧 로마로 올 예정이었다.

10월 18일 목요일에 로마에 도착한 요한네스는 가톨릭 신앙을 받아들이고 신성한 로마 교회와 그 아버지인 교황에게 복종한다는 내용의 문서에 공식적으로 서명하고 제국의 옥새를 찍었다. 그 주일의 일요일에 그는 교황청의 모든 사람들이 참석한 가운데 성 베드로 대성당의 계단에서 교황에게 절을 올리고 무릎을 꿇은 다음 교황의 발, 손, 입술에 입을 맞추었다. 곧이어 대성당에서는 미사가 열렸다.

그것으로 요한네스는 할 바를 다했다. 하지만 그것은 개인적인 행위였고 황제 본인 이외에 아무에게도 구속력이 없었다. 점점 멀어져 가는 두 교회가 통일되거나, 세계 공의회가 열리거나, 투르크를 상대로 군사 지원을 해 줄 가능성은 없었다. 로마인의 진정한 황제가 공식석상에서 자신을 그토록 낮추었지만 그것은 오히려 콘스탄티노플에서의 입지만 약화시켰을 뿐 아무런 성과도 낳지 못했다. 게다가 요한네스 팔라이올로구스는 미처 몰랐지만 또 한차례의 훨씬 더 심한 치욕이 그를 기다리고 있었다.

전부터 황제는 베네치아 도제 안드레아 콘타리니와 서신을 주고받고 있었다. 서신에서 도제는 현재 제국이 처한 재정난을 잘 알고 있다고 썼다. 하지만 그는 1343년에 안나 황후가 3만 두카도의 차관을 얻는 대신 저당잡힌 제관의 보석 문제를 언급할 필요가 있다고 여겼다. 지금은 그 이자가 눈덩이처럼 불어난 실정이었다. 신속히 보석을 찾아가지 않는다면 공화국은 그것을 팔 수밖에 없었다. 또한 콘스탄티노플의 베네치아 재산에 입힌 피해에 대한 보상 문제도 언급되었다. 총액은 25,663히페르피라였는데, 그중에서 지금까지 갚은 돈은 4,500히페르피라뿐이었다.

요한네스는 답신에서 다시 어려운 처지를 설명하면서 사정을 이해해 달라고 호소했다. 그래도 그 호소가 완전히 실패한 것은 아니었다. 로마에 머물 때 그는 도제에게서 2년 전에 시효가 끝난 베네치아-비잔티움 조약을 1370년 2월부터 향후 5년 동안 갱신해 주고, 피해 보상액의 연간 분납을 허용하며, 제관의 보석을 당분간 산마르코 대성당의 창고에 더 보관해 주겠다는 서신을 받았다. 하지만 콘타리니는 황제에게 귀국 길에 베네치아를 방문하여 둘이서 당면 현안에 관해 우호적으로 논의하자고 제의했다.

1370년 3월에 로마를 떠나 나폴리에 잠시 머문 뒤 제국의 함대는 5월 초에 베네치아에 도착했다. 정상적인 경우였다면 비잔티움 황제로서는 사상 처음으로 베네치아를 방문하는 것이었으므로 마땅히 어느 국빈보다도 더 성대한 환영을 받아야 했겠지만 비잔티움의 명성은 이미 땅에 떨어졌다. 요한네스는 짐짓 기분이 좋은 것처럼 가장했으나 그와 제국이 무거운 채무에 허덕이고 있다는 사실을 감출 수는 없었다. 베네치아인들은 이 가난한 황제의 체면을 지켜 주지 않았다. 요한네스는 최소한의 환영 행사도 없는 냉대를 받았다.

하지만 황제와 도제가 대화를 시작하자 분위기는 나아졌다. 요한네스는 베네치아 측이 거절할 수 없으리라고 생각되는 제안을 했다.

그들은 오래전부터 헬레스폰트 어귀의 테네도스 섬에 눈독을 들이고 있었다. 그래서 황제는 그 섬을 양도하는 대가로 제관의 보석과 더불어 전함 여섯 척과 현금 2만 5천 두카도를 달라고 했다. 그리고 그 돈 가운데 4천 두카도를 즉시 내달라고 부탁했다. 사실 그에게는 귀환 여비조차 충분치 않았던 것이다.

도제는 기꺼이 동의했다. 그러나 곧 문제가 발생했다. 콘스탄티노플의 제노바 조계(외국인 거류지)는 숙적 베네치아가 그렇게 귀중한 요충지를 차지하게 되었다는 데 소스라쳐 놀라 섭정 안드로니쿠스에게 압력을 가했다. 그러자 안드로니쿠스는 테네도스 섬을 내줄 수 없다고 강력하게 버티었다. 요한네스는 조약 자체가 무효가 되어 버릴 난처한 지경에 처했다. 석호를 떠나는 데 필요한 자금마저 부족했던 그는 사실상 포로 신분으로 베네치아에 머물렀다. 그는 아들에게 교회 재산이라도 팔아 자신을 석방시켜 달라고 간절하게 호소했다. 그러나 안드로니쿠스는 그런 불경스러운 제안에 충격을 받고 아버지를 구하기 위해 손가락 하나 까딱하지 않았다.

구원의 손길은 최근에 테살로니카 총독으로 임명된 둘째 아들 마누엘이 보냈다. 마누엘은 한겨울의 추위를 무릅쓰고, 아버지를 방면하고 이후의 차관을 얻어 내는 데 필요한 금과 보물을 가지고 눈 덮인 에그나티아 가도를 황급히 달려갔다. 효성스러운 둘째 아들 덕분에 요한네스는 1371년 3월에 귀환 여비 3만 두카도를 받아서 무려 일곱 달 만에 베네치아를 떠날 수 있었다. 그는 그해 10월 말에 수도에 돌아왔다. 수도를 비운 2년 동안 그는 로마 가톨릭교로 개종까지 했음에도 불구하고 아무것도 얻지 못했다.

투르크에게 손을 내밀다

수도에서는 더 나쁜 소식이 기다리고 있었다. 유럽의 투르크족은 아직 콘스탄티노플을 공격할 힘이 모자란다는 것을 깨닫고 마케도니아로 진출했다. 부카신 왕—스테판 두샨의 제국을 나누어 가진 세르비아의 군주들 중 가장 강력한 군주—과 그의 형제인 세레스 군주 요한 우글례샤는 투르크를 상대하기 위해 다급히 공동으로 군대를 동원했다. 1371년 9월 26일에 양측 군대는 아드리아노플에서 35킬로미터 거리에 있는 마리차 강변의 케르노멘에서 맞붙었다. 투르크가 유럽에 침략한 이후 처음으로 치르는 전면전이었다. 그 결과는 세르비아군의 참패였다. 부카신과 요한 우글례샤는 둘 다 전사했고, 강물은 전사자들의 피로 온통 붉게 변했다.

이 사건은 세르비아만이 아니라 비잔티움에도, 나아가 그리스도교권 전체에도 큰 재앙이었다. 이제 침략자들이 세르비아, 마케도니아, 그리스로 쳐들어 오는 것을 막을 방벽이 사라진 것이다. 생존한 소수의 세르비아 귀족들은 세력을 완전히 잃은 것은 아니었지만, 그 뒤부터는 투르크 대군주들을 섬기는 가신이 되어 오스만 술탄(무라드)의 종주권을 인정하고, 그에게 조공을 바쳤으며, 필요할 경우 군사 지원도 해야 했다. 묘하게도 그 가신들 중 한 사람—부카신의 아들 마르코 크랄리예비치 [176]—은 후대에 세르비아의 가장 위대한 민중의 영웅으로 떠올라 오늘날까지도 나라가 위기에 처할 때면 자주 기억되는 인물이 되었다.[177]

그나마 비잔티움에는 한 가지 작은 위안거리가 있었다. 마누엘 팔라이올로구스가 그런 상황을 이용하여 테살로니카에서 원정을 나가 우글레샤의 영토와 세레스 시를 점령한 것이었다. 하지만 그 영토를 오래 지키지는 못했다. 한편 갈수록 심해지는 재정난에 허덕이던 그의 아버지는 수도원 재산의 절반을 제국에 투입해야 했다. 사정이 나아지면 수도원 측에 토지를 돌려줄 예정이었지만 사정은 전혀 개선되지 않았다. 오히려 제국 정부는 더 엄격한 긴축 정책을 펴야 했고, 요한네스 자신도 점차 패배주의에 빠져들었다. 마침내 1373년에 그는 불가르의 차르처럼 술탄의 가신이 되었다. 이리하여 오스만족이 유럽 땅에 처음으로 항구적인 근거지를 마련한 지 20년 만에 발칸 반도의 세 열강은 모두 술탄의 속국으로 전락했다.

　당대의 문헌들은 그 사건에 대해 침묵으로 일관한다. 그래서 요한네스 5세가 무라드와 맺은 계약의 내용은 알 수 없다. 두 사람의 협상은 황제가 수도에 돌아온 지 1년쯤 지난 1372년 말경에 시작되어 두세 달 뒤에 결론에 이른 것으로 보인다. 요한네스는 아마 절망적인 심정이었을 것이다. 투르크는 세르비아와 불가리아를 장악하고 있으며, 십자군은 사실상 불가능하다. 서방과 육로로 철저히 차단된 비잔티움은 심지어 저항하는 시늉조차 할 수 없었다. 오로지 술탄에게 협력하는 것만이 그나마 제국의 완전한 침몰을 막는 길이었다. 무라드는 최소한 마케도니아와 트라키아를 누비고 다니는 투르크 약탈자 무리들을 통제해 줄 수 있을 것이다. 또한 그 덕분에 요한네스도 입지가 강화되어 점점 골칫거리가 되고 있는 아들 안드로니쿠스를 통제할 수 있을지도 모른다.

그러나 가신이라면 하기 싫어도 해야 하는 의무가 있게 마련이다. 1373년 5월, 협정에 서명한 지 몇 달 만에 요한네스는 술탄의 부하로 아나톨리아 원정에 참가하게 되었다. 그것만 해도 참기 어려운 굴욕이었지만 곧이어 수도에서 더 나쁜 소식이 전해졌다. 그가 수도를 비운 틈을 타서 안드로니쿠스가 공공연히 반기를 든 것이다(그는 아마 아버지의 애정이 동생 마누엘에게 향하는 것을 보고 분개했을 것이다). 묘하게도 그는 자신처럼 불만을 품은 무라드의 아들 사우지와 결탁하여 봉기했다. 다행히 이 반란은 성공하지 못하고 금세 진압되었다.

격노한 술탄은 사우지를 실명시키고—그 딱한 청년은 얼마 뒤에 죽었다—요한네스에게도 안드로니쿠스는 물론 반란에 가담하지 않은 그의 어린 아들까지 실명시키라고 요구했다. 요한네스는 잔인한 형벌을 무척 싫어했으나 술탄의 명령을 거역할 처지는 아니었다. 그래도 그는 아들과 손자에게 비밀리에 약간의 자비를 베풀었다. 안드로니쿠스 부자는 한쪽 눈만 잃은 채 콘스탄티노플에 감금되었으며, 안드로니쿠스의 제위 계승권은 공식적으로 박탈되었다. 제위 상속자가 된 스물세 살의 마누엘은 테살로니카에서 황급히 소환되어 9월 25일에 공동 황제가 되었다.

그로부터 불과 3년 뒤에 요한네스는 자신의 관용을 후회해야 했다. 1376년 3월에 도제가 파견하는 대사들을 태운 베네치아 함선 열 척이 콘스탄티노플에 도착했다. 그들은 이제 안드로니쿠스가 제거되었으니 6년 전에 베네치아와 맺은 약속을 지키라고 촉구했다. 테네도스 섬을 받는 대가로 대사들은 요한네스에게 3만 두카도를 추가로 주고 제관의 보석들도 돌려주겠다고 제의했다. 또한 그들은 콘스탄티노플 총대주교의 관할 아래 그리스적 요소가 남아 있는 섬 주민들에게 종교의 자유를 보장하겠다고 말했다. 마지막으로 그들은 섬에 산마르코의 기치와 더불어 제국의 기치도 함께 게양하겠다고 약속했다.

요한네스 팔라이올로구스는 기꺼이 그 제안에 동의했다. 하지만 예상할 수 있듯이 콘스탄티노플의 제노바 조계는 그 사안을 전혀 다르게 받아들였다. 제노바인들은 테네도스를 베네치아에 양도하는 것을 또다시 가로막고 나섰다. 그리고 또다시 안드로니쿠스를 이용하려 했다. 1376년 7월에 그들은 안드로니쿠스를 감옥에서 탈출시키는 데 성공했다. 비밀리에 갈라타로 간 그는—당시 정황으로서는 놀랍게도—무라드와 접촉해서 기병과 보병 혼성군을 얻었다. 그 군대로 안드로니쿠스는 수도를 한 달 동안 포위한 뒤 뚫고 들어갔다.

요한네스와 나머지 황족들은 금문의 요새에서 며칠 동안 버텼지만 결국 항복할 수밖에 없었다. 안드로니쿠스는 그들을 얼마 전까지 자신이 갇혀 있던 아네마스 탑[178]에 가두었다. 권력을 장악하자마자 그는 테네도스를 제노바에 공식적으로 양도했다(아마 탈출할 때부터의 조건이었을 것이다). 1년 뒤인 1377년 10월 18일에 그는 안드로니쿠스 4세로 정식 즉위하고 어린 아들을 공동 황제인 요한네스 7세로 삼았다.

그러나 제노바는 그 대가를 받지 못했다. 테네도스의 비잔티움 총독이 섬을 제노바에 양도하기를 거부한 것이다. 베네치아인들은 즉각 함대를 보내 자신들의 몫을 요구했고 총독은 기꺼이 그들에게 섬을 넘겨주었다. 안드로니쿠스는 선의를 내보이기 위해 제노바가 그 섬을 무력으로 탈취하려는 것을 지원해야 했다. 데메트리우스 키도네스는 그런 황제의 모습을 이렇게 비꼬았다. "제노바를 돕기 위해 그는 군수품과 선박을 마련하고 병사들을 고용해야 했는데, 그에게 그것은 하늘을 나는 것보다 어려운 일이었다."[179]

하지만 제노바의 시도는 실패로 끝났다. 술탄 무라드는 더 운이 좋았다. 그는 안드로니쿠스를 전혀 좋아하지 않았고 얼마 전에 그를 실명시키라고 권한 바 있었다. 그랬던 술탄이 안드로니쿠스를 마지막에 도운 것은 단지 10년 전에 사부아의 아마데우스가 점령한 갈리폴리를 반환하겠다는 안드로니쿠스의 약속 때문이었다. 1377년 말에 이 중요한 교두보는 다시 그의 소유가 되었다. 술탄의 유럽 영토는 또다시 소아시아의 영토와 연결되었다. 이는 다음 단계의 진출을 위해 극히 중요한 역할을 했다.

† 14세기 비잔티움에서 주조된 안드로니쿠스 4세의 소액 동화. 안드로니쿠스 팔라이올로구스의 모노그램(좌), 말에 타고 있는 성 데메트리우스와 황제(우).

요한네스와 마누엘은 아네마스 탑에 3년 동안 갇혀 있었다. 그들이 어떻게 자유를 되찾았는지는 알 수 없다. 물론 그들이 먼저 노력했겠지만 안드로니쿠스가 탈출할 때 제노바의 도움을 얻었듯이 여기에도 베네치아가 개입했을 가능성은 충분하다. 어쨌든 그들은 탈출에 성공하여 유일하게 몸을 의탁할 수 있는 곳, 즉 보스포루스 건너편 크리소폴리스 부근에 있는 무라드의 진영으로 갔다. 거기서 마누엘—아마 탈출 계획도 그의 작품일 것이다—은 술탄에게 자신과 아버지를 복위시켜 주면 공물과 군사 지원을 더 늘리고 소아시아에 유일하게 남아 있는 비잔티움의 거점인 필라델피아도 넘겨주겠다고 제안했다.

양측은 금세 합의했다. 투르크는 군대를 규합했고, 베네치아는 제노바를 선호하는 성향이 강한 안드로니쿠스를 제거하기 위해 소함대를 파견했다. 1379년 7월 1일 요한네스 5세와 마누엘 2세는 카리시우스 대문을 통해 콘스탄티노플에 다시 입성했다. 이번에는 안드로니쿠스가 갈라타의 제노바인들에게로 도망쳤다. 그는 어머니인 헬레나 태후와 그녀의 아버지인 수도사 요아사푸스(요한네스 6세)를 인질로 데려갔다. 그는 어머니와 외할아버지가 요한네스 부자의 탈출을 도왔다고 의심하고 있었다.

그 이듬해에 요한네스와 안드로니쿠스, 콘스탄티노플과 갈라타는 각각 베네치아와 제노바의 지원을 받아 내전을 벌였다. 술탄의 태도는 상당히 모호했다. 겉으로는 적법한 황제 부자를 지지했지만 그는 사실 비잔티움 자체의 내분을 크게 반기고 있었다. 게다가 그는 암암리에 안드로니쿠스를 도와 양측의 적대 관계가 지속되도록 만들었다. 갈라타 요새는 거센 공격을 받았고 전투는 거의 2년 동안 끊이지 않고 이어졌다. 1381년 4월에야 비로소 양측은 합의에 도달했다. 협상 결과 안드로니쿠스는 제위 계승권을 되찾았고 그의 아들 요한네스도 장차 아버지를 계승할 수 있게 되었다. 또한 안드로니쿠스는 마르마라 북부 해안에 조그만 속령도 받았다. 그 수도는 셀림브리아였고 파니두스, 라이데스툼, 헤라클레아 등의 도시들이 여기에 속했다.

이 협정이 체결될 당시 마누엘은 무라드와 함께 원정을 떠나 있었는데, 그의 반응이 어땠는지는 기록에 없다. 그동안 그는 아버지를 위해 누구보다도 큰 공을 세웠다. 그는 베네치아에 몸값을 주고 갇혀 있던 아버지를 데려왔으며, 아버지와 콘스탄티노플에 함께 구금되었고, 형 안드로니쿠스와는 전혀 달리 늘 아버지의 편에서 싸웠다. 그는 8년 전에 공식적으로 제위 계승권을 획득했으므로 이제 와서 그 권리가 박탈된다면 분노할 만한 이유가 충분했다. 더구나 그는 더 이상 아버지의 비겁한 패배주의를 용납할 수 없었다.

그는 술탄을 위해 아나톨리아에서 무라드의 무슬림군과 함께 얼마든지 싸울 용의가 있었다. 그러나 발칸 반도를 달라는 투르크의 요구에는 단호히 반대했다. 그는 아직 발칸을 방어할 수 있다고 믿었다. 1382년 가을에 그는 테살로니카로 돌아갔다. 하지만 이제는 요한네스가 임명한 총독이 아니라 독자적인 황제와 같은 신분이었다. 이교도 침략자들을 상대로 사용해야 할 인력, 자금, 물자를 쓸데없이 낭비해 버리는 이 지긋지긋한 가족들 간의 다툼은 더 이상 하지 않을 참이었다. 따라서 밉살스러운 형 안드로니쿠스 4세가 1385

년 6월에 죽은 것은 그에게 행운이었다. 그는 다시 비어 있는 비잔티움의 공동 제위를 차지할 수 있게 된 것이다.

1381년의 협정으로 동족상잔의 내전이 끝난 것과 동시에 베네치아와 제노바의 해묵은 갈등도 해소되었다. 테네도스에 관한 분쟁으로 시작된 두 공화국의 다툼은 금세 전면전으로 비화되었다. 그 마지막 대회전은 이탈리아의 땅과 바다에서 벌어졌다. 티레니아 해, 아드리아 해, 심지어 베네치아 석호도 전장이 되었다. 하지만 이내 전쟁의 열기는 식었고, 지친 양측은 아마데우스 사부아 백작의 중재안을 받아들이기로 했다. 어느 측도 승리하지는 못했다.

4년 동안 파괴와 유혈이 얼룩진 전쟁을 벌이면서 양측은 전보다 정치적으로 크게 성장했다. 지중해와 레반트 무역을 계속하기 위해 8월 23일에 두 공화국이 체결한 토리노 조약에도 그런 사정이 반영되었다. 합의된 내용은 이러했다. 테네도스는 중립 지대로 한다. 그 요새는 불태우고 주민들은 크레타와 에우보이아로 이주시키며, 중립성은 아마데우스가 보장한다. 마지막으로 베네치아와 제노바는 로마 제국을 가톨릭 신앙으로 개종하기 위해 모든 노력을 기울이기로 약속한다.

그런데 그 로마 제국의 사정은 어땠을까? 사실대로 말하자면 제국이라 할 것도 없었다. 그저 이름만의 황제들과 군주가 다스리는 네 소국을 합친 것에 불과했다. 1383년 이후 이 소국들은 모두 팔라이올로구스 왕가가 다스렸지만 각 국가는 투르크 대군주에게만 복종할 뿐 서로 간의 관계에서는 거의 독립국이었다. 요한네스 5세는 여전히 콘스탄티노플을 다스렸으나 이제는 오스만 술탄의 가신이자 베네치아와 제노바의 꼭두각시나 다름없는 처지였다. 안드로니쿠스 4세는 아들이자 공동 황제인 요한네스 7세와 함께 투르크에 더욱 크게 의존하면서 마르마라 북부 해안을 지배했다. 마누엘 2세는 테살로니카를 통치했고, 요한네스 5세의 넷째 아들인 테오도루스 1세는 미스트라를 수도로 삼고 모레아 공국을 관장했다.

모레아 공국에 관해서는 약간 설명이 필요할 듯싶다. 30여 년 동안 남부 그리스는 요한네스 6세의 아들인 마누엘 칸타쿠제누스가 잘 관리했다. 그러나 1380년에 마누엘이 후사를 두지 못하고 죽자 요한네스 5세는 자기 아들 테오도루스로 하여금 그 자리를 계승하게 했다. 당시 요한네스 6세는 오래 지속되고 험했던 갈라타 포위전 때 인질로 지내면서 겪은 온갖 고초로부터 몸이 아직 완전히 회복되지 않았다. 그는 그 임명에 전혀 반대하지 않았고, 오히려 그 자신도 미스트라로 이주하기로 결심했다.[180] 그러나 모레아 공국을 자기 가문의 합법적 속령으로 간주했던 그의 손자 중 한 명은 투르크와 현지 라틴 군주들의 도움을 받아 자신의 지위를 확보하기 위해 싸웠다. 결국 요한네스 5세의 아들 테오도루스가 지배자로 인정을 받기는 했으나 투르크의 가신이라는 신분을 받아들일 수밖에 없었다. 그때부터 그는 모레아를 비틀거리는 비잔티움의 가장 강력하고 유망한 보루로 만들고자 노력했다.

대세는 투르크의 것

제국은 사방에서 급속히 와해되고 있었다. 여전히 마케도니아와 테살리아 일대를 제국의 영토로 수복한다는 꿈을 버리지 않았던 마누엘 팔라이올로구스는 근거지인 테살로니카에서 후방 작전을 열심히 전개했으며, 1383년 여름과 가을에는 침략자들을 상대로 몇 차례 기분 좋은 승점을 올렸다. 그가 예상외로 큰 전과를 올린 탓에 경악한 그의 아버지는 오히려 술탄과의 외교 협상에서 난처한 지경에 처할 정도였다.

하지만 그런 정도의 성과로는 파도처럼 밀려드는 오스만의 진출을 가로막을 수 없었다. 병력이 크게 증강된 투르크의 막강한 군대는 바르다르 강까지 치고 올라가서 1380년에 오크리드와 프릴레프를 점령한 뒤 알바니아 북서부로 밀고 들어갔다. 그 동쪽에는 또다른 무라드의 군대가 불가리아를 휩쓸고 1385년에 사르디카를 손에 넣은 다음 그 이듬해에는 멀리 니시까지 진출했다. 1386년에는 아토스 산의 수도원들이 단체로 술탄 앞에 복종했다. 이제 유일하게 남은 테살로니카는 큰 위험에 직면했다.

1383년 9월에 여기서 100킬로미터 정도밖에 떨어지지 않은 세레스가 함락되었다. 정복자들이 그곳을 마음껏 약탈하고 강탈한 뒤에는 콘스탄티노플과의 사이에 마지막으로 남은 그리스도교권의 대도시인 테살로니카로 눈길을 돌릴 것은 불을 보듯 뻔했다. 10월 중순에 술탄의 총리대신인 투르크의 장군 카이레딘―'신앙의 횃불'―은 항복하지 않으면 모두 죽이겠다는 최후통첩을 테살로니카에 전했다. 마누엘 팔라이올로구스는 기민하게 대응했다. 그는 모든 백성들을 시내 한복판의 광장에 불러모은 다음 전력을 다해 이교도에 맞서자는 길고 감동적인 연설을 했다. 그러고는 방어 태세를 구축하기 시작했다.

이제까지 테살로니카가 살아남을 수 있었던 것은 무라드에게 도시를 봉쇄할 해군력이 없었기 때문이었다. 그 덕분에 그리스도교 유럽의 군주들은 마음만 먹는다면 포위된 도시에 해로를 통해 손쉽게 지원군과 보급품을 공급할 수 있었다. 서방측에서 실제로 그렇게 했더라면 테살로니카는 계속 살아남을 수 있었을 테고, 마누엘과 테오도루스는 힘을 합쳐 북부 그리스를 통일하고 술탄의 손아귀에서 벗어났을지도 모른다. 그러나 그런 지원은 없었다.

달이 지날수록 황제는 점점 시민들의 지지를 잃었고 시민들은 차라리 항복하는 게 낫다고 공공연히 주장하기 시작했다. 이렇듯 패배주의가 널리 퍼진 상태에서도 그는 3년 반 동안이나 버텼다. 하지만 1387년 봄에 이르자 더 이상의 저항이 불가능할 만큼 시민들의 사기가 전반적으로 꺾였다. 마누엘 자신은 여전히 항복에 반대하다가 4월 6일에 테살로니카 시민들을 겁쟁이라고 비난하면서 그들이 알아서 하도록 놔두고 레스보스 섬으로 갔다. 사흘 뒤 시민들은 성문을 열었다. 그 덕분에 그들은 끝까지 싸웠더라면 필경 당하고야 말았을 유혈극과 약탈을 면할 수 있었다.

테살로니카가 함락된 뒤 3년은 아마 마누엘의 일생에서 가장 우울한 기간이었을 것이다. 그의 원대한 꿈은 물거품이 되었고, 그는 테살로니카 백성들에게서 배신을 당했다. 아버지의 유화 정책이 결국 옳았다. 레스보스에서도 그는 수모를 겪어야 했다. 프란체스코 가틸루시오가 그를 미틸레네 시로 들여보내지 않았기 때문에 그는 추종자들과 함께 한여름 뙤약볕 아래 들판에서 야영해야 했다. 그 뒤 마누엘은 다른 섬─아마 테네도스였을 것이다─으로 갔다가 역시 냉대당하고, 우호적인 의도로 자신을 찾아온 투르크 사절들의 권유에 따라 브루사의 오스만 궁정을 찾아갔다.

세르비아와 마케도니아 원정에서 실패하고 테살로니카를 잃은 뒤 처음으로 술탄과 만난 그는 무척 쓰라린 심정이었을 것이다. 하지만 그는 패배를 감수하고, 발칸에서 그리스도교 세력의 역공을 시도하겠다는 희망이 완전히 사라졌음을 시인할 수밖에 없었다. 무라드는 그를 따뜻하고 정중하게 영접했고, 그에게 콘스탄티노플로 돌아가 아버지와 화해하라고 강권했다.

마누엘이 투쟁을 포기한 이상 두 황제의 의견 차이는 쉽게 좁혀졌다. 그러나 요한네스 5세는 술탄이 비잔티움과 자신에게 호의를 가지도록 하는 데 늘 주력하고 있었으므로 애초에 아들이 항전을 시작할 때부터 심기가 무척 거슬렸다. 그래서 그는 아들이 먼저 참회해야만 공식적으로 화해할 수 있다고 주장하고, 마누엘을 렘노스 섬으로 추방했다. 이제 지치고 기가 꺾인 데다 갈 곳도 없는 마누엘은 아무런 불평도 없이 그 유배형을 받아들였다.

마누엘 팔라이올로구스가 렘노스에 유배되어 있던 1389년 여름에 세르비아인들은 오스만의 멍에를 벗어던지기 위한 최후의 용감한 항전을 시도했다. 마리차의 비극을 겪은 이후 그들이 하나의 민족을 이루어 싸우는 것은 불가능해 보였다. 그러나 취약하고 분열되어 있는 상태에서도 세르비아의 보야르〔슬라브족의 전통적인 귀족〕들은 비록 단명했지만 영광스러웠던 스테판 두샨의 제국을 기억하면서 라자르 흐레벨리아노비치—그는 1371년 스테판 우로슈 5세가 죽은 뒤 북부 세르비아를 장악하고 투르크의 진출에 저항하던 인물이었다—라는 군주의 지휘 아래 대동단결했다. 이들 가운데는 코소보 남부의 지배자인 부크 브랑코비치도 있었으며, 나중에는 보스니아의 군주 트브르트코도 합류했다.

술탄이 사정 때문에 아나톨리아로 돌아가 있던 1386년에서 1388년까지 이 귀족들의 동맹은 놀라운 성공을 거두었다. 이들은 많은 전투에서 투르크군을 격파했고, 두 차례의 전면전에서도 승리했다. 그러나 1389년에 무라드는 아시아에서 새로 편성한 몇 개 연대를 거느리고 발칸으로 돌아왔다. 그해 초여름에 양측은 '지빠귀의 들판'이라고 불리는 코소보의 평원에서 맞섰다.

그곳에서 6월 15일에 벌어진 전투는 세르비아 민담으로 꾸며져서 중세 서사 문학의 최고봉 가운데 하나인 『코소보 사시史詩』를 이루었다. 차르 라자르—그는 늘 이 호칭으로 불린다—는 마르코 크랄리예비치와 더불어 민족사의 영웅이 되었다. 하지만 전설의 외피를 벗겨 낸 진실은 그다지 교훈적이 아니다. 세르비아군의 사기는 낮았다. 귀족들은 내분이 심했고 반역의 분위기가 널리 퍼져 있었다. 라자르는 전투가 벌어지기 전날 밤에 자신의 사위인 밀로슈 오브라비치가 적에게 협력했다면서 공개적으로 비난했다. 그 반면에 무라드는 밤새 기도하면서 승리를 확신했다. 그는 그 일대의 모든 성, 도시, 촌락을 파괴하지 말라는 명령을 내렸다. 성들은 나중에 자신이 사용할 테고 장차 자신의 백성이 될 사람들에게 불필요하게 해를 끼칠 필요가 없다는 이유에서였다.

이튿날 아침 술탄은 평상시의 규칙에 따라 군대를 소집했다. 그 자신은 정예 부대인 예니체리,* 근위 기병대와 함께 중앙에서 지휘했다. 우익은 그의 맏아들인 바예지드가 거느린 유럽 병력이 맡았고, 좌익은 다른 아들 야쿠브가 거느린 아시아 병력이 담당했다. 처음에는 투르크군 측에 행운이 따르지 않았다. 세르비아 기병대는 투르크 궁수 2천 명의 초기 공세를 무시하고 투르크군의 왼쪽 측면을 향해 대규모 공격을 퍼부었다. 그러나 바예지드는 육중한 철퇴를 좌우로 휘두르면서 즉각 병력을 빙 돌려 전속력으로 좌익을 구원하러 왔다. 이 역공이 성공한 뒤 투르크군은 점차 우위를 점하기 시작했다. 날이 저물 무렵에 부크 브랑코비치가 자기 군사 1200명을 데리고 전장에서 도망치자 남은 세르비아 병사들도 흩어져 달아났다.

브랑코비치의 배신이 술탄과의 비밀 협약 때문인지는 알 수 없다. 설사 그런 게 있었다 해도 무라드는 그것을 밝히지 못하고 죽었다. 그가 어떻게 죽었는지도 확실하지 않다. 하지만 여기에는 밀로슈 오브라비치가 개입된 것으로 생각된다. 그는 장인이 자신을 공개

---

* 예니체리(Janissary 혹은 Janizary)는 무라드가 창설한 군대로서, 새로운(예니) 군대(체리)라는 뜻이다. 원래는 유럽 점령지의 그리스도교 출신의 병사들을 개종시키고 특별 훈련을 시켜 친위대로 편성한 데서 비롯되었다. 술탄은 그들이 상업에 종사하거나 심지어 결혼하는 것도 금지했을 만큼 엄격한 규율로 다스렸으나 많은 봉급과 함께 여러 가지 특전을 베풀어 특별 정예군으로 키웠다. 경제적 부와 정치적 권력을 누릴 수 있다는 것 때문에 나중에는 그리스도교도들이 자발적으로 지원하는 경우도 있었다. 나중에 보겠지만 이들은 특히 1453년 콘스탄티노플을 최종적으로 정복하는 전투에서 결정적인 역할을 하게 된다(770쪽 참조).

석상에서 비방한 것에 화가 치밀어 자신의 충성심을 입증하기로 마음먹었다. 가장 그럴듯한 이야기에 따르면, 그는 적의 편으로 투항하는 척하여 무라드 앞에 불려 갔다. 그 자리에서 그는 공식적으로 절을 한 다음 경비병이 미처 제지할 틈도 없이 칼을 빼서 술탄의 가슴을 두 차례 찔렀다. 워낙 강하게 찌른 탓에 칼날이 무라드의 등 뒤로 삐져나왔다고 한다. 범인은 현장에서 곧장 처단되었으나 무라드는 치명상을 입었다. 그는 포로로 잡아 두었던 라자르를 불러 처형하라는 명령을 내리고 죽었다.

술탄이 살해당했다는 소식이 전해지자 서방에서는 처음에 그리스도교의 군대가 대승을 거둔 것으로 착각했다. 심지어 파리에서는 샤를 6세가 노트르담 성당에서 감사의 의식까지 거행하는 촌극이 벌어졌다. 그러나 점차 진상이 전해졌고 비극적인 진실이 알려졌다. 투르크군은 새 술탄 바예지드의 뛰어난 지도력에 힘입어 승리를 거두었고 세르비아군은 궤멸을 당했다. 살아남은 세르비아 귀족들―라자르의 아들인 스테판 라자레비치도 포함되었다―은 모두 바예지드에게 충성을 서약해야 했다. 그동안 파편화된 형태로나마 존속했던 세르비아인의 국가는 이제 사라졌다. 이후 세르비아는 400여 년 뒤에야 부활하게 된다.

만약 차르 라자르와 보야르들이 7년 전에만 힘을 합쳤더라면, 만약 그들이 마누엘 팔라이올로구스에게 도움을 요청했더라면, 만약 마누엘이 가진 것을 전부 다 걸고 이교도를 막기 위해 건곤일척의 승부수를 던졌더라면, 코소보 전투의 결과는 달라졌을까? 그럴 수도 있다. 하지만 설사 그 시간, 그 장소에서 그리스도교권이 승리했다고 해도 발칸 반도의 미래에 지속적인 영향을 미치지는 않았을 것이다. 어차피 한두 해 뒤면 더 완전한 무장과 보급을 갖춘 더 많은 수의 투르크군이 다시 발칸으로 들이닥쳤을 것이다.

투르크의 인력 자원은 거의 무한했다. 몇 주면 아나톨리아에서 새 병력이 얼마든지 충원될 수 있었고, 유럽에서도 급료와 약탈의 기회를 노리고 기꺼이 투르크의 용병이 되고자 하는 그리스도교 병사들이 많았다. 진실을 말하자면 14세기~15세기에 오스만군은 서유럽 모든 나라가 힘을 합쳐 십자군을 동원한다 해도 물리칠 수 없을 만큼 막강했다. 물론 그런 십자군도 이젠 불가능해졌지만. 그렇게 강력한 군대를 앞에 둔 그리스도교 동방은 명맥이나마 오래 유지하기를 바랄 뿐 아무 희망도 가질 수 없었다.

투르크의 유일한 저항 세력

코소보 현지에서 술탄으로 추대된 직후 바예지드가 맨 처음으로 한 일은 자기 동생이자 동료 지휘관인 야쿠브를 처형하라는 명령이었다. 그 명령에 따라 젊은 왕자는 곧바로 활시위로 교수형을 당했다. 야쿠브는 전투에서 대단한 용기를 보여 주었고 병사들의 큰 사랑을 받았으나, 바예지드에게는 장차 문제를 일으킬 가능성이 큰 정적일 뿐이었다. 이런 식으로 탄생한 형제 살해의 끔찍한 전통은 이후 3세기 동안 오스만 지배 가문의 역사에 씻을 수 없는 얼룩을 남겼으며, 바예지드의 증손자인 메메드 2세 때에는 법제화되기까지 했다.[181]

술탄의 치세 초반은 순탄했다. 그는 거의 초인적인 에너지를 가졌으며, 충동적이고 예측할 수 없는 성격과 과감한 결단력으로 자기 앞에 놓인 모든 장애물들을 무자비하게 제거하는 인물이었다. 그래서 그는 신민들에게서 일디림Yildirim, 즉 천둥이라는 별명으로 불렸다. 그는 13년 동안 재위하면서 그의 아버지처럼 빈틈없는 외교 솜씨를 보였다. 그러나 무라드와 달리 바예지드는 타고난 매력이 거의 없었다. 그는 모든 것을 정복과 제국의 관점에서만 바라보았다. 술탄이라는 칭호만으로는 양에 차지 않았던 그는 '룸의 술탄'이라는 옛 칭호를 다시 부활시켰는데, 그것은 바로 예전에 셀주크 아미르들이 '로마령' 아나톨리아가 자신의 영토라고 선언하면서 내세웠던 칭호였다. 하지만 바예지드에게 '룸'이란 알프 아르슬란이나 그 후계자들과는 좀 다른 의미였다. 그 말은 예전처럼 소아시아의 비잔티움 영토만을 의미하는 게 아니라 둘째 로마, 즉 콘스탄티노플을 포함하고 있었다.

신임 술탄에게는 다행스럽게도 콘스탄티노플은 여전히 황족 내의 여러 파벌들에 의해 분점된 상태였다. 선임 황제 요한네스 5세는 블라케르나이 궁전에 그대로 있었고 혐오스러운 안드로니쿠스 4세는 죽었다. 그런데 자기 아버지를 싫어하는 안드로니쿠스의 성향은 그의 아들 요한네스 7세에게도 대물림되었다. 요한네스는 상속받은 제위 계승권을 잃지 않기 위해 노심초사한 나머지 코소보 전투가 벌어질 당시에는 제노바에서 또다른 봉기에 대한 지원을 호소하고 있었다. 그 뒤 곧바로 수도에 돌아오니 바예지드의 사자가 그를 기다리고 있었다.

† 술탄 바예지드 1세, 오스만 술탄 계보에서 나온 터키의 세밀화(이스탄불, 토프카피 박물관).

1390년 4월 13일 밤에 요한네스 7세는 술탄이 제공한 소규모 군대의 도움을 받아 할아버지 요한네스 5세를 두 번째로 타도하는 데 성공하고, 이튿날 아침 수도에 당당히 입성했다. 황제는 마침 2주 전에 렘노스에서 돌아온 아들 마누엘과 자신에게 충성하는 신하들을 거느리고 금문의 요새[182]로 들어가 이례적인 용기를 보이며 저항했다.

하지만 마누엘은 구원을 요청하기 위해 몰래 요새를 빠져 나갔다. 그 뒤 두 차례 아버지를 구하려 했다가 실패했지만, 8월 25일에는 갤리선 두 척과 소형 선박 일곱 척을 빌려 돌아왔다. 갤리선은 로도스에 근거지를 둔 요한기사단이 빌려 준 것이었고, 소형 선박은 렘노스, 크리스토폴리스, (좀 의외지만) 콘스탄티노플에서 각각 한 척씩, 또 알려지지 않은 곳에서 네 척을 제공했다. 다행히 금문의 요새는 마르마라 해에서 아주 가까웠고 자체의 부두가 갖춰져 있어 그 소함대가 너끈히 상륙할 수 있었다. 이후 3주 동안 전투가 계속되었으나 9월 17일 토요일에 늙은 황제와 그의 병사들은 기습 공격을 성공해 손자를 도시 바깥으로 완전히 몰아냈다.

이윽고 다시 화해가 이루어졌고, 요한네스와 마누엘은 블라케르나이 궁전으로 개선했다. 하지만 그들의 성공에는 대가가 따랐다. 아나톨리아에 있던 술탄은 요한네스 7세를 제위에 앉히려는 자신의 뜻이 실패로 돌아간 것을 정치적인 결과가 아니라 자신에 대한 개인적인 모욕으로 간주했다. 격노한 술탄은 마누엘이 자신의 원정에 동참해야 한다면서 그에게 연례 공물을 가지고 오라고 명했으며, 요한네스 7세에게도 화를 내면서 비슷한 소환령을 내렸다.

삼촌과 조카 사이인 두 사람은 서로 증오하는 처지였으나 술탄의 명령에는 따를 수밖에 없었다. 또한 그해 가을에 필라델피아 포위전에 동참하라는 술탄의 명령에도 그들은 거역하지 못했다. 결국 로마인의 '두 황제'는 이제 소아시아에 마지막으로 남은 비잔티움의 요새를 정복하는 데 도구로 사용된 것이었다.[183] 그것은 쓰러져 가는 제국이 겪은 모든 굴욕 가운데서도 가장 역설적인 굴욕이었다.

얼마 뒤에 바예지드는 요한네스 5세에게 더 고압적인 명령을 내렸다. 전해에 그와 마누엘을 구해 주었던 그 금문의 요새를 파괴하라는 것이었다. 복종을 거부하면 아직 술탄의 진영에 있는 마누엘이 당장 투옥되고 실명될 판이었으므로 딱한 황제는 또다시 술탄의 명령에 따를 수밖에 없었다. 다행히도 그가 겪어야 할 수모는 그것으로 마지막이었다. 겨울이 다가오자 요한네스는 처소에서 나오지 않았고, 면벽을 한 채 거의 누워서 지냈다. 결국 그는 1391년 2월 16일에 쉰여덟 살로 죽었다.

1341년 11월의 대관식부터 따지면 그는 반세기에 몇 개월 모자라는 긴 기간 동안 제위에 있었으므로 1100년에 달하는 비잔티움 역사상 가장 오래 재위한 황제였다. 요한네스 칸타쿠제누스가 퇴위한 1354년부터 따진다 하더라도 그의 재위 기간은 37년이므로 알렉시우스 1세나 마누엘 1세 콤네누스와 맞먹으며, 그보다 오래 재위한 황제는 그의 증조부인 안드로니쿠스 2세와 10세기의 황제인 콘스탄티누스 7세 포르피로게니투스 정도를 꼽을 수 있을 뿐이다. 어느 모로 보나 그것은 긴 기간이었다.

그러나 그 절망적인 시기에 오랜 기간 재위한 황제는 지성도, 선견지명도 없고 정치가에게 필요한 자질도 거의 갖추지 못한 인물이었다. 이미 1355년 교황 인노켄티우스에게 예상치 못한 제안을 할 때부터 그는 빗나간 정치적 감각을 선보였다. 그 뒤에도 그는 충동에 사로잡혀 파멸을 초래하는 모습을 자주 보여 주었다. 상대가 어떻게 나올 것인지, 성공할 가능성은 얼마나 되는지조차 따져 보지도 않고, 한겨울에 길고 험한 여정을 거쳐 헝가리로 가서 대단히 중요한 외교 협상에 착수한 황제가 그 이외에 또 있었던가? 베네치아에 큰 빚을 지고 있다는 것을 잘 알면서도, 협상이 실패할 경우 귀환할 여비조차 없다는 사실은 잊어버리고 성급히 베네치아로 떠난 황제가 그 이외에 또 있었던가? 불가리아 국경에서 한 차례, 베네치아에서 또 한 차례, 그리고 자신의 수도인 콘스탄티노플에서 두 차례, 이렇게 모두 네 차례나 다른 사람의 구원을 받아서 위기를 탈출한 황제가 그 이외에 또 있었던가? 그가 겪은 수모조차도 대부분 스스로 자초한 결과였다고 보면 요한네스는 딱하다기보다는 조롱받아 마땅한 황제였다. 더구나 오스만 술탄에게서 그가 겪은 수모보다 더 나쁜 것은 서유럽인들이 그를 바라보는 시선이었다.

요한네스 5세가 투르크의 종주권에 수동적으로 복종한 것은 초기에 그가 보여 주었던 공격적인 자세와는 극적인 대조를 이룬다. 결과적으로 그는 무능했다. 그는 자신이 받은 대우에 저항은커녕 항의조차 하지 못했다. 그런데 그는 과연 그렇게 무기력한 태도로 일관해야 했을까? 승산이 없는 상황에서도 마리차 강변과 코소보 평원에서 용감히 싸웠던 세르비아인들을 돕기 위해 군대의 일부라도 보낼 수는 없었을까? 그는 그렇다고 대답할 것이다. 그들이 결국 어떻게 되었는지 보라. 용감했지만 모두 파멸하지 않았는가? 게다가 그는 술탄에게 가신이 될 것을 서약하지 않았던가?

대답할 수 없는 주장이지만 그래도 의문은 남는다. 만약 마케도니아 왕조의 바실리우스 황제, 혹은 같은 이름을 지닌 불가르족의 학살자 바실리우스였다면 그런 상황에 어떻게 대처했을까? 알렉시우스 콤네누스, 혹은 그의 아들 요한네스 2세, 혹은 미카일 팔라이올로구스였다면 어땠을까? 그런 황제들도 요한네스 5세처럼 비겁하게 처신할 수밖에 없었을까?

그렇지 않았으리라고 생각하는 사람들이 많을 것이다. 그들이라면 제국을 더욱 발전시킬 수 있지 않았을까? 하지만 그것은 불가능해 보인다. 14세기 말에 동유럽과 소아시아를 정복함으로써 오스만의 진출은 막을 수 없는 대세가 되었다. 그리스도교권에서 술탄의 적이 될 수 있는 세력들 가운데 세르비아와 불가리아는 거의 지도에서 사라졌다. 오직 비잔티움만 남아 있었는데, 그나마도 왜소해지고 궁핍해지고 초라해지고 기가 꺾여 과거에 번영했던 로마인의 제국이라고는 볼 수 없을 정도였다.

그러나 그런 운명에서도 비잔티움은 투쟁을 포기하지 않았다. 이후 콘스탄티노플의 제위에는 올바른 판단력과 굳은 결의를 지닌 세 명의 그리스도교 황제들이 차례로 오르게 된다. 그리고 이들 덕분에 제국은 60년을 더 투쟁하면서 존속한다.

21

서유럽에 호소하다

1391년~1402년

도시의 성문을 닫고 그 안에서만 지배하라. 그 바깥에 있는 모든 것은 내 것이니.

술탄 바예지드 마누엘 2세에게 한 말

가신의 대관식

즉위 초부터 마누엘 2세는 큰 의욕을 보였다. 아버지가 죽었다는 소식을 들었을 때 그는 술탄의 인질이었으므로 술탄과 함께 브루사에 있었다. 사실 비잔티움의 종주권자인 바예지드는 마누엘의 조카인 요한네스 7세를 바실레오스로 임명할 가능성도 있었는데, 그것은 마누엘 2세가 감수할 수 없는 위험이었다. 그래서 그는 즉각 행동을 개시했다. 1391년 3월 7일 밤에 그는 몰래 진영을 빠져나가 해안으로 갔다. 거기서 그는 대기시켜 둔 배를 타고 마르마라 해를 건너 콘스탄티노플로 갔다.

시민들은 열광적으로 환영했다. 죽은 황제를 애도하는 사람은 거의 없었다. 설사 요한네스 5세가 조금이나마 백성들의 존경을 받았다고 하더라도—사랑까지는 바랄 수 없었지만—그 존경심은 이미 오래전에 사라졌다. 군주로서나 한 인간으로서나 보잘것없었던 그는 지난 사반세기 동안 술탄에게 비굴한 저자세로만 일관했다. 또한

✝ 14세기 비잔티움에서 주조된 마누엘 2세 팔라이올로구스 은화. 오른손에 검을 든 말 위의 성 데메트리우스(좌), 황제의 반신상(우). 뒤로 후광이 보인다.

서유럽과의 관계에서는 제국을 조롱과 경멸의 대상으로 만들었다. 그중에서도 최악은 그가 책임져야 할 정교회를 그 자신이 배신했다는 사실이었다.

마누엘 2세는 그러한 전 황제의 면모와는 좋은 대조를 이루었다. 마흔 살로 인생의 절정기에 올라 있는 그는 외모로 보아도 완벽한 황제였다. 바예지드는 전에 마누엘의 외모를 처음 보는 사람이라도 그에게서 황실의 혈통을 충분히 느낄 수 있을 것이라고 말한 적이 있었다. 그는 신체가 건장했고 언제나 힘이 넘쳤다. 한마디로 그는 아버지보다는 외할아버지를 더 닮았다. 안타깝게도 요한네스 칸타쿠제누스처럼 기록을 남기지는 않았지만─비잔티움 역사의 이 절망적인 시기에 관한 당대의 기록이 딱하리만큼 적다는 사실을 감안하면 더욱 아쉬운 일이다─그는 문학을 사랑하고 신학에 대해 전통적인 열정을 품은 데서 외할아버지와 비슷했다.

데메트리우스 키도네스는 편지에서 마누엘을 자주 '철학자 황제'라고 불렀다. 그는 그리스도교의 교리에 관한 논문을 쓰는 일을 무엇보다도 즐겼고, 난해한 주제일수록 더 좋아했다. 하지만 그는 적극적인 행동파이기도 했다. 1371년과 1390년 두 차례에 걸쳐 그는 무능한 아버지를 구하려 했고 각각 완벽한 성공을 거두었다. 번영의 시대였더라면 아마도 그는 위대한 지도자가 되었을 게 틀림없다.

그러나 작금의 상황에서는 그런 것을 기대할 여지가 거의 없었다. 황제는 현재 오스만 술탄의 힘없는 가신이었다. 술탄은 아마 고분고분한 요한네스 7세가 콘스탄티노플의 제위에 오르기를 바랐을 것이다. 그래서인지 그는 마누엘이 자신의 허락도 받지 않고 멋대로 황제가 된 데 대해 화를 내고 있었다.

술탄의 조치는 그러잖아도 안쓰러운 제국의 신민들에게 두 차례의 수모를 더 안겨 주었다. 첫째는 수도의 전 구역을 투르크 상인들에게 할당한 조치였다. 이제 그들은 제국의 법을 따르지 않았고 모든 사안은 술탄이 임명하는 카디[qadi, 이슬람의 법관]가 통제하게 되었다. 둘째는 1391년 5월, 그러니까 마누엘이 단독 황제로 즉위한 지 겨우 두 달이 지났을 무렵 그를 또다시 아나톨리아로 소환하여 흑해 원정에 참여하게 한 것이었다. 이 봉건적 의무만 해도 충분히 혐오스러운 일이었지만, 요한네스 7세와 함께(두 사람은 서로 말도 건네지 않는 사이였다) 황량한 시골을 행군해야 한다는 게 황제로서는 더욱 불쾌했다. 그는 친구인 키도네스에게 이런 편지를 보냈다.*

우리가 진을 친 평원은 황량하기 그지없다오. 주민들은 침략해 오는 적

---

* 친구라고는 하지만 키도네스가 황제보다 스물여섯 살이나 많다.

들을 피해 숲과 동굴과 산으로 달아나 버렸소. 여기서는 정식 재판도 거치지 않은 채 비인간적이고 야만적인 학살이 저질러지고 있소. 여자든, 아이든, 병자든, 노인이든 누구도 예외가 되지 못하오. ……

이 지역에는 도시들이 많지만 한 가지가 없기 때문에 진정한 도시라고 할 수 없소. 바로 주민들이 없으니까. …… 도시의 이름을 물으면 대답은 언제나 한결같다오. "우리는 이곳을 파괴했고, 시간은 도시의 이름을 파괴했다." ……

내가 진정으로 참을 수 없는 것은 우리의 영토를 축소시키기 위해 싸워야 한다는 사실이오.[184]

황제는 1392년 1월 중순에야 수도로 돌아와서 2월 10일에 신부를 맞아들였다. 신부는 마누엘처럼 술탄의 가신이자 세레스의 세르비아 공작인 콘스탄틴 드라가슈의 딸 헬레나였다. 결혼식을 올린 다음날에는 부부가 공동으로 대관식을 치렀다. 엄밀히 말하면 마누엘은 이미 19년 전에 대관식을 치른 바 있었지만, 이번의 행사는 백성들의 사기를 북돋우려는 취지에서 지난번보다 훨씬 성대하고 화려하게 꾸며졌고 완전히 정교회의 의식에 맞추어 거행되었다.

또한 이 대관식은 백성들에게 비잔티움이 지향하는 바를 상기시키는 의미도 있었다. 즉 고대 로마 시대부터 1300년 동안이나 역대 황제들이—가끔 망명한 적은 있었어도—끊이지 않고 면면히 이어진 놀라운 연속성을 강조하는 동시에,* 장차 어떤 위험이 닥치고 어떤 모욕을 당하더라도 마누엘은 그리스도교권에서 가장 높은 군주이며, 12사도와 동격이고, 신이 임명한 지상의 대리자라는 사실을 다시금 각인시키려는 것이었다.

이것이 바로 추운 2월에 소피아 대성당에 모인 많은 군중에게 전하는 메시지였다. 안토니우스 총대주교는 제관을 들어 천천히 바실레오스의 머리에 씌워 주었다. 마누엘이 먼저 제관을 받았고 그의 아내가 뒤를 따랐다. 모자이크가 촛불에 비쳐 금빛으로 반짝이고, 향의 연기가 위에 활짝 펼쳐진 돔 지붕으로 휘말려 올라가고, 대관식 축가가 성당 안에 울려 퍼지는 그 순간에는 적어도 황권의 상징물이 아직 베네치아에 저당잡혀 있다는 사실은 중요하지 않았다. 또한 절반의 신격神格을 지닐 만큼 지체 높은 황제가 실은 불과 한 달 전에 이교도인 술탄을 위해 원정을 벌였다는 사실도, 바로 그 술탄이 이미 동유럽 전역을 정복하고 이제 수도의 성문 앞에 와 있다는 사실도 중요하지 않았다.

마침 그 자리에 참석하여 그 황홀한 행사를 직접 보고 기록한 스몰렌스크 수도원장 이그나티우스에게 그런 비천한 생각은 떠오르지 않았을 것이다. 그것은 이름 모를 수많은 비잔티움의 백성들에게도 마찬가지였다. 그들은 대관식을 마친 황제 부부가 말에 오른 뒤 부제, 군주, 세바스토크라토르들에게 말의 고삐를 잡게 하고 황궁으로 돌아가서 환호하는 백성들 앞에 제위에 앉은 모습을 보여 주는 그 엄숙한 장면을 기쁜 마음으로 지켜보았을 따름이다.

---

* 전설까지 치면 고대 로마는 기원전 753년 4월 21일에 창건되었다고 하니(오늘날까지도 이날은 로마의 창건일로 기념된다) 로마의 역사는 무려 2천 년에 달하지만, 로마 제국이 성립한 시기는 기원전 1세기, 정확하게는 초대 황제 아우구스투스가 즉위한 기원전 27년이므로 마누엘의 시대까지 1300년의 역사라고 할 수 있다.

어설픈 '십자군'

대관식을 치른 뒤 1년 반 동안 마누엘은 비교적 평화롭게 보냈다. 그러나 1393년 7월에 불가리아에서는 술탄에 반대하는 대규모 봉기가 일어났다가 순식간에 진압되었고, 그해 겨울에 바예지드는 다시 그리스도교의 주요 가신들을 세레스의 진영으로 집합시켰다. 이번에는 황제만이 아니라 그의 동생이자 모레아의 군주인 테오도루스, 장인 콘스탄틴 드라가슈, 조카 요한네스 7세, 세르비아의 스테판 라자레비치까지 두루 소환을 받았다.

그들은 모두 자기 이외에 누가 소환되었는지 모르고 있었다. 술탄의 진영에 도착한 다음에야 그들은 비로소 자신들이 술탄의 권력에 완전히 제압되어 있다는 사실을 깨달았다. 마누엘은 술탄이 원래 자신들을 모두 죽이려는 의도를 품었다가 마지막 순간에 처형을 담당한 환관—아마 테살로니카를 정복한 카이레딘의 아들인 알리 파샤였을 것이다—이 거절했거나 얼버무린 탓에 명령을 철회했다고 확신했다. 바예지드는 변덕이 심해서 미친 듯 화를 내다가도 갑자기 친절하고 정중한 태도로 바뀌는 등 종잡을 수 없었다.

먼저 그는 우리 부하들의 눈을 파내고 손을 자르는 짓을 통해 자신의 격한 분노를 드러냈소. …… 이런 식으로 자신의 광기를 가라앉히고는 아주 천진한 태도로 내게 강화를 제안했소. 그는 무수한 상처와 수모를 받은 내게 선물을 안겨 준 뒤 집으로 돌려보냈소. 마치 벌을 받은 뒤 우는 아이를 사탕으로 달래려는 것 같은 모습이었다오.

당시 바예지드가 정서적으로 불안했고 그 어느 때보다도 위험한 상태였음을 잘 보여 주는 증언이다. 결국 술탄은 불복종의 대가가 무엇인지 잔인하게 경고한 뒤 모두 돌려보냈다. 다만 테오도루스는 테살리아 원정까지 술탄과 동행해야 했고, 거기서 모넴바시아, 아르고스 등 펠로폰네소스의 중요한 몇 군데 요새들을 양도하라는 심한 압력에 시달렸다. 딱한 처지가 된 테오도루스는 어쩔 수 없이 술탄의 요구에 응하기로 약속했으나 다행히 곧바로 탈출에 성공하여 자기 영토로 돌아와 그 약속을 취소했다. 한편 마누엘은 죽음의 문턱에까지 다가갔다는 공포에 사로잡혀 전속력으로 콘스탄티노플에 돌아왔다.

얼마 지나지 않아 그는 다시 바예지드의 소환을 받았다. 그러나 이번에는 그도 거절했다. 세레스에서의 경험으로 그는 이제 유화 정책의 시기가 끝났다는 것을 확신하게 되었다. 그런 정책은 무라드에게나 통했다. 무라드는 이따금 무자비한 측면을 내보이기는 했어도 기본적으로는 합리적인 인물이어서 현명한 토론이 가능했던 것이다. 그러나 바예지드는 워낙 충동적인 성격이라 도저히 신뢰할 수 없었다. 마누엘의 본능은 역시 옳았다. 생존의 가능성은 오로지 저항에 달려 있었다. 하지만 그는 망상에 사로잡히지는 않았다. 술탄의 소환을 거절하는 것은 곧 노골적인 저항으로 해석될 수 있다. 그것은 가신 관계의 파탄을 의미하며 결국에는 전쟁을 부를 것이다.

그런데도 그가 모험을 하기로 결심한 이유는 단 하나였다. 아무리 그를 파멸시키려는 바예지드의 각오가 대단하다 해도, 아무리 투르크군이 막강하고 그들의 공성 무기가 위력적이라 해도, 마누엘은 여전히 콘스탄티노플이 난공불락이라고 믿고 있었다. 제4차 십자군 때인 1203년과 1204년에 수도가 두 차례 함락된 것은 모두 해로로부터 공격을 받아 황금뿔 연안의 취약한 요새들이 무너진 탓이었다. 하지만 바예지드는 해군력이 약하므로 그런 공격을 할 수 없을 터였다. 그는 서쪽의 육로로 공격할 수밖에 없었다. 비록 금문의 요새는 얼마 전에 파괴되었지만 육로성벽은 건재했다. 이 성벽은 1천 년 동안이나 비잔티움을 지켜 주었다. 그동안 정복자로 자처하는 숱하게 많은 사람들이 이 성벽 앞에서 좌절하고 무릎을 꿇었으며, 화살 한 대도 쏘아 보지 못하고 패배했다.

마누엘은 곧 자신의 믿음을 시험받아야 했다. 1394년 봄에 투르크의 대군이 콘스탄티노플을 향해 진격해 오더니 가을에 접어들 무렵 포위가 시작되었다. 술탄은 도시를 완전히 봉쇄하라고 명했지만, 그래도 위험을 무릅쓰고 필수품을 가져오는 배들이 있었다(예를 들면 1395년 초에 한 베네치아 상인은 절실하게 필요한 곡식을 싣고 들어왔다). 성벽 바깥의 땅은 황무지였고 경작이 가능한 땅은 도시 내의 토지와 정원밖에 없었다. 빵을 구울 장작을 마련하기 위해 수많은 판잣집들이 파괴되었다.

하지만 다행히도 시민들은 그런 상황을 잘 견뎠다. 봉쇄는 형태가 달라지면서도 8년이나 지속되었다. 간헐적으로 성벽에 대한 공격도 있었지만, 변덕이 심한 바예지드는 점차 포위전에 흥미를 잃고 더 손쉽고 더 직접적인 대가를 얻을 수 있는 다른 작전에 주력했다. 그렇게 느슨해진 틈을 타서 마누엘도 외교를 벌일 시간을 확보할 수 있었다. 외국과의 동맹이 없으면 제국은 장기적으로 존속할 전망이 없었다.

현재 비잔티움이 처한 위험은 나중에 서유럽에도 똑같은 위협으로 닥칠 게 뻔했다. 그런데 과거에 요한네스 6세를 비롯하여 콘스탄티노플의 황제들은 그 자명한 진리를 서유럽의 군주들에게 설득하는 일이 얼마나 어려운지를 뼈저리게 깨달은 바 있었다. 하지만 14세기 말에 투르크가 발칸을 정복하자 서유럽 세계도 본격적으로 불안을 느끼기 시작했다.

불가리아는 1393년에 수도인 투르노보가 함락되면서 멸망했고 2년 뒤에는 테살리아도 넘어갔다. 더 남쪽의 아티카와 모레아에서는 20년 전 나바라 출신의 모험가 집단이 난입한 이후 복잡해진 상황이 더욱 혼란스러워졌다. 이들은 테오도루스 군주와 최근에 카탈루냐인들에게서 아테네를 빼앗은 아차유올리 가문에게 공공연한 적이 되었다. 곧이어 이 일대 전역에서 봉기가 잇따르자 투르크의 노련한 장군 에브레노스 베그는 기회를 포착했다. 그는 나바라인들의 적극적인 도움에 힘입어 코린트 성벽 아래에서 테오도루스를 물리치고 모레아로 가는 길을 뚫었으며, 모레아 공국의 심장부에 있는 비잔티움의 요새 두 곳을 점령했다.

그 뒤 1395년 5월 17일에 왈라키아의 수장인 미르체아 공은 루이 대왕의 사위인 헝가리 왕 지기스문트의 지원을 받아 로비네에서 투르크군에 맞서 싸웠다. 일부 세르비아 군주들은 술탄의 가신으로서 전투에 참여했는데, 그중에는 스테판 라자레비치, 전설적인 영웅 마르코 크랄리예비치, 마누엘의 장인인 콘스탄틴 드라가슈 등이 포함되었다. 이 싸움은 무승부로 끝났지만 미르체아는 결국 투르크의 종주권을 인정하지 않을 수 없었다.

이런 사태는 서유럽에 깊은 인상을 주었다. 가장 직접적인 영향을 받을 수 있는 헝가리의 지기스문트가 그리스도교권의 군주들에게 도움을 호소하자 이번에는 서유럽 세계에서도 반응을 보였다. 서로 대립하는 두 교황, 로마의 보니파키우스 9세와 아비뇽의 베네딕투스 13세도 지지를 보냈다.* 특히 프랑스의 기사들은 두 교황 덕분에 십자군이 될 수 있다는 희망에 부풀었다. 그 결과 프랑스 기사 1만 명, 독일 기사 6천 명이 지기스문트의 헝가리군 6천 명, 미르체아가 모집한 왈라키아군 1만 명과 힘을 합쳤다. 그 밖에 이탈리아, 에스파냐, 잉글랜드, 폴란드, 보헤미아 등지에서도 1만 5천 명의 병력이 파견되었다.

마누엘은 1396년 2월에 지기스문트와 공식 협정을 맺고 전함 열척을 보내기로 약속했지만 적에게 봉쇄되어 있는 탓에 전략상으로 중요한 기여는 하지 못했다. 하지만 레스보스와 키오스의 제노바인들과 로도스의 기사들은 도나우 강 하구와 흑해 연안을 방어하는 책임을 맡았다. 심지어 베네치아인들조차 오랜 망설임 끝에─그들은 늘 무엇이 자신들에게 최선의 이익인지를 따져 보고 행동했다─함대를 보내 헬레스폰트를 순시하고, 십자군과 콘스탄티노플 사이의

---

* 그리스도교의 역사에서 대립 교황은 여러 차례 있었다(대립 교황에 관해서는 『비잔티움 연대기: 번영과 절정』, 442쪽의 옮긴이 주 참조). 그러나 1378년에 서방 교회의 대분열이 일어나 아비뇽 교황청이 생긴 이후로는, 로마 교황과 아비뇽 교황이 병존하면서 대립 교황이 많아졌다. 게다가 이 시기에는 이탈리아의 피사 공의회도 별도로 제3의 교황을 옹립했다(일반적으로는 로마 교황들을 정통으로 친다). 이런 분열상은 1417년 마르티누스 5세가 교황에 선출되면서 해소되었다.

중요한 통신선을 방어했다.

이리하여 10만 명이 넘는 대군이 1396년 8월 부다에 모여 도나우 유역을 따라 하류 방향으로 행군했다. 이 정도 규모의 십자군이라면 처음부터 과도한 신앙심 때문에 몸살을 앓게 마련이었다. 열정적인 젊은 기사들은 마치 자신이 초기 기사도 시대의 영웅인 것처럼 여기고 성지까지 모든 장애물을 없애 버리겠다고 부르짖었다. 심지어 그들은 위에서 하늘이 무너진다 해도 창으로 떠받칠 수 있다고 허풍을 떨었다. 지기스문트는 규율을 엄수하고 신중하게 행동하라고 거듭 호소했으나 그의 말은 공허한 메아리에 그쳤다.

그래도 원정 초기에는 좋았다. 불가리아의 공작 스트라치미르는 술탄에 대한 가신의 서약을 과감히 팽개치고 비딘의 성문을 열었다. 그러나 라호바 강을 따라 내려가면서 현지 주민들을 이유 없이 학살한 것은 장차 원정의 불길한 조짐을 보여 주는 듯했다. 원정을 출발한 지 한두 달 뒤에 십자군은 니코폴리스에 이르러 포위전을 준비했다. 곧이어 그곳으로 온 술탄은 왜 천둥이라는 별명을 가지게 되었는지를 여실히 보여 주었다.

9월 25일 월요일 아침에 프랑스 기사들은 인근의 언덕 위에서 소규모의 투르크 기병대를 발견하고 공격하기 위해 달려갔다. 하지만 불행히도 바예지드의 군대는 뒤편 골짜기의 보이지 않는 곳에도 있었다. 프랑스 기사들은 공격하러 갔다가 어느새 적에게 포위되고 말았다. 투르크군은 그들을 간단히 해치우고 나서 언덕을 내려와 십자군의 본대를 향해 돌격했다. 십자군 병사들은 갑작스러운 기습에 당황했다. 곧이어 대학살이 벌어졌다.

사로잡힌 자들 가운데 프랑스군의 지도자인 느베르의 백작 장은 높은 신분 덕분에 목숨을 건질 수 있었다. 그는 부르고뉴 공작의 아들이었으므로 몸값을 상당히 받을 수 있었던 것이다. 하지만 다른 수많은 포로들은 그런 행운을 기대할 수 없었다. 술탄이 보는 앞에서 약 1만 명이 참수형을 당했다. 탈출에 성공한 자들—그중에는 지기스문트, 요한기사단의 단장인 네야크의 필리베르 등이 있었다—은 베네치아의 함선들을 겨우 얻어 타고 서유럽으로 도망쳤다. 투르크군에게 사로잡혔다가 어린 나이 덕분에 처형을 면한 독일의 어느 병사는 그 베네치아 함선들이 다르다넬스 해협을 지나갈 때 연안에 있던 자신을 포함한 생존 포로 300명이 헝가리 왕에게 야유를 퍼부었다고 말했다.[185]

역사에 니코폴리스 십자군이라고 기록되어 있는 이 원정은 비록 한심하기는 했지만 나름대로 역사적인 의의가 있었다. 그것은 마지막으로 전개된 대규모 십자군 원정인 동시에,[186] 서유럽 가톨릭 국가들과 오스만 술탄이 처음으로 힘을 겨뤄 본 사건이었다. 그 결과 서유럽은 결코 앞날을 낙관할 수 없게 되었다.

위기에 공감하는 서유럽 세계

1395년과 1396년에는 콘스탄티노플 시민들도 편안하게 지냈다. 바예지드가 다른 일들 때문에 분주한 탓에 수도의 봉쇄망이 현저히 느슨해져서 상당량의 식량과 보급품을 들여오는 일도 가능해졌다. 하지만 1397년 벽두에 그는 시민들이 항복을 거부한다면 무력으로 정복하겠다는 결심을 굳혔다. 다행히 육로성벽을 믿은 마누엘의 판단은 옳았다. 성벽이 워낙 튼튼한 탓에 술탄은 갈라타 동쪽의 비교적 취약한 요새를 공격할 것을 한동안 생각했다. 그러나 제노바와 비잔티움이 힘을 합쳐 공동 전선을 이룬다면 충분히 방어할 수 있을 터였다. 그래도 바예지드는 콘스탄티노플 정복의 야심을 버리지 않고 이번에는 보스포루스 쪽으로 시선을 돌렸다. 갈라타의 방어군은 보스포루스의 아시아 쪽 연안에 거대한 성이 세워지는 것을 보고 대경실색했다. 그것이 오늘날 아나돌루 히사르라고 불리는 성이다.[187]

마누엘에게 더 큰 걱정거리는 물리적인 방어보다도 콘스탄티노플 시민들의 사기였다. 도시는 다시 봉쇄되었고, 물자는 급속히 줄어들었으며, 굶어죽는 사람이 점점 늘어났다. 가난한 시민들은 한밤중에 필사적으로 도시를 빠져 나가 보스포루스의 아시아 쪽 해안으로 가려 했다. 그들은 거기에 가면 투르크의 환대를 받고 식량과 집을 얻을 수 있으리라고 기대했다. 사실 술탄은 시민들이 요한네스 7세를 적법한 황제로 받아들인다면 포위와 봉쇄를 풀겠다고 여러 차례 제의한 바 있었다. 수도에는 항상 요한네스의 지지 세력이 있었을뿐더러, 거의 3년 동안이나 역경과 고초를 겪은 터라 시민들 중에는 조카를 삼촌의 자리에 대신 앉혀 평화를 얻을 수 있다면 별로 나쁜 일이 아니지 않겠느냐고 생각하는 사람도 많았다.

봄이 되자 황제는 몹시 불안해졌다. 지기스문트는 또다시 원정을 하겠다고 약속했지만 갈수록 그 약속을 지키기 어려운 상황이 되었다. 3월에 마누엘은 만약 자신이 급히 콘스탄티노플을 떠나야 할 경우에는 수도를 베네치아에 위탁하기로 합의를 보았다. 베네치아는 4월 7일에 갤리선 세 척을 수도로 보내면서 "황제 폐하와 페라[갈라타]에 있는 제노바인들의 안전을 위해"라는 표현을 썼는데, 제노바를 언급한 것은 이례적인 일이었다. 게다가 베네치아 측은 함선이 준비되는 대로 몇 척을 더 보내 주겠다고 말했다.

결과적으로 그런 비상 조치는 불필요했다. 황제는 애간장을 태우고 있었지만, 바예지드는 결국 현실을 인정할 수밖에 없었다. 콘스탄티노플의 방어가 너무 강력한 탓에 그는 또다시 포위에 흥미를 잃었다. 그러나 아직 완전히 포기한 것은 아니었다. 식량의 공급은 사정이 약간 좋아졌으나 시민들은 여전히 고통스러웠다. 게다가 그로부터 1년 반이 지난 1398년 9월에 베네치아 원로원은 자국의 함장에게 투르크가 갈리폴리에서 해로를 통해 공격해 올지 모르므로 그것을 방어하라는 명령을 내렸다. 마누엘은 다시 초조해졌다. 두카스에 의하면 당시 그는 매일 매시간 똑같은 기도를 올렸다고 한다.

주 예수 그리스도여, 장차 수많은 그리스도교도들이 유서 깊은 신앙심의 본산인 이 도시가 마누엘 황제의 치세에 이교도들에게 넘어갔다는 말을 하지 않도록 살펴 주소서.

한편 마누엘은 베네치아 측에서 늘 하던 조언에 따라 외국의 도움을 얻기 위한 노력에 더욱 박차를 가했다. 쉬운 일은 아니었다. 잠시 서유럽 군주들에게 되살아났던 십자군의 불길은 니코폴리스에서 꺼졌다. 그러나 마누엘은 다른 각도에서 사태를 바라보았다. 물론 그가 보기에도 최근의 원정은 대실패였지만 그리스도교권이 대동단결을 이룰 수 있다는 가능성을 보여 주었다.

새로 십자군이 조직된다면 과거의 실패를 교훈으로 삼아 성공을 거둘 수 있었다. 그렇게 되면 투르크는 다시 아시아로 쫓겨나고 동유럽에 오랫동안 드리워진 어두운 그림자가 마침내 걷힐 터였다. 그런 판단에서 1397년과 1398년에 다시 제국의 사절단이 출발했다. 그들은 교황을 비롯하여 잉글랜드, 프랑스, 아라곤의 왕들, 모스크바 대공을 두루 만났으며, 그것과 별도로 총대주교 안토니우스도 폴란드 왕과 키예프의 대주교에게 사절단을 보냈다.

니코폴리스에서의 수모를 잊지 못하는 로마 교황 보니파키우스 9세는 자신의 명망에 남겨진 심각한 오점을 지우기 위해서라면 무슨 일이든 할 태세였다. 늘 교회 통일의 가능성을 염두에 두고 있었던 그는 1398년 4월과 1399년 3월에 각각 한 장씩 두 장의 교서를 내려 서방의 국가들에게 새 십자군에 참여할 것을 호소했으며, 그게 안 되면 콘스탄티노플의 방어를 위한 자금이라도 기부하라고 촉구했다. 또한 그는 요청에 응하는 사람에게는 완전한 면죄부를 주겠다면서 모든 교회에 모금함을 설치하라고 제의했다.

프랑스 왕 샤를 6세는 1397년 10월에 황제의 아저씨뻘인 테오도루스 팔라이올로구스 칸타쿠제누스가 이끄는 사절단의 방문을 받고 더욱 만족했다. 불과 1년 전에 샤를은 제노바 공화국과 제노바 조계의 대군주가 되었으므로[188]—요한네스 7세는 금화 2만 5천 플로린과 프랑스의 성 한 곳을 받는 조건으로 샤를에게 비잔티움의 제위를 팔아넘기려 한 적도 있었다—콘스탄티노플의 운명에 대해 관심이 컸다. 그래서 비록 직접적인 군사 지원은 할 수 없는 처지였으나 샤를은 테오도루스에게 준비가 되는 대로 군대를 보내겠다면서 성의 표시로 그에게 금화 1만 2천 프랑을 주었다.

하지만 1399년 여름에 잉글랜드에 도착한 비잔티움 대표단은 시기를 크게 잘못 골랐다. 리처드 2세는 6월과 7월 내내 아일랜드에 있다가 잉글랜드로 돌아왔을 때 반란을 맞았다. 8월에 리처드는 헨리 볼링브룩(미래의 헨리 4세)에게 사로잡혀 9월에 공식 폐위되었는데, 이듬해 2월에 살해당했거나 깊은 슬픔으로 죽었다. 그러므로 당시 리처드는 마누엘보다 더 나쁜 처지였다. 그래도 그는 시간을 내서 비잔티움의 사절단을 영접하고 우려를 표명하면서 기금을 모금해 달라는 제안을 전폭적으로 수용하고—세인트폴 대성당에 모금함이 마련되었다—즉석에서 3천 마르크, 즉 2천 파운드를 내주었다. (모금된 돈은 나중에 제노바의 어떤 중개인이 횡령했으나 리처드에게 그 책임을 물을 수는 없다.)

반면에 샤를 6세는 약속을 충실히 이행했다. 1391년에 그는 약속했던 군대를 실제로 보냈다. 그 지휘관인 당대 프랑스 최고의 군인 장 르 맹그르는 부시코 육군 원수라는 이름으로 더 잘 알려진 인물이었다. 그는 3년 전 니코폴리스에도 참전하여 투르크에 1년 동안 포로로 잡혀 있다가 몸값을 지불하고 풀려난 뒤 복수를 꿈꾸고 있었다. 6월 말에 선박 여섯 척에 병력 1200명을 거느리고 에그모르트를 떠난 그는 도중에 여러 곳에 들러 병력을 충원해서 이윽고 9월에 투르크가 봉쇄한 헬레스폰트를 돌파하고 콘스탄티노플에 도착했다.

마누엘은 그를 열렬히 환영하고 총사령관으로 임명했다. 그들은 함께 보스포루스의 양안에서 몇 차례 소규모 전투에 참여했다. 그러나 부시코는 이런 식의 전투는 중요하지 않다고 판단했다. 투르크를 상대로 성과를 올리려면 군대의 규모가 훨씬 더 커야 했는데, 그 방법은 하나뿐이었다. 황제가 파리로 가서 프랑스 왕에게 직접 지원을 부탁하는 것이었다.

마누엘은 그 제안을 기꺼이 수락했지만 문제는 그가 없는 사이에 누가 제국을 다스릴 것인가였다. 그 후보는 단연 요한네스 7세였다. 그 이유는 만약 마누엘이 다른 사람을 선정한다면 요한네스는 또다시 자신의 계승권을 내세울 게 뻔하기 때문이었다. 하지만 삼촌과 조카는 벌써 몇 년 동안이나 말도 하지 않고 지내는 사이였다. 이때 부시코가 한몫을 했다. 그는 셀림브리아의 요한네스에게로 가서 삼촌과 화해하라고 설득했다. 그런 다음에 두 사람은 함께 콘스탄티노플로 왔다. 이윽고 25년 동안이나 끌어오던 팔라이올로구스 가문의 가족 분쟁은 마침내 해소되었다. 협상 결과 요한네스는 마누엘의 부재중에 섭정의 역할을 하고, 황제가 돌아오면 테살로니카를 받기로 했다. 비록 당시 테살로니카는 투르크가 점령하고 있었지만, 희망적으로 본다면 그런 상태는 오래가지 않을 터였다.

그리하여 1399년 12월 10일에 황제는 서유럽으로 출발했다. 동행한 사람은 부시코, 헬레나 황후, 그들의 아들들인 일곱 살짜리 요한네스와 너댓 살가량의 동생 테오도루스였다. 마누엘은 가족들을 프랑스까지 데려가지 않고 모레아의 자기 동생에게 맡겼는데, 그것은 요한네스 7세에 대한 그의 진심을 잘 보여 준다. 비록 화해는 했지만 섭정이 분란을 일으키기로 마음먹을 경우를 대비하여 가족이

† 성 카타리나와 함께 있는 부시코 육군 원수.

인질로 잡힐 일을 방지해야 했던 것이다.

그때까지도 마누엘의 심기는 전혀 편하지 않았다. 바예지드가 펠로폰네소스를 갑자기 공격한다면 어쩌나 하는 게 그의 걱정이었다. 1400년의 벽두에 그는 만약의 경우 아내와 아이들을 탈출시켜 베네치아의 항구인 모도네나 코로네로 대피시키는 방법을 계획했다. 가족의 앞날이 완전히 안전하다는 확신을 얻은 뒤에야 비로소 그는 부시코와 함께 베네치아로 떠나 4월에 도착했다.

베네치아에서 두 사람은 헤어졌다. 부시코는 곧장 파리로 가서 황제를 맞을 준비를 하기로 했다. 마누엘은 베네치아에서 며칠 머물다가 다시 길을 떠나 파도바, 비첸차, 파비아, 밀라노를 두루 거쳤다. 밀라노의 지배자인 잔 갈레아초 비스콘티 공작은 그에게 성대한 연회를 베풀어 주고 많은 선물을 안겼으며, 다른 군주들이 협력하기로 한다면 자신도 콘스탄티노플로 가겠다고 약속했다.

전반적으로 1370년에 요한네스 5세가 베네치아에서 받았던 대우와는 전혀 다른 분위기였다. 마누엘은 이탈리아 곳곳을 들르는 동안 지나치는 거의 모든 도시에서 환영을 받았다. 이런 변화는 놀라운 일이 아니었다. 일찍이 요한네스는 거지나 다름없는 딱한 채무자 신세로 베네치아를 방문했지만, 그의 아들 마누엘은 영웅으로 간주되었던 것이다. 그의 시위로 이탈리아도 이윽고 위험을 깨닫게 되었다. 이탈리아인들에게 이 키가 훤칠하고 외모가 출중한 황제는 그리스도교권의 수호자이자 장차 유럽을 구할 구세주로 여겨졌다.

게다가 최근에 일어난 변화도 이미지 개선에 한몫을 했다. 이탈리아인들은 그리스 문학과 학문을 발견하고 진심으로 감복했다. 사실 14세기 말까지 이탈리아에서 그리스어는 거의 죽은 언어였다. 페트라르카는 호메로스 책의 그리스어 원고를 소장했는데, 그리스어를 전혀 알지 못했으면서도 그 원고에 자주 존경의 입맞춤을 하곤 했다.[189]

그리스어 공부는 원래 특별한 유인이 없었으나, 1396년에 데메트리우스 키도네스의 제자인 마누엘 크리솔로라스가 피렌체에 새로 창립된 그리스어 대학의 교수로 임명된 것을 계기로 금세 유행병처럼 번졌다. 1400년 초에 크리솔로라스는 밀라노로 와서—그의 노력으로 피렌체에는 소수이지만 열렬한 그리스어 학자들이 생겨났고 이탈리아 최초로 그리스어 문법도 등장했다—마침 그곳에 도착한 마누엘 황제를 환영했다. 다른 곳에서와 마찬가지로 밀라노에서도 황제는 모든 지식인들이 그리스 문화를 열렬히 사랑하고 그의 모든 말을 주의를 기울이는 것을 보았다. 게다가 그는 학자이자 지식인이었으므로 그들을 실망시키지 않을 수 있었다.

유일하게 남은 외교 수단

1400년 6월 3일 쉰 번째의 생일을 3주일 앞두고 마누엘 팔라이올로구스는 파리에 도착했다. 프랑스 왕 샤를 6세는 마누엘이 타고 수도에 입성할 백마를 데리고 샤랑통의 교외에서 기다리고 있었다. 당시의 만남을 목격한 생드니 출신의 어느 수도사는 마누엘이 타고 있던 말에서 곧장 다른 말로 옮겨 타는 모습을 보고 깊은 인상을 받았다.

…… 황제는 하얀 비단으로 된 황제복을 입고 왕이 내준 백마에 올랐다. 그는 타고 있던 말에서 내리지도 않은 채 번개 같은 동작으로 백마로 옮겨 탔다. 그의 머리는 백발에 가까웠지만 그는 적당한 키에 떡 벌어진 가슴, 단단한 팔과 다리를 지녔고 수염을 길게 기르고 있었다. 그의 기품 있는 외모에 주목한 사람들은 그가 정말 황제의 풍모에 어울리는 인물이라고 여겼다.[190]

웅장한 행렬의 한가운데에서 호위를 받으며 마누엘은 그를 영접하기 위해 익벽 전체를 새로 장식한 루브르 궁전으로 향했다. 곧이어 성대한 연회가 베풀어졌고, 나중에 샤를은 마누엘과 함께 사냥도 했다. 또 황제는 소르본에 초빙을 받아 프랑스의 가장 저명한 석학들과 만났다. 그는 모두에게서 존경을 받았고 황제로서 대우 받았다.

그러나 아무리 축하와 연회를 벌인다 해도 그가 아직 주요 목적을 이루지 못했다는 사실은 숨길 수 없었다. 그는 샤를과 주요 대신들과 함께 몇 차례 회의를 가졌고 그 과정에서 그들은 1년 안에 부시코의 지휘하에 마누엘에게 1200명 병력을 더 보내 주기로 했다. 하지만 그게 소용 없다는 것을 부시코와 마누엘

† 프랑스의 샤를 6세와 마누엘 2세 팔라이올로구스, 1400년(런던, 대영도서관).

은 잘 알았다. 투르크를 물리치려면 대규모의 국제적 십자군이 아니면 불가능했다. 하지만 샤를은 그 문제에는 확실하게 반대했다.*

더욱이 황제가 도착한 지 몇 주 뒤 샤를의 정신병이 다시 도지는 바람에 사정은 더욱 나빠졌다. 결국 모든 협상은 연기될 수밖에 없었다. 그러나 이 무렵에 마누엘은 카스티야와 아라곤의 왕들과 서신을 주고받았다. 둘 다 적극적으로 지원하겠다는 뜻을 비쳤으나 지원 규모에 관해서는 다소 모호한 태도를 취했다.

또한 마누엘은 요한기사단의 수도원장인 피터 홀트라는 사람과 접촉하여 잉글랜드 방문의 가능성을 타진했다. 홀트는 문제가 좀 있다는 회신을 보내 왔다. 전에 황제와 만났던 리처드 2세는 지난해에 현재의 왕인 헨리 4세에 의해 폐위되었다. 현재 헨리는 스코틀랜드의 반란을 진압하는 데 전념하고 있었다. 게다가 비록 잉글랜드와 프랑스가 잠시 휴전 중이기는 하지만 두 나라의 관계는 여전히 긴장되어 있으므로 황제가 방문한다 해도 프랑스에서처럼 환대를 받기는 어려우리라는 것이 홀트의 견해였다.

다행히도 수도원장의 우려는 사실과 달랐다. 홀트와 마누엘은 헨

---

* 그전의 십자군들도 그랬지만 국제적인 십자군이 조직되려면 역시 프랑스의 왕이 주도해야 했다. 이는 당시 프랑스가 서유럽 세계의 중심이었음을 말해 준다. 비록 독일에는 서방 황제가 있었지만, 명함상으로만 황제일 뿐 실권은 없었다(특히 호엔슈타우펜 왕조가 무너진 이후 서방 황제는 세습 가문마저 없어졌으며, 1356년부터는 독일의 선제후들이 황제를 선출하기로 하는 금인칙서를 제정하기에 이른다. 결국 황제는 나눠 먹기식이 되어 더욱 유명무실한 존재가 되었다. 그래서 1411년에는 앞에 나온 헝가리 왕 지기스문트도 서방 황제가 될 수 있었다). 하지만 샤를이 십자군을 무리라고 여긴 데에는 아마도 당시 프랑스가 잉글랜드와 백년전쟁을 벌이고 있기 때문이기도 했을 터이다. 비록 마누엘이 방문했을 당시는 공식 휴전 기간이긴 했지만, 제 코가 석 자인 샤를에게 동방 제국을 도울 여력은 없었다.

리 왕이 스코틀랜드에서 돌아와 그들을 맞을 차비를 할 때까지 칼레에서 두 달 동안 허송세월을 해야 했지만 12월에는 잉글랜드로 건너갈 수 있었다. 그들은 캔터베리에서 며칠 머문 뒤 크리스마스 나흘 전에 런던에 도착했다. 헨리는 블랙히스로 마중 나와 그들을 런던 시내로 호송했다. 그는 손님들을 냉대하기는커녕 대단히 존중하면서 정중하게 맞았다.

사실 헨리는 잉글랜드에서 입지가 불확실한 상태였다(백성들은 그를 왕위 찬탈자이자 살인자라고 비난하고 있었다). 그러므로 그는 주인 자격으로 비잔티움의 황제를 영접하는 것이 자신의 위신을 강화하는 데 도움이 되리라고 믿었다. 크리스마스를 맞아 왕은 황제를 위해 엘섬 궁전[191]에서 연회를 베풀었다. 파리에서처럼 런던에서도 모두들 마누엘의 풍채에 감탄했고 그와 수행원들이 입은 깨끗하고 하얀 의상에 시선을 집중했다. 연회 참석자들 중 한 사람인 법률가 어스크의 애덤은 이렇게 썼다. "이토록 훌륭한 그리스도교 군주가 사라센에게 내몰려 유럽의 동쪽 끝에서 서쪽 끝의 섬까지 도움을 청하러 오다니 …… 오, 신이시여, 로마의 옛 영광을 어떻게 하시렵니까?"[192]

황제 역시 헨리에게서 깊은 인상을 받았던 듯하다.

지금 우리와 함께 있는 군주는 또 다른 세계인 대브리튼의 왕으로서, 도덕과 인품이 뛰어난 사람이오. …… 그는 외모와 식견이 두루 출중하며, 좌중을 놀라게 하는 힘과 친구들을 감탄케 하는 지혜를 지니고 있소. 또한 모든 사람을 고루 살피고, 도움이 필요한 사람에게 온갖 도움을 아끼지 않는다오. 시기와 정황이 모두 어려운 처지에 있는 우리에게는 평화로운 안식처를 마련해 주었소. …… 그는 유쾌한 대화로써 우리에게 기쁨과 명예와 애정을 주었소. …… 그는 우리에게 자금을 주고, 기병과 궁수 등의 군사 지원을 할 것이며, 필요한 곳에 선박으로 군대를 수송해 줄 것이오.

헨리를 잘 아는 사람들이 모두 마누엘과 같은 열정을 품은 것은 아니다. 하지만 헨리는 애초에 기꺼이 약속했던 군사 지원을 할 여력은 없었으나 황제의 대의명분에는 진심으로 공감했다. 전왕이 기부하기로 했던 3천 마르크가 전달되지 못했다는 이야기를 듣고 헨리는 당장 공식 조사를 명했다. 횡령 사건이 밝혀지자 그는 그 손실을 보상하기 위해 마누엘에게 교회에서 모금된 4천 파운드를 주었다. 영국민 대다수가 본 적도 없고 심지어 이름도 듣지 못한 나라를 위해 그렇듯 아량을 베푼 것은 놀라운 일이다.

잉글랜드에서 두 달 가까이 지낸 뒤 마누엘은 1401년 2월에 파리로 돌아왔다. 이후 그는 1년 이상 파리에 머물면서 아라곤과 포르투갈의 왕, 로마 교황, 아비뇽의 대립 교황과 두루 협상을 벌였다. 잠시 병세에서 회복된 샤를과 만나 몽골 지도자인 티무르와 접촉하는 문제를 논의하기도 했다. 티무르의 막강한 군대로 바예지드를 상대하도록 할 수만 있다면 큰 도움이 되리라는 생각에서였다. 여름 내내 마누엘은 낙관적인 전망을 잃지 않았다. 당시 그가 파리에서 쓴 편지들을 보면 여전히 대규모 국제 원정의 가능성을 믿고 있다는 것이 분명히 드러난다.

그러나 가을이 되면서 그의 편지에서는 점점 회의의 분위기가 느껴진다. 아라곤 왕에게는 시기가 너무 일렀고, 잉글랜드의 헨리는 웨일스에서 일어난 또다른 반란을 진압하느라 여념이 없었으며, 마누엘이 친척인 데메트리우스 팔라이올로구스를 보내 도움을 요청한 피렌체에서는 공감을 표시하면서도 '이탈리아의 바예지드'(밀라노의 잔 갈레아초 비스콘티)를 상대하느라 도울 여력이 없다는 것이었다.

그중에서도 그에게 가장 큰 실망을 준 것은 프랑스였다. 프랑스는 응당 새 십자군을 주도적으로 조직하고 편성하고 조율하는 역할을 해야 했다. 그러나 샤를 6세는 언제 다시 발작할지 모르는 광기 때문에 꼼짝할 수 없는 처지였고, 그로 인한 왕실 내의 권력 다툼으로 정부 기능이 거의 마비된 상태였다. 원래 프랑스 원정군을 지휘하기로 되어 있던 육군 원수 부시코는 1401년 가을에 엉뚱하게도 제노바 총독으로 임명되어(본서 주석 188 참조) 10월 말에 현지에 부임하였다.

그래도 황제는 희망을 포기하지 않았다. 몇 달 뒤에 그는 베네치아의 도제인 미켈레 스테노에게 샤를의 역할을 대신해 달라고 부탁하는 서신을 보냈다. 그러나 도제는 대답을 얼버무렸다. 베네치아는 이미 '루마니아의 그리스도교도들'을 지원하는 데 상당한 비용을 지출했다면서 다른 서유럽 국가들이 서로 비슷하게 비용을 분담해야 한다는 것이었다.

그런 암담한 상황에서도 왜 황제는 서유럽에 그토록 오래 머물렀을까? 외교에 실패한 것 때문에 수도에 돌아오기 두려워서였다는 설도 있으나 그렇지는 않다. 그는 대단히 양심적이고 의무감에 충실한 사람인 데다 거의 2년 동안이나 가족도 만나지 못했으니 필요 이상으로 먼 타향에 오래 머물고 싶은 생각은 없었을 것이다. 하지만 그는 의지가 굳은 사람이기도 했다. 아버지의 유화 정책은 실패했고 항전만이 유일한 살 길이다. 어떻게든 투르크와 싸울 수 있는 방법을 찾아야 한다. 서방의 군주 한 사람이라도 설득해서 생각을 바꾸게 만들 수만 있다면 그는 얼마든지 그렇게 할 각오였던 것이다.

사태가 바뀌지 않았더라면 그는 마냥 서유럽에 머물러야 했을지도 모른다. 그러나 부시코의 명령으로 겨우 300명의 프랑스 병력과 함께 콘스탄티노플에 남아 수도를 방어하던 장 드 샤토모랑이 1402년 9월에 파리로 와서 새 소식을 전하면서 사정은 급격히 변화하게 되었다. 티무르가 이끄는 몽골군이 오스만군을 격파하고 바예지드마저 포로로 잡았다는 것이다. 이제 마누엘 팔라이올로구스는 더 이상 서유럽에 머물 필요가 없어졌다. 그는 즉각 귀국할 차비를 서둘렀다.

22

—

티무르의 유산

1402년~1425년

귀하가 나를 아들처럼 대해 준다면 나는 귀하를 아버지처럼 섬길 것입니다. 이제부터 우리 사이에는 어떠한 경쟁도 차이도 없습니다.

쉴레이만 공 황제 요한네스 7세에게

몽골계와 투르크계의 대결

마누엘 팔라이올로구스가 콘스탄티노플을 비운 동안 수도는 거의 내내 포위된 상태였다. 하지만 그의 조카 요한네스 7세는 최선을 다했고 샤토모랑과 프랑스 병사들도 용감하게 활약했다. 그들은 이따금 한밤중이나 포위군의 경비가 허술해진 틈을 타서 도성 바깥으로 나가 식량을 징발해 오기도 했다. 그들이 아니었다면 수도는 이미 반세기 전에 함락되었을 테고 바예지드는 마음껏 거들먹거리고 있었을 것이다.

어느 익명의 기록자가 남긴 글에는 바예지드가 욕심이 가득한 눈길로 성안의 대성당과 궁전들을 바라보면서 속으로 그것들을 각각 어떤 용도에 사용하겠다고 마음먹는 장면이 나온다. 그는 소피아 대성당을 자신의 공식 거처로 삼을 작정이었다. 그러면서도 그는 콘스탄티노플에 대한 압력을 늦추지 않아 1401년 여름이나 가을에는 요한네스에게 다음과 같은 최후통첩을 보냈다.

만약 내가 장차 바실레오스 마누엘을 도시에서 몰아 낸다면, 그것은 그
대를 위해서가 아니라 나 자신을 위해서 한 일이다. …… 만약 그대가
우리 친구가 되고자 한다면, 지금부터 뒤로 물러나라. 그대가 원하는
속주를 내가 그대에게 주리라. 그러나 만약 그렇게 하지 않는다면, 신
과 위대한 예언자를 증인으로 하여 나는 아무도 살려 두지 않고 모든
것을 철저히 파멸시킬 것이다. ……

그래도 비잔티움은 아직까지 투르크 사절들에게 다음과 같이 응
수할 기백을 지니고 있었다.

가서 그대들의 주인에게 전하라. 우리는 지금 궁핍과 고통에 시달리고
있으며, 도움을 호소할 만한 강대국도 없다. 하지만 신께서는 약한 자
를 구원하시고 강한 자를 물리치실 것이다. 그러므로 그대가 하고 싶은
대로 하라.

그러나 수도가 포위된 상태로 마냥 버틸 수는 없었다. 1402년 여
름에 요한네스는 삼촌에게서 서방으로부터 별다른 도움을 기대할
수 없다는 소식을 들었다. 그렇다면 결국 협상밖에는 길이 없었다.
사마르칸트의 몽골 궁정에 갔던 에스파냐 대사 루이 곤살레스 데 클
라비호에 따르면 당시 요한네스는 실제로 술탄과 협정을 맺었다고
한다. 그 내용은 수도를 술탄에게 넘겨 주면 그가 몽골 침략자들을
물리쳐 준다는 조건이었다. 심지어 바티칸 서고에 있는 그리스 문헌
은, 콘스탄티노플의 대사들이 당시에 이미 수도의 열쇠들을 지닌 채

오스만 진영으로 출발했었다고 기록한다. 아마도 바예지드는 비잔 티움이 항복하기 바로 전 아슬아슬하게 패배한 것으로 보인다. 하지 만 콘스탄티노플을 구원한 사람은 마누엘이나 요한, 부시코나 샤토 모랑이 아닌 바로 티무르였다.

'절름발이 티무르'라는 뜻의 티무르렌크Timurlenk라고도 불리는 티무르는 1336년에 태어났다. 칭기즈 칸의 후손*이라고 자처한 그 는 1369년에 사마르칸트의 몽골 칸 지위를 차지했으며, 이후 활발 한 정복 활동을 벌여 30년 뒤에는 아프가니스탄과 북인도에서 아나 톨리아 인근에까지 이르는 광대한 영토를 소유하게 되었다.

그의 이름은 아시아 전역을 공포에 떨게 했고―몽골군은 특히 정복 도상에 있는 모든 것을 파괴하는 것으로 악명이 높았다―그는 60대 중반의 나이에도 여전히 패기와 야망을 전혀 잃지 않았다. 그 의 원정은 1400년 세바스테이아의 정복―그가 공언했듯이 도시를 완전히 폐허로 만들어 버렸고 주민을 한 사람도 살려 두지 않았다 ―으로 절정에 이르렀으나 메소포타미아에서 할 일이 있었기 때문 에 당분간 중단되었다. 그러나 1402년 봄에 그는 다시 소아시아로

* 칭기즈 칸은 워낙 후손이 많았으므로 실제로 티무르가 그의 후손이었을 가능성은 충분하 다. 하지만 그가 굳이 그 점을 내세운 데는 정치적 의미가 강했다. 당시는 몽골 제국 본국(원) 이 중국의 중원에서 쫓겨나 사실상 멸망한 상태였으므로 티무르로서는 위대한 몽골 제국의 계승자라는 사실을 부각시키고 싶었을 것이다. 그 때문에 지은이 노리치도 티무르를 몽골이 라고 계속 말하고 있지만, 실은 혈통적으로만 몽골 왕실과 관련이 있을 뿐―물론 그것도 확 실치는 않다―정치적으로는 몽골과 거의 관계가 없다고 봐야 한다(심지어 중앙아시아 정복 과정에서 티무르는 몽골계의 차가타이 한국도 정벌했다). 그래서 역사에서는 그가 일으킨 나 라를 티무르 제국이라고 부른다.

† 1400년경의 비잔티움 제국 영역.

돌아와 오스만 술탄과 자웅을 겨룰 준비를 했다.

　양측의 결전은 1402년 7월 28일 금요일에 앙키라 바로 북쪽 추부크 평원에서 벌어졌다. 술탄은 1만 명의 예니체리 정예 부대에 둘러싸인 채 중앙에서 투르크의 대군을 직접 지휘했다. 좌익은 그의 아들인 쉴레이만이 맡았고, 주로 유럽 병력으로 구성된 우익은 세르비아 가신인 스테판 라자레비치가 맡았다. 그리스도교군은 용감히 싸웠으나 무슬림군은 그에 못 미쳤다. 그런데 바예지드는 아나톨리아의 타타르 기병대를 전면에 배치하는 치명적인 실수를 저질렀다. 동족과 싸우기를 꺼린 기병대는 그만 적의 편으로 투항해 버렸다. 불과 한두 시간 만에 그리스도교군과 무슬림군을 합쳐 1만 5천 병력의 오스만군은 궤멸되고 말았다.

† 14세기 후반 젠틸레 벨리니가 그린 투르크의 예니체리(런던, 대영박물관).

하지만 바예지드는 항복을 거부했다. 그는 패배에 익숙하지 않았던 것이다. 그와 그의 아들들은 작은 언덕 꼭대기로 밀려나서도 남은 예니체리 병사들과 함께 한밤중까지 싸웠다. 그러나 결국 그들도 절망적인 상황이라는 것을 절감했다. 왕자들 중 맏이인 무스타파는 실종되었는데, 아마 전사한 것으로 추정된다. 또 한 왕자인 무사는 포로로 잡혔다. 다른 왕자들은 도망쳤으나 그들의 아버지는 몽골 궁수들에게 사로잡혀 사슬에 묶인 채 티무르의 천막으로 끌려갔다. 그때 천막 안에서 그 위대한 정복자는 자기 아들과 장기를 두고 있었다.

처음에 티무르는 바예지드를 적의 군주로서 예우를 갖춰 대했다. 하지만 곧 그의 태도는 바뀌었다. 이후 아나톨리아를 행군할 때 그는 술탄을 쇠로 된 우리 속에 넣어 데리고 다녔다고 한다.[193] 게다가 이따금씩 그는 바예지드를 발판이나 걸상으로 이용하면서 더 큰 수모를 안겨 주었다. 또한 티무르는 바예지드의 하렘을 접수하고 술탄의 세르비아 아내인 데스피나에게 식탁 앞에서 나체로 춤을 추게 했다. 그런 학대를 여덟 달 동안이나 받은 끝에 바예지드는 결국 힘이 쇠잔했다. 1403년 3월 그는 갑자기 뇌졸중을 일으켰고 며칠 뒤에 죽었다. 사인은 아마 그 발작 때문이었겠지만 자살했을 가능

성도 있다.[194]

그 반면에 티무르는 이제 거칠 것이 없었다. 오스만의 수도 브루
사에 이른 그의 군대는 도시 전역에서 닥치는 대로 방화, 약탈, 강간
을 저질렀다. 그런 다음에 그들은 1344년부터 요한기사단의 수중에
있는 스미르나로 향했다. 라틴 기사들은 용감하게 싸웠으나 결국
1402년 12월에 성이 함락되었다. 이리하여 소아시아에 마지막으로
남은 그리스도교의 거점은 불타 버린 잔해로 변했다.

일찍이 오르한과 무라드에게 쫓겨났던 비非 오스만계 아미르들
―아이딘, 카라만, 사루한 등―은 이미 몽골군 측으로 넘어가 있다
가 예전의 영토를 되찾았다. 이제 티무르는 아나톨리아에서 오스만
세력을 완전히 말살한다는 장기적인 목표를 추구할 계제에 이르렀
다. 바예지드의 네 아들은 큰 장애물이 될 수도 있었지만 후계를 놓
고 자기들끼리 다투고 있었다. 게다가 티무르가 그들을 적절히 이간
질한 탓에 아무도 심각한 위협이 되지 못했다.

고개 숙인 투르크

만약 티무르가 그 지역에 마냥 눌러앉았다면 오스만 왕조는 아마 회
복할 수 없는 치명타를 맞았을 것이다. 그러나 티무르에게는 한곳에
오래 머물 수 없는 유목민의 피가 흐르고 있었다. 1403년 봄에 티무
르는 새로운 정복 대상을 찾기 위해 군대와 함께 소아시아를 떠나
사마르칸트로 돌아갔다. 2년 뒤에 그는 스텝을 횡단하여 중국을 침

략하려 했다.

중국에게는 다행히도 그는 그 원정 도중에 죽었다. 기번에 의하면 "얼음물을 너무 자주 마신 탓에" 열병이 금세 악화된 게 원인이라고 한다. 그는 제국을 건설하지도 못했고 적절한 정치 제도를 확립하지도 못했다. 오로지 파멸과 혼돈만을 남겼을 따름이다. 그가 죽은 덕분에 얼마 뒤 바예지드의 아들들은 다시 아나톨리아의 심장부를 차지할 수 있었다.

하지만 유럽의 사정은 크게 달랐다. 티무르는 보스포루스를 건너지 않았으므로 루멜리아—술탄의 유럽 영토—는 여전히 오스만족이 확고히 장악하고 있었다. 설상가상으로, 그곳의 투르크 병력은 이미 수가 많았는데도 몽골의 위협을 피해 도망쳐 온 병력까지 합쳐져 더욱 늘어났다. 처음 몇 달 동안 이 이주민들은 비잔티움 측에서도 환영을 받지 못했다.

그러나 앙키라 전투 이후 유럽이 두려워하는 상대는 투르크가 아니라 몽골로 바뀌었다. 만약 그들이 갑자기 헬레스폰트를 건너오기라도 한다면 가급적 많은 병력이 있어야 그들에게 항전할 수 있을 터였다. 몽골군이 침략하지 않으리라는 사실이 분명해진 뒤에야 비로소 동유럽의 그리스도교 민족들은 새삼 주위를 둘러보면서 그리 어려운 상황은 아니었다는 것을 알았다.

그들도 이내 깨달았듯이 실제로 그 대전투는 상황을 크게 호전시켰다. 우선 오스만 제국이 둘로 분열되었다. 이제 오스만 제국의 유럽 속주와 아시아 속주 사이에는 정규적인 연락망조차 유지되지 못했다. 그 다음으로, 비잔티움의 일반 시민들에게 훨씬 더 중요한 변화는 콘스탄티노플의 포위가 8년 만에 풀린 것이었다. 그에 따라 식량의 공급이 정상적으로 회복되었으며, 시민들은 다음 끼니를 걱정하지 않고 본업에 전념할 수 있게 되었다. 마지막으로, 전반적인 사기가 앙양되었다. 물론 비잔티움이 완전히 위험에서 벗어난 것은 아니었다. 하지만 술탄 역시 인간이었고 무적은 아니라는 사실이 드러났다. 그의 군대가 한 번 패배했다면 또다시 패배하는 것도 불가능한 일은 아니었다.

바예지드가 패퇴했다는 소식을 프랑스에서 전해 듣고도 마누엘 팔라이올로구스는 특별히 서둘러 콘스탄티노플로 귀환하려 하지는 않았던 듯하다. 그는 11월 21일에야 파리를 출발했다. 그 뒤 샤토모랑이 이끄는 200명의 호위를 받으면서 마누엘은 편안하게 제노바로 이동했다. 거기서 그의 옛 친구 부시코 육군 원수가 기다리고 있다가 1403년 1월 22일에 성대한 연회로 그를 맞아 주었다. 마누엘은 2월 10일에 제노바를 떠나 3월 14일 베네치아에 도착했다. 이 기간에 그가 무엇을 했는지는 기록에 없다. 그러나 제노바에 머물 때 제노바, 베네치아와 함께 3자 동맹을 체결하려 했다가 실패한 것으로 미루어, 그는 이탈리아의 여러 지역을 지나치는 이 기회를 이용하여 가급적 많은 이탈리아 국가들과 토론하고 투르크를 물리치기 위해 지원해 달라고 호소할 작정이었던 것으로 보인다. 그 결과는 대체로 실망스러웠다. 그러나 바예지드가 패퇴한 것을 그는 유럽 열강이 모여 총공세를 펼칠 절호의 기회라고 확신했으며, 어떻게든 대동단결을 이뤄 내려는 노력을 포기하지 않았다.

베네치아 역시 마누엘을 환대하면서도 그를 가능한 한 빨리 콘스탄티노플로 귀국시키기 위해 애썼다. 동방의 사정이 달라진 것은 외교적으로 중대한 결과를 낳았다. 이제 세레니시마는 자신의 역할을 충실히 수행할 결심이었다. 또한 베네치아는 친제노바적 성향을 공공연히 드러내는 요한네스 7세보다 마누엘과 협상하는 것을 훨씬 선호했다. 그래서 베네치아는 황제와 그의 수행원 40명을 위해 전함 세 척을 마련해서 4월 5일에 그를 설득하여 콘스탄티노플로 출발했다. 그래도 마누엘은 도중에 모레아에 들러 가족을 태우고 동생 테오도루스와도 이야기를 나누겠다고 고집을 부렸다.[195] 우여곡절 끝에 1403년 6월 9일에야 비로소 마누엘은 수도의 해안에 상륙하여 갈리폴리에서 말을 타고 영접을 나온 요한네스 7세를 만났다. 무려 3년 반 만의 귀환이었다.

수도에서는 좋은 소식이 그를 기다리고 있었다. 전해 8월에 바예지드의 맏아들인 쉴레이만 왕자는 유럽 속주를 접수하기 위해 갈리폴리에 왔다. 그는 자기 아버지와 전혀 다른 성격이었다. 너그럽고 원만한 그는 본능적으로 항상 타협을 원하고 싸움보다 협상을 선호했으며, 사치스럽고 방탕한 삶을 즐기는 인물이었다. 몇 주 동안 예비 토론을 거친 뒤 연말 무렵에 공식 협상이 열렸다. 이 자리에는 쉴레이만 본인과 그리스도교 동맹, 즉 베네치아, 제노바, 로도스의 요한기사단, 스테판 라자레비치, 낙소스의 라틴 공작이 보낸 사절들이 참석했다. 협상 결과 1403년 초에 조약이 체결되었다.

베네치아에 있을 때 이 조약의 조건을 보고받은 마누엘은 자신의 귀를 의심할 지경이었다. 비잔티움은 술탄과의 가신 관계에서 풀려나는 것은 물론 공물을 바치는 의무에서도 해방된 것이다. 오히려 쉴레이만은 비잔티움 황제를 상위 군주로 섬기겠다고 했다. 선의의 표시로 그는 테살로니카와 트라키아 칼키디키, 아토스 산을 포함한 그 인근 지역, 보스포루스 어귀에서부터 멀리 메셈브리아나 바르나에 이르는 긴 흑해 연안, 스키로스와 스키아토스, 스코펠로스 등 에게 해의 섬들을 비잔티움에 반환했다. 비잔티움과 기타 조인국들의 모든 포로도 석방되었다.

마지막으로 더욱 믿을 수 없는 것은, 앞으로 투르크의 선박은 사전에 황제나 그리스도교 동맹의 허가를 얻지 않고는 헬레스폰트나 보스포루스로 들어올 수 없도록 하겠다는 쉴레이만의 약속이었다. 그 모든 조건의 대가로 쉴레이만이 요구한 것은 단지 아드리아노플의 궁전에서 트라키아를 지배하도록 허락해 달라는 것뿐이었다.

수도에 돌아온 뒤 마누엘은 우선 조약문에 직접 서명부터 했다. 하지만 그 무렵 조카에 대한 해묵은 반감이 치솟았다. 그래서 그는 요한네스 7세를 렘노스로 유배를 보냈으며, 확실하지는 않지만 서유럽으로 떠나기 전에 테살로니카를 주겠다고 정식으로 약속했던 것도 취소한 것으로 보인다. 그 이유가 무엇이든 요한네스 7세는 당연히 유배를 탐탁지 않게 여겼다.

렘노스에 도착한 지 몇 주 지나서 그는 북서쪽으로 80킬로미터 거리에 있는 레스보스 섬의 주인이자 자신의 장인인 제노바의 프란체스코 2세 가틸루시오에게 연락을 취했다. 9월 중순에 두 사람은 함선 일곱 척으로 이루어진 소함대를 거느리고 테살로니카를 무력으로 탈취하기 위해 출발했다. 당시 그들이 실제로 테살로니카까지 갔는지는 알 수 없다. 아마 그들이 출발했다는 소식만으로도 마누엘은 촉각을 곤두세웠을 것이다. 10월에 두 황제는 협정을 맺었고, 요한네스는 '테살리아 전역의 바실레오스'라는 직함으로 테살로니카를 차지했다.

마누엘은 왜 조카를 유배형에 처한 걸까? 그가 서방에 가 있는 동안 요한네스 7세는 훌륭하게 처신했다. 그는 성실하게 제국을 다스렸고, 우리가 아는 한 삼촌보다 자신을 부각시키려는 짓은 전혀 하지 않았다. 또한 그는 쉴레이만과 대단히 유리한 조약을 맺어 제국의 입지를 크게 강화시켰으며, 마누엘이 돌아왔을 때 흔쾌히 황제의 권력을 돌려 주었다. 물론 마누엘이 천성적으로 불의하거나 복수심이 많은 편은 아니었다. 합당한 명분이 없이 그가 그런 행동을 했을 리는 만무했다.

그렇다면 그것은 성격상의 충돌이었을까? 그저 조카가 미웠던 걸까? 그래서 둘이 있기에는 콘스탄티노플이 너무 비좁다고 여겼을까? 바예지드가 티무르를 물리치면 술탄에게 콘스탄티노플을 넘기려 했다는 것—그것은 사실로 여겨지지만—에 화가 났던 걸까? 아니면 서방에서 보낸 경험 때문에 투르크와는 오로지 전쟁밖에 없다고 단정한 걸까? 그래서 아무리 유리해 보이는 조건이라 해도 최근의 협정에 노골적인 반감을 품었던 걸까? 하지만 만약 그렇다면 그는 왜 돌아오자마자 곧바로 그 조약에 서명했을까?

몇 가지 다른 이론도 제기되었지만 어느 것도 큰 설득력은 없다. 혹자는 요한네스의 유배가 위장일 뿐이었다고 주장한다. 앙키라 전투 이후 비잔티움이 친투르크 정책을 전개하는 것으로 간주하고 티무르가 화를 내자 그것을 무마하기 위한 술책이었다는 것이다. 또 어떤 학자는 잘 알려지지 않은 당대의 문헌 두 가지를 증거로 들면서 일곱 살 때 죽은 어린 황제 안드로니쿠스 팔라이올로구스가 요한네스 7세와 그의 아내 이레네 가틸루시오의 아들이었다고 말한다. (최근까지도 이 소년의 존재는 전혀 알려지지 않았지만 지금은 대체로 인정되고 있다.[196])

만약 마누엘이 서방으로 떠난 뒤에 이 안드로니쿠스 소년이 태어났다면―그 이전에 태어났다면 마누엘은 이미 상속자가 있는 요한네스에게 그렇게 오랫동안 제국을 맡기지 않았을 것이다―그리고 마누엘이 돌아오기 전에 요한네스가 아들을 공동 황제로 임명했다면, 마누엘의 조치는 이상할 게 없다. 하지만 이 추측의 주요한 문제점은 그 두 문헌이 안드로니쿠스를 바실레오스라고 언급하면서도 언제 대관식을 치렀는지는 말하지 않는다는 점이다. 만약 선임 황제의 부재중에 대관식을 치렀다면 다른 문헌에 언급되지 않았을 리가 없다. 그러므로 요한네스는 아들의 대관식을 콘스탄티노플에서 치른 게 아니라 테살로니카로 온 뒤 아들을 '테살로니카의 바실레오스'로 임명했을 가능성이 크다. 그런 경우라면 요한네스가 어린 아들 때문에 유배를 떠났다는 주장은 근거가 없어진다.

진실은 알 수 없다. 다행히 요한네스는 모든 면에서 테살로니카 생활에 만족한 듯하다. 수도에서 누리던 권력에 대한 향수 같은 것은 전혀 없었고 삼촌을 상대로 분란을 일으키지도 않았다. 그저 자신의 영혼을 구제하기 위해 여러 가지 종교 자선 단체를 설립하고 돈을 기부하는 활동만 했을 뿐이다. 그는 1408년 9월에 죽었는데, 그전에 수도복을 입고 증조부인 요한네스 칸타쿠제누스와 같은 요아사푸스라는 수도사 이름을 얻었다. 그의 상속자인 바실레오스 안드로니쿠스 5세는 아버지보다 먼저 죽어 팔라이올로구스 가문의 혈통은 여기서 끊겼다.

투르크의 내분

다시 콘스탄티노플의 정치를 맡은 마누엘은 자신의 역할이 완전히 뒤바뀌었다는 것을 알았다. 몇 년 전만 해도 비잔티움의 두 황제가 권력 다툼을 벌였고 투르크 술탄은 즐거운 마음으로 두 황제를 저울질하면서 자기 입맛에 맞는 측을 지지했다. 그런데 이제 투르크 영토는 혼란의 도가니가 되었다. 투르크는 장자 상속법이 없었으므로 바예지드의 네 아들은 누구나 오스만의 술탄 자리를 노릴 수 있었다. 최근의 조약으로 예전의 적들에게 최소한의 우호를 보여야 하는 황제는 어쩔 수 없이 네 왕자의 권력 투쟁에 얽혀들었다.

권력 투쟁의 1회전은 마누엘이 콘스탄티노플에 돌아오기 전에 이미 끝났다. 티무르가 떠난 뒤 브루사에 자리를 잡았던 이사 왕자는 메메드에게 밀려났다. 이사는 콘스탄티노플로 와서 요한네스 7세에게 잠시 피신해 있다가 아나톨리아로 돌아갔으나 또다시 메메드에게 패배하고 형제의 손에 살해당했다. 그러다가 1404년에 또다른 왕자인 무사가 아드리아노플의 쉴레이만에게 선전포고를 했다. 무사는 원래 아버지와 함께 티무르에게 사로잡혔으나 바예지드가 죽은 뒤 그의 시신을 수도로 가져와 매장하기 위해 석방되었다.

3년 동안 소규모의 전투를 주고받다가 쉴레이만은 물에 물 탄 것 같은 성격에 어울리지 않게 1407년 봄에 소아시아로 건너가 메메드가 없는 틈을 타서 브루사를 점령했다. 하지만 그의 우세는 오래가지 못했다. 메메드의 부추김을 받은 무사가 트라키아를 침공하고 인근의 그리스도교 국가들의 지지를 모으기 시작한 것이다. 그래서 1409년에 쉴레이만은 유럽의 자기 영토를 보호하기 위해 황급히 돌아가야 했다.

이런 사태는 마누엘의 결심을 굳혀 주었다. 아무리 1403년의 조약이 직접적인 이익을 준다고 하더라도 아나톨리아에서는 말할 것도 없고 아드리아노플에서조차 막연하게 투르크의 우호에만 의존할수는 없었다. 그러므로 그는 유럽의 그리스도교 국가들에게 경각심을 심어주고 그들의 지원을 얻어 내려는 노력을 전혀 늦추지 않았다. 1404년에도 마누엘은 프랑스와 아라곤에 새로 사절을 보냈다. 또 2년 뒤에는 베네치아와의 협정을 갱신했고, 1407년에는 스테노 도제에게 다시 서신을 보내 제노바와의 견해 차이를 해소하고 공동으로 투르크를 정벌하라고 촉구했다.

지금은 행동에 나서기에 이상적인 시기였다. 오스만 술탄국은 형제 간의 분쟁으로 지리멸렬한 상태였기 때문이다. 이런 기회는 다시 오지 않을 터였다. 그러나 베네치아는 움직이려 하지 않았다. 그해에 황제는 자신의 절친한 친구로서 얼마 전에 피렌체와 밀라노에서 큰 성공을 거둔 학자 마누엘 크리솔로라스를 사적인 대사로 삼아 파리의 샤를 6세에게 파견했다. 크리솔로라스는 프랑스 왕에게 줄 선물로 아레오파기테[고대 아테네의 법정 아레오파구스의 재판관]인 디오

† 마누엘 2세 팔라이올로구스 황제와 그의 가족, 생드니의 필사본에서.

니시우스가 쓴 귀중한 필사본을 가져갔다. 금과 상아로 장식된 이 필사본에는 마누엘 황제와 황후, 세 아들을 그린 뛰어난 세밀화가 수록되어 있다.[197] 샤를은 그 선물을 받고 크게 기뻐했지만 별다른 도움을 주지는 못했다. 또한 크리솔로라스가 여행 막바지에 찾아간 잉글랜드와 아라곤의 왕도 마찬가지였다.

1407년에는 오래전부터 병마에 시달리던 마누엘의 동생, 모레아의 군주 테오도루스가 죽었다. 그는 투르크는 물론 이웃의 프랑크인들―최근에는 요한기사단―과 끊임없이 분쟁을 겪으면서도 자기 영토는 물론 제국의 위신까지 충실히 지켜낸 훌륭한 지배자였다. 동생을 사랑하고 칭찬했던 황제는 동생의 영전에 긴 장례 연설을 바쳤다.

그 뒤 1408년 여름에 그는 미스트라로 가서 동생의 무덤에 경의를 표했다. 그리고 테오도루스가 후사를 남기지 못했으므로 자신의 둘째 아들로 이름이 같은 테오도루스를 모레아의 군주 자리에 앉혔다. 그가 9월까지 그곳에 체재하던 중 테살로니카에서 요한네스 7세가 죽었다는 소식이 전해졌다. 이 보고를 듣고도 황제는 별로 놀라

† 마누엘 2세 팔라이올로구스가 1407년에 죽은 동생 모레아의 군주 테오도루스에 게 바치는 장례 연설. 서두에 마누엘 2세의 초상이 그려져 있다. 마누엘 2세는 훌륭한 지배자이자 협조자였던 동생의 죽음을 매우 애석해 했다.

는 기색이 없었지만, 요한네스에게도 후사가 없었으므로 후계 문제를 매듭지어야 했다. 그래서 마누엘은 황급히 테살로니카로 가서 자신의 셋째 아들인 여덟 살짜리 안드로니쿠스를 그 자리에 앉혔다.

1409년 초 콘스탄티노플로 돌아왔을 때 그는 테살리아와 모레아의 두 속주를 자신의 직접 관할로 더욱 굳히고, 그리스 반도에서 제국의 힘과 위상을 크게 강화시키고자 했다. 그러나 후속 조치를 취하기도 전에 그는 다시 오스만 술탄국의 권력 투쟁에 휘말리게 되었다. 그해 가을 절망적인 처지가 된 쉴레이만이 콘스탄티노플을 찾아왔다. 앞서 그는 소아시아에서 아드리아노플로 돌아갔지만 무사의 공격을 받았다. 무사는 도나우 강 너머에서 트라키아를 침공하고 아드리아노플로 진격했다.

쉴레이만이 마누엘을 찾아온 이유는 도움을 청하기 위해서였다. 그는 황제를 아버지처럼 여긴다면서 비잔티움의 도움이 없으면 무사의 공격에서 살아남지 못할 것이라고 말했다. 무사가 승리한다면 제국의 입장에서 볼 때도 그는 분명히 자신보다 위험한 적이 되리라는 사실을 상기시킨 것이었다. 쉴레이만은 선의의 표시로 자기 가족의 소년과 소녀 한 명씩을 인질로 맡기고, 마누엘의 조카딸―얼마 전에 죽은 테오도루스의 서녀―을 자기 신부로 취했다.

안타깝게도 그 결혼은 오래가지 못했다. 1410년 6월과 7월에 형제는 두 차례 전투를 벌였는데, 첫 전투에서는 쉴레이만이 승리했다. 그러나 그는 개인적인 용기는 대단했어도 성격이 유약한 탓에 권력을 유지하지 못했다. 이듬해 겨울 무사가 군사력을 끌어모으는 동안 쉴레이만은 궁전에 틀어박혀 술과 오락을 즐기는 방탕한 생활에 빠져 있었다. 1411년 초에 그의 군대가 그를 버리자(병사들은 그의 친그리스도교 정책도 몹시 싫어했다) 아드리아노플은 싸움 한번 못해 보고 함락되었다. 포로로 잡힌 쉴레이만은 2월 27일에 무사 앞에 끌려나가 현장에서 교수형을 당했다.

비잔티움에게 이것은 중대한 소식이었다. 마누엘은 바예지드에게서 호전적이고 잔인한 성격, 패기와 능력, 그리스도교도에 대한 증오심을 그대로 물려받은 무사를 경계하고 있었다. 권력을 장악한 무사가 아드리아노플에서 처음으로 취한 조치는 1403년의 조약을 폐지하고 쉴레이만이 내놓았던 여러 가지 양보를 취소하는 것이었다. 그런 다음에 그는 대군을 테살리아로 보내 테살로니카를 공략하게 하는 한편 그 자신은 군대의 주력을 이끌고 도중의 촌락들을 무자비하게 파괴하면서 콘스탄티노플로 향했다. 또한 같은 시기에 그가 보낸 소함대는 헬레스폰트와 마르마라 해를 무인지경으로 돌파하여 해상 봉쇄에 나섰다.

10년 동안 벌써 두 번째로 육로와 해로를 봉쇄당하게 된 콘스탄티노플 시민들이 얼마나 경악했을지는 짐작하고도 남는다. 하지만 다행히도 바예지드 시절과 같은 시련은 더 이상 겪지 않아도 되었다. 비잔티움의 해군은 비록 약하기는 했지만 그래도 투르크 함선들을 지중해로 내몰고 보급품을 수도로 들여오는 것을 가능하게 해 주었다. 또한 투르크군이 온갖 무기로 성벽을 공략해도 수도의 육로성벽은 여느 때처럼 견고했다.

그런데 무사는 공격으로 도시를 정복할 수 없음에도 돌아가려 하지 않았다. 황제가 그의 장기인 비밀 외교를 구사하지 않았다면 그런 교착 상태가 얼마나 오래 지속되었을지 모를 일이었다. 그는 무사를 정치 무대에서 제거하는 유일한 방법은 그의 형제인 메메드를 이용하는 것뿐임을 알고 있었다. 1412년 그가 파견한 밀사가 브루사에 있는 메메드의 궁정에 도착했다.

당시 바예지드의 아들들이 벌이는 권력 투쟁은 무사와 메메드 두 사람으로 양분되어 있었다. 무사에 비해 분별력이 있고 안정적인 성격이었던 메메드에게 비잔티움이 제시한 동맹은 오스만 제위라는 목표를 차지하기 위한 조그만 대가에 불과했다. 그는 즉각 크리소폴리스로 달려왔고 마누엘은 그를 만나 콘스탄티노플까지 호송했다. 수도에서 메메드는 사흘 동안 성대한 접대를 받았고, 그동안 1만 5천 명의 투르크 병력은 보스포루스를 건넜다. 나흘째 되는 날 메메드는 군대를 거느리고 아직 수도의 성벽 아래 진을 치고 있는 무사를 공격했다. 첫 번째 공격은 참패는 아니었어도 성공하지는 못했다. 무사의 군대가 예상보다 강하다는 것을 파악한 메메드는 큰 피해를 입기 전에 퇴각하여 아시아로 돌아가서 군대를 증강시켰다. 두 번째 공격은 비잔티움군과 스테판 라자레비치가 제공한 소규모 군대까지 가세했으나 역시 실패로 끝났다.

그러나 메메드는 쉽사리 단념하지 않았다. 1413년 6월 15일 그는 비잔티움 선박으로 전 병력을 해협 건너편으로 이동시켜 세 번째 공격을 준비했다. 그 무렵 무사는 부하들의 신망을 잃어—쉴레이만처럼 무기력한 탓이 아니라 잔인하고 난폭하기 때문이었다—상당수 병력이 그를 버리고 이탈했다. 그래서 메메드가 거느린 군대의 규모를 한번 보고 무사는 당장 퇴각 명령을 내렸다. 그는 다시 아드리아노플로 쫓겨갔고, 7월 5일에 세르비아의 카무를루에서 벌어진 전면전에서 결정적인 참패를 당했다. 무사 본인은 끝까지 싸웠으나 결국 메메드에게 잡혀 가서 교수형을 당했다.

가서 내 아버지이신 로마인의 황제에게 고하라. 신의 도움과 내 아버지 황제의 지원으로 나는 세습 영토를 되찾았노라고. 지금부터 나는 아들이 아버지를 대하듯 그분을 섬길 것이다. 나는 결코 배은망덕한 사람이 아니다. 그분의 명령이라면 나는 어떤 것도 따를 것이며, 마치 그분의 하인처럼 그분을 기쁘게 하기 위해 모든 노력을 다할 것이다.

역사가인 미카일 두카스에 따르면, 전투에서 승리한 뒤 루멜리아와 룸[198]의 당당한 술탄이 된 메메드는 마누엘 팔라이올로구스에게 이런 전갈을 보냈다고 한다. 메메드는 황제 덕택에 승리할 수 있었다고 공언했으며, 예전에 쉴레이만이 양보했다가 무사가 취소한 모든 특권을 즉시 추인했다. 또한 그는 10년에 걸친 내전으로 인해 현재 술탄국에게는 법과 질서를 회복하고 정부 기구를 안정시키기 위해 평화가 절실하게 필요하다고 여겼다.

그 평화를 확보하는 최선의 길은 비잔티움만이 아니라 세르비아, 불가리아, 왈라키아, 그리스 등 발칸 반도의 그리스도교 국가들과도 우호 관계를 맺는 것이었다. 그렇게 된다면 마누엘로서도 더 바랄 것이 없었다. 그는 여전히 투르크를 장기적으로 믿지는 않았지만, 어쨌든 그가 즉위한 뒤 22년 동안 그 어느 때보다도 상황이 크게 호전된 것은 분명한 사실이었다. 게다가 역사상 최초로 로마인의 황제는 지성적이고 평화를 애호하는 술탄과 개인적인 친분을 쌓았다. 미래는 여전히 알 수 없지만, 이제는 비잔티움도 희망을 품어 볼 수 있게 되었다.

이제 예순세 살인 마누엘 팔라이올로구스는 당시의 기준으로는 노인이었지만 여전히 건강하고 힘이 넘쳤다. 그는 아직 취약하기는 해도 최대한 토대를 강화한 제국을 아들 요한네스에게 맡기기로 결심했다. 제국의 영토는 콘스탄티노플 인근에서 크게 벗어나지 못했으나 그래도 그의 아들들인 안드로니쿠스와 테오도루스가 지배하는 테살로니카와 모레아가 있었다.

마누엘은 늘 제국의 이 두 변방 식민지를 보존하는 것을 가장 중요하게 여겼다. 그 두 곳은 콘스탄티노플이 위기에 처했을 때 수도를 구원하는 데 필요한 자원이 될 수 있을 뿐 아니라 최악의 경우 수도가 함락되었을 때 대피하여 항전을 계속할 수 있는 장소였던 것이다. 황제는 죽기 전에 두 곳을 다시 한번 가 보고 싶었다.

요한네스를 콘스탄티노플의 섭정으로 임명한 뒤 마누엘은 1414년 7월 25일에 함선 두 척에 보병과 기병 부대를 싣고 테살로니카로 출발했다. 군대를 데려간 이유는 예고 없이 타소스 섬에 상륙했을 때 밝혀졌다. 이 섬은 원래 중요하지 않은 곳이었는데, 당시 레스보스 영주 프란체스코 가틸루시오의 서자인 조르조에게서 위협을 받고 있었다.

마누엘은 석 달에 걸친 공략으로 섬에 대한 자신의 권리를 입증한 뒤 다시 테살로니카로 향했다. 그곳에서 열네 살이 된 안드로니쿠스의 영접을 받은 황제는 아토스 산에 관한 일에 한동안 전념했다. 1415년 봄에 그 일이 끝나자 마누엘은 에우보이아를 경유하여 펠로폰네소스로 가서 3월 29일 성 금요일에 사로니코스 만의 코린트 지협으로부터 2킬로미터쯤 떨어진 켄크레아이라는 작은 항구에 도착했다.

그곳에 상륙한 데는 이유가 있었다. 황제가 테살로니카를 방문한 주요 목적은 아들 테오도루스와 상의하기 위해서만이 아니라 지난번 1408년에 방문한 이래로 내내 염두에 두고 있던 한 가지 계획을 실현하기 위해서였다. 그것은 코린트 지협—지금의 코린트 운하와 대략 일치한다—에 10킬로미터 길이의 튼튼한 방어 요새를 쌓는 계획이었다. 사실 이것은 새로운 구상이 아니었다. 그런 방벽은 기원전 480년에 페르시아 크세르크세르의 침략을 막기 위해서 처음 세워졌고, 두 번째는 기원전 369년이었다. 또한 기원후 253년에 로마 황제 발레리아누스도 그런 계획을 실행에 옮긴 바 있으며, 6세기에는 망루 153개와 성벽 양 끝에 대형 요새를 쌓아 과거 어느 때보다도 더 큰 규모의 방어망이 구축되었는데, 예상할 수 있듯이 이는 유스티니아누스의 구상이었다. 따라서 마누엘이 당면한 과제는 독창적인 건축 계획이라기보다는 기본적으로 과거의 방어 시설을 보수하는 것이었다. 그래도 이 공사는 25일 동안 상당한 인력—아마 콘스탄티노플에서 데려간 병사들이 담당했을 것이다—을 동원한 끝에 완공되었다.[199] 그 결과물은 길이에서 유래된 핵사밀리온('6마일짜리')이라는 이름으로 불렸다.

이 성벽이 완성되자, 적어도 겉으로 보기에는 펠로폰네소스 반도—그 무렵 거의 그리스의 수중에 장악되어 있었다—전체가 하나의 거대한 비잔티움의 섬이 되었다. 육로로는 난공불락이었고 자체의 해군이 상비되어 있었으므로 바다의 방어도 어렵지 않았다. 하지만 이 공사의 재원은 현지 주민들의 특별세로 충당되었기 때문에 이내 거센 반발이 일어났고 무장봉기로 비화되었다. 마누엘은 이에 대한 대비도 하고 있었다. 그가 거느린 소수의 병력이 행동에 나서자 7월에 반란 세력은 칼라마타 부근에서 패퇴했다. 반란을 진압한 황제는 아들 테오도루스가 기다리는 미스트라로 갔다. 그리고 1416년 3월에야 콘스탄티노플로 귀환했다.

핵사밀리온은 투르크에 대한 방벽으로 건설되었다. 여기서도 역시, 마누엘은 비록 메메드와 우호 관계를 맺었지만 장기적으로는 투르크를 경계했다는 사실이 드러난다. 하지만 당분간 제국은 안전했다. 메메드는 여전히 아나톨리아의 질서를 되찾느라 여념이 없었다. 그는 아이딘과 카라만 등의 아미르들과 분쟁을 벌이던 중 1416년에 새로운 위기를 맞았다. 느닷없이 앙키라 전투에서 죽었다고 알려진 바예지드의 맏아들 무스타파의 이름으로 반란이 터진 것이다. 봉기 자체는 쉽게 진압되었으나 베네치아는 경솔하게도 주동자의 대의명분을 받아들여 그를 유럽으로 탈출시켰다. 이후 그는 테살로니카로 가서 어린 군주 안드로니쿠스의 처분에 맡겨졌는데, 좀 놀랍게도 안드로니쿠스는 그에게 도피처를 제공했다.

이 소식을 들은 메메드는 즉각 황제에게 조약의 의무를 심각하게 위반했다며 강력히 호소했다. 하지만 마누엘은 사안을 얼버무렸다. 그는 망명에 관한 법 때문에 무스타파를 넘겨줄 수 없다면서, 술탄이 구금 비용을 대겠다고 약속한다면 무스타파를 죽을 때까지 억류해 두겠다고 약속했다. 메메드는 그에 대해 선뜻 동의했고 포로는 레스보스 섬에 구금되었다. 이 약속에 양측은 모두 만족을 표시했으며, 황제와 술탄의 관계는 전과 다름없이 돈독했다. 하지만 마누엘은 거의 쿠데타를 성사시킨 셈이었고, 메메드도 그 점을 알았다. 무스타파가 진짜인지 아닌지에 상관없이 ─ 거의 아니라고 봐야겠지만 ─ 비잔티움은 이제 오스만 왕이라고 주장하는 자를 억류하고 있는 것이다. 적절히 다룬다면 장차 그는 상당히 쓰임새가 있을 터였다.

제 코가 석 자인 서유럽

1414년 말경에 콘스탄츠에서는, 거의 40년 동안 로마 교회를 괴롭혀 온 분열을 해소하기 위한 대규모 공의회가 열렸다. 이 분열은 1377년에 교황 그레고리우스 11세가 교황청을 로마에서 아비뇽으로 옮기면서 시작되었다. 그레고리우스가 1년 뒤에 죽자 후임 교황의 선출은 극도의 혼란에 휩싸였다. 로마인들은 프랑스 추기경들과 그 지지자들이 마음대로 한다면 교황청은 영구히 아비뇽으로 옮겨 갈 것이라고 여겼다. 그러면 로마 시도 돌이킬 수 없는 타격을 입게 되므로 그들은 어떻게든 그런 재앙을 막아야 한다는 각오로 아예 교황 선출 회의장을 습격했다. 겁에 질린 추기경단은 목숨을 부지하기 위해 이탈리아인인 우르바누스 6세를 교황으로 선출했고 새 교황은 로마에 남겠다는 의도를 공개적으로 밝혔다.

하지만 불행히도 취임식을 치른 지 몇 주 만에 그는 프랑스 추기경과 이탈리아 추기경 양측 모두에게 미움을 샀다. 추기경단은 그 교황 선거를 무효화하고 새로 클레멘스 7세를 교황으로 선출했다. 우르바누스는 여전히 로마에 머문 채 양위를 거부했다. 결국 그 분쟁은 질질 시간을 끌다가 양측에서 별도로 교황을 선출하기에 이르렀다. 이렇게 양측이 팽팽하게 대립한 상태에서 1406년 12월 19일 여든 살의 베네치아인 안젤로 코레르가 우르바누스의 세 번째 계승자로 선출되어 교황 그레고리우스 12세가 되었다.

며칠 뒤에 그레고리우스는 당시 마르세유에 있던 대립 교황인 클레멘스의 후계자 베네딕투스 13세에게 편지를 보내 만나자고 제안했다. 덧붙여 그는 만약 베네딕투스가 사임한다면 자신도 기꺼이 사임하겠노라고 말했다. 그런 다음에 추기경들이 만장일치로 단일한 교황을 선출하자는 것이었다. 베네딕투스는 그의 의견을 받아들여 사보나에서 만나자고 제안했다.

바로 그때 까다로운 문제가 발생했다. 사보나는 프랑스 영토였고 따라서 베네딕투스의 관구에 속했다. 로마에서 거기까지 가려면 멀고 비용도 많이 들뿐더러 팔순 노인에게는 분명히 위험한 일이었다. 게다가 나름대로 교회 분열이 지속되기를 바랄 만한 이유가 있었던 나폴리 왕 라디슬라오는 로마를 점령하여 교황이 사보나로 가는 것을 강제로 저지하고자 했다. 그 시도는 실패했지만 그것을 계기로 그레고리우스는 자신이 로마를 비울 경우 로마가 안전하지 못하리라고 확신했다. 게다가 교황의 업무가 주는 긴장감은 노인의 몸으로 감당하기 어려웠다. 그가 노쇠해짐에 따라 점점 더 가족들의 압력에 시달렸으며—특히 그의 두 조카는 이미 교황청의 금고를 갉아먹고 있었다—가족들은 물불을 가리지 않고 그의 사임을 막기 위해 애쓰고 있었다.

이런 이유들 때문에 사보나의 회동은 이뤄지지 않았다. 1407년 8월에 그레고리우스는 마침내 베네딕투스를 만나기 위해 북행을 시작했으나 약속 날짜인 11월 1일에는 시에나까지밖에 가지 못했다. 이듬해 4월 루카까지 갔을 때 처음부터 그가 우려했던 일이 일어났다. 라디슬라오가 로마로 진격한 것이다. 궁핍하고 사기가 저하된데다 지도자도 없는 로마 시는 저항 한번 하지 못하고 항복했다. 사정은 어느 때보다도 나빴다. 두 교황은 망명 상태에서 서로 상대방을 배신자라고 비난했으며, 교착 상황이 지속되면서 화해의 가능성은 더욱 낮아졌다. 양측에게서는 아무것도 기대할 수 없었다.

1409년 3월 25일에는 500여 명이 참석한 가운데 피사에서 교회 총공의회가 열렸으며, 6월 5일 그레고리우스와 베네딕투스는 둘 다 반항적 이단자이자 분열주의자라는 선고가 있었다. 아울러 공의회는 모든 그리스도교도들에게 그 두 사람에게 복종하지 말 것이며, 보편적인 휴일을 준수하라고 명했다. 그런 다음 그들은 단일한 교황을 선출했다. 선출된 사람은 밀라노의 추기경 대주교인 페트로스 필라르게스였는데, 그는 어린 시절에 크레타의 고아로 살다가 교황 알렉산데르 5세가 된 입지전적 인물이었다.

이런 상황이라면 두 경쟁자가 함께 무대에서 퇴장하는 게 보기 좋은 광경이었을 것이다. 하지만 그들은 그렇게 하지 않았다. 사실 여기에는 공의회 자체의 책임이 컸다. 공의회는 두 사람이 소집한 게 아니었다. 그런데도 공의회에서 그들을 부른 것, 그리고 그들이 소환에 응하지 않았다고 해서 반항적이라고 비난한 것은 공의회가 교황권보다 우월하다는 것을 의미하는데, 이는 원칙적으로 옳지 않았다.

조금만 더 외교에 치중했더라면, 조금만 더 두 노인의 처지를 이해했더라면 분열은 치유되었을 것이다. 두 사람은 서로 방식은 판이하게 달라도 둘 다 정직하고 올곧은 인물이었으며, 교황이라는 직함에 집착하지도 않았다. 하지만 그런 상황을 맞아서는 그들도 공의회의 절차가 교회법에 어긋난다고 선언하면서 싸울 수밖에 없었다. 결국 피사 공의회 결과 그리스도교권에는 둘도 아닌 세 명의 교황이 난립하게 되었다. 그러나 추기경단은 뉘우치는 기색이 없었다. 세 교황 중에서 유일하게 중압감을 견디지 못한 알렉산데르가 1410년 5월에 갑자기 죽었을 때 그들은 즉각 후임자를 선출했다.

요한네스 23세[200]로 '교황단'에 합류한 발다사레 코사는 당시 전임 교황을 독살했다는 소문이 무성했다. 그 진상은 불확실하지만 그가 과거에 해적 생활을 했다는 사실은 확실하다. 해적의 기질은 그 뒤에도 계속 남았다. 유능하고 패기 있고 양심 따위는 전혀 없었던 그는 온갖 권모술수를 통해 교회의 서열을 초고속으로 밟아 올라갔다. 도덕적으로나 종교적으로나 교황권은 10세기의 '포르노크라시〔pornocracy, 교황들이 로마 귀부인 마로치아의 손바닥에서 놀아났던 시대를 비꼬아 이르는 말〕'[201]를 연상케 하는 수준으로 타락했다.

당대의 역사가인 니엠의 테오도리크는 볼로냐—코사는 그곳에서 교황 총독을 역임했다—에 나돌던 충격적인 소문을 전한다. 교황이 된 첫해에 그는 부인, 과부, 처녀를 200여 명이나 농락했으며,

수녀들은 수도 없이 건드렸다는 것이다. 이후 3년여에 걸쳐 얼마나 그런 짓을 벌였는지에 관해서는 유감스럽게도 기록에 없지만 그 버릇은 여전했던 모양이다. 1415년 5월 29일의 공의회—전해 11월에 열린 콘스탄츠 공의회가 계속되고 있었다—에서 규탄을 받았기 때문이다. 기번은 이렇게 요약했다. "가장 충격적인 죄목들은 드러나지 않았다. 이 그리스도의 지상 대리인은 단지 해적질, 살인, 강간, 남색, 근친상간의 혐의로만 기소되었다." 그는 모든 사안에 대해 유죄로 판명되었으며, 공의회는 앞서 피사에서 배운 교훈을 잊지 않고 이번에는 교황 자신으로 하여금 자신의 처벌을 비준하도록 했다.

그 뒤 7월 초에 그레고리우스 12세는 명예롭게 퇴진하라는 설득을 받았다. 서열상으로 차기 교황의 바로 아래로 대우해 주겠다는 약속을 받았지만, 이미 그는 아흔 살에 가까웠으므로 오래 살지 못하리라는 사실을 감안하면 부담 없이 허용할 수 있는 특권이었다. 실제로 2년 뒤에 그는 죽었다. 그 무렵 대립 교황인 베네딕투스도 자리에서 물러났고, 1417년에 적법한 새 교황 마르티누스 5세가 선출됨으로써 교회 분열은 종식되었다.

대규모 십자군만이 비잔티움을 오스만의 위협으로부터 완전히 구원해 주리라고 굳게 믿었던 마누엘 팔라이올로구스는 이와 같은 서방의 사태 변화를 유심히 지켜보고 있었다. 교황이 십자군을 주도할 가능성이 전혀 없는 지금, 콘스탄츠 공의회야말로 자신의 걱정을 알릴 수 있는 최적의 기회였다. 더구나 그 공의회가 개최되는 데는 마누엘의 오랜 동맹자인 헝가리 왕 지기스문트(그는 1410년부터 서방 황제였다)의 입김이 컸고 그의 주장 덕분에 동방 교회와 서방 교회의 대표단이 모두 참석할 수 있었다.

안타깝게도 서유럽을 부지런히 돌아다니며 공의회의 소집에도 큰 기여를 했던 대사 마누엘 크리솔로라스는 1415년 4월 요한네스가 폐위되기 여섯 주 전에 콘스탄츠에서 죽었다. 그러나 마누엘은 즉시 새 사절을 공의회에 보내 또다시 해묵은 교회 통일의 문제를 제기하면서 호의의 표시로 자기 아들 요한네스와 테오도루스의 배필을 가톨릭 공주로 맞아들이겠다고 제안했다.

언제나 그랬듯이 이번에도 교회 통일의 논의는 역시 결론을 내리지 못했다. 그러나 두 왕자는 아버지의 의사에 따라 결혼했다. 스물다섯 살임에도 아직 총각이었던 모레아의 군주 테오도루스는 1420년에 리미니 백작의 딸 클레오페 말라테스타를 신부로 맞아들였고,[202] 1421년 1월 19일에 마누엘의 맏아들인 요한네스는 마지못해 몬페라토의 소피아와 결혼했다. 요한네스는 첫 아내인 모스크바 대공 바실 1세의 딸 안나와 3년 전에 흑사병으로 사별했는데, 4년 동안 결혼생활을 했으나 당시 그녀의 나이는 겨우 열다섯 살이었다.

하지만 두 번째 결혼은 더욱 불행했다. 미카일 두카스에 의하면 딱한 소피아는 지독한 박색이었다. 그녀의 얼굴은 앞에서 보면 사순절이고 뒤에서 보면 부활절이었다고 한다.* 요한네스는 그녀를 보는 것조차 싫어했다. 아버지의 뜻을 존중해서 아내를 곧장 집으로 돌려보내지는 않았지만, 그녀를 궁전의 외딴 곳에 가둬 놓고 신방에

---

* 사순절은 단식하는 날이고 부활절은 잔치하는 날이니, 아마 뒷모습은 그럴듯하지만 앞에서 보는 얼굴은 아주 못났다는 뜻이겠다.

조차 들지 않았다. 소피아는 결국 1426년에 갈라타 제노바 조계의 도움을 받아 탈출해서 부모에게 돌아갔다가 곧이어 수녀원에 들어갔다.

사랑받은 황제 마누엘의 죽음

요한네스에게 그 두 번째 결혼식이 가지는 중요성은 없는 게 차라리 더 나은 아내를 얻었다는 것이 아니라 바로 공동 황제의 대관식을 겸했다는 것이었다. 마누엘은 젊은 시절 후계 문제로 자신이 겪은 고초를 감안하여 일찍부터 맏아들을 후계자로 삼겠다는 뜻을 분명히 했다. 또한 그는 요한네스에게 올바른 정치 기술을 철저하게 훈련시켜 군주에게 필요한 종교적·도덕적 자질에 관해 논문을 쓸 만큼 익숙하게 만들었다. 1414년에 마누엘은 아들에게 섭정을 맡겼으며, 1416년에는 그에게 행정 경험을 더 쌓도록 하기 위해 모레아의 동생 테오도루스에게 보냈다. 그리스에서 2년을 보낸 뒤 스물여섯 살에 콘스탄티노플로 돌아온 요한네스는 그 자신과 아버지의 소망대로 언제든 제위에 오를 수 있는 만반의 준비를 갖추었다.

대관식을 치른 뒤부터 요한네스 8세는 점점 국정의 중요한 부분에 참여했고 영향력도 꾸준히 늘려 나갔다. 이런 영향력은 제국과 오스만 술탄의 관계에서 가장 뚜렷이 드러났다. 1413년 메메드가 술탄이 된 이후 양측은 상당히 평화로운 시기를 보냈다. 하지만 이 데탕트〔국제 관계에서 긴장이 완화된 상태〕로부터 제국보다 투르크가 훨씬 더 큰 이득을 취했다는 것은 의심할 여지가 없었다. 이 기간 동안에 메메드는 내전의 피해를 복구할 수 있었다.

요한네스를 포함한 콘스탄티노플의 젊은 세대는 제국이 살아남으려면 더 적극적인 정책이 필요하다고 믿었다. 마누엘과 메메드가 살아 있는 한 현재의 상태가 변화할 여지는 거의 없어 보였다. 1421년 메메드가 유럽에서 아시아로 건너가기 위해 콘스탄티노플을 경유하게 해달라고 허락을 구했을 때 마누엘은 그를 체포하라는 신하들의 말을 듣지 않았다. 황제는 즉시 허가를 내렸을 뿐 아니라 직접

† 터키의 브루사에 있는 녹색 무덤(예실 튀르베), 1421년에 사망한 술탄 메메드 1세의 영묘이다.

술탄을 해협 건너편으로 호송해 주었고 크리소폴리스에서 함께 식사를 한 뒤 수도로 돌아왔다.

그러나 그로부터 얼마 지나지 않은 1421년 5월 21일에 메메드가 갑자기 죽었다. 그의 죽음에 관해서는 몇 가지 이야기가 엇갈린다. 사냥 사고라는 설도 있고, 이질이라는 설도 있으며, 심지어 독살이라는 설도 있다. 하지만 비잔티움 측을 비난하는 말은 없었다. 몇 주 동안 술탄의 죽음은 계승의 문제를 최소화하기 위해 비밀에 부쳐졌다. 이윽고 메메드의 맏아들이자 지정된 후계자인 무라드 2세가 권력을 확고히 장악하자 메메드의 죽음이 공식적으로 발표되었다.[203]

한편 콘스탄티노플에서는 호전적인 세력의 목소리가 점점 커졌다. 이들은 기회가 있을 때 술탄을 잡아 죽이지 않았다는 이유로, 당시 수도에 퍼진 위험한 전염병을 피해 페리블렙토스의 수도원에 가 있는 마누엘을 공공연히 성토했다. 공동 황제 요한네스가 포함된 주전파의 지도자들은 무라드의 승인을 보류하고 렘노스에 갇혀 있는 무스타파를 참칭하는 자를 내세워야 한다고 주장했다. 마누엘은 그 제안에 경악했지만 이제 그도 늙고 지쳐 있었던지라 요한네스의 강경한 태도를 보고는 결국 단념하고 말았다.

그의 생각이 옳았음은 곧 사실로 드러났다. 무스타파는 석방되어 비잔티움의 도움으로 루멜리아의 대부분을 장악했으나, 정복지를 이교도들에게 넘기지 않는다는 무슬림의 전통을 근거로 애초에 약속했던 갈리폴리를 제국에 내주려 하지 않았다. 얼마 안 가서 요한네스 일파는 야심가를 믿었던 게 실수였음을 깨달았다.

하지만 그것은 시작에 불과했다. 1422년 1월에 무스타파와 그의 지지자들은 제노바 함선으로 해협을 건넜다가 무라드에게 참패를 당하고 도로 유럽으로 도망쳐 왔다. 한두 주 뒤 무라드는 소아시아에서 대군을 거느리고 건너와 무스타파의 모든 희망을 짓밟았다. 그러나 무스타파를 잡아 처형하고서도 술탄의 분노는 풀리지 않았다. 이제 그는 본격적으로 호전성을 드러냈다. 비잔티움의 대사들이 그를 진정시키려 했지만 그는 듣지 않고 군대 일부를 보내 테살로니카를 봉쇄했다. 그리고 그 자신은 본대를 이끌고 콘스탄티노플로 진격했다. 단순한 응징이 아니라 도시를 정복하겠다는 단호한 의지였다.

1422년의 포위전은 앞서 바예지드가 했던 것과는 사뭇 다른 방식으로 진행되었다. 바예지드는 주민들을 기아 상태로 몰아넣기 위해 소모전을 펼쳤지만, 무라드는 할아버지와 같은 끈기가 없었다. 당시의 목격자인 요한네스 카나누스에 따르면, 무라드는 육로성벽 바로 바깥에 성벽과 나란히 거대한 토성을 쌓았다. 마르마라 해에서 황금뿔에 이르는 긴 토성 위에서 그의 병사들은 쇠뇌와 투석기로 성벽 너머의 방어군에게 화살과 돌맹이를 투척했다. 하지만 시민들은 수도가 위기에 처했을 때마다 그랬듯이 대단한 용기와 결의를 보여주었다. 요한네스 8세 본인도 방어전을 훌륭하게 지휘하고 본보기를 보였다. 그는 성벽의 이곳저곳으로 부리나케 돌아다니면서 끊임없이 사람들을 독려하고 황제의 힘과 능력을 유감없이 과시했다.

비잔티움에게는 다행스럽게도 술탄은 미신을 믿었다. 그는 예언자 마호메트가 내려보냈다고 자처하는 어떤 성자와 함께 있었는데, 그 성자는 콘스탄티노플이 8월 24일 월요일에 함락될 것이라고 예언했다. 바로 그날 동이 트는 대로 무라드는 성벽을 거세게 공격했다. 그 전투는 길고 힘들었지만 방어군은 잘 버텼고 투르크는 결국 물러났다. 그 뒤 2주도 안 되어 실망하고 좌절한 술탄은 포위를 거두라는 명령을 내렸다. 비잔티움의 병사들은 정복군을 자처하는 군대가 진을 거두고 천천히 서쪽 평원으로 물러가는 광경을 성벽 위에서 믿을 수 없다는 표정으로 지켜보았다.

그 병사들은 알지 못했지만 여기에는 사실 마누엘의 공로가 숨어 있었다. 그는 연로하고 쇠약한 탓에 성을 방어하는 데 적극적인 역할을 하지는 못했으나, 비밀리에 메메드의 열세 살짜리 막내아들인 무스타파─메메드는 마누엘을 그의 후견인으로 삼는다는 유언을 남겼다─와 접촉하여 무라드가 없는 틈에 그를 오스만의 술탄 자리에 앉혔던 것이다. 이 사실을 알게 된 무라드는 내전의 재발을 막기 위해 철군할 수밖에 없었다. 하지만 비잔티움의 시민들이 볼 때 적군이 물러간 이유는 오로지 한 가지였다. 즉 콘스탄티노플의 전통적인 수호성인이자 보호자인 신의 어머니가 또다시 수도를 구한 것이다.

비밀리에 무스타파를 지원한 것은 마누엘이 마지막으로 비잔티움에 기여한 공로였다. 그 어린 왕자는 형의 손아귀를 가까스로 피해 9월 30일 추종자들과 함께 콘스탄티노플로 와서 정식으로 동맹을 맺기로 했다. 그러나 바로 그 이튿날에 노황제는 그를 영접하기도 전에 심한 발작을 일으켜 신체 일부가 마비되고 말았다. 다행히 정신은 멀쩡했지만 후유증이 워낙 커서 무스타파와의 모든 협상은 아들인 요한네스가 떠맡아야 했다. 아울러 프란체스코파의 대교구장 안토니오 다 마사가 이끄는 교황 사절단이 3주 전에 교회 통일을 위한 9개 조항을 가지고 수도에 도착했는데, 이들과의 접촉도 요한네스의 몫이 되었다.

결과적으로 이 사안들은 요한네스에게 별다른 문제를 안겨 주지 않았다. 1423년 초에 무스타파는 부하의 배신으로 형에게 끌려가 활줄에 교살되었다. 또 교황의 제안은 예전의 무수한 교회 통일안과 다를 바 없이 여전히 그리스 교회가 일단 로마 관할로 '복귀' 해야만 군사 원정을 고려할 수 있다는 원칙만 반복하고 있었다. 하지만 다른 분야에서는 상황이 악화 일로를 걷고 있었다.

콘스탄티노플이 당분간 안정을 되찾은 것은 사실이지만, 테살로니카는 여전히 포위된 상태였다. 해로를 통해 보급품이 공급되기는 했으나 무역은 거의 중단되었다. 봄이 되자 대기근이 닥쳤다. 게다가 마누엘의 아들 안드로니쿠스는 아직 스물세 살의 젊은 나이였음에도 상피병[象皮病, 피부가 코끼리 피부처럼 갈라지는 병][204]으로 불구의 몸이 되어 더 이상 버틸 수 없었다. 초여름에 그는 전혀 예상치 못한 비상 수단을 동원했다. 아버지와 형의 양해와 동의 아래 에우보이아에 있는 베네치아인들에게 사절을 보내 테살로니카를 베네치아에 양도하겠다는 뜻을 전한 것이다.

테살로니카는 팔리지도 않았고 항복하지도 않았다. 안드로니쿠스는 최대한 솔직하게 자신의 의도를 밝혔다. 제국은 더 이상 테살로니카를 방어할 여력이 없고 안드로니쿠스 자신도 정상이 아닌 몸으로는 현재의 위기를 타개할 수 없었다. 베네치아가 방어의 책무를 떠맡아 주는 대신 그가 베네치아 측에 요구한 것은 단 하나, 도시의 정치와 종교 제도를 현행대로 유지해 달라는 것뿐이었다. 베네치아인들은 잠시 자기들끼리 논의한 끝에 그 요구를 수락했다. 도제의 대표자 두 사람은 식량과 보급품을 실은 수송선 여섯 척과 함께 테살로니카로 출발했다.

9월 14일에 도시를 포위하고 있는 투르크군은 테살로니카의 성벽 위로 산마르코의 기치가 높이 솟은 모습을 속절없이 지켜보았다. 어느 정도 시간이 지난 뒤 안드로니쿠스는 아내와 어린 아들을 데리고 모레아로 가서 수도사가 되어 4년을 더 살다가 죽었다. 베네치아는 술탄에게 사절을 보내 테살로니카를 정식으로 양도받았음을 통지했으나 술탄은 그 사실을 인정하려 하지 않았다.

그해가 끝날 무렵 무라드가 여전히 화를 달래지 못하고 있는 가운데 요한네스 팔라이올로구스는 마지막으로 서방에 지원을 요청하기로 마음먹었다. 그는 이제 유럽의 모든 사람이 다가오는 위험을 똑바로 알아야 한다고 믿었다. 투르크군은 언제든 다시 콘스탄티노플을 포위할 수 있었다. 현재 상태라면 수도가 오래 버티기는 어려울 터였다. 콘스탄티노플이 함락되고 나면 술탄의 서진西進을 어떻게 저지할 것인가?

그래서 그는 군주의 직함을 지닌 열아홉 살짜리 동생 콘스탄티누스를 섭정으로 임명하고, 11월 15일에 베네치아로 출발했다. 그는 거기서 한 달 이상 체류했지만—체재비는 원로원이 매일 주는 수당으로 해결했다—아무 성과도 없었다. 베네치아인들은 자신들이 있는 곳—에우보이아, 테살로니카, 모레아, 그리스의 섬들—에서는 어디서나 자신들의 이익을 지키고자 했다. 하지만 비잔티움에 관한 태도는 예나 지금이나 변하지 않았다. 즉 요한네스가 서방의 다른 나라들을 설득하여 원정에 나서게 할 수 있다면 베네치아 공화국도 기꺼이 제 몫을 다하겠지만, 그렇지 않으면 나서지 않겠다는 것이었다.

1424년 말경에 베네치아를 떠난 황제는 밀라노와 만토바를 차례로 들러 두 도시의 공작인 필리포 마리아 비스콘티와 잔프란체스코 곤차가를 만나 이야기했다. 계속해서 이듬해 초여름에 그는 헝가리로 갔으나 역시 실망스러운 결과밖에 얻지 못했다. 그가 우려했던 대로 지기스문트는 동방 교회와 서방 교회가 분열 상태에 있는 한 실질적인 도움이 되지 못했다. 또한 그는 헝가리가 숙적인 베네치아와 화해하는 게 어떻겠느냐는 요한네스의 제안에도 냉담하게 반응했다. 황제는 우울하고 쓰라린 심정으로 도나우 강을 내려와 11월 1일에 콘스탄티노플로 돌아왔다.

그래도 수도의 사정은 1년 전에 떠날 때보다 다소 호전되어 있었다. 마침내 술탄과 강화가 맺어진 것이다. 그 대가로 비잔티움은 상당한 연례 공물을 바쳐야 했고 예전에 쉴레이만과 메메드에게서 받은 마르마라 해와 흑해 연안의 여러 지역을 도로 넘겨주어야 했지만, 적어도 콘스탄티노플의 시민들은 투르크의 공성 무기가 다시 올까 걱정하지 않고 두 발을 뻗고 잠잘 수 있게 되었다.

아마 요한네스는 아버지가 아직 살아 있는 것을 보고 약간 놀랐을 듯싶다. 노구의 마누엘은 예전의 발작에서 다시 기력을 회복하지 못했고 그 무렵에는 침대에서 일어나지도 못하는 처지였다. 그러나 정신만은 여전히 맑았다. 평소에 아들의 과도한 야망을 우려했던 그는 요한네스를 침대 곁으로 불러 술탄과 불필요하게 적대하거나 교회 통일의 방향으로 지나치게 깊숙이 빠져드는 것은 위험하다고 오랫동안 타일렀다. 어느 날 대화가 끝난 뒤 요한네스가 아무 말도 없이 방을 나가자 마누엘은 옛 친구이자 역사가인 게오르기우스 스프란체스에게 이렇게 말했다.

우리 역사의 다른 시대였더라면 내 아들은 필경 위대한 바실레오스가 되었겠지. 하지만 지금은 그렇게 되지 못할 거라네. 생각이 너무 크거든. 번영하던 우리 조상들의 시대에는 그게 더 알맞았지. 그러나 사방에서 위기가 닥쳐 오고 있는 지금 우리 제국에게 필요한 인물은 위대한 바실레오스가 아니라 훌륭한 관리자야. 아들의 원대한 계획과 노력이 자칫 파멸을 가져오지나 않을까 심히 걱정스럽다네.

얼마 뒤 늙은 황제는 유서 깊은 전통에 따라 수도사의 서약 이후 수도복을 입고 마타이우스라는 이름을 얻었다. 이 수도사의 신분으로 그는 1425년 6월 27일에 일흔다섯 번째 생일을 맞았고 그로부터 25일 뒤에 죽었다. 그날로 그의 시신은 판토크라토르의 수도원 교회에 매장되었고, 스물다섯 살의 수도사 베사리온이 장례 연설을 맡았다(그의 이름은 이 책이 끝나기 전에 다시 나올 것이다). 스프란체스에 따르면 마누엘의 죽음은 역대 어느 황제의 경우보다도 백성들의 큰 애도를 받았다고 한다. 마누엘은 충분히 그럴 만한 자격이 있었다.

23

하늘은 기뻐하고

1425년~1448년

대주교들이 배에서 내릴 때 시민들은 그들을 맞으며 통상적으로 물었다. "우리 문제는 어떻게 됐나요? 공의회에서는 뭐라던가요? 우리 의견이 통했나요?" 그러자 그들은 이렇게 대답했다. "우리는 우리의 신앙을 팔았소. 진실한 경건함을 불경과 맞바꾸었소. 우리는 깨끗한 제물을 배반하고 발효되지 않은 빵을 지지했다오."

미카일 두카스

절망적인 수도의 사정

1425년 7월 21일에 서른두 살의 요한네스 팔라이올로구스는 단독 바실레오스가 되었으나, 그의 제국은 사실상 콘스탄티노플의 성벽 안으로 제한되어 있었고 수도 안의 상태도 암담했다. 이미 1403년 에 루이 곤살레스 데 클라비호는 수도가 텅 빈 듯한 낯선 느낌을 이 렇게 말했다.

커다란 벽들이 늘어서 있는 넓은 공간에 주민의 수는 적다. 한가운데의 언덕과 골짜기에는 밭과 포도원, 과수원이 가득하다. 이 경작지 안에 집들이 옹기종기 모여 촌락을 이루고 있다. 이곳이 바로 도심이다.

사반세기 동안 세 차례의 포위―이때마다 수많은 시민들이 떠나 다시는 돌아오지 않았다―와 몇 차례의 전염병을 겪은 결과 도시의 인구는 크게 줄었다. 정확한 수치는 알 수 없지만 1425년경 수도의 인구는 불과 5만 명을 넘지 못했을 것으로 추정되며, 그보다 훨씬 밑돌았을지도 모른다.

경제적으로도 제국은 절망적인 상태였다. 한때 문명 세계 최대의 부와 번영을 자랑하던 상업의 중심지였던 콘스탄티노플은 이제 베네치아와 제노바에게 무역권을 모조리 빼앗겨 버렸다.* 더구나 그들도 이제는 끊임없는 전쟁과 정치적 불안정에 시달려 얼마 안 되는 관세만 조금씩 비잔티움의 국고로 들어

† 요한네스 8세 팔라이올로구스의 옆모습 초상.

오는 게 고작이었다. 제국의 화폐는 바닥을 모르고 계속 가치가 하락했다. 연속된 포위와 인구 감소로 인해 식량의 유통망도 걸핏하면 끊어지기 일쑤였다. 그래서 주민들은 만성적인 영양실조에 시달렸고 질병에 대한 저항력이 떨어져 전염병이 끊일 날이 없었다.

* 사실 이것은 장기적으로 볼 때 필연적인 결과였다. 그전까지 콘스탄티노플이 국제 무역의 중심지가 될 수 있었던 이유는 동방과 서방의 물자들이 집결하는 길목에 위치했기 때문이다. 예컨대 서유럽에서 고가로 팔리는 아시아의 향료나 비단, 도자기 등이 이곳을 통해 서유럽으로 수입되었다. 그러나 십자군 원정이 끝나고 동부 지중해 항로가 모두 개발된 14세기부터는 육로보다 훨씬 대량의 물자를 값싸게 운송할 수 있는 지중해 해로가 인기를 끌었다. 따라서 동방의 물자는 이제 콘스탄티노플을 거치는 게 아니라 동부 지중해 항구까지 육로로 와서 베네치아와 제노바, 피사의 무역선들이 서유럽으로 실어 나르는 유통로를 거쳤다. 여기서 돈을 번 북이탈리아의 도시들에서 르네상스가 꽃을 피웠음은 주지의 사실이다. 바야흐로 역사의 중심지는 서유럽으로 옮겨 가고 있었던 것이다.

자금과 인력이 동시에 부족하기 때문에 건물을 보수하는 일조차 불가능했으므로 거의 모든 건물들이 심각한 상태였다. 성당들은 빈 껍데기나 다를 바 없었다. 콘스탄티누스 대제가 건설한 원형 경기장은 폐허처럼 변해 폴로 경기장으로 전락했다. 총대주교는 이미 오래전에 관저를 버리고 더 따뜻하고 건조한 집으로 옮겼다. 블라케르나이의 황궁마저도 무너져 가고 있었다. 요한네스 치세의 후반에 이곳을 들렀던 카스티야의 여행가 페로 타푸르는 다음과 같이 기록하고 있다.

> 황제의 궁전은 과거에 대단히 웅장했겠지만 지금은 궁전에서나 도시에서나 사람들이 겪었고 지금도 겪고 있는 고통을 그대로 볼 수 있다. …… 궁전 내부는 황제, 황후, 시종들이 거처하는 곳만 빼고는 거의 보수가 되지 않았고 거주 구역마저 매우 비좁은 실정이다. 황제는 여전히 위엄을 갖추고 있으며, 고대의 예법이 그대로 시행되고 있다. 하지만 제대로 보면 그는 교구가 없는 주교나 마찬가지 신세다. ……
> 도시의 인구는 매우 적다. 여러 지구로 나뉘어 있는데, 해안에 가장 많은 주민들이 산다. 주민들의 허름하고 남루한 옷차림에서 그들이 겪는 고초를 충분히 짐작할 수 있다. 하지만 그것도 그들이 응당 겪어야 하는 고통보다는 나은 형편이다. 그들은 죄악에 물든 사악한 사람들이기 때문이다.

이처럼 제국은 결코 유망한 상속 재산이라 할 수 없었다. 요한네스는 차라리 동생들의 처지가 부러웠을 것이다. 그중 한 명인 콘스탄티누스는 그다지 형편이 나을 게 없었다. 아버지가 죽은 뒤 콘스탄티노플의 북부 진입로를 포괄하는 비교적 작은 지역을 맡았기 때문이다. 이곳은 투르크족이 최근 제국에 봉토로 내준 지역으로서 셀림브리아 항구와 메셈브리아, 앙키알루스 등 흑해 연안의 도시들이 여기에 속했다.

전략적으로 볼 때 이곳은 중요하지 않았다. 그러나 황제는 술탄의 가신으로서 그 지역을 차지했을 따름이었다. 그러므로 만약 무라드가 그곳을 되찾기로 결심하거나 그곳을 거쳐 수도를 공격하고자 마음먹었다면 요한네스나 콘스탄티누스가 어떻게 했을지는 알기 어렵다. 마누엘의 다른 네 아들은 모두 모레아에 있었다. 이 사실은 당시 그 남쪽의 공국이 팔라이올로구스 왕조에게 어떤 의미를 가졌는지 명확히 알 수 있게 해 준다.

그 의도는 분명하다. 모레아는 방어할 수 있었고 콘스탄티노플은 그렇지 않았던 것이다. 콘스탄티노플의 육로성벽은 아직 갈라진 틈 하나 없이 건재했고 지난 사반세기 동안 적의 대규모 공격을 세 차례나 거뜬히 막아냈다. 그러나 그동안 인구가 크게 줄었다는 게 문제였다. 날이 갈수록 수도를 방어할 신체 건강한 주민의 수는 급속히 줄어들었다. 더 나쁜 것은 사기의 저하였다. 지식인들 중에 아직까지 구원의 희망을 품는 사람은 거의 없었다. 서유럽 역시 믿을 게 못 되었다. 결의와 분노에 찬 무라드 2세 휘하의 투르크족은 비록 잠시 물러갔다지만 언제나 그렇듯이 막강했다. 그가 다시 수도를 포위하기로 결정한다면(조만간 그럴 것은 분명하지만) 주민들은 이제 항복할 도리밖에 없었다. 그러지 않으면 뒤이은 학살과 약탈로부터 살아남을 수 없을 게 뻔했다.

반면에 모레아는 비교적 안전했다. 사실 모레아도 얼마 전인 1423년에 투르크군이 알바니아를 침략한 다음 테살리아를 휩쓸었을 때 상당한 피해를 입은 적이 있었다. 그때는 마누엘이 그토록 자랑스러워한 핵사밀리온도 거의 소용이 없었다. 그래도 투르크군이 오래 머물지 않았던 탓에 그 뒤 성벽을 높이고 강화할 수 있었다.

게다가 베네치아는 투르크가 아드리아 해까지 진출한다면 큰일이었으므로 또다시 그런 일이 발생할 경우 즉시 구원하러 오겠다고 약속한 바 있었다. 이미 베네치아 함선들은 모레아 연해를 순시하고 있었으니 아직 걸음마 단계에 있는 투르크 해군으로서는 감히 넘볼 수 없었다. 프랑스와 이탈리아의 소군주들도 산과 계곡의 작은 영토를 다스렸지만 그들은 예전의 힘을 거의 잃었으므로 심각한 위협이 되지는 못했다.

물론 모레아에도 몇 가지 문제점이 있었다. 마누엘이 이미 10년 전에 불만을 토로했듯이 펠로폰네소스 사람들은 전쟁 자체를 즐겼다. 그래서 모레아 군주는 각 파벌들을 화해시키느라 진땀을 흘려야 했다. 더구나 그 일은 결코 쉽지 않았다. 현지 그리스 귀족들은 비잔티움에 전혀 충성심을 품지 않았고 먼 콘스탄티노플 출신의 외국인이 지배하는 것을 싫어했기 때문이다. 하지만 그래도 수도와 비교하면 모레아의 사정은 훨씬 고무적이라고 할 수 있었다. 따라서 1425년 무렵에 사람들이 콘스탄티노플과 미스트라의 두 도시 중에서 어디서 살지를 결정해야 한다면 망설일 이유가 없었다.

제국 제2의 도시가 함락되다

펠로폰네소스 반도 남부의 타이게투스 산맥 사면에 자리잡은 미스트라는 1249년 제4차 십자군의 기록자로 참여했던 사람의 종조카 빌라르두앵의 기욤이 세운 도시였다. 그러나 12년 뒤 미카일 팔라이올로구스가 콘스탄티노플을 탈환하자 기욤은 미스트라와 모넴바시아, 마타판 곶의 마이나 요새를 모두 비잔티움에 넘길 수밖에 없었다. 그 뒤 50년 동안 미스트라는 프랑크 영토 내에 박힌 작고 외딴 그리스 도시로 존속했다.

당연하지만 비잔티움의 총독은 수도와 정기적으로 접촉할 수 있는 모넴바시아에 거주하고 싶어 했다. 하지만 시간이 지나고 라틴인들이 물러가면서 미스트라는 꾸준히 규모가 커졌고 모넴바시아는 오히려 변방이 되어 버렸다. 1289년에 이르면 케팔레(모레아 총독의 직함)는 주로 미스트라에 거주했다. 그래서 요한네스 6세 칸타쿠제누스 황제는 도시가 창건된 지 꼭 100년 만인 1349년에 아들 마누엘을 모레아의 첫 군주로 미스트라에 파견했다.

마누엘이 황제가 되면서 군주의 직함은 요한네스 5세의 넷째 아들인 테오도루스 팔라이올로구스에게 넘겨졌고, 1407년에 그가 죽은 뒤에는 다시 그의 조카로 같은 이름을 가진 테오도루스 2세에게 넘어갔다. 이 시기에 미스트라는 단순한 속주의 수도 이상으로 발달했다. 미스트라는 한 세기 전의 콘스탄티노플처럼 예술, 지성, 종교의 중심지가 되었다.

정식 성당이 최초로 세워진 때는 1300년 조금 전이었고, 몇 년 뒤에는 대형 수도원인 브론토키온이 설립되었다. 그 뒤 성모 호데게트리아(길을 안내하는 성모)에게 봉헌된 두 번째 성당이 탄생했다. 그무렵 성 데메트리우스 성당은 거의 완공되었고, 마누엘의 주장으로 건립되는 판타나사와 페리블렙토스의 두 대성당도 한창 공사 중이었다. 황궁 예배당으로 사용된 성 소피아 성당도 아마 마누엘의 지시로 건축되었을 것이다. 하지만 이 건물들은 현재 전부 혹은 일부분이 무너진 것들이 많다. 그래도 남아 있는 프레스코―특히 페리블렙토스의 벽화―는 놀랄 만큼 아름답다.

이 성당들만으로도 당시 미스트라가 얼마나 비잔티움 세계의 위대한 예술가들을 끌어들이고 있었는지 충분히 알 수 있다. 게다가 미스트라는 학문의 중심지이기도 했다. 마누엘 칸타쿠제누스와 그의 형제 마타이우스―이들은 1361년부터 형식적으로는 공동 군주였으나 실제 국정은 마누엘이 도맡았다―는 둘 다 교양을 갖춘 지식인이었으며, 형제의 아버지이자 공동 황제인 요한네스 칸타쿠제누스도 당대의 뛰어난 학자로서 미스트라를 자주 방문했고 1383년에 그가 죽은 곳도 바로 미스트라였다.

그랬으니 많은 사람들이 이곳을 방문한 것은 당연했다. 그중에는 유명한 니케아 대주교 베사리온과 장차 키예프의 대주교가 되는 이시도루스도 있는데, 이 두 사람은 훗날 로마 교회의 추기경에 올랐다. 또한 철학자이자 신학자인 게오르기우스 스콜라리우스는 장차 콘스탄티노플이 함락된 이후 겐나디우스 2세라는 이름으로 초대 총대주교를 맡았다. 하지만 미스트라의 지성계가 최고조에 달한 시기는 비잔티움의 가장 독창적인 사상가인 게오르기우스 게미스토스

† (위)미스트라의 페리블렙토스 수도
원에 있는 〈그리스도의 세례〉, 14세기
후반.
† (아래)미스트라의 페리블렙토스 수도
원, 14세기 후반.

플레톤이 미스트라에 왔을 때일 것이다.

　다른 사람들과는 달리 플레톤은 자신의 의지에 따라 미스트라에
온 게 아니었다. 그는 젊은 시절에 정교회 측과 충돌을 빚었다. 교회
는 그가 몇 년 동안 투르크가 장악한 아드리아노플에 머문 것에 크
게 놀랐으며—거기서 그는 아리스토텔레스, 조로아스터교, 유대교
의 신비 철학을 공부했다—대학에서 플라톤주의에 관한 매우 파괴
적인 학문을 강의하는 것을 보고 충격을 받았다. 참다 못한 교회가
그를 이단으로 간주할 무렵 친구로서 그의 능력을 높이 샀던 마누
엘 황제는 그에게 미스트라로 가서 활동하는 편이 더 좋겠다고 권
유했다.

　플레톤은 감지덕지했다. 그는 비잔티움이 로마 제국의 계승자일
뿐 아니라 그리스 고전 문학과 문명도 이어받았다는 것을 알았다.
따라서 고대 그리스인들이 야만인의 땅이라고 불렀던 곳보다는 그
들이 살고 가르쳤던 곳에서 자신도 살고 가르칠 수 있다면 대만족이
었다. 게다가 그는 충실한 플라톤주의자였으므로 그의 스승처럼 아
테네 식 민주주의를 거부하고 스파르타 식 규율을 훨씬 더 좋아했
다. 고대 도시 스파르타의 유적에서 불과 8킬로미터밖에 떨어지지
않은 미스트라에서는 거의 스파르타와 같은 느낌을 가질 수 있을 터
였다.

　이탈리아에 갔을 때—이때에 관해서는 이 장의 뒷부분에 나올
것이다—를 제외하고 플레톤은 내내 미스트라에서 살았다. 그는 미
스트라의 원로원 의원이자 고위 행정관이었다. 하지만 그 자신은 시
라쿠사의 플라톤이나 소크라테스가 보여 준 고대의 전통에서처럼

군주의 공식 궁정 철학자로 처신했으며, 제자들과 아고라를 즐겨 산책하면서 스파르타의 정신에 따라 모레아를 개혁하고, 방어하고, 궁극적으로 구원하는 구상에 관해 이야기했다.

그러기 위해서는 외국인 용병이 아니라 그리스 시민들로 이루어진 상비군이 있어야 하며, 엄격한 사치 금지법, 절제와 헌신의 준엄한 기준이 필요하다. 토지는 공동으로 소유하고, 수출과 수입을 완벽하게 통제하고, 수도사도 일을 해서 사회에 필요한 기여를 해야 한다. 플래톤은 이런 개혁 조치들을 1415년부터 1418년까지 연속적인 각서의 형식으로 마누엘 황제와 그의 아들 테오도루스 군주에게 올렸으나 아무 소용도 없었다. 아무리 제국 역사의 중차대한 순간이라지만 그가 제안하는 체제는 너무 권위주의적이고 사회주의적이었으므로—한마디로 말하면 스파르타적이었으므로—비잔티움인들이 받아들이기는 어려웠다. 그들은 늘 그랬듯이 신과 성모만을 믿었다. 설사 개혁이 필요하다고 해도 그것은 정치와 사회의 분야가 아니라 인간의 마음에서 이루어지는 개혁이어야 했다.

만약 플레톤의 사상이 어디로 향할지 알았다면 비잔티움 측에서는 그에 대해 더욱 경계했을 것이다. 그가 만년에 쓴 마지막 저작—그는 1452년 아흔 살에 죽었다—인 『법에 관하여』는 극단적일 만큼 새롭고 특이한 종교를 제안하고 있다. 여기서 그는 페르시아의 조로아스터교와 고대 그리스의 판테온을 골간으로 삼고—비록 상징적이기는 하지만—고대의 신들을 부활시켜 전능한 제우스에게 복속시킨다. 안타깝게도 우리는 그 기묘한 저작에 관해 목차밖에는 알 수 없다. 저자가 죽은 뒤 겁에 질린 그의 친구 게오르기우스 스콜라리우스(미래의 총대주교)가 나머지를 파기했기 때문이다.

게오르기우스 게미스토스 플레톤은 자신의 고향에서는 거의 알려지지 않은 예언자로 간주되는 정도에 그쳤으나 유럽, 특히 르네상스 시대의 이탈리아에서는 큰 존경을 받았다. 코시모 데 메디치는 피렌체에 그를 기리기 위한 아카데미를 설립했으며, 1465년에 지식인 콘도티에레[condottiere, 용병 대장]인 리미니의 시기스몬도 판돌포 말라테스타는 베네치아 군대를 이끌고 미스트라로 들어갔을 때 플레톤의 시신을 초라한 무덤에서 꺼내 그가 태어난 고향으로 이장시켜 주었다. 그래서 그의 시신은 말라테스타가 성 프란체스코 대성당에 조성한 웅장한 무덤에 '당대 최고의 철학자'라는 자랑스러운 비문과 더불어 오늘날까지도 안치되어 있다.

모레아 공국이 성립한 뒤 처음 5년 동안은 모든 게 순탄했다. 1427년에 요한네스 8세는 동생 콘스탄티누스와 게오르기우스 스프란체스와 함께 직접 원정군을 거느리고 케팔로니아와 에피루스의 지배자인 카를로 토코의 함대를 파트라스 만 어귀에서 격파했다. 이어진 조약에서 토코는 조카딸인 마달레나를 콘스탄티누스에게 시집보내면서 엘리스 일대와 펠로폰네소스 북서부의 클라렌차(지금의 클리니) 항구를 내주었다. 2년 뒤에 콘스탄티누스는 파트라스의 라틴 대주교에게서 파트라스를 빼앗아 모레아 공국에 병합했고 무라드 술탄의 승인도 얻어 냈다. 이리하여 1430년 무렵이면 베네치아가 장악한 코로네, 모도네, 나우플리아 항구를 제외하고 모레아 대부분의 지역이 그리스의 수중에 돌아왔다.

그러나 문제는 남쪽의 번영보다 북쪽의 재앙이 더 크다는 데 있었다. 1430년 3월에 테살로니카가 다시 술탄에게 함락된 것이다. 7년 동안 산마르코의 기치 아래 있었던 것도 도움이 되지 못했다. 투르크군은 테살로니카의 봉쇄를 풀지 않았다. 베네치아 총독들이 권한을 양도받을 때 하기로 했던 일을 무시하려 하자 현지 주민들은 점점 불만이 커져 마침내 이교도들에게 성문을 열어 주는 게 낫지 않으냐고 공공연히 떠들었다.

얼마 안 가서 베네치아인들은 일찍이 약속했던 것처럼 테살로니카를 제2의 베네치아로 만들기는커녕 애초에 테살로니카 군주의 제안을 수락한 것 자체를 후회하기 시작했다. 술탄이 계속 연례 공물을 강요하자 그들은 매년 6만 두카도의 돈이 든다며 투덜댔다. 그래도 그들은 아직 자부심을 가지고 있었다. 3월 26일에 무라드가 병력 19만 명을 거느리고—과장된 수치임이 분명하다—와서 즉각 항복하라고 주장했을 때 그가 받은 답례는 빗발치는 화살들이었다.

전하는 바에 따르면 그 이튿날에 블라타이온 수도원(북쪽 성벽의 바로 안쪽에 지금도 서 있다)의 수도사들은 술탄에게 사람을 보내 도시에 물을 공급하는 수도관을 자르라는 조언을 했다고 한다. 그들이 그런 반역 행위를 실제로 했는지 정확한 사실은 알 수 없지만 그랬을 가능성은 희박하며 술탄이 수도사들의 조언을 듣고 그대로 실행했을 가능성은 더욱 희박하다. 이번에 술탄은 순전히 힘에만 의지하기로 했다. 최대한 그러모은 병력을 최대한 활용할 작정이었다.

공격은 3월 29일 새벽에 시작되었다. 무라드는 직접 병력을 거느리고 가장 취약하다고 여겨지는 동쪽 성벽을 공략했다. 약 세 시간 동안 투르크의 쇠뇌, 투석기, 공성 망치가 작동했고, 방어군이 성벽 위로 모습을 드러낼 때마다 투르크의 궁수들은 화살 세례를 퍼부었다. 테살로니카 시민들은 점차 절망적인 상황이라는 것을 깨닫고 사기가 위축되었으며, 자신이 맡은 방어 위치를 버리고 이탈하는 사람도 부지기수였다. 오전 9시가 지나자 투르크군은 성벽에 사다리를 대고 오르기 시작했다. 잠시 후 투르크 병사들이 성벽에 올라가서 베네치아 수비병의 머리를 잘라 난간 너머로 성벽 아래의 동료들에게 내던졌다. 자신들을 따라오라는 신호였다.

테살로니카의 주민들은 정복군에 저항한 도시가 어떤 운명을 겪게 되는지 너무도 잘 알고 있었다. 하지만 그 뒤 사흘 동안 벌어진 사태는 그들이 상상하던 최악의 사태보다 더 나빴다. 그리스 측의 목격자인 요한네스 아나그노스테스에 따르면, 거리는 투르크 병사들이 살인과 약탈의 광기 속에서 시내를 누비고 다니며 지르는 함성으로 가득했고, 이 무시무시한 소리와 뒤섞여 엄마와 헤어지는 아이들, 남편과 헤어지는 아내들의 비명이 천지를 진동했다고 한다. 모든 성당들이 약탈당했고 상당수는 아예 파괴되었다. 귀족들의 저택도 약탈된 뒤 투르크군에게 징발되거나 아니면 불태워졌다. 얼마나 많은 사람들이 학살되었는지는 모르지만, 아나그노스테스는 7천여 명—주로 여자와 아이들—이 잡혀 가 노예로 팔렸다고 추산한다.

정해진 사흘이 지난 뒤 무라드는 약탈을 중단시켰다. 비잔티움 제국 제2의 도시인 테살로니카를 잿더미로 만들 생각은 없었다. 주민들은 전통적인 교훈을 배웠으므로 살아남은 사람들은 충분히 벌을 받은 셈이었다. 그래서 그는 전반적인 사면령을 내리고 투옥된 유명인사들을 석방했다. 피난을 간 주민들에게는 부자든 빈민이든 더 이상 학대하지 않을 테니 집으로 돌아오라고 권유했다. 지금까지 거의 1천 년 동안이나 그대로 남아 있는 유서 깊은 파나기아 아케이로포 이에토스('손으로 만들어지지 않은') 성당을 포함하여 몇 군데 성당을 모스크로 개조한 것 이외에는 그리스도교를 박해하지도 않았다.[205]

그런데 테살로니카를 제2의 베네치아로 만들겠다던 베네치아 총 독들은 어떻게 된 걸까? 그들이 결사적으로 항전한 탓에 오히려 더 큰 고통과 살육을 초래하지 않았던가? 그들은 전반적인 혼란을 뚫 고 간신히 항구에 도착해서 배를 타고 가장 가까운 베네치아 식민지 인 에우보이아로 갔다. 이윽고 그들이 베네치아 본국으로 돌아갔을 때 도제와 원로원은 몹시 언짢아하면서 방어를 책임진 도시의 보호 를 등한시한 죄로 그들을 투옥했다. 그들은 테살로니카를 탈출해서 운이 좋았다고 여겼겠지만 그들의 죄는 그들의 주인이 생각하는 것 이상으로 컸다.

교리는 합의를 보았으나

멀리 서유럽에서는 로마 가톨릭 교회가 여전히 혼란의 와중에 있었 다. 콘스탄츠 공의회는 실질적인 개혁을 이루지 못했다. 적어도 한 가지 면에서 공의회는 이득보다 손해가 컸다. 총공의회라면 신에게 서 직접 권한을 위임받았다고 간주되었으므로 교황의 권한보다도 우월했다. 그런데 이 점은 그런 견해를 지지하는 사람들과 교황의 절대적 우월함을 믿는 사람들 사이에 이미 존재하던 분쟁을 크게 격화시켰다. 결국 그로 인해 교회의 기강 자체가 큰 위협을 받기에 이르렀다. 이 문제를 매듭짓기 위해 교황 마르티누스 5세는 1431년 바젤에서 또다시 공의회를 소집했다.

요한네스 8세 팔라이올로구스는 그 공의회를 희망의 빛으로 여겼다. 콘스탄츠 공의회처럼 이번에도 서유럽의 모든 그리스도교 국가들이 참석할 예정이었다. 비록 지난번에 그들의 반응은 실망스럽기 그지없었으나, 그 뒤 15년 동안 벌어진 사태로 그들의 심경도 달라졌을 터였다. 특히 베네치아는 테살로니카에서 투르크군과 직접 맞부딪쳐 경제적·전략적 손실은 물론이고 그보다 더 중요한 국제적 신망에도 큰 피해를 입었다. 헝가리의 지기스문트도 역시 지난해 여름 투르크 때문에 곤욕을 치렀다. 술탄이 테살로니카에서 곧바로 발칸 반도를 가로질러 에피루스로 진격해서는 싸움 한번 없이 이오안니나를 손에 넣은 뒤 알바니아를 압박하고 헝가리의 국경을 위협할 때 지기스문트는 무기력하게 지켜보기만 했던 것이다.

그렇기 때문에 이번에는 아마 비잔티움의 호소에 모두들 귀를 기울일지도 모른다. 베네치아와 헝가리가 분위기를 주도하면 다른 나라들도 틀림없이 따라올 것이다. 요한네스는 또한 총공의회의 권한에 관한 분쟁에도 관심이 컸다. 교회 통일을 이루고자 하는 최근의 노력은 대부분 같은 문제 때문에 틀어졌다. 즉 비잔티움 측은 콘스탄티노플에서 공의회를 개최하자고 고집했고, 라틴 측은 그 제안을 거부했던 것이다. 혹시 화해파 중에 동맹자가 생겨나 비잔티움에게 유리한 쪽으로 결론이 날 수도 있지 않을까?

1431년 늦여름에 교황궁에 도착한 제국의 사절단은 팽팽한 긴장감을 느꼈다. 마르티누스 교황은 2월에 죽었고 후임자인 유게니우스 4세는 자신의 권위를 내세우기 위해 무진 애를 쓰는 중이었다. 그는 공의회 장소를 바젤에서 자신이 더 확고히 통제할 수 있는 이탈리아로 옮겨 나머지 회의를 치르라고 명했다. 이 조치에 대표들은 바젤에서 그대로 하겠다고 맞섰다. 그러자 12월 18일에 유게니우스는 공의회 전체를 해산하고 모든 토의 내용을 무효로 한다는 교서를 발표했다. 하지만 대표들은 콘스탄츠에서 발표된 교령을 다시 확인하고 자신들도 총공의회를 구성했으므로—실은 고위 성직자는 열네 명밖에 되지 않았지만—자신들의 권위는 교황을 능가한다고 주장했다.

이후 2년 동안 논쟁이 지속되었고, 그동안 요한네스는 양측으로부터 끊임없이 회유를 받았다. 공의회는 그에게 바젤로 공식 대표단을 보내라고 촉구했고, 교황은 또 교황대로 황제가 그렇게 할까 봐 노심초사였다. 마침내 1433년에 황제는 대사 세 명을 공의회에 보내기로 결정을 내렸다. 교황 특사가 와서 항의하자 그는 유게니우스에게도 사절단을 보냈다. 이런 식으로 양측을 오가면서 줄다리기를 하던 중 1437년 여름에 드디어 결판이 났다.

이번에는 교황이 예전의 결정을 뒤엎고 공의회를 승인할 수밖에 없었다. 그러나 요한네스 8세에게 더 중요한 사실은 따로 있었다. 비잔티움 측에서 줄기차게 주장해 왔던 것, 즉 진정한 교회 통일은 동방과 서방의 대표들이 모두 참석한 공의회에서만 이루어질 수 있다는 것을 교황도 이제 마지못해 받아들이게 되었던 것이다.

하지만 공의회 참석자들의 대다수는 바젤이 적절한 장소가 아니라고 생각했다. 지난 6년 동안에는 온갖 적의와 원한이 팽배했다. 이제부터라도 공의회가 성공을 거두려면 처음부터 새로 시작해야만 했다. 화해파 중에서 완고한 사람들은 반대했지만—그래서 1439년 에는 교황의 폐위를 선언하고 대립 교황을 선출할 지경에까지 이르 렀다—그렇게 독단적으로 교회 분열을 연장하다가는 그나마 남아 있는 위신마저 깎아먹을 가능성이 컸다. 게다가 그리스도교 국가들 도 점차 유게니우스의 권한에 복종하기 시작했다.

이상적으로라면 황제는 새 공의회를 콘스탄티노플에서 개최하고 싶었다. 그러나 현재의 상황으로서는 불가능하다는 것을 그도 인정 하지 않을 수 없었다. 그래서 그는 교황이 선택한 장소인 페라라를 수용하고, 총대주교와 함께 자신도 직접 제국의 대표단을 거느리고 참석하기로 결심했다. 그 소식을 들은 유게니우스는 서둘러 대응했 다. 9월에는 교황 특사들이 콘스탄티노플에 와서 세부 사항을 밝혔 으며, 다른 사람들은 비잔티움 대표단을 페라라까지 편안하게 수송 하기 위해 베네치아에게서 함대를 빌리는 문제를 교섭하고 있었다.

이리하여 요한네스 팔라이올로구스는 또다시 동생 콘스탄티누스 를 콘스탄티노플의 섭정으로 임명하고, 1437년 11월 27일 수요일 에 역사적인 여정에 올랐다. 총 인원은 700여 명에 달했고, 그중에 는 유명한 동방 교회의 성직자들도 다수 포함되었다. 총대주교인 요 세푸스 2세—그는 여든 살에 가까웠고 심장병을 앓고 있었으나 만 나는 사람들에게서 애정을 듬뿍 받았다—는 물론이고 대주교도 열 여덟 명이나 동행했다. 알렉산드리아, 안티오크, 예루살렘의 총대주 교들과 니케아의 똑똑한 청년 대주교인 베사리온도 있었으며, 콘스탄티노플의 성 데메트리우스 수도원장인 이시도루스—그는 바젤 공의회에 참석했고 전년에 키예프와 전 러시아의 주교로 승진되었다—도 있었다. 그 밖에 주교도 열두 명이 참가했다.

속인들 중에는 서방의 학자들을 능가할 정도로 라틴 신학, 특히 토마스 아퀴나스의 사상에 통달한 게오르기우스 스콜라리우스가 있었고, 가장 존경받는 인물인 게오르기우스 게미스토스 플레톤도 미스트라에서 몸소 참가했다. 정도의 차이는 있지만 참가자 전원이 친서방 성향의 인물들이었다. 극단적인 정교회의 인물로는 에페수스 대주교인 마르쿠스 유게니쿠스가 있었다. 그는 정교회의 대표적인 신학자이자 필리오쿠에를 결사적으로 반대했으므로 앞으로 요한네스를 곤란하게 만들 가능성이 농후했다.

황제는 1429년에 군주의 직함을 수여한 자기 동생 데메트리우스도 함께 데려갔다. 데메트리우스가 공의회의 토론에서 실질적인 도움이 되리라는 의도에서 그런 것은 아니었다. 다만 요한네스는 동생이 술책에 능하다는 것을 알고 있었으므로 유게니쿠스를 감시하고 제어하는 데 적임자라고 보았던 것이다. 이후의 사태는 과연 그의 판단이 옳다는 것을 보여 주었다.

일행이 탄 배는 1438년 2월 8일 베네치아에 도착해서 닻을 내렸다. 이번에는 공화국도 비용을 아끼지 않고 동방에서 온 손님들을 최대한 성대하게 접대했다. 이튿날 아침에 프란체스코 포스카리 도제가 황제에게 인사를 하러 나왔다. 게오르기우스 스프란체스에 의하면—그는 목격자는 아니지만 데메트리우스 군주의 말을 빌려 당시의 광경을 전한다—도제는 황제에게 온갖 예우를 갖춰 대했고,

요한네스가 먼저 좌석에 앉을 때까지 경의를 표시하며 모자를 벗고 서 있었다. 도제는 잠시 뜸을 들인 뒤 황제 왼편에 앉았는데, 그의 좌석은 황제의 것보다 약간 낮았다. 두 사람은 요한네스가 베네치아에 공식으로 입성하는 세부 절차에 관해 논의했다. 그런 다음에 포스카리는 공식 환영회를 준비하러 갔다.

정오에 도제는 여느 때처럼 여섯 명의 시뇨리아[signoria, 북이탈리아 자치도시들의 관리]와 함께 공식 바지선인 부친토로 호를 타고 왔다. 그 배의 양 옆에는 주홍색 천을 늘어뜨렸고 고물에는 산마르코의 황금 사자가 빛났다. 사공들도 금실로 장식된 저고리를 입고 있었다. 바지선이 이동함에 따라 다른 작은 배들도 그 주변에서 각기 제 위치를 잡았다. 그 배들의 돛대 머리에는 삼각기들이 나부끼고 갑판 위에서는 악단이 연주를 했다. 바지선이 황제의 기함 옆에 이르자 포스카리가 배에 올라 다시 경례를 했다.

그의 원래 계획은 두 사람이 함께 부친토로 호를 타고 도시로 들어가는 것이었으나 요한네스가 그 제안에 반대했다. 황제의 위신을 고려할 때 그는 베네치아에 자신의 배로 들어가서 상륙해야 한다고 여겼다. 그에 따라 황제의 기함이 피아체타의 발치까지 예인되었다. 부두에는 마치 도시의 인구 전체가 나온 것처럼 수많은 사람들이 고귀한 손님을 맞아 갈채를 보내고 있었다.

거기서부터 대운하까지 느린 행진이 이어졌다. 나무로 만들어진 리알토 다리에는 더 많은 군중이 각종 깃발과 나팔을 가지고 황제를 기다렸다. 이윽고 사절단 일행이 묵을 페라라 후작의 대저택[206] 앞에 이르렀을 때는 어느덧 날이 저물었다. 그곳에서 황제는 3주 동안 체재하면서 유럽 각국의 군주들에게 서신을 보내 공의회에 참석하거나 최소한 대표단이라도 보내라고 촉구했다. 그 달 말이 되어서야 그는 여정의 최종 목적지로 출발했다.

베네치아에서 받은 환대에 비하면 페라라의 방문은 아주 초라했고 비까지 내렸다. 교황 유게니우스는 그를 따뜻하게 맞아 주었지만, 총대주교가 며칠 뒤에 교황 앞에 엎드려 발에 입을 맞춰야 한다는 소식이 전해지자 환영의 분위기가 흐려졌다. 요세푸스 총대주교는 온건하고 점잖은 노인이었으나 그런 그에게도 그것은 너무 심한 처사였다. 그는 요한네스의 경고를 듣고서도 교황의 요구가 취소되기 전에는 상륙하지 않겠다고 버티었다. 결국 유게니우스가 양보할 수밖에 없었다. 실은 그러지 않았다면 페라라 공의회가 열릴 수 있었을지도 의문이다. 이것을 필두로 해서 숱한 의전상의 문제들이 발생했다.

황제와 교황은 자신의 위신에 관한 모든 문제에 극도로 민감한 반응을 보였다. 이를테면 성당 안에서 두 사람의 좌석 배치를 놓고도 까다로운 문제가 생겨났다. 나중에 회의 장소가 교황궁으로 옮겨졌을 때 요한네스는 말을 타고 자기 좌석에까지 가겠다고 고집을 부렸다. 이것이 불가능하다고 판명되자 그는 벽에 구멍을 뚫어 자기가 말에서 내리지 않아도 되도록 해 달라고 요구했다. 자신은 발을 땅바닥에 대지 않고 좌석까지 가야 한다는 주장이었다. 결국 회의 날짜를 미루면서까지 그의 요구에 맞추기 위해 공사가 진행되어야 했다.

그런 특별한 격식은 지나쳐 보이고 심지어 우스꽝스러울 수도 있었다. 어느 정도까지는 비잔티움의 궁정에서 흔히 보는 정교한 의전의 일부인 것도 사실이었다. 그러나 페라라에서, 또 나중에는 피렌체에서도 요한네스는 의도적으로 그렇게 했다. 서방에 온 목적을 이루려면 요한네스는 뭔가 애원하러 온 사람처럼 보여서는 안 되고 위대한 그리스도교 제국의 군주답게 당당한 모습을 보여야 했다. 비잔티움 제국은 어떤 희생을 치르더라도 투르크의 야욕으로부터 구해야만 하는 그리스도교권의 중요한 일부로서 인식되어야 했다.

앞에서 소개한 일화는 총대주교의 부관인 실베스테르 시로풀루스의 기록에서 인용한 것이다. 그는 공의회에 관해 다소 편향적이기는 하지만 대단히 귀중한 막후 이야기를 기록으로 남겼는데, 그중에는 콘스탄티노플에서 출발하기 전에 황제가 그리스 성직자들의 차림새를 놓고 총대주교에게 한 이야기가 실려 있다. "교회가 위엄 있게 보이면 저들이 우리를 존중하고 믿을 것이오. 하지만 교회가 더럽고 지저분해 보인다면 저들은 우리를 경멸하고 무시할 겁니다."

난처한 예절상의 문제는 차치하고라도 공의회는 출발부터 삐걱거렸다. 요한네스는 교리에 관한 공식 토론을 넉 달 뒤부터 하자고 요구했다. 그가 공의회에 참석하는 주요 이유는 유럽 군주들에게서 도움을 얻으려는 데 있었으므로 그들이 도착하기 전에 중대한 결정이 내려지면 안 되었다. 그런데 봄이 가고 여름이 되어도 그 군주들은 오지 않았다.

참석한 라틴인들은 점점 조급해졌다. 특히 교황은 자비로 그리스 대표단의 숙박과 체재에 드는 비용을 대고 있었으므로 회의가 공전될수록 초조한 마음은 더했다. 6월과 7월에는 참석자들도 뭔가 할 일이 있어야 하므로 소수의 그리스인과 라틴인들이 연옥에 관해 토론을 벌였는데―아마 그들 자신이 연옥에 갇혀 있는 듯한 기분이었을 듯싶다―결론에 이르지는 못했다.

설상가상으로 8월에는 흑사병이 퍼졌다. 묘하게도 그리스인들은 병에 걸리지 않았으나―황제는 거의 페라라에 있지 않았고 사냥을 즐겼다―라틴 대표들과 도시 전체의 상태는 심각했다. 라틴인들은 점차 동방의 손님들에게 짜증을 내기 시작했다. 그러나 다행히도 그리스 대표단은 인내심을 잃지 않았다.

고향을 떠나온 지 벌써 1년이 다 되어 갔으나 그들은 아무것도 얻지 못했다. 대부분은 돈이 바닥났고 교황의 보조금도 점점 들쭉날쭉해졌다. 게다가 이제는 유럽의 군주들 중에 어느 누구도 공의회에 참석할 의사가 없다는 게 분명해졌다. 그렇다면 더 이상 기다릴 이유가 없었다. 결국 모두의 안도감 속에서 10월 8일에 드디어 열띤 토론이 시작되었다.

처음 석 달 동안에 참석자들은 필리오쿠에의 문구만 가지고 토론을 벌였다. 논의 주제도 성령이 성부만이 아니라 '성부와 성자'로부터 발현되는지의 문제보다는 필리오쿠에를 니케아 신경에 도입하는 게 과연 옳으냐 그르냐에 집중되었다. 그리스 측의 주요 대표자인 마르쿠스 유게니쿠스 대주교는 451년 에페수스 공의회에서 합의된 특수한 규정을 근거로 이렇게 주장했다. "어느 누구도 니케아의 교부들이 정의하지 않은 신앙을 암송하거나 글로 쓰거나 노래로 만들 수는 없습니다."

라틴인들은 문제가 된 그 문구가 새로 추가된 게 아니라 의미를 명료화한 것이라고 주장하면서, 그리스 정교회에서도 이미 원래의 니케아 신경에 여러 가지 변화를 포함시켜 암송하고 있다는 점을 지적했다. 그러나 유게니쿠스 대주교는 한걸음도 물러나지 않았다. 라틴 성직자들이 어쨌든 그것은 아주 사소한 문제라고 말하자 그는 화를 버럭 내면서 그렇다면 당신들은 왜 그토록 완강하게 그것을 버리지 않으려 하느냐고 되물었다.

논점은 언어적 문제 때문에 더욱 흐려졌다. 대표들은 대부분 자기 나라 말밖에 하지 못했고 신뢰할 만한 통역자도 없었다. 게다가 회의 초기부터 생각하지 못한 어려움이 생겨났다. 처음에는 서로 의미가 정확히 대응한다고 믿었던 라틴어와 그리스어의 많은 단어들이 실은 그렇지 않다는 사실이 드러났던 것이다. 예를 들어 그리스어의 우시아ousia는 '본질substance'이라는 뜻이지만 라틴어의 수브스탄티아substantia와는 사뭇 다른 다양한 의미의 차이를 가지고 있었다. 이러저러한 이유로 결국 12월 13일에 회기가 끝났을 때는 아무런 합의도 도출되지 못했다.

그때 교황은 그리스 대표단을 설득해서 피렌체로 거처를 옮기도록 했다. 페라라에 흑사병이 사라지지 않았기 때문이라고 말했지만 그의 진짜 의도는 재정적인 데 있었다. 공의회는 여덟 달이나 질질 끌고 언제 끝날지도 모르는 판에 교황의 금고는 바닥을 보이기 시작했다. 그러나 피렌체의 메디치 가문*이라면 믿을 수 있을 터였다. 그

---

* 메디치 가문은 14세기부터 피렌체의 권력을 잡고 피렌체 공화국의 발달에 크게 기여했다. 특히 본문에 나오는 시대는 피렌체의 '국부'로 불리는 코시모 데 메디치라는 뛰어난 군주가 지배하던 전성기였으므로 황제 일행을 접대하는 것쯤은 아무런 문제도 아니었을 것이다. 그와 그의 손자 로렌초 데 메디치 시대에 피렌체는 번영의 절정을 구가했으며, 15세기 이탈리아 르네상스를 이끌게 된다.

런데 그 조치는 다른 면에서도 이득을 가져다 주었다. 1439년 2월 말에 회기가 재개되었을 때, 심신이 피곤한 데다 향수를 느끼고 (시로풀루스의 말을 믿는다면) 굶주림에도 시달린 그리스인들은 지난해보다 훨씬 타협적인 자세로 나왔다.

3월 말에 그들은 성령이 성부 '와' 성자로부터 발현된다고 보는 라틴 식 견해가, 성령이 성자를 '통해' 성부로부터 발현된다고 보는 그리스 식 견해—최근에 확립된 견해였다—와 사실상 같다는 결론을 내렸다. 이런 돌파구가 마련된 뒤에 요세푸스 총대주교는 얼마 안 가서 사망했다. 하지만 어느 목격자는 이미 모든 일을 뒤죽박죽으로 만들어 놓았으니 고이 가지는 못했을 것이라고 매정하게 쏘아붙였다.

어쨌든 필리오쿠에의 문제가 해결되자 다른 중요한 쟁점들도 쉽게 타결되었다. 그리스인들은 연옥에 관한 로마 교회의 교리를 정당화할 수 없다고 여겼고, 발효되지 않은 빵을 성사에 사용하는 것을 거부했다(그들은 그 관습이 유대교 냄새를 풍길 뿐 아니라 효모로 상징되는 성령을 무시하는 것이라고 보았다). 또한 그들은 속인들끼리 성찬식을 하고 재속在俗 사제의 결혼을 금지하는 라틴 관습을 개탄했다. 하지만 이 모든 사항에 대해 그들은 형식적으로만 반대의 의사를 표시했다. 라틴인들이 동방 교회에서 최근에 규정된 신의 창조되지 않은 에너지에 관한 교리를 맹렬하게 비난했을 때도 그리스 대표들은 고집을 부리려 하지 않았다. 교황의 우월권 역시 평소 같으면 많은 논란을 빚었겠지만 바젤 공의회 이후 이 미묘한 사안에 관해서는 가급적 얼버무리고 넘어가려는 기색이 역력했다.[207]

황제가 설득과 협박의 수단을 동원하여 그리스인들을 무마시킨데 힘입어 한여름에 양측은 모든 쟁점에 관해 합의를 이루었다. 드디어 7월 5일 일요일에 정교회 주교들은 공식적인 교회 통일안—실은 한두 가지 그리스 용어를 차용한 것 이외에는 라틴 측 의견을 그대로 반영한 것이었지만—에 서명했다.

에페수스 대주교만이 한사코 반대했지만 황제가 그의 거부권을 금지하는 바람에 문제를 일으키지는 못했다. 곧바로 라틴 성직자들도 합의안에 서명했다. 이튿날 아침에 이 교령은 피렌체 대성당에서 먼저 줄리아노 체사리니 추기경(그는 처음부터 라틴 측의 강력한 대변인이었다)이 라틴어로 낭독했고 이어서 니케아의 대주교 베사리온이 그리스어로 낭독했다. 라틴어 교령은 "하늘은 기뻐하고(Laetentur Coeli, 『시편』 96편 11절)"로 시작되지만, 얼마 지나지 않아 하늘이 기뻐할 일은 거의 없다는 게 사실로 드러났다.

마지막 십자군의 실패

요한네스 팔라이올로구스가 베네치아를 경유하여 콘스탄티노플에 돌아온 것은 1440년 2월이었다. 우울한 귀국이었다. 14년 전에 불행한 둘째 아내 몬페라토의 소피아가 이탈리아로 돌아간 뒤 요한네스는 트레비존드의 황제 알렉시우스 4세의 딸인 마리아와 결혼했다. 그는 이 셋째 아내를 무척 사랑했는데, 배에서 내렸을 때 그녀가 몇 주 전에 죽었다는 것을 알고 크게 상심했다.

제국이 당면한 더 큰 문제는 피렌체 공의회가 이미 거센 반발을 받고 있다는 사실이었다. 예루살렘, 알렉산드리아, 안티오크의 총대주교들은 자신들을 대신하여 서명한 대표단의 대표성을 인정하지 않았다. 에페수스의 대주교 마르쿠스 유게니쿠스는 당대의 영웅으로 떠올랐다. 혐오스러운 「하늘은 기뻐하고」에 서명한 성직자들은 신앙의 배신자로 낙인찍히고 매도를 당했으며, 심지어 신체적인 위해를 당하는 경우도 있었다. 급기야 1441년에는 공의회에 참석했던 성직자들 다수가 교령에 서명한 것을 후회하며 공식적으로 지지를 철회한다는 공식 선언을 발표하기에 이르렀다.

그러한 총체적인 반발은 황제의 입지를 위험할 정도로 약화시켰다. 1442년 여름에 야심가인 그의 동생 데메트리우스—그는 형을 수행하여 피렌체에 갔지만 게오르기우스 스콜라리우스와 플레톤과 함께 일찍 돌아와 메셈브리아에 있는 자신의 작은 공국으로 돌아갔다—는 정교회의 이름으로 제위를 찬탈하려 했다. 투르크의 지원에도 불구하고 그는 금세 사로잡히고 가택 연금을 당했지만, 그의 쿠데타는 점점 증폭되는 불만의 작은 조짐에 불과했다.

특히 이듬해에 에페수스 대주교가 콘스탄티노플에 돌아온 뒤부터는 더욱 불만의 목소리가 커졌다. 마르쿠스 유게니쿠스는 데메트리우스보다 더 위험한 적이었다. 다른 상황이었다면 그는 교정이 불가능한 반동으로 몰려 해임되었겠지만, 지금은 오히려 가장 용감하고 결의에 찬 신앙의 옹호자로 부상했다. 페라라와 피렌체에서 쌓은 경험 덕분에 그는 더욱 뛰어난 논쟁 실력을 선보였다. 또한 그는 신앙심이 돈독했고 사생활이 깨끗했기 때문에 그에게 죄를 뒤집어씌워 유배를 보내는 것도 불가능한 일이었다.

사실 요한네스에게 도움을 줄 수 있는 저명한 교회 통일 지지자들도 있기는 했다. 예를 들면 니케아의 베사리온이 그런 사람이었다. 그는 1439년에 가톨릭으로 개종했고 곧바로 추기경이 된 인물이지만, 공의회를 마치고 귀국하자마자 콘스탄티노플에 환멸을 느껴 첫 배편으로 이탈리아로 돌아가 버리고 두 번 다시 비잔티움의 땅에 발을 디디지 않았다.[208]

그의 친구인 키예프의 이시도루스도 추기경으로 추대를 받았으나 그는 베사리온보다 운이 없었다. 모스크바에 돌아가자마자 그는 해임되고 체포되었다. 하지만 훗날에 그는 가까스로 탈출하여 이탈리아로 가서, 나중에 보겠지만 교황의 사절로 콘스탄티노플에 오게 된다. 저명한 라틴학자인 게오르기우스 스콜라리우스는 예상치 못한 행보를 보여 주었다. 얼마 지나지 않아 그는 「하늘은 기뻐하고」를 부인하고 수도원에 은거해 버린 것이다. 하지만 1444년에 마르쿠스 유게니쿠스가 죽은 뒤 그는 교회 통일 반대파의 지도자로 간주되었다.

콘스탄티노플에 체재하는 교황의 대사는 교황에게 이런 사태를 소상하게 보고하면서 황제에게 책임을 지우려 했다. 그러나 유게니우스 교황은 적어도 당분간은 그런 사정을 무시하기로 했다. 어쨌든 문서상으로나마 교회는 통일되었으므로 그는 이제 약정된 대로 비잔티움의 적과 싸울 십자군을 조직해야 했다. 정신적으로 불복종 상태라는 이유로 그 의무를 거부한다면 황제와의 약속만 무시하는 게 아니라 피렌체 공의회 자체를 무효화하게 되므로 「하늘은 기뻐하고」도 휴지조각이 될 터였다.

게다가 십자군의 필요성은 나날이 커지고 있었다. 오스만이 거세게 진격하고 있기 때문이었다. 1420년에 게오르게 브랑코비치가 베오그라드 남동쪽 40킬로미터 지점에 세운 도나우의 대형 요새 스메데레보[209]는 1439년 석 달 동안 포위된 끝에 항복했고 브랑코비치는 헝가리로 피신했다. 베오그라드는 아직 버티고 있었지만 세르비아 북부의 나머지 지역은 거의 다 투르크의 손에 들어갔다. 1441년에 술탄의 군대는 트란실바니아를 횡단했다. 다음 목표가 헝가리일 것은 불을 보듯 뻔했다.

그런 이유로 교황의 십자군에서는 헝가리인들과 더불어 게오르게 브랑코비치의 휘하에 있던 세르비아인들이 다수를 차지했다. 헝가리 왕 라슬로(당시 헝가리는 폴란드와 일시적으로 통합되어 있었으므로 폴란드의 왕이기도 했다)는 십자군의 지도자로 트란실바니아의 보이보데[Voyevod, 총독]이자 헝가리의 뛰어난 장군인 야노슈 후냐디를 임명하고 그에게 군대의 최고 지휘권을 주었다. 또한 병력의 편제는 피렌체 공의회에서 라틴 교회의 대변인 노릇을 했고 오래전부터 특히 외교 분야에서 유게니우스의 오른팔이었던 줄리아노 체사리니 추기경에게 맡겼다. 병력 수송에 필요한 함대는 베네치아, 부르고뉴 공작, 교황이 분담했다. 함대는 헬레스폰트와 마르마라 해를 통과하고 보스포루스를 거쳐 흑해로 들어간 뒤 필요하다면 도나우 강을 거슬러 가서 북서쪽에서 행군해 오는 우군과 합류할 작정이었다.

약 2만 5천 명의 십자군 병력은 1443년 늦여름에 원정을 출발했다. 그들은 몇 주일 만에 세르비아 도시인 니시의 바로 외곽에서 루멜리아의 투르크 총독을 물리쳤다. 그 뒤 불가리아까지 거침없이 전진한 십자군은 크리스마스 직전에 거의 저항을 받지 않고 소피아를 손에 넣었다. 1444년 1월에는 또 한차례의 대승이 있었다. 늦봄이 되자 술탄은 바짝 긴장했다.

갑자기 그의 제국은 사방에서 위협을 받았다. 아나톨리아에서는 카라만족이 대규모 봉기를 일으켰고, 알바니아에서는 유명한 스칸데르베르 가문의 게오르게 카스트리오테스라는 자가 크로이아의 자기 성에서 반란의 기치를 올렸다. 또 모레아에서는 콘스탄티누스 팔라이올로구스가 헥사밀리온을 재건하고 코린트 만으로 진격했다(그는 형인 테오도루스에게 흑해의 영지를 내주고 대신 모레아를 받아 전해 10월부터 모레아 군주가 되어 있었다). 얼마 뒤에 그는 아테네와 테베를 차지하고 현지 공작인 네리오 2세 아차유올리에게 술탄의 가신으로서 바쳤던 공물을 자신에게 바치라고 요구했다. 이런 상황에서 투르크의 세력을 유지하려면 무라드는 적들과 모종의 화해를 도모해야만 했다.

6월에 라슬로 왕과 게오르게 브랑코비치, 야노슈 후냐디가 보낸 대사들은 아드리아노플에 있는 술탄의 궁정으로 갔다. 협상 결과 10년간의 강화 조약이 체결되었고 그 조건으로 여러 가지 양보가 이루어졌는데, 이를테면 무라드는 왈라키아에 대한 압박을 늦추기로 약속했고 브랑코비치는 세르비아 영토를 돌려받았다. 한 달 뒤에 라슬로는 스제게딘에서 그 강화 조약을 비준했다. 마침내 유럽에서의 사태에서 몸을 뺄 수 있게 된 술탄은 카라만 반군을 제거하기 위해 아나톨리아로 떠났다.

하지만 그 소식이 로마에 전해지자 유게니우스와 교황청은 경악했다. 후냐디가 거둔 승리와 최근에 베네치아로부터 약속받은 추가 지원은 모두 투르크를 유럽에서 완전히 내몰기 위한 것이었다. 그런데 지금까지 십자군이 애써 얻은 성과를 물거품으로 돌린단 말인가? 체사리니 추기경은 특히 분노했다. 자신이 애써 편제한 병력이 아무런 소용도 없어졌다니 참을 수 없는 노릇이었다. 그는 황급히 스제게딘으로 가서 라슬로 왕에게 즉각 술탄과의 약속을 깨고 십자군 원정을 계속하라고 명했다.

라슬로는 그 명령을 거부했어야 했다. 술탄과 정식으로 조약을 맺었을 뿐 아니라 당시 그의 군대는 규모가 크게 줄어 있었기 때문이다. 십자군 병력은 이미 대부분 고향으로 돌아갔고, 게오르게 브랑코비치는 강화의 조건에 대만족하고 조약을 준수할 결심이었다. 하지만 왈라키아에서 약간의 증원군이 도착한 것을 믿고 젊은 왕은 명령을 따르기로 작정했다.

9월에 그는 군대를 거느리고 행군을 시작했으며, 추기경도 그와 행동을 같이했다. 이리하여 다시 원정을 재개한 십자군은 산발적인 저항을 받으면서도 그럭저럭 불가리아를 가로질러 흑해의 바르나 부근까지 진격했다. 라슬로는 그곳에 함대가 대기하고 있을 것으로 철석같이 믿었다. 그러나 함대는 다른 곳에서 싸우고 있었다. 라슬로가 배신했다는 소식을 들은 무라드가 8만 대군을 거느리고 아나톨리아에서 돌아오려 하자 동맹국의 함대—대부분 베네치아—는 그가 보스포루스를 건너지 못하도록 악전고투를 벌이고 있었던 것이다. 그들은 결국 실패했다. 해협을 건넌 술탄은 부리나케 흑해 연안으로 달려와 1444년 11월 10일에 십자군을 궤멸시켜 버렸다.

그리스도교군은 물러서지 않고 필사적으로 싸웠으나 적군의 3분의 1밖에 안 되는 병력으로는 승산이 없었다. 라슬로는 전사했고 체사리니도 곧 그 뒤를 따랐다. 군대는 전멸했다. 군대 지도자들 중에는 오직 야노슈 후냐디만이 소수의 병력과 함께 살아서 도망칠 수 있었다. 이렇게 해서 투르크를 상대로 한 유럽의 마지막 십자군은 재앙으로 끝나고 말았다. 그리스도교권은 회복하기 어려운 치명타를 입었다.

예정된 최후

요한네스 팔라이올로구스 황제에게 바르나의 재앙은 그때까지 그가 이룬 모든 성과를 물거품으로 만들었고, 그의 모든 외교를 좌절시켰으며, 모든 희망을 꺾었다. 그는 오로지 그 십자군을 조직하기 위해 모든 위험을 감수하고서 외국을 여행했고, 다른 군주들의 은근한 경멸의 시선을 감내했으며, 자신의 교회를 배반하고 신민들의 증오와 비난을 감수했던 것이다. 그러나 아직 또 하나의 수모가 남아 있었다. 술탄이 개선했을 때 충직하고 충실한 가신으로서 그의 개선을 환영하고 축하해 주어야 했던 것이다.

그 반면에 황제의 동생 콘스탄티누스는 전혀 낙담하지 않았다. 그는 부르고뉴 공작 필리프 5세를 새 동맹자로 얻었다. 이교도와 싸우는 데 누구보다 열심이었던 필리프는 최근에 파멸한 십자군에게 선박을 제공했지만—혹은 제공하겠다고 제안했지만—콘스탄티누스처럼 그 실패를 겪고도 전혀 기가 꺾이지 않았다.

1445년 여름에 그는 휘하 병력 수백 명을 모레아로 보내 주었다. 모레아 군주는 그 병력으로 그리스 중부를 가로질러 멀리 핀두스 산맥과 알바니아까지 진격했다. 그는 가는 곳마다 환영을 받았으며, 베네치아의 어느 지방관은 황급히 도망쳐야 하기도 했다. 한편 콘스탄티누스 휘하의 아카이아 총독은 소규모 기병대와 보병대를 거느리고 보스티차의 근거지를 떠나 코린트 만의 북쪽 연안으로 가서 서부 포키스 —델포이 인근 지대—에서 투르크를 몰아냈다.

포키스에서 쫓겨난 것은 술탄에게 특히 심한 치욕이었다. 그로부터 불과 몇 달 뒤에 그는 왕위를 아들 메메드에게 넘겨주고, 예전의 권위를 되찾아 이 신흥 그리스 세력에게 복수하고자 했다. 1446년 11월에 그는 최근에 쫓겨난 아테네와 테베의 공작들을 대동하고 5만 병력으로 모레아를 휩쓸었다. 포키스는 또다시 유린당했다.

콘스탄티누스와 그의 동생인 토마스는 서둘러 헥사밀리온을 재건하고 어떤 대가를 치르더라도 그 성벽을 지켜 내기로 다짐했다. 하지만 그들은 무라드의 무기를 감안하지 못했다. 무라드는 통상적인 공성 무기와 사다리만이 아니라 그리스인들이 한번도 보지 못한 대포를 가져왔던 것이다. 그의 긴 대포는 닷새 만에 그 육중한 성벽을 가루로 만들었다. 마침내 12월 10일 무라드는 최종 공격 명령을 내렸다. 방어군은 거의 포로로 잡히거나 전사했다. 두 군주는 간신히 탈출하여 미스트라로 귀환했다.

그러나 술탄은 아직 정복 전쟁을 감행할 준비는 갖추지 못했다. 나중에 때가 되면 가능할 터이므로 굳이 서두르려 하지 않았다. 당분간 그는 그리스인들을 응징하고, 그들에게 교훈을 주고, 다른 곳과 마찬가지로 모레아에서도 주인이 누구인지 확실히 알려 주는 정도에 만족했다. 휘하 장군 투라칸에게 군대의 절반을 맡겨 남쪽의 미스트라로 보낸 뒤 술탄은 예니체리 부대와 함께 코린트 만의 남쪽 해안을 따라 행군하면서 도중의 촌락들을 닥치는 대로 파괴했다. 파트라스 시는 주민들 대부분이 코린트 만 맞은편의 나우팍투스로 대피했음에도 항복을 거부하고 적의 포위전에 대비했다.

그러자 무라드는 파트라스를 무시하고 클라렌차로 가서 투라칸과 합류했다. 투라칸은 미스트라까지 가지 못했다. 한겨울인 탓에 산을 넘는 고개들이 눈으로 막혔기 때문이다. 그도 역시 그 일대를 유린했고, 도중의 모든 도시와 촌락을 불태우고 약탈했다. 역사가인 라오니코스 칼코콘딜라스—그의 아버지는 원정 초기에 콘스탄티누스의 전갈을 술탄에게 전달했다가 잠시 투옥되었으며, 그 뒤 헥사밀리온 전투를 목격했다—는 무라드와 투라칸이 아드리아노플로 돌아왔을 때 포로의 수가 무려 6만 명이었다고 말한다. 후대의 추산에 따르면 사망자의 수는 약 2만 2천 명으로 생각된다.

한 가지 면에서 모레아의 두 군주는 운이 좋았다. 바로 수도인 미스트라가 무사했다는 점이다. 이탈리아의 여행가이자 골동품 수집가인 앙코나의 키리아쿠스는 1447년 7월에 미스트라에 갔는데, 10년 전에 방문했을 때와 달라진 점이 거의 없었다고 말한다. 그는 토마스 군주를 알현했고, 노인이 된 플레톤을 만났으며, 라오니코스

칼코콘딜라스의 안내를 받아 도시 아래쪽 평원의 고대 스파르타 유적을 구경했다.

물론 이 근대 고고학의 아버지에게는 분명히 당대의 미스트라보다 고대의 스파르타 유적이 더 관심을 불러일으켰겠지만, 그래도 그는 당시 토지가 비옥하고, 작황이 풍부하며, 적어도 평범한 방문객이 보기에는 펠로폰네소스 남부의 삶이 지극히 정상적이라고 기록했다. 하지만 전혀 그렇지 않을 수도 있었다. 미스트라가 멀쩡히 남을 수 있었던 이유는 단 한 가지, 즉 혹한의 겨울이 빨리 온다는 것 때문이었다. 만약 술탄이 11월이 아니라 5월이나 6월에 원정을 시작했다면, 투라칸은 어렵지 않게 펠로폰네소스 반도의 남단에 도착했을 테고, 미스트라는 그 화려한 성당, 멋진 프레스코와 함께 잿더미로 변했을 것이다.

콘스탄티누스는 그 뒤 2년 동안 투르크의 침략으로 인한 피해를 복구하는 데 전념할 수 있었다. 그 반면에 술탄은 여전히 자신의 제국의 확장을 노렸다. 1448년 여름에 그는 헝가리의 섭정이 된 야노슈 후냐디에게로 관심을 돌렸다. 후냐디도 그에 대비하고 있었다. 그는 이미 모아둔 헝가리와 왈라키아의 병력과 용병들을 거느리고 알바니아의 스칸데르베그와 합류하기 위해 남쪽으로 행군했다. 그러나 스칸데르베그는 베네치아를 상대하느라 여념이 없었다.

후냐디는 동맹군도 없이 10월 17일 코소보 평원에서 술탄과 맞섰다. 60년 전 세르비아가 패퇴했던 바로 그 장소였다. 전투는 사흘 동안 벌어졌다. 20일이 되자 헝가리군은 전투 능력을 상실했다. 야노슈 후냐디는 도망쳤지만 예전의 동맹자였다가 지금은 술탄의 가신이 된 게오르게 브랑코비치에게 사로잡혔다. 브랑코비치는 헝가리 군대가 세르비아에 끼친 손상을 보상하겠다는 약속을 받고서야 그를 풀어 주었다.

그로부터 열하루 뒤인 1448년 10월 31일에 요한네스 8세가 콘스탄티노플에서 죽었다. 그의 나이는 아직 쉰여섯이었지만 지난 몇 년간의 좌절은 그에게서 모든 희망을 빼앗아 갔다. 바르나와 코소보에서의 비극을 겪은 이후에는 더 이상 십자군도 불가능해졌다. 이제는 유럽의 누구도 제국이 이교도의 손아귀에서 살아남으리라고 믿지 않았다. 심지어 라틴인들 가운데는 제국이 과연 살아남을 가치가 있는지조차 회의하는 사람들이 많았다.

요한네스는 비잔티움의 역대 황제들 가운데 최고의 미남으로 손꼽힌다. 이 점에 관해서는 피렌체의 메디치-리카르디 궁전 예배당을 장식하는 베노초 고촐리의 유명한 프레스코 〈동방 박사들의 행렬〉에 새겨진 그의 초상을 보면 잘 알 수 있다. 하지만 그는 사후에 얻은 유명세에 어울리는 업적을 남기지 못했다. 마누엘 2세가 임종 시에 말했듯이 제국은 위대한 바실레오스가 아니라 훌륭한 관리자를 필요로 했으나 요한네스는 둘 중 어느 쪽도 아니었다.[210] 그에게는 아버지 같은 능력도, 동생 같은 카리스마도 없었다. 그는 치세 내내 마누엘의 현명한 충고를 거스르고 결코 성공할 수 없는 정책을 추구했다. 그 결과 동방 교회의 독자성을 침해했고, 백성들의 신망을 잃었으며, 궁극적으로는 득보다 해가 더 큰 원정을 야기했다.

하지만 요한네스 8세에게 지나치게 엄격한 평가를 할 수만은 없다. 그는 최선을 다했으며, 자신이 옳다고 믿는 것을 위해 부지런히

† 15세기경 이탈리아의 피사넬로가 조각한 요한네스 8세 팔라이올로구스 메달.

노력했다. 어차피 그가 물려받은 제국에는 일체의 희망도 없었다. 그런 상황에서는 그가 무엇을 시도했더라도 결국은 실패할 수밖에 없었다. 사필귀정이라고 해야 할 것이다. 오랫동안 내우외환을 겪은 비잔티움은 더 이상 독자적인 행동을 할 능력이 없었으며, 유럽의 지도에서도 간신히 식별할 수 있는 점으로 전락했다. 다만 어떻게 최후를 맞을 것인가만이 문제였다. 이제 오랫동안 미뤄져 왔던 그 최후가 다가왔다.

24

—

제국의 최후

1448년~1453년

그대들은 한 면이 뭍이고 다른 두 면이 바다인 도시에 관해 들어 보았는가? 그 도시는 이
삭의 아들 7만 명이 점령하러 갈 때에야 비로소 심판의 날을 맞으리라.

예언자 마호메트 고대 이슬람의 전설

마지막 황제의 즉위

요한네스 8세 팔라이올로구스는 자식을 두지 못했다. 그의 첫 아내
는 열네 살에 전염병으로 죽었고, 둘째 아내는 쳐다보기도 싫었다.
셋째 아내는 무척 사랑했으나 그녀도 역시 후사를 낳아 주지는 못
했다. 남동생은 다섯 명이었지만 결과적으로 보면 너무 많았다. 형
제들은 서로 끊임없이 다투었고 요한네스는 그런 동생들을 전혀 통
제하지 못했기 때문이다. 동생들 중 맨 위인 테오도루스는 형보다
넉 달 앞서 죽었으며, 그 아래인 안드로니쿠스는 한창 나이에 테살
로니카에서 죽었다. 요한네스는 남아 있는 세 동생들—콘스탄티누
스, 데메트리우스, 토마스—중에서 콘스탄티누스를 후계자로 지명
했다.

하지만 이미 6년 전에 요한네스가 피렌체에서 돌아온 뒤 쿠데타
를 기도한 적이 있는 야심가 데메트리우스는 셀림브리아에서 황급
히 달려와 자신의 계승권을 주장했다. 그는 교회 통일 반대파의 지

도자를 자처함으로써 게오르기우스 스콜라리우스의 인정을 받고 콘스탄티노플에서도 상당한 인기를 모았다. 그의 어머니인 헬레나 황태후가 아니었다면 그는 아마 자신의 목적을 이루었을 것이다. 그러나 황태후는 콘스탄티누스가 적법한 황제라고 주장하면서 그가 모레아에서 수도로 올 때까지 자신이 섭정을 맡겠노라고 나섰다. 게다가 11월 중순에 콘스탄티노플로 온 막내 토마스도 어머니를 전폭적으로 지지했다. 그러자 데메트리우스는 또다시 꿈을 접을 수밖에 없었다. 12월 초에 황태후는 게오르기우스 스프란체스를 술탄의 궁정으로 보내 새 바실레오스에 대한 승인을 얻어냈다.

한편 또다른 사절 두 명은 콘스탄티누스를 황제로 임명하는 권한을 가지고 모레아로 출발했다. 하지만 그들에게는 대관식까지 집전할 권한이 없었고 미스트라에는 총대주교도 없었다. 따라서 1449년 1월 6일에 미스트라에서 거행된 행사는 간단한 수여식과 공식적인 갈채로 진행된 순수한 민간 의식*이었다. 물론 그런 역사적인 전례가 없었던 것은 아니다. 일찍이 마누엘 콤네누스도 킬리키아의 황야에서 아버지 요한네스로부터 그와 비슷하게 제위를 물려받은 바 있다. 하지만 그런 경우, 혹은 1341년의 요한네스 칸타쿠제누스처럼 대관식이 수도 외부에서 행해진 경우라 하더라도 여건이 허용되면

---

* 교회가 관여하지 않고 세속적으로만 이루어졌다는 의미에서 '민간' 의식이다. 앞서 많이 보았듯이 비잔티움의 황제와 총대주교, 또 서유럽의 서방 황제와 로마 교황은 서로가 서로를 임명하는 식이었다. 유럽의 중세사는 고대와는 그 의미가 다르지만 정치와 종교가 밀접한 관련이 있다는 뜻에서 일종의 정교일치적인 속성을 지닌다고 볼 수 있다. 그러나 황제와 교황이 애초에 근거지부터 분리되었고, 따라서 금세 권력이 분점될 수 있었던 서유럽과 달리 비잔티움에서는 정교일치에서 벗어나기가 훨씬 어려웠다.

소피아 대성당에서 콘스탄티노플 총대주교의 집전하에 정식으로 다시 대관식을 치르는 게 보통이었다.

그런데 콘스탄티누스 11세 드라가세스—그는 늘 이렇게 세르비아 어머니의 이름을 그리스 식으로 부르기를 좋아했다[헬레나의 성은 '드라가슈'였다]—는 끝내 교회의 대관식을 치르지 못했다. 어떻게 된 걸까? 피렌체 공의회 이후 정교회는 분열 상태에 있었다. 열렬한 교회 통일파였던 총대주교 그레고리우스 3세는 절반 이상의 신도들에게서 인정을 받지 못했을뿐더러 배신자라는 비난을 받았다. 콘스탄티누스 자신은 가급적 그 사안을 무시하는 듯하면서도 통일을 비난하지는 않았다. 그래야만 서방의 지원을 받을 가능성이 있었으므로 그는 황제로서 그런 자세를 자신의 의무로 여긴 것이었다.

그러나 그 대가는 아주 컸다. 통일 반대파는 신보다 서방의 이단자들에게서 구원을 바라는 것은 어리석은 짓이라고 거세게 몰아붙였으며, 교회에서 황제를 위해 기도하기를 거부했다. 소피아 대성당에서 대관식을 치르지 못하면 새 황제는 신민들의 충성을 요구할 도덕적 근거를 가질 수 없었다. 하지만 그렇다고 해서 대관식을 강행한다면 자칫 시민들의 폭동을 부르고 대규모 내전을 초래하게 될지도 몰랐다.

1449년 3월 12일에 황제로서 수도에 첫 발을 내디딘 콘스탄티누스 드라가세스—당시 제국의 사정은 선박 하나 변변한 게 없어 새 황제가 그리스에서 베네치아 선박을 타고 수도로 와야 할 정도로 암담했다—는 그와 같은 난처한 상황을 한눈에 깨달았다. 그러나 1447년에 유게니우스를 계승한 교황 니콜라우스 5세는 그런 사정을 받아들이려 하지 않았다. 교회 통일이 처음 논의된 이래 교황청은 비잔티움의 어려움에 한번도 관심을 두지 않았다. 그 점에서 니콜라우스는 전임자보다 더 맹목적이었다.

1451년 4월 교황을 설득하기 위해 콘스탄티누스가 통일 반대파 지도자들의 상세한 주장을 로마에 전달했을 때도 교황은 단지 적들에게 단호한 자세를 취하라고만 촉구했다. 누구든 통일에 반대하는 발언을 하거나 로마 교회—이제 정교회 신도들은 로마 교회에 속했다—에 불경한 태도를 보인다면 즉각 응징하라는 것이었다. 또한 교황은 얼마 전 좌절 속에 사임한 교회 통일파의 그레고리우스 총대주교를 복위시켜야 하며, 피렌체 공의회의 교령을 소피아 대성당에서 정식으로 반포하고 감사의 미사를 올려야 한다고 주장했다. 그는 결국 인내심을 잃고 1452년 5월에 추기경 키예프의 이시도루스를 특사로 파견하여 그 사안을 매듭짓도록 했다.

황제에게는 그것 이외에도 골치아픈 문제가 많았다. 가장 심각한 것은 후계를 둘러싼 문제였다. 그는 40대 중반이었고 그동안 두 번 결혼했다. 결혼 생활은 행복했으나 자식은 낳지 못했다. 첫 아내인 마달레나 토코는 결혼한 지 1년여밖에 안 된 1429년 11월에 죽었고, 1441년 결혼한 둘째 아내 카테리나 가틸루시오—레스보스 제노바 영주의 딸—는 불과 몇 달 만에 렘노스의 팔라이오카스트로에서 남편과 함께 투르크 함대에 잠시 포위돼 있던 중에 죽었다. 황제는 이제 셋째 아내를 취하기 위해 여러 후보를 물색했다. 서방에는 포르투갈의 공주가 있었는데, 마침 그녀는 아라곤과 나폴리의 왕*인 알폰소의 조카딸이었다. 또한 타란토 공작의 딸인 이사벨라 오르시니도 고려 대상이었다. 동방에서는 트레비존드나 그루지야의 지배 가문에서 신붓감을 선택할 수 있었다. 그래서 황제의 옛 친구인 게오르기우스 스프란체스는 외교적 상황을 알아보기 위해 동방의 그 두 궁정으로 떠났다.

스프란체스는 트레비존드에 머물고 있던 1451년 2월에 무라드 2세가 죽었다는 소식을 들었다. 그 순간 그에게 한 가지 아이디어가 떠올랐다. 술탄의 미망인인 마리아—투르크어로는 마라—는 바로 게오르게 브랑코비치의 딸이었다. 그녀는 비록 무라드와 15년 동안 결혼 생활을 했지만 아이를 낳지 않았으므로 두 사람은 첫날밤도 치르지 않았으리라는 게 일반적인 추측이었다. 하지만 그녀는 남편의 아들이자 후계자인 메메드의 계모였다. 이 열아홉 살짜리 청년은 패기와 야심이 대단했고 비잔티움의 공공연한 적으로 알려져 있었다. 그런데 만약 마리아가 비잔티움의 황후가 된다면 메메드를 다소 통제할 수 있지 않을까?

이 생각을 전해 들은 황제는 큰 관심을 보였다. 팔라이올로구스 가문은 이미 브랑코비치 가문과 연고가 있었다. 콘스탄티누스의 조카딸인 헬레나—동생 토마스의 딸—가 마리아의 남동생인 라자르와 결혼했기 때문이다. 곧이어 신부감의 부모와 혼담을 진행하기 위해 세르비아로 급히 대사가 파견되었다. 게오르게와 그의 아내는 반색을 하면서 그 제안을 수락했다.

---

* 1282년의 시칠리아 만종 사태 이후 시칠리아와 남부 이탈리아는 에스파냐의 아라곤 왕이 다스리게 되었다.

유일한 반대자는 마리아 본인이었는데, 그녀의 태도는 의외로 완강했다. 그녀의 설명인즉 자신은 이미 오래전에 만약 이교도에게서 벗어나게 된다면 나머지 평생을 독신으로 살면서 자선 사업을 하겠노라고 맹세했다는 것이었다. 어떠한 설득에도 그녀는 마음을 바꾸지 않았다. 사실 이후의 사태는 그녀의 판단이 옳았음을 보여 준다. 딱한 처지가 된 스프란체스는 그루지야로 돌아가 협상을 재개했는데, 이 혼담은 쉽게 마무리되었다. 하지만 결국 실제로 성사되지는 않았고, 콘스탄티누스는 남은 짧은 생애를 홀아비로 살게 된다.

열아홉 살의 정복자

놀랍게도 얼마 전 아드리아노플에서 오스만의 왕위를 계승한 수수께끼의 젊은 왕자에 관해서는 거의 알려진 바가 없다. 서유럽의 그리스도교권에서는 더욱 그를 몰랐을 것이다. 1433년 무라드의 셋째 아들로 태어난 메메드는 불우한 어린 시절을 보냈다. 무라드는 그의 두 이복형인 아메드와 알리를 노골적으로 편애했다. 그들은 둘 다 좋은 가문 출신의 어머니를 둔 데 비해 메메드의 어머니는 하렘의 여자 노예였고, 게다가 확신할 수는 없지만 아마 그리스도교도였을 것으로 추정된다. 메메드는 두 살 때 아나톨리아 북부의 속주인 아마사로 갔다. 당시 아마사의 총독은 열네 살이던 아메드였는데, 그가 4년 뒤에 죽는 바람에 메메드는 여섯 살의 어린 나이로 형의 뒤를 이어 총독이 되었다.

그러다가 1444년에 정황은 알 수 없지만 알리가 자기 침대에서 목이 졸려 죽는 사태가 일어났다. 그 덕분에 메메드는 졸지에 계승자가 되어 아드리아노플로 긴급히 소환되었다. 그때까지 그는 교육이라고는 거의 받지 않다가 갑자기 당대 최고의 석학들에게서 가르침을 받게 되었다. 얼마 뒤 메메드는 그들과 더불어 학문과 문학의 토대를 마련함으로써 후대에 공헌하게 된다. 그래서 즉위할 무렵 그는 이미 투르크어, 아랍어, 그리스어, 라틴어, 페르시아어, 헤브라이어에 두루 능통했다고 한다.

무라드는 만년의 6년 동안 두 차례나 아들에게 왕위를 넘겼다. 그러나 그때마다 총리대신인 할릴 파샤가 그를 설득하여 다시 국정에 임하도록 했다. 전하는 바에 따르면 젊은 메메드는 오만방자하고 고집스러웠으며, 총리대신의 충고를 전혀 귀담아듣지 않았다고 한다. 언젠가 그는 페르시아의 어느 광신적 금욕주의자의 주장을 받아들였다가 나중에 마음이 바뀌어 화를 내면서 그를 붙잡아 화형에 처한 적도 있었으며, 또 한번은 그리스와 알바니아 국경 지대의 위험한 소요 사태를 무시한 채 콘스탄티노플을 공격한다는 터무니없는 계획을 밀어붙이기도 했다. 무라드는 두 번째로 양위하려 했다가 은퇴를 포기하고 다시 아드리아노플의 권좌로 복귀했을 때 불만에 찬 아들을 아나톨리아의 마그네시아로 쫓아 버렸다. 거기서 메메드는 1451년 2월 13일에 아버지가 뇌졸중으로 죽었다는 소식을 들었다.

새 술탄이 마그네시아에서 아드리아노플까지 오는 데는 닷새밖에 걸리지 않았다. 신하들의 영접을 받은 메메드는 그들 중 일부는 유임시키고 일부는 다른 직책에 임명했다. 이런 행사를 치르고 있을 때 무라드의 미망인〔물론 앞에 나온 마리아는 아니다〕이 도착해서 메메드의 즉위를 축하해 주었다. 메메드는 그녀를 따뜻하게 맞고 한동안 둘이서 대화를 나누었다. 그러나 나중에 하렘으로 돌아간 그녀는 자신의 어린 아들이 목욕탕에서 살해되었다는 것을 알았다. 젊은 술탄은 아주 용의주도한 인물이었다.

당시 그는 겨우 열아홉 살이었으므로 서유럽 세계에서는 그가 너무 어려 무라드만큼 큰 위협이 되지는 못할 것으로 추측했다. 그러나 그것은 착각이었고, 오히려 메메드는 자신에 대한 그런 착각을 조장했다. 즉위한 뒤 몇 달 지나서 그는 헝가리의 야노슈 후냐디, 세르비아의 게오르게 브랑코비치, 베네치아의 도제 프란체스코 포스카리 등과 두루 조약을 맺었으며, 왈라키아 공작, 로도스의 요한기사단, 레스보스와 키오스의 제노바 영주들에게는 우호적인 전갈을 보냈다. 콘스탄티누스 드라가세스가 그의 즉위를 축하하는 뜻으로 보낸 대사들 앞에서 메메드는 비굴할 정도로 굽실거리면서, 황제나 제국의 백성들과 평화로이 살 것이며 아버지가 요한네스 8세와 맺었던 우호 관계를 그대로 유지하겠다고 알라와 예언자에게 맹세했다. 콘스탄티누스가 경계를 강화한 것은 바로 그 약속 때문이었을 것이다. 그는 젊은 술탄이 보기와 달리 장차 대단히 위험한 존재가 되리라는 것을 대뜸 알아차렸다.

그러나 소아시아 카라만족의 지도자들은 그런 조심성을 보이지 못했다. 메메드가 어리고 미숙하다고 판단한 그들은 1451년 가을에 그가 유럽에 가 있는 틈을 타서 예전의 영토를 회복하기 위해 공격을 개시했다. 몇 주일 만에 메메드가 돌아와 자기 군대를 지휘하자 그들은 곧 자신들의 만용을 후회했다. 이것은 직접 관련된 당사자들을 제외하고는 별로 중요하지 않은 사건이었지만 비잔티움에는 중요한 영향을 미쳤다.

유럽으로 돌아갈 때 메메드는 평소 같으면 배를 타고 다르다넬스 해협을 건넜을 것이다. 그런데 이탈리아 함대가 해협을 순찰하고 있다는 보고를 들은 그는 다르다넬스 대신 보스포루스를 건너기로 하고, 바예지드가 세운 아나돌루 히사르 성이 있는 곳으로 갔다. 거기는 해협이 가장 좁아지는 곳이었는데, 메메드는 그 맞은편, 즉 유럽 쪽 연안에 또 하나의 요새를 세우기로 결정했다. 그렇게 하면 그는 보스포루스를 양쪽에서 완벽하게 통제할 수 있게 되며, 아울러 콘스탄티노플을 북동쪽에서, 다시 말해 황금뿔만이 유일한 방어망인 방면에서 공략할 수 있는 거점을 확보하는 셈이었다.

한 가지 사소한 형식적인 문제가 있기는 했다. 메메드가 성을 쌓겠다고 마음먹은 그 땅은 형식적으로는 비잔티움의 소유였던 것이다. 하지만 그는 그 점을 무시해 버렸다. 겨우내 그는 작업할 인력을 모아 석공 1천 명과 숙련 노동자 1천 명을 확보했다. 또한 초봄에는 인근의 모든 성당과 수도원을 파괴하여 건축 자재를 확충했다. 드디어 1452년 4월 15일에 건축이 시작되었다.

콘스탄티노플의 반응이 어떨지는 뻔했다. 황제는 술탄에게 사절단을 보내 조약문의 잉크가 채 마르기도 전에 엄숙한 조약을 위반하지 말라고 항의했다. 아울러 일찍이 바예지드가 아시아 쪽 해안에 성을 쌓을 때 엄밀히 말해서 비잔티움 측의 허가를 얻을 필요가 없는데도 마누엘 2세에게 정중하게 허가를 구했다는 점을 지적했다.

† 메메드 2세, 젠틸레 벨리니의 그림(런던, 국립미술관).

그러나 사절단은 술탄의 대답을 듣지 못하고 발길을 돌려야 했다. 잠시 뜸을 둔 뒤 황제는 다시 많은 선물과 함께 사절단을 보내 앞서의 항의와 더불어 적어도 인근의 비잔티움 촌락들만은 건드리지 말아달라는 부탁을 전했다.

그러나 또다시 사절단은 술탄을 접견조차 하지 못했다. 한두 주일 뒤 콘스탄티누스는 마지막으로 사절을 보내 성을 쌓는 이유가 콘스탄티노플을 공격하려는 데 있지 않다는 것을 보장하라고 다그쳤다. 이번에는 술탄도 참지 않았다. 대사들은 현장에서 처형되었고 황제는 알아서 결론을 내릴 수밖에 없었다.

거대한 루멜리 히사르 성은 8월 31일 목요일에 완공된 이래로 오늘날까지도 보스포루스 연안의 베베크 마을 너머에 거의 변하지 않은 채 그대로 서 있다. 지금 보아도 과연 그 성이 19주 반의 짧은 기간 동안에 완성된 것인지 믿기 어려울 정도다. 성이 완공되자 술탄은 해안에 가장 가까운 망루 위에 대형 대포 세 문을 설치하고, 앞으로 해협을 지나가는 모든 선박들은 국적이나 출발지를 불문하고 무조건 멈춰서 검열을 받으라는 포고령을 내렸다.

그가 농담하는 게 아니라는 점은 곧 사실로 입증되었다. 11월 초에 흑해에서 나오던 베네치아 선박 두 척이 그 지침을 무시했다. 그 배들은 간신히 대포 공격을 피했지만, 두 주 뒤에 식량과 물품을 가득 싣고 콘스탄티노플로 가려던 세 번째 선박은 운이 없었다. 정지하지 않고 가던 그 배는 포격을 받아 침몰했다. 선원들은 살해당했고, 선장인 안토니오 리초의 시신은 앞으로 명령을 어기면 이렇게 된다는 본보기로 꼬챙이에 꿰어 전시되었다. 그러자 서방의 견해는 금세 수정되었다. 술탄 메메드 2세는 결코 만만치 않은 강적이었던 것이다.

술탄이 리초의 시신을 전시한 것은 그리스도교권을 전율케 했다. 특히 교황 니콜라우스는 경악했다. 그 무렵 그는 진정으로 비잔티움을 돕고 싶은 마음이었지만 그에게는 힘이 없었고 자신도 그 점을 잘 알았다. 이미 지난 3월에 신임 서방 황제―합스부르크 왕가의 프리드리히 3세로 대관식을 치르러 로마에 왔었다―를 만나 술탄에게 최후통첩을 보내라고 지시했지만 메메드를 포함하여 그 누구도 그것에 주의를 기울이는 사람은 없었다.

프랑스는 여전히 백년전쟁의 피해로 비틀거리고 있었다. 십자군에 열의를 보이던 부르고뉴 공작 선량왕 필리프는 아버지인 대담왕장이 니코폴리스에서 포로로 잡힌 기억 때문에 기가 꺾였다. 잉글랜드는 신앙심은 두터우나 아둔한 헨리 6세의 치하에서 방향을 잃었고, 역시 프랑스와의 전쟁으로 입은 피해에서 회복되지 못했으며, 곧이어 3년 뒤에는 장미전쟁의 혼란 속으로 빠져들었다. 포르투갈과 카스티야의 왕들은 그들 나름의 십자군에 전념하고 있었다. 스코틀랜드와 스칸디나비아의 왕들은 동방의 사정을 알지도 못하고 신경쓰지도 않았다. 유일하게 아라곤 왕 알폰소는 1443년 나폴리 왕으로 즉위한 이래 십자군에 관심을 보였지만, 그의 동기는 비잔티움의 제위에 있었으므로 선뜻 나서려 하지 않았다.

1452년 여름 루멜리 히사르의 높은 망루가 좁은 해협을 굽어보고 있을 무렵 키예프 대주교였던 이시도루스가 로마의 추기경이자 교황 특사가 되어 콘스탄티노플의 궁정을 향해 출발했다. 그는 나폴리에 들러 교황의 비용으로 궁수 200명을 충원한 뒤 미틸레네 대주교인 제노바의 레오나르도와 함께 10월 말에 콘스탄티노플에 도착했다. 그가 받은 지시는 간단했다. 13년 전에 피렌체에서 합의된 동방 교회와 서방 교회의 통일이 제대로 진행되었는지 알아보는 것이었다.

황제는 조심스러운 태도를 보이면서도 전폭적으로 동의했다. 콘스탄티노플의 여론도 아직 분열되어 있기는 하지만 이시도루스가 보기에는 전보다 한층 우호적인 듯했다. 통일 반대파는 여전히 강력했다. 그래도 총리대신이자 해군장관, 메가스 둑스인 루카스 노타라스가 그들에게서 양보를 얻어 내기 위해 부단히 노력한 결과 마침내 타협도 가능한 상황이 되었다.

하지만 낙관적이었던 분위기는 며칠 뒤에 겐나디우스의 수도사이자 반대파의 지도자인 게오르기우스 스콜라리우스가 발표한 선언 때문에 반전되고 말았다. 그는 신만이 제국을 구할 수 있는 시점에 신앙을 저버리는 것은 어리석은 짓이라고 강조했다. 이리하여 합의는 재차 수포로 돌아갔다. 그런데 마침 그때 베네치아 선박이 침몰하고 리초 선장의 시신이 참혹하게 전시되었다는 소식이 전해지면서 저울추는 또다시 흔들렸다.

1452년 12월 12일 화요일에 황제와 조정의 신하들, 이시도루스 추기경과 키오스 대주교는 소피아 대성당에서 열린 미사에 참석했다. 피렌체에서 했던 것처럼 「하늘은 기뻐하고」가 정식으로 낭독되었다. 그리고 교황과 궐석 상태의 그레고리우스 총대주교에 대한 축문도 낭독되었다. 이로써 형식적으로나마 교회 통일은 완료되었다.

이시도루스, 레오나르도 등의 통일파에게 그것은 공허한 승리였다.

추기경은 미사의 참석자가 많을 것으로 확신했지만 그 반대로 참석자는 매우 적었다. 레오나르도에 의하면 황제도 내키지 않는 기색이 역력했고 노타라스도 내내 냉담한 표정이었다. 그 미사가 치러진 뒤 기쁨의 목소리는 전혀 없었다. 반대파도 침묵을 지켰다. 겐나디우스의 스콜라리우스는 아무 말도 하지 않았다. 그러나 그 뒤부터 통일에 찬성한 성당—소피아 대성당도 포함된다—들은 사람들이 거의 찾지 않게 되었다. 사람들은 교회 통일이 불가피하다는 것을 이해했으나 그래도 기도할 때는 예전의 기도 방식을 따르고자 했으며, 정교회의 신은 여전히 자신들의 기도를 들어주리라고 믿었다.*

최후의 공격과 최후의 방어

1453년 1월에 메메드는 신하들을 아드리아노플로 불러들였다. 그 자리에서 그는 이렇게 말했다. 비잔티움은 여전히 위험하다. 비록 허약해졌다지만 그 백성들은 오스만 왕가에게 얼마든지 위해를 가할 수 있는 타고난 음모자들이다. 게다가 그들보다 훨씬 강한 잠재

---

* 비잔티움은 국난을 맞은 상황에서 어쩔 수 없이 로마 가톨릭으로 '개종' 한 것이므로 백성들이 반발한 것은 당연하다. 그런데 마침 당시에는 로마 가톨릭도 부패의 극을 달리고 있었으니 아마 그런 정황이 동방 제국에 전해진 탓도 있지 않을까 싶다. 루터가 비텐베르크 성당의 문에 면죄부 판매를 반대하는 95개 조 반박문을 내걸고 종교 개혁의 물꼬를 튼 것은 반세기 뒤의 일이지만, 이미 위클리프와 후스의 교회 개혁 운동, 독일 농민전쟁 등이 잇따르면서 로마 가톨릭은 붕괴를 예고하고 있었던 것이다.

적인 동맹 세력도 있다. 제국의 백성들은 자신들이 콘스탄티노플을 더 이상 방어할 수 없다고 판단한다면 이탈리아인들이나 프랑크인 들에게 넘겨주고 대신 방어해 달라고 할 것이다. 요컨대 콘스탄티노 플이 그리스도교의 손아귀에 있는 한 오스만 제국은 결코 안전하지 못하며, 그런 상황이라면 메메드 자신도 술탄의 자리에 계속 있을 생각이 없다. 따라서 그곳을 점령해야 하는데, 그 기회는 바로 지금 이다. 주민들은 사기가 꺾였고 자기들끼리 분열되어 절망적인 상태 에 빠졌다. 물론 도시의 방어는 튼튼하지만 난공불락은 아니다. 예 전의 공격들이 실패한 이유는 해로를 통해 도시로 들어가는 식량과 물자를 차단하지 못했기 때문이다. 그러나 이제는 처음으로 투르크 가 해군력의 우위를 확보하고 있다. 콘스탄티노플을 함락시킬 수 없 다면 차라리 고사시켜 복종하게 만들자.

　메메드의 말은 가감 없는 진실이었다. 비잔티움 측의 문헌은 적 군의 규모에 관해 신뢰할 수 없는 정보로 가득하지만, 그 무렵 몇 주 동안 콘스탄티노플에 있었던 이탈리아 선원들의 기록에 따르면 투 르크는 최소한 삼단노선[211] 6척, 이단노선 10척, 그 밖에 갤리선 15 척, 고속 함정 75척, 수송용 대형 바지선 20척, 그리고 소형 범선들 을 다량으로 보유하고 있었다. 술탄의 최측근들조차 1453년 3월 갈 리폴리에 모인 엄청난 함대의 규모에 혀를 내두를 정도였다. 그러나 그들의 반응은 한두 주일 뒤에 투르크 함대가 마르마라 해를 거쳐 콘스탄티노플 성벽 아래에 닻을 내렸을 때 비잔티움 사람들이 경악 한 것에 비하면 아무것도 아니었다.

　한편 오스만 육군은 트라키아로 집결했다. 해군과 더불어 메메드는 지난 겨우내 육군의 육성에 각별한 정성을 들였으며, 갑옷과 무기, 공성 무기들을 제대로 갖추는 데 만전을 기했다. 그는 병사들의 모든 휴가를 연기시키고, 국경 지대를 지키는 주둔군과 대도시의 치안을 맡은 병력을 제외하고는 비정규군과 용병까지 총동원령을 내렸다.

그 규모를 정확히 추산하기란 불가능하지만 그리스 측 문헌에서 말하는 30만 내지 40만 명은 과장이 심하다. 믿을 만한 투르크 문헌에 의하면 정규군 8만 명과 비정규군, 즉 바시바조우크bashi-bazouk* 가 2만 명이라고 되어 있다. 1만 2천 명의 예니체리는 정규군에 포함되었다. 이 술탄의 정예 부대는 그리스도교 가문 출신의 자제들로 충원했다. 이들을 강제로 이슬람교로 개종시키고 오랜 기간 엄격한 규율 아래서 군사 훈련을 시켜 예니체리 병사로 키운 것이다. 이들은 법적으로는 노예의 신분이었으므로 병영 바깥에서는 개인적 권리를 누리지 못했지만, 정규 급료를 받았고 사실상 노예와는 전혀 무관했다. 이미 그들은 1451년에 급료를 올려달라면서 폭동 일보 직전까지 간 적이 있었는데, 이 예니체리 반란은 19세기 중반까지 오스만투르크의 역사에서 자주 등장하게 된다.

메메드는 육군에도 자부심이 컸지만 그가 무엇보다 자랑하는 것은 바로 대포였다. 대포는 아주 원시적인 형태이기는 해도 이미 수

---

* 이들은 말이 좋아 비정규군이지 실은 건달과 부랑자 패거리에 지나지 않았다. 바시바조우크라는 말의 뜻이 '지휘자가 없다'는 것에서도 알 수 있듯이 이들은 정규 전투보다는 전투 전후의 불안 분위기를 조성하는 데 한몫을 담당했으며, 무법적이고 야만적인 약탈 행위로 악명을 떨쳤다.

백 년 동안 사용되어 왔다. 잉글랜드 왕 에드워드 3세는 1347년 칼레의 포위전에서 대포를 동원했고, 그보다 수십 년 전에 북이탈리아에서도 대포가 사용되었다. 당시의 대포는 가벼운 방책을 공격하는 데는 유용했어도 단단한 석벽에는 무용지물이었다.

그로부터 한 세기가 지난 1446년에 대포는 앞서 본 것처럼 헥사밀리온을 파괴할 만큼 성능이 좋아졌다. 그러던 중 1452년에 우르반이라는 독일의 기술자가 술탄에게 바빌론의 성벽도 부술 수 있는 대포를 만들어 주겠다고 제안했다.[212] 그것이야말로 바로 메메드가 바라 마지않던 무기였다. 술탄은 우르반이 요구한 급료의 네 배에 달하는 돈을 포함하여 필요한 모든 것을 그에게 제공하고, 석 달 동안 작업을 시킨 끝에 가공할 신무기를 만들었다. 그게 바로 루멜리 히사르에 설치되어 안토니오 리초의 선박을 침몰시킨 무기였다.

그 뒤 메메드는 그것의 두 배 크기로 대포를 하나 더 만들게 해서 1453년 1월에 완성시켰다. 전하는 바에 따르면 그 대포는 길이가 9미터에 가까웠고, 포신은 끝부분의 지름이 75센티미터나 되었으며, 청동의 두께는 20센티미터였다고 한다. 시험 발사 결과 무게 600킬로그램의 포탄을 2킬로미터 가까이 날려 보냈고, 발사된 포탄은 지면을 2미터나 뚫고 들어갔다. 이 무시무시한 무기를 콘스탄티노플까지 옮기기 위해 200명의 인원이 도로를 새로 닦고 교량을 보강해야 했다. 이 대포는 3월 초에 황소 60마리가 앞에서 끌고 사람 200명이 뒤에서 붙잡는 가운데 콘스탄티노플을 향해 출발했다.

술탄은 아드리아노플에 남아 있다가 아나톨리아에서 마지막 부대가 도착하자 3월 23일에 그들과 함께 트라키아로 출발했다. 중세의 군대는 원래 이동이 느렸지만 육중한 공성 장비 때문에 더욱 느리게 행군할 수밖에 없었다. 그래도 4월 5일에 이르러 메메드는 콘스탄티노플 성벽 앞에 진을 쳤다. 그의 방대한 군대는 이미 사흘 전에 그곳에 도착해 있었다. 그는 먼저 이슬람의 법에 따라 휴전의 백기를 든 사자를 황제에게 보냈다. 즉시 자발적으로 항복한다면 모든 백성들의 목숨을 살려주고 가정과 재산을 보전해 주겠지만 명령에 따르지 않는다면 그런 자비는 없을 것이라는 전갈이었다.

예상했던 대로 황제는 아무런 응답도 하지 않았다. 4월 6일 금요일 새벽 대포가 첫 포성을 울렸다.

투르크군의 모습이 처음 보이기 한참 전에 콘스탄티노플 시민들은 포위가 시작되리라는 것을 알고 있었다. 겨우내 시민들은 남녀노소 할 것 없이 황제의 지휘 아래 수도의 방어 태세를 갖췄다. 성벽을 보강하고, 해자를 청소하고, 식량, 화살, 연장, 무거운 돌, 그리스 화약[213] 등 적을 물리치는 데 필요한 모든 것을 비축했다.

적의 주된 공격 방향은 서쪽일 게 분명하지만, 마르마라 연안과 황금뿔의 해로성벽도 보강했다. 제4차 십자군 때 프랑크인과 베네치아인이 블라케르나이 지구를 통해 도시로 진입한 것을 모두가 기억했기 때문이다. 봄이 되자 모든 준비가 완료되었다. 4월 1일은 부활절이었다. 그리스도교의 축일에도 비잔티움 사람들은 소피아 대성당을 찾지 않았다. 하지만 어디서 예배를 드리든 사람들은 다음 몇 주 혹은 몇 달 동안 벌어질 사태에서 자신들을 구원해 달라고 기도했다. 곧 닥쳐올 적의 공격에 대해 인력으로 할 수 있는 만반의 준비는 다했기 때문이다.

콘스탄티누스도 최선을 다했다. 지난해 가을에 그는 다시 서유럽에 사절을 보냈으나 여느 때처럼 아무 성과도 없었다. 안토니오 리초가 죽은 지 석 달이 지난 1453년 2월에 베네치아 원로원은 이윽고 사태의 위급함을 깨닫고 한 척에 400명씩 병력을 태운 수송선 두척을 콘스탄티노플에 보내기로 가결했다. 뒤이어 열다섯 척의 갤리선도 준비되는 대로 보낼 작정이었다.

그러나 3월 2일에도 원로원은 여전히 함대의 구성을 놓고 갑론을박을 벌였으며, 3월 9일에는 최대한 빨리 보내라고 촉구하는 결의안을 통과시켜야 했다. 또 4월 10일에는 로마에 서신을 보내 비잔티움을 지원할 모든 화물선은 3월 말까지 다르다넬스에 도착해야 한다는 다소 독선적인 주장을 펼쳤다. 그 뒤에는 북풍으로 인해 해협을 통과하기가 어려워졌다. 그래서 결국 베네치아 함대가 석호를 출발한 것은 4월 20일이었다. 이 무렵 니콜라우스 교황이 자비를 들여 식량과 군수품을 마련해서 보낸 제노바 선박 세 척은 이미 콘스탄티노플에 도착해 있었다(이에 관해서는 나중에 언급할 것이다).

세레니시마의 명예를 위해서는 다행스럽게도 과거에는 말썽만 빚었던 콘스탄티노플의 베네치아 조계는 당면한 문제에 대해 올바르게 처신했다. 현지 바일로(bailo, 총독)인 지롤라모 미노토는 이미 1월 26일에 본국 정부에 서신을 보내 지원군을 요청했으며, 얼마 안 가서 군대가 올 거라고 여러 차례 황제를 다독였다. 다른 한편으로 그는 모든 지원을 아끼지 않겠다고 약속했고, 항구에 정박해 있는 공화국의 선박들이 자신의 허락 없이는 떠나지 못하도록 하겠다고 다짐했다. 흑해에서 돌아와 콘스탄티노플에 정박한 상선 두 척의 선장들도 최대한 돕겠다면서 소매를 걷어붙였다.

베네치아가 제공할 수 있는 상선은 크레타 식민지에서 온 세 척까지 합쳐 모두 아홉 척이었다. 황제가 가용할 수 있는 인력이 얼마나 되었는지는 확실치 않다. 베네치아 해군 군의관으로서 당시 포위전을 생생하게 목격한 니콜로 바르바로는 '귀족'[214] 동포들이 예순일곱 명이나 있었다고 말하지만, 그들은 아마 상류층 평민이었을 것이다.

방어 측에는 또 제노바 병력도 있었다. 예상할 수 있듯이 그들 대부분은 갈라타 조계에서 왔다. 투르크가 승리할 경우 그들은 어차피 살아남기 어려웠던 것이다. 그러나 제노바 본국에서 온 자랑스러운 젊은 병사들도 있었다. 이들은 콘스탄티누스에게 선박 단 한 척만 제공하겠다고 약속한 본국 정부의 행태를 부끄러워하며 그리스도교권의 수호를 위해 싸우겠다고 나선 병사들이었다. 그들의 지도자인 조반니 주스티니아니 롱고는 제노바 공화국의 명망 가문 출신이며 포위 전쟁의 전문가로 이름이 높았다. 그는 1월 29일에 사병私兵 700명을 거느리고 도착했다(그의 병사들 중에는 스코틀랜드 출신으로 추측되는 존 그랜트라는 수수께끼의 기술자가 한 명 있었다).

마지막으로, 나이가 지긋한 돈 프란시스코 데 톨레도라는 에스파냐의 대공과 소규모의 카탈루냐 부대가 있었다. 에스파냐 대공은 자신이 콤네누스 가문의 후손이라고 주장했으며, 카탈루냐 병사들은 주로 수도에 영구적으로 거주하는 주민이었지만 선원들 중에 자원한 사람도 일부 있었다.

이런 인적 구성으로 인해 마치 제국을 지원하기 위해 국제적인 연대가 이루어진 듯한 분위기가 조성되었지만, 얼마 안 가 방어군 측에 큰 타격을 주는 사태가 발생했다. 2월 26일 밤 베네치아 함선 일곱 척—크레타에서 온 한 척을 빼고 전부—이 700명가량의 이탈리아인들을 태우고 몰래 황금뿔을 빠져나가 헬레스폰트를 거쳐 테네도스 섬으로 간 것이다. 바로 며칠 전에 그 선장들은 황제에게 수도에 남겠다고 엄숙히 맹세한 터였다. 방어 인력의 손실은 한 달 전에 롱고가 데려온 인력과 상쇄할 수 있었으므로 파멸적인 타격까지는 아니라고 할 수도 있었다. 그러나 친구라고 믿었던 사람들이 신의를 저버리고 떠난 것은 인력의 손실보다 더욱 가슴아픈 일이었다.

그제야 비로소 황제는 수도의 방어에 투입할 수 있는 가용 자원을 정확하게 점검해 보았다. 황금뿔에 정박해 있는 함선들은 베네치아 선박이 여덟 척(크레타에서 온 세 척 포함), 제노바 선박이 다섯 척, 앙코나, 카탈루냐, 프로방스의 선박이 각각 한 척씩, 여기에 비잔티움의 해군에 남아 있는 열 척을 포함해서 모두 스물여섯 척이었다. 오스만 함대에 비하면 상대도 되지 않는 규모였다.

인력의 부족은 더욱 심각했다. 3월 말에 콘스탄티누스는 비서인 스프란체스를 시켜 수도의 신체 건강한 모든 인력을 조사하게 했다. 그 결과는 생각하던 것 이상으로 참담했다. 성벽의 방어에 배치할 수 있는 수도의 모든 인력은 수도사와 성직자까지 포함하여 그리스인 4983명과 외국인 2천 명 정도가 전부였다. 메메드의 10만 대군을 맞아 22킬로미터에 이르는 성벽을 방어해야 하는 상황에서 가용 인력이 7천 명이 채 못 되었던 것이다. 황제는 스프란체스에게 그 수치를 절대 공개하지 말라고 명했다. 수도를 구할 수 있는 것은 오직 신밖에 없었다.

　4월 2일 월요일 보초병들이 서부 지평선에서 투르크군이 진격하고 있다는 보고를 올리자 황제는 성문을 모두 닫고, 해자의 교량을 모두 부수고, 황금뿔 입구의 대형 사슬을 아크로폴리스(지금의 세랄리오 궁전이 있는 지점) 바로 아래에서 갈라타의 해로성벽까지 쳐놓으라고 명했다. 이제 남은 것은 적의 최종 공격을 기다리면서 기도하는 일뿐이었다.

전초전의 승리

1453년 그 숙명적인 봄날에 비잔디움이 의지했던 것은 마르마라 해의 연안에서부터 황금뿔의 상부 구역까지 뻗어 수도의 서쪽 경계선을 이루는 성벽이었다. 이 성벽은 이미 1천여 년이나 그 자리를 지키고 있었다. 건축될 무렵의 황제였던 테오도시우스 2세의 이름을 따서 테오도시우스 성벽이라고 불리지만 실은 그 성벽이 완공된 413년에 테오도시우스는 아직 어린아이였다. 성벽을 실제로 지은 당시의 민정총독 안테미우스는 테오도시우스의 치세 초기 6년 동안 황제의 후견인이자 동방 제국의 섭정이었다.

　불행히도 성벽이 지어진 지 34년밖에 안 된 447년에 심한 지진으로 망루가 쉰일곱 개나 무너졌다. 하필이면 훈족의 왕 아틸라가 콘스탄티노플로 진격하던 무렵이었다. 그러나 즉각 복구 공사가 시작되어 두 달 만에 요새가 완전히 복구되었고 외벽과 해자도 추가되었다. 아틸라는 성벽을 보고 말 머리를 돌렸다.

　그 뒤 수백 년의 세월 동안 비잔티움의 많은 적들이 아틸라처럼 성벽을 보고는 공격을 포기했다. 그것은 당연했다. 중세의 포위전에서 콘스탄티노플의 육로성벽은 말 그대로 난공불락이었다. 공격자는 우선 20미터 너비의 깊은 해자와 마주쳐야 했다. 비상시에 이 해자에는 10미터 깊이의 물을 채울 수도 있었다. 해자를 건너면 총안이 설치된 낮은 흉벽이 나오고, 그 뒤에는 너비 10미터의 단이 가로막았다. 그 다음에 두께 2미터, 높이는 거의 10미터에 이르는 데다 아흔여섯 개의 망루가 적절한 간격으로 늘어서 있는 외벽이 버티고 섰다. 이 성벽 안쪽에는 또다시 넓은 단이 있고, 그 다음에 방어망에서 주요한 역할을 하는 육중한 내벽이 나왔다. 내벽은 밑동의 두께가 약 5미터이고 높이는 12미터나 되어 시 전체를 내려다 볼 수 있을 정도였다. 이 내벽에도 아흔여섯 개의 망루가 외벽의 망루와 엇갈리도록 설치되어 있었다.

　전체적으로 이 성벽은 중세의 어느 것보다도 정교하게 만들어진 요새였다. 오직 성벽이 블라케르나이 황궁과 만나는 북쪽 끝부분만이 삼중 벽이 아니라 하나의 벽으로 되어 있었다. 하지만 이곳도 육중한 황궁 벽의 두께로 크게 보강되었으며, 요한네스 칸타쿠제누스의 시대에 조성된 해자를 최근에 선원들이 더욱 깊게 파서 방어 기능이 추가되었다.

　4월 6일 금요일 아침에 성벽을 따라 대부분의 방어 병력이 배치되었고, 황제와 주스티니아니는 메소테이키온이라고 불리는 가장 취약한 부분의 지휘를 맡았다. 이곳은 시의 북쪽 끝에서 1.5킬로미터가량 떨어진 리쿠스라는 작은 강의 유역을 지나는 부분이었는데, 술탄의 공격이 집중될 가능성이 높은 지점이었다. 마르마라 해와 황금뿔에 면한 해로성벽에는 비교적 적은 인원이 배치되었으나 그 방어 병력은 정찰 역할도 겸해 투르크 함대의 이동 상황을 면밀히 관찰했다.

그들의 보고에 따르면, 불가리아 출신의 배교자인 쉴레이만 발톨루라는 투르크 제독은 마르마라 연안을 끊임없이 순찰하는 동시에 —군데군데 흩어져 있는 작은 항구들을 봉쇄하려는 의도였다— '쌍기둥'[215]이라고 불리는 보스포루스 맞은편 부두로 함대를 집결시키고 있었다. 포위가 시작되고 사흘쯤 뒤에 그는 큰 배들로 대형 쇠사슬을 들이받아 끊으려고 했다. 그러나 사슬은 잘 버텼다.

한편 술탄은 포위 전쟁의 역사상 전례가 없을 정도의 강력한 공격을 육로성벽에 퍼부었다. 첫날 저녁에 마침내 카리시우스 성문 근처의 성벽이 허물어졌다. 소피아 대성당까지 이어지는 콘스탄티노플의 중심도로인 메세가 시작되는 지점이었다. 투르크 병사들은 여러 차례 길을 뚫으려 애썼지만 화살과 돌멩이 세례에 거듭 실패하다가 밤이 되자 진지로 돌아갔다. 이튿날 아침에 성벽이 완전히 복구되어 있는 것을 본 메메드는 대포를 현장으로 더 가져올 때까지 포격을 중단하기로 결정했다.

비는 시간을 이용하여 그는 성벽 바깥에 있는 작은 요새 두 곳을 공격하라고 명했다. 하나는 보스포루스에 메메드가 새로 쌓은 성의 바로 너머 테라피아라는 촌락에 있는 요새였고, 다른 하나는 스투디우스라는 작은 마을에 있는 요새였다. 두 요새의 방어군은 용감히 싸웠으나 결국 항복할 수밖에 없었다. 생존자들은 꼬챙이에 꿰여 죽었는데, 특히 육로성벽에서 바라다보이는 스투디우스 요새의 생존자들이 본보기로 처형되었다.

계속해서 술탄은 발톨루에게 마르마라 해의 프린키포 섬을 점령하라고 명했다. 약간의 저항이 있었지만 섬은 쉽게 점령되었고 제독은 섬의 요새에 유황과 역청을 던져 넣고 불을 질렀다. 불을 피해 탈출한 병사들은 곧바로 처형되었고 민간인들은 노예로 팔렸다. 그런 야만 행위가 주는 교훈은 분명했다. 술탄을 우습게 보면 이렇게 된다는 것이었다.

4월 11일에 대포들이 제자리에 배치되자 포격이 재개되었다. 이 포격은 이후 48일 동안이나 그치지 않고 지속되었다. 큰 대포는 한 번 사격하면 두세 시간 쉬어야 했지만 그 위력은 엄청났다. 일주일 만에 리쿠스 강 맞은편의 외벽이 몇 군데나 무너졌다. 방어군은 임시변통으로 만든 방책 뒤편에서 부지런히 피해를 복구했지만 무한정 그렇게 버틸 수는 없는 노릇이었다. 하지만 그런 상황에서도 18일 밤의 기습 공격은 잘 막아냈다. 네 시간의 혈투 끝에 투르크군은 200명이 전사했고—바르바로에 의하면—그리스도교군은 단 한 명도 죽지 않았다.

해상에서도 제국의 함대는 눈부신 성과를 올렸다. 발톨루는 얼마 전에 흑해에서 온 육중한 갤리선들을 이용하여 또다시 사슬을 끊으려 했지만 먼젓번과 마찬가지로 소용이 없었다. 이 배들은 대포를 장착하고 있었으나 높이 들어올릴 수 없어 그리스도교 선박들에게 피해를 주지 못했다. 그리스, 제노바, 베네치아 궁수들은 투르크 수병들의 머리 위로 무수한 화살을 날렸고 투르크 선박에 큰 피해를 주었다. 결국 적은 물러갈 수밖에 없었다.

얼마 뒤 그 해역에서 그보다 훨씬 더 중대한 전투가 벌어졌다. 교황이 임대해서 물품을 실어 보낸 제노바 선박 세 척은 키오스에서 날씨 때문에 늦어졌다가 이윽고 헬레스폰트 부근에 도착했다. 그와 동시에 아라곤 왕 알폰소가 제공한 시칠리아산 곡식을 실은 제국의 대형 수송선 한 척이 제노바 선단과 합류했다.

때마침 메메드는 가장 강력한 해군력을 콘스탄티노플 외곽에 총집결시키려는 생각에서 해협을 무방비 상태로 놔두었는데, 그 실수를 틈타 지원 함대가 무사히 마르마라 해로 들어올 수 있었다. 4월 20일 금요일 아침에 함대가 수평선에 모습을 드러낸 것을 보자 메메드는 직접 말을 타고 황금뿔의 위쪽으로 가서 제독에게 지원 함대를 절대로 수도에 상륙시켜서는 안 된다는 명령을 내렸다. 함대를 나포하거나, 그게 불가능하면 침몰시키라는 것이었다.

발톨루는 즉각 공격 준비를 했다. 범선들은 약한 남풍을 거슬러 가지 못했지만, 이단노선과 삼단노선―이 가운데는 가벼운 포를 장착한 배도 있었다―은 기동력이 뛰어났다. 이윽고 오후에 이 대함대는 네 척의 선단을 향해 다가갔다. 워낙 수적으로 열세인지라 이 광경을 지켜보는 수도의 시민들은 절망적이라고 생각했다. 그러나 바람은 지원 선단의 편이었다. 바람이 점점 거세지자 선체가 무거운 투르크 선박들은 조종하기가 어려워졌다. 게다가 상대편은 배의 높이에서 유리했다. 양측의 함선들이 가까워질 때마다 투르크 수병들은 빗발처럼 쏟아지는 화살, 창, 돌멩이 세례를 받아야 했다.

결국 그들은 지원 함대의 갤리선 네 척이 황금뿔을 향해 쾌속 행진하는 것을 그냥 지켜볼 수밖에 없었다. 그런데 그 순간 갑자기 바람이 잠잠해졌다. 황금뿔과 보스포루스와 마르마라 해가 만나는 아크로폴리스 지점에서는 물살이 강하다는 사실이 옛날부터 잘 알려져 있었다. 바람이 뚝 끊긴 탓에 지원 함대의 돛은 제멋대로 펄럭였고, 선박들은 북쪽의 갈라타 연안으로 휩쓸려 갔다.

이제 유리한 측은 투르크 함대였다. 발톨루는 그래도 적선에 가까이 가는 것을 경계하여 중무장한 선박을 최대한 가까이 붙이고 대포를 발사했다. 하지만 그것은 소용이 없었다. 대포의 높이가 충분하지 않은 탓에 포탄이 중간에 떨어져 버렸다. 불화살 몇 개가 그리스도교 함선의 갑판에 닿았지만 그 불은 쉽게 꺼지고 큰 피해를 입히지는 못했다. 그러자 필사적인 심정이 된—당시 술탄의 기분을 고려할 때 실패는 치명적일 수 있었다—발톨루는 병사들에게 다가가서 적선에 오르라는 명을 내렸다. 그의 기함도 직접 움직여 제국 수송선의 선미를 들이받았다. 제노바 함선들은 순식간에 적에게 포위되었다.

선원들은 연신 화살을 쏘았으나 30에서 40척의 투르크 함선들이 들이닥치자 더 이상 손을 쓸 수 없었다. 그런데 또다시 선박의 높이가 그들을 구했다. 적선에 갈고리를 걸고 그 위에 올라타는 것은 결코 쉬운 일이 아니다. 자신들의 함선보다 훨씬 높은 적선에 올라타려면 배 표면을 기어올라야 하지만 적이 위에서 공격하고 있으니 성공할 가능성은 거의 없었다. 제노바 선원들은 배 위에 기어오르려는 투르크 병사들의 머리와 손을 큰 도끼로 닥치는 대로 찍어 버렸다.

게다가 투르크 함선들은 노가 서로 얽혀 제대로 움직이지 못했다.

그러나 제국의 수송선은 여전히 어려운 처지였다. 다행히 이 배에 그리스 화약이 적재되어 있었던 게 큰 도움이 되었다. 올라타려는 적병들은 가까스로 물리쳤으나 투르크 기함의 추격에서는 여전히 벗어나지 못했다. 게다가 이제는 화살 같은 무기도 떨어지기 일보 직전이었다. 수송선의 처지를 본 제노바 선장들은 자신들의 선박을 수송선 옆에 붙이고 네 척을 한 몸처럼 밧줄로 묶었다. 그러자 함대는 혼돈과 혼란의 바다 위에 뜬 하나의 거대한 요새가 되었다. 선원들도 한 몸처럼 용감하게 싸웠다. 그러나 수도 없이 밀려드는 적군을 상대하기에는 힘이 벅찼고 선원들의 사기도 점차 꺾였다.

바로 그때 날이 저물면서 다시 바람이 불어왔다. 이제 바다의 요새는 돛을 활짝 펴고 황금뿔의 입구를 향해 서서히, 그러나 단호하게 움직이기 시작했다. 그 도상에 있는 투르크 함선들은 산산조각이 났다. 투척물에 눈을 맞아 크게 다친 발톨루는—투르크 선박에서 날아든 것이었다고 한다—패배를 절감했다. 어둠이 밀려들자 그는 함대에게 정박하라는 명을 내릴 수밖에 없었다. 몇 시간 뒤 한밤중이 되었을 때 네 척의 지원 선단은 조용히 황금뿔로 미끄러져 들어갔다.

술탄은 해안에 서서 그 전투 상황을 빠짐없이 지켜보았다. 이따금 그는 흥분해서 말을 탄 채 바다에 뛰어들어 옷이 젖기도 했다. 그의 사나운 성질은 잘 알려져 있었다. 하지만 자신의 함대가 참패를 당하는 것을 보고 그가 너무 격분하자 측근들은 그가 미친 게 아닌가 염려할 정도였다. 그 이튿날 술탄은 발톨루를 불러 놓고 공개적으로 바보에 겁쟁이라고 비난하며 즉각 처형하라는 명을 내렸다. 부하들이 제독의 용기를 증언하고 나선 덕분에 그는 겨우 목숨을 건졌지만, 그 대신 매질을 당하고 공직과 재산도 모두 박탈되었다. 메메드는 그의 재산을 자신이 아끼는 예니체리 병사들에게 나눠 주었다. 그 뒤 발톨루의 소식은 전하는 바가 없다.

신이 버린 도시

그 중대한 금요일에 비잔티움은 운이 좋았다. 제노바 선단이 도착하자 술탄은 쌍기둥으로 돌아갔다. 이튿날 그가 아직 그곳에 있을 때 투르크의 대포가 리쿠스 유역 위쪽의 육로성벽에 있는 박타티니아라는 대형 망루를 부수고 그 부근의 외벽을 무너뜨렸다. 만약 투르크군이 즉각 공세를 취했다면 콘스탄티노플은 실제보다 5주 앞당겨 함락되었을지도 모른다. 그러나 메메드가 공격 명령을 내리지 않아 기회는 무산되었다. 그날 밤 그리스 공병들은 성벽의 손상된 부분을 복구해서 이튿날 아침 성벽은 전과 다름없는 상태가 되었다.

그 무렵 술탄은 다른 생각에 빠져 있었다. 최근에 겪은 대실패는 그에게 한 가지 목표를 일러 주었다. 그것은 바로 황금뿔을 장악해야 한다는 것이었다. 사실 그는 포위를 시작할 때부터 그 점을 염두에 두고 공병들을 시켜 갈라타 뒤편의 도로를 닦게 했다. 마르마라 연안의 쌍기둥에서 오늘날 타크심 광장으로 불리는 언덕을 넘어 황금뿔의 카심파샤에 이르는 도로였다. 공병들은 쇠바퀴도 주조했고 철길도 만들었다. 또한 목수들은 중형 선박의 용골을 운반할 수 있을 만한 크기의 거대한 나무 받침대를 제작했다.

가히 헤라클레스의 역사役事라 할 만한 작업이었으나 메메드가 가진 인력과 물자로 불가능한 일은 아니었다. 4월 21일 마침내 도로가 완성되었고 22일 일요일 아침 갈라타의 제노바 조계 사람들은 엄청난 광경을 보고 할 말을 잊었다. 투르크 선박 70척이 수십 마리의 황소들에 의해 70미터 높이의 언덕을 넘어 황금뿔 쪽으로 내려오고 있었던 것이다.

제노바인들의 경악은 비잔티움인들에게 미칠 바가 못 되었다. 술탄의 계획을 전혀 모르고 있었던 그들은 눈으로 직접 보면서도 그것

† 1453년 콘스탄티노플을 포위한 오스만군, 루마니아 몰도비타 수도원의 프레스코.

† 테오도시우스 2세가 축성한 콘스탄티노플 육로성벽의 잔해. 도시 외곽에서 본 모습.

을 믿을 수 없었다. 이제 제국의 주요 항구가 위험에 처했을 뿐 아니라 1204년에 십자군이 파괴했던 성벽 부분까지 5킬로미터 길이의 성벽을 방어해야 하게 된 것이다. 일주일 뒤에 그들은 투르크의 그 함선들을 파괴하기로 결심했다. 그러나 투르크는 갈라타의 첩보원에게서 그 계획을 미리 전해 듣고 대비했다.

그 뒤에 벌어진 전투에서는 투르크의 함선이 단 한 척만 침몰한 데 반해 그리스도교 연합군의 우수한 수병 50명이 전사했다. 40명은 해안까지 갔다가 현장에서 처형되었다. 이들이 처형되는 모습 역시 수도에서 볼 수 있었다. 그에 대한 보복으로 그리스인들은 투르크 포로 260명을 해안으로 끌고 나와 황금뿔 맞은편에서 그들의 동료들이 지켜 보는 가운데 참수했다. 이제 이 전쟁에서는 자비나 관대함을 기대할 수 없게 되었다.

그때까지도 황제는 아직 메메드가 무엇을 하려는지 완전히 깨달지 못하고 있었다. 미노토 바일로의 격려를 받아 그는 여전히 베네치아로부터 지원군이 올 것이라는 꿈을 버리지 않았다. 하지만 이런 상황에서라면 설사 지원군이 온다 하더라도 어떻게 무사히 수도에 입항하기를 바랄 수 있을까? 게다가 황제는 갈라타의 제노바인들이 완전히 배신했다는 것을 알게 되었다. 물론 그들 중에는 동포인 조반니 주스티니아니 롱고의 휘하로 들어와 성벽에서 용감하게 싸운 사람들도 있었지만, 대다수는 그리스도교 형제를 돕기 위해 손가락 하나도 까딱하지 않았다. 그들이 힘을 합쳤다 해도 술탄이 배를 육상으로 이동시켜 황금뿔까지 옮기는 것을 저지할 수는 없었을지도 모른다. 하지만 적어도 콘스탄티노플에 경고나 예고는 해 줄 수 있지 않았을까?

문제는 콘스탄티누스도 잘 알고 있었듯이, 제노바인들이 그리스인들을 전혀 좋아하지 않았고 그들에 대한 의무에 충실하지도 않았다는 점이다. 동방 교회와 서방 교회가 형식적으로 재통합되었으므로 원래대로라면 그리스도교가 결속력을 발휘해야 했다. 그러나 제노바인들에게는 (베네치아인들에게도 마찬가지지만) 무엇보다도 무역이 가장 중요했다. 따라서 그들은 승리한 측에 붙어야 했는데, 이 전쟁에서 어느 측이 승자가 될지는 누가 봐도 명백했던 것이다.

마치 갈라타를 완벽하게 장악하고 있다는 것을 과시하기라도 하듯이 메메드는 블라케르나이 궁전에서 북서쪽으로 불과 수백 미터 지점에 황금뿔을 건너는 부교를 설치했다. 그전까지 수도 성벽에 진을 친 육군과 쌍기둥에 정박한 함대 사이를 다니는 전령들은 황금뿔의 위쪽으로 빙 돌아 통행했으나 이제부터는 부교를 이용하여 한 시간이면 갈 수 있게 되었다. 또한 그 부교는 다른 용도도 있었다. 병력이 5열 종대로 지나갈 수 있을 만큼 넓었으므로 무거운 수레도 통과할 수 있고, 다리의 양쪽에 특수한 뗏목을 부착하면 그 위에 대포를 설치하여 병사들의 진격을 엄호하거나 수도의 해로성벽을 포격할 수 있었던 것이다.

5월 초가 되자 콘스탄티누스는 오래 버틸 수 없으리라고 판단했다. 우선 식량이 바닥을 드러내기 시작했다. 고기잡이는 마르마라 해에서는 오래전부터 불가능했고 투르크 함선들이 온 뒤로는 황금뿔에서도 위험했다. 성벽의 수비병들도 가족을 먹여 살리기 위한 식량을 구하는 데 더 많은 시간을 할애하는 실정이었다.

미약하나마 한 가지 희망이 있었으니, 바로 베네치아의 지원군이었다. 미노토가 본국에 지원군을 요청한 지 벌써 석 달이 지났지만 석호에서는 아직 아무런 연락도 없었다. 함대는 오고 있는 걸까? 오고 있다면 그 규모는 어느 정도이며 무엇을 싣고 있을까? 아니, 그보다 언제나 도착할까? 이제 콘스탄티노플의 운명은 바로 거기에 달려 있었다. 그래서 5월 3일 목요일, 자정 직전에 황금뿔에 있는 베네치아의 소함대에서 쌍돛 범선 한 척이 조용히 항구를 빠져 나왔다. 그 배에는 투르크의 깃발이 달려 있었고 투르크 복장으로 위장한 선원 열두 명이 타고 있었다.

그 배는 23일 수요일 밤에야 돌아왔다. 20일 동안 선원들은 매서운 북풍을 헤치며 마르마라 해를 오르내리다가 투르크 함대의 맹추격을 받았다. 다행히 베네치아의 항해술은 투르크보다 훨씬 뛰어났기 때문에 밤이 되자 배는 황금뿔 안으로 들어올 수 있었다. 배의 선장은 곧장 황제와 미노토를 접견했다. 그의 보고는 최악이었다.

3주 동안 에게 해를 누비고 다니며 샅샅이 뒤졌으나 오기로 약속한 지원 함대는 어디서도 볼 수 없었다. 결국 선장은 부하 선원들과 대책 회의를 열고 어떻게 해야 할지 의견을 구했다. 선원 한 명이 콘스탄티노플은 투르크에게 함락될 것이라며 베네치아로 돌아가자고 했지만 다른 사람들은 그에게 호통을 쳤다. 그렇다면 그들의 의무는 명백했다. 황제에게 사실대로 보고해야 했다. 그래서 그들은 살아서 수도를 벗어나지 못할 것임을 잘 알면서도 돌아왔다. 보고를 들은 콘스탄티누스는 선원들 각자에게 일일이 치하했다. 목이 메어 목소리도 나오지 않을 정도였다.

그 무렵 불길한 조짐도 보이기 시작했다. 이미 몇 달 전부터 비관론자들은 비잔티움의 초대 황제가 헬레나를 어머니로 둔 콘스탄티누스였듯이 마지막 황제도 그러리라고 주장해 왔다.* 그러나 5월 24일 보름 직전에는 더 불길한 징조들이 나타났다. 5월 22일에는 월식이 있었고, 하루 이틀 뒤에는 무엇보다도 성스럽고 귀중한 성모의 성상을 들고 거리를 행진하면서 최후의 탄원 기도를 올리던 중 그만 성상이 받침대에서 떨어지는 사고가 일어났다. 이상하게도 성상이 갑자기 매우 무거워지는 바람에 사람들은 간신히 받침대에 도로 올려 놓고 행진을 재개했다.

그러나 수백 미터쯤 갔을 때 일찍이 누구도 겪지 못했던 격렬하고 사나운 폭우가 쏟아졌다. 비와 우박이 워낙 세차게 퍼붓는 바람

* 콘스탄티노플을 창건한 콘스탄티누스 대제의 어머니도 헬레나였다.

에 거리는 물바다로 변했고 기도 행렬은 엉망이 되었다. 게다가 이튿날 아침에는 5월 말의 날씨로는 유례가 없을 만큼 짙은 안개가 수도 전역에 깔렸다. 그날 밤 소피아 대성당의 기단 부분에서 기이한 붉은 빛이 스멀스멀 기어 나오더니 위로 천천히 올라가 돔 지붕까지 뒤덮었다가 사라졌다. 그 현상은 갈라타와 쌍기둥의 투르크군도 목격했다. 처음에는 메메드도 크게 두려워했으나, 소피아 대성당이 곧 '참된 신앙'으로 빛나게 된다는 징후라는 점성술사들의 해석을 듣고는 안심했다. 비잔티움 사람들에 그것은 한 가지로밖에 설명될 수 없었다. 신의 성령이 이제 도시를 버린 것이었다.

과거에도 여러 차례 그랬듯이 게오르기우스 스프란체스를 비롯한 대신들은 황제에게 시간이 아직 남아 있을 때 수도를 떠나자고 탄원했다. 두 세기 전에 미카일 팔라이올로구스가 그랬던 것처럼 모레아에 망명 정부를 세우고 장차 군대를 동원하여 수도를 탈환하자는 의견이었다. 피곤에 지친 황제는 신하들의 말도 미처 다 듣지 못하고 실신했다. 그러나 다시 정신을 차렸을 때 그는 여느 때처럼 굳은 각오를 보였다. 여기는 그의 도시였고 시민들은 그의 백성이었다. 그는 그들을 놔두고 떠날 수 없었다.

5월 26일 토요일에 메메드 2세는 작전 회의를 열고 이만 하면 포위는 충분히 했다고 말했다. 그때까지 전쟁 자체―혹은 고집스러운 젊은 술탄―에 찬성하지 않았던 총리대신 할릴 파샤는 그 말에 열렬히 찬동하면서 어서 퇴각하자고 강력히 권유했다. 오래전부터 온다는 소문이 나도는 서방의 지원 함대나 야노슈 후냐디의 군대가 들이닥치면 퇴각할 기회를 놓친다는 게 그의 주장이었다.

하지만 메메드는 그럴 생각이 전혀 없었다. 그는 그리스인들이 굶주림에 시달리고 사기도 바닥이라고 말했다. 이제 최종 공세를 취할 시간이라는 것이었다. 젊은 장군들이 동의하고 나서자 할릴의 의견은 무시되었고 행동 방침이 결정되었다. 다음날은 하루 종일 공격 준비를 하고 그 다음날은 휴식을 취하며 기도를 올리기로 했다. 공격을 개시하는 시간은 5월 29일 화요일 아침으로 정해졌다.

술탄은 그 계획을 군이 방어군 측에 숨기려 하지도 않았다. 투르크 진영에 있는 일부 그리스도교 병사들이 성벽 너머로 화살을 날려 술탄의 의도를 알려 주었지만 실은 그럴 필요도 없었다. 이후 36시간 동안 중단 없이 공격 준비가 진행되었다. 해자를 메우고, 대포를 설치하고, 투석기와 공성 무기를 배치하는 한편, 화살, 화약, 식량, 붕대, 불을 끄기 위한 물 등 대규모 군대가 작전하는 데 필요한 모든 물자들을 비축했다. 밤이 되자 병사들의 작업을 독려하기 위해 거대한 화톳불을 피웠고, 북과 나팔로 사기를 고취했다. 그러다가 28일 새벽부터 갑자기 사방이 고요해졌다. 병사들이 개별적으로 다음날의 공격을 위해 몸과 마음의 준비를 하는 동안 메메드는 하루 종일 돌아다니며 상황을 점검한 뒤 저녁 늦게 침소로 돌아와 휴식을 취했다.

한편 수도에서는 지난 몇 주 동안 불안이 고조되면서 터질 것 같은 긴장감이 감돌았다. 평소에도 불편했던 그리스인, 베네치아인, 제노바인의 관계는 이제 서로 말도 건네지 않을 만큼 냉랭해졌다. 가장 중요한 방어 문제에 관해서조차 모든 명령, 모든 주장, 모든 동기가 의문과 의심과 논쟁의 대상이 되었다. 그러다가 제국의 역사상 마지막 월요일을 맞아서는 분위기가 달라졌다. 심판의 시간이 다가오자 일체의 다툼과 견해 차이가 사라져 버렸다.

성벽 보강 작업은 여느 때처럼 이루어졌지만—투르크군은 휴식 시간을 가질 수 있어도 방어군은 그럴 수 없었다—시민들은 도시 전역의 거리에 모여 최후의 집단 기도를 올렸다. 성당의 종이 울리자 성상들과 귀중한 성물들이 시민들의 자발적인 거리 행진에 합류했다. 그리스인과 이탈리아인, 정교회와 가톨릭 교회를 가릴 것 없이 시민들은 시가지를 가로질러 긴 성벽을 따라 행진하면서 피해가 특히 큰 곳이나 다음날 적 대포의 화력이 집중될 만한 곳에 이르면 특별 기도를 올렸다.

곧 황제도 그 대열에 참여했다. 행진이 끝난 뒤 그는 지휘관들을 불러 마지막으로 지시했다. 당시 그가 한 말을 우리에게 전해 주는 사람은 그의 비서인 스프란체스와 미틸레네 대주교 레오나르도다. 두 사람의 이야기는 상세한 부분과 어법에서 서로 차이가 있지만 당시 콘스탄티누스가 한 말의 핵심에 관해서는 대동소이하다.

우선 그는 그리스 지휘관들에게 이렇게 말했다. 인간이 목숨을 걸 만한 명분은 네 가지가 있다. 신앙, 조국, 가족, 주권이 그것이다. 이것들을 위해서는 누구나 죽을 각오를 해야 한다. 물론 황제인 나 자신도 신앙, 수도, 백성들을 위해 기꺼이 한목숨 바칠 것이다. 그대들은 위대하고 고결한 백성들이며, 고대 그리스와 로마 영웅들의 후손이다. 나는 그대들이 수도를 방어하기 위해 조상들에 못지않은 용기를 보여 줄 것이며, 예언자를 예수 그리스도의 자리에 앉히려는 이교도 술탄의 음모를 막기 위해 최선을 다하리라 믿는다.

그 다음에 황제는 이탈리아 지휘관들에게 말했다. 지금까지의 모든 노력에 감사하는 바이며, 함께 위험에 처한 그대들에게 사랑과 신뢰를 보낸다. 그대들과 그리스인들은 신 앞에서 하나의 민족이다. 신의 도움으로 우리는 승리할 것이다. 마지막으로 황제는 방안을 천천히 돌면서 각 지휘관과 대화하고 자기 때문에 기분이 상한 일이 있었다면 용서해 달라고 부탁했다.

땅거미가 지고 있었다. 사람들은 거의 본능적으로 도시 전역에서 신성한 지혜의 성당으로 모여들었다. 지난 다섯 달 동안 그리스 시민들은 라틴 의식을 거행해 온 소피아 대성당을 멀리 했지만, 지금은 처음이자 마지막으로 종교 의례상의 차이가 전혀 중요하지 않은

† 남쪽에서 바라본 성 소피아 대성당 전경.

때였다. 소피아 대성당은 다른 어느 성당보다도 비잔티움의 정신적 중심이었다. 콘스탄티누스 대제의 아들이 완공한 이래 11세기 동안 이 성당은 언제나 그 자리에 있었다. 그리고 그 가운데 9세기 동안 유스티니아누스의 거대한 돔 지붕 위에서 금색 대형 십자가가 도시와 제국의 신앙을 상징했다. 이 절체절명의 위기를 맞아 시민들은 결코 다른 성당을 선택할 수 없었다.

그날의 만과(晩課, 저녁 기도)는 대성당에서의 마지막 기도이자 가장 감동적인 기도이기도 했다. 경계병들은 성벽을 떠날 수 없었지만, 그 밖에 모든 시민들은 남녀노소 할 것 없이 소피아 대성당의 성찬식에 참석하여 너무도 낯익은 대형 황금 모자이크 아래에서 구원의 기도를 올렸다. 총대주교의 좌석은 여전히 비어 있었다. 그러나 로마 교회에 의해 오염된 흔적이 완전히 사라지기 전까지는 절대 대성당에 들어오지 않겠다고 공식적으로 서약했던 정교회 소속 주교, 신부, 수도사, 수녀 수백 명이 참석했다. 또한 배교자로 호된 비난을 받았던 키예프의 전 대주교 이시도루스 추기경도 참석했는데, 그는 성찬식을 베풀면서 다시금 예전 정교회 방식으로 돌아가 기도를 올리고 있었다.

의식이 한창 거행되고 있는 도중에 황제가 지휘관들과 함께 도착했다. 그는 먼저 가톨릭과 정교회를 가리지 않고 성당에 있는 모든 주교들에게 자신의 죄를 사해 달라고 요청한 다음 사람들과 함께 성찬식을 치렀다. 한참 뒤 늘 켜 두는 몇 개의 촛불만 제외하고 대성당의 모든 불빛이 사라지자 황제는 성당 안에서 홀로 오랜 시간 기도를 올렸다. 그런 뒤에 그는 블라케르나이로 돌아가서 가족들과 마지막 인사를 나누었다.

자정 무렵 황제는 게오르기우스 스프란체스와 함께 말을 타고 마지막으로 육로성벽을 돌면서 방비 상태를 점검했다. 돌아오는 길에 그들은 블라케르나이 궁전 부근의 망루 꼭대기로 올라갔다. 거기서 두 사람은 한 시간가량 적의 동태를 살폈다. 그런 다음에 황제는 스프란체스를 보냈다. 두 사람의 만남은 그것이 마지막이었다.

마지막 동이 텄을 때

그날 밤 콘스탄티누스 드라가세스는 잠을 거의 이루지 못했다. 메메드는 동이 트기까지 기다리지 않았던 것이다. 새벽 1시 반쯤에 메메드는 공격 신호를 보냈다. 순간 갑자기 밤의 정적이 깨지면서 나팔 소리, 북소리와 함께 죽은 자도 벌떡 일어서게 할 만큼 소름끼치는 투르크군의 함성이 터져 나왔다. 그와 거의 동시에 수도에서는 성당의 종들이 일제히 울리며 마지막 전투가 시작되었음을 도시 전역에 알렸다. 노약자들은 각 지역의 성당에 모이거나 황금뿔 아래쪽에 있는 장미로 장식된 성 테오도시아 성당[216]에 모였다. 그 밖에 신체 건강한 사람들은 남자나 여자나 할 것 없이 성벽으로 와서 방어에 참여했다.

술탄은 적을 결코 과소평가하지 않았다. 그는 콘스탄티노플을 점령하려면 연신 공격을 퍼부어 방어군에게 휴식을 주지 않음으로써 지치게 만들어야 한다는 것을 알고 있었다. 그래서 그는 먼저 바시

† 1453년 콘스탄티노플의 포위. 왼편에서 술탄의 함선들이 황금뿔로 밀려들어 오고 있다.

바조우크를 앞장세웠다. 이들은 유럽과 서아시아 각지 출신의 그리스도교도와 이슬람교도로 구성된 비정규 병력이었다. 무장도 형편없었고 훈련도 제대로 받지 못한 그 군대는 위력이 대단치 않았으나 초기 공세만큼은 무시무시했다.

메메드에게 그들은 소모 병력이었다. 그들로 적의 기세를 꺾어놓은 뒤 더 우수한 부대를 보내면 효과가 매우 컸다. 두 시간 동안 그들은 육탄으로 성벽을 공격했다. 특히 리쿠스 유역의 가장 중요한 지점에 공격을 집중시켰다. 하지만 조반니 주스티니아니 롱고가 이끄는 부대의 용맹한 활약에 힘입어 요새는 굳건히 버틸 수 있었다. 새벽 4시가 되기 직전에 술탄은 바시바조우크를 불러들였다. 그들은 성벽을 부수지는 못했어도 방어군을 분주하게 해서 지치게 만든다는 본래의 역할은 제대로 수행했다.

곧이어 두 번째 공세가 밀어닥쳤다. 이번에는 비정규군이 아니라 잘 조련되고 규율을 갖춘 아나톨리아 투르크군의 몇 개 부대였다. 신앙심이 돈독한 그들은 그리스도교권 최대의 도시로 맨 먼저 들어가 천국에서 영원한 보상을 받으리라는 결의에 차 있었다. 그래서 그들은 매우 용감하게 싸웠으며, 한번은 가장 큰 대포가 성벽 한 귀퉁이를 무너뜨린 뒤 거의 도시 입성에 성공할 뻔했다. 그러나 황제가 직접 지휘하는 방어군은 그들을 포위하여 상당수를 죽이고 나머지는 해자 건너편으로 몰아냈다. 이 소식을 듣고 술탄은 또다시 격노했으나 냉정을 잃지는 않았다. 아나톨리아 부대도 훌륭한 병사들이었지만 그는 그들이 승리를 가져다 주리라고 바라지는 않았다. 승리의 주역은 그 다음에 투입될 정예군인 예니체리여야 했다.

그리스도교군은 전열을 가다듬을 틈도, 쉴 짬도 없이 세 번째 공격을 받아야 했다. 공격은 화살, 창, 돌멩이, 심지어 탄환까지 섞인 온갖 투척과 발사 무기의 세례로 시작되었다. 그 공격이 계속 이어지는 가운데 적의 가슴에 공포를 불러일으키는 견고하고 흔들림 없는 리듬에 맞춰 오스만의 정예군은 속보로 평원을 가로질렀다. 방어군이 빗발치듯 투척 공격을 가하는데도 그들은 전혀 대열이 흐트러지지 않고 똑바로 행군했다.

귀청이 터질 듯한 북과 나팔소리는 그들을 한 몸처럼 묶어 주는, 그 자체로 하나의 무기나 다름없었다. 그 소리는 수도의 가장 먼 부분에서도, 심지어 보스포루스 건너편에서도 들릴 만큼 컸다. 그들은 일사불란하게 전진해서 온몸을 던져 방책을 무너뜨리고 방책의 기둥들을 잘라 버린 뒤 재빨리 성벽에 사다리를 걸쳤다. 그러고는 명령에 따라 일제히 물러나서 다음 대열이 와서 공격할 때까지 기다렸다가 다시 자기 차례가 되면 앞으로 나섰다. 그러나 성벽의 방어군에게는 그런 교대 병력이 없었다. 전투가 다섯 시간 이상 지속되면서 점차 백병전의 양상으로 바뀌기 시작했다. 그때까지 방어군은 성공적으로 적을 저지하고 있었으나 더 이상 버티기가 어려워졌다.

그때 불행한 일이 일어났다. 막 동이 텄을 무렵 소형 포에서 발사된 탄환 하나가 조반니 주스티니아니 롱고의 흉갑을 꿰뚫고 그의 가슴에 박힌 것이다. 치명상을 입은 것은 아니었으나 그는 가장 전투가 치열한 장소의 방어를 담당하느라 몹시 지친 상태였다. 땅바닥에 쓰러져 고통스러운 신음을 토하던 그는 자리를 지켜 달라는 황제의 애원을 뿌리치고 항구에 정박해 있는 제노바의 선박으로 옮겨 달라고 말했다. 심한 부상을 당한 사람을 앞에 두고 콘스탄티누스의 그런 태도는 이해할 수 없는 것처럼 보인다. 그러나 그는 주스티니아니가 자리를 비울 경우 그의 부하들에게 미칠 영향을 생각하지 않을 수 없었다. 과연 성문이 채 닫히기도 전에 제노바 병사들은 성안으로 밀고 들어왔다.

해자 건너편에서 이 광경을 유심히 지켜보던 술탄은 주스티니아니가 쓰러진 것을 보았는지 못 보았는지는 모르지만 어쨌든 적진에 뭔가 문제가 발생했다는 것을 알아차리고 지체없이 또 다른 예니체리 부대를 투입했다. 대열에 앞장선 하산이라는 거한은 방어군이 미처 제지하기도 전에 쓰러진 방책을 뚫고 들어왔다. 그리스 병사들은 그를 곧 처치했지만 다른 예니체리 병사들이 그 뒤를 따라 밀려들자 내벽으로 퇴각할 수밖에 없었다. 그러나 두 열의 성채 사이에 갇혀 버린 그들은 전진해 오는 투르크군의 손쉬운 표적이 되어 결국 현장에서 대부분 살육되고 말았다.

그 무렵 내벽까지 진격한 예니체리들은 수도에 맨 먼저 입성한 것을 자축했으나 놀랍게도 북쪽으로 좀 떨어진 망루에 투르크의 깃발이 올라가는 것을 보았다. 실은 한 시간쯤 전에 약 50명의 투르크 비정규군이 성벽을 순찰하다가 망루의 발치에서 허술하게 잠겨 있는 작은 문을 발견했다. 그 문은 사실 케르코포르타라고 불리는 비상구로서 그 부분의 성벽을 관리하는 지휘관들—제노바의 보카르디 삼형제—이 투르크 진영을 기습할 때 사용하던 것이었다.

바시바조우크들은 그 문을 열고 좁은 계단으로 망루의 꼭대기까지 올라갔다. 지원 병력이 전혀 없었기에 원래 그것은 자살 행위나 다름없었다. 그러나 주스티니아니가 다친 직후에 일어난 혼란을 틈타 그들은 아무런 저항도 받지 않고 들어가 투르크의 깃발을 올릴 수 있었다. 그들이 문을 활짝 열어 놓은 덕분에 곧 다른 병사들도 성 안으로 들어갔다. 수도에 처음으로 입성한 것은 예니체리가 아니라 바로 그들이었던 것이다.

그때쯤 되자 이미 모든 부대가 성벽 여기저기에 생긴 틈으로 밀려 들어가고 있었다. 콘스탄티누스는 케르코포르타의 상황이 절망적이라는 것을 깨닫고 자신의 원래 방어 지역인 리쿠스 유역으로 돌아갔다. 거기서 황제는 돈 프란시스코 데 톨레도—그는 연로한 나이에도 불구하고 방어전 전반에 걸쳐 놀라운 활약을 보였다—와 자신의 사촌인 테오필루스 팔라이올로구스, 친구인 요한네스 달마타와 함께 필사적으로 싸우며 주스티니아니가 실려 나간 성문을 지켰다. 그러나 이윽고 패배를 절감한 그는 황제의 기장들을 벗어던지고 친구들과 더불어 전투가 치열하게 벌어지고 있는 전장 한복판으로 몸을 날렸다. 그 뒤 그를 본 사람은 없었다.

아직 이른 아침이었고 하늘에는 그믐달이 높이 떠 있었다. 콘스탄티노플의 포위전은 끝났다. 성벽에는 죽은 자와 죽어가는 자들만이 가득하고 신체가 멀쩡한 방어군은 거의 찾아볼 수 없었다. 살아남은 그리스 병사들은 서둘러 집으로 가서 이미 시작된 강간과 약탈로부터 가족들을 보호하기 위해 필사적으로 노력했다. 베네치아인들은 그들의 배로 갔고 제노바인들은 비교적 안전한 갈라타로 갔다. 황금뿔은 놀라우리만큼 고요했다.

투르크 수병들은 이미 상륙해서 육군에 뒤질세라 약탈을 자행하고 있었다. 그 덕분에 베네치아의 지휘관 알비세 디에도는 아무런 제지도 받지 않고 갈라타의 제방에 돛의 활대를 묶은 가죽끈을 잘랐다. 그의 소함대는 제노바 선박 일곱 척, 비잔티움의 갤리선 여섯 척과 함께 마르마라 해로 나간 뒤 헬레스폰트를 거쳐 공해상으로 나갔다. 모든 선박은 뱃전 가득히 피난민들을 싣고 있었다. 그 대부분은 자신들에게 닥칠 운명을 피하기 위해 해안에서 배를 향해 달려든 사람들이었다.

그들의 판단은 과연 현명했다. 남은 사람들의 운명은 정말 끔찍했기 때문이다. 정오가 되자 콘스탄티노플의 거리에는 온통 유혈이 낭자했다. 집들은 모두 털렸고, 여자들은 강간당했고, 아이들은 꼬챙이에 찔려 죽었고, 성당들은 잿더미가 되었고, 성상들은 불에 타버렸고, 책들은 찢겨 나갔다. 블라케르나이 황궁은 빈 껍데기로 변했다. 코라에 있는 성 구세주 성당의 모자이크와 프레스코는 기적적으로 무사했지만, 제국 최고의 성상으로 성 루가가 직접 그렸다는 호데게트리아 성모상[217]은 네 조각으로 찢겨 파손되었다.

그중에서도 가장 끔찍한 장면은 소피아 대성당에서 연출되었다. 조과(朝課, 아침 기도)가 진행되는 동안 광포한 정복자들이 다가오는 소리가 들렸다. 사람들은 즉시 성당의 청동 대문을 닫았으나 투르크 군은 손쉽게 문을 부수고 들어왔다. 군중 가운데 가난하거나 초라해 보이는 사람들은 현장에서 살해되었다. 나머지는 모두 투르크 진영으로 끌려가 처분만 기다리는 신세가 되었다. 미사를 집전하던 사제들은 최대한 미사를 진행하려다가 주제단에서 살해당했다.

그러나 오늘날 신앙심이 두터운 정교회 신도들 중에는 당시 사제

한두 명이 귀중한 성반과 성배를 챙겨 성소의 남쪽 벽을 통해 신비스럽게 사라졌다고 믿는 사람들이 있다. 그곳에서 그들은 장차 콘스탄티노플이 다시 그리스도교의 도시가 될 때까지 살아남았다가 미사가 중단되었던 그 시점부터 다시 미사를 재개하리라는 것이다.*

술탄 메메드는 원래 병사들에게 이슬람 전통에 따라 사흘 동안 약탈할 기회를 주겠다고 약속한 바 있었지만, 폭력이 워낙 대대적으로 벌어지자 그날 저녁으로 약탈을 끝내라는 명령을 내렸다. 아무도 항의하지 않았다. 이미 그 무렵이면 약탈할 만한 것도 남아 있지 않았고, 병사들은 전리품을 분배하고 포로들을 희롱하기에 여념이 없었다. 술탄은 약탈 행위가 다 끝날 때까지 한참을 기다렸다가 도시에 입성했다.

오후 늦게 그는 주요 대신들과 이맘[imam, 이슬람교의 지도자] 예니체리 친위대를 거느린 채 말을 타고 천천히 중심 도로인 메세를 거쳐 소피아 대성당으로 갔다. 중앙 문 바깥에서 그는 말에서 내려 흙을 한줌 집어들고는 겸손한 자세로 자신의 터번 위에 뿌렸다. 그런 다음에 그는 대성당 안으로 들어갔다. 제단을 향해 걸어가면서 그는 한 병사가 대리석 포석을 뜯고 있는 것을 보고 중단하라고 명했다. 그러고는 그 병사에게 약탈은 허용해도 공공건물을 파괴하는 행위는 안 된다고 말했다.

그는 이미 이 신성한 지혜의 성당을 이 도시의 주요 모스크로 개

---

* 콘스탄티노플, 즉 오늘날의 이스탄불은 아직도 그리스도교의 도시가 아니므로 이 전설은 아직까지 검증되지 않았다.

조할 계획을 가지고 있었다. 그의 명령에 따라 선임 이맘이 설교단에 올라가 자비로운 알라의 이름을 외쳤다. 마호메트를 예언자로 삼은 신 이외에 다른 신은 있을 수 없었다. 술탄은 터번을 쓴 머리를 조아리며 엎드려 감사의 기도를 올렸다.

성당을 나온 메메드는 광장을 가로질러 황궁으로 향했다. 11세기 반 전에 콘스탄티누스 대제가 세운 그 황궁은 이제 낡고 황량했다. 술탄이 오래된 방의 여기저기를 돌아보는 동안 그의 신발은 조약돌로 된 모자이크들—일부는 오늘날에도 남아 있다—의 먼지를 쓸어냈다. 당시 그는 이런 페르시아 시구를 읊었다고 한다.

> 황제의 궁전에는 거미줄만 무성하고,
> 아프라시아브의 탑에는 부엉이만 우는구나.*

그는 자신의 모든 야망을 이루었다. 이제 콘스탄티노플은 그의 것이었고, 그는 겨우 스물한 살의 청년이었다.

---

* 작자 미상. 아프라시아브는 사마르칸트 부근의 번영하던 도시다.

후기

콘스탄티노플이 정복되었다는 소식은 그리스도교권 전체를 충격으로 몰아넣었다. 난민들은 서쪽으로 이동하면서 수도가 함락된 그 비장한 이야기를 퍼뜨렸다. 그 이야기는 대체로 사실이었지만 한 가지 점에 관해서는 사람마다 하는 말이 달랐다. 그것은 바로 비잔티움의 마지막 황제가 어떻게 되었느냐는 문제였다. 그가 탈출했다는 소문도 많이 나돌았다. 그러나 여러 가지 출처로 미루어 보면—스프란체스의 기록도 있는데, 그는 황제의 가장 가까운 친구였으므로 황제가 생존했다면 틀림없이 그와 연락이 닿았을 것이다—황제는 수도가 함락될 때 전사한 것이 거의 확실하다.

거지로 변장해서 수도를 탈출한 뒤 크레타로 도피한 이시도루스 추기경에 따르면, 투르크군은 콘스탄티누스의 시신을 찾아내서 머리를 잘라 술탄에게 바쳤다고 한다. 술탄은 그 머리에 욕설을 퍼붓고는 승리의 기념물로 아드리아노플까지 가져갔다. 추기경의 이야기는 다양하게 변형되어 널리 퍼졌다.

수도의 함락에 관한 흥미로운 설명 가운데 하나로, 사건이 벌어진 직후에 니콜로 사군디노라는 에우보이아 태생의 베네치아인이 남긴 기록이 있다. 그는 1430년 테살로니카가 함락된 뒤 투르크군의 포로가 되었고 이후 페라라와 피렌체 공의회에서는 통역자로 활동했다. 그 뒤에 그는 몇 차례 세레니시마를 대표하여 외교 임무를 수행한 적이 있었으므로 상당히 신뢰할 만한 목격자라 하겠다. 하지만 그가 전하는 이야기도 다른 것들처럼 소문을 다분히 포함하고 있을 것이다.

1454년 1월 25일 나폴리에서 아라곤의 왕 알폰소 5세에게 공식 연설을 하는 도중에 그는 언제까지나 기억될 가치가 충분한 이야기라면서 콘스탄티누스의 죽음에 관해 상세하게 말했다. 조반니 주스티니아니 롱고가 다친 뒤에 그는 황제에게 비잔티움이 패배했으니 시간이 있을 때 대피하라고 권했다. 콘스탄티누스는 그 권유를 거부하고 그를 겁쟁이라고 비난하면서 자신은 제국을 방어하다가 죽겠노라고 고집을 부렸다. 황제는 성벽의 갈라진 틈으로 다가가서 적이 이미 그곳에 와 있다는 것을 알고는 산 채로 사로잡히지 않기 위해 측근들에게 자신을 죽여 달라고 부탁했다. 하지만 아무도 그럴 용기를 내지 못했다.

그러자 그는 황제로 인식될 수 있는 모든 표지들을 떼어 버린 다음에 칼을 손에 들고 난투극의 한복판으로 뛰어들었다. 그는 곧 적군의 칼을 맞고 죽었다. 황제를 사로잡고 싶었던 술탄은 전투가 끝난 뒤 황제의 시신을 찾으라고 명했다. 병사들이 시신을 찾아내자 그는 황제의 머리를 잘라 꼬챙이에 꿰게 하고는 진영으로 돌아갔다. 나중에 술탄은 그 머리를 잘생긴 남녀 스무 쌍과 함께 이집트의 술탄에게로 보냈다.

또한 16세기 모넴바시아 대주교인 마카리오스 멜리세노스가 말하는 이야기도 있다. 그는 게오르기우스 스프란체스의 연대기를 확대 편찬했는데, 그에 따르면 황제의 시신을 찾던 투르크 병사들은 정강이받이와 장화에 독수리 문양이 장식된 것을 보고 황제를 식별해 냈다고 한다. 이 말은 콘스탄티누스가 황제로 인식될 수 있는 표지들을 모두 떼어 버렸다는 이야기와 어긋나지만, 아마 황제는 쉽게 제거할 수 있는 것들만 떼어 냈을지도 모른다. 당장 신을 수 있는 신발도 없었을 테고 그렇다고 맨발로 싸울 수도 없는 노릇 아닌가.

나아가 멜리세노스에 의하면 술탄은 황제의 시신을 그리스도교 묘지에 매장하라고 명했다는데, 달리 장례에 관한 대목을 상세히 전하는 문헌은 없다. 그러나 그의 책은 콘스탄티노플이 정복된 지 한 세기 이상이 지난 뒤에 편찬되었으므로 조심스럽게 다룰 필요가 있다. 메메드는 정말 황제의 시신을 매장해 주라고 했을까? 그 무덤이 장차 순례의 장소가 되고 비잔티움에 대한 향수의 구심점이 될 게 뻔하다는 점을 고려하면 사실로 믿기 어려운 이야기다.

물론 황제의 시신―혹은 그렇게 추정되는 시신―을 어느 신하가 빼돌렸다가 나중에 아무도 모르게 매장해 주었을 가능성도 전혀 없는 것은 아니다. 그렇다면 그곳은 어디일까? 황제의 시신이 소피아 대성당에 안치되었다는 멜리세노스의 주장은 무시해도 좋을 것이다. 또한 19세기에 오스만 정부가 현재의 베파 메이다니 부근에 있는 마지막 비잔티움 황제의 무덤에 기름을 봉헌했다는 설도 사실이 아니다. 이 이야기는 아무런 근거도 없고 그저 당시의 관광객들 사이에 널리 퍼진 소문인데, 현지의 찻집 주인이 꾸며 냈을 게 분명하다. 그런 무덤이 존재한다는 믿기 어려운 가정을 사실로 믿는다면 가장 유력한 후보지는 성 테오도시아 성당─지금은 귈 자미라는 모스크로 더 잘 알려져 있다─일 것이다.

전설에 따르면 콘스탄티누스는 그 성당의 남동쪽 각주[角柱, 창과 창 사이의 벽]에 숨겨진 작은 방에 매장되었다고 한다. 실제로 그 각주의 내부로 통하는 좁은 계단으로 올라가면 그런 방이 나온다. 그 안에는 관이 하나 있고, 입구의 상인방[문 위의 가로대]에는 '그리스도의 사도가 묻힌 무덤─영원한 평화가 있기를' 이라는 뜻의 터키어 비문이 있다.

하지만 그 전설은 아무리 오래되었다 하더라도 수도가 정복되고 한참이 지난 뒤에 생겨난 것이다. 그 관 위에는 이슬람 세계에서 흔히 보는 것처럼 녹색 천이 덮여 있다. 현지 주민들 사이에는 그 관이 귈 바바라는 무슬림 성인의 것이라는 설도 있다. 콘스탄티누스 11세 드라가세스의 운명에 관한 무수한 이야기들 중에서 가장 가능성이 높은 것은 가장 단순한 이야기다. 즉 그의 시신은 아무도 찾아내지 못했고 다른 병사들의 시신과 함께 공동묘지에 익명으로 묻혔으리라는 것이다.

콘스탄티누스의 칼을 둘러싼 수수께끼도 시신의 경우와 거의 비슷하다. 토리노의 국립 병기고에는 그리스도교의 상징들이 새겨져 있고 콘스탄티누스 황제에게 헌정되었다는 훌륭한 그리스 칼이 소장되어 있다. 이 칼은 19세기의 어느 대사가 투르크의 것이라며 병기창에 기증한 것인데, 1857년에 프랑스의 학자 빅토르 랑글루아는 그것을 조사하고 나서 의심할 바 없이 술탄 메메드의 무덤에서 나온 콘스탄티누스의 칼이라고 감정했다.[218] 하지만 그는 그 칼이 어떻게 메메드의 무덤에서 나왔는지 밝히지 않았고, 그렇다면 왜 1452년에 이시도루스 추기경이 황제에게 선물했다는 칼이 콘스탄티노플에 19세기 내내 보존되었는지도 설명하지 않았다.

게다가 그 두 자루의 칼과 아주 흡사한 또 하나의 칼이 있다. 콘스탄티노플의 그리스 공동체가 1886년에 성년이 된 그리스의 왕위 계승자인 콘스탄티누스 왕자에게 선물한 칼인데, 이것도 역시 일부 견해에 의하면 콘스탄티누스 황제의 칼이라고 한다. 당시 아테네의 어느 신문은 그 주장이 증명될 수 없다고 단언한 바 있다.[219]

콘스탄티누스 드라가세스는 특별한 처지와 극적인 상황에 처했던 만큼 그에 관한 전설도 많게 마련이다. 심지어 그 자신조차 전설상의 인물로 여겨지기도 한다. 사실 그럴 수밖에 없다. 그로부터 550년이 지난 지금으로서는 더 이상 인물과 신화를 분리하기 어렵다. 역사가가 할 수 있는 일은 단지 알려진 사실들을 기록하고 방대한 추측의 영역을 보여 주는 것뿐이다. 역사가는 미로로 가는 길을 가르쳐 줄 수는 있지만 그 미로에서 결코 나올 수 없다는 것을 안다.

비잔티움의 모든 귀족들이 황제의 운명을 따른 것은 아니다. 그 5월 29일 황금뿔에서 탈출한 어느 제노바 선박의 승객 명단을 보면 팔라이올로구스 가문에 속한 사람이 여섯 명, 요한네스 칸타쿠제누스와 데메트리우스 칸타쿠제누스, 라스카리스 가문, 콤네누스 가문, 노타라스 가문이 각각 두 명씩, 그 밖에 덜 알려진 귀족 가문에 속한 사람들이 다수 있었다. 그들은 키오스 섬으로 가서 일부는 그곳에 정착했고 나머지는 모레아, 코르푸, 이오니아의 섬, 이탈리아 등지로 갔다.

이탈리아에서는 베네치아가 비잔티움 사람들의 주요 거주지였다. 베네치아에는 이미 그전부터 메가스 둑스(혹은 대공) 루카스 노타라스의 딸인 안나 팔라이올로기나 노타라스와 그녀의 조카딸인 유도키아 칸타쿠제나가 살고 있었는데, 30년 뒤 콘스탄티노플이 함락된 후 이 두 여인의 집은 그리스 난민 공동체의 중심지가 되었다.

포위전과 그 여파에서 살아남았으나 서방으로 도망치지는 못한 비잔티움의 귀족들은 수도가 함락된 다음날 술탄 앞에 끌려갔다. 그는 귀족 부인들 대부분을 즉시 풀어 주었지만, 그들의 예쁜 딸과 아들은 자신이 쾌락의 대상으로 소유했다. 귀족 남자들 중에는 노타라스와 제국의 대신 아홉 명이 있었는데, 술탄은 그들을 모두 방면했다. 그러나 그의 자비는 거기서 끝이었다.

불과 닷새 뒤 연회 도중에 그는 노타라스의 열네 살짜리 셋째 아들이 빼어난 미남이라는 귀엣말을 들었다. 메메드는 환관 한 명을 시켜 그를 집에서 데려오게 했다. 그러나 환관이 돌아와서 메가스 둑스가 화를 내며 자기를 내쫓았다는 보고를 하자 술탄은 병사들을 보내 노타라스 부자와 사위인 안드로니쿠스 칸타쿠제누스 내무대신의 아들까지 체포했다. 술탄 앞에 끌려와서도 노타라스는 단호한 태도를 버리지 않았으므로 메메드는 그 세 명을 즉석에서 참수하라는 명령을 내렸다. 메가스 둑스가 요구한 것은 아들과 사위를 먼저 처형해 달라는 것뿐이었는데, 그 이유는 자신이 먼저 처형되면 아들과 사위의 마음이 약해질까 우려했기 때문이었다. 잠시 후 두 사람이 처형되자 그는 자신의 목을 내밀었다.

술탄은 학살을 면한 그리스 평민들에게 자치 공동체를 구성하라고 했다. 지도자는 그들이 자체적으로 선출하되, 백성들의 행동에 대해 책임을 져야 했다. 관직에 있던 비잔티움 귀족들은 거의 제거되었으므로 일단 지도자는 총대주교가 맡을 수밖에 없었다. 마지막 총대주교인 그레고리우스 3세는 3년 전에 사임하고 로마로 피신했지만 교회 통일파였으므로 없어도 아쉬울 게 없었다. 메메드는 서유럽과 연관된 사람을 본능적으로 불신했던 것이다.

술탄이 낙점한 인물은 겐나디우스의 수도사인 게오르기우스 스콜라리우스였다. 그는 페라라 공의회와 피렌체 공의회에 참석한 뒤 예전의 교회 통일론을 버리고 정교회 측의 지도자가 된 인물이었다. 그는 동료 수도사들과 함께 노예로 팔렸다가 아드리아노플의 어느 투르크 부자의 집에서 하인으로 살던 중 총대주교로 임명되었다. 1454년 1월에 그는 모스크로 바뀐 소피아 대성당이 아닌 사도 성당에서 즉위했다. 비잔티움의 역대 총대주교들이 바실레오스에게서 받았던 관직의 기장—복장, 권표, 가슴 장식 십자가—은 술탄에게서 정식으로 받았다.

이리하여 메메드는 그리스 백성들의 보호자로 자처하면서 그들에게 자신의 제국 내에서 허용된 장소를 허가하고 그리스도교 신앙의 자유를 보장했다. 이제 그들에게는 황제가 없지만 그 대신 총대주교가 종교와 민족적 정신의 구심점이 될 수 있었다.[220] 겐나디우스 수도원은 총대주교의 임기 중 3회기 동안 총대주교의 집무실 노릇을 했다. 그 기간에 총대주교는 투르크 정복자들과 성공적인 타협을 도출하기 위해 노력했다. 하지만 그는 한 가지 큰 실수를 범했다. 즉 위한 지 몇 개월 뒤에 그는 사도 성당을 포기하고 테오토코스 팜마카리스토스 성당을 선택했는데, 결과적으로 그것은 술탄이 사도 성당을 파괴하는 구실을 주었던 것이다.

그 대신 술탄은 도시의 일곱 개 언덕 중 넷째 언덕 위에 현재의 파티흐[정복자, 메메드의 별명이었다] 모스크를 지었다.[221] 팜마카리스토스 성당은 1568년까지 총대주교의 성당으로 사용되다가 5년 뒤에 모스크가 되어 지금은 페티예 자미라는 이름으로 불린다.[222]

1601년에 이르러서야 총대주교 관저는 지금과 같은 황금뿔의 페네르 지구에 있게 되었다. 하지만 현재 정교회 신도들에게 그 위치보다 중요한 것은 그리스 정교회 전체를 관장하는 총대주교가 현대의 이스탄불에 확고히 자리잡고 있다는 사실이다. 지금은 현지 신도들의 수가 적지만, 1913년 발칸 전쟁이 끝났을 무렵에는 그리스 왕국에 사는 그리스인들보다 오스만 제국에 사는 그리스인들이 훨씬 더 많았다. 그들이 대부분 떠나 버린 것이다.

오늘날 콘스탄티노플 총대주교의 주요한 책무는 서유럽, 미국, 오스트레일리아의 정교회 공동체들을 지원하는 것이다. 물론 이 일을 하는 데 있어 총대주교의 거처가 적절치는 못하다. 그러나 그리스인들에게 지니는 상징적인 의미는 매우 크다. 비잔티움의 유산이 계속 계승되고 있다는 인상을 주기 때문이다. 콘스탄티누스 드라가세스의 죽음으로 황제의 계보는 끊겼지만, 총대주교의 계보는 4세기 이후 1600년 이상이나 면면히 이어지고 있다. 정교회가 탄생한 곳은 콘스탄티노플이고, 지금도 여전히 정교회의 중심은 그곳에 있다.

서유럽은 비잔티움의 멸망에 크게 경악했음에도 불구하고 근본적으로 달라지지 않았다. 그 사태와 가장 직접적인 관련이 있는 베네치아와 제노바는 즉각 술탄과 우호적인 조건으로 협상하기 위해 노력했다. 니콜라우스 교황이 자금을 제공한 베네치아 지원 함대는 키오스 섬에 정박해서 콘스탄티노플로 가는 순풍을 기다리고 있다가 갈라타에서 탈출한 제노바 함선들에게서 재앙의 소식을 들었다. 베네치아 함대의 선장인 자코모 로레단은 일단 에우보이아로 철수해서 본국으로부터의 명령을 기다렸다. 7월 3일이 되어서야 알비세 디에도와 콘스탄티노플에서 온 베네치아 함선들이 석호에 도착했다. 그 이튿날에 디에도는 원로원에 나가 상황을 상세하게 보고했다.

그런 뒤에야 비로소 베네치아인들은 처음으로 그 사태의 진정한 의미를 이해하기 시작했다. 그것은 단지 동방 그리스도교권의 수도가 함락당한 사건이 아니었다. 비록 정서적인 충격은 컸지만 비잔티움은 정치적 중요성을 잃은 지 이미 오래였다. 또한 귀중한 무역 기지를 잃었다는 의미도 아니었다. 물론 베네치아는 그 기지를 수호하기 위해 본국인과 크레타인을 합쳐 약 550명이 죽었고 30만 두카도의 돈을 날렸지만 그런 피해에만 그치는 게 아니었다. 그보다 더 크게 고려해야 할 사항은 승리한 술탄이 앞으로 또 어떤 곳을 정복하려 들지 모른다는 사실이었다. 따라서 이제 무엇보다 중요한 것은 술탄의 호의를 얻는 일이었다.

7월 5일에 로레단과 베네치아의 대사로 발탁된 바르톨로메오 마르첼로에게 후속 명령이 하달되었다. 로레단은 에우보이아를 보호하기 위해 필요하다고 생각되는 모든 조치를 취하고, 추후 통지가 있을 때까지 에우보이아를 통과하여 콘스탄티노플로 향하는 모든 상품을 일단 펠로폰네소스의 모도네로 운송하도록 하라는 명령을 받았다. 또한 마르첼로는 메메드에게 그의 아버지가 체결하고 그 자신이 추인한 강화 조약을 존중하겠다는 공화국의 확고한 의도를 전달하는 한편, 투르크가 억류하고 있는 베네치아 함선들은 전함이 아니라 상선이니 모두 반환해 달라고 요구하라는 명령도 받았다. 만약 술탄이 조약을 갱신하는 데 동의한다면, 마르첼로는 콘스탄티노플의 베네치아 무역 지구와 그리스 지배하에서 누렸던 권리나 특권을 유지하도록 허락해 주고 포로로 잡힌 베네치아인들을 전원 석방해 달라고 요구할 참이었다. 만약 술탄이 조약을 거부하거나 새 조건을 내건다면, 대사는 원로원에 문의해야 했다. 한편 그는 협상을 원활히 하기 위해 메메드와 그의 궁정 관리들에게 줄 선물 값으로 1200 두카도까지 재량껏 쓰라는 허가를 받았다.

그 뒤의 많은 대사들도 실감하게 되는 사실이지만 마르첼로는 메메드와의 협상이 만만치 않다는 것을 이내 깨달았다. 협정이 맺어진 것은 한 해의 협상 대부분이 끝난 뒤인 이듬해 봄이었다. 억류된 함선과 포로는 풀려났고 베네치아 무역 조계는 새 바일로의 체제로 반환되었다(전 바일로였던 지롤라모 미노토는 포위전이 끝난 뒤 처형당했다). 하지만 예전에 권력과 부를 가져다 주었던 영토와 무역상의 특혜는 앞으로 누릴 수 없었다. 마르첼로는 2년 동안 콘스탄티노플에 머물면서 술탄의 마음을 바꾸게 하려고 노력했으나 실패했다. 동방의 라틴 세력은 이미 쇠퇴하는 중이었다.

제노바는 베네치아보다 더 어려운 처지였다. 그래서 그들은 양다리를 걸치기로 했다. 갈라타에 있던 제노바의 포데스타(베네치아의 바일로에 해당하는 직책)는 투르크군을 보자마자 곧바로 성문을 열었고, 동포들이 허둥지둥 탈출해야 하는 일이 없도록 하기 위해 모든 조치를 취했다. 그리고 기회가 생기자마자 곧바로 메메드에게 사절 두 명을 보내 승리를 축하하고, 무역 조계를 유지하기 위한 조건이 변하지 않기를 바라는 희망을 전했다. 그러나 술탄은 화를 내며 사절들을 쫓아냈다. 그래도 이틀 뒤에 또 다른 사절단이 갔을 때는 술탄도 한결 우호적인 분위기였다.

협상 결과 갈라타의 제노바인들은 안전을 보장받았고 재산도 보전할 수 있었다. 또 종을 울리지 않고 새 성당을 짓지 않는 선에서 종교도 그대로 가질 수 있었다. 오스만 영토 전역에서 여행도 자유로이 할 수 있었고 육로와 해로를 이용한 통상도 가능했다. 그러나 무기는 버려야 했고 육로성벽과 성채를 파괴해야 했다. 모든 남자 시민은 인두세를 내야 했고 과거와 같은 특권도 없어졌다. 장차 갈라타는 자발적으로 투르크 정복자들에게 복종한 다른 그리스도교 공동체들과 똑같아질 터였다.

형식적으로 흑해의 북쪽 연안에 있는 제노바의 무역 조계들―크리미아의 번창하는 항구 카파를 포함하여―은 계속 존속할 수 있었다. 그러나 안토니오 리초가 죽은 이후에는 감히 보스포루스와 다르다넬스를 몰래 통과하려는 선원이나 막대한 통행료를 지불하려는 상인이 거의 없었다. 결국 그해 말까지 키오스 섬을 제외하고―이곳은 1566년까지 제노바령이었다―제노바 무역 제국은 사라졌다.

로마의 니콜라우스 교황은 그 두 무역 공화국의 냉소적인 자세와 사리사욕에 전혀 찬동하지 않았다. 그는 서유럽에 십자군의 정신을 고취시키기 위해 최선을 다했다. 십자군의 대의명분은 이시도루스와 베사리온의 두 그리스 추기경만이 아니라 독일의 교황 특사인 아이네아스 실비우스 피콜로미니(장차 교황 피우스 2세가 되는 인물)도 열렬히 지지했다.

그러나 결국은 아무런 소용도 없었다. 서방 황제 프리드리히 3세가 가진 수단과 권위로는 기껏해야 신앙심을 북돋우는 편지 몇 통을 쓸 수 있을 따름이었다. 프랑스와 잉글랜드는 백년전쟁으로 완전히 피폐해졌고, 유럽 최대의 부호인 부르고뉴 공작 선량왕 필리프는 겉으로는 짐짓 열정을 드러냈으나 정작 실천이 필요할 때는 손가락 하나 까딱하지 않았다. 헝가리 왕 라슬로만이 열렬히 행동에 나서고자 했지만 동맹자가 없으면 아무것도 할 수 없었다. 특히 그에게는 야노슈 후냐디가 절실하게 필요했는데, 안타깝게도 그에게는 말도 붙이지 못했다.

비잔티움의 관점에서 그런 사정은 별로 중요하지 않았다. 투르크군이 지금처럼 콘스탄티노플에 버티고 있다면 수도를 탈환하는 것도, 제국을 부활시키는 것도 모두 불가능했다. 행동에 나설 시기는 이미 지나 버렸다. 한 세기 전에 오스만의 위협에 맞서 서유럽 그리스도교권이 결집된 행동을 보였더라면 아마도 성공했거나 최소한 파국을 연기할 수는 있었을 것이다. 하지만 그런 행동은 끝없이 논의되었음에도 실행에 옮겨지지는 않았다. 그리고 유럽이 망설이는 사이에 비잔티움은 숨이 끊겼다.

　동유럽의 그리스도교도들 중에는 애초부터 십자군 원정이 전혀 불가능하다고 믿은 사람들이 있었다. 그들은 의욕을 잃은 동포들에게 최대한의 도움을 주는 한편 자신들을 위해 최대한 유리한 조건을 얻어내고자 했다. 그래서 그들의 대사는 끊임없이 술탄의 궁정으로 달려갔다. 세르비아의 게오르게 브랑코비치, 모레아 군주들인 데메트리우스와 토마스, 트레비존드의 황제인 요한네스 콤네누스, 레스보스와 타소스의 영주인 가틸루시오, 요한기사단의 단장 등이 그런 사람들이었다.

　메메드의 응답은 한결같았다. 그들이 자신의 종주권을 받아들이고 공물의 양을 늘려 바친다면 굳이 불화를 빚을 이유가 없다는 것이었다. 이에 대해 모두가 동의했으나 요한기사단은 예외였다. 그들은 교황의 권위를 섬겨야 하므로 술탄의 종주권을 인정할 수는 없다는 생각이었다. 메메드는 놔두었다. 어차피 시간은 많으니까 그들은 나중에 상대해도 상관없었다.

　사실 요한기사단은 다른 어느 그리스도교도들보다도 오래 살아남았다. 메메드는 1480년에 로도스 섬을 공략했으나 정복에 실패하고 이듬해에 죽었다. 결국 로도스는 메메드의 증손자인 쉴레이만 대제가 1520년에 점령했다.[223] 브랑코비치와 후냐디는 둘 다 1456년에 사망했다. 모레아 공국은 두 형제의 끊임없는 다툼으로 분열되었다가 1460년에 최종적으로 멸망했다. 그 이듬해 8월 15일—미카일 8세가 콘스탄티노플을 수복한 지 꼭 200년째 되는 날—에 트레비존드의 다비디스 콤네누스가 술탄에게 항복함으로써 비잔티움 세계의 마지막 황제가 역사의 뒤안길로 사라졌다. 2년 뒤에 다비디스와 그의 장성한 자식들, 조카는 콘스탄티노플에서 처형되었고 그들의 유해는 성 밖의 개들에게 던져졌다.

하지만 팔라이올로구스 가문은 좀더 오래 존속했다. 데메트리우스 군주는 수도사가 되어 콘스탄티노플에서 죽었고, 그의 유일한 혈육인 딸 헬레나는 자기 어머니와 함께 술탄의 하렘으로 끌려갔다. 데메트리우스의 동생 토마스는 로마로 도망치면서 성 안드레아의 머리를 가져가서 교황 피우스 2세에게 선물로 바쳤다.[224] 그의 어린 두 아들은 베사리온 추기경이 양육했다.

그중 형인 안드레아스는 콘스탄티노플이 함락되던 해에 태어났는데, 변변치 못한 인물로 성장했다. 그는 스스로 임페라토르 콘스탄티노폴리타누스(콘스탄티노플의 황제)라고 칭하면서도 로마의 매춘부와 결혼했으며, 자신의 모든 직함을 에스파냐의 페르난도와 이사벨* 에게 팔아넘기고 거지가 되어 1502년에 죽었다. 그리고 동생인 마누엘은 콘스탄티노플로 돌아와 결혼해서 아들 둘을 두었으며 ―요한네스와 안드레아스(나중에 이슬람교로 개종했다)―술탄이 하사한 소액의 연금으로 조용하게 살았다. 토마스의 딸 조에소피아는 1472년에 모스크바 대공 이반 3세와 결혼했다. 그녀는 콘스탄티

---

* 아라곤의 왕 페르난도와 카스티야의 여왕 이사벨은 1469년에 결혼함으로써 에스파냐의 통일을 이루었다. 얼마 뒤에 에스파냐는 이베리아 반도에 마지막 남은 이슬람의 거점을 몰아내고 800여 년의 이슬람 지배를 종식시켰다(그 '기념 행사' 의 일환이 바로 당시에 물주를 찾던 콜럼버스를 지원하여 아메리카 대륙을 발견하게 한 것이었다).

노플 마지막 황제의 조카딸로서 남편에게 지참금조로 황제의 상징인 쌍두의 독수리를 가져갔다. 그것은 비잔티움의 정신적 유산이었으므로 그 뒤 모스크바는 '제3의 로마'로 불리게 되었다(『비잔티움 연대기: 번영과 절정』, 425쪽의 옮긴이 주 참조). 유명한 이반 뇌제가 그녀의 손자다.

앞에서 보았듯이 제국에는 적어도 11세기 이래로 팔라이올로구스 가문이 있었다. 투르크에게 정복되기 오래전부터 팔라이올로구스라는 성을 가진 사람들 중에는 황족과의 연고가 워낙 희박해 사실상 관계가 없는 경우가 많았다. 수도가 함락된 뒤 그들 대부분은 서유럽에 정착했다. 그래서 이탈리아에는 팔라이올로구스라는 성이 상당히 많아졌는데, 특히 베네치아, 페사로, 비테르보에 많았다. 나중에 그 성은 몰타, 프랑스, 케팔로니아에서도 발견되었고, 나아가 아테네, 루마니아, 시로스 섬과 키클라데스 제도 등 오스만 제국 내의 여러 곳에서도 발견되었다. 심지어 영국에도 있었다. 콘월의 랜덜프에 있는 성 레너드 성당의 황동판에서 다음과 같은 문구를 읽으면 언제나 짜릿한 흥분이 몸을 감싼다.

여기에 테오도루스 팔라이올로구스가 잠들다.
그는 이탈리아의 페사로에 살던 황제의 후손이며
그리스 그리스도교 마지막 황제의 혈통이다.
그는 카밀리오의 아들이고 카밀리오는 프로스페르의 아들이며
프로스페르는 테오도로의 아들이고 테오도로는 요한네스의 아들이며
요한네스는 콘스탄티누스의 동생 토마스의 아들이다.

투르크에 정복될 때까지 콘스탄티노플을 지배하던

황실의 마지막 혈통인

이 팔라이올로구스 가문의 8대손은

서퍽의 신사인 해들리의 윌리엄 볼스의 딸 메리와 결혼해서

시어도어, 존, 페르디난드, 메리, 도로시의 다섯 아이를 낳고

1636년 1월 21일에 클리프턴에서 이 세상을 떠났도다.

정말 그대로 믿고 싶은 마음이 들게 만드는 문구다. 하지만 안타깝게도 모레아 군주였던 토마스에게 요한네스라는 이름의 아들이 있었다는 확실한 증거는 없다. 황족 구성원들의 모든 이름을 정성스럽게 기록한 게오르기우스 스프란체스는 토마스의 아들로 앞에 소개한 안드레아스와 마누엘만 언급한다.

흥미롭게도 1648년에 레오 알라티우스라는 사람은 "토마스 팔라이올로구스 군주의 아들들 안드레아스, 마누엘, 이오안네스"라고 기록했다.[225] 물론 그는 스프란체스의 권위에 미치지 못하지만, 토마스가 요한네스(이오안네스)라는 서자를 두었을 가능성도 어느 정도 있다. 혹은 그 비문에 다소 부정확한 부분이 있어 거기서 말하는 요한네스가 실은 토마스의 둘째 아들인 마누엘일지도 모른다.

어떤 경우이든 테오도루스는 아마 마누엘 2세 팔라이올로구스의 직계 후손이 맞을 것이다. 그런데 그와 그의 두 삼촌은 페사로에서 메디치 대공의 백성으로 살다가 살인 혐의로 유죄 판결을 받았다.[226] 테오도루스는 유배되었다가 잉글랜드로 가서 링컨 백작의 병사이자 자객으로 일했다. 그와 메리 볼스의 결혼식은 요크셔의 코팅엄에서

치러졌는데, 아마 첫 아이인 시어도어가 불과 10주 뒤에 태어났기 때문에 서퍽에서 소문이 떠도는 게 싫었을 것이다. 니콜 교수는 이렇게 쓴다. "엑서터 대성당의 인명부를 보면 테오도루스가 비문에서처럼 1636년 1월 21일이 아니라 10월 20일에 매장된 것으로 기록되어 있다. 1795년에 어쩌다가 그의 무덤이 열려 참나무 관이 드러난 적이 있다. 관 뚜껑을 들어올려보니 시신은 온전한 상태로 남아있었다. 테오도루스 팔라이올로구스는 키가 상당히 크고 매부리코에 흰 수염을 아주 길게 기른 사람이었다."

테오도루스의 아들들 중 하나인 페르디난드는 영국 내전 직전에 바베이도스로 이주해서 레베카 폼프렛이라는 여성과 결혼했다. 이후 그는 1678년에 죽어 세인트존스 묘지에 묻혔는데, 도리스 식 기둥과 콘스탄티누스 십자가로 장식된 그의 명판에는 이런 비문이 새겨졌다. "여기 페르디난드 팔라이올로구스가 잠들다. 그는 그리스의 마지막 그리스도교 황제의 후손으로서, 1655년과 1656년에 이 교구의 교구 위원을 지냈고, 20년간 교구민 대표를 역임했으며, 1679년 10월 3일에 사망했다."

그의 아들 테오도리우스*는 바베이도스에서 마사 브래드버리와 결혼한 뒤 그녀와 함께 영국으로 돌아와 스테프니에서 살다가 1693년에 코루나에서 사망했다. 유복자로 태어난 그의 딸은 고드스콜 팔라이올로구스라는 독특한 이름을 가졌는데, 그녀에 관해서는 알려진 게 없다. 앞으로 더 밝혀질 사실이 없다면 이 아버지 없이 자란

---

* 테오도루스, 시어도어, 테오도리우스는 표기만 조금씩 다를 뿐 같은 이름이다.

스테프니의 소녀가 비잔티움 황실의 마지막 후손이 되는 셈이다.

동방의 로마 제국은 330년 5월 11일 월요일에 콘스탄티누스 대제가 창건했고, 1453년 5월 29일 화요일에 멸망했다. 이 1123년 18일 동안 모두 여든여덟 명의 황제—라틴 점령기의 일곱 명 포함—가 비잔티움의 제위에 있었다. 그 여든여덟 명의 황제들 중에는 콘스탄티누스 대제, 유스티니아누스, 헤라클리우스, 바실리우스 1세와 2세, 알렉시우스 콤네누스처럼 진정으로 위대한 자질을 갖춘 인물도 있었고, 포카스, 미카일 3세, 조에, 앙겔루스 왕조처럼 한심한 인물도 있었다. 그러나 대부분은 용감하고, 강직하고, 신을 섬기고, 현실적인 사고를 하는 황제였고 최선을 다해 나름대로의 업적을 올렸다.

비잔티움은 원래 목표로 삼았던 고결한 제국의 이념에 완벽하게 부합하지는 못했다. 그러나 에드워드 기번을 위시하여 18세기와 19세기의 영국인들이 생각한 것처럼 "단 하나의 예외도 없이 문명의 역사에서 가장 철저하게 타락한 저급한 제국"[227]은 아니었다. 그 기괴한 견해는 비잔티움 사회가 매우 종교적이었고, 적어도 중상류층 백성들에게는 문맹이 거의 없었으며, 학자로도 유명한 황제들이 많았다는 사실, 귀족이라고 자처하면서도 자기 이름도 제대로 쓰지 못하는 십자군 지도자들에 대한 경멸감을 내색하지 않으려 애썼다는 사실을 간과하고 있다. 그 견해는 또한 서유럽에서 학문의 빛이 거의 꺼져 있었던 암흑기에 비잔티움 문명이 고대 그리스와 라틴 유산을 대부분 보존해 준 덕분에 서유럽 세계가 큰 혜택을 입었다는 사실을 간과하고 있다.

마지막으로, 그 견해는 비잔티움의 놀라운 예술을 간과하고 있다. 비록 그리스도교 신앙의 위대한 신비에 거의 국한되어 있어 폭이 좁다는 한계는 있지만, 비잔티움의 예술은 강렬하고 농밀한 특성을 지니고 있어 가히 걸작의 반열에 속하며—예컨대 소피아 대성당 남쪽 측랑의 데시스* 시칠리아의 체팔루 대성당의 앱스에 있는 판토크라토르,** 콘스탄티노플 코라의 성 구세주 수도원에 있는 파레클레시온의 아나스타시스***—인간 정신의 가장 숭고한 창조물을 보여 준다. 비잔티움의 화가와 모자이크 작가에게 주어진 지침은 "신의 정신을 표현하라"는 간단한 내용이었다. 그것은 쉽지 않은 과제였으며, 서유럽 예술가들은 거의 시도하지도 않은 일이었다. 하지만 동방 그리스도교의 성당과 수도원에서 우리는 그것이 완벽하고 당당하게 실현되어 있는 모습을 본다.

20세기의 가장 유명한 친그리스주의자들 중 한 사람인 로버트 바이런은 비잔티움의 위대함이 '삼중의 융합'에 있다고 주장했다. 즉 비잔티움은 로마의 신체와 그리스의 정신과 동방의 신비스러운 영혼이 결합된 결과라는 것이다. 확실히 비잔티움에는 그 세 가지 요소가 늘 공존했고, 제국의 독특한 풍모를 형성하는 데 크게 기여했다. 실제로 모든 황제와 황후의 사람됨도 그 세 요소의 미묘한 조합

---

* deesis, 비잔티움 예술의 대표적 성화로 그리스도 좌우에 성모 마리아와 세례 요한 등의 인물을 배치한다.
** '만물의 지배자'인 그리스도의 성화.
*** '지옥의 정복'을 주제로 코라의 성당에 그려진 프레스코화.

으로 볼 수 있다. 그런 이유로, 많은 사람들이 보기에 비잔티움 사람들은 우리와 근본적으로 다르게 여겨지는 것도 사실이다. 하지만 그 심층을 보면 그들 역시 우리와 같은 사람이고, 같은 약점을 지니고 같은 유혹에 넘어가며, 우리와 마찬가지로 칭찬할 점과 비난받을 점이 있다는 것을 알 수 있다. 다만 수백 년 동안 우리가 그들에게 정체를 알기 어렵다는 낙인을 찍어 온 것은 잘못이다.

그들도 역시 우리처럼 많은 실수를 저질렀다. 그러나 그 점은 그들과 비잔티움의 마지막 황제가 함께 용감하게 싸우다가 최후를 맞이한 사실로써 충분히 용서되어야 한다. 세계 역사상 보기 드문 그 장렬한 서사시는 이제 신화 속으로 들어갔으며, 승자에게나 패자에게나 똑같이 자부심으로 기억되고 있다. 그렇기 때문에 550년이 지난 지금도 그리스 세계에서는 화요일을 한 주일 가운데 가장 운이 나쁜 날로 여기며, 그렇기 때문에 지금 터키의 국기에는 초승달이 아니라 콘스탄티노플이 최종적으로 함락되었을 때 하늘에 뜬 그믐달이 그려져 있다. 또한 그렇기 때문에 현재 소피아 대성당을 제외하면 육로성벽이 이 도시의 가장 웅장하고 비극적인 유적으로 남아 있는 것이다.

주석

1 예전에 디오클레아라고 불렸던 제타는 제국 내의 반(半) 독립 공국이었다. 제타는 1035 년에 반란을 일으켜 그 뒤로는 비잔티움의 지배를 거부했다.

2 그루지야의 왕 바그라트 4세의 딸로서 1061년에 미카일 두카스와 결혼했다.

3 여러 차례의 결혼, 특히 황제 레오 현제의 사혼에 관해서는 『비잔티움 연대기: 번영과 절 정』, 제8장을 참조하라.

4 그는 백성들에게 파라피나케스('마이너스 4분의 1'이라는 뜻)라는 별명으로 불렸다. 사 반세기 동안 안정적이었던 금 노미스마가 그의 치세에 4분의 1이나 가치가 하락했기 때 문이다. (『비잔티움 연대기: 번영과 절정』, 621쪽 참조.)

5 아버지에 관한 전기이자 당대에 관한 가장 상세하고 흥미로운 기록을 남긴 안나 콤네나에 따르면 그렇다(『알렉시아스』, I, i). 그러나 조나라스는 알렉시우스가 1118년에 죽을 때 일흔 살이었다고 주장한다. 그렇다면 그는 1048년생이고, 1070년에는 스물두 살이었다 는 이야기가 된다. 안나의 말을 전적으로 믿을 수는 없지만, 중세에는 어린 나이에 전쟁에 참여하는 게 드문 일이 아니었으므로 그녀의 말을 받아들여도 좋을 듯하다. 어쨌든 그녀 는 아버지에 관해 훨씬 상세하게 알 수 있는 위치에 있었으니까.

6 『비잔티움 연대기: 번영과 절정』, 608~610쪽 참조.

7 『비잔티움 연대기: 번영과 절정』, 359~364쪽.

8 샬랑동은 『알렉시우스 1세 콤네누스의 치세에 관한 시론(Essai sur le règne d'Alexis ler Comnène)』에서 이 만남이 우연이 아니라고 말한다. 안나 콤네나가 특별히 언급한 것처 럼(『알렉시아스』, II권) 당시 게오르기우스 팔라이올로구스는 휴대할 수 있는 재산을 모 두 지니고 있었다는 것이다. 그러므로 샬랑동은 모든 것이 용의주도한 계획에 따라 진행 되었고, 게오르기우스는 처음부터 공모자였다고 주장한다. 하지만 안나는 그 재산이 수도 원에 보관되었던 것이라고 이야기한다. 이 대목에서 그녀는 전혀 뜻밖의 일이라고 말하지 않으며, 내가 보기에도 그렇다. 안나는 팔라이올로구스가 처음에는 콤네누스 형제를 지원

하겠다는 약속을 하지 않으려 했다가 장모인 마리아가 강권하는 바람에 결국 마음을 바꿨다고 말한다. 그런 상황에서 그가 굳이 진심과 무관하게 반대하는 자세를 취할 필요가 있었을까?

9 지금의 위스퀴다르이다. 그리스 지명인 스쿠타리가 터키 식으로 바뀐 이름인데, 스쿠타리온이라는 황궁이 건설된 지 열두 세기가 지나는 동안 도시의 이름이 상당히 달라졌다.

10 개선 아치 네 개로 정사각형 모양을 이룬 '첫째 초석'으로, 제국 각지까지의 거리를 재는 기준점이었다. 소피아 대성당 남서쪽으로 수백 미터 떨어진 곳에 있었다. 『비잔티움 연대기: 창건과 혼란』, 93쪽 참조.

11 『비잔티움 연대기: 번영과 절정』, 478~479쪽.

12 『알렉시아스』, III. 1. 이하 『알렉시아스』의 모든 인용문은 E. R. A. 소터의 번역에 따른다.

13 앞의 책, III. 3.

14 콘스탄티노플의 황궁은 건물 하나로 된 게 아니었다. 오스만 시대에 그 터에 지어진 토프카피 궁전을 봐도 알 수 있듯이 황궁은 소피아 대성당과 마르마라 해 사이의 언덕 사면 전역에 작은 궁전들과 누각들이 배열된 건물 단지였다. 부콜레온은 가장 중요한 궁전에 속하는 것으로서 아래쪽에 작은 항구가 있었다.

15 『비잔티움 연대기: 번영과 절정』, 535~537쪽 참조.

16 황제가 재임 중에 얻은 아들로, 포르피로게니투스라고 불렸다. 포르피로게니투스 신분은 황제의 맏아들보다도 더 높은 것으로 간주되었다.

17 『알렉시아스』, I. 12.

18 발로나 혹은 블론이라고도 불렸는데, 지금의 알바니아다.

19 고대에는 디라키움이라고 불렸고, 지금은 알바니아의 두러스다.

20 『비잔티움 연대기: 창건과 혼란』, 주석 73 참조.

21 로마인의 왕이란 순전한 명예 직함으로서, 로마 교황의 대관식을 거쳐야만 서방 황제로 인정받을 수 있었다.

22 『비잔티움 연대기: 창건과 혼란』, 475쪽 참조.

23 계속해서 안나는 네 번째 전투가 벌어져 베네치아가 복수를 했다고 말하지만 베네치아 측 문헌에는 그 전투에 관한 기록이 없다. 셀보 도제는 코르푸의 패전으로 해임되었기 때문에 안나는 무책임하게도 자신의 소망을 서술한 것으로 보인다.

24 『비잔티움 연대기: 번영과 절정』, 주석 99 참조.

25 보고밀파는 신(新) 마니교의 청교도적 분파로서, 물질 세계를 악마가 만들고 지배한다고 믿었다. 원래 10세기에 불가리아에서 탄생한 보고밀파는 발칸 반도와 소아시아로 급속히 확산되었다. 나중에는 이들의 영향을 받아 프랑스 남서부에서 알비파(카타르파)가 생겨

난다.

26 『비잔티움 연대기: 번영과 절정』, 200쪽 참조.

27 많은 사람들에게 더 익숙한 호칭은 폴로프치족이다. 이들은 러시아의 옛 민담과 보로딘의 오페라에서 키예프 대공 이고리를 사로잡은 민족으로 나온다.

28 안나는 자기 아버지가 그 학살극에 관여하지 않았다고 말하는데, 그렇다면 그녀가 관여했다는 걸까?

29 『비잔티움 연대기: 번영과 절정』, 547~557쪽 참조.

30 클레르몽은 1650년에 이웃 도시인 몽페랑과 합쳐져서 클레르몽페랑이 되었다. 언뜻 보기에 이 도시는 고도로 산업화되어 있어 관광객들이 무심코 지나치기 쉽지만 만일 그런다면 후회하게 된다. 여기에는 13세기에 현지의 검은 화산암으로 지어진 웅장한 대성당이 있고(도시 전체가 사화산 위에 자리잡고 있다), 그보다 200년이나 앞선 멋진 로마네스크 식 성당인 노트르담뒤포르도 볼 수 있다.

31 현재 이 터에는 들릴(Delille) 광장이 있다.

32 중세사에서 수치는 거의 믿기 어렵다. 대부분의 기록자들은 수치를 과장한다. 위의 수치는 그래도 다른 사람들보다 믿을 만한 엑스의 알베르(I, 9~12)에게서 취한 것이다.

33 믿기 어렵지만 그들이 그리스도교도 갓난아기를 꼬챙이에 꽂아 불에 태웠다는 이야기도 널리 나돌았다.

34 나중에 해안에 밀려 온 시신들은 어깨뼈에 십자가 모양이 새겨진 기적을 보여 주었지만, 그래도 귀향하려는 사람들의 마음을 붙잡지는 못했다.

35 스티븐 룬시먼, 『십자군의 역사(A History of the Crusades)』, 제1권, 168쪽.

36 이 투르크멘 왕조를 창건한 아미르 다니슈멘드는 15년 전에 소아시아에 나타나 카파도키아와 세바스테이아(지금의 시바스) 주변과 멜리테네를 지배했다. 나중에 보겠지만 다니슈멘드 왕조는 다음 세기에 비잔티움의 역사에서 중요한 역할을 하게 된다. 그러나 1178년에 셀주크가 멜리테네를 점령한 뒤 그 왕조는 생겨날 때와 마찬가지로 갑작스럽게 사라졌다.

37 제국군에 복무하는 투르크 기병들.

38 이것은 고대의 지명이고 나중에는 미시스, 마미스트라로 바뀌었다가 현재는 야카파나르로 불린다.

39 안나 콤네나는 적에게 사로잡히지 않으려고 보에몽이 죽은 척했다는 터무니없는 이야기를 전한다. 즉 그는 통풍이 잘 되는 관에 담긴 상태로 배를 탔으며, 관 속에 죽은 병아리까지 넣어 썩은 냄새가 나도록 했다는 것이다. 아마 그녀는 아무 이야기나 마구 믿었던 모양이다.

40 『비잔티움 연대기: 번영과 절정』, 546~557쪽 참조.

41 그 정략결혼이 안티오크 가문의 위신을 크게 높여 준 것은 사실이지만, 공평을 기하기 위해서는 콩스탕스의 약간 얼룩진 과거도 밝혀야 할 듯싶다. 그녀는 샹파뉴 백작과 결혼했다가 이혼한 전력이 있었는데, 그 때문에 '상품 가치'가 조금 떨어졌다.

42 조나라스, 제3권.

43 본서 주 4 참조.

44 오크리드 대주교는 펠라고니아 테마의 경우 워낙 인구가 줄어 미코노스 테마로 이름을 바꿔야 할 정도라고 말했다. 지금은 아니지만 그의 시대에 미코노스 테마는 키클라데스 일대에서 가장 작고 빈곤하고 인구가 희박한 지역이었다.

45 "황궁 내의 여자 숙소는 악명높은 콘스탄티누스 모노마쿠스의 치세 이래로 극심한 부패의 온상이었다. …… 그러나 안나[달라세나]가 개혁을 단행함으로써 이곳에는 다시 단정한 예법이 자리를 잡았고 황궁의 기강도 훨씬 안정되었다. 그녀는 찬송가를 부르는 시간, 아침식사를 하는 시간 등을 고정시켰다. …… 그 덕분에 황궁은 마치 수도원 같은 분위기를 지니게 되었다"(『알렉시아스』, III, viii). 당시 황궁에는 아마 좋았던 옛날을 그리는 사람들이 많았을 것이다.

46 『알렉시아스』, XV, vii.

47 이것은 제국과 이탈리아의 무역 공화국들 사이에 체결된 최초의 조약이 아니었다. 일찍이 992년에 바실리우스 2세는 베네치아와 조약을 맺은 바 있다. (『비잔티움 연대기: 번영과 절정』, 445쪽 참조.) 이상하게도 제노아는 이때 그런 권한을 요구하지 않았다가 1155년 마누엘 1세와 조약을 맺는다.

48 4쪽의 주3 참조.

49 『알렉시아스』, XV, vi.

50 다른 귀중한 전거는 조나라스인데, 그는 그 전투를 특별히 중시하지 않는다.

51 아마 피타고라스의 제자이자 아내일 것이다.

52 『알렉시아스』, XII, iii.

53 니케타스는 황궁에서 황제의 비서로 관직 생활을 시작하여 안젤리의 휘하에서 로고테테스 책임자를 지냈다. 그의 저서인 『역사』는 알렉시우스의 죽음에서부터 1206년까지의 시기를 다루고 있는데, 프셀루스 시대 이래로 가장 상세하고 다채로운 기록이다. 그의 책 덕분에 지금부터 이 책의 내용도 한층 생동감이 넘칠 수 있었다.

54 손자라는 주장도 있지만 나는 아들이라고 본다. 『알렉시우스』, VII, ii 참조.

55 '자비로우신 성모'라는 뜻이다. 이 수녀원은 이레네 황후가 크리스트 필란트로포스 수도원의 옆에 건립했다. 두 건물은 벽 하나로 분리되어 있었지만 수도는 공동으로 사용했다.

케카리토메네의 수녀 40명은 공동의 숙소에서 엄격한 규칙에 따라 생활했다. 하지만 이레네는 황족 여성들을 위해서 더 안락한 침소를 한두 군데 설치했다.

56 티레의 기욤(1130년경~1186)은 예루살렘 왕국의 고문이자 티레의 대주교였다. 그가 쓴 『역사』는 우트르메르의 십자군 왕국들과 비잔티움의 관계를 말해 주는 가장 중요한 문헌이다.

57 오늘날 라오디케아에는 별로 볼 게 없다. 고대에는 중요한 헬레니즘 도시로서 양모와 직물 생산으로 유명했고 아시아 7대 성당 중 하나가 있었지만 지금은 버려져 안쓰러워 보인다. 이곳을 찾는 관광객도 거의 없고 이따금 오는 사람도 10여 킬로미터 더 떨어진 파무칼레의 석화된 폭포로 황급히 발길을 옮기기가 일쑤다.

58 F. 샬랑동, 『콤네누스 왕조(Les Comnéne)』, 제2권, 47쪽.

59 니케타스 코니아테스, 요한네스 킨나무스, 시리아의 미카일.

60 일부 역사가들은 모라바 계곡을 말하지만 여기는 서쪽으로 길게 우회하는 길이다. 또한 니케타스 코니아테스는 전체 무대를 더 북쪽으로 옮겨 사바 강과 도나우 강 사이, 오늘날 프루슈카 고라라고 알려진 삼림 지대로 보는데, 이것 역시 가능성이 적다.

61 『비잔티움 연대기: 번영과 절정』, 388~389쪽 참조.

62 『비잔티움 연대기: 번영과 절정』, 459쪽 참조.

63 "친척이라기보다는 부하였다." 『옥스퍼드 비잔티움 사전』.

64 샬랑동은 이 까다로운 문제에 자기 저서(『요한네스 콤네누스와 마누엘 콤네누스』)의 두 쪽(108~109쪽)을 할애하고 있다. 이 세 도시는 여러 차례 빼앗고 빼앗긴 탓에 임자가 불분명하고 경계도 확실치 않다. 샬랑동은 레오가 비잔티움에게서 빼앗았으리라고 결론을 내렸으나 이것 역시 가정일 따름이다.

65 오데리쿠스 바이탈리스, XIII, 34.

66 고대에는 라리사라고 불렸고(테살리아의 라리사와는 다른 도시다), 오늘날에는 사이자르라고 불린다. 하마에서 북서쪽으로 약 30킬로미터 지점에 있는 오론테스 강변의 중요한 요새다.

67 샬랑동(앞의 책, 132~133쪽)은 황제가 '분명히(sans doute)' 정교회 총대주교를 임명하려 했다고 주장하는데, 그것은 잘못이다. 1138년 3월에 교황 인노켄티우스 2세는 요한네스가 안티오크의 라틴 교회에 반대하는 조치를 취할 경우 서방 교회의 사람들은 비잔티움 군대와 함께 있는 것을 금한다는 명령을 내린 바 있다. 룬시먼, 『십자군의 역사』, 제2권, 218쪽을 참조하라.

68 조슬랭의 아버지 조슬랭 1세는 예루살렘 왕 보두앵 1세가 후사 없이 죽자 보두앵 2세를 후계자로 추천한 대가로 그에게서 에데사 백국(伯國)을 받았다.

69 훗날 오스만 술탄들은 자신들이 이 부부의 후손이라고 주장했다.

70 그 무렵 마누엘의 정확한 나이에 관해서는 의문의 여지가 있다. 요한네스 킨나무스는 『개요(Epitome)』 1권에서 열아홉 살이라고 말하고, 3권에서는 그의 어머니 말을 인용하여 '겨우 열여섯 살'이라고 말한다. 하지만 원래 어머니의 셈이란 부정확하게 마련이다. 이 레네는 아마 그전의 전투를 생각하고 말했을 것이다.

71 본서 주 70 참조. 대관식을 치를 당시 마누엘의 나이를 스물한 살로 본다면 그리 틀리지 않을 것이다.

72 실은 그녀의 정확한 신분도 의심스럽다. 마누엘에게는 그 흔한 이름을 가진 조카딸이 최소한 세 명이 있었기 때문이다. 그중에서 가장 유력한 후보는 그의 누이 마리아와 노르만의 요한네스 루지에로의 딸이라고 생각되지만 확신할 수는 없다.

73 코니아테스, '마누엘 콤네누스', I, ii.

74 여기서 제독(admiral)이라는 말의 유래를 살펴볼 필요가 있겠다. 유럽의 여러 언어에서 약간씩 변형되어 두루 사용되는 이 말은 아랍어의 아미르(emir)를 시칠리아 노르만인들이 차용해서 쓴 데서 비롯되었다. 원래는 아미르 알 바흐르(emir-al-bahr), 즉 '바다의 지배자'라는 복합어다.

75 1148년 2월의 칙령.

76 그리스 공주가 프랑크 야만인과 결혼한다는 것에 대해서는 당시까지도 많은 비잔티움인들이 끔찍하게 여겼다. 프로드로무스는 그 결혼을 표현한 시에서 딱한 테오도라가 "서방의 야수에게 제물로 바쳐졌다"고 묘사했다.

77 180쪽 참조.

78 그는 괴물 같은 인상의 거한이었다. "두터운 검은 수염으로 야만적이고 무시무시한 인상이었으며, 많은 사람들을 두려움에 떨게 만들었다"(『페라라의 S. 마리아이의 연대기(Chronica S. Mariae de Ferraria)』

79 그는 영국의 학자이자 외교관인 솔즈베리의 요한네스에게 무슨 일을 맡겨도 잘 해내 모든 사람들이 좋아하는 영국인을 찾았다고 말하면서 경박한 게 흠이라고 덧붙였다.

80 로디의 행정관인 아케르부스 모레나인데, 북이탈리아 최초의 속인 역사가 중 하나이다.

81 니케타스는 혹시 이 침략을 1149년에 있었던 안티오크의 게오르기우스의 공격(206쪽 참조)과 혼동한 것은 아닐까? 물론 그런 일이 반복될 수 없다는 것은 아니다. 하지만 그가 그 궁전을 블라케르나이로 보는 것은 분명한 잘못이다. 시칠리아군이 육로성벽의 길이 전체를 공격 대상으로 삼았거나 황금뿔로 온 게 아니라면 그것은 불가능하기 때문이다. 그들의 목표는 필경 마르마라의 옛 황궁이었을 것이다.

82 엔리코는 황제에게서 귀중한 선물을 받아 왕에게 전했는데, 그것은 프톨레마이오스가 쓴

『알마게스트(Almagest)』의 원고였다. 과학이 탄생한 이래 그리스 천문학자들의 발견과 결론을 집대성한 이 방대한 저작은 당시까지 아랍어 번역본을 통해 서유럽에 알려졌다.

83 마누엘이 추천한 사람은 누이 마리아의 남편이었다가 누이가 죽는 바람에 홀아비가 된 요한네스 루지에로 부제였다. 황제는 아마 부제의 노르만 혈통이 안티오크의 라틴인들에게 통하리라고 생각한 듯하다. 그랬을지도 모르지만 콩스탕스는 자기 나이의 두 배나 되는 남자를 남편으로 받아들이려 하지는 않았다.

84 그녀를 모델로 해서 12세기 음유시인 조프레 뤼델은 「루앙텐 공주」라는 시를 지었으며, 더 후대에는 에드몽 로스탕이 같은 제목의 희곡을 썼다. 그밖에 페트라르카의 「사랑의 승리」, 스윈번의 「시간의 승리」, 브라우닝의 「뤼델과 트리폴리의 여인」도 참조하라.

85 황제의 누이인 안나와 스테파누스 콘토스테파누스의 아들.

86 이 지역은 현재 크로아티아 북부, 세르비아 북서부, 드라바 강과 도나우 강의 남쪽에 해당한다.

87 베네치아는 6개 지구로 분할되어 있어 모금 작업이 쉬웠는데, 이런 행정 제도는 오늘날에도 베네치아 우편 체계의 근간을 이루고 있다.

88 시리아의 미카일에 의하면 술탄은 그 밖에도 상당한 돈을 요구했다고 한다. 또한 마누엘은 잉글랜드 왕 헨리 2세에게 보낸 편지에서 킬리지 아르슬란이 그리스도교 포로들을 송환하고 제국의 적들을 물리쳐 주겠다는 제안을 했다고 썼다.

89 앙겔루스가 그의 편으로 넘어오자 안드로니쿠스 콤네누스는 과연 그다운 농담을 했다. "보라, 복음서에 나온 그대로가 아닌가? 내가 천사(앙겔루스의 'Angel'을 뜻한다)를 보내노니 그대 앞에서 길을 닦으리로다." 사실 복음서에는 그런 구절이 없다. 하지만 안드로니쿠스는 그런 시시콜콜한 정확성 같은 것은 따지지 않았다.

90 실명을 당하기 전에 그는 용기를 되찾아 잉글랜드 경비병들—바랑인 경비대일 것이다—이 잠을 충분히 자게 해 주지 않는다며 정식으로 항의하기도 했다.

91 딜러, 『비잔티움 인물전』, 제2권. 이 책에는 안드로니쿠스와 아녜스에 관한 학문적이지만 매우 흥미로운 약전(略傳)이 실려 있다. 테오도라의 전기는 없다. 그녀 역시 비참한 최후를 맞았을지도 모르지만, 아직 젊었으므로 수녀원에 유배되었을 가능성이 더 크다.

92 시칠리아 왕 굴리엘모 2세(선한 왕)는 1166년에 아버지 굴리엘모 1세(악한 왕)가 죽자 왕위를 계승했다.

93 "안드로니쿠스의 명령을 그대로 말하면 이러했다. '도시의 방어 상태를 살펴라. 이탈리아인들을 결코 무서워하지 말고 그들에게 달려들어 물어뜯고 괴롭혀라.' 이 말의 정확한 의미는 그 자신만이 알 것이다. 그런 일을 두고 농담을 하는 사람은 상황을 완전히 잘못 해석하고 있다. 그것에 관해서는 여기서 반복하고 싶지도 않다"(니케타스).

94 『비잔티움 연대기: 창건과 혼란』, 175쪽.

95 세만트론을 두드리는 것은 매우 상징적인 의미를 지닌다. 성당은 구원의 방주(方舟)를 상징한다. 수도사는 2미터짜리 나무판을 양 어깨에 올려놓고 그것을 작은 망치로 두드리는데, 이는 노아가 선택된 피조물을 부르는 소리에 해당한다. 오스만 지배기에도 성당의 종소리는 금지되었지만 세만트론은 계속 사용되었다. 요즘에는 세만트론을 사용하는 게 규칙으로 되어 있는 아토스 산이나 벽지의 일부 수도원들을 제외하고는 그 소리를 잘 들을 수 없다.

96 이 대목은 니케타스의 실수다. 그 딸들의 아버지는 티에스테스가 아니라 테스피우스였다. 헤라클레스의 열세 번째 노역은 가장 어려운 과제였지만 그 성공률은 놀라웠다. 딸들이 모두 아들을 낳았고, 쌍둥이를 낳은 경우도 많았으니까. 〔티에스테스는 미케네의 왕 아트레우스의 동생인데, 이 형제는 서로 권력 다툼을 벌이다가 아들을 죽이고 그 인육을 먹는가 하면, 아버지와 딸이 근친상간을 벌이는 등 그리스 신화에서 가장 타락하고 부도덕한 이야기의 주인공이다. 테스피우스는 자신을 찾아온 헤라클레스에게 자기 딸 50명이 모두 헤라클레스의 아이를 낳게 해 달라고 요청했고 헤라클레스는 하룻밤 만에 그의 소원을 들어 주었다(물론 그것을 헤라클레스의 유명한 열두 가지 노역에 추가하여 '열세 번째 노역'이라고 부른 것은 지은이의 유머다). 아마 이런 엽기적인 부도덕함의 공통점 때문에 니케타스는 티에스테스와 테스피우스를 순간적으로 착각했을 것이다.〕

97 비잔티움인들은 자신들의 제국이 고대 로마를 그대로 계승했다고 믿었으므로 늘 자신들을 로마인이라고 불렀다. 오늘날에도 그 후손들은 이따금 로미오스(Romiós)라는 말을 쓴다. 이에 관해서는 『루메올리(Roumeli)』(1966)에 실린 패트릭 리 퍼머의 훌륭한 글을 참조하라.

98 이 지명은 다소 수수께끼다. 현재 스트리몬 강변에는 그런 곳이 없기 때문이다. 샬랑동은 그곳을 데메티차라고 부르고, 아무 근거도 없이 명백히 터키어인 데메키사르라는 지명을 괄호 안에 덧붙였다. 그가 옳다면 그 지명은 데미르 히사르, 즉 '철(鐵)의 요새'에서 와전된 것으로 볼 수 있다. 이곳은 지금 그리스의 시데로카스트론에 해당한다.

99 100쪽 참조.

100 1177년에 굴리엘모는 잉글랜드 왕 헨리 2세의 셋째 딸이자 막내딸인 열두 살짜리 조아나와 결혼했다.

101 현대의 터키어에서 칼리카드누스는 발음상으로는 썩 어울리지 않지만 괴크수라는 이름으로 알려져 있다.

102 룬시먼, 『십자군의 역사』, 제3권, 114쪽.

103 현재 달마치야 해안에 있는 자다르.

104 이 탑은 1261년에 파괴되었고, 현재 남아 있는 갈라타 망루는 14세기에 위치를 옮겨 새로 지어진 것이다.

105 그의 십자군 동료인 클라리의 로베르는 더 사실에 가깝게 기록했다. "그(무르주플루스)는 그(알렉시우스 4세)의 목에 줄을 매서 그의 아버지 이사키우스와 함께 교살했다."

106 안타깝지만 지금은 없다. 근년에 대기 오염을 우려한 이스탄불 시 측에서 요청한 탓에 그 청동 마상은 대성당 안의 작고 어두운 방에 보관되고 그 대신 유리섬유로 제작된 복제품이 화랑에 전시되었다.

107 니케타스는 그에 대해 이렇게 경멸한다. "돼지처럼 살이 찐 그는 옷이 몸에 착 달라붙어 마치 살갗에다 직접 꿰맨 것 같았다." 모로시니는 수도사 신분이었을 뿐 선출될 당시에는 아직 총대주교의 서품을 받지 못했다. 그는 즉각 보제로 서임되었다가 두 주 만에 신부가 되었고 이튿날에 주교로 승진했다.

108 이 마지막 원정에서 칼로얀은 라틴인만이 아니라 그리스인도 많이 죽였다. 심지어 자신을 바실리우스 2세 불가록토누스에 비유하여 로마이옥토누스(로마인, 즉 비잔티움인의 학살자)로 자칭할 정도였다. 그랬으니 그리스인들이 그를 증오한 것도 당연했다. 그들은 그가 죽은 날짜—테살로니카의 성 데메트리우스의 축일—로 보건대 틀림없이 그 성인이 그를 죽인 거라고 믿었다. 3년 전 보두앵의 공격으로부터 니케아 제국을 구한 것, 그리하여 그리스인들이 반세기 뒤에 콘스탄티노플을 되찾은 것이 전적으로 칼로얀의 덕분인지는 논란의 여지가 있다.

109 여기서 이 가계가 약간 복잡해진 그 이유는 세바스토크라토르 요한네스(미카일과 테오도루스의 아버지)가 자기 아버지의 성인 앙겔루스를 쓰기 싫어한 대신 할머니의 가문인 두카스를 더 좋아했기 때문이다. 콤네누스와 앙겔루스 가계도를 보면 그 사정이 분명히 알 수 있을 것이다.

110 1215년에 열린 제4차 라테란 공의회에서 인노켄티우스 3세가 발의한 제5차 십자군은 주로 이집트에서 싸웠으므로 우리의 이야기와는 직접적인 연관이 없다.

111 지금은 노트르담 대성당에 소장되어 있다.

112 미카일 팔라이올로구스는 자신을 음해한 사람인 필라델피아 대주교 포카스가 달군 쇠를 손으로 직접 건네준다면 그 시련을 받겠노라고 주장했다. 대주교가 그 관습은 야만적이라며 거절하자 미카일은 '로마인을 부모로 둔 로마인'으로서 자신도 로마법에만 따른다고 천명했다.

113 우리가 주로 의존하는 네 명의 기록자들은 각기 그의 나이를 다르게 보았는데, 아크로폴리테스는 여덟 살, 파키메레스는 아홉 살, 그레고라스와 스프란체스는 여섯 살이라고 말한다.

114 미카일이 비테르보의 옛 이탈리아 가문의 후손이라는 설도 있으나 가능성은 희박하다. D. J. 게아나코플로스, 『미카일 팔라이올로구스 황제와 서유럽』, 18쪽의 주 참조.

115 요한네스 바타체스와 테오도루스 2세는 해군을 육성하기 위해 무척 노력했으나 니케아 제국은 끝내 해군을 보유하지 못했다.

116 현대의 여러 가지 설명과는 반대로 처음에 제안은 제노바 측에서 한 게 거의 확실하다. 게 아나코플로스, 앞의 책, 83~85쪽을 보라.

117 그는 1259년 아르타를 점령한 뒤 부제로 승진했다. 11세기까지만 해도 부제는 황족에게 만 허용되었고 제국에서 가장 높은 직위였다. 그런데 알렉시우스 1세가 부제의 서열을 약간 낮춘 탓에 부제는 세바스토크라토르보다 한 단계 낮은 직위이 되었다.

118 혹시 다프누시아 원정은 스트라테고풀루스의 공격 시점에 맞춰 콘스탄티노플의 방어력을 약화시키기 위해 미카일 팔라이올로구스가 유도한 게 아니었을까? 그렇지 않다면 그것은 정말 놀라운 우연의 일치다. 하지만 게아나코플로스(앞의 책, 97~104쪽)는 양쪽의 증거를 면밀히 검토한 뒤 이렇게 결론짓는다. "비록 미카일이 전체 경력을 통해 늘 뛰어난 지략을 보여 준 것은 사실이지만 그 사건을 유도했다는 가설은 포기해야 한다."

119 이상은 게오르기우스 아크로폴리테스가 전하는 이야기다. 그레고라스는 상세한 부분까지 그를 따르면서도 분수 수도원 부근에 지하 통로의 입구가 있었다고 말한다. 또 파키메레스는 분수 성문에 사다리가 설치되어 있었다고 말한다. 누구의 말이 옳은지는 각자의 선택에 맡길 수밖에 없겠다.

120 라틴인들과 후대의 많은 역사가들은 에우보이아를 네그로폰트 혹은 네그로폰테라고 불렀다. 하지만 그 이름은 그 섬만이 아니라 주도인 칼키스, 프랑크 영지, 베네치아 정치 단위에 두루 사용되기 때문에 여기서는 그냥 그리스 지명인 에우보이아로 부르기로 한다.

121 파키메레스는 율로기아가 황제보다 몇 살 위의 누나였는데, 어릴 때부터 동생이 나중에 황제가 되어서 금문을 통해 콘스탄티노플에 입성하리라는 노래를 자장가로 불러 그를 재워 주곤 했다고 한다.

122 그 뒤 그는 마르마라 남쪽 해안의 다키비제 요새에 감금된 채 50년 가까이 더 살다가 1305년에 죽었다.

123 파키메레스는 "그곳은 촌스러운 보두앵의 하인들을 막지 못한 탓에 짙은 연기로 가득했다"고 말한다.

124 그의 본명은 자크 팡탈레옹인데, 트루아 가죽상의 아들로 태어나 예루살렘의 라틴인 총대주교를 지냈고 콘스탄티노플이 수복된 뒤 2주 만에 교황으로 선출된 사람이었다.

125 예전에는 판토크라토르 수도원이었던 곳이다. 제노바인들은 악대의 우렁찬 연주에 맞춰 그곳을 완전히 파괴하고 거기서 나온 석재의 일부를 제노바로 가져갔다. 그 석재는 유명

한 산조르조 은행을 건축하는 데 사용되었다.

126 로마에서 100킬로미터 남짓 떨어진 비테르보는 1257년에 교황 알렉산데르 4세가 자신의 거주지로 삼은 곳이다. 그 뒤 이곳은 마르티누스 4세가 죽을 때까지 28년 동안 교황의 거처로 사용되었다.

127 이 수치는 베네치아인인 마르티노 다 카날레에 의한 것이다. 그는 베네치아 측의 사상자는 420명이라고 기록했다.

128 사누도에 의하면 그리스인인지 라틴인지는 모르겠지만, 어느 불행한 여인은 전장에서 남편을 일곱 명이나 연속해서 잃었다고 이야기한다.

129 그런데 전해에 콘스탄티노플에 파견되었던 프란체스코회 대사 네 사람은 어떻게 되었을까? 우르바누스는 콘스탄티노플에 그들이 아직 머물고 있다면 거기서 그들과 합류하라고 명했으나 그들은 흔적도 없이 사라진 듯하다.

130 필리오쿠에(filioque)란 말 그대로는 '……와 성자' 라는 뜻으로, 성령이 성부(신)로부터 직접 발현되는 것이 아니라 성부 '와 성자' 로부터 발현된다는 서방 교회의 믿음을 나타내는 문구다. 『비잔티움 연대기: 번영과 절정』, 162쪽 참조.

131 당시 미카일이 제노바인들이 구에르치오 음모 같은 사건을 다시 저지르지 않도록 예방하기 위해 그들에게 갈라타를 내주었다는 설도 있다. 하지만 사실 갈라타는 그들이 라틴 제국 시절은 물론 그 이전부터 좋아하던 곳이었다. 따라서 그들은 그 결정에 불만을 나타내지 않았을 것이다. 이후 갈라타는 투르크에 의해 정복될 때까지 내내 제노바인들의 거주지가 된다.

132 앙주 측 문서에는 요한네스 라스카리스가 감금된 장소에서 탈출하여 카를로의 궁정이 있는 나폴리로 도망쳐 왔다고 되어 있다. 하지만 이는 파키메레스나 그레고라스의 주장과 모순되며, 가능성이 희박하다. 물론 카를로는 1080년에 로베르토 기스카르가 그랬듯이(16쪽 참조) 요한네스를 받아들여 자신의 계획의 합법성을 더 강화할 수도 있었겠지만 요한네스의 요구까지 수락했을 리는 없다.

133 그레고리우스의 서신 전문은 J. 기로, 『그레고리우스 10세의 기록(Les registres de Grégoire X)』에 실려 있다. 여기에 소개된 영역문은 D. J. 게아나코플로스, 앞의 책을 참조했다.

134 게르마노스는 총대주교를 불과 1년 동안 지낸 뒤 1266년에 강제로 해임되었는데, 그 이유는 요한네스 라스카리스를 실명시킨 것 때문에 전임자인 아르세니우스가 미카일에게 선고한 파문을 취소시키지 못했다는 것이었다.

135 당시 데메트리아스의 사정을 정확히 알기는 어렵다. 그레고라스는 해상에서가 아니라 해안에서 싸웠다고 말하는데, 이후의 사태를 보면 그게 더 사실에 부합된다. 또 한 가지 문

제는 요한네스가 그 전장에서 하루 거리에 위치한 네오파트라스에 있을 때 그 전투 소식을 들었다는 점이다. 그렇다면 라틴인들은 불과 몇 시간 만에 해군을 모아 공격을 개시했다는 이야기가 된다. 어쨌든 그리스군이 중요한 승리를 거둔 것만은 분명한 사실이다.

136 형식적으로는 선봉대와 경기병대의 사령관.

137 요한네스는 역사상 유일하게 포르투갈인으로서 교황이 된 인물이자 단테의 천국에 도달한 유일한 교황이기도 하다. 또한 그는 의사 출신의 교황으로서도 유일했다. 그의 저서인 『눈에 관하여(Liber de culo)』는 큰 인기를 끌었지만, 만(Mann)은 『중세 교황 열전(The Lives of the Popes in the Meddle Ages)』, 제16권에서 "그의 어떤 치료법은 지금 보아도 역겨우며, 어떤 것은 너무 괴상해서 설명하기도 어렵다"고 말했다. 사실 그는 원래 요한네스 20세가 되어야 했지만 일부 역사가들이 잘못해서 요한네스 15세를 두 번 세는 바람에 요한네스 21세가 되었다.〔그래서 요한네스라는 이름을 가진 교황은 23세까지 있었지만 요한네스 20세라는 교황은 역사에 실존하지 않는다. 그 이유는 11세기 역사가들이 대립 교황 보니파키우스 7세와 요한네스 15세 사이에 요한네스라는 이름을 가진 또 다른 교황이 한 명 있는 것으로 착각한 탓이다〕

138 시몽이 교황으로 선출된 것은 카를로의 덕분만이 아니다. 그 무렵 비테르보에서 오르시니 가문은 인기가 워낙 실추한 탓에 군중이 교황 선출 회의장으로 쳐들어 와 오르시니 가문의 추기경 두 사람을 선거가 끝날 때까지 잡아 두었던 것이다.

139 시칠리아의 전설―베르디의 오페라 〈시칠리아 섬의 저녁 기도〉에서도 요한네스는 반란의 주역으로 등장한다―에 따르면 이 사절은 사실 프로차다의 요한네스라고 한다. 하지만 요한네스는 당시 60대 후반의 나이였고, 사절이 여행한 시기에 그가 서명한 아라곤 문서들이 다수 발견된 바 있다. 스티븐 룬시먼(『시칠리아 섬의 저녁 기도』, 208~209쪽)은 그 비밀 사절이 요한네스의 아들이었을 것이라고 추측한다.

140 미카일은 1272년경에 노가이에게 자신의 서녀인 유프로시네를 주었다. 또 다른 서녀인 마리아는 그 전인 1265년에 일한국의 칸인 홀라구와 약혼시켰다. 그런데 홀라구가 결혼하기 전에 죽은 탓에 마리아는 대신 그의 아들인 아바구와 결혼했다. 아바구가 1281년에 형제인 아흐메트에게 암살당한 뒤 그녀는 콘스탄티노플로 돌아와서 수녀원에 들어갔다. 이 수녀원이 속한 성당은 그 뒤로 그녀를 기려 몽골족의 마리아 성당으로 불렸다. 이 성당은 오늘날에도 대부분이 남아 있는데, 투르크의 정복 이전에 세워진 것으로는 유일하다.

141 안드로니쿠스의 첫 아내인 헝가리 왕 스테판 5세의 딸 안네는 그가 즉위하기 전해인 1281년에 죽었다.

142 니케포루스는 예전에 타마르를 안드로니쿠스 황제의 아들이자 공동 황제인 미카일에게 시집보내려 했던 적이 있었는데, 그게 성사되었더라면 에피루스는 제국의 영토가 되었을

것이다. 하지만 그때는 안타깝게도 총대주교가 교회법을 근거로 들어 그 결혼을 반대함으로써 기회를 잃었다.

143 그의 형인 스테판 드라구틴(스테판 우로슈 1세)은 그해에 낙마 사고로 부상하여 왕국을 밀류틴과 분할하기로 결정했다. 형식적으로 형제는 공동 군주였으나 1282년부터 드라구틴이 죽는 1316년까지 사실상 밀류틴이 단독 군주나 다름없었다.

144 현재 이즈미르 부근 마니사에 해당하는 마그네시아아드시필룸이 아니라 쿠샤다시 동쪽 30킬로미터 지점 마이안데르 강변에 있는 마그네시아를 가리킨다.

145 맘루크는 13세기 중반부터 16세기 초까지 이집트와 시리아를 지배한 술탄 왕조였다. 원래 카이로에서 아이유브 왕조 마지막 술탄의 투르크 노예 경호병이었던 이들은 1250년에 술탄을 살해하고 카이로를 장악했다. 10년 뒤 맘루크의 지도자 바이바르스는 훌라구가 이끄는 몽골군을 나자렛 부근의 아인잘루트에서 격파하고, 팔레스타인과 시리아까지 영토를 넓혔다.

146 당시 루지에로가 미카일 9세를 방문한 의도에 관해서는 몇 가지 이론이 제기되었는데, 그 중 가장 흥미로운 것은 알폰소 로가 『카탈루냐의 복수(The Catalan Vengeance)』에서 주장한 이론이다. 그는 루지에로가 안드로니쿠스와 미카일의 공모에 속아 죽었다고 추측한다. 그들은 테오도루스 스베토슬라프를 제거하고 루지에로의 처남을 불가리아의 적법한 군주로 앉히고자 그를 꾀었다는 것이다. 그러나 이것도 추측일 뿐 진실은 알 수 없다.

147 그의 할아버지는 요한네스 1세 두카스이고, 아버지는 콘스탄티누스다.

148 예루살렘의 요한병원기사단은 성전기사단과 마찬가지로 1291년 아크레가 함락된 뒤 팔레스타인을 떠날 수밖에 없었다. 이들은 로도스에 본부를 설치하고 활동하다가(당시 그들이 설립한 웅장한 병원은 지금도 남아 있다) 1522년에 쉴레이만 대제에게 로도스를 빼앗기자 몰타로 근거지를 옮겼다.

149 아타나시우스는 상당한 행운아였다. 1303년 1월 15일에 그는 은둔하고 있던 수도원에서 곧 콘스탄티노플의 시민들에게 신의 분노가 떨어지리라고 예언했는데, 바로 그날 밤에 소규모 지진이 일어났고 이틀 뒤에는 훨씬 더 큰 지진이 발생했다.

150 안나의 첫 남편은 에피루스의 군주인 토마스였는데, 1318년에 그는 자기 조카이자 이탈리아의 케팔로니아 백작인 니콜라우스 오르시니에게 살해당했다. 오르시니는 재빨리 정교회 신앙을 채택한 다음 삼촌의 왕위를 계승하고 숙모인 안나와 결혼했다. 그러나 안나는 2년 뒤에 죽었다.

151 브루사를 실제로 점령한 사람은 오스만의 아들인 오르한이었다. 오스만은 새 수도를 보지 못한 채 그해에 죽었다. 그러나 오르한은 아버지의 시신을 브루사의 성채에 매장했다. 그리하여 이후 브루사는 초기 오스만 술탄들이 매장된 사당이 되었다.

152 코라의 성당은 오늘날에는 주로 카리예 자미라는 이름으로 불리며, 지금도 그 자리에 서 있다. 현란한 모자이크와 화려한 프레스코가 있어 이 성당은 이스탄불에서도 최고의 명소 가운데 하나다. 모자이크 중에는 테오도루스 본인이 그리스도에게 성당을 헌납하는 웅장한 작품도 있으며, 프레스코 중 남쪽 측면 예배당의 앱스에 있는 아나스타시스, 즉 '지옥의 정복'은 그리스도교 예술의 최고 걸작으로 꼽힌다.

153 비잔티움과 어울리지 않는 이 스포츠는 일찍이 마누엘 콤네누스가 무척 즐겼다. 이 스포츠가 비잔티움의 궁정에 다시 소개된 것은 안드로니쿠스의 두 번째 아내이자 사보이 백작 아마데우스 5세의 딸인 안나를 따라온 이탈리아 수행원들 덕분이었다.

154 요한 스테판은 데칸스키의 누이 안나의 아들이었다. 안나는 미카일 시스만의 첫 아내였는데, 시스만은 안드로니쿠스의 누이 테오도라와 결혼하기 위해 그녀와 이혼했다.

155 사실 그의 성(姓)은 확실치 않다. 요한네스 칸타쿠제누스는 그의 성을 알았겠지만 그냥 스프란체스라고만 부르고 있다. 또한 그는 원로원에서 서열이 높은 의원이었지만 태생은 알려지지 않았다.

156 14세기의 의전서에 의하면 이 직함은 군대의 보급을 담당하도록 되어 있지만, 실은 주로 순수 명예직이었던 듯하다.

157 포카이아(지금의 포차)는 1307년 혹은 1308년에 카탈루냐인들에게 크게 약탈당했다. 그들이 가져간 성물들 중에는 신성한 십자가의 한 조각, 성모가 성 요한을 위해 손수 지었다는 저고리, 성 요한이 쓴 계시록의 원고 등이 있었다.

158 키프로스는 사자심왕 리처드가 제3차 십자군에 참가했다가 돌아가는 길에 정복했다. 그는 원래 그 섬을 성전기사단에게 넘겨주었으나, 훗날 1192년에 키프로스는 프랑스의 뤼지냥 가문에게 넘어갔다.

159 1460년대에 시인 엔베르가 쓴 『데스탄(Destan)』.

160 그녀는 그리스인으로, 또 다른 안드로니쿠스 팔라이올로구스의 딸이다. 그는 이 지역의 제국군 지휘관이었다.

161 정리하자면, 카트린의 부모는 발루아의 샤를과 쿠르트네의 카트린이고, 할아버지는 보두앵 황제이며, 남편은 앙주의 카를로 2세의 아들인 타란토의 필리프다.

162 "주 예수 그리스도, 신의 아들이시여, 내게 자비를 내리소서."

163 이 수도원은 소피아 대성당 바로 동쪽, 해로성벽 아래쪽에 있다.

164 정교회에서 기혼 사제는 대개 주교로 승진되지 못했고, 고위 성직은 거의 독신 수도사의 몫이었다.

165 『비잔티움 연대기: 번영과 절정』, 180~181쪽 참조.

166 과거에는 두 요한네스 황제를 명명하는 데 혼동이 있었지만 지금은 요한네스 팔라이올로

구스와 요한네스 칸타쿠제누스를 각각 요한네스 5세와 요한네스 6세로 칭하는 게 관례다. 요한네스 6세가 선임 황제이기는 하지만 그는 늘 요한네스 5세가 팔라이올로구스 왕조의 후계자로서 자신보다 우월하다고 말했기 때문이다.

167 안내 책자나 우편엽서에는 이 탑이 유스티니아누스 시대에 세워졌다고 되어 있지만 이는 잘못이다. 이 건물은 현재 식당과 나이트클럽으로 사용되고 있다. 주변을 한 바퀴 두른 발코니에서는 이스탄불, 황금뿔, 보스포루스가 어우러진 멋진 풍경과 야경을 볼 수 있다.

168 이 글은 그레고라스의 책을 번역한 것인데, 뒷부분에 인용된 그의 글도 모두 D. M. 니콜 교수의 『비잔티움의 최후, 1261~1453』를 참고했음을 밝혀 둔다.

169 베르길리우스에 의하면(『아이네이스』, 2권, 21쪽 이하) 고대 그리스인들은 트로이에 목마를 들여보낼 때 그 섬에 숨어서 지켜보았다고 한다.

170 그들 중 한 사람으로 프릴레프와 오크리드 호수 사이 지역을 지배한 부카신은 스테판 두샨의 술 따르는 하인이었고, 그의 형제로 세레스의 지배자가 된 요한 우글례샤는 차르의 히포코모스, 즉 말구종이었다.

171 필리프 드 메지에르(키프로스 프랑스 왕국의 고문), 『성 피에르 토마의 생애』

172 아마데우스의 아버지는 요한네스의 어머니인 안나 황후의 이복 형제였다.

173 두 어린 왕자가.부다에 얼마나 머물렀는지는 기록에 없지만, 1367년에 교회 통일에 관한 협상이 시작될 무렵에는 둘 다 콘스탄티노플에 있었다.

174 혼동을 피하기 위해 칼리스투스 1세와 필로테우스(코키누스) 두 총대주교의 재임 기간을 정리해 보자. 요한네스 5세를 지지한 칼리스투스는 1350년에 처음으로 총대주교가 되었다가 1353년에 사임했다(319쪽 참조). 요한네스 6세 칸타쿠제누스를 지지한 필로테우스는 칼리스투스에 이어 총대주교가 되었다가 1354년에 해임되었다. 그 뒤 칼리스투스가 다시 그 자리에 임명되어 교회를 관장하다가 1363년에 죽었다. 필로테우스는 그 이듬해 초에 복직해서 1376년에 죽을 때까지 총대주교를 맡았다.

175 J. P. 미뉴 엮음, Antirrhetici libri XII contra Gregoram. J. W. 바커, 『마누엘 2세 팔라이올로구스』, 37쪽에서 인용.

176 세르비아어는 키릴 문자를 사용하는 언어들 중에서 독특하게도 글자 대 글자로 음역하는 방식을 가지고 있다. 기본적으로 같은 언어인 크로아티아어―두 언어의 관계는 말하자면 미국 영어와 영국 영어의 관계와 같다―가 라틴 철자를 쓰기 때문이다. 그러므로 학술적인 관점에서는 세르비아 인명들을 쓸 때 그 방식으로 표기해야 한다. 하지만 그러려면 Dušan(두샨), Uglješa(우글례샤), Kraljević(크랄리예비치)처럼 낯선 기호가 필요하므로 일반 독자들은 더 혼란스럽게 느낄 것이다.

177 "힘이 매우 센 그는 철 30킬로그램, 은 15킬로그램, 금 4킬로그램으로 만들어진 철퇴를

무기로 사용했다. 세상에서 가장 빠른 그의 말 피에발드는 사람의 말귀를 알아들었다. 그는 그 말의 안장에 앉아서 한쪽에는 철퇴를 늘어뜨리고 다른 쪽에는 무게의 균형을 맞추기 위해 가죽 부대에 담긴 적포도주를 싣고 다녔다. 마르코는 아무리 술을 마셔도 취하는 법이 없었다." 레베카 웨스트, 『검은 양과 회색 매(Black Lamb and Grey Falcon)』, 제2권, 167~168쪽.

178 300년 전 알렉시우스 콤네누스의 시대 이래로 콘스탄티노플에서 가장 어둡고 무시무시한 감옥으로 사용되었던 이 건물은 현재 육로성벽 북단, 블라케르나이 궁전 옆에 잔해가 남아 있다.

179 『서한집』, 167호. 니콜 교수, 앞의 책, 290~291쪽에서 인용(이 장의 맨 앞에 인용된 글도 같은 편지에서 발췌했다).

180 결국 그는 1383년 6월 15일에 거기서 일흔여덟 살로 죽었다.

181 한 가지만 예를 들어 보자. 1595년에 술탄으로 즉위한 메메드 3세는 자기 형제들을 열아홉 명이나 교수형에 처했다. 그리고 임신한 노예 여섯 명과 형제들이 총애하는 후궁들까지 죽였다(나중에 그는 어머니와 아들까지 죽였지만 이것은 그 전통에 속하지 않는다).

182 후대에 메메드 2세는 콘스탄티노플을 정복한 뒤 이 요새를 확장하여 일곱 탑의 요새(예디퀼레)를 쌓았는데, 이 잔해는 지금도 남아 있다.

183 339쪽을 보라. 요한네스 5세와 마누엘이 1378년에 술탄과 맺은 약속을 취소한 것일까? 아니면 필라델피아 시민들이 독자적으로 술탄에게 복종하기를 거부한 것일까? 어느 게 사실인지는 밝혀지지 않았다.

184 이 편지들은 J. W. 바커의 앞의 책, 88쪽~96쪽에 상세히 인용되어 있다. 번역은 기본적으로 바커가 했지만, 독자들이 마누엘의 짜증스러울 만큼 비비 꼬인 문체를 접하지 않도록 하기 위해 줄이고 단순화했다.

185 그 소년은 요한 실트베르거라는 귀족 출신 병사였다. 해클루트 학회 제58권, 1879년.

186 역시 실패한 경우로 1444년의 바르나 십자군이 있지만, 이것은 규모가 훨씬 작았다. 404~406쪽 참조.

187 오늘날 남아 있는 요새의 잔해에는 1452년 메메드 2세가 맞은편에 루멜리 히사르 성을 쌓을 때 확장한 부분도 포함되어 있다.

188 토리노의 강화 조약 이후 제노바의 정치 제도는 와해되기 시작했다. 극심한 파벌 싸움에 빠진 제노바 공화국은 5년 동안 10명의 도제를 선출하고 폐위시키다가 1396년에 자발적으로 프랑스의 영토가 되어 1409년까지 프랑스에 속했다.

189 페트라르카와 그의 제자 보카치오는 칼라브리아의 오지에 있는 어느 외딴 바실리우스파 수도원에서 아주 늙고 더러운 수도사를 찾아 내서 1360년에 피렌체로 데리고 왔다. 그 수

도사는 외모가 몹시 흉하고 불쾌한 버릇을 가지고 있었지만—페트라르카는 그를 '크레타 미로의 관리인'이라고 불렀다—보카치오는 그를 자기 집에 묵게 하고 『일리아스』의 번역을 맡겼다. 그러나 수도사는 얼마 안 가서 번개에 맞아 죽고 말았다.

190 생드니의 수도사, 『크로니카 카롤리 섹스티(Chronica Karoli sexti)』, J. W. 바커, 앞의 책에서 인용.

191 해자를 갖춘 유서 깊은 엘섬 궁전은 그리니치에서 남동쪽으로 2킬로미터 거리에 오늘날에도 남아 있다. 에드워드 3세(1327~1377)의 치세 이래로 왕궁이었지만 1470년대에 에드워드 4세가 대폭 개축했다. 이때 외들보로 지지되는 대형 홀이 생겼다. 마누엘 팔라이올로구스가 공식 접대를 받았던 건물은 현재 거의 남아 있지 않다.

192 『연대기』, 57쪽. 룬시먼, 『콘스탄티노플의 함락』, 1쪽에서 인용.

193 "만약 지금처럼 그대가 내 수중에 잡혀 있지 않고 내가 그대에게 잡혀 있다면 그대는 나를 어떻게 하겠는가(티무르)? 나는 당신을 쇠로 된 우리 안에 넣어 내 왕국으로 개선할 때 데려가겠소(바예지드). 그렇다면 내가 그대를 바로 그렇게 하리라(티무르)." (리처드 놀스, 『투르크의 역사』, 런던, 1687~1700.)

194 크리스토퍼 말로는 『티무르 대왕』에서 그가 쇠 우리에 머리를 부딪쳐 죽었다고 말한다.

195 테오도루스는 1396년에 코린트를 요한기사단에 팔았는데, 그 뒤 기사단은 펠로폰네소스 전역을 손에 넣고자 했다. 그러나 그것은 현지 주민들의 분노를 불렀고 테오도루스는 난감한 처지가 되었다. 그는 돈에 쪼들리는 신세였지만 결국 요한기사단과 다시 협상하여 1404년에 코린트를 되샀다.

196 안드로니쿠스 5세의 존재에 관한 또다른 증거는 워싱턴에 있는 덤바턴오크스의 상아 조각인데, 이것을 보면 1403년 또는 1404년에 요한네스와 안드로니쿠스가 테살로니카에 함께 있었던 것이 거의 확실하다.

197 이 사본은 지금 루브르에 있지만 원래는 생드니 수도원의 도서관에 보낸 것이었다. 프랑스의 수호성인인 생드니는 중세 내내 디오니시우스와 동일 인물로 잘못 알려졌다.

198 루멜리아는 보통 투르크가 점유한 유럽 영토를 가리키는 이름이었다. 룸(로마)은 원래 만지케르트 전투 이후 셀주크 술탄국을 가리키는 말이었으나 투르크령 아나톨리아를 가리키기도 했다.

199 그 잔해는 지금도 운하의 남서쪽에 남아 있다. 그 경로는 비슷하지만 지형이 불규칙한 탓에 두 지점 사이의 거리는 대략 500미터에서 2500미터로 달라졌다.

200 그는 교황으로 선출된 상황과 폐위된 상황으로 인해 적법한 교황 명단에 오르지 못했다. 그러 상황을 감안해도 1958년에 교황이 된 안젤로 론칼리 추기경이 그와 똑같은 요한네스 23세라는 이름을 취한 것은 좀 의외다.

201 『비잔티움 연대기: 번영과 절정』, 289~290쪽 참조.

202 이 결혼을 찬양하기 위해 15세기 최고의 작곡가들 중 하나였던 스무 살짜리 기욤 뒤페는 '바실리사 에르고 가우데(Vasilissa ergo gaude)'라는 모테트(motet, 종교 합창곡의 한 종류)를 지었다. 신부는 아름다웠고 도덕적으로도 훌륭했으나 그 결혼은 실패였다. 테오도루스는 워낙 아내를 싫어한 탓에 한때는 그녀를 영원히 보지 않기 위해 군주의 지위를 포기하고 수도원에 들어갈까 하고 생각했을 정도였다.

203 브루사의 녹색 모스크에는 메메드의 대형 무덤이 있다. 그가 사망할 무렵까지 완공되지 않아 지금도 미완성 상태지만 대단히 환상적인 유적이다. 술탄의 무덤은 1855년의 대지진으로 파괴되어 뒤에 복원되었는데, 터키석 타일로 아름답게 장식되어 있다.

204 칼코콘딜라스에 따르면 그렇다. 다른 문헌들은 나병 혹은 간질이라고 말한다. 그중 하나라고 볼 수밖에 없다.

205 이 성당은 예전에 기적의 그림이라는 유명한 성화가 소장되었기 때문에 그런 이름이 붙었다. 20세기 초까지도 이 성당은 무슬림 치하에 있었다(테살로니카는 1913년까지 터키의 도시였다). 불행히도 그 뒤 1923년에는 소아시아에서 온 그리스 난민들이 점유하면서 크게 훼손되었고, 최근에는 1978년 6월의 대규모 지진으로 피해를 입었다.

206 이 13세기의 저택은 1860년대에 엉터리로 복원되었는데, 오늘날에는 후대의 역사에서 비롯된 폰다코 데이 투르키라는 이름으로 불린다. 현재 대운하의 상류, 성 마르쿠올라 바포레토 역의 맞은편에 있다.

207 이 문제에 관한 토론에서 콘스탄티누스의 기증―콘스탄티누스 대제가 수도를 콘스탄티노플로 옮길 때 제관을 교황에게 맡기고 누구든 교황의 마음에 드는 사람에게 주도록 했다는 설―이 마지막으로 증거로 채택되었다. 하지만 불과 1년 뒤에 르네상스 인문주의자인 로렌초 발라는 콘스탄티누스의 기증이 위조라는 것을 입증했다. (『비잔티움 연대기: 창건과 혼란』, 627~628쪽 참조.)

208 로마에서 베사리온은 고대 그리스 문헌을 번역하고 출판하기 위한 학원을 설립했다. 그는 상당히 중요한 그리스 문헌들을 다수 보유하고 있다가 1472년에 죽을 때 모두 베네치아에 맡겼는데, 이후 그 문헌들은 마르치아나 도서관의 귀중한 소장본이 되었다.

209 그 잔해는 지금도 인상적인 풍경으로 남아 있다.

210 니콜 교수, 앞의 책, 386쪽.

211 같은 이름의 고대 선박과는 달리 투르크의 삼단노선과 이단노선에는 노의 열이 하나밖에 없었다. 삼단노선에서는 노잡이 세 명이 노 하나씩을 맡았고 이단노선은 두 명이 맡았다.

212 우르반은 그전에 비잔티움의 황제에게 가서 같은 제안을 했다. 그러나 콘스탄티누스는 그가 요구하는 돈과 원료를 부담할 능력이 없었으므로 거절할 수밖에 없었다. 만약 황제가

그 제안을 수락했다면 그 뒤 2년 동안의 역사가 어떻게 달라졌을지는 아무도 모를 일이다. 하지만 그렇다고 해서 비잔티움의 운명 자체가 바뀌지는 않았을 것이다.

213 『비잔티움 연대기: 창건과 혼란』, 323쪽 참조. 그리스 화약은 800년 동안이나 비잔티움의 비밀 무기였는데, 15세기에도 7세기처럼 여전히 위력적이었던 모양이다.

214 여기서 '귀족' 이라는 말에 대한 설명이 필요할 듯싶다. 베네치아의 귀족은 원래 봉건적 토지 소유관계보다는 개별 가문들의 전통에 의해 정해졌다. 그래서 공화국 말기의 역사에는 졸부 가문들이 돈으로 귀족의 신분을 사는 경우도 많았지만, 15세기에는 약 150년 전에 간행된 『황금의 책』에 이름이 수록된 가문만을 귀족으로 엄격하게 제한했을 것이다.

215 현재 돌마바흐체 궁전이 있는 자리.

216 이 성당은 궐 자미(장미의 사원)라는 터키 식 이름으로, 약간 이슬람 식으로 변형된 채 오늘날에도 남아 있다. 전하는 바에 따르면 이곳이 콘스탄티누스 11세가 영면한 곳이라고 한다.

217 이 성상이 원래 있던 곳은 블라케르나이의 성 마리아 성당이었지만, 방어군의 사기를 북돋우기 위해 성벽에 가까운 성당으로 옮겼다.

218 「콘스탄티노플의 마지막 황제 콘스탄티누스 11세 드라가세스의 칼에 관한 연구」(『동양, 알제리, 식민지 평론(Revue de l'Orient et de l'Algérie et des Colonies)』, 파리, 1858)와 「토리노 병기창에 보관된 콘스탄티노플의 마지막 황제 콘스탄티누스 11세의 칼에 관한 조사」(『고고학 평론(Revue archéologique)』, 14:1, 1857)를 참조하라.

219 이 정보는 모두 D. M. 니콜 교수의 『불멸의 황제(The Immortal Emperor)』에서 인용했다. 이 책은 콘스탄티노플이 함락된 이후의 사정을 상세하게 소개하고 있다.

220 술탄의 이 조치는 이후 그리스 정교회의 일반적인 유형으로 자리잡았다. 현대에 들어서도 1945년~1946년에 그리스의 섭정을 지낸 다마스키노스 대주교, 1959년~1974년과 1975년~1977년에 키프로스의 대통령이었던 마카리오스 대주교 등이 그런 사례에 속한다. 거의 500년 동안 교회가 종교와 민족의 중심이라는 이중적 기능을 수행한 셈이다. 이 전통은 지금도 뚜렷이 남아 있다.

221 사도 성당은 원래 콘스탄티누스 대제가 자신과 후계자들의 묘지로 세웠다(『비잔티움 연대기: 창건과 혼란』, 115~117쪽). 이후 이 성당은 유스티니아누스 시대에 재건되었고, 바실리우스 1세 시대에 복구되고 많은 모자이크로 장식되었다. 파티흐 모스크는 여러 건물들로 구성된 방대한 단지로서 1463년에서 1470년까지 건설되었으며, 이 도시 최초의 오스만 기념물에 속한다.

222 팜마카리스토스는 지금도 구경할 가치가 충분하다. 남쪽 측면에 있는 14세기 초의 파레클레시온(pareclesion)에서는 카리에 자미와 최근에 복원된 아메리카 비잔티움 연구소

에 소장된 모자이크와 얼추 같은 시대에 제작된 훌륭한 모자이크들을 볼 수 있다.

223 그래도 요한기사단의 오랜 역사는 끝나지 않았다. 몇 년 동안 여기저기를 방황하던 기사단은 몰타에 정착하여 나폴레옹에게 쫓겨날 때까지 그곳을 근거지로 삼았다. 현재 기사단은 로마에 본부를 두고 독립국으로서의 모든 특권을 누리고 있으며, 많은 로마 가톨릭 국가들과 외교 관계를 유지하고 있다.

224 이 장면은 성 안드레아 델라 발레 성당에 있는 피우스의 무덤에 부조로 새겨졌으며, 오페라 〈토스카〉의 첫 장면으로 잘 알려져 있다.

225 레오 알라티우스『서방 교회와 동방 교회의 지속적인 합의에 관하여(De ecclesiae occidentalis atque orientalis perpetua consensione)』, 전집, 956.

226 니콜 교수의『불멸의 황제』에서 취한 정보다. 그 책의 마지막 장에서 그는 테오도루스만이 아니라 왕위 계승자로 자처하는 몇 사람에 관해 충분한 근거와 함께 언급한다. 패트릭 리 퍼머, 『여행자의 나무(The Traveller's Tree)』, 145~149쪽도 참조하라.

227 W. E. 레키, 『유럽 도덕의 역사』, 1869.

흔히 동유럽과 서유럽이라는 말을 쓰지만, 사실 유럽의 지도를 보면 그 구분이 언뜻 눈에 들어오지는 않는다. 보통 폴란드, 체코, 헝가리, 발칸 반도를 포함하는 유럽의 동쪽 부분을 가리켜 동유럽이라고 부르는데, 여기에는 확연한 지리적 구분이 없다(이를테면 유럽과 아시아를 나누는 우랄 산맥 같은 게 없다). 그러므로 그 구분은 역사적인 데서 비롯되었을 것이다.

그렇다면 그 '역사적인 구분'이란 어느 때 생겼을까? 언뜻 생각나는 것은 20세기 초반의 상황이다. 1917년 러시아에서 차르 체제를 무너뜨리고 새로 들어선 사회주의 정권은 1차 대전 이후의 어수선한 국제 정세를 배경으로 프롤레타리아 국제주의 원칙에 입각하여 부근의 국가들을 일제히 공산화하면서 동유럽 블록을 형성했다. 사실 20세기의 대부분 동안 터키와 그리스를 제외한 모든 동유럽 국가들이 예외 없이 공산주의 이념을 지향했던 것을 보면, 그런 설명이 꽤나 적절한 듯싶다(오늘날 터키는 영토의 대부분이 아시아에 속해 있지만, 월드컵도 유럽 지역 예선전에 참가하듯이 문화적으로는 유럽에 속한다).

하지만 거기에는 몇 가지 의문이 남는다. 우선 20세기 초에 그렇듯 급작스럽게 동유럽이 '공산화' 된 이유는 뭘까? 여기에도 뭔가 그럴 만한 역사적 배경이 있어야 하지 않을까? 또 터키와 그리스가 이른바 '소련의 위성 국가들' 의 대열에서 제외된 이유는 뭘까? 아니, 그것들보다 더 근본적인 의문으로, 대체 왜 사회주의 이념을 낳은 것은 서유럽인데도 실제 사회주의 혁명이 일어난 곳은 동유럽의 러시아일까?

이 여러 가지 의문의 뿌리는 한 가지다. 우선 분명한 사실은, 동유럽과 서유럽의 역사적 차이는 20세기에 생겨난 게 결코 아니라는 점이다. 20세기의 그 대사건이 '시사' 라면 그 시사의 배후에는 더 오래고 더 뿌리 깊은 '역사' 가 있다.

시간을 거슬러 올라가는 방식으로 위의 의문들을 해결해보자. 19세기 초반에 자유주의 세력이 성장하면서 공화국 체제(프랑스)나 입헌군주 체제(영국)를 이루었거나 통일된 권력의 부재 상태(독일과 이탈리아)에 있는 서유럽 국가들과는 달리, 러시아는 강력한 차르 전제 체제를 유지하고 있었다. 또 발칸 반도 역시 이슬람권인 오스만투르크 제국의 지배하에 있었다. 쉽게 말해 서유럽은 근대적 국민국가들로 나뉘어 분권적 국제 질서로 편제되어 있는 반면, 동유럽은 수백 년 동안 지속되어 온 제국 체제를 벗어나지 못하고 있었던 것이다.

카를 마르크스의 예견과는 달리 사회주의 혁명은 자유주의 단계(부르주아 혁명)를 거치지 못한 러시아에서 일어났으며, 그로 인해 20세기의 사회주의는 정상적인(?) 형태가 아닌 (경제적 성격보다는 정치적 색채가 짙은) '제국 체제의 변형' 으로 출범했다. 스탈린-흐루

시초프-브레주네프 등으로 이어지는 강력한 1인 집권 체제가 그 점을 단적으로 보여 주는 사례다(공교롭게도 20세기 중반에 '사회주의 공화국'으로 출범한 중국에도 사실상 1인 집권 체제가 들어섰는데, 중국 역시 1911년의 신해혁명으로 2000여 년의 제국 체제에서 겨우 벗어난 국가였다). 황제가 지배하던 국가는 사회주의 공화국을 표방해도 역시 황제의 역할을 맡아줄 '개인'이 필요했던 걸까?

그렇듯 19세기에 동유럽이 서유럽과 달리 두 개의 제국(러시아 제국과 오스만 제국) 체제에 있었다면, 그렇게 된 이유는 또 뭘까? 이를 알기 위해서는 역사를 더 거슬러 올라가야 한다. 서유럽이 르네상스와 대항해 시대, 종교 개혁의 소용돌이에서 벗어나 새로운 근대 질서(이 질서의 정치적 측면은 국민국가이고 경제적 측면은 자본주의다)로 접어들던 15세기에 동유럽에서는 대변동이 일어났다. 1200여 년의 사직을 유지해 오던 동방의 로마 제국이 무너진 것이다.

1453년 5월 29일 비잔티움 제국을 정복한 오스만투르크는 이 지역을 그리스도교권에서 이슬람권으로 탈바꿈시켰고, 당시 신흥 강국으로 부상하고 있던 모스크바 공국은 모스크바를 로마와 콘스탄티노플에 이은 '제3의 로마'로 부르면서 러시아 제국을 성립시켰다(러시아 제국이 정식으로 명패를 올린 것은 18세기 초반 표트르 대제 때부터지만 사실상 그 뿌리는 이때부터다. 차르라는 명칭도 이 시기에 생겼다). 그 뒤 오스만 제국은 서유럽과의 경쟁에서 뒤처지면서 쇠락해 갔고, 모스크바 공국은 명실상부한 제국으로 힘을 키워 갔다. 이렇게 해서 서유럽은 분권 질서, 동유럽은 두 개의 제국 체제라는 19세기 초반의 상황이 형성된 것이다. 즉 동유럽의 두 제국은 비잔티움 제국이 멸망한 데 기원을 두고 있다.

제국의 심장부였던 터키는 15세기부터 오스만 제국의 텃밭이 되었으므로 20세기 초 사회주의 러시아의 직접적인 영향권에서 벗어나 있었으며, 그리스는 유럽 문명의 발원지라는 이유로 19세기 초반 일찌감치 서유럽 세계의 지원을 받아 독립을 이루게 되므로 역시 프롤레타리아 국제주의의 화살을 받지 않았다. 터키와 그리스가 나머지 동유럽 국가들과는 다른 20세기를 보낸 것은 이런 역사적 배경 때문이며, 오늘날까지 견원지간으로 남은 이유도 그 때문이다(그리스와 터키는 동방 제국 시절 같은 역사에 속해 있었으나 현재 그리스는 정교회 그리스도교이고 터키는 이슬람교 국가다).

지금 우리가 배우는 '서양사'에서는 동방 제국을 부당하게도 박대하고 있지만, 실상 서유럽의 로마-게르만 중세 문명이 동유럽의 동방 제국을 앞서기 시작한 시기는 12세기부터다. 비잔티움 제국사 3부작의 마지막인 이 셋째 권은 동유럽과 서유럽의 역관계가 역전되는 과정을 다룬다.

10세기부터 비잔티움 제국은 중동의 새 임자가 된 셀주크투르크에 대해 때로는 물리력으로, 때로는 외교술로, 때로는 공물과 영토를 떼어 바치는 굴욕을 겪으면서까지 더 이상의 서진西進을 허용하지 않았다. 이는 결과적으로 서유럽의 힘이 강성해지는 시기까지 서유럽 세계를 온전히 보호해 주는 역할을 했다. 그 덕분에 힘을 비축한 서유럽은 12세기부터 십자군을 조직하면서 역공에 나선다. 역사에 십자군 원정은 서유럽 세계와 이슬람 세계가 충돌한 사건으로 기록되어 있지만, 그 중간에 위치한 비잔티움 제국이 여기서 아무런 역할도 하지 않았을 리가 없다. 이 책은 서유럽의 일반적 역사에서 누락되어 있는 십자군 원정기의 동방 제국, 당시 제국이 처한 난처한 상황과 곤혹스러운 입장에 관해 상세히 서술하는 것으로 시작한다.

사실 비잔티움 제국은 방패막이의 역할 이외에도 서유럽 세계가 발전하는 데 중대한 지적인 계기를 제공했다. 중세 중반기에 이르기까지 서유럽의 문명 수준이 동유럽보다 낮았다는 사실은 고전 문명이 계승되는 과정에서도 확인할 수 있다. 그리스 문명을 로마가 이어받았고, 로마 문명이 게르만 문명과 섞이면서 서유럽의 중세 문명을 이루었다고는 하지만, 서유럽 중세에서 그리스 고전 문명의 흔적은 거의 찾아볼 수 없었다. 심지어 당시 서유럽인들은 그리스의 사상과 예술, 고대 민주주의는커녕 아리스토텔레스라는 그리스의 대철학자가 있었다는 사실도 거의 알지 못했다.

이슬람 제국이 정치적으로 안정을 취하는 9세기부터 고대 그리스의 학문과 사상은 아라비아에서 발달한 수학, 과학과 어울리면서 이슬람 세계에 널리 퍼졌고 더욱 발달했다. 이를 이어받아 비잔티움 제국이 전성기를 맞은 10~11세기에는 콘스탄티노플이 세계 학문의 중심지로 발돋움하게 된다. 비잔티움 제국은 이미 7세기부터 그리스어를 공용어로 채택하고 그리스의 계승자임을 자처했으니 때늦은 감은 있지만, 어쨌든 이 시기에 고전 3학(문법, 수사학, 논리학)과 중세 4학(산술, 기하, 천문학, 음악)이 완전히 체계화되었다. 이런 성과가 없었다면 13세기에 서유럽의 토마스 아퀴나스가 중세 학문을 집대성하는 일은 불가능했을 테고, 14세기의 찬란한 르네상스는 오지 않았을 것이다.

이렇듯 지리·문화·종교적으로 주변 세계의 형성과 발전에 지대한 영향을 미친 제국, 인류 역사상 단일 제국으로 가장 오래 존속한 비잔티움 제국이 15세기에 문을 닫은 것은 그 자체로 엄청난 대사건이었고 향후 세계사적 대변혁의 기폭제가 되었으나, 안타깝게도 제국의 역사는 낙동강 오리알처럼 서양사에도, 중앙아시아사에도 포함되지 못하고 그냥 오늘날 그리스와 터키라는 나라의 '일국사'로만 남았다.

오늘날 서양사에서 서유럽과 비잔티움 제국 간에 오갔던 활발한 교류가 생략되어 있는 것은, 이 책의 지은이도 말했듯이 제국에 대한 서유럽 역사가들(특히 『로마 제국 쇠망사』를 쓴 에드워드 기번)이 가진 편견의 탓이다. 지은이가 이 방대한 3부작을 펴낸 목적은 바로 그 역사적 공백을 메우려는 데 있다. 흥미롭고 생생한 서술로 대중 역사서의 외양을 취하고 있지만 이 책을 단순한 흥밋거리로만 볼 수 없는 것은 그 때문이다.

2007년 3월
남경태

콤네누스 왕조

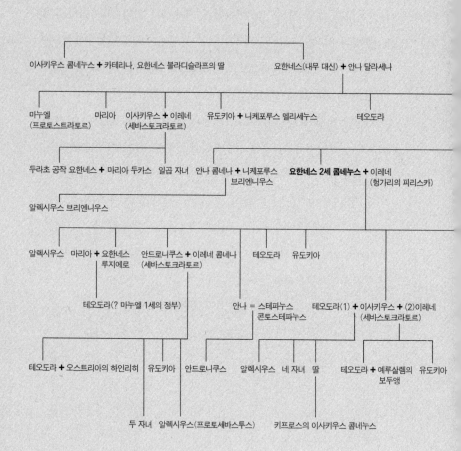

이사키우스 콤네누스 **+** 카테리나, 요한네스 블라디슬라프의 딸　　　　　　요한네스(내무 대신) **+** 안나 달라세나

마누엘　　　　마리아　　이사키우스 **+** 이레네　　　유도키아 **+** 니케포루스 멜리세누스　　　　테오도라
(프로토스트라토르)　　　　(세바스토크라토르)

두라초 공작 요한네스 **+** 마리아 두카스　　일곱 자녀　　안나 콤네나 **+** 니케포루스　　　　요한네스 2세 콤네누스 **+** 이레네
　　　　　　　　　　　　　　　　　　　　　　　브리엔니우스　　　　　　　　　　　　　　(헝가리의 피리스카)

알렉시우스 브리엔니우스

알렉시우스　마리아 **+** 요한네스　　안드로니쿠스 **+** 이레네 콤네나　　테오도라　유도키아
　　　　　　　루지에로　　　　(세바스토크라토르)

　　　　테오도라(? 마누엘 1세의 정부)　　　　　　　안나 **=** 스테파누스　　테오도라(1) **+** 이사키우스 **+** (2)이레네
　　　　　　　　　　　　　　　　　　　　　　　콘토스테파누스　　　　　　　　　　　　(세바스토크라토르)

테오도라 **+** 오스트리아의 하인리히　유도키아　안드로니쿠스　　알렉시우스　네 자녀　딸　　테오도라 **+** 예루살렘의　유도키아
　　　보두앵

　　　　　　　두 자녀　알렉시우스(프로토세바스투스)　　　　　　키프로스의 이사키우스 콤네누스

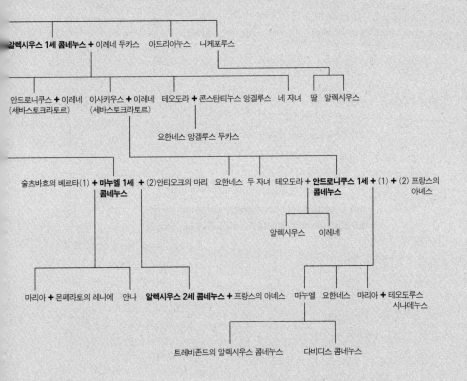

알렉시우스 1세 콤네누스 **+** 이레네 두카스   아드리아누스   니케포루스

안드로니쿠스 **+** 이레네   이사키우스 **+** 이레네   테오도라 **+** 콘스탄티누스 앙겔루스   네 자녀   딸   알렉시우스
(세바스토크라토르)   (세바스토크라토르)

요한네스 앙겔루스 두카스

술츠바흐의 베르타(1) **+ 마누엘 1세** **+** (2)안티오크의 마리   요한네스   두 자녀   테오도라 **+ 안드로니쿠스 1세 +** (1) **+** (2) 프랑스의
                        콤네누스   **콤네누스**   아녜스

                                                                        알렉시우스   이레네

마리아 **+** 몬페라토의 레니에   안나   **알렉시우스 2세 콤네누스 +** 프랑스의 아녜스   마누엘   요한네스   마리아 **+** 테오도루스
                                                                                        시나데누스

트레비존드의 알렉시우스 콤네누스   다비디스 콤네누스

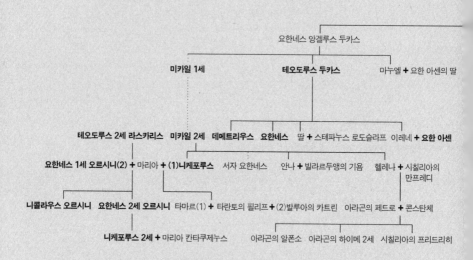

앙겔루스 왕조와 에피루스의 전제군주

요한네스 앙겔루스 두카스

미카일 1세　　　**테오도루스 두카스**　　마누엘 **+** 요한 아센의 딸

테오도루스 2세 라스카리스　**미카일 2세**　데메트리우스　요한네스　딸 **+** 스테파누스 로도슬라프　이레네 **+** **요한 아센**

요한네스 1세 오르시니(2) + 마리아 **+ (1)니케포루스**　서자 요한네스　안나 **+** 빌라르두앵의 기욤　헬레나 **+** 시칠리아의 만프레디

니콜라우스 오르시니　**요한네스 2세 오르시니**　타마르(1) **+** 타란토의 필리프 **+**(2)발루아의 카트린　아라곤의 페드로 **+** 콘스탄체

니케포루스 2세 + 마리아 칸타쿠제누스　　아라곤의 알폰소　아라곤의 하이메 2세　시칠리아의 프리드리히

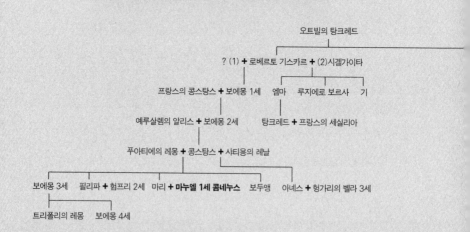

안티오크 공작과 시칠리아 왕

오트빌의 탕크레드

? (1) **+** 로베르토 기스카르 **+** (2)시겔가이타

프랑스의 콩스탕스 **+** 보에몽 1세　엠마　루지에로 보르사　기

예루살렘의 알리스 **+** 보에몽 2세　　탕크레드 **+** 프랑스의 세실리아

푸아티에의 레몽 **+** 콩스탕스 **+** 샤티용의 레날

보에몽 3세　필리파 **+** 험프리 2세　마리 **+ 마누엘 1세 콤네누스**　보두앵　아녜스 **+** 헝가리의 벨라 3세

트리폴리의 레몽　보에몽 4세

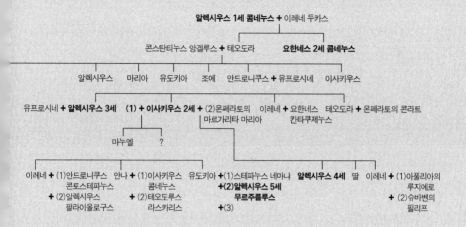

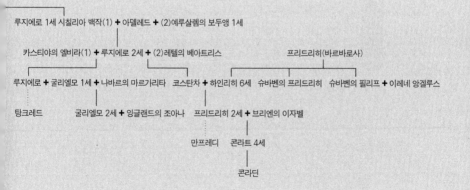

나케아의 라스카리스 왕조

안나, 알렉시우스 3세 앙겔루스의 딸(1) + 테오도루스 1세 라스카리스
필리파(2) +
쿠르트네의 마리(3) +

게오르기우스   알렉시우스   이사키우스   미카일   마누엘 + 요한 2세 아센의 딸

이레네 + (2)요한베스 3세 바타체스

마리아 + 헝가리의 벨라 4세

테오도루스 2세 라스카리스 + 헬레나, 요한 2세 아센의 딸

마리아 + 에피루스의 니케포루스 1세   요한네스 4세 라스카리스

마리아 팔라이올로기나(2) + 콘스탄틴 티크 + (1)이레네

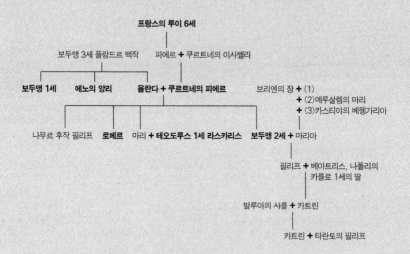

콘스탄티노플의 라틴 황제

프랑스의 루이 6세

보두앵 3세 플랑드르 백작   피에르 **+** 쿠르트네의 이사벨라

보두앵 1세   에노의 양리   **욜란다 +** 쿠르트네의 피에르   브리엔의 장 **+** (1)
                                    + (2)에루살렘의 마리
                                    + (3)카스티야의 베렝가리아

나무르 후작 필리프   **로베르**   마리 **+ 테오도루스 1세 라스카리스**   **보두앵 2세 +** 마리아

필리프 **+** 베아트리스, 나폴리의
카를로 1세의 딸

발루아의 샤를 **+** 카트린

카트린 **+** 타란토의 필리프

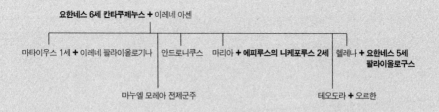

칸타쿠제누스 가문

요한네스 6세 칸타쿠제누스 + 이레네 아센

마타이우스 1세 **+** 이레네 팔라이올로기나   안드로니쿠스   마리아 **+ 에피루스의 니케포루스 2세**   헬레나 **+ 요한네스 5세 팔라이올로구스**

마누엘 모레아 전제군주   테오도라 **+** 오르한

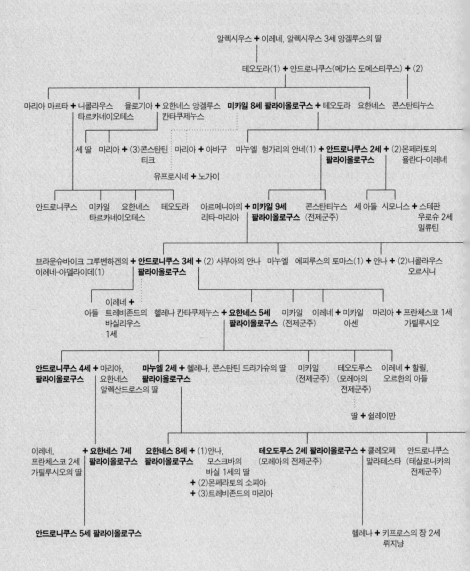

알렉시우스 + 이레네, 알렉시우스 3세 앙겔루스의 딸

테오도라(1) + 안드로니쿠스(메가스 도메스티쿠스) + (2)

마리아 마르타 + 니콜라우스   율로기아 + 요한네스 앙겔루스   **미카일 8세 팔라이올로구스** + 테오도라   요한네스   콘스탄티누스
타르카네이오테스   칸타쿠제누스

세 딸   마리아 + (3)콘스탄틴   마리아 + 아바구   마누엘   헝가리의 안네(1) + **안드로니쿠스 2세** + (2)몬페라토의
티크   **팔라이올로구스**   율란다-이레네
            유프로시네 + 노가이

안드로니쿠스   미카일   요한네스   테오도라   아르메니아의 + **미카일 9세**   콘스탄티누스   세 아들   시모니스 + 스테판
            타르카네이오테스   리타-마리아   **팔라이올로구스** (전제군주)   우로슈 2세
                                                                                      밀류틴

브라운슈바이크 그루벤하겐의 + **안드로니쿠스 3세** + (2) 사부아의 안나   마누엘   에피루스의 토마스(1) + 안나 + (2)니콜라우스
이레네-아델라이데(1)   **팔라이올로구스**   오르시니

        이레네 +   헬레나 칸타쿠제누스   **요한네스 5세**   미카일   이레네 + 미카일   마리아 + 프란체스코 1세
아들   트레비존드의   **팔라이올로구스** (전제군주)   아센   가틸루시오
        바실리우스
        1세

안드로니쿠스 4세 + 마리아,   **마누엘 2세** + 헬레나, 콘스탄틴 드라가슈의 딸   미카일   테오도루스   이레네 + 할릴,
팔라이올로구스   요한네스   **팔라이올로구스**   (전제군주)   (모레아의   오르한의 아들
            알렉산드로스의 딸   전제군주)

                                                                        딸 + 쉴레이만

이레네,   + **요한네스 7세**   **요한네스 8세** + (1)안나,   **테오도루스 2세 팔라이올로구스** + 클레오페   안드로니쿠스
프란체스코 2세   **팔라이올로구스**   **팔라이올로구스**   모스크바의   (모레아의 전제군주)   말라테스타   (테살로니카의
가틸루시오의 딸   바실 1세의 딸   전제군주)
                                    + (2)몬페라토의 소피아
                                    + (3)트레비존드의 마리아

안드로니쿠스 5세 팔라이올로구스   헬레나 + 키프로스의 장 2세
                                                                        뤼지냥

팔라이올로구스 왕조

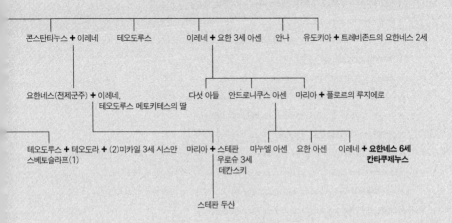

콘스탄티누스 ✛ 이레네   테오도루스   이레네 ✛ 요한 3세 아센   안나   유도키아 ✛ 트레비존드의 요한네스 2세

요한네스(전제군주) ✛ 이레네,   다섯 아들   안드로니쿠스 아센   마리아 ✛ 플로르의 루지에로
            테오도루스 메토키테스의 딸

테오도루스 ✛ 테오도라 ✛ (2)미카일 3세 시스만   마리아 ✛ 스테판   마누엘 아센   요한 아센   이레네 ✛ **요한네스 6세**
스베토슬라프(1)   우로슈 3세   **칸타쿠제누스**
                                    데칸스키

                        스테판 두산

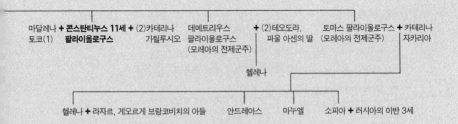

마달레나 ✛ **콘스탄티누스 11세** ✛ (2)카테리나   데메트리우스   ✛ (2)테오도라,   토마스 팔라이올로구스 ✛ 카테리나
토코(1)   **팔라이올로구스**   가틸루시오   팔라이올로구스   파울 아센의 딸   (모레아의 전제군주)   자카리아
                              (모레아의 전제군주)

                                    헬레나

헬레나 ✛ 라자르, 게오르게 브랑코비치의 아들   안드레아스   마누엘   소피아 ✛ 러시아의 이반 3세

참고문헌

1 원전

전집

- *Archivio Storico Italtano*. 1st ser. Florence, various dates. (A.S.I.)
- *Byzantinische Zeitschrift*. (B.Z.)
- *Byzantion. Revue Internationale des Etudes Byzantines*. Paris and Liège 1924-9; Paris and Brussels 1930; Brussels etc. 1931- . (B.)
- *Corpus Scriptorum Historiae Byzantinae*. Bonn 1828- (incomplete). (C.S.H.B.)
- Cousin, L. *Histoire de Constantinople*. Fr. trans. 8 vols. Paris 1685. (C.H.C.)
- De Boor, C. (Ed.) *Opuscula Historica*. Leipzig 1880. (B.O.H.)
- *Dumbarton Oaks Papers*. Cambridge, Mass. 1941- . (D.O.P.)
- Guizot, F. *Collection des Mémoires Relatifs à l'Htstoire de France*. 29 vols. Paris 1823-7. (G.M.H.F.)
- Hagenmeyer, H. *Die Kreuzzugsbriefe aus den Jahren 1088~1100*. Innsbruck 1902.
- Mai, Cardinal A. (Ed.) *Novae Patrum Bibliothecae*. 10 vols. Rome 1844-1905. (M.N.P.B.)
- Migne, J. P. *Patrologia Graeca*. 161 vols. Paris 1857-66. (M.P.G.)
  ——— *Patrologia Latina*. 221 vols. Paris 1844-55. (M.P.L)
- *Monumenta Germaniae Historica*. Eds. G. H. Pertz, T. Mommsen *et al*. Hanover 1826- (in progress). (M.G.H.)
- Muller, C. I. T. *Fragmenta Historicorum Graecorum*. 5 vols. Paris 1841-83. (M.F.H.G.)
- Muratori, L. A. *Rerum Italicarum Scriptores*. 25 vols. Milan 1723-51. (M.R.I.S.)
- *Recueil des Historiens des Croisades*. Académie des Inscriptions et Belles Lettres. Paris 1841-1906.
  ——— Historiens Grecs, 2 vols. 1875-81. (R.H.C.G.)
  ——— Historiens Occidentaux, 5 vols. 1844-95. (RH.C.Occ.)
- *Revue des Etudes Byzantines*. Bucharest and Paris, 1946- . (R.E.B.)
- *Revue des Etudes Grecques*. Paris 1888- . (R.E.G.)
- *Revue Historique*. (R.H.)
- Sansovino, F. *Historia universale dell' origine et imperio de' Turchi*. 3 vols. Venice 1646.
- *Studies in Church History*. (S.C.H.)

개별 저작

- Acropolites, George. *Opera.* Ed. A. Heisenberg. Leipzig 1903.

- Adam of Usk. *Chronicon.* Ed. E. M. Thompson. London 1904.

- *Altino Chronicle.* A.S.I. Vol. 8.

- Albert of Aix (Albertus Aquensis). *Liber Christianae Expeditionis pro Ereptione Emundatione et Restitutione Sanctae Hierosolymitanae Ecclesiae.* R.H.C.Occ, Vol. 4.

- Anagnostes, John. See Sphrantzes

- Anna Comnena. *The Alexiad.* Ed. Ducange, R.H.C.G. Vol. 1. Eng. trans. by E. A. S. Dawes, London 1928; another by E. R. A. Sewter. London 1969.

- *Arab Historians of the Crusades.* Select, and trans, from the Arabic sources by F. Gabrieli. Eng. trans. by E. J. Costello. London 1969.

- Attaleiates, Michael. *Historia.* C.S.H.B. Vol. 50. Partial Fr. trans. by H. Grégoire, *Byzantinische Zeitschrift.* Vol. 28 (1958) and E. Janssens. *Annuaire de l'institut de Philologie et d'Histoire Orientales et Slaves.* Vol. 20. 1968-72.

- Barbaro, N. *Giornale dell' Assedio di Costantinopoli.* Ed. E. Cornet. Vienna 1856. Eng. trans, by J. R. Jones. New York 1969.

- Bryennius, Nicephorus. *Histories.* C.S.H.B. Vol. 26. Fr. trans. by H. Grégoire. B. Vol. 23. 1953.

- Cananus, John. *De Constantinopoli oppugnata.* Ed. I. Bekker. C.S.H.B. 1838(with Sphrantzes, q.v.).

- Cantacuzenus, John. *Historiae.* Ed. L. Schopen. 3 vols. C.S.H.B. 1838 (Fr. trans. in C.H.C. Vols. 7, 8. Ger. trans. by G. Fatouros and T. Krischer, Stuttgart 1982).

- Chalcocondylas, Laonicus. *De origine ac rebus gestis Turcorum.* C.S.H.B.

- Chronicle of the Morea. Fr. version by J. Longnon. *Livre de la Conqutste de la Princée de l' Amorée.* Paris 1911.

- Cinnamus, John. *Epitome Historiarum.* C.S.H.B. Eng. trans, by C. M. Brand. New York 1976.

- Clavijo, Ruy González de. *Embajada a Tamorlan.* Ed. F. López Estrada. Madrid 1943. Eng. trans. by G. Le Strange. London 1928.

- Cydones, Demetrius. *Letters.* Ed. with Fr. trans. by G. Cammelli. *Démétrius Cydonès, Correspondance.* Paris 1930.

- Ducas, Michael(?). *Historia Turco-Byzantina.* C.S.H.B. New edn ed. V. Grecu. Bucharest 1948.

- Eustathius of Thessalonica. *De Thessalonica a Latinis capta, a. 1185.* Ed. I. Bekker. C.S.H.B. German trans. by H. Hunger. Vienna 1955.

- Glycas, M. *Chronicon.* Ed. I. Bekker. C.S.H.B.

- Gregoras, Nicephorus. *Byzantina Historia.* Ed. L. Schopen and I. Bekker. In C.S.H.B. Ger. trans. by J. L. van Dieten. *Nikephoros Gregoras, Rhomäsche Geschichte,* 3 vols. Stuttgart 1973-88.

- —— *Letters. See* Guilland, R.

- Gregory of Cyprus. *Laudatio.* M.P.G. Vol. 142.

- Ibn Al-Athir. *Sum of World History* (selection, with Fr. trans.) in R.H.C.Occ. Vol. 1.

- Ibn Jubair. *The Travels of Ibn Jubair.* Trans. R. J. C. Broadhurst. London 1952.

- Ignatius of Smolensk. *Pélérinage d'Ignace de Smolensk.* Ed. G. P. Majeska, *Russian Travelers to Constantinople in the 14th & 15th C,* Washington, DC 1984.

- Leonard of Chios, *Archbishop of Mitylene. Epistola ad Papam Nicolaum V.* M.P.G. Vol. 159. 1866 (Italian version in Sansovino, *Historia Universale,* III).

- *Liber Pontificalis. De Gestis Romanorum Pontificum.* Text, intro. and comm. by L. Duchesne. 2 vols. Paris 1886-92. (Reprint, Paris 1955.)

- Malaterra, Geoffrey. *Historia Sicula.* M.P.L. Vol. 149. M.R.I.S. Vol. 5.

- Matthew of Edessa. *Chronicle.* Fr. trans. by E. Delaurier. Paris 1858.

- Michael the Syrian (Patriarch). *Chronicle.* Ed. with Fr. trans. by J. B. Chabot. Paris 1905-6.

- Mouskes, Philip, *Chronique rimée de Philippe Mouskès.* Ed. F. A. de Reiffenberg. *Collection de Chroniques Beiges inédites.* II. Brussels 1838.

- Muntaner, Ramón. *Crónica.* Barcelona 1886. (Eng. trans. by Lady Goodenough in Hakluyt Society edition, London 1920.)

- Nicetas Choniates. *Historia.* C.S.H.B. (Fr. trans. in C.H.C.)

- Ordericus Vitalis. *Historia Ecclesiastica.* (Ed. A. Le Prevost and L. Delisle.) In *Société de l'Histoire de France.* 5 vols. Paris 1838-55. Eng. trans. with notes by T. Forester. 4 vols. London 1854.

- Otto of Freising. *Chronica, sive Historia de Duabus Civitatibus.* M.G.H. *Scriptores.* Vol. 20. Eng. trans. by C. C. Mierow. New York 1953.

- —— *Gesta Friderici Imperatoris, cum continuatione Rahewini.* Ed. Wilmans. M.G.H.*Scriptores.* Vol. 20. Eng. trans. by C. C. Mierow. New York 1953.

- Pachymeres, George. *De Michaele et Andronico Palaeologis.* 2 vols. Ed. I. Bekker. C.S.H.B. (French trans. in C.H.C, Vol.6.)

- —— *Georges Pachymérès: Relations historiques.* Ed. A. Failler. Vol. 1 (with Fr. trans. by V. Laurent). Paris 1984.

- Prodromus, Theodore. *Poemata.* Selections in M.P.G. Vol. 133. R.H.C.G. Vol.2.

- Psellus, Michael. *Chronographia.* Eng. trans. by E. R. A. Sewter. London 1953. Fr. trans. by E. Renauld. 2 vols. Paris 1926.
- Robert of Clary. *La Conquête de Constantinople.* Ed. Lauer. Paris 1924.
- Roger of Hoveden. *Annals.* Eng. trans. by H. T. Riley. London 1853.
- Sanudo, Marino. *Istoria del regno di Romania.* Ed. C. Hopf. In *Chroniques grécoromanes.* Berlin 1873.
- Sphrantzes, George. *Chronicon Maius.* Ed I. Bekker. C.S.H.B. (includes Anagnostes).
- Stephen, Count of Blois. Letters Nos.IV and X, in Hagenmeyer, *Die Kreuzzugsbriefe.*
- Syropulus, Silvester. *Memoirs.* Ed. R. Creyghton, *Vera historia unionis non verae inter Graecos et Latinos.* The Hague 1660. (See also Laurent, V. below.)
- Theophylact, Archbishop of Ochrid. *Letters.* M.P.G. Vol. 126.
- Villehardouin, Geoffrey of, *La Conquête de Constantinople.* Ed. E. Faral. 2 vols. Paris 1938-9.
- William of Tyre. *Belli Sacri Historia and Historia Rerum in Partibus Transmarinis Gestarum.* R.H.C.Occ. Vol.I. Also with French trans. G.M.H.F. Vols. 16-18.
- Zonaras, Joannes. *Annales.* Ed. L. Dindorf. 6 vols. Leipzig 1868-75. Also in M.P.G., Vols. 134-5.

2 현대 문헌

- Ahrweiler, H. L' *Expérience Nicéenne.* D.O.P. Vol. xxix. (1975) pp. 23-40.
- Angold, M. *The Byzantine Empire, 1025-1204: A Political History.* London 1984.
- ——— *A Byzantine Government in Exile.* Oxford 1975.
- Barker, J. W. *Manuel II Palaeologus (1391-1425): A Study in Late Byzantine Statesmanship.* New Brunswick, N.J. 1969.
- Berger de Xivrey, J. *Mémoire sur la Vie et les Ouvrages de l'Empereur Manuel Paléologue.* Paris 1853.
- Bertele, T. 'I gioielli della corona byzantina dati in pegno alia repubblica bveneta nel sec. XIV e Mastino della Scalla'. In *Studi in Onore di A. Fanfani, II: Medioevo.* Milan 1962, pp. 90-177.
- Bibicou, H. *Une Page d'Histoire Diplomatique de Byzance au XIe. Siècle: Michel VII Doukas, Robert Guiscard et la pension des dignitaires.* B. Vols. 29-30. 1959/60.
- *The Blue Guide to Istanbul.* Ed. J. Freely. 2nd edn. London and New York 1987.
- *The Blue Guide to Turkey* (The Aegean and Mediterranean Coasts). Ed. B. McDonagh. London and

New York 1989.

- Bréhier, L. *Le Monde Byzantin, I: Vie et Mori de Byzance*. Paris 1947.
- Buckler, G. *Anna Comnena*. London 1929.
- Bury, J. B. *History of the Later Roman Empire*. 2 vols. London 1889.

———— *History of the Eastern Roman Empire*. London 1912.

———— *The Roman Emperors from Basil II to Isaac Komnenos. English Historical Review*. Vol. 4. 1889.

- Cahen, C. 'Notes sur l'histoire des croisades et de l'orient latin'. *Bulletin de la Faculté des Lettres de l'Université de Strasbourg*. Vol. 29. 1950-51.

———— *Pre-Ottoman Turkey*. Trans. J. Jones-Williams. New York 1968.

- *Cambridge Medieval History*. Esp. Vol. 4 (in two vols.). *The Byzantine Empire 717-1453*. New edn, ed. J. M. Hussey. Cambridge 1966-7.

- Chalandon, F. *Les Comnène: Etudes sur l'Empire Byzantin aux XIe and XIIe Siècles*. Vol. 1: *Essai sur le Règne d'Alexis Ier Comnène*. Paris 1900. Vol. 2: *Jean II Comnène et Manuel Comnène*. Paris 1913. (Both volumes reproduced New York 1960.)

———— *Histoire de la Première Croisade*. Paris 1925.

- Chapman, C. *Michel Paléologue, restaurateur de l'empire byzantin* (1261-1282). Paris 1926.
- Cobham,C.D. *The Patriarchs of Constantinople*. Cambridge 1911.
- Décarreaux, J. 'L'arrivée des Grecs en Italie pour le Concile de l'Union, d'après les Mémoires de Syropoulos'. *Revue des études italiennes* 7. 1960. pp. 27-58.

- *Dictionnaire d'Histoire et de Géographie Ecclésiastiques*. Eds. A. Baudrillart, R. Aubert et al. Paris 1912- (in progress).

- *Dictionnaire de Théologie Catholique*. 15 vols. in 30. Paris 1909-50 (with supplements).
- Diehl, C. *Etudes Byzantines*. Paris 1905.

———— *Figures Byzantines*. 1st ser. Paris 1906; 2nd ser., Paris 1913.

———— *Histoire de l'Empire Byzantin*. Paris 1918.

———— *Choses et Gens de Byzance*. Paris 1926.

- Ebersolt, J. *Le Grand Palais de Constantinople et le Livre des Cérémonies*. Paris 1910.
- *Enciclopedia Italiana*. 36 vols. Rome 1929-39 (with later appendices).
- *Encyclopaedia Britannica*. 1 ith edn. 29 vols. Cambridge 1910-11.

———— 15th edn. 30 vols. Chicago 1974.

- *Encyclopaedia of Islam*. 4 vols. Leiden, London 1913-34. (New edn in progress, 1960—).

- Finlay, G. *History of the Byzantine and Greek Empires from 716 to 1453.* Vol. 2. London 1854.

- Fliche, A. and Martin, V. *Histoire de l'Eglise, depuis les Origines jusquà nos Jours.* Paris 1934.

- French, R. M. *The Eastern Orthodox Church.* London and New York 1951.

- Gay, J. *Le Pape Clément VI et les affaires d'Orient (1342—1352).* Paris 1904.

- Geanakoplos, D. J. *Emperor Michael Palaeologus and the West, 1258-1282: A Study in Byzantine-Latin Relations.* Cambridge, Mass. 1959.

- Gibbon, E. *The History of the Decline and Fall of the Roman Empire.* 7 vols. Ed. J. B. Bury. London 1896.

- Gill, J. *The Council of Florence.* Cambridge 1959.

- ——— *John VIII Palaeologus: A Character Study.* Originally published in *Studi byzantinie neoellenici,* Vol. 9. 1957. Reprinted in author's collection, *Personalities of the Council of Florence, and Other Essays,* New York 1964.

- Godfrey, J. *The Unholy Crusade.* Oxford 1980.

- Grumel, V. *La Chronologie* Vol. 1 of *Traité des Etudes Byzantines,* ed. P. Lemerie. Paris 1958.

- Guilland, R. *Correspondance de Nicéphore Grégoras.* Paris 1927.

- Guiraud, J. *Les registres de Gregoire X.* Paris 1892-1906.

- Haussig, H. W. *History of Byzantine Civilisation.* Trans. J. M. Hussey. London 1971.

- Heyd, W. *Geschichte des Levantehandels im Mittelalter.* Stuttgart 1879. (Fr. trans. by F. Raynaud, *Histoire du commerce du Levant au moyen âge,* 2 vols. Leipzig 1936.)

- Hitti, P. K. *History of the Arabs.* 3rd edn. New York 1951.

- Hookham, H. *Tamburlaine the Conqueror.* London 1962.

- Janin, R. *Constantinople Byzantine.* Paris 1950.

- Jenkins, R. *The Byzantine Empire on the Eve of the Crusades.* London 1953.

- Keegan, J. *A History of Warfare.* London 1993.

- Kinross, Lord. *The Ottoman Centuries.* London 1977.

- Knolles, R. *Turkish History.* 3 vols. London 1687-1700.

- Laurent, V. Les *'Mémoires' du grand ecclésiarque de l'Église de Constantinople Sylvestre Syropoulos sur le Concile de Florence (1438-1439).* Rome 1971.

- Loenertz, R. J. *Jean V Paléologue a Venise (1370-71).* R.E.B. Vol. 16. 1958.

- ——— *Byzantina et Franco-Graeca (Articles parus de 1935 à 1966, réédités avec la collaboration de Peter Schreiner)* [Storia e Letteratura: Raccolta di Studi e Testi118]. Rome 1970.

- Lowe, A. *The Catalan Vengeance.* London 1972.

- Magdalino, P. *The Empire of Manuel I Komnenos, 1143-1180.* Cambridge 1993. Mango, C. *The Mosaics of St Sophia at Istanbul.* Washington (Dumbarton Oaks) 1962.

- Mann, H. K. *The Lives of the Popes in the Middle Ages.* 18 vols. London 1902-32.

- Manzano, R. *Los Grandes Capitanes Españoles.* Barcelona 1960.

- Miller, W. *The Latins in the Levant: A History of Frankish Greece, 1204-1566.* London 1908.

  —— *Essays on the Latin Orient.* Cambridge 1921.

- Neander, A. *General History of the Christian Religion and Church.* 9 vols. Eng. trans. London 1876.

- *New Catholic Encyclopedia.* Washington, DC 1967.

- Nicol, D. M. *The Despotate of Epirus.* Oxford 1957.

  —— *The Byzantine Family of Kantakouzenos (Cantacuzenus) ca. 1100-1460. A genealogical and prosopographical study.* Dumbarton Oaks Studies, 11. Washington, DC 1968.

  —— 'The Byzantine Reaction to the Second Council of Lyons, 1274'. S.C.H. Vol.7. 1971.

  —— *The Last Centuries of Byzantium, 1261-1453.* London 1972.

  —— *The Immortal Emperor.* Cambridge 1992.

- Norwich, J. J. *The Normans in the South.* London 1967.

  —— *The Kingdom in the Sun.* London 1970.

(The above two volumes published in one, under the title *The Normans in Sicily*, London 1992.)

  —— *A History of Venice: Vol. I, The Rise to Empire.* London 1977.

  —— *A History of Venice: Vol. II, The Greatness and the Fall.* London 1981.

(The above two volumes published in one, under the title *A History of Venice*, London 1982.)

  —— *Byzantium: The Early Centuries (330-800).* London 1988.

  —— *Byzantium: The Apogee (800-1081).* London 1991.

- Obolensky, D. *The Byzantine Commonwealth.* London 1971.

  —— *The Bogomils.* Oxford 1948.

- Ockley, S. *History of the Saracens.* 4th edn. London 1847.

- Ostrogorsky, G. *History of the Byzantine State.* Trans. J. M. Hussey. 2nd edn. Oxford 1968.

- *Oxford Dictionary of Byzantium.* Ed. A. P. Kazhdan et al. 3 vols. Oxford and New York 1991.

- Ramsay, Sir William. *The Historical Geography of Asia Minor.* Royal Geographical Society, Supplementary Papers. Vol. 4. London 1890.

- Rowe, J. G. *Paschal 11, Bohemund of Antioch and the Byzantine Empire.* Bulletin of the John Rylands Library. Vol. 49 (1966-7), pp. 165-202.

- Runciman, Sir Steven. *A History of the Crusades.* 3 vols. Cambridge 1954.

———— *The Medieval Manichee.* Cambridge 1946.

———— *The Sicilian Vespers.* Cambridge 1958.

———— *The Great Church in Captivity.* Cambridge 1968.

———— *Mistra: Byzantine Capital of the Peloponnese.* London 1980.

- Schlumberger, G. *Expédition des Almugavares ou routiers Catalans en orient de l'an 1302 à l'an 1311.* Paris 1902.

———— *Un Empereur de Byzance à Paris et Londres. In Byzance et les Croisades: Pages médiévales.* Paris 1927.

———— *Le siège, la prise et le sac de Constantinople en 1453.* Paris 1926.

- Setton, K. M. (Editor-in-chief). *A History of the Crusades.* 2 vols. University of Wisconsin Press, Madison, Milwaukee and London 1969.

———— *Catalan Domination of Athens, 1311-1388.* Cambridge, Mass. 1948.

- Skoulatos, B. *Les Personages Byzantins de l'Alexiade.* Louvain 1980.

- Smith, W. and Wace, H. *Dictionary of Christian Biography.* 4 vols. London 1877-87.

- Taylor, J. *Imperial Istanbul: Iznik- Bursa - Edirne.* London 1989.

- Temperley, H. W. V. *History of Serbia.* London 1919.

- Vasiliev, A. A. *History of the Byzantine Empire, 312-1453.* Madison, Wisconsin 1952.

———— *Manuel Comnenus and Henry Plantagenet.* B.Z. Vol.29. 1929-30. pp. 238-44.

- Vryonis, S. *Byzantium and Europe.* London 1967.

———— *The Decline of Medieval Hellenism in Asia Minor and the Process of Islamization from the Seventh through the Fifteenth Century.* Los Angeles 1971.

- West, Rebecca. *Black Lamb and Grey Falcon.* 2 vols. London 1944.

- Zakynthos, D. *Le Despotat grec de Morée, 1262-1460.* Vol. 1. Paris 1932.

- Ziegler, P. *The Black Death.* London 1969.

찾아보기

비잔티움 연대기 쇠퇴와 멸망

초판 1쇄 발행 2007년 4월 9일
개정판(아카데미판) 발행 2016년 6월 7일

지은이 | 존 줄리어스 노리치
옮긴이 | 남경태

책임편집 | 정일웅·나현영
디자인 | 최선영·남금란

펴낸곳 | 바다출판사
펴낸이 | 김인호
주소 | 서울시 마포구 어울마당로5길 17(서교동, 5층)
전화 | 322-3885(편집부), 322-3575(마케팅부)
팩스 | 322-3858
E-mail | badabooks@daum.net
출판등록일 | 1996년 5월 8일
등록번호 | 제10-1288호

ISBN 978-89-5561-829-7 04920
       978-89-5561-830-3 04920(전 3권)